LES

ARCHIVES DE VENISE

Cet ouvrage a été déposé au ministère de l'intérieur (section de la librairie) en juin 1870.

PARIS. TYPOGRAPHIE DE HENRI PLON, IMPRIMEUR DE L'EMPEREUR, RUE GARANCIÈRE, 8.

LES ARCHIVES DE VENISE

HISTOIRE

DE LA

CHANCELLERIE SECRÈTE

LE SÉNAT, LE CABINET DES MINISTRES, LE CONSEIL DES DIX
ET LES INQUISITEURS D'ÉTAT

DANS LEURS RAPPORTS AVEC LA FRANCE

D'APRÈS DES RECHERCHES FAITES AUX SOURCES ORIGINALES
POUR SERVIR A L'ÉTUDE DE L'HISTOIRE
DE LA POLITIQUE ET DE LA DIPLOMATIE

PAR

ARMAND BASCHET

LABOR · IMPROBVS · OMNIA VINCIT
H·P

PARIS

HENRI PLON, IMPRIMEUR-ÉDITEUR
RUE GARANCIÈRE, 10

MDCCCLXX

A

MONSIEUR LE COMMANDEUR

TOMMASO · GAR

DIRECTEUR DES ARCHIVES DE VENISE

MONSIEUR,

J'ai été l'objet d'une hospitalité sans limites dans ces célèbres « Archives de Venise », que le Gouvernement du Roi d'Italie a si sagement confiées à votre direction. Les années que j'y ai vues s'écouler, tant sous l'administration de vos érudits prédécesseurs, le Chevalier Fabio Mutinelli et le Comte Girolamo Dandolo, que sous la vôtre, ne m'ont laissé que d'heureux souvenirs. C'est à la fréquentation continuelle des grandes sources historiques qui y sont réunies que j'ai dû de pouvoir produire ce nouveau livre. Permettez donc à un hôte qui se sent aussi obligé que je vous le suis, d'inscrire votre nom sur

a

*la première page. Vous en agréerez, s'il vous plaît,
la dédicace comme un témoignage de ma reconnaissance non-seulement pour vous, Monsieur, dont l'accueil m'a été si favorable, mais encore pour ceux qui,
suivant vos instructions, m'ont aidé dans mes travaux avec un si complet et bienveillant empressement.*

ARMAND BASCHET.

Paris, 25 avril 1870.

PRÉFACE.

« Lunghe stazioni feci io nella Segreta
sì per genio d'investigazione, sì per obbligo
di raccolte a lume della storia [1]... »

Je veux dire en peu de mots quel est l'ouvrage que je viens de terminer et que je publie présentement.

Il s'adresse particulièrement à ceux qui ont honoré de leur intérêt le précédent volume que j'ai tiré de la même source, et qui a paru sous ce titre « *La Diplomatie Vénitienne et les Princes de l'Europe au seizième siècle.* »

Consacré uniquement aux Papiers d'État de l'ancienne République des Vénitiens, il est le tableau des importantes séries de Documents politiques qui constituent aujourd'hui la partie des *Archives de Venise* qu'on appelle la *Chancellerie Secrète,* et à laquelle sont joints les Papiers du *Conseil des Dix* et des *Inquisiteurs d'État.*

Mon but a été d'en tirer, pour ainsi parler, l'essence historique au point de vue de la France. J'ai été encouragé de tout côté à produire cet ouvrage.

J'ai adopté le plan qui m'a semblé à la fois le plus simple et le plus capable de répondre par ses effets à l'intérêt de tous ceux qui cultivent les études historiques. Avant de m'engager plus avant dans des travaux spéciaux et limités par un sujet déterminé, tels que *Henri III à Venise, les Princes de l'Europe au dix-septième siècle, Henri IV et les Vénitiens, les Audiences et les Conversations politiques du Cardinal de Richelieu,* et d'autres productions que j'ai préparées dans mes voyages d'exploration,

---

[1] Pietro Garzoni, sénateur vénitien et surintendant de la Chancellerie Secrète, en son *Rapport* au Conseil, du 24 juillet 1720.

en réunissant un nombre considérable de matériaux diplomatiques, il m'a paru que c'était mon devoir de mettre en lumière le tableau le plus développé possible des sources fécondes qui m'ont si heureusement inspiré, et auprès desquelles, pendant un temps si prolongé, j'ai vu et senti en moi se développer aussi vivement le goût pour les recherches, l'attrait pour les découvertes, la passion pour l'inédit.

.J'aurais pu ne présenter qu'un catalogue froid et sec des séries de ces Papiers d'État, en faisant précéder chacune de quelques lignes explicatives. C'eût été une besogne aussi rapide qu'aisée. J'ai ambitionné de faire mieux et plus : ai-je réussi? Donnerai-je satisfaction à chacun de ceux qui, attirés par le titre du livre, ouvriront le volume et en parcourront les pages? C'est assurément mon plus vif désir.

Ce que j'ai fait, le voici :

Ayant les cadres sous la main, c'est-à-dire les séries des Papiers d'État du *Sénat,* du *Cabinet des Ministres,* du *Conseil des Dix,* etc., j'ai cherché à en animer le fond par le pinceau de l'histoire. J'ai dit ce qu'étaient ce Sénat, ce Cabinet des Ministres, ce Conseil des Dix, ce Tribunal des Inquisiteurs d'État; puis j'ai décrit leurs richesses, j'ai cité et reproduit celles que j'avais estimées principalement propres à séduire un esprit curieux. Partout j'ai cherché dans les écrits de ces fameux Vénitiens les traces intéressantes de la politique de la France. Que le Lecteur qui désire se rendre compte sur-le-champ du procédé que j'ai suivi, veuille bien se porter vers les chapitres que j'ai consacrés, par exemple, à l'exposé des *Dépêches des Ambassadeurs de Venise* accrédités auprès des Cours étrangères [1]. Il connaîtra promptement la *manière* que

1 Voyez la TROISIÈME PARTIE de ce volume, les *chapitres* VII, VIII et IX.

j'ai tenté d'avoir pour réussir à faire sentir l'intérét d'un sujet, sans en épuiser les ressources. Entré sous le pavillon de la France dans les Archives de Venise, j'ai voulu n'en pas sortir sans donner à cette partie du public lettré qui aime l'histoire, les preuves des connaissances que j'y avais acquises, et aider d'une façon incontestablement efficace ceux qui voudraient m'y suivre. Mon ambition a été d'être ici à la fois un guide et un informateur.

Cinq parties distinctes forment ce livre. Dans la première, je décris le lieu où sont rangées ces Archives, c'est-à-dire ce pittoresque et grand cloître de Sainte-Marie-Glorieuse des Frères Mineurs, les *Frari*, comme on dit à Venise. Dans un chapitre spécial présenté sous la rubrique « *Historiens, Chercheurs et Visiteurs* », je me suis appliqué à dire quelles furent les personnes, soit érudites qui ont séjourné aux Archives, soit curieuses qui n'ont fait que les traverser, et j'ai signalé le but particulier ou de leur séjour, ou de leur visite. Tels y ont passé des mois à la recherche des relations politiques qui s'étaient établies entre leur pays et Venise, tels ne leur ont consacré qu'un petit nombre de jours pour y lire quelques dépêches ou y vérifier quelques parchemins; je les ai nommés les uns et les autres. Cette partie est l'histoire de la maison, depuis qu'elle fut ouverte en 1822, jusqu'en l'année 1869.

La seconde partie touche au passé. Qu'étaient ces Archives proprement dites d'État sous la République des Vénitiens? On les appelait la CHANCELLERIE SECRÈTE. J'ai fait son histoire, désigné son personnel, reproduit son inventaire, rappelé ses règlements.

Dans la troisième partie, le Lecteur est introduit au

sein des assemblées politiques du Sérénissime État. Les Registres qui en renferment les *délibérations,* tenues jadis très-secrètes, sont examinés ; le mécanisme pour les consulter est expliqué. Ici est le Sénat, à côté le Conseil des Ministres, autrement dit le *Collegio.* Le second prépare la besogne du premier et lui soumet toutes choses. Le premier reçoit les Dépêches ordinaires des Ambassadeurs, et quand ces Ambassadeurs sont revenus de leurs missions, le premier encore les reçoit à sa barre, que dis-je, à sa tribune, et ils lui font rapport sur les usages du pays d'où ils reviennent et sur les habitudes politiques des Princes et des Ministres avec lesquels ils ont négocié. Je me suis beaucoup étendu sur le caractère historique de la *Correspondance* et des *Relations* des Vénitiens. Plus que jamais j'ai conclu à dire, qu'étant adopté le mode qu'on a d'étudier l'histoire depuis trente ans environ, il n'est possible de la bien faire que par la consultation simultanée de tous les écrits fournis par la Diplomatie sur les éléments d'une même *question poli-tique,* et sur le naturel, le tempérament, les instincts, les intérêts, les sentiments, les qualités et les défauts de ceux qui l'ont fait naître et soulevée, nourrie et entretenue, traitée et conclue. Comme c'était le Conseil des Ministres qui donnait audience aux Ambassadeurs étran-gers, j'ai rattaché à cette partie ma dissertation sur ces Audiences, où j'ai introduit plus particulièrement que tout autre l'Ambassadeur de France.

Le *Conseil des Dix* et le *Tribunal des Inquisiteurs d'État* forment la quatrième et la cinquième partie. J'ai principalement cherché à faire ressortir le rôle qu'ils ont eu à jouer dans les Affaires étrangères, et pour ce qui regarde leur action dans la vie politique vénitienne, j'ai soumis au Lecteur les inventaires précis des papiers qui forment présentement encore leurs célèbres archives.

En un mot, j'ai voulu décrire toutes les Archives de ces différents *Conseils* qu'on appelait à Venise le *Corps politique de la République,* mettre en relief l'utilité de leurs documents dans la pratique actuelle de l'étude de l'histoire, et guider sûrement à travers ces vastes séries de monuments écrits, les Curieux et les Chercheurs qui auraient la louable ambition de s'y arrêter.

A l'Appendice, le Lecteur trouvera un répertoire des anciennes Magistratures *non politiques* de la République de Venise. Elles étaient extrêmement nombreuses, et il nous a paru qu'une nomenclature sur ce point aurait l'utilité de donner une direction précise à telles ou telles investigations qui n'auraient rien de commun avec les séries politiques et diplomatiques décrites par nous avec tant de détails. Nous avons fait suivre ce répertoire d'un état nominal, dressé d'après les correspondances mêmes, des Ambassadeurs Vénitiens accrédités à la Cour de France, et nous avons signalé la date de leur arrivée et de leur départ, et le nombre de dépêches qu'ils ont écrites pendant le cours de l'ambassade, soit ordinaire, soit extraordinaire, qu'ils ont accomplie.

J'aurais maintenant à offrir l'expression de tous mes sentiments de gratitude à qui a mis une efficacité, une bonté, un empressement si grands pour seconder mon ardeur à ces intéressants travaux. De quelque côté que je regarde, je me vois si particulièrement obligé, que je me sens embarrassé pour la préséance à donner à la mention de ceux qui m'ont comblé de leurs bienfaits.

Ce ne sont pas seulement les Archives de Venise qui m'ont été ouvertes avec la libéralité la plus large, alors même qu'elles étaient très-réservées, ce sont encore les Archives de Florence, de Mantoue, de Parme, de Modène, de Milan. Partout mes stations ont été fructueuses en documents intéressants. Je dois, à ce sujet, de singuliers hommages à MM. Fabio Mutinelli, Girolamo Dandolo, Tommaso Gar, Teodoro Toderini, Bartolommeo Cecchetti, et Luigi Pasini, de Venise; au commandeur Bonaini et à M. Cesare Guasti, de Florence; au comte d'Arco et au chanoine W. Braghiroli, de Mantoue; au chevalier Ronchini, de Parme; à M. Ciampi, au comte Ferrari-Moreni, de Modène; au chevalier Luigi Osio, et à M. Pietro Ferrario, de Milan.

Dernièrement, j'ai été à même d'éprouver les effets de la notable courtoisie de la Grande-Bretagne, et les renseignements que j'ai puisés à Londres dans la *Correspondance diplomatique anglaise* sur l'ancien État des Vénitiens, m'ont permis d'augmenter l'ensemble des informations curieuses et variées que, depuis bientôt dix ans, je vais formant sur les mœurs politiques et privées de la Sérénissime République, distinguée dans le passé par un si particulier éclat. Hommages soient rendus par moi à l'illustre Lord Stanley, depuis Comte de Derby, alors principal Secrétaire d'État, qui m'a fait ouvrir les *State Papers Office;* à Lord Romilly, *Master of the Rolls,* sous la direction duquel le grand *Record Office* a pris un développement si éclatant; enfin à Sir Thomas Hardy, qui a dirigé avec tant de complaisance les communications que j'ai reçues. Je profite donc ici de la publicité qui sera bientôt faite à cet ouvrage par son habile éditeur, pour prier tous ceux qui m'ont obligé dans l'accomplissement de mes travaux, d'agréer l'expression de la vive reconnaissance dont je me sens animé.

Paris, 15 juin 1870.

LES ARCHIVES DE VENISE.

PREMIÈRE PARTIE.

PRÉLIMINAIRES. — DESCRIPTION. HISTORIENS, CURIEUX, CHERCHEURS ET VISITEURS.

LES ARCHIVES DE VENISE.

PREMIÈRE PARTIE.

I.

PRÉLIMINAIRES.

Renommée des Archives de Venise. — Par quelles phases diverses ont passé ces Archives avant la concentration qui. en fut faite dans l'ancien couvent de Sainte-Marie-Glorieuse (mai 1797 à décembre 1815). — Sous la République Sérénissime, il n'y avait pas d'*Archives de Venise* proprement dites, mais plusieurs Chancelleries. — Chaque Magistrature conservait séparément ses Archives. — Incendies et Déprédations. — Réorganisation, en 1807, sous le Gouvernement Italien. — Carlo Antonio, Marin, archiviste. — Le décret impérial autrichien du 13 décembre 1815 décide de la réunion définitive des Archives de Venise en un seul endroit. — Jacopo Chiodo, premier directeur général. — Son origine. et ses qualités. — MM. Ninfa Priuli, Fabio Mutinelli, Gerolamo Dandolo et Tommaso Gar, successivement directeurs généraux des Archives de Venise réunies et conservées dans l'ancien couvent de Sainte-Marie-Glorieuse (1840-1867).

Depuis quelques années, les Archives de Venise ont acquis. la plus grande vogue. Les ouvrages d'histoire dont elles ont été la source ont contribué, pour une part considérable, à répandre au dehors la renommée dont elles jouissaient en Italie. Aussi, depuis que la célébrité a pris pour elles un si grand essor, a-t-on vu

1.

s'accroître d'année en année non-seulement le nombre
des érudits qui viennent les consulter, mais encore et
surtout celui des visiteurs dilettanti, curieux uniquement
de parcourir les vastes salles du monument où elles
sont conservées, de regarder les innombrables cartons
étiquetés, et de feuilleter au moins quelques graves
registres des anciennes délibérations du politique Sénat
vénitien ou de ce fameux Conseil des Dix, jadis impénétrable. Il est reconnu aujourd'hui que parmi les étrangers en visite à Venise, il en est un fort grand nombre
qui classent sur leur carnet de voyage les Archives
comme devant être recherchées à l'égal d'un Musée ou
d'un Palais célèbre. C'est aussi une vérité que, de toutes
parts, il vient des savants de premier ordre qui ont
l'ambition de les interroger autrement que d'une façon
rapide et frivole. Ces titres de curiosité acquis, établis
et consacrés, nous ont permis de penser que des détails
précis, des informations sûres, et un aperçu historique
concernant cette incomparable collection, ne seraient
pas sans attrait, soit pour les curieux qui ne sont que de
passage, soit pour les chercheurs et pour les érudits.

Le monument qui renferme aujourd'hui ces étonnants
vestiges de la politique et de l'administration vénitiennes, était jadis l'abbaye de Sainte-Marie-Glorieuse
des Frères Mineurs Conventuels. L'église, si belle et si
pittoresque, est demeurée au culte après la suppression
des corporations religieuses en 1810, et le couvent, l'un
des plus vastes de Venise, abandonné d'abord, livré
ensuite à l'administration militaire, fut, quelques années

plus tard, utilement désigné pour servir à la réunion de tous les papiers politiques, administratifs, judiciaires, financiers, domaniaux et autres, dispersés en divers endroits depuis la chute de la République Sérénissime.

Après toutes les vicissitudes qui, depuis la malheureuse journée du 12 mai 1797 jusqu'au 13 décembre 1815, ont fait passer d'une main dans une autre tous ces papiers d'un si grand prix historique, après les traverses de tout genre que ces Archives ont subies, telles qu'enlèvements, restitutions, réenlèvements, dépôts provisoires, envois à Paris, envois à Vienne, envois à Milan, on se prend d'étonnement à voir encore la conservation d'un si grand amas de pièces manuscrites, utiles à divers titres. Les Archives de Venise, en effet, telles qu'elles sont actuellement constituées, méritent la plus grande admiration, et, pour le spectacle qu'elles offrent après de si grands naufrages, on pourrait presque sérieusement se demander laquelle des deux il vaut mieux reconnaitre dans leur établissement, ou la précaution de l'État, ou la bonne grâce de la Providence. Sans nous arrêter à cet embarras, disons le chemin qu'elles ont suivi dans le passé avant d'avoir pu atteindre à cette unité qui les rend aujourd'hui si remarquables; ce sera d'ailleurs raconter presque complétement leur formation, et préciser les coups du sort qui les ont frappées.

Ce serait erreur de croire qu'à l'époque où florissait cette République, l'État eût un lieu spécial destiné au recueil de tous les papiers et documents émanant de ses magistratures et de ses *uffizi*. Cet immense amas qui se voit présentement dans l'interminable série des salles et chambres des *Frari* est une œuvre d'ensemble conservatrice qui n'aurait point eu de raison d'être au temps où toutes les magistratures de la République étaient en activité. Chaque *uffizio*, en effet, chaque magistrature avait alors ses propres archives au siége de son exercice, et le mot *Archivio di Stato* n'était pas même en usage officiel : on disait Chancellerie *Ducale*, Chancellerie *Inférieure*, Chancellerie *Secrète*, pour désigner une réunion spécifiée de documents et de preuves écrites que l'État avait intérêt de conserver, comme étant les pièces à l'appui de sa vie politique et administrative. Pour s'expliquer donc, sans entrer en des détails infinis, l'immensité de cette collection, pour comprendre que deux cent quatre-vingt-dix-huit salles et chambres, dont plusieurs sont si vastes qu'on a quelque fatigue à en trouver la fin, sont à peine suffisantes à contenir les papiers recueillis, il faut savoir que la réunion actuelle comporte non-seulement des archives jadis réparties séparément au siége des magistratures (et la République, dont la durée fut de quatorze siècles, ne compta pas moins de cent trente à cent quarante de ces magistratures), mais encore les documents produits par les six Gouvernements qui, depuis le 12 mai 1797, ont successivement administré les Provinces Vénitiennes [1].

Et si riche et bien fournie que soit la partie ancienne proprement dite politique, si abondante et féconde que

[1] Du 13 mai 1797 au 17 janvier, Gouvernement Démocratique. Durée : huit mois et cinq jours.
Du 18 janvier 1798 au 18 janvier 1806, Gouvernement Autrichien. Durée : huit ans.

nous la voyons en ses textes conservés et classés, ne serait-elle pas autrement admirable et surprenante en sa masse, si, avant d'avoir été l'objet de déprédations injustement autorisées, elle n'avait déjà été la proie d'éléments destructeurs plus terribles encore? Combien ne seraient pas, en effet, plus magnifiques et imposantes les Archives politiques de Venise sans les neuf ou dix incendies qui, depuis le dixième siècle jusqu'au seizième, ont atteint les différents dépôts des papiers de cette République? Les légendes, qui prennent peu de gêne pour regarder bien loin, assignent déjà l'an 976 à un incendie du Palais de l'État; les chroniques parlent de l'an 1105 pour dater deux autres incendies qui n'auraient détruit rien moins qu'une grande partie de la ville; une autre chronique, rapportant l'incendie du Trésor en 1230, dit formellement : « *Ducalia privilegia concremavit* »; en 1310, les bandes révolutionnaires de Bajamonte Tiepolo mirent le feu aux *Uffizi* de Rialto, où de nombreux et antiques parchemins étaient conservés; en 1479, en 1483, en 1514, le feu fit encore des ravages. Enfin, en mai 1574 et en décembre 1577, quels ne furent pas les désastres de la Chancellerie Ducale et de la Chancellerie

Du 19 janvier 1806 au 18 avril 1814, Gouvernement Italien. Durée : huit ans et trois mois.

Du 19 avril 1814 au 18 mars 1848, Gouvernement Autrichien. Durée : trente-quatre ans moins un mois.

Du 19 mars 1848 au 29 août 1849, Gouvernement provisoire Vénitien avec Parlement et Présidence de Manin. Durée : un an, cinq mois et dix jours.

Du 30 août 1849 au 3 octobre 1866, Gouvernement Autrichien. Durée : dix-huit ans un mois et quatre jours.

Depuis le 3 octobre 1866, Gouvernement Italien.

Secrète, lors de ces deux terribles incendies si irrépara-
blement funestes aux trésors d'art qui étaient la gloire
et l'honneur du Palais des Doges, ainsi qu'aux collections les plus précieuses d'actes diplomatiques et politiques conservés jusqu'alors avec un soin si jaloux ! Telle
fut la part du feu dans le passé, voyons celle des hommes
dans le présent.

.. C'est à nous, je dis à nous Français, que revient le
triste honneur d'avoir inauguré l'ère des spoliations en
cette maison. A peine le Gouvernement Démocratique
eût-il été installé sous l'inspiration de la République
française, que l'on vit arriver des délégués tels que les
sieurs Bassal, Saint-Cyr et Nucque, chargés d'opérer le
dépouillement.[1] Ils se basaient pour accomplir cette
belle action sur les préliminaires dictés à Léoben, conclus à Milan le 16 mai 1797, et dont, soit dit en pas-

---

[1] Voyez diverses pièces relatives à cette mission dans l'*Histoire de
Venise* par DARU, t. VIII; lettre de Bassal au général Bonaparte,
29 juin 1797; dans la *Storia documentata di Venezia*, par ROMANIN,
t. X; dans le *Calendar of State Papers relating to English Affairs
existing in the Archives and Collections of Venice*, vol. Ier, pages 18,
19 et 20 de la préface par RAWDON BROWN, Londres, 1864; et dans la
traduction italienne de cette dissertation, publiée séparément et avec
additions, l'*Archivio di Venezia*, etc., *con una nota preliminare du
comte Agostino Sagredo*, par MM. V. CÉRÉSOLE et R. FULIN, pages 78,
79, 80, 81 et suivantes; enfin dans *Una visita agli Archivii della Republica di Venezia*, par M. B. CECCHETTI, l'intéressant document « *Una memoria sulle operazioni eseguite negli Archivii della decaduta Republica di
Venezia e sul loro stato attuale.* », 1798, page 32 : c'est une lettre importante du 21 janvier 1798, signée Giovanni DOLFIN. Il est curieux de
remarquer que le cinquième article du traité de Milan ne prescrivait la
remise que de vingt tableaux et de cinq cents manuscrits. Le mot « Archives de Venise » n'avait pas été prononcé, et c'est à la mission postérieure de Berthollet, Barthélemy, Bassal et autres, qu'il faut attribuer
le premier enlèvement.

sant, le traité de Campo-Formio, exécuté le 18 janvier
1798, annula le bénéfice en donnant la chose à l'Autriche, qui réclama pour elle ce que nous avions pris
pour nous. Il y eut du reste à ce sujet quelques querelles, mais nos reçus faisaient preuve. Comment finit le
débat? Si ce fut pour un avantage quelconque, ce ne fut
certainement pas pour celui de l'intégrité d'une collection cependant si précieuse pour l'histoire. Ce que nous
avions fait avec rapidité et non sans bruit sous l'ère démocratique, l'Autriche, devenue dominante, le fit avec
lenteur et mystère. La spoliation fut d'autant plus complète qu'elle fut mieux étudiée et plus judicieusement préparée. Le ministère autrichien chargea en 1803 un sieur
de Gassler, archiviste de la maison de Sa Majesté, d'une
mission secrète. Après une rude, longue et fort consciencieuse besogne, accomplie sous les toits du Palais
ducal, où se trouvaient renfermées d'importantes séries
de documents politiques, cet envoyé studieux et patient
fit passer à son Gouvernement quarante-cinq caisses dont
le contenu se pouvait bien tenir pour être la *fleur du
panier* de la République. Cela en 1805 [1]. Mais vint le
traité de Presbourg, en décembre 1806, par lequel prit
naissance le Royaume italien. Le butin fait par l'envoyé
Gassler fut alors réclamé par nous comme chose italienne; et Venise en revit une partie en 1807.

Nous laissons à penser ce qu'à ces jeux de *va-et-vient,*

---

[1] Voyez le récit et les preuves abondantes de cette lente et trop
consciencieuse spoliation dans le curieux travail « A PROPOS DE L'AR-
TICLE XVIII DU TRAITÉ DE VIENNE DU 3 OCTOBRE 1866 »: *La vérité sur les
déprédations autrichiennes à Venise,* par Victor CÉRÉSOLE, pages 49,
53 et 54; Venise, 1867.

de pris et rendu, de donné et réclamé, a pu gagner la conservation de ces arcanes ! Il y eut d'ailleurs encore d'autres sacriléges. Et ne faut-il pas frémir quand on est forcé de reconnaître que, de l'aveu d'un archiviste qui se consacrait en 1812 à un classement provisoire des papiers des Inquisiteurs d'État, on procéda à une espèce de révision d'archives pour conserver les papiers estimés utiles et bons à garder, et supprimer ceux qui seraient jugés inutiles, opération de la plus grande imprudence, appelée le *stralcio*. « J'ai vu moi-même, écrit ingénument cet archiviste, pratiquer le *stralcio* des archives ; les papiers écartés furent déposés sous les voûtes de l'église supprimée de Saint-Paternian, où ils furent vendus à une fabrique qui, si je ne me trompe, en a donné quatorze mille francs [1]. » Il faut confesser que ce sont là de dolents souvenirs [2].

A cette ère nouvelle du premier Royaume Italien appartient cependant un système d'organisation pour la conservation des Archives de Venise qu'il serait souvé-

---

[1] Lettre de Carli Rubbi, employé aux Archives (août 1812).

[2] M. Bartolommeo CECCHETTI, premier secrétaire actuel des Archives, rapporte un fait bien plus extraordinaire encore. Il n'hésite pas à assurer, avec preuves, qu'un employé de l'administration à cette époque, tout effrayé de la prodigieuse besogne que le classement général exige- rait, avait proposé le moyen commode et bref d'une destruction à peu près absolue des Archives, en les déclarant *roba di mercanzia*, autre- ment dit *papiers à vendre*. Ce rustre n'avait évidemment pas appris de Thucydide « qu'il faut cultiver l'histoire comme une terre qui doit produire jusqu'à la fin du monde ». Mais notre judicieux Jacques AMYOT disait mieux encore : « Imaginez en quelle horreur de ténèbres et quelle fondrière d'ignorance bestiale et pestilente nous serions abismez, si la souvenance de tout ce qui s'est faict ou est advenu avant que nous fus- sions nez, estoit entièrement abolie et esteinte. »

rainement injuste de ne pas louer. Au mois de mars,
1807, en effet, il fut pris de sages mesures desquelles il
ressort que trois dépôts d'archives furent reconnus nécessaires. Leur établissement suivit de près le décret
qui l'ordonnait. A San-Teodoro furent répartis les papiers de la *politique*, à San-Giovanni Laterano ceux du
judiciaire, à San-Provolo, ceux du *fisc* et des *domaines*.
Le comte Carlo Antonio Marin (19 mars 1807) eut la
direction du premier et plus important dépôt, dans
lequel il fut en droit de faire apporter les véritables
Archives de la Venise disparue, les témoignages de sa
politique, les écrits de sa diplomatie, les textes de sa
législation. Le rapport sur l'état de ces papiers fut
adressé le 24 septembre 1807 au ministre de l'Intérieur
résidant à Milan.

Ainsi furent sauvegardées la plupart des séries importantes qui avaient été arrachées aux rayons de la Chancellerie Ducale, de la Chancellerie Secrète, et aux
armoires du Conseil des Dix, en des circonstances si
funestes. Aussi peut-on dater sûrement de l'époque où
furent prises ces mesures et ces prescriptions bienfai-
santes, la conservation et le salut des Archives de Venise. En 1815, ce fut mieux encore, car l'Empereur
François, nouveau dominateur, par un très-louable
décret du 13 décembre, décida la réunion en un seul et
même lieu de toutes les Archives des magistratures vénitiennes anciennes et modernes. Ainsi fut résolu dès
1815, et admis en principe, l'établissement imposant
qui, quelques années plus tard, fut inauguré sous le nom
d'*Imperiale e Reale Archivio Veneto Generale*.

. Honorons donc ici la mémoire du fidèle Vénitien,
aux sages avis duquel est due la teneur de ce décret impérial, dont l'exécution a eu pour résultat la concentration admirable de tous les papiers officiels de la République Sérénissime, sous les voûtes immenses et dans les
vastes salles de l'ancien cloitre de Sainte-Marie-Glorieuse. Il se nommait Jacques Chiodo, était né à Venise,
avait servi sous les deux derniers Doges « *fra le leggi ed
archivii di sua patria* ». Il avait d'abord mérité d'être élu
coadjuteur à la Chancellerie en 1779, puis secrétaire à
la *compilazione delle leggi*[1]. En 1789, le Sénat l'avait
nommé archiviste par décret du 4 juin ; l'Autriche le
confirma dans cette charge en 1799. Il était arrivé à la
sous-direction pendant le règne italien ; et, à la mort de
son chef, le comte Marin, « *ottimo e dottissimo cavaliere,
ma che in uffizio univa capriccio, autorità gelosa*[2], etc. »,

---

[1] Le Sénat avait institué la magistrature des *surintendants à la compilation des lois*, pour qu'elle présidât à la mise en ordre des textes de
toutes les lois et de tous les décrets de l'État. Les *compilatori* étaient
les secrétaires de cette magistrature.

[2] « Parfait et très-docte gentilhomme, mais qui, dans ses fonctions,
se montrait capricieux et d'une autorité jalouse. » Il faut peut-être ne
pas absolument croire à cette dernière partie du portrait, car ce Carli
Rubbi, à qui je l'emprunte, était en quelque rivalité avec le comte
Marin. A l'entendre même, l'archiviste en chef aurait plutôt désorganisé
qu'organisé la répartition des archives retrouvées. Le comte Carlo-An-
tonio MARIN, né le 4 janvier 1745, fut le premier mari de la femme
aimable, spirituelle et lettrée, devenue en secondes noces la célèbre
Isabella ALBRIZZI-TEOTOCHI. Voyez le volume III de la *Biografia degli
Italiani del secolo* XVIII, publiée par E. de Tipaldo, Venise, 1835, et
les *Inscrizioni Veneziane* d'Emmanuele CICOGNA, t. VI, p. 557. Giovanni ROSSI, dans ses très-curieux *Mémoires* manuscrits sur les Coutumes et les Lois de la République, s'exprime ainsi : « E fu appunto
in tal anno (1806) che al Patrizio Veneziano Carl. Ant° MARIN, autore
dell' Istoria del nostro commercio, nel giorno 19 di marzo fu dato dal

il fut désigné à la bienveillance ou plutôt à la justice du souverain, qui le nomma directeur général des Archives. Il leur a consacré sa vie. Ses fatigues, ses passions, ses tourments et ses joies furent pour leur établissement, et ce qu'il a laissé de mémoires, de projets et de notes toujours bons et profitables à consulter, indique que cet homme était de ceux qui, nés sous la meilleure étoile, cherchent dans l'accomplissement normal du devoir, la douce et régulière satisfaction de leur conscience. Cet honnête homme, déjà occupé au classement des papiers d'État sous le doge Paul Renier, les avait, pour ainsi parler, suivis dans tous les mouvements que leur avaient imprimés les variations de la politique de son pays. En 1840, en effet, sous l'empereur Ferdinand, Jacopo Chiodo n'avait pas encore quitté son poste, après soixante et un ans presque écoulés dans un même service ! Nous estimons donc que le buste de cet honnête homme ne serait pas hors de place dans la *sala nòbile* de l'ancien cloître dont il a converti les murs en *custodes registrorum*, d'après le plan de son mémoire fort approuvé alors et conservé sous ce titre : *Plan systématique pour la répartition et la distribution de toutes les Archives,* etc. [1]. Que de luttes, du reste, n'eut-il pas à

Napoleonico Governo l'onorevole incarico di radunare tutti gli Archivii in uno generale. . . . . . Era uomo di sentimenti onorati e che nutriva cuore affezionatissimo alla Republica, cuore ben degno di tempi migliori, e di migliore fortuna. Era tuttavia spensierato : da taluni sarebbe detto *pigro,* da altri *filosofo.* C'invitò egli pertanto ad assisterlo, e noi di buon grado vi ci prestammo... » (*Costumi e Leggi,* tome Ier, Bibliothèque de Saint-Marc.)

[1] Voyez parmi les papiers de l'administration des Archives : 1816, 9 janvier, *Rapporto con tabella per organizazione in relazione al dispaccio Presid.* 1815, 16 *décembre.*

soutenir contre les grands Messieurs de l'administration, si souvent empressés pour gêner aussitôt la rapide exé- cution des plus louables et des plus saines décisions! Le décret impérial du 13 décembre 1815 ordonnait la con- centration des Archives vénitiennes en un seul endroit, mais il ne désignait pas cet endroit : ce fut l'argument de la lutte. Partout où le jugement sain de l'archiviste reconnaissait la convenance d'un site, il avait à rencon- trer le mauvais vouloir du génie militaire, qui, sous les plus dérisoires et inutiles motifs, invoquait et évoquait des obstacles. L'Empereur François, en fin de compte, fit justice, et, malgré les oppositions pédantes du général marquis Chateller, le couvent de Sainte-Marie-Glorieuse, expressément visité au mois de mai 1817 par le secré- taire du Gouvernement, en compagnie du judicieux archiviste, fut décrété d'office en 1818 comme devant être approprié au centre de réunion tant désiré. Il avait fallu trois ans pour en décider, il en fallut quatre pour s'y apprêter, de sorte que le directeur général avait dû passer près de sept années complètes sans pouvoir prendre la possession réelle d'un établissement à la surintendance duquel l'avaient appelé ses mérites. Ce fut en 1822 que les Archives de Venise furent définiti- vement installées dans le vaste et pittoresque local où l'étranger passant à Venise va les visiter aujourd'hui, à *Santa-Maria Gloriosa dei Frari Minori Conventuali*, ou pour abréger, selon le terme en usage, aux *Frari*.

Depuis la retraite du premier directeur, en 1840, les Archives de Venise ont été successivement administrées par trois personnes, dont deux, fort distinguées à divers titres, se sont montrées également jalouses de la conservation des trésors amassés. M. Ninfa Priuli, homme de nulle valeur, retiré en 1847, céda la place au chevalier Fabio Mutinelli, écrivain de mérite, esprit vif et alerte, et qui, par des considérations excellentes, soumises au Souverain en un temps propice, a sauvegardé pour Venise la partie la plus importante de ses archives [1], que convoitait la Cour de Vienne.

Retraité en 1861, le chevalier Mutinelli eut pour successeur le comte Dandolo, mort le 15 mars 1867. Ce vénérable personnage, moins heureux que son prédécesseur, fut celui à qui incomba le triste devoir d'enregistrer en ses protocoles les déprédations ordonnées à l'instigation d'un moine [2], et militairement protégées par l'Autriche dans les murs de cet ancien cloître, devenu le centre de tranquilles études et de recherches patientes. A l'argument de la force, le malheureux directeur n'eut à opposer que celui du droit, et il en usa avec autant de présence d'esprit que de véritable vaillance. Mais, en ces occasions, qu'est-ce donc que cet argument du droit? Treize cent trente-six registres très-précieux, indispensables à l'étude de l'histoire de Venise, ont été enlevés le 21 juillet 1866 et portés hors des frontières. De longues négociations ont été depuis

---

[1] L'excellent rapport du chevalier Fabio MUTINELLI est du 29 octobre 1852, et la résolution *protectrice* impériale est du 11 février 1854.

[2] Voyez le *Chapitre III* de cette PREMIÈRE PARTIE : « *Historiens, Curieux, Chercheurs et Visiteurs,* » pages 113, 114 et suiv., où sont racontés les épisodes de cette *aventure* dont les effets, très-funestes d'abord, ont été réparés depuis, avec la plus grande loyauté.

engagées et ont eu tout le succès désirable pour les
Archives de Venise; mais le comte Dandolo, qui avait
eu le triste spectacle des déprédations, n'eut pas cette
consolation de vivre assez pour connaître la libérale et
honorable réparation qui en a été faite.

Au feu comte Dandolo a succédé, grâce au décret
royal du 2 avril 1867, un homme estimé et affectionné
de tous, à qui ses travaux éminents, son érudition accomplie, son esprit d'administration éprouvé, assignaient
justement un poste aussi envié. M. Tommaso Gar est le
directeur général actuel des Archives de Venise, et il a
déjà eu cette gloire d'attacher à son administration les
plus honorables souvenirs, par de très-utiles services.
La sagesse et le bonheur de ses discussions, non moins
que sa chaleureuse initiative, ont aidé à convaincre l'esprit de justice qui d'ailleurs dans ces dernières circonstances de l'affaire dite des *Restitutions,* anima fort no-
blement les négociateurs du Gouvernement autrichien.
M. Tommaso Gar a vu les Archives de Venise recouvrer
tout ce qui, peut-on dire, était à peu près recouvrable
pour elles. Ce succès obtenu, il lui en reste deux autres
à poursuivre. L'un est la perfection du classement de
quelques importantes séries de papiers délaissés; depuis
le transport qui en fut fait au cloître des *Frari;* le second
est l'achèvement d'un Catalogue raisonné des matières
historiques contenues dans les séries anciennes. Or,
l'honorable et actif directeur est présentement occupé à
l'entreprise de ces deux grands ouvrages.

Nous avons dit les péripéties des Archives de Venise;

regardons maintenant la situation de l'édifice qui les
renferme, entrons dans ces longs couloirs aérés et clairs,
jadis hantés par les bons moines.

II

DESCRIPTION.

Situation des Archives de Venise. — Cour intérieure de l'ancien couvent de Sainte-Marie-Glorieuse. — Division et répartition des Archives.
— Une connaissance exacte des anciennes magistratures vénitiennes
non moins que du système gouvernemental de la République est indispensable à qui veut interroger ces Archives. — Exagérations produites sur le nombre des Archives rassemblées aux *Frari*, et calculs
singuliers du géographe Balbi. — Énumérations réelles. — Chambres,
salles, registres, liasses, chartes et diplômes. — Documents les plus
anciens soit en original, soit en copie authentique. — Difficulté de se
diriger dans l'enceinte des Archives de Venise. — La salle des *Mani-
morte*. — Les huit cabinets de la *Secreta* et du *Conseil des Dix*,
avoisinant la salle dite *Chancellerie ducale*.

L'établissement actuel des Archives de Venise est donc
l'ancien couvent de *Santa Maria Gloriosa dei Frari*. Sur
le *campo* où s'élève la grande et magnifique église, on
trouve l'entrée officielle des Archives à gauche, après
avoir traversé deux ponts fort rapprochés l'un de l'autre
par un très-petit quai. Au delà de la voûte de cette
entrée, qui, du reste, n'a absolument rien de remarquable, une grande cour, d'aspect un peu délabré, se
présente, flanquée de larges arcades; mais ce n'est
pas la cour principale, aussi majestueuse que singu-

2

lière, sur laquelle ouvre la plus grande partie de
l'édifice. La cour dite de la *Trinité*, séparée de celle de
l'entrée ordinaire par un corps de bâtiment s'élevant à
gauche, devait être jadis le grand promenoir des moines.
L'aspect qu'elle offre est dû à un mélange de grandeur
et de bizarrerie qui ne peut manquer d'étonner tous les
visiteurs. Le ton rougeâtre d'une partie des murs, les
teintes grises des arcades à plein-cintre, l'étendue et la
largeur des terrasses à balustres, la triomphale fontaine
du milieu, les dalles noircies par le temps, le clocher tout
en briques, dominant fortement le tableau; les flancs
extérieurs de l'église, la longue et étroite porte ogivale,
si gracieusement découpée sous le promenoir de droite,
et formant à elle seule comme l'attique d'un délicat
monument, tout ce contraste architectural, auquel,
certes, une idée de parfaite harmonie n'a point présidé,
est d'un effet émouvant. Dès que les enfants et les
femmes loquaces du voisinage sont venus chaque matin,
aux heures déterminées pour le service des alentours,
puiser l'eau du grand puits [1], le silence règne en maître
sous ces voûtes, et quand le chaud soleil du pays a marqué tout cet ensemble de sa forte griffe de poëte, l'imagination se peut déclarer satisfaite du spectacle offert

---

[1] Le service de l'eau potable à Venise se fait deux fois le jour par
l'administration de la ville. Les puits publics se trouvent sur différents
campi ou petites places, au Palais ducal, et dans les cours d'anciens
cloîtres tels que celui des *Frari*. Ces puits et ceux des palais en général,
d'une construction fort curieuse, ont donné lieu à d'intéressantes publications archéologiques. Voyez entre autres *Delle sponde marmoree o
vere dei pozzi* et *Dell' importanza delle vere dei pozzi per la storia
dell' arte Veneziana*, par M. Lorenzo Seguso.

par ce *cortile* de l'un des plus vastes cloîtres de la Venise ancienne. Les bâtiments, répartis sur les côtés des
deux cours et ouvrant aussi sur des jardins qui les séparent de la petite coupole de Saint-Roch, renferment les
innombrables séries de registres et de cartons formant
la masse des archives vénitiennes. S'il nous fallait suivre
le dédale des pièces que le visiteur est invité à parcourir,
et s'il nous fallait décrire le contenu de chacune d'elles,
notre œuvre de narrateur n'aurait pas les limites d'un
simple exposé, mais elle devrait atteindre au format d'un
volumineux *compendium*. Voici d'ailleurs des chiffres
précis, propres à donner une idée très-exacte de cette
réunion colossale de papiers à consulter.

La répartition systématique qui en a été faite comprend quatre divisions, la Politique, la Judiciaire, la
Commerciale et la Territoriale. Chacune a ses subdivisions, auxquelles se rattachent des sections en rapport
avec l'organisation multiple des magistratures et offices
de la République sérénissime. C'est, à vrai dire, une
sorte de labyrinthe dont il convient d'avoir une pratique
particulière pour obtenir ce qu'il peut donner. A qui
connaîtrait peu l'histoire politique ou administrative de
la fameuse République, nous ne conseillerions pas d'y
approcher avec l'intention d'en tirer un profit immédiat.
Si l'on excepte en effet quelques séries, telles que les
Dépêches, les *Traités*, les *Lettres des Princes* et les *Relations*, lesquelles répondent à ce que leur désignation annonce, une grande partie de documents spéciaux appartiennent à des registres classés sous des titres sans
promesses ni attrait pour un chercheur inexpert. Aussi

2.

est-ce avec beaucoup de bon sens que parlant de ces
archives des anciennes magistratures, le sénateur A. Sagredo dit quelque part : « Si quelqu'un demandait les
documents relatifs aux architectes et aux édifices de Venise et qu'on lui répondît : « Cherchez dans les actes
des magistrats préposés à la *comptabilité du sel* et à
l'*administration des salines,* cette réponse lui paraîtra
tenir du sarcasme. Cependant il n'en est pas d'autre
à faire. L'impôt du sel était un des principaux revenus
de l'État, et quand on avait décidé de la construction
d'un nouvel édifice ou d'une commande importante
à un peintre illustre, on en assignait la dépense sur les
revenus du sel, et on en faisait passer l'ordonnance *al
magistrato al sal* [1]. » C'est donc parmi les papiers de
cette magistrature toute spéciale que peuvent se trouver
les actes relatifs aux constructions publiques et aux
commandes artistiques. Il nous serait facile d'ajouter
de nombreux exemples tout aussi péremptoires. Prenez
un registre des *Deliberazioni del Senato,* vous trouverez
signalés dans une même feuille un contrat, un privilége et une convention internationale. Qui se doute-
rait, à moins d'une expérience éprouvée, de ce qu'il y
aurait à rencontrer dans les actes du *Conseil des Dix?*
Pour le plus grand nombre des curieux, les papiers de
ce Conseil passent pour ne pas renfermer autre chose
que des documents de haute et secrète police, des informations étranges, toutes empreintes de particularités
dramatiques. Assurément le drame et le mystère y ont

---

[1] *Archivio storico Italiano. Lettera di* Agostino Sagredo; *nuova serie,*
vol. II, part. II. Et *Calendar of State Papers :* VENETIAN.

leur part, mais en quelle surprise ne seront pas ces curieux quand, mieux informés, ils reconnaîtront que dans
les actes écrits des *Dix*, il en est un nombre considérable ayant trait aux mesures les plus modérées, les
plus simples, les plus sages, dictées uniquement par
le sentiment le plus élevé du droit et du bien public ! La
juridiction de ce Conseil, si faussement présentée par des
écrivains fallacieux, ou inhabiles, ou ignorants, n'avait-
elle pas à s'étendre à tel ou tel exercice qui non-seulement n'avait rien de commun avec le châtiment et la
réprobation, mais, en de certaines occasions, touchait
aux honneurs publics à rendre et aux louanges méri-
tées à donner? Que dira-t-on si nous affirmons qu'à
dater de 1774, c'est dans les papiers des *Inquisiteurs*
d'État, — de ces Inquisiteurs que des inventeurs de
fictions ont fait passer pour autant de meurtriers officiels, — que nous avons rencontré la plus abondante
série de textes relatifs aux mesures à prendre, de concert avec des peintres éminents, pour la conservation et
la restauration des tableaux appartenant à l'État, et
émanant des anciennes écoles si célèbres du quinzième
et du seizième siècle? Ce fut à ce tribunal, en effet, que
par un décret des Dix incomba cette charge, qui, il faut en
convenir, n'a rien d'épouvantable. Cette connaissance
nécessaire d'attributions aussi spéciales qu'impossibles
à deviner, démontre, du reste, combien il est urgent
qu'un catalogue analytique et raisonné de la partie ancienne de ces archives soit apprêté pour le service habituel des érudits nouvellement venus.

Revenons maintenant aux détails de l'exposé que nous

avons à faire, en ayant recours aux chiffres et aux dates
pour mieux préciser les différents points de notre discours.

On a souvent exagéré, en divers écrits, le nombre
des documents réunis aux *Frari*, ainsi que l'étendue des
divisions de l'édifice qui les renferme. Il eût été si
simple de se limiter à la vérité et à l'exactitude! Laissons là les chiffres de quatorze millions de documents,
de deux mille deux cent soixante-seize archives, de
quatre cents chambres, etc. Le géographe Andrea Balbi,
dans une brochure devenue rare, publiée en 1835,
n'a-t-il pas pris la ridicule tâche de poser pour les
résoudre d'inimaginables problèmes relatifs à l'étendue
matérielle des Archives de Venise? Cela tient de l'in-
croyable. Voulant demeurer géographe à tout prix, il
prouve que les rayons contenant les cartons classés,
s'ils étaient mis à la suite les uns des autres, formeraient
une ligne égale à une fois et demie la distance qui
sépare Paris de Versailles; il s'efforce de démontrer que
le nombre approximatif des feuilles étant de six cent
quatre-vingt-treize millions cent soixante-seize mille
sept cent vingt, est propre à former une bande d'un
milliard quatre cent quarante-quatre millions huit cent
mille pieds de longueur, capable de cerner onze fois la
circonférence du globe terrestre. Son enthousiasme
géographique atteignant à l'ivresse confronte ces archives, avec l'Océan d'abord, puis, se modérant, avec
l'Adriatique ; reprenant enfin un essor sans limites,
il a de l'inquiétude pour savoir si les Archives vénitiennes seraient aptes à contenir sur leur surface le
genre humain tout entier. Dans un conte fantastique

d'Hoffmann dont le héros serait un archiviste, ce calcul capricieux aurait l'avantage d'une incomparable invention; mais de la part d'un écrivain géographe, qui doit être surtout précis et positif, ce n'est qu'un effort puéril et tout paradoxal.

Allant donc aux faits, et nous énonçant d'après des comptes plus modérés et plus officiels, nous dirons que les Archives de Venise sont réparties entre deux cent soixante-quatre pièces; que pour la partie antérieure à 1797, il y a cent vingt et une archives comprenant cent mille sept cent cinquante-deux cartons ou registres, et pour la moderne, cent dix autres archives comprenant cent deux mille quatre cent soixante-deux cartons et registres; qu'enfin pour les documents sur parchemin en feuilles détachées, il en a été reconnu cinquante-deux mille huit cent soixante-dix-huit [1]. Certes voilà des chiffres bien honnêtes et suffisants! Et, lorsque le premier directeur général, Jacopo Chiodo, s'est vu en présence d'un tel *monde* manuscrit, à l'époque du classement qu'il systématisa en 1822, il lui eût été permis de s'écrier, sans pédantisme, avec le bon poëte : « *Mi ritrovai per una selva oscura* [2]. » Assurément aussi a-t-il pu ajouter, une fois son œuvre accomplie :

> Ma per trattar del ben ch' io vi trovai,
> Dirò dell' altre cose, ch' io v'ho scorte [3].

Venons à leur antiquité.

[1]. Voyez *Titoli e note cronologiche degli Archivii dell' ex Repubblica Veneta e dei governi successivi* (Cecchetti e Gregolin).

[2] « Je me trouvai dans une forêt obscure. » (DANTE, *l'Enfer*, chant 1er.)

[3] « Mais pour parler du bien que j'y trouvai, je dirai les autres choses qui m'y apparurent. » (*Ibid.*)

A en croire les astrologues, ce serait le 25 mars de l'an
421, vers midi [1] (les astrologues sont des gens précis),
qu'il faudrait dater la fondation de Venise. Or, si les
tribuns et chefs du peuple ont fait alors quelques pro-
clamations écrites, ou ont envoyé des messages officiels à
leurs voisins, dont ils ont gardé la copie dans la maison
principale du territoire occupé, on peut dire que de ce
jour aussi ont été fondées les Archives vénitiennes. Ce
peuple ingénieux, qu'il est si intéressant d'étudier dans
son étrange établissement au milieu des lagunes, eut, en
effet, de toute antiquité l'esprit civilisateur et administratif. N'était-il pas en cela le légitime héritier de ces
Romains qui, poussés, dit-on, par les hordes barbares
vers les côtes adriatiques, furent les premiers à s'y établir comme en un lieu d'asile, et à former ainsi un
groupe d'où sortit la peuplade vénitienne [2] ? Que les
plus anciennes chroniques sont curieuses à lire sur ces
temps primitifs ! Ouvrez-les ; car nous ne nous éten-
drons pas plus longuement sur cette thèse, qui nous
conduirait si loin ! Que seraient donc les Archives
actuelles sans les éléments destructeurs qui tant de
fois en ont ravagé, dispersé et interrompu les séries ?

---

[1] Dans un manuscrit de la Bibliothèque de Saint-Marc : *Cose
notabili*, etc. Cette date me paraît de pure complaisance traditionnelle.
Voyez la discussion de l'historien Romanin à cet égard. *Storia documentata*, t. Ier.

[2] C'est Manin ou Tommasco, ce nous semble, qui dans une éloquente
proclamation du 11 août 1849, rappelait au peuple par ces paroles har-
monieuses l'antique date de cette civilisation apportée dans les lagunes :
« In tempi remoti, soffiate di terra in terra dal vento delle barbarie, in
queste acque tranquille ripararono e vissero, come in sacrario, gente
e civiltà latina... »

Giovanni Rossi a écrit avec justesse que si, « envers et contre tous les caprices de la fortune, ces archives vénitiennes avaient pu conserver leur intégrité, il est indubitable qu'elles auraient présenté la plus curieuse, la plus vaste et la plus importante réunion de souvenirs écrits et de preuves authentiques dont se pût enorgueillir n'importe quelle nation du globe, depuis la chute de l'empire romain [1] ». Mais la fortune, avec laquelle il est et sera toujours dans la condition humaine de devoir compter, n'a point permis qu'il en fût ainsi.

Pour trouver présentement dans ces Archives un document original de quelque antiquité, il ne faut pas le chercher avant l'année 954. Quant à des textes plus anciens non originaux mais de copie authentique, il en est deux, dont un diplôme en date de 883 par lequel l'empereur Charles le Gros affirme les confins de la juridiction vénitienne, confirme les droits de possession en terre ferme et renouvelle les priviléges de la basilique de Saint-Marc [2]. Parmi les actes émanés dès ordres religieux, il en est beaucoup du onzième siècle [3]. Quelques

[1] Bibliothèque de Saint-Marc, *Manuscrits*, classe VII, cod. 1386; Rossi, *Leggi*, vol. I.

[2] Notre confrère et ami Rawdon Brown cite les actes du concile de Chalcédoine datés de l'an 481, comme le document en copie le plus anciennement daté. Voyez dans le *Calendar of State Papers* le volume VENETIAN, 1202-1509.

[3] « Ben è vero che i ricchissimi Archivi della Repubblica Veneta di un' importanza storica più che singolare, unica per le epoche più splendide della storia italiana, pochi documenti ci conservano di quei secoli, de' quali, paesi anche affatto secondari posseggono in copia monumenti archeologici e antichi scritti. Rarissimi infatti sono i documenti Veneziani o attinenti alla storia di Venezia che precedono il secolo XI, pochi quelli che vi pertengano. » B. CECCHETTI, *Gli Archivii della Republ.*

textes de lois du douzième siècle sont parmi les parchemins dits *Ducali*, et le premier statut de droit criminel est en date de 1181. Ce ne sont du reste là que des documents séparés, n'ayant point de corrélation successive, sorte d'objets isolés dans un musée, pouvant servir d'humble preuve pour raisonner d'un fait ou donner à connaître d'une formule en usage dans l'histoire des temps écoulés. Si nous en exceptons l'imposante série des Traités (*Pacta*), comprenant neuf registres sur parchemin et parcourant successivement l'espace de 883 à 1476, il n'y a pas matière pour fournir à des recherches suivies avant l'année 1223, année ouvrant la série d'autres registres par le *Liber Communis sive Plegiorum,* et précédant ainsi l'admirable suite des recueils manuscrits tels que ceux des *Décrets du Grand Conseil* (1232-1793), des *Commemoriali* (1295-1787), des *Délibérations du Sénat* (1401-1797), du *Collegio* (1327-1797), et tant d'autres de catégorie politique. Le département auquel appartiennent ces séries précieuses est celui des Chancelleries, et sans contredit il est le plus intéressant de cette collection véritablement gigantesque.

Se diriger et se reconnaître dans l'édifice sont deux choses peu faciles. L'enchevêtrement des pièces, malgré les numéros qui les distinguent, est si compliqué, que pour ne s'y point égarer une boussole serait un instru-

---

Veneta e il Notarile (schema di un opera) 1864. L'auteur ajoute à ce fragment l'indication de ce genre de documents : sept pour le huitième siècle, trente pour le neuvième; cinquante-quatre pour le dixième; deux cent treize pour le onzième, répartis pour la plupart dans le *Codex Trevisanus*, et dans les Archives des anciennes corporations religieuses classées aujourd'hui aux *Frari* dans les salles dites *Mâni-morte*.

ment presque indispensable; aussi est-il peu aisé de
décrire systématiquement les divisions intérieures. Il est
des pièces qui n'ont pas plus d'étendue que celle qui convient à une chambre ou à un salon; il en est d'autres
qui, telles que les deux anciens réfectoires du couvent,
sont assez vastes pour avoir pu, en certaines occasions
canoniques, réunir jusqu'à dix-huit cents moines; d'autres encore ont la longueur d'une nef de grande église.

Tout au long des murailles sont disposés des rayons, et
sur ces rayons les registres et les liasses. Des inscriptions
peintes en caractères blancs sur fond bleu indiquent les
classifications. C'est ainsi qu'arrivant au premier étage
par le grand escalier adossé aux anciens réfectoires des
Pères, vous pénétrez dans les salles les plus vastes, ayant
la forme d'une croix latine immense. Cette partie seule
de l'édifice contient l'élite des anciennes archives. Les
impôts, les fiefs, la justice au civil et au criminel, les
finances, la monnaie, la santé publique, l'arsenal, la
guerre, le luxe, les possessions maritimes, la navigation, l'instruction publique, la noblesse, le commerce,
les arts et les métiers, les professions libérales, les magistratures préposées à la surveillance des monastères et à
celle des charges; la police ordinaire, sous la dénomination pittoresque des « Seigneurs de la nuit au civil et au
criminel »; les eaux, les forêts, les mines, les emprunts
d'État, les biens communaux, et une infinité d'*uffizi*,
rameaux adhérents à ces diverses branches, ont ici leurs
papiers chronologiquement répartis [1].

---

[1] Voyez à l'*Appendice* le répertoire des REGISTRES et DOCUMENTS les
plus remarquables et utiles, avec l'indication méthodique du classement.

En se dirigeant vers le midi, on arrive à une pièce fort bien aérée et de bel aspect, jadis le cabinet des livres des moines, aujourd'hui consacrée, sous le nom de *Mani-morte*, à la collection des actes des confréries et couvents; huit chambres supérieures y font suite, réservées aux mêmes matières. Au fond de cette belle salle, une large fenêtre s'ouvre sur le petit *Campo di San Rocco*, et on peut admirer la merveilleuse façade de cet élégant monument si connu, toujours visité, appelé la *Scuola di San Rocco*.

Puis, revenant sur ses pas, quittant les *Mani-morte*, et regagnant le long espace destiné en partie aux recueils de la Chancellerie ducale, on remarque sur la droite deux petites portes à la romaine. L'une conduit à la collection de la CHANCELLERIE SECRÈTE, l'autre à celle du CONSEIL DES DIX. Ces deux portes basses enchevêtrées ainsi aux flancs opulents de la CHANCELLERIE DUCALE, et donnant accès l'une et l'autre à huit chambres se faisant suite, parmi lesquelles deux sont du ressort des INQUISITEURS, représentent un ensemble que l'on peut sûrement appeler le corps et l'âme de l'ancien État vénitien. Historiens, publicistes, narrateurs des coutumes, diplomates, négociateurs, juristes, curieux, la chose ici est vôtre! Cette terre cultivable est assez riche et assez féconde pour que par vos soins vous en puissiez heureusement et patiemment tirer les produits les plus rares.

Nous dirons donc ce qu'était cette Chancellerie Ducale et Secrète au temps où florissait la Sérénissime Venise; nous dirons ce que sont aujourd'hui leurs dépouilles, et nous signalerons les plus attractifs de leurs grands recueils; mais auparavant désignons les savants, les érudits et les curieux venus à Venise, aux Archives, depuis le petit nombre d'années qu'elles sont accessibles, et qui les ont mises en usage, les uns pour une étude sur la politique, les autres pour un travail sur les coutumes, tous, en un mot, pour des recherches utiles et savantes.

III.

HISTORIENS, CURIEUX, CHERCHEURS ET VISITEURS.

Sous la République sérénissime, les collections de la Chancellerie dite *Secrète* étaient inaccessibles. — Très-rares exceptions. — Giovanni Rossi. — Difficultés nouvelles pour la communication des documents après la concentration des Archives au couvent des *Frari*. — Jacopo Chiodo, directeur général, élevé à l'école du secret, ne se prête qu'avec regret à la curiosité des historiens et des chercheurs. — L'Anglais J. Ingram refusé. — Indication des recherches qui ont été faites de 1825 à 1840. — Antonio-Emmanuele Cicogna. — Demandes officielles. — Léopold Ranke. — Autographes demandés par la Cour de Vienne. — Le comte Mosconi. — Le comte Mailath. — M. Mutinelli. — MM. Cibrario et Promis. — Comte G. Cittadella. — Comte Raczinski. — MM. Palacky, Raumer, de Flers et Karl Sken. — Recherches et demandes de documents pendant les sept années de la direction de M. Ninfa Priuli. — M. Eugène de Rozière. — Son Mémoire sur la maison de Lusignan. — Sa lettre à ce sujet. — MM. Agostino Sagredo, de Franqueville, Buchon, Shikoff, Tommaseo, Trobriand, de Mas Latrie, F. Cygnaüs, Miklzaclowsky et les Pères Arméniens. — M. le marquis de Laborde. — Un passage de la préface de son *Histoire d'Athènes au seizième et au dix-septième siècle*. — M. Huillard-Bréholles. — Mission donnée par M. de Salvandy à M. Paul de Musset. — Long séjour de M. de Musset à Venise. — Il est le premier à qui ait été faite la communication de quelques registres du CONSEIL DES DIX. — Son aventure à ce sujet pour un document trop révélateur de 1496. — Il recherche, pour le ministre de la Guerre, lés originaux des traités conclus entre Venise et les Puissances Barbaresques, et il en envoie des copies nombreuses. — MM. Tomassoni et Gregorovitsch. — MM. Sandalh, Merkel et Francesco Berlan. — Le Prince-évêque du Montenegro. — Jusqu'alors nul catalogue à la disposition des chercheurs. — Secours de l'ouvrage VENEZIA E LE SUE LAGUNE, contenant l'exposé des *Archivi Veneti*, par l'abbé Cadorin, en 1847. — Malgré le libre accès aux Archives sous le gouvernement présidentiel de Manin, peu de visiteurs et de studieux. — Préoccupations politiques. — Les boulets de l'Autriche sur l'établissement des Archives. — Quels furent les *studiosi* pendant cette période tourmentée. — Vincenzo Lazari. — Ses qualités érudites et personnelles. — Direction du chevalier Fabio Mutinelli. — Il se montre d'abord peu libéral. — Samuel Romanin et la *Storia documentata di Venezia*. — M. Rawdon Brown. — Ses ouvrages tirés des Archives de Venise. — Énorme travail de cet érudit. — Son *Calendar of State Papers*. — Sa demande pour la communication de quelques papiers des INQUISITEURS relatifs à sir Henry Wotton. — M. de Mas Latrie et les *Libri Pactorum*. — MM. Frédéric Tafel et Georges-Martin Thomas. — Leurs études sur le moyen âge. — M. Mutinelli veut rendre les papiers des DIX invisibles. — MM. Kugulzevic, Proote et autres. — Docteur Karl Hopf, ses savantes recherches. — Le rapport du 29 octobre 1853, du chevalier Mutinelli, empêche la maison d'Autriche de s'emparer, au bénéfice de ses collections de Vienne, des documents diplomatiques vénitiens. — M. Gachard. — M. Théodore Sickel et divers autres. — J'arrive aux Archives de Venise en août 1855. — Mission que me donne le ministre de l'Instruction publique. — Le baron de Bourqueney, ambassadeur à Vienne, obtient pour moi du baron de Bach, ministre de l'Intérieur, la communication des papiers d'État vénitiens. — Réception que me fait le chevalier Mutinelli, directeur. — M. Mutinelli première victime de ses sentiments prohibitifs. — Anecdote à ce sujet. — Objet de mes recherches et de mes études dans la CHANCELLERIE SECRÈTE. — Présence à Venise de l'Empereur d'Autriche. — Sa visite aux Archives. — Sa Majesté m'interroge. — J'obtiens la permission de consulter les papiers du CONSEIL DES DIX et plus tard ceux des INQUISITEURS D'ÉTAT. — Pourquoi ce long récit trop personnel. — Mes travaux d'après les Archives de Venise. — Faiblesse de ma première publication intitulée *Souvenirs d'une mission*, et son peu de valeur. — Pourquoi j'ai retardé la publication des volumes devant faire suite au premier paru sur la *Diplomatie vénitienne et les Princes de l'Europe au seizième siècle.* — Renvoi à l'inventaire des documents composant mes portefeuilles. — Autres chercheurs pendant la direction de M. Mutinelli. — École de paléographie fondée près les Archives de Venise. — M. Cesare Foucard, professeur. — Utilité de cette École, qui a développé l'esprit de curiosité pour l'étude de l'histoire de Venise. — MM. Nicolò Barozzi et Guglielmo Berchet publient les *Relations* des Ambassadeurs vénitiens pendant le dix-septième siècle. — Cet important ouvrage est une suite immédiate au grand *recueil* formé par M. Eugenio Alberi. — Cesare Cantù. — Différents chercheurs admis en 1857. — Le Père Theiner et les actes du Concile de Trente. — M. Jules Pelletier, de l'Institut, et les apprêts d'une histoire du Père Joseph. — Victor Cousin et les documents vénitiens, particulièrement ceux qui concernent Mazarin. — Fragments de lettres familières à ce sujet. — Un bulletin de recherches à faire pour M. Cousin. — Mode singulière et abusive de publier des documents d'histoire à l'occasion de noces vénitiennes. — Citations nombreuses d'opuscules publiés *per le auspicatissime* ou *nobilissime nozze.* — Considérations à cet égard. — Recherches accomplis en 1858. — Les événements de 1859 ralentissent les travaux. — MM. Tassini, Nicoletti, Sardagna, etc. — M. Müller. — Retraite du chevalier Fabio Mutinelli. — Complète libéralité à l'endroit des recherches sous la nouvelle administration des Archives confiée au comte G. Dandolo. — Les Archives de Venise depuis 1861. — M. Giovanni-Battista Lorenzi et son ouvrage sur le Palais ducal, encouragé par l'écrivain anglais Ruskin. — M. Ravaisson. — M. Armingaud. — Arrêté de M. le comte Walewski relatif à la publication des Dépêches des ambassadeurs vénitiens sur la Cour de France. — Plan de ce travail. — Le baron de Hübner. — L'abbé R. Fulin. — M. Victor Ceresole. — Le comte de Laferrière-Percy. — M. Luigi Pasini et ses recherches sur la science du *chiffre diplomatique.* — M. B. Cecchetti. — Dom Béda Düdick, envoyé autrichien pour la confiscation des documents vénitiens. — Récit de la journée du 22 juillet 1866. — Énumération sommaire des déprédations. — L'Autriche n'avait aucun droit. — M. Tommaso Gar, directeur actuel. — Le livre des visiteurs aux Archives de Venise depuis 1835 jusqu'en 1867.

Le gouvernement de la République de Venise se prononça, de tout temps, contre la communication des documents politiques, même anciens, conservés en une de ses chancelleries dite LA SECRÈTE. Chez lui, cette épithète n'était pas un vain mot. Les intéressants décrets reproduits aux *Appendices* de ce livre, touchant l'organisation de cette grande SECRETA, sont l'histoire authentique de la vigilance exercée par le Tribunal redouté à l'autorité duquel un décret de 1472 l'avait soumise [1]. Les rares exceptions de communications spéciales dont nous retrouvons les traces sont uniquement en faveur, soit de quelques-uns des *Consultores juris Reipublicæ Venetæ* [2], sorte de conseillers *de la couronne*, appelés en des circonstances particulières à formuler des avis; soit de quelques ambassadeurs qui, avant de se rendre à la cour auprès de laquelle ils étaient accrédités, voulaient connaître les rapports de leurs devanciers; soit encore des historiographes élus par l'État pour écrire successivement l'histoire politique des Vénitiens [3]. Aucun extrait cependant ne pouvait y être pratiqué, et on peut dire que la plume, en cette collection immense d'écritures, était un instrument que prohibaient les lois les plus sévères. Lors donc que Venise contrainte renonça à ses constitutions dans la funeste journée du 12 mai 1797, ses archives politiques étaient vierges de toute publicité.

Les documents qui furent emportés à Paris ont été

[1] Cancelleria, Secretarii et Notarii pertineant CONSILIO DECEM, excepta electione Cancellarii. (MDCCCLXII. Die XXIV junii, in Consilio Decem.) *Libro d'oro*, parte VIII, pag. 61.

[2] Décret du Sénat, 14 octobre 1611. *Senato* (terra). Reg. 81.

[3] La République eut des historiographes depuis l'année 1505. Les histoires écrites par Sabellico, Bembo, Paolo Paruta, Andrea Morosini, Batt[a] Nani, Michele Foscarini et Pietro Garzoni ont seules été imprimées. La plus ancienne autorisation officielle connue est peut-être celle qui a été donnée par les chefs du Conseil des Dix au chroniqueur Marin Sanuto, 26 septembre 1531.

mis en usage par le comte Daru, et il fut le seul qui les ait alors consultés pour les faire servir à l'histoire.

La dispersion des différentes séries à cette époque, les déplacements, les réorganisations, favorisèrent, ainsi qu'il est facile de le supposer, la curiosité de certains érudits; mais si nous en exceptons un honnête et conscieux curieux, Giovanni Rossi [1], qui a fait de ces papiers un usage dont on ne peut bien apprécier la portée qu'en examinant ses propres manuscrits légués à la bibliothèque de Saint-Marc, peu d'écrivains en ont tiré un parti notablement utile. Il faut d'ailleurs convenir que dans ces temps agités, l'attention générale était plutôt ailleurs qu'à des consultations d'archives. La politique contemporaine envahissait tous les esprits. Un jour on appartenait à telle puissance, un autre jour à telle autre. L'étude s'accommode peu de ces grands bruits et de ces variations inquiétantes. Il nous est donc à peu près démontré que, hormis les employés à la réorganisation depuis 1807 sous le gouvernement italien, et depuis

---

[1] Giovanni Rossi, fils de Gherardo, conseiller, a laissé en legs à la bibliothèque de Saint-Marc plusieurs séries importantes de ses œuvres manuscrites. Emmanuele Cicogna, qui l'a si fréquemment et utilement consulté, l'appelait *il dottissimo nelle cose Veneziane, il sedulo raccoglitore di antichità patrie.* Agostino Sagredo, au chapitre xxi de son remarquable écrit sur *la Storia civile e politica dei Veneziani*, lui rend cet hommage : « Se il signor consigliere Giovanni Rossi metterà in luce i suoi studi sulle costumanze civili dei Veneziani e sulla loro vita domestica, avremo tale un lavoro che onorando il suo valoroso autore, varrà mirabilmente ad illustrare questa parte della storia nazionale. » Le recueil de Rossi, divisé en deux parties, *Leggi e Costumi*, 31 volumes, et *Documenti*, 85 volumes, est rempli de faits et de détails les plus curieux et les moins connus sur toutes choses de l'ancienne Venise. Ce patient chercheur est mort en 1852. Voyez Cicogna, *Inscrizioni*, t. III, pages 78 et 394; tome IV, pages 281, 652, etc.

1815 sous le gouvernement autrichien, les archivistes
seuls ont pu connaître les collections, sans toutefois avoir
eu la liberté d'en révéler le contenu dans ses moindres
parties. Les mesures adoptées pour l'organisation accomplie par le premier directeur général, après 1815, se
prêtaient peu d'ailleurs aux communications d'aucun
genre. Jacopo Chiodo, élevé à l'école de la République
sérénissime, nourri dans l'habitude du secret dont la vio-
lation, au temps du Doge et des Dix, lui eût fait encourir
les châtiments les plus sévères, était demeuré fidèle aux
principes jaloux dont l'humeur de l'Autriche alors ne
voyait pas le maintien sans complaisance. Aussi peut-on
dire que cet honnête Jacopo Chiodo, malgré sa bonté et
sa loyauté innées, pendant tout le temps qu'il a gouverné cet *emporium* de chartes et de manuscrits rassemblés à Sainte-Marie-Glorieuse des Frères, c'est-à-dire
de 1822 à 1840, répondit presque toujours aux autorités qui le consultaient avant d'autoriser aucune communication, de manière à les persuader de conclure à la
prohibition. Jamais, en un mot, ce garde des papiers de
l'État de Venise, qui se considérait comme le *Custos
rerum secretarum*, ne s'est prêté sans inquiétude à l'ouverture des portes du temple devant les pas d'un étranger. Il vivait dans les choses de l'histoire, mais les historiens chercheurs et curieux de preuves vénitiennes
étaient pour lui figures d'ennemi. Dans de tels sentiments, il n'est donc pas étonnant qu'il ait suscité à la
chancellerie de l'Empire certaines mesures qui pour lui
devinrent de véritables forteresses derrière lesquelles il
se retranchait avec bonheur.

Telle fut la décision du 14 juin 1824, notifiée par l'impériale et royale Chancellerie aulique, sous le numéro 18248, dans laquelle il était dit que « Sa Majesté avait daigné ordonner que les archives des ex-Inquisiteurs d'État vénitiens devaient être comme autrefois secrètes et inaccessibles ». Il en fut alors à peu près de même pour les papiers du Conseil des Dix, et quiconque eût adressé une requête à l'effet de pouvoir les consulter, eût incontestablement été qualifié d'audacieux et d'aventureux. Néanmoins, de 1824 à 1840, c'est-à-dire dans l'espace de seize années, vingt-cinq ou trente demandes de communications historiques, dont plusieurs pour le compte du Gouvernement, furent adressées à la direction générale. Nous avons pu les relever sur les registres dits *réservés*, et nous les mentionnons dans l'ordre chronologique où nous les avons rencontrées.

En 1824, le 25 juin, M. John Ingram, sujet de Sa Majesté Britannique, demande à prendre lecture et copie de *documents relatifs à l'Angleterre* depuis le seizième siècle. Sa requête, examinée, fut repoussée, et réponse négative lui fut donnée par lettre officielle du 5 juillet.

L'année suivante, 1825, le 12 février, apparaît le premier permis qui fut accordé. Emmanuele Antonio Cicogna, *cittadino Veneto*, venait alors de publier le premier volume de ses *Inscrizioni Veneziane*, monument d'histoire érigé aux gloires anciennes, aux traditions écrites, aux souvenirs de tout genre consacrés dans sa patrie. Ce savant avait reconnu que, sans le secours bienfaisant des Archives vénitiennes, de grands et incessants

3.

obstacles l'empêcheraient de poursuivre l'ouvrage qu'avec tant de patience et de soin il avait préparé ailleurs avec les documents qu'il avait pu rencontrer, mais pour le contrôle et la date desquels les sources officielles lui étaient indispensables. La demande qu'il adressa fut admise sous bien des réserves; mais, si restreinte que fût l'autorisation présidentielle, le service qu'elle lui a rendu est digne de mémoire. Le chevalier E. A. Cicogna a publié, depuis, cinq autres volumes des *Inscrizioni* et un autre ouvrage très-apprécié, la *Bibliografia Veneziana*. Il est une des gloires les plus pures de la Venise moderne. Sa vie fut dédiée au labeur, aux recherches, au culte de la curiosité et à l'acquit du savoir. C'est aussi de lui qu'il faut dire : *Rerum minime tritarum indagator sagacissimus.*

Jusqu'en 1828, le silence des demandes est complet. Mais le 15 avril de cette même année, le demandeur est le Gouvernement, qui désire avoir de l'archiviste un mémoire sur l'*Auditeur de Rote de l'ancienne République en Cour de Rome*. La réponse lui fut envoyée, le 18 mai, sous forme de rapport. De la même source, le 23 août, ordre fut donné d'informer sur les *relations qu'avait eues l'État avec le clergé grec non uni de la Dalmatie.*

En date du 13 décembre 1828 nous rencontrons la première demande d'un historien à qui son talent, son grand style et ses travaux destinaient un nom illustre en Allemagne. Léopold Ranke s'adresse au Gouvernement pour qu'il lui soit permis d'examiner les *rapports* que les ambassadeurs vénitiens en Hongrie avaient dû faire au retour de leurs missions. L'archiviste, interrogé, répondit, le 28 décembre, par un mémoire secret adressé au comte de Spaur. La tentative de Ranke échoua cette fois. Mais le 9 mai 1829, l'historien, qui s'était depuis dirigé vers l'Empereur, avait été plus heureux, et l'étude des *Relations* célèbres des Ambassadeurs de Venise aux diverses cours de l'Europe, à l'exclusion de celle de Vienne et de celle de France depuis 1789, lui fut permise. Les protocoles de l'année 1830, sur ces matières, témoignent de l'assiduité de l'historien allemand. Le 7 août, il demande les relations de *Rome;* le 13 août, celles de *France* et d'*Espagne;* le 12 septembre, celles de *Savoie, Mantoue, Angleterre, Hollande, Portugal, Milan* et *Turquie;* le 14 octobre, celles de la *Morée* et des *îles du Levant,* puis les *pièces à conviction* de la célèbre *Conjuration du marquis de Bedmar et des Espagnols en* 1618. Toute une correspondance de l'archiviste existe à cet égard. Ranke mit fin à ses belles études en décembre, mais il ne put retirer ses laborieux extraits et ses utiles copies sans avoir dû les soumettre à l'examen de la direction! Il importait peut-être de savoir si, parmi ces anciennes opinions formulées par un monde politique qui n'était plus, il ne se rencontrait pas quelque phrase malsonnante pour la maison d'Autriche! Rien de plus puéril que ces inquiétudes rétrospectives d'un gouvernement établi!

En 1830, la famille impériale impose une étrange obligation à l'archiviste vénitien. Désireuse d'enrichir la bibliothèque de la Cour de nombreux et précieux autographes, elle fait inviter le directeur général à lui présenter un catalogue alphabétique indiquant le nom de tous les personnages célèbres « o *per sapere nelle scienze e belle arti o per fatti storici,* » de qui il devrait ensuite envoyer des lettres autographes « *per la biblioteca di Corte in Vienna* » . Rapport fut fait le 7 décembre avec envoi de vingt-sept lettres. Il est heureux que le directeur n'ait pas été plus libéral.

En 1831, le 26 février, le comte G. Mosconi, voulant justifier la ville de Vérone, sa patrie, des taches dont certains historiens l'ont ternie relativement au séjour qu'y fit le comte de Lille (plus tard Louis XVIII), sollicite le libre examen des pièces officielles concernant la résidence du frère de Louis XVI à Vérone. Cette requête embarrasse l'archiviste. Il s'agit de documents en date de 1795 et 1796! C'est une époque dont les événements sont contemporains! Il soumet les pièces au Gouverneur, qui en accorde la communication le 6 mars, et prévient le craintif directeur qu'en une autre occasion il ne se contente pas de lui soumettre les pièces, mais qu'il formule aussi son avis. Peu de jours après, le 2 mars, il l'invite à rechercher les décrets de l'ancien Sénat concernant l'*acceptation dans les ports de l'État des consuls étrangers sujets vénitiens,* et particulièrement le *décret* du 1er avril 1791.

Cette même année, en septembre, le comte Mailath, érudit en belles-lettres et en histoire, arriva muni d'une autorisation souveraine pour examiner les plus importants documents propres à servir à son *Histoire des Provinces autrichiennes.* Il fut le premier à qui toutes faveurs furent faites, et la complaisance fut

poussée jusqu'à lui apprêter un cabinet pour qu'il ne
fût point troublé dans ses recherches. Pour cette fois,
il semble que le vigilant directeur ait été tout glorieux
de cette aristocratique visite, car dans une petite note
de sa main, conservée dans le dossier du visiteur, nous
avons rencontré ces mots expansifs : « Il a trouvé d'utiles
documents et des dépêches et relations de Hongrie. Il a
porté très-haut l'établissement (*esaltò assai lo stabili-
mento*), disant qu'il n'en est point de pareil ni de plus
important en Europe. »

Rien pendant l'année 1832.

En 1833, le 23 janvier, il fut prescrit officiellement
de rassembler les documents propres à établir les *confins
de la Dalmatie avec le Montenegro*. Puis, au mois de
juillet, il est curieux de remarquer que le demandeur,
M. Fabio Mutinelli, refusé le 29 du mois, fut celui qui
devait, quinze ans plus tard, être appelé aux honneurs de
la direction. Son désir, alors, était d'examiner « *dove gli
occorra* », autant dire *en toutes archives*, des documents
pour l'*Histoire vénitienne*. L'austère Chiodo trouva que
l'intention était louable, mais la requête inadmissible.
Il la voulait plus précise. M. Mutinelli formula mieux,
et quelques pièces lui furent communiquées. Il les a uti-
lisées pour son intéressant ouvrage « *Annali urbani di
Venezia.* »

En 1834 (juin), avis fut donné de se prêter avec les
précautions habituelles — *con le dovute cautele* — à la
mission de MM. Cibrario, intendant du roi de Sardaigne,
et Promis, conservateur de son cabinet des médailles,
chargés de rechercher des documents pour servir à l'*an-*

cienne histoire de la maison de Savoie. M. le docteur
Charles Mayer de Serra, demandeur de pièces relatives
au grand théologien *Fra Paolo Sarpi*, fut invité à mieux
caractériser ses intentions. Le sujet était délicat.

L'année 1835 ne rappelle qu'une seule demande.
Elle fut autorisée. Le comte Giovanni Cittadella, homme
d'esprit et de bonnes lettres, recueillait les informations
historiques sur la famille des *Carrara*, anciens seigneurs
de Padoue.

En 1836, le comte Raczinski, chambellan du roi de
Prusse, voulut connaître les papiers diplomatiques propres à l'éclairer sur les *rapports qui avaient existé entre
le royaume de Pologne et la république de Venise;* mais
l'archiviste fut d'avis de ne pas favoriser cette curiosité
nationale, et il développa son sentiment à cet égard
dans un mémoire détaillé et *riservato,* le 14 mai 1836,
sous le numéro 475.

En 1837, M. Franz Palacky fut admis à consulter les
actes relatifs à l'*histoire de Bohême et des pays limitrophes au temps de G. Podiebrad (1450-1471).* Le gouvernement commanda aussi qu'il fût dressé une liste des
pièces diplomatiques concernant la *Russie.*

Même ordre fut donné en 1838 à l'égard des actes
relatifs à *Pierre le Grand* et à *Charles XII.*

L'année 1839 signale le passage du professeur Raumer, le 4 avril. Ses recherches pourraient plutôt s'appeler une consultation de registres. Il en ouvrit deux
du *Grand Conseil,* deux des *Patti,* et deux des *Commemoriali,* puis il se retira. Le marquis de Flers obtint,
en août, d'examiner les *Lettres des rois de France* adres-

sées à la Seigneurie et État de Venise, et le docteur
Karl Sken s'enquit de textes concernant *Titien* et
Sansovino.

M. Ninfa Antonio Priuli, second directeur des Archives
de Venise, demeura en fonctions pendant sept années
(1840-1847). Son administration ne paraît pas avoir été
beaucoup plus libérale que la précédente : il était du
reste homme de peu d'initiative, de *talenti limitati*, et
ne se signala par aucun travail important.

En 1841, M. Eugène de Rozière, d'une érudition
éprouvée, aujourd'hui l'un des inspecteurs des Archives
de France, se trouvant alors en Italie, et ayant appris
que l'Académie des Inscriptions venait de proposer
pour sujet d'un prix l'*Histoire de l'île de Chypre sous
la dynastie des Lusignan*, résolut d'y concourir. Il était
alors à Turin avec un savant ami à lui, le docteur Roussel. M. Eugène de Rozière a raconté d'une manière
intéressante comment il vint à Venise et comment il se
présenta aux Archives. La communication qui nous est
faite de sa lettre donne une telle précision aux faits,
que nous croyons pouvoir nous permettre de reproduire
le passage qui se rattache à cette anecdote. « Je savais,
dit-il, que les rois de Sardaigne se prétendaient héritiers du trône de Chypre et qu'ils en prenaient le titre
royal sur leurs monnaies. L'idée me vint qu'on trouverait peut-être dans leurs Archives des documents relatifs à la question posée par l'Académie; je proposai à
M. Roussel d'utiliser nos loisirs en faisant quelques
recherches, et même, si ces recherches devenaient fruc-

tueuses, en commençant la rédaction d'un mémoire en
réponse au programme de l'Académie. M. Roussel ac-
cepta avec empressement, et dès le lendemain nous
étions à l'œuvre. Le résultat dépassa toutes nos espé-
rances. Encouragés par ce début, nous résolûmes de
continuer notre entreprise, et en arrivant à Venise nous
n'eûmes rien de plus pressé que d'aller frapper à la
porte des Archives. Mais à cette époque cette porte ne
s'ouvrait qu'avec une permission de Vienne ; *un homme
qui avait réussi à pénétrer dans les Archives de Venise
était considéré dans le monde des savants comme un
privilégié; on se le montrait et on l'enviait.* Nous atten-
dîmes un mois la réponse à notre demande. Nous nous
décidâmes enfin à partir. L'autorisation nous parvint
lorsque nous étions à Florence et presque sur la route
de Rome. Cependant nous n'avons pas été totalement
privés des documents vénitiens. Nous avions été admis
sans difficulté à la bibliothèque de Saint-Marc, où nous
avions trouvé plusieurs volumes d'extraits et de copies
tirés des pièces des Archives; notamment le manuscrit
connu sous le nom de *Codex Trevisanus;* et plus tard
nous obtînmes par l'entremise du célèbre M. de Hammer
qu'on nous envoyât la copie des cinq ou six priviléges
les plus importants pour l'histoire des Lusignan. Nous
continuâmes nos recherches à Florence, à Rome, à
Naples, à Gênes, et en fin de compte nous fûmes récom-
pensés par un prix que l'Académie voulut bien accorder
à notre travail... »

Une demande adressée par MM. Buchon et de Franqueville (ce dernier consul de France à Venise) suivit

de près celle de M. de Rozière. Mais l'examen qu'il leur fut accordé de faire ne devait pas s'étendre à celui des pièces politiques. Pour un historien, une pareille autorisation équivaut à une négation ; car des pièces même du temps des croisades peuvent être tenues pour politiques par un archiviste ombrageux.

Le comte Agostino Sagredo, le chevalier de Henick-stein et le consul de France ont adressé des demandes en 1842, le premier sans doute relativement aux papiers politiques des ambassadeurs ses ancêtres ou pour suffire aux intéressants travaux qu'il a depuis publiés, le second pour le compte du célèbre orientaliste Hammer-Purgstall[1], le troisième relativement aux *Lettres de Henri IV* que recherchait alors de tous côtés le ministère de l'Instruction publique, en France, pour l'importante publication confiée aux soins de M. Berger de Xivrey.

En 1843, des informations furent demandées par le Russe G. Miklzaclowsky sur la *Campagne de Souvaroff*, par le professeur Schikoff sur les *lettres des Ducs et Czars de Moscovie*, et par les Pères Arméniens sur l'*île et couvent de San-Lazaro*. M. le duc de Brunswick fit aussi pratiquer des recherches dans le recueil du *Livre d'or* sur le fait de l'agrégation de sa famille à la noblesse vénitienne.

---

[1] Le chevalier de Henickstein, capitaine du génie alors en résidence à Venise, était beau-frère du célèbre baron de Hammer. Il avait été chargé d'examiner les rapports de l'ambassadeur vénitien à Vienne sur le cardinal Klesel et sur les faits de 1618. La correspondance de 1612 à 1618 lui fut communiquée : Motifs et circonstances de l'arrestation dudit cardinal, traités de paix entre l'empereur Ferdinand et la République, en 1618, etc.

En 1844, M. Tommaseo s'enquit de pièces relatives à *l'église cathédrale de Sebenico* de Dalmatie, M. Buchon butina sur les *croisades,* le baron de Trobriand voulut éclaircir certains épisodes de l'*histoire de Venise,* et M. de Mas Latrie parut à ces Archives, pour la première fois, ayant obtenu de pouvoir diriger ses investigations dans les recueils de documents relatifs à la *législation et au gouvernement des principautés fondées en Orient par les Latins,* à la suite des croisades. Il eût voulu y trouver quelques-uns de ces nombreux commentaires des Assises de Jérusalem, de la découverte desquelles l'auteur de la *Notice sur le Droit français en Orient,* M. Giraut, l'avait presque assuré. Mais, peu fortuné pour cette belle partie des recherches qu'il avait projetées, il fut plus heureux du côté de ses études sur les *Traités de la République au moyen âge,* et publia plus tard dans la *Nouvelle Revue encyclopédique* un premier récit sur l'examen qu'il avait fait des *Libri Pactorum.*

A cette date appartient aussi la présence à Venise du savant marquis de Laborde, depuis directeur général des Archives de l'Empire et aujourd'hui sénateur. L'important travail qui l'avait attiré près des archives vénitiennes était son *Histoire d'Athènes au seizième, au dix-septième et au dix-huitième siècle.* Il a dit dans la préface de ce beau livre, et fort bien, l'impression qu'il avait reçue de son séjour. Nulle citation ne pourrait mieux se rencontrer ici que celle de ces quelques lignes : « J'ai rencontré, dit-il, dans ces longues recherches une assistance dévouée ; elle m'a inspiré une reconnaissance que je ne saurais taire. Quand le comte de Fla-

hault, notre ambassadeur à Vienne, demanda en ma
faveur la permission de travailler dans les grandes
Archives de Venise, le prince de Metternich voulut
bien se rappeler qu'il avait été dans sa jeunesse l'ami
de mon père, et il donna des ordres qui me firent
ouvrir toutes les armoires devant mes désirs. Je travaillai,
pendant cinq semaines dans ce mystérieux et important
dépôt, sans sortir toutefois du cadre que je m'étais tracé,
de peur de me perdre dans les millions de cartons trans-
portés et classés depuis 1816 dans les bâtiments de l'ancien couvent des Frari. »

Au mois de novembre, il fut accordé à M. Frédéric
Cygnaüs de consulter les pièces diplomatiques qui
seraient de nature à l'éclairer sur les *relations politiques
et commerciales de Venise avec la Russie, la Suède et le
Danemark*.

En 1845, au mois d'avril, M. Huillard-Bréholles,
présenté par Dom Valentinelli, bibliothécaire de Saint-
Marc, fut admis à connaître les textes des registres du
Sénat. Il faisait alors cette utile campagne diplomatique
qui l'a mis à même de publier ensuite son important
ouvrage : *Historia diplomatica Frederici secundi*. « De
Gênes à Salerne, dit-il en sa préface, de Rome à Venise
aussi bien que de Bruxelles à Breslau et de Vienne à
Strasbourg, nous avons recueilli à chaque station de
notre route une ample moisson de textes, de variantes
et de notes [1]. » Cette même année vint M. Paul de
Musset.

---

[1] *Historia diplomatica Frederici secundi sive constitutiones, privilegia, mandata, instrumenta quæ supersunt istius Imperatoris et filio-*

L'admission de M. Paul de Musset à ces Archives est
surtout digne de remarque, en ce calendrier des studieux consulteurs des papiers vénitiens. Il est le premier
de nous tous à qui il a été permis de faire un examen
spécial de certains *Documents du Conseil des Dix*. Ce
n'est pas que ce permis véritablement extraordinaire
pour l'époque lui ait été délivré sans préliminaires comme
sans restrictions (un document du 25 juin 1846 en
témoigne). Mais, s'il a lutté pour obtenir, s'il s'est récrié
à l'endroit du refus de la copie de pièces datées de l'an
1495, il l'en faut louer, et considérer que la moisson
qu'il fit alors, et dont les résultats ont été déposés au
département des Manuscrits de la Bibliothèque impériale, fut des plus glorieuses.

M. Paul de Musset était arrivé à Venise avec une
mission scientifique pour laquelle M. de Salvandy, alors
ministre, lui avait donné des instructions. Il fut donc
le premier qui se présenta à ces Archives avec qualité
officielle. Les détails sur son arrivée et son séjour ont
de l'intérêt. M. de Musset avait fait, avant l'année 1845,
deux voyages à Venise. Les relations qu'il y avait établies lui avaient fait espérer son introduction dans les
Archives. Il en écrivit en mars 1845 au ministre de
l'Instruction publique, qui lui répondit par une lettre
d'envoi en mission à Venise, dans le but d'y rechercher les *documents relatifs à l'histoire de France*. La

rum ejus. Accedunt Epistolæ Paparum et Documenta varia. Collegit ad
fidem chartarum, etc., J. L. A. HUILLARD BRÉHOLLES, archiviarius, aus-
piciis et sumptibus H. DE ALBERTIS DE LUYNES. Parisiis, excudeb.
Henricus Plon, 1859.

mission devait être de six mois : elle eut deux proro-
gations de trois mois ; M. de Musset fit donc un séjour
d'un an à Venise. Il s'y était rendu par Munich, où des
copies de *Relazioni* d'ambassadeurs lui avaient été signalées à la Bibliothèque royale, et il en fit des analyses.
A Venise, M. le comte Pallfy, gouverneur civil, se
prêta à l'ambition qu'avait eue M. de Salvandy de voir
les portes des Archives s'ouvrir devant son envoyé.
M. de Musset eut affaire non au directeur en titre,
M. Ninfa Priuli, mais à un personnage assez singulier,
difficultueux, ombrageux, capricieux, savant d'ailleurs
et bon connaisseur de ses matériaux, le marquis Solari.
Ce préposé en sous-ordre aux Archives ne manqua pas
d'abord de faire perdre des instants précieux à M. de
Musset, en ne lui présentant que des textes de la moindre
importance. Mais, avec le temps, il se lassa d'un aussi
pauvre jeu, et admirant peut-être la patience du chercheur, commença à s'intéresser à ses désirs. De là des
communications plus faciles des registres du Sénat et de
quelques-uns du Conseil des Dix, parmi lesquels des
Registri criminali. Il arriva alors un fait singulier.
Dans l'examen des pièces de l'année 1496, M. de
Musset en rencontra deux d'où il ressortait qu'un
nommé Basile de Scola avait proposé au Conseil de
faire périr le roi Charles VIII, envahisseur de l'Italie,
en mettant le feu à ses poudres de guerre. Le vieux
marquis Solari, tout ému, retira le registre révélateur et refusa la copie des deux pièces, sous le prétexte
trop honnête que les noms des membres du Conseil se
trouvaient au bas de ces documents, et parmi eux des

ancétres de gens du même nom encore vivants. Vainement M. de Musset allégua une prescription de trois
siècles et demi, et vainement il fit observer au vigilant gardien qu'il pouvait se contenter du texte de la
délibération sans prendre les noms des membres du
Conseil. Il fallut ouvrir une négociation. Le Gouverneur en référa à Vienne. Cela prit un temps considérable. Le temps de la mission expiré, M. de Musset
remit à son départ un mémoire à M. Limperani,
consul de France, qui voulut bien suivre l'affaire. Elle
eut un terme en août 1846, par la remise au consul des
deux copies si disputées.

Le recueil des copies rapportées par ce lettré si
distingué comporte soixante-douze pièces politiques,
extraites des *Registres* du SÉNAT et relatives aux règnes
de Charles VIII et Louis XII (juillet 1493-avril 1513);
soixante-deux pièces des registres *Misti*, n° 26 et n° 35
du CONSEIL DES DIX (mars et juin 1495, avril 1512 et
juin 1515); cinquante documents tirés des *Registres secrets
et criminels* dudit CONSEIL (1473-1620); enfin vingt-trois
pièces de la *Correspondance diplomatique* appartenant
à l'an V de la République française. Nous devons ajouter,
pour que notre compte rendu soit complet, que pendant
les deux derniers mois de sa mission, en avril et mai
1846, M. de Musset avait aussi reçu avis de M. de Salvandy que le chef du dépôt de la Guerre lui avait fait
demander s'il existait dans les Archives de Venise des
traités de commerce entre la République et les Puissances
Barbaresques. Cette recherche fut aussi heureuse que les
autres, et M. de Musset envoya environ cinquante mo-

dèles fort curieux de traités conclus avec les Beys et les Deys d'Alger, Tunis, Tripoli, etc. Ces pièces intéressantes sont aujourd'hui parmi les documents déposés et conservés au ministère de la Guerre.

Le docteur G. Tomassoni, curieux d'examiner des documents relatifs aux *finances de la République*, et M. Gregorowitsch, d'origine russe, de l'université de Kasan, en quête de preuves concernant les *rapports des Vénitiens avec les Grecs et leurs possessions dans la Thrace, la Macédoine et l'Épire au treizième et au quatorzième siècle*, obtinrent dans le même temps que M. de Musset la communication des pièces qui les intéressaient.

L'année 1847 ferme la seconde période de l'administration des Archives de Venise. Les papiers relatifs à la *Suède* et au *Patriarcat d'Aquilée* furent interrogés les premiers par M. Sandhal, les seconds par le docteur Merkel, de Nuremberg. Il faut ajouter à ces noms celui de M. Francesco Berlan, qui rechercha des textes propres à éclairer la dramatique histoire de *Carmagnola*, et enfin celui d'un *curieux* qu'on s'attend peu à rencontrer dans cette compagnie, le Prince-Évêque (le *Vladika*) du Montenegro. Les portefeuilles de la direction, en effet, renferment à la date du 12 mai cette interrogation adressée par le gouverneur de Venise : « *L'Évêque du Montenegro a-t-il profité de la permission qui lui fut donnée d'examiner les documents relatifs à la Dalmatie et au Montenegro? Quels sont les textes qu'il a consultés?* » La direction fit réponse le 15 mai par un rapport spécial. Le Prince-Évêque avait commencé ses recherches le 2 mars, et il les avait terminées le 2 mai,

laissant à l'illustre lettré Tommaseo le soin de retirer ses
copies et de poursuivre ses investigations. Le Prince
avait recueilli les *relations* des gouverneurs de Cattaro au
dix-septième et au dix-huitième siècle, des copies de
priviléges de noblesse accordés à des habitants de ce territoire, des *traités de commerce* et autres textes concernant l'histoire du Montenegro.

Jusqu'alors les principes sinon absolument prohibitifs du moins peu encourageants qui dirigeaient le
personnel des Archives de Venise, avaient empêché la
production de tout inventaire et de tout catalogue. Bien
osé eût paru celui qui se fût informé, même modeste-
ment, auprès de la direction, de l'existence d'un si utile
et si précieux matériel. Force était donc de se borner
à une simple requête, qu'à défaut d'éclaircissements on
pouvait rarement bien motiver. Les seuls aides dont
on pût disposer n'étaient que les renseignements vagues
qui transpiraient au dehors sur la nature de ces trésors
écrits. Pour tous, en un mot, sauf de rares privilégiés,
l'intérieur des *Frari* était la *terra incognita*. Mais avec
l'année 1847, une aurore bienfaisante commença à
poindre sous la forme d'un *répertoire* dressé par le
savant abbé Giuseppe Cadorin. Le neuvième Congrès
des savants s'étant réuni à Venise en 1847, pour perpétuer et honorer le souvenir de cette docte assemblée, la
municipalité de Venise avait décidé qu'il serait fait une
publication importante par son utilité, concernant la
patrie, sous ce titre aussi simple qu'éloquent : Venezia e
le sue lagune [1]. La commission désignée pour présider à

---

[1] *Venise et ses lagunes*, 3 volumes in-4°, 1847, imprimés chez

cet ouvrage fit en sorte que le soin de traiter chaque matière fût confié à ceux des lettrés, des savants et des économistes reconnus les plus experts. De là ce très-bon livre. Il était naturel que, parmi tant de matières, les Archives générales ne fussent pas oubliées. L'abbé Cadorin, qui les avait pratiquées, eut commission de rédiger un chapitre réservé non-seulement aux Archives de l'ancienne République, mais encore à celles des familles. Le soin du savant fut donc de produire un répertoire suffisamment précis pour aider aux recherches et diriger la curiosité des érudits. Son œuvre ne fut pas un catalogue analytique, — alors c'eût été trop demander, — mais elle fut un guide sûr. En un mot, le voile épais était levé sur le genre de richesses dont on laissait d'ailleurs à la perspicacité d'autrui le soin de reconnaitre les avantages particuliers qui s'en pourraient tirer.

Mais des événements importants dans la politique paralysèrent presque aussitôt les bons effets de cette lumière nouvellement produite.

Ce fut en effet l'année suivante qu'éclata la révolution qui en 1848 éloigna l'Autrichien de Venise. La grande guerre austro-sarde fut déclarée. Ce fut une époque terrible pour l'Italie et pour Venise surtout, après les malheurs de la journée de Novare. On eût encore la liberté, mais la liberté armée. Les épreuves subies furent cruelles, les sacrifices immenses et les

Antonelli. La commission désignée pour présider à cet ouvrage était composée de MM. G. Correr, A. Sagredo, N. Priuli, L. Pasini, L. Carrer.

secours nuls. En ces temps si tourmentés, que pouvait faire l'étude, amie du calme, de la quiétude et de la retraite? Sur ces rives patriotiques, pendant des mois, les canons de Radetzki n'ont cessé de retentir; l'ennemi était aux portes, formidable en nombre et en moyens. La défense héroïque fut donc vaine, et pendant ces durs moments, si on eut à s'occuper de l'édifice conservateur des grands et curieux témoignages du passé, ce fut avant tout des moyens de le préserver du feu de l'ennemi et de le sauver au cas où il en eût été atteint. Heureuse fut cette vigilance, car les bombes autrichiennes, pendant les derniers jours du siége, ont percé les tranquilles murailles du vieux cloître et laissé des traces de leurs atteintes sur les rayons où reposaient les vieux registres [1]. La capitulation du 24 août mit fin à ces dangers. Donc, en 1848 et en 1849, malgré

[1] Ce terrible bombardement de Venise commença le 29 juillet et ne finit que le 22 août. Voici quelle fut la part de l'établissement des Archives générales en ces menaçantes et désastreuses journées. Quatre-vingt-deux boulets, les uns fulminants, les autres froids, frappèrent l'édifice. La journée du 1er août fut la seule où on n'en vit pas tomber au dedans. Il est admirable de songer que c'est à l'unique vigilance des gardiens que ce grand édifice a dû de n'avoir pas été la proie des flammes. Les boulets tombaient de toutes parts. Le 4 août, deux *registres* contenant l'énumération des recrues italiennes en 1773 furent brûlés sur les côtés. Le 9 et le 15 août, la partie moderne fut atteinte; le 21, l'archive judiciaire de la République eut à souffrir; cinq registres du *Magistrato al mobile* furent endommagés. Le désordre était immense; registres et liasses étaient bouleversés. La surveillance était exercée par deux employés, au dévouement desquels il n'est que juste de donner les plus grands éloges, MM. Martens et Cesare Foucard. Ce dernier avait alors le titre modeste d'*accessista gratuito*. Son dévouement n'en fût que plus louable. Hommes de peine et pompiers veillaient jour et nuit.

les facilités accordées, peu de *studiosi* fréquentèrent les
salles du vieux cloître, et les seuls noms à citer sont
ceux de : MM. d'Arcano ; Bianconi ; Romanin, Berlan ;
Berengo, Rossetti, Seriman, Berardi, Veludo, Vincenzo Lazari, et Giuseppe Cappelletti. Les protocoles,
négligés alors, donnent peu de détails sur la nature des
recherches entreprises et accomplies par chacun de ces
hommes studieux. Nous savons cependant que M. d'Arcano s'occupa spécialement de l'histoire du *Frioul*;
MM. Romanin et Cappelletti, de l'*Histoire générale de
Venise*; M. Berlan, de la *Vie et des actes du doge Foscari*;
M. Giovanni Veludo de la formation de la *Colonie grecque à Venise*; l'abbé Berardi, d'études concernant le
territoire de Ceneda; et M. Vincenzo Lazari, de tous les
documents relatifs aux *Monnaies et médailles des possessions vénitiennes, d'outre-mer et en terre ferme*. La première rencontre de ce dernier nom éveille en moi de
chers souvenirs. Vincenzo Lazari commençait alors une
carrière savante, que la mort a depuis interrompue au
milieu des succès les plus honorables. Venise l'a perdu
en la fleur de l'âge; et elle a perdu en lui un esprit heureux, vaillant, expert, à qui certainement tous les
succès dans la science étaient assurés. Jeune, il avait
déjà acquis un nom honoré parmi ceux des numis-
mates ses contemporains. Né en 1823, il mourut en
1864. On le consultait, et nul n'était plus affable ni
plus empressé à l'œuvre et au soin des renseignements. Il fut pour nous personnellement, un guide sûr,
aimable, affectionné. Il avait la modeste direction
du petit Musée Correr, où se conservent de si pré-

cieuses médailles. Il avait apprêté de nombreux ouvrages, il était désigné et reconnu pour être le réel successeur et continuateur d'Emmanuele Cicogna en son
monument « *Delle Inscrizioni Veneziane.* » La brève mais
éloquente préface de son premier livre, résultat des
recherches qu'il fit aux Archives pendant les temps
agités de la guerre autrichienne, respire, en plus d'un
passage, le souffle heureux de la passion pour l'histoire.
« Beaucoup de ces études, dit-il en les annonçant, ont
été accomplies au lugubre bruit du canon pendant le
dernier siège qui accabla cette chère cité, grande et
merveilleuse jusque dans ses malheurs [1]. » Depuis cette
année déjà éloignée, Vincenzo Lazari fut un hôte assidu
des Archives générales, et il les mit à profit pour des
études historiques de tout genre. M. Eugenio Alberì,
ainsi que nous aurons l'occasion de le rappeler plus
loin, lui dut l'importante communication de nombreuses
relazioni d'ambassadeurs vénitiens à la cour du Sultan
et du roi d'Espagne, ornements précieux de son magnifique recueil en quinze volumes des rapports des Vénitiens sur les États européens pendant le seizième siècle.

---

[1] « Mi volsi a frugare nell' Archivio generale i decreti e le tariffe ed
ogni altra maniera di documenti che valessero a recar luce al bujo sen-
tiero... » — Et plus loin... « Ne le sciagure che si aggravavano sulla
mia patria bastarono a togliermi a quelle pacifiche indagini in cui tro-
vavo conforto del molto dolor che straziava me impotente spettator dell'
eccidio del mio paese. Molti di questi studii furono condotti fra il
lugubre tuonar del cannone nell' ultimo assedio che strinse questa cara
città, grande e maravigliosa financhè nelle sue sventure... » Préface de
son livre *Le monete de' possedimenti Veneziani,* etc. Venezia, 1851.
Voyez sur la vie et les œuvres de V. Lazari l'intéressante notice publiée
par le chevalier Barozzi, qui lui succéda dans la direction du Musée Correr.

Depuis la retraite de M. Ninfa Priuli, peu de jours avant que la révolution éclatât, le chevalier Mutinelli était devenu directeur des Archives de Venise. Le gouvernement présidentiel de Manin l'avait respecté; de sorte que, nommé par l'Autrichien huit jours avant son départ, l'Autrichien le retrouva le jour de son retour.

Nous ignorons encore pour quels motifs cet homme d'esprit fit revivre l'ère autrichienne des Archives de Venise par des sentiments prohibitifs très-prononcés. Les dossiers de cette époque, qui depuis nous ont passé sous les yeux, manifestent peu de condescendance de sa part, et il semble qu'il faille arriver à l'année 1855 pour le voir se relâcher un peu de ses inclinations d'abord immodérées pour l'obscurantisme. Le chevalier Mutinelli était d'ailleurs un homme fort lettré, d'esprit caustique, d'un naturel très-vif, plein de qualités excellentes, mais d'humeur sans doute capricieuse et peu libérale.

En 1850, M. Samuel Romanin avait déjà conçu le plan d'une histoire nouvelle de Venise. Son but n'était ni la philosophie ni la spéculation. Il avait habilement prévu qu'une histoire de cette République, écrite uniquement d'après des sources incontestables et des documents pour la plupart non explorés avant lui, mériterait et appellerait le succès. Pour un plan ainsi conçu, la fréquentation des Archives lui était non-seulement utile mais indispensable. Sa demande, parvenue au Gouvernement, fut accueillie, et avis en fut donné le 22 février au chevalier Mutinelli, qui ne craignit pas de produire un rapport dicté dans un esprit contraire à cette libéralité. M. Romanin, malgré cette opinion

directoriale peu favorable, vit s'ouvrir les portes par
lesquelles il ambitionnait d'entrer ; et depuis, cet
historien persévérant est devenu presque un habitant
des Archives, car il les a fréquentées, pour ainsi
parler, jusqu'à sa dernière heure. Nous né ferons pas
ici l'historique de ses recherches : son œuvre contient les preuves de son labeur. La *Storia documentata
di Venezia* [1] a dix volumes nourris de faits, exposés d'une
façon neuve. Le style n'en est pas élevé ; le récit en ses
grands épisodes politiques manque de nerf et de har-
diesse ; c'est un ouvrage sans charme, mais de l'utilité
la plus reconnue. Cette nouvelle *Histoire de Venise*
l'emporte de beaucoup sur le brillant et plus ancien
ouvrage de Daru par les qualités mêmes que n'a point
l'illustre Français, qui, selon nous, n'a pas toujours
assez estimé nécessaire de justifier ses arrêts. Bref, pratiquer les documents politiques et civils des Vénitiens
avec la *Storia documentata* de Samuel Romanin, c'est
s'assurer la connaissance des faits et des institutions de
cet État singulier de qui la vie politique, dans la même
atmosphère, dura tant de siècles, en faisant l'étonnement des plus grandes monarchies.

Pour la première fois apparaît au protocole des Archives de Venise le nom de M. Rawdon Brown. Or ce
nom ne fera désormais plus qu'un avec ces Archives,
tant celui qui le porte l'a rendu illustre par les travaux

---

[1] *Storia documentata di Venezia*, di S. ROMANIN. Venezia, Naratovich, tipogr. edit. Le premier volume parut en 1853, et le dixième en
1863. Romanin naquit à Trieste en 1808, vint s'établir à Venise en 1821,
et y mourut le 9 septembre 1861.

qu'il a publiés et qu'il publie d'après les sources historiques vénitiennes pour le compte du gouvernement de la
Grande-Bretagne. La première demande qu'il ait adressée
est en date du 23 mars 1850 ; le but qu'elle se propose
d'atteindre est la communication des textes diplomatiques relatifs à l'*histoire d'Angleterre*. Une réponse favorable lui fut rendue le 26 du même mois. Pendant près
de quinze années consécutives, M. Rawdon Brown n'a
plus quitté la maison des Archives aux heures où cette
maison était ouverte, et il ne lui a pas fallu moins de ce
très-long cours d'années pour préparer les beaux et
grands travaux dont le *Record Office* de son pays a
publié jusqu'à présent deux gros volumes qui font
vivement désirer ceux qui doivent les suivre. Le patient
et persévérant chercheur a réuni tous les documents en
tout genre concernant l'Angleterre, depuis les temps
les plus reculés jusqu'aux derniers jours de l'État vénitien. Le premier texte signalé par lui est du mois d'octobre de l'an 1202, et l'an 1509 clôt ce premier volume
du *Calendar of State Papers and Manuscripts relating to
English Affairs, existing in the Archives and collections
of Venice and in other libraries of Northern Italy*. Le
second volume, paru cette année, s'arrête à l'an 1519.
Quand l'auteur obtint de consulter les textes officiels, il
était admirablement préparé à les recevoir, et connaissait
mieux que pas un ce qu'étaient les anciennes magistratures de la République, dont l'histoire devait un jour n'a-
voir pas de secrets pour lui. M. Rawdon Brown, en effet,
avait résidé plusieurs années à Venise, il y avait planté
sa tente comme eût voulu faire l'apôtre à la vue d'un lieu

aimable et sympathique. Connaissant les difficultés qu'il aurait peut-être rencontrées, s'il eût trop demandé dès l'abord, il se fit apprécier dans Venise par des études recommandables, porta toute son attention aux collections diverses qui étaient accessibles, devint le familier du magnifique dépôt de la bibliothèque de Saint-Marc, se pénétra de l'air ancien de la séculaire Venise, le respira, s'attacha avec passion aux célèbres manuscrits du grand patricien Marin Sanudo, recueillit dans les trente-trois in-folio de ses *Diarii* tout ce qui lui parut pouvoir servir à l'apprécier et à déterminer des dates et des faits dans la vie de ce type du patricien vénitien, politique, bibliophile, curieux, chroniqueur, historien; au seizième siècle, et publia en 1837 les *Ragguagli sulla vita e sulle opere di Marin Sanuto Veneto patrizio e cronista pregevolissimo de' secoli XV, XVI.* En un mot, M. Rawdon Brown entra aux Archives de Venise tout prêt à en recueillir des bénéfices immédiats. L'ouvrage qu'il publia ensuite fut un recueil des *Dépêches de l'ambassadeur vénitien en Angleterre Sebastian Giustinian pendant quatre ans du règne de Henri VIII*[1]. Les divers travaux de cet érudit tout spécial ont contribué pour une part considérable à populariser les Archives et les documents vénitiens. Fort connu des grands curieux, des personnages lettrés, des historiens et des studieux de la politique dans l'histoire, en Angleterre, la correspondance

---

[1] *Four years at the court of Henry VIII, Selection of despatches written by the Venetian ambassador Sebastian Giustinian, and addressed to the Signory of Venice, january 1515 a july 1519,* translated by RAWDON BROWN; 2 vol. London, Smith, 1854.

privée de M. Rawdon Brown a constamment manifesté
le cas et le prix qu'il faisait de ces précieux textes qui
avant lui n'avaient pas été consultés. Sa patience et sa
persévérance ont été justement récompensées par les
publications si honorables que le gouvernement de la
Reine a entreprises, et parmi lesquelles celles de
M. Brown ont reçu le plus favorable accueil. Je devais
depuis longtemps cet éloge à celui dont je devins plus
tard le collègue, et plus loin je saurai dire quels bons
conseils et quels avis excellents cet esprit loyal voulut
bien me donner, quand j'arrivai novice dans la maison
où il était passé maître.

La première demande faite pour connaître partielle-
ment quelques papiers du ressort des Inquisiteurs d'État
fut adressée un an après (1851, 20 mai) au gouverneur
Toggenburg par M. Rawdon Brown, déjà l'hôte familier
de ces Archives. Sa requête, bien qu'osée, puisqu'elle
énonçait les mots *Inquisiteurs d'État*, était cependant
modeste quant aux prétentions motivées. Il ne s'agissait
pour M. Rawdon Brown que de recueillir quelques *notizie*
sur le compte de sir Henry Wotton, qui fut trois fois
ambassadeur à Venise pour le roi d'Angleterre, de 1604
à 1623. Ce fut la première fois que le gouvernement
voulut bien oublier que la rigoureuse expression d'*inaccessible* caractérisait la teneur du décret impérial de 1824
à l'endroit des archives des Inquisiteurs. Aussi, la date
de cette faveur établissant un *précédent*, nous a-t-elle
paru mériter d'être consignée ici. Les papiers particuliers à l'ambassadeur Wotton furent accordés à l'active
et louable curiosité de M. Brown. Mais, pour rester tant

soit peu fidèle au principe prohibitif dont il était encore animé, M. Mutinelli crut devoir retenir par devers lui quelques pièces de ses copies.

Au mois de mars 1851 revint M. de Mas Latrie, chargé depuis le 19 décembre 1850 par le ministre de l'Instruction publique d'explorer les Archives de Venise et de Malte, et rassembler les documents propres à compléter l'*Histoire des familles d'outre-mer* de Ducange. La publication en avait été prescrite par un arrêté en date du 8 décembre 1849. Le second volume des *Archives des Missions* renferme le rapport de M. de Mas Latrie, presque entièrement consacré à la description renouvelée des *Libri Pactorum* [1]. M. de Mas Latrie eut l'année suivante une mission nouvelle pour Malte et Venise, à l'effet de réunir les pièces qui pourraient se rapporter à l'*histoire de l'occupation française de l'île de Chypre* [2]:

A la fin de cette année, le savant Cigogna désira examiner pour le compte de M. Monzani les *dépêches* de l'ambassadeur *Paolo Paruta* à la cour de Rome en 1595, et qui fut historiographe de la République. Une réponse négative lui fut adressée le 27 janvier suivant.

Au mois de juin 1852 arrivèrent deux savants allemands, MM. Gottlieben Friedrich Tafel et Georges-Martin Thomas. Ils travaillaient alors à la formation d'un ouvrage publié depuis en trois volumes : *Documents originaux vénitiens, pour servir à l'histoire des relations de la République avec Byzance et le Levant pendant le moyen âge.* Le

[1] Voyez *Archives des missions scientifiques et littéraires*, tome II, pages 257, 261, 341.

[2] *Idem*, tome III, page 458.

même motif amena encore plus tard à Venise M. Thomas, mais il y vint seul, le docteur Tafel étant mort en
1860. Il séjourna à Venise en juin 1864 et de février à avril
1865, pour y recueillir les matériaux nécessaires à achever
l'histoire des relations diplomatiques des Vénitiens avec
Byzance. En ce moment même, le très-savant bibliothécaire de Munich est occupé à commenter par des
notes critiques et historiques les précieux matériaux
manuscrits dont le recueil n'atteindra pas moins de
quatre cents pièces, tirées pour la plupart du *Liber
Albus*, des *Libri Pactorum*, des *Commemoriali*, des
Misti, des *Deliberazioni del Senato*, et d'une quantité de
diplomi en langue grecque. MM. Tafel et Thomas ont
publié aussi les *Traités de paix et de commerce* conclus
entre l'empereur Michel Paléologue et les Vénitiens,
des pièces originales grecques pour servir à l'histoire de
la *République de Raguse*, et enfin une collection de
documents sur le *Doge Andrea Dandolo*[1].

---

[1] Le docteur Gottlieb Lucas Friedrich Tafel était de Bempflingen
en Souabe (Wurtemberg). Il fut professeur à Tübingen et mourut à Ulm
en 1860. Son confrère et savant ami le docteur Georges-Martin Thomas,
né à Ansbach, est actuellement l'un des conservateurs de la Bibliothèque
royale de Munich. Parmi ses travaux préparés pendant ses différents
séjours à Venise, il en faut citer un du plus grand intérêt pour l'histoire du commerce allemand avec Venise, d'après le *Capitolare del fon-
tego dei Tedeschi*, précieux manuscrit communiqué par Emmanuele
Antonio Cicogna. Le *Liber Bifrons*, le *Capitolare dei cinque Savii alla
mercanzia*, le *Commune I et II*, lui ont fourni les pièces concernant les
anciens consulats vénitiens en Orient. On lui doit encore la publication
des pièces originales grecques qui ont rapport à l'histoire de l'*Église d'A-
natolie* écrites par Maxime, patriarche de Constantinople, au Doge G. Mocenigo, 1480 (Munich, 1855). En 1858, M. Thomas a refondu le catalogue des manuscrits français à Munich, et publié toute une série d'indications et de sources relatives à l'histoire de Venise. C'est un studieux
infatigable et un érudit de premier ordre.

Dans ce *Calendrier* du travail accompli aux archives de Venise, l'année 1852 est particulièrement remarquable par une nouvelle tentative de M. le chevalier Mutinelli pour créer dans sa *province* des *départements* mystérieux. Le 13 juillet, en effet, le directeur, soit qu'il ait prévu que des demandes lui seraient bientôt adressées, soit que son tempérament le portât à des actes de dictateur, ne proposa rien moins au Gouvernement que de prendre un arrêté par lequel les archives du Conseil des Dix seraient interdites à tout visiteur. Il désirait en outre qu'un endroit spécial protégé par d'imposantes serrures fût affecté à leur conservation.

. De telles dispositions étaient peu faites pour encourager les studieux; aussi furent-ils à cette époque peu nombreux. En 1853, c'est le directeur archiviste du Grand-duché de Bade qui veut informer sur les anciennes *relations commerciales de la République avec la ville de Constance et son lac;* ce sont des Slaves, M. G. de Kugulzevic et M. Proote, à la recherche de textes intéressants pour la société archéologique slave.

. A cette époque, le docteur Karl Hopf, professeur titulaire à Bonn, avait déjà accompli plusieurs séjours dans les îles Ioniennes et de l'Archipel, dans le but d'écrire l'*Histoire de la domination des Francs en Grèce* (1204-1566). Il lui restait à compléter ses découvertes par des investigations dans les collections vénitiennes. Elles lui furent ouvertes à la fin de décembre 1853, et les volumes I et II de cette histoire ont paru dans l'*Encyclopédie* de Hertsch et Gruber (section Ire, volume LXXXV). Ce savant docteur, aujourd'hui archiviste de

la ville de Kœnigsberg, a mis aussi à profit l'examen
des *Commemoriali* et des *Misti*, ainsi qu'on en peut juger
par ses publications dans le *Recueil historique et littéraire
de l'Académie des sciences de Vienne* [1]. Il termina les
travaux qu'il avait entrepris à Venise le 21 juin 1854.

Or, en cette même année 1854, n'est-il pas singulier
d'avoir à constater que le même directeur, M. Mutinelli,
si peu disposé jusqu'à présent à répandre l'usage des
archives, soit précisément celui qui, ayant fait preuve de
détermination et de bon conseil pour en sauvegarder
à Venise la plus riche et intéressante partie, réussit complétement en cette courageuse négociation? M. Mutinelli, en effet, se trouva être cette année-là le sauveur
des grands recueils des documents diplomatiques de
l'ancienne République. Il avait eu vent des menées
sourdes que pratiquait l'Autriche pour les accaparer et
en faire l'ornement des collections impériales de Vienne.
En homme résolu, il fit un rapport plein de sens, voire
ferme, en date du 29 octobre 1853, et le 20 février suivant, en réponse à ses observations, le gouverneur lui
donnait avis que, par décret souverain en date du 10 janvier, Sa Majesté *daignait permettre* que les papiers de la
République relatifs aux questions diplomatiques fussent
conservés intacts à Venise. Il faut louer extrêmement

---

1 *Geschichte der Insel Andros mit Urkunden. Idem Der Insel Kary-
stos — Veneto Byzantinische Analekten.* — On a aussi de lui : *De
Historiæ ducatus Athéniensis fontibus*, Bonnæ. Les textes que M. Karl
Hopf a le plus particulièrement consultés sont : *Patti Ferrariæ; Com-
memoriali; Registri del Maggior Consiglio; idem del Senato (Mar);
Deliberazioni secrete del Senato; Notatorio del Collegio; Lettere dell'
Avvogaria, Nascite et Matrimonii* (secoli XIII, XIV, XV et XVI.)

M. Mutinelli de l'heureux résultat qu'a obtenu son rapport du 29 octobre 1853, alors que le péril était en la demeure, et c'est justice de reconnaître que par cette mesure impériale ainsi sollicitée, le directeur empêcha la disparition des documents incontestablement les plus précieux de tout le dépôt. Quel sentiment avait poussé ainsi M. Mutinelli à combattre en quelque sorte les désastreuses ambitions qui menaçaient en ces temps-là de produire sur les monuments écrits de Venise l'effet d'une grande et violente tempête? Nul autre que celui du bon sens! L'honorable directeur, si peu courtisan du pouvoir impérial en cette occasion difficile, montra, par anticipation, qu'il était du noble et heureux avis du marquis de Laborde s'écriant, en un récent ouvrage, que les archives ont toujours leur patrie là où elles se sont formées. « Et, ajoute-t-il, elles ne peuvent jamais la perdre, puisqu'elles sont locales et personnelles. Transportez avec elles la population tout entière, je n'ai plus rien à dire, mais tant qu'un habitant reste sur le sol, il a le droit de se plaindre de ce que vous l'avez dépouillé de ses archives[1]. »

M. Schreiner, de l'université de Gratz, M. Gaetano Wenzel, de celle de Pesth, M. Gachard[2], directeur des

---

[1] *Les Archives de la France : leurs vicissitudes sous la Révolution, leur régénération sous l'Empire*, par le marquis de Laborde, Paris, 1867.

[2] M. Gachard, directeur général des Archives de Belgique, avait fait adresser sa demande par intermédiaire et voie diplomatique. Les documents qu'il demandait lui furent adressés en 1856, ils étaient extraits des dépêches d'Espagne et concernaient l'infant Don Carlos, de qui M. Gachard a publié ensuite une si intéressante histoire (*Don Carlos et Philippe II.* Paris, 2e édition, 1867). Ce même historien, bien qu'il ne fût pas venu à Venise, n'était pas moins familier avec les textes vénitiens, car, dès le 7 mars 1853, il avait présenté à la séance de l'Aca-

archives de Belgique, et dont le nom est aussi cher que
familier à tous les chercheurs, M. Théodore Sickel [1]
enfin, furent ceux dont les requêtes motivées ont été
accueillies en cette année *de grâce et de salut* pour les
textes admirables de la diplomatie vénitienne.

Je me présentai l'année suivante, en août, aux
Archives de Venise. Je dirai comment j'y arrivai, combien d'années je passai à les consulter, quelle direction
fut donnée à mes recherches, et comment, avec le cours
du temps, je fus libéralement autorisé à pouvoir connaitre, sans réserve, les différentes séries de la Chancellerie secrète d'abord, du Conseil des Dix ensuite,
et, en dernier lieu, des Inquisiteurs d'État. Ma tâche
est désormais accomplie, je puis donc parler à bon
escient d'une maison à la connaissance de laquelle j'ai
consacré des années.

Le ministre de l'Instruction publique, par un arrêté
du 22 mars 1855, voulut bien me charger d'une mission
littéraire dont je lui avais motivé l'objet pour l'Allemagne et l'Autriche.[2]

démie royale un mémoire du plus vif intérêt : *Les Monuments de la
Diplomatie vénitienne considérés sous le point de vue de l'histoire moderne
en général et de l'histoire de la Belgique en particulier.*

[1] Le docteur Théodore Sickel avait une mission, en date du 15 juin
1854, ayant pour objet de faire dans les Archives de la haute Italie, et
particulièrement dans celles de Milan, des recherches relatives à notre
histoire nationale. Il vint à Venise en décembre 1854 et en mars 1855.
Le but de ses recherches était une enquête historique sur les *Rapports
entre la France et les États d'Italie de 1450 à 1490.* Il a fait d'importantes découvertes sur les négociations de la maison de Bourgogne au
temps de Charles le Téméraire.

[2] *Archives des missions scientifiques et littéraires,* tome IV, page 402.

Je fus ainsi amené à visiter Vienne et sa bibliothèque impériale en juin et juillet.

La fortune voulut que le baron de Bourqueney fût alors ambassadeur de France auprès de la cour de Vienne. Mon nom ne lui était pas inconnu, par suite des relations personnelles dans lesquelles il était depuis longtemps avec mon père. Une recommandation officielle de M. Drouyn de Lhuys, ministre des Affaires étrangères, fut donc accueillie avec une faveur d'autant plus grande par le baron de Bourqueney, et il me manifesta sa bienveillance en me recommandant de porter toute mon attention sur les Archives de Venise.

Cet ambassadeur me fit observer que tout l'élément diplomatique de cet incomparable dépôt était demeuré inexploré, que me consacrant d'une manière toute particulière à cette étude, ce serait me tracer un sillon nouveau dans le champ de l'histoire. Caressant ainsi mon goût pour l'inconnu, encourageant mes inclinations de curiosité très-prononcées, et me faisant entrevoir les bénéfices charmants d'un séjour dans une ville qui, vue dans un précédent voyage, m'avait enchanté, l'ambassadeur eut peu de peine à me persuader. Il mit le comble à sa bonté en m'assurant qu'il présenterait lui-même au baron de Bach, ministre de l'Intérieur, ayant dans son département les Archives, la requête dont il était nécessaire qu'il eût connaissance.

De cette démarche diplomatique a dépendu tout le succès des recherches que, depuis, j'ai entreprises. Si au lieu de partir du cabinet de l'ambassadeur pour aller tout droit à celui du ministre, ma demande eût

dû courir la lente aventure de ce qu'en administration
on appelle *les bureaux*, la chose, hélas, eût été autre !
Le ministre de l'Intérieur me fit l'honneur de répondre,
le 26 juillet, très-favorablement à la demande qui lui
avait été présentée le 23, sous le patronage de l'ambassadeur. Ainsi muni d'un aussi bon *billet*, je quittai
Vienne et pris la route de Venise, où j'arrivai aux derniers jours du mois.

Le 2 août, la direction des Archives fut officiellement
invitée à se prêter au succès de mes études. M. le directeur général Mutinelli ne me fit cependant pas, dès
l'abord, ce qu'on peut appeler un accueil empressé, et si je
m'étais arrêté à la première impression qu'il me causa, je
ne fusse pas devenu — ainsi qu'il advint avec le temps —
et son ami très-obligé et son serviteur reconnaissant.

Cette manière d'arriver ainsi tout droit de Vienne
sans qu'il ait été d'abord consulté, avait peut-être surpris
le directeur, et lors de ma première visite, son accueil
plus que restreint me laissa connaître qu'il en avait eu
de l'humeur. Si je l'eusse cru sur parole, les Archives
de Venise ne renfermaient rien qui pût répondre à
mon attente. Ce chef eut, en un mot, tout l'aspect
d'un capitaine peu soucieux de vous laisser voir qu'il se
demande ce que vous venez faire dans sa galère. Je ne
m'en émus point.

Mes premiers jours furent un peu ceux du tâtonne-
ment ; mais lorsque, après quelques mois de visites
assidues, j'eus fait meilleure et plus sympathique connaissance avec la maison et ses hôtes, non-seulement j'eus
occasion de me louer de leurs bienfaits, mais les conseils

que le maître me donna pour que je demandasse, avec
leurs propres titres, des registres et des liasses dont il
m'eût été singulièrement difficile de soupçonner même
l'existence, me furent d'une utilité qu'il serait plus que
malséant de méconnaître.

M. le chevalier Mutinelli, du reste, s'amenda de plus
en plus au chapitre des restrictions et des prohibitions.
Son esprit fin et sagace lui fit reconnaître que la réputation des Archives de Venise tendant à s'étendre, il
serait débordé. Il eut aussi à reconnaître par lui-même
combien pouvaient être pernicieux les sentiments prohibitifs qu'il avait voulu maintenir et entretenir dans le
cœur de l'administration dont il dépendait. Il en fut
lui-même l'étrange victime dans une circonstance littéraire qu'il n'y a plus d'indiscrétion à révéler.

Qui, aujourd'hui, en cette Autriche devenue véritablement libérale, voudrait croire qu'alors — en 1855 et
1856 — M. Mutinelli, directeur général des Archives de
Venise, vieux serviteur dévoué de l'État autrichien,
récompensé par lui avec des honneurs et des titres,
digne, sans nul doute, de toute la confiance officielle,
ayant voulu publier une *Histoire anecdotique d'Italie aux
seizième, dix-septième et dix-huitième siècles*, d'après
les dépêches des ambassadeurs vénitiens, reçut ordre
des chefs de division du ministère de ne pas livrer
à l'impression une seule feuille de ses copies avant de
les avoir expédiées en communication à Vienne ! Les
manuscrits envoyés étaient ainsi retenus dans quelques
bureaux de la capitale pendant des mois et des mois,
soumis à la haute approbation, sans doute, de quelques

employés subalternes qui les retournaient stigmatisés par
le crayon rouge en de très-nombreux et intéressants
passages absolument historiques. Ce ne fut pas sans une
amère tristesse que M. Mutinelli voulut bien m'appeler
à ce douloureux témoignage. En effet; ces stigmates
d'un impertinent employé étaient autant de signes d'interdiction pour la publication de ces inoffensifs extraits
de dépêches, où il s'en pouvait peut-être bien trouver
quelques-uns, diseurs de vérités sur le personnel ou
les choses de la Cour romaine, au temps des papes
Sixte, Paul et Clément. Or, quand un gouvernement
ne craint pas de prendre de telles libertés avec ceux
qu'il investit de sa confiance pour l'exercice de charges
élevées, faut-il s'étonner que leurs sentiments n'en
soient point blessés? Par de telles mesures, n'adve-
nait-il pas que des étrangers, comme M. Rawdon
Brown et moi, admis à consulter et à copier les mêmes
documents, avions dans la maison des franchises plus
grandes que celui-là même qui devait en être regardé
comme le maître? Cette inconséquence n'avait-elle pas
de quoi révolter un esprit capable et consciencieux de
sa valeur? Lorsque je vis ces manuscrits *retour de Vienne*
ainsi rendus à M. le directeur général, je correspondis à
ses sentiments par l'expression des miens sur l'inconve-
nance de pareils ordres. Il n'est du reste plus question
de mesures aussi peu dignes dans l'Autriche actuelle.
L'année 1859 nous en sépare, et pour cet empire, sa
défaite si profonde en cette année-là fut le commencement de ses « immortels principes de 89. »

L'autorisation qui m'avait ouvert l'enceinte des Ar-

chives de Venise en 1855, s'étendait à cette belle partie
des documents dits de *chancellerie secrète* ancienne. Les
dépêches, les rapports, les instructions relatifs à la cour
de France, faisaient tout l'objet de mes informations. Je
pris un goût extrême à ces études, j'en fis part au Ministre dans plusieurs missives. Il voulut bien m'encourager. L'assiduité de mes investigations me permit
promptement de comprendre tout le parti nouveau que
je pouvais tirer de ces grandes richesses, et je commen-
çai dès lors à réunir l'importante collection de textes de
diplomatie et d'histoire que j'ai formée depuis, et qui
aujourd'hui est complète.

Avec l'année 1856, j'obtins la faveur, très-grande
alors, d'avoir un copiste à gages. Chaque document qui
me paraissait mériter plus qu'une annotation passait
en ses mains, et la copie revenait à mon examen avant
d'être emportée. Dans l'intervalle du mois d'août 1855
à la fin de mars 1856, je fis ainsi l'étude, — je puis
dire jour par jour, — des faits et des personnes de la
cour de France par la lecture attentive et annotée des
dépêches excellentes de ces sages et prudents observateurs vénitiens, depuis le temps où Catherine de Médicis
apparaît dans les négociations jusqu'à l'époque de la mort
du Roi son troisième fils. Aux heures où les Archives
étaient fermées, en de certains jours, je hantais la bibliothèque de Saint-Marc, où de grandes choses sont aussi
amassées pour éveiller, nourrir et charmer la curiosité.
Je m'engageai dans l'examen attentif des *Diarii* de *Marin
Sanudo,* signalés à l'histoire par M. Rawdon Brown, et
qui comprennent la période politique si remplie, si active,

pour l'Italie et la France, depuis janvier 1494 jusqu'en
septembre 1533.

Par cet emploi de mon temps, j'acquis rapidement
la connaissance familière des anciennes coutumes, des
expressions et formules en usage dans la vie politique
de Venise sérénissime. Je m'initiai à ce que je pourrais
appeler la *science* de ses magistratures, science indispensable à tout curieux qui voudra profiter, autrement
qu'en passant, et pour ainsi parler, à vol d'oiseau, des
amas de manuscrits réunis aux *Frari*. Les papiers du
séminaire de la *Salute* et les manuscrits du Musée *Correr* me furent aussi communiqués. Cicogna, Sagredo,
Lazari, Rawdon Brown, m'honoraient de leur amitié
bienveillante, et soutenaient par la perfection et l'érudition de leurs conseils les premiers efforts et les ten-
dances avouées de mon goût pour étudier et manifester
l'histoire par l'usage presque exclusif des documents
diplomatiques. Ce fut mon année d'école vénitienne. Le
cours en fut interrompu au printemps de 1856 par une
absence de plusieurs mois en des pays qui, bien qu'européens, sont rarement explorés. Je visitai la Dalmatie,
l'Épire, la Macédoine, la Thessalie, et revins par le
Montenegro et l'ancien territoire des Uscoques. Venise,
dans ses grands jours et avant l'invasion du Turc, avait
dominé sur ces contrées, postes avancés du monde
oriental qu'elle regardait et qui la regardait sans cesse.

Avec la fin de juin, je retrouvai libre la même place
que j'avais occupée auparavant dans la *camera di studio*.
Ayant terminé l'examen des dépêches de France sous le
Valois, j'entrepris celui des dépêches venues du même

royaume sous le Bourbon. Les affaires de Henri IV avec
Venise jusqu'au traité de Vervins, surtout celles qui
furent traitées pour lui en cour de Rome par les Vénitiens avant son couronnement, et par lui pour les Vénitiens, en la même cour, à l'époque de leur différend
avec le Saint-Siége, sont choses absolument neuves en
histoire. Il y avait en cela matière à une campagne
d'érudition politique, sillonnée de pièces très-nombreuses. Elle m'occupa tout l'automne.

Mon séjour ainsi prolongé, et dont je ne prévoyais
pas la durée, m'avait fait devenir, sinon le familier, du
moins l'ami du directeur et de celui qui avait rang après
lui, M. Teodoro Toderini, de tout temps fort gracieux
et complaisant à mon égard. Jamais on n'avait encore
vu deux étrangers aussi assidus à fréquenter cet établissement où les attirait l'unique but de l'étude. M. Rawdon
Brown en était alors à la sixième année de ses visites
journalières, et j'annonçais devoir suivre ses traces et
son exemple. Comme il travaillait aux choses d'Angleterre et moi à celles de France, nulle raison de jalousie
mesquine ou de rivalité disgracieuse ne pouvait nuire à
la bonne harmonie de nos rapports. Et c'est une vérité
que notre concours, si bien entendu, a beaucoup contribué à relâcher insensiblement les entraves signalées
dans les temps précédents. Nos demandes continuelles
de registres, de cartons et de liasses, avaient effective-
ment fait naître des inclinations communicatives dans
l'esprit et les habitudes de la direction.

Cependant je n'avais pas encore osé formuler la nouvelle demande que je méditais de faire. Mon ambi-

tion croissant avec les facilités, convoitait en effet la
faveur d'avoir accès au Conseil des Dix. Je me résolus
à la produire vers la fin de novembre, et une circonstance inespérée se présenta, qui fut pour beaucoup
dans le succès qu'elle obtint.

Le 3 décembre 1856, l'empereur d'Autriche, qui
résidait à Venise depuis le 25 novembre, vint visiter
les Archives. Sa Majesté ne s'était fait annoncer qu'une
heure avant sa visite, et pour qu'Elle eût pleine connaissance de la maison, ceux qui la dirigeaient dans
cette inspection la conduisirent jusque dans la salle
réservée aux *studiosi*. Le hasard fit que ce jour je fusse
seul présent. J'avais devant moi de nombreux registres
de dépêches, les uns fermés, les autres ouverts.
L'Empereur s'étant avancé, ne put faire autrement
que de me remarquer. J'étais debout, attendant qu'il se
fût retiré avec son cortége de généraux, d'aides de
camp, etc., pour donner suite à ma lecture. Le directeur des Archives et le gouverneur de Venise étaient en
ce moment à ses côtés. Il me parut que Sa Majesté
adressa soudainement au directeur une question à laquelle je n'étais pas étranger. Le gouverneur eut à peine
répondu, qu'au même instant l'Empereur vint auprès de
la table où reposaient mes papiers.

« Vous êtes Français? me dit Sa Majesté.

— Oui, Sire.

— Ces documents vous intéressent?

— Beaucoup, Sire.

— Comprenez-vous les chiffres qui doivent être dans
ces dépêches?

— Avec la clef, Sire, quand les dépêches ne renferment pas déjà l'interprétation donnée par les secrétaires aux chiffres de la République.

— Êtes-vous ici depuis longtemps?

— Depuis un an et demi, Sire, et venu sous les auspices du ministre de l'Instruction publique de mon pays, qui prenait un intérêt particulier à ce genre de travaux.

— Qui était ce ministre?

— M. Fortoul, Sire, mort subitement à Ems cet été.

— Êtes-vous satisfait des communications qui vous sont faites?

— Absolument, Sire, et la présence inattendue de Votre Majesté m'est une occasion de remercier, dans sa personne, son gouvernement pour la bienveillance avec laquelle il a facilité mon entrée et mon séjour ici. »

L'Empereur alors s'avançant un peu plus près du volume ouvert que j'avais sous les yeux, dit :

« Ceci est une dépêche! D'où vient-elle?

— De Fontainebleau, Sire, en date du 29 septembre 1601. L'Ambassadeur rend compte de la visite qu'il vient de faire avec le Nonce au roi Henri, au lendemain de la naissance du Dauphin. Le Roi les a conduits près du berceau d'argent de son fils, sous un baldaquin de damas blanc, et leur montrant M. le Dauphin avec une grande allégresse, il a dit que le Saint-Père aurait en lui un bon serviteur et la République de Venise un bon ami. »

Sa Majesté regarda attentivement la dépêche, puis faisant un mouvement pour se retirer, dit :

« Je suis heureux de savoir que mon gouvernement a pu vous être agréable, je désire qu'il vous le soit encore. »

Je remerciai brièvement Sa Majesté pour les paroles qu'elle venait de me faire l'honneur de prononcer, et j'ajoutai aussitôt, de manière à être entendu par le Gouverneur civil qui était tout près, que si Sa Majesté voulait bien autoriser Son Excellence à ce que communication des pièces du Conseil des Dix me fût faite, ce serait mettre le comble à l'encouragement impérial pour ces intéressantes études. L'Empereur me regarda alors d'une manière qui ne laissa pas que de m'embarrasser. Il se peut que je l'aie surpris par cette ouverture : cependant, en se retirant, il me dit du ton le plus bref :

« Faites une note à ce sujet. »

La note était déjà dans les mains du Gouverneur depuis le 24 novembre.

Or, cette espèce d'entretien personnel avec l'Empereur, bien qu'ayant été le seul fait du hasard et n'ayant eu par conséquent aucun caractère d'audience accordée, ne fut pas sans produire un excellent effet. Tous ceux qui liront ce véridique récit, connaissant les mœurs de cour, avoueront que d'habitude on y fait aussitôt plus de cas d'une personne à laquelle le souverain a daigné manifester son intérêt par une sorte de conversation avec elle. Il fut redit dans les salons de Venise que l'Empereur m'avait parlé de mes travaux. Comme il arrive toujours, on exagéra les propos que Sa Majesté m'avait tenus : bref, quand j'allai chez le Gouverneur pour lui rappeler ma requête, il me fit part du succès qu'elle avait eu.

Le 17 décembre, en effet, M. le directeur Mutinelli,

par.une lettre n° 154 de·son protocole,.me donna officiellement avis que j'étais autorisé à l'examen des pièces
du Conseil des Dix qui concordaient avec l'époque des
Valois, de Henri IV et de Louis XIII: C'était répondre aux
termes formels de ma demande, car alors je ne préten-
dais pas étendre mes recherches dans les Archives de
Venise au delà de la date de l'entrée au pouvoir en
France du cardinal Mazarin.

Le parcours des papiers des Dix et l'étude des dépêches des deux derniers ambassadeurs vénitiens auprès
de Henri IV me prirent tout l'hiver de 1857. Un voyage
en Hongrie accompli au printemps de cette année
interrompit ces travaux; mais je lui dus la dernière
faveur à laquelle je pouvais prétendre.

L'examen des *Registres secrets* de l'année 1615
m'avait amené à vouloir tout connaître d'un procès
politique fort extraordinaire, intenté par les Dix et les
Inquisiteurs d'État à un ambassadeur vénitien qui avait
résidé quatre ans à la cour de France et quatre ans en
Angleterre. Les Dix n'avaient fait qu'éveiller et exciter
ma curiosité sur ce sujet, les Inquisiteurs seuls pouvaient la satisfaire.

Allant en Hongrie et passant à Vienne, je fis part du
fait au baron de Bourqueney, et j'en appelai à sa bienveillance déjà si heureusement éprouvée en 1855. Le
ministre de l'Intérieur mit le comble à mes vœux par sa
dépêche du 3 mai 1857 à l'adresse de l'Ambassadeur [1].

1. MONSIEUR LE BARON,

Par suite de la lettre que Votre Excellence a bien voulu m'adresser
sous la date du 22 du courant, j'ai l'honneur de l'informer que je

Cette permission me fit revenir à Venise, et les pièces ambitionnées me furent soumises. M. Rawdon Brown les vit aussi, et dès ce jour, — bien qu'alors cette grande faveur fût restreinte à une époque très-déterminée, — il fut possible de dire que le décret de l'empereur François, si sévère en ses conclusions à l'endroit des documents des Inquisiteurs, se trouva rapporté sinon en principe, du moins en fait.

Avec cette autorisation, j'avais ainsi atteint aux derniers degrés du possible à l'endroit de ces archives. Je continuai donc le cours de mes investigations, en abordant la série des dépêches sous le règne de Louis XIII et par conséquent sous le ministère du grand Cardinal, de qui j'ai recueilli toutes les audiences et toutes les conversations avec les six ambassadeurs qui se sont succédé à la Cour durant les dix-huit années de sa vigoureuse et glorieuse administration.

Il pourrait paraître singulier que je continuasse avec complaisance le récit déjà bien long de mes actes jusqu'au jour, récent d'ailleurs, où j'ai mis fin à mes patientes recherches dans le cloître des *Frari*. Cela

donne volontiers à M. Armand Baschet l'autorisation exceptionnelle d'étendre ses études des Archives de Venise jusqu'aux actes dits des Inquisiteurs d'État, et je n'ai qu'à ajouter qu'en me trouvant de la sorte dans le cas de pouvoir correspondre aux intentions de M. Baschet, j'éprouve un plaisir d'autant plus grand que j'ai la conviction de m'être, par là même, rendu aux désirs de Votre Excellence.

Agréez, Monsieur le Baron, les assurances renouvelées de mes sentiments dévoués.

                                        BARON DE BACH.

A Son Excellence
Monsieur le baron de Bourqueney,
ambassadeur de France.

équivaudrait à une autobiographie pleine de prétention
et de suffisance. L'excuse des pages précédentes, dans
lesquelles je semble trop peu reconnaître que le *moi est*
haïssable, se trouve dans la part si manifeste que j'ai
prise aux études accomplies dans ce vaste dépôt et dont
j'ai voulu tracer ici l'*historique* le plus complet. Je termi-
nerai donc en disant que jusqu'en 1867 il ne s'est guère
écoulé d'année sans que je sois revenu à Venise pour y
fréquenter les Archives[1]. Puis, avec le cours des temps,
les facilités se sont accrues de telle sorte, qu'on peut dire
que, lorsque après la grande guerre de 1859 le comte
Dandolo eut succédé au chevalier Mutinelli, toute espèce
de difficulté réelle cessa à l'endroit des communications.

[1] Le temps écoulé à Venise pour l'accomplissement de mes recherches et de mes études, soit aux Archives générales, soit à la Bibliothèque de Saint-Marc, soit encore dans des archives privées, depuis le
19 juillet 1855 jusqu'au 5 mai 1867, se répartit ainsi :

1855 : Du 19 juillet à fin décembre, avec mission du ministre de
l'Instruction publique, M. Hippolyte Fortoul.

1856 : Du 1er janvier au 26 mars, même mission. Du 26 juin à fin
décembre, sans mission.

1857 : Du 1er janvier au 15 avril. — Du 15 juillet à fin août.

1858 : Du 1er mars au 15 avril. — Du 18 juin au 30 août.

1859 : Du 23 octobre à fin décembre, avec mission du ministre d'État
et de la maison de l'Empereur, M. Achille Fould.

1860 : Du 1er janvier au 10 février. — Du 29 avril au 12 août, même
mission.

1861 : Du 6 janvier au 15 mars. — Du 3 au 14 juin.

1862 : La mission que je reçus de M. le ministre d'État, comte Walewski, ne concernait alors que les Archives de Modène, Parme et Mantoue.

1864 : Du 5 novembre au 22 novembre.

1865 : Du 11 mars au 29 mars. — Du 31 juillet à fin août. Le reste
de l'année fut partagé entre les Archives de Milan, Parme, Florence
et Mantoue.

1866 : Du 6 novembre à fin décembre.

1867 : Du 1er janvier au 5 mai.

Le nouveau directeur inaugura une ère nouvelle de libéralité que trouva tout établie le gouvernement du roi d'Italie dans Venise, en 1866. Ce fut alors que je me livrai à l'examen minutieux et sans réserve des papiers des Inquisiteurs, dont le ministre de l'Intérieur de l'Empire n'avait pu m'accorder que l'examen d'une partie bien restreinte. J'en résumerai le détail dans un travail spécial sur la juridiction mystérieuse et singulière de ce tribunal politiquement *suprême*.

J'ajoute enfin à ce chapitre personnel que lorsque je revins en France après trois années consécutives d'école vénitienne, je publiai un in-octavo, moitié volume, moitié brochure, avec ce titre : « *Souvenirs d'une mission. Les Archives de la Sérénissime République de Venise.* » Ce fut une petite chose, précédée d'une longue *Lettre au lecteur* que j'ai estimée, depuis, fort inutile, et formée de chapitres médiocres, sans attrait, et propres tout au plus à fournir quelques notions sur les magistratures non politiques de la République de Venise. Cela ne correspondait par aucun point à l'intérêt des recherches que j'avais accomplies et à l'importance des portefeuilles que j'avais remplis. Mon but, par cette petite production, avait été de me délivrer de l'énoncé des détails que j'avais amassés sur plusieurs séries des archives situées en dehors de la Chancellerie secrète, afin de pouvoir me consacrer absolument ensuite à des publications d'un caractère véritablement historique. Néanmoins ce premier travail, si faible et mal ordonné qu'il fût, eut cet avantage de répandre quelque publicité sur les Archives de Venise, dont en effet beaucoup de journaux

et de revues ont entretenu alors leurs lecteurs. Mais lorsqu'en 1863 parut le premier tome de « *La Diplomatie vénitienne et les Princes de l'Europe au seizième siècle, d'après
les Rapports et les Dépêches des Ambassadeurs,* » ce travail,
premier point d'un ensemble appelé à être volumineux,
mit les Archives d'où il était tiré dans un relief plus digne
d'elles que ne l'avait fait mon débile écrit de 1857.

On a bien voulu s'étonner, dans le modeste département de la république des lettres où l'on s'occupe de
l'histoire, du retard plus qu'extraordinaire apporté à la
publication des volumes qui auraient dû suivre immédiatement le premier, et on a pu se demander avec raison à
quoi avait été bonne cette longue pratique d'investigations en apparence improductives et partant inutiles au
public peu nombreux mais distingué qui s'en occupe. Je
répondrai que dans l'exercice des études historiques tel
qu'on le comprend depuis un certain temps, il est deux
périodes forcément distinctes. L'une est celle des recherches et de la formation du matériel, l'autre celle de la production des travaux préparés. J'ai reconnu qu'il était difficile, pour ne pas dire impossible, de confondre les deux
périodes en une seule, sans porter préjudice à l'une et à
l'autre. L'esprit a d'ailleurs ses ambitions et ses passions.
Entraîné d'année en année au courant séduisant de la
première période, j'ai voulu la parcourir entièrement, et
je me suis dirigé en tous sens dans les grands dépôts de
documents diplomatiques italiens et français. Florence,
Mantoue, Milan, Sienne, Rome, Ferrare et Parme, ne
m'ont pas retenu autant que Venise, mais ces capitales
d'anciens États, très-riches en documents et curieuses à

explorer, ont grandement concouru à grossir mes trésors écrits, et les longs séjours que j'ai successivement
faits auprès des archives de leurs anciens souverains, ont
aisément et abondamment rempli les années qui déjà
me séparent de la date du premier volume de la *Diplomatie vénitienne*. La première période est donc accomplie pour moi, et je touche aujourd'hui à la seconde,
plus difficile, et pleine de grands écueils. Puisse-t-elle
être aussi heureuse que la première, dans laquelle la
moindre découverte comme la moindre rencontre
semble être une bonne fortune. La nature de l'accueil
qui sera fait aux prochaines publications aujourd'hui
en cours d'impression, et concernant toute l'histoire
de France d'après les textes d'une diplomatie aussi
judicieuse que bien posée pour être renseignée, me fera
connaître si j'ai formé ici un vœu trop présomptueux.
Cette justice, du reste, peut m'être rendue, que dans les
occasions qui se sont présentées de communiquer mes
portefeuilles aux savants qui m'ont fait l'honneur de me
les demander pour être utilement consultés par eux, je
me suis fait un devoir de les leur ouvrir et prêter. Je
puis à cet égard prendre d'illustres témoins qui, dans
les préfaces ou dans les notes de leurs ouvrages, ont cité
les *sources vénitiennes* de mes recueils parmi celles qui
les avaient intéressés. Je suis à cet égard de l'avis bienfaisant de MM. Daremberg et Renan, qui, dans leur
rapport du 25 juillet 1850 au ministre de l'Instruction
publique, disent : « Il nous a semblé que les missions
littéraires n'ont une utilité réelle que quand les explo-
rateurs, se mouvant librement dans le cours de leurs

travaux, peuvent prêter leur concours aux ouvrages
savants en voie d'exécution, et se considérer momen-
tanément comme les chargés d'affaires de la science près
les bibliothèques étrangères. » Le lecteur curieux de
ces choses, et qui voudra connaître par le menu les
sources que j'ai réunies pour être employées à des publications prochaines, trouvera à l'*Appendice* de ce volume
le détail exact du contenu des portefeuilles que j'ai formés
pendant le cours de douze années.

Après cette longue digression personnelle, revenons
à notre *prochain,* en suivant l'ordre chronologique
adopté d'abord pour cette sorte d'*appel nominal* des
studiosi, non moins que pour cette *table des matières*
explorées dans les Archives de Venise. Retournons à
l'année 1855.

M. le baron de Bach fonda cette année, à Venise,
une école de paléographie ayant son siége aux Archives.
M. Cesare Foucard en fut nommé professeur. L'institution était louable, son but fut compris par quelques jeunes
gens curieux de cette instruction spéciale, et ils devinrent tous autant de chercheurs nouveaux dans cette
grande maison. Cette école a fort réussi. Il en faut
louer et le professeur, et sès élèves, parmi lesquels
MM. Nicolò Barozzi et Guglielmo Berchet, B. Cecchetti
Fadiga, Boldù, Luigi Pasini, tous bien placés aujour-
d'hui, les uns dans la science et les lettres, les autres demeurés aux Archives mêmes en qualité defonctionnaires
de différents grades. Par cette mesure sage, heureuse,
libérale, M. le ministre de l'Intérieur donnait ainsi un

élan tout particulier aux études historiques vénitiennes, et il est juste de dire que les esprits sérieux qui y ont répondu chaque année ont produit d'excellentes thèses basées pour la plupart sur des documents conservés aux *Frari*[1].

Rappeler et les noms des auteurs, et le sujet des thèses, serait un long ouvrage, et nous conseillerons à ceux qui les voudraient connaître de recourir aux bulletins de l'École ou à l'administration des Archives, ils y trouveront un répertoire exact. Cette institution, aussi, ne manqua pas de contribuer à affaiblir le système prohibitif jusqu'alors trop en faveur auprès de la direction. Ce fut presque un envahissement. Les Archives, en effet, ne pouvaient plus être dérobées à la curiosité, sinon du premier venu, du moins des jeunes gens que dirigeait le goût de l'érudition. Continuer à en défendre l'approche, à moins de privilége, c'eût été aller contre le sens de la création de l'école. Ne fallait-il pas une nourriture à ces esprits amis de l'étude? Et quelle autre nourriture leur procurer pour ce genre d'instruction, sinon celle des textes anciens, des chartes ducales, des *Libri Pactorum*, etc.?

Il fallut cependant encore quelques années pour que la plus complète libéralité fût exercée, et le titre d'auditeur au cours de paléographie professé dans l'édifice

---

[1] Cette école fut ouverte à Venise le 11 avril 1855. Voyez la *Gazetta ufficiale di Venezia* du 15 mars de la même année, n° 61, pour les termes du règlement. Le discours d'ouverture prononcé par M. Foucard, professeur titulaire, eut pour objet l'importance et l'état de la science paléographique. M. B. Cecchetti, élève de M. Foucard, a succédé à ce dernier en 1860. Il est présentement encore professeur.

6.

même des Archives de Venise ne suffisait pas pour que toutes les portes fussent ouvertes. Certaines séries de la *Secrète*, les chambres des *Dix*, avaient encore un chancelier redoutable dans la personne du vigilant chevalier Mutinelli.

MM. Nicolò Barozzi et Guglielmo Berchet firent promptement honneur à l'école qu'ils avaient fréquentée pendant le cours de l'année 1855, et entreprirent l'année suivante une publication dont il suffira de dire, pour la louer, qu'elle fut la sœur et l'égale de celle qui fut entreprise et accomplie par M. Eugenio Alberi. Tous les curieux en histoire savent que dès l'année 1849, le chevalier Alberi forma à Florence une société de personnages éclairés et distingués, qui prit sous son patronage illustre la publication de toutes les *Relations* faites, au seizième siècle, par les Ambassadeurs vénitiens, au retour de leurs missions. MM. Tommaso Gar, Vincenzo Lazari, Emmanuele Cicogna, ont concouru, par leurs recherches assidues, non moins que par leur savoir si exercé sur les textes politiques vénitiens, au succès de cet ouvrage excellent. MM. Gar et Cicogna ont réuni et annoté les relations écrites sur la *Cour de Rome*[1], M. Vincenzo Lazari rassembla les relations de *Constantinople*[2]

---

[1] *Raccolta Alberi*, tome VII de la collection, vol. 3 de la seconde série : *Relazioni della Corte di Roma nel secolo XVI raccolte ed annotate da* Tommaso GAR, publié en 1846. — Tome X de la collection, vol. 4 de la même série : Autres *Relations de Rome* communiquées par Cicogna, 1857.

[2] Tome IX de la collection, vol. 3 de la troisième série, 1855, *Stati Ottomani*, et tome XI de la collection, vol. 5 de la seconde série, 1856, *Stati Italiani*. Six des *relations* reproduites dans ce dernier volume sont

et quelques-unes des *États d'Italie et de la Cour d'Es-pagne*. Ce précieux recueil comporte quinze volumes. On peut dire qu'il est le seizième siècle européen révélé à grands traits par ses témoins en tous pays, les ambassadeurs de Venise. Or, ce que M. Eugenio Alberi accomplit avec tant de succès pour le seizième siècle, MM. Nicolò Barozzi et Guglielmo Berchet l'ont entrepris avec un succès égal pour le dix-septième. Ajoutons que si ces deux jeunes érudits donnent suite et fin à leur publication en l'étendant aux *Relations* du dix-huitième siècle, le recueil alors complet (Alberi-Barozzi-Berchet) formera un monument diplomatique d'un ensemble admirable. M. Guglielmo Berchet publia en 1856 le premier volume de la collection : les *Relations d'Espagne;* M. Barozzi ouvrit en 1857 la seconde série par la production des *Relations de France.* Les portefeuilles des Archives de Venise spécialement réservés à la conservation de ces rapports ont fourni successivement à ces deux érudits les intéressantes matières de leurs travaux. Aussi devons-nous dire que depuis l'année 1856 jusqu'à présent, ils ont été d'assidus et laborieux visiteurs à l'ancien cloître des *Frari*. L'un et l'autre ne se sont pas bornés à en extraire des pièces pour leur publication des *Relations des États européens lues au Sénat par les Ambassadeurs vénitiens au dix-septième siècle,* ils les ont explorées, consultées, interrogées en tout sens. Le chevalier Nicolò Barozzi s'est plus spé-

aux Archives, soit en original, soit en copie authentique. Voyez notre dissertation sur les relations prononcées au Sénat par les ambassadeurs dans notre livre de la *Diplomatie vénitienne,* première partie.

cïalement occupé des documents *italiens* intéressant la *France* et l'*Italie,* M. Berchet s'est particulièrement attaché aux textes relatifs à l'*Orient.* Nous avons sous les yeux le résultat de ses recherches sur les *Consulats de Venise en Syrie,* sur les *Rapports de Venise avec la Perse,* sur le *Commerce des Vénitiens dans l'Asie.* Ce sont d'utiles écrits.

Nous avons à signaler en 1856 le passage de l'illustre historien Cesare Cantù, auquel sa visite à ces riches Archives inspira le mémoire intéressant qu'il a publié sous le titre de : *Scorsa di un Lombardo negli Archivii di Venezia.* En 1857, il faut citer les recherches de M. Arnoldo Aichlburg sur la *Carinthie;* de M. Broel Plater sur la *Pologne au dix-huitième siècle;* du baron Noptsa sur la *Hongrie;* de M. Schaffarich sur la *Servie.* M. Henri Cornet consulta certains actes du Conseil des Dix relatifs à l'*Histoire de l'interdit prononcé par Paul V.* Les anciens rapports sur le *Frioul* furent étudiés par MM. Frédéric Comelli (de Gradisca) et Valsecchi. Le marquis Luigi Capranica demanda les pièces relatives au *siége de Brescia* en 1509 et en 1512, et M. Piccoli les actes concernant le célèbre capitaine Bartolommeo d'Alviane, qui fut le compagnon de victoire du roi François à Marignan. MM. Emilio Teza et B. Fregoso s'occupèrent, l'un des règlements anciens sur *l'imprimerie,* l'autre de documents *bibliographiques.* M. Teodoro Toderini recueillit parmi les *Cerimoniali* tous les souvenirs sur *le passage et le séjour à Venise des ducs, archiducs et empereurs d'Autriche* depuis 1361 jusqu'en

1797. Par les soins toujours diligents de M. Teodoro Toderini, alors sous-directeur de ces Archives, furent rassemblées les pièces authentiques du procès ou plutôt de *l'incarcération d'un aventurier sicilien* qui prétendait alors à la couronne de Portugal, sous le masque de *Dom Sébastien.* Le chevalier d'Antas, à qui l'on doit un livre curieux et intéressant sur ces faux prétendants, s'était adressé aux Archives de Venise par voie diplomatique pour obtenir des communications sur cet aventurier, du nom de Marco Tullio Carcon, se disant l'héroïque Dom Sébastien des Portugais. Mais celui dont la présence fit en cette année 1857 le plus d'honneur à ces belles Archives fut le Révérend Père Theiner.

Le célèbre Père, archiviste secret de Sa Sainteté, oratorien et par conséquent d'un savoir éprouvé, vint au mois de juillet et obtint facilement, grâce à son titre et à sa considération personnelle, l'autorisation de consulter les pièces diplomatiques relatives au *Concile de Trente* et à l'histoire de la *Réformation au seizième siè-cle.* Le Père Theiner avait la mission du Pape de recueillir tous les documents épars en Europe sur ce grand Concile. Les Vénitiens, ainsi que les grandes puissances, y avaient été représentés, en 1561, par deux ambassadeurs de grand mérite, Nicolò da Ponte et Matteo Dandolo, accompagnés d'un secrétaire qui a prouvé par ses écrits la valeur de l'esprit politique dont il était doué. Antonio Milledonne servit en effet pendant vingt mois ces deux ambassadeurs au Concile, et a rédigé à son retour à Venise, où il devint secrétaire du Conseil des

Dix, une histoire diplomatique et politique de cette assemblée [1].

Les dépêches des ambassadeurs ont disparu dans l'incendie du palais ducal de 1577, perte d'autant plus considérable que le talent de ceux qui les avaient dictées était remarquable. Le Père Theiner fut cependant à même de recueillir d'importants mémoires, et surtout de se rendre compte des volontés et des pensées du Gouvernement vénitien à l'égard des discussions et décisions courantes du Concile, en ouvrant les registres des *Délibérations* du Sénat, où se trouve en copie le texte des lettres et réponses officielles de la Seigneurie à ses envoyés.

Pourquoi le grand et consciencieux travail du Père Theiner sur le Concile de Trente n'a-t-il pas été livré à la publicité, selon l'intention première du pontife Pie IX? Pourquoi, en un mot, les actes et les pièces diplomatiques du Concile de Trente, amassés, réunis à si grands frais par l'impartial oratorien, envoyé du Pontife, ont-ils été, à son retour à Rome, sinon délaissés, du moins relégués dans l'obscurité pour laquelle ils n'étaient pas faits? Le Pape a-t-il été influencé pendant le voyage du Père Theiner par quelque conseiller malveillant ou par quelqu'une de ces étroites intelligences à

---

[1] Voyez *Iscrizioni Veneziane*, t. VI, p. 713 et suiv. Antonio Milledonne, né le 27 septembre 1522, admis à la Chancellerie en 1540, secrétaire au Sénat en 1551, puis à Rome, en France et à Trente, élu secrétaire des Dix en 1567, mort le 6 décembre 1588. La bibliothèque de Saint-Marc possède plusieurs manuscrits de l'*Historia del Concilio di Trento, scritta per mano del signor* ANTONIO MILLEDONNE (classe V des *Manuscrits italiens*, IV, V, XLVII, etc.).

qui tout fait peur dans l'histoire? On a accusé les Jésuites de ce méfait. Ils en sont peut-être innocents. Ce qui est certain, c'est que la volonté du Pape, tout échauffée d'abord pour la publication des textes à recueillir, se déclara depuis tout à fait contraire à ce grand projet. On ne peut hésiter à dire que si cette défense est un acte de prudence théologique, elle est un deuil réel pour l'histoire.

En 1858, d'intéressantes et actives recherches furent pratiquées dans les dépêches des ambassadeurs vénitiens à la cour de France, de 1624 à 1637, pour M. Jules Pelletier (de l'Institut). Le Père Joseph (du Tremblay), l'homme de Richelieu, cette fameuse *Éminence grise* du cabinet du cardinal, était le sujet de cette importante information. Ce fut un travail d'un grand intérêt; nous en avons eu sous les yeux le résultat. M. Pelletier a épuisé, peut-on dire, toutes les sources étrangères et françaises pour former une collection unique de pièces historiques propres à servir à une histoire de la vie et des actions politiques du célèbre capucin. Les dépêches des ambassadeurs Marc-Ant. Morosini, Simeone Contarini, Giorgio Zorzi, Alvise Contarini, Girolamo Soranzo, Giovanni Soranzo et Angelo Correr, ont été particulièrement compulsées, et des extraits abondants ont été adressés au futur auteur de la vie du plus intime conseiller et du plus sûr confident du grand ministre de Louis XIII.

Un travail du même genre fut entrepris dans le même temps pour satisfaire à la curiosité du philosophe français entraîné alors dans le champ de l'histoire par une passion qui, pour avoir été rétrospective, ne fut pas moins ardente pour les belles héroïnes de la Fronde. On sait combien l'époque de Louis XIII, depuis la mort du maréchal d'Ancre, et la minorité de Louis XIV, ont séduit l'esprit et le cœur de Victor Cousin. Il ne négligea aucune information, et fit le plus grand cas de celles qui étaient de source vénitienne. Le ministère du connétable de Luynes, la jeunesse de Mazarin, l'attitude du cardinal de Richelieu à l'endroit de la Reine [1] furent

---

[1] M. Cousin avait jugé admirables certaines conversations du Cardinal rapportées par l'ambassadeur de Venise. Il existe toute une correspondance de lui au sujet des recherches qu'il ambitionnait tant de voir entreprises en ces nombreux recueils diplomatiques, correspondance animée, piquante, et qui met sous un jour intéressant toute l'ardeur de sa curiosité pour des documents de valeur et inédits. Voici quelques fragments des billets familiers de l'historien :

« Paris, 9 juillet.

» Si ces lettres sont antérieures à 1643, je serais charmé de les avoir, car depuis cette époque nous en regorgeons et je n'ai besoin de rien. Ce sont les débuts des grands hommes et de Mazarin qu'il faut éclaircir... Puisque vous êtes bien avec M. le directeur des Archives de Venise, tâchez de le fléchir en ma faveur, car rien n'égale des copies textuelles. Bornons-nous d'abord à la nonciature de Mazarin à Paris de novembre 1634 jusqu'en 1636. La perfection serait qu'on me copiât les parties des dépêches qui se rapportent à Mazarin pendant ces deux derniers mois, car je compte en faire un chapitre spécial le plus détaillé que je pourrai..... Ah ! si j'étais jeune..... mais je suis vieux, et je n'ai d'yeux et de mains que ceux qu'on me prête. Quelques jours avant de recevoir votre dernière lettre, un de mes amis, M. le baron de S..., est venu me demander mes commissions pour Venise. Je l'ai prié de vous rappeler Mazarin.

O utinam in vobis unus, tecumque fuissem
Aut custos gregis aut maturæ vinitor uvæ !

Mon *troupeau*, ce sont les manuscrits, et ma *vigne*, l'histoire de notre cher pays.

» Bien à vous,
» COUSIN. »

le programme indiqué par l'auteur de ces livres charmants et solides, pleins de révélations si attrayantes sur les grandes intrigues d'un monde dont les agitations

« 3 août.

» Vous m'enorgueilliriez beaucoup si vous pouviez me persuader que des dames aussi aimables et aussi illustres que celles dont vous me parlez ont laissé égarer leurs beaux yeux sur mes ouvrages ; en tout cas, mettez-moi à leurs pieds, dites-leur que si j'ai pu leur raconter les amours du jeune et beau Mazarin avec la belle *nodarine*, je leur promets de leur faire retracer de mon mieux l'entrée de Mazarin à la cour de France, et la première impression qu'il fit sur Anne d'Autriche.

» Bien à vous,
» COUSIN. »

« Dimanche, août 1860.

» Soyez le bienvenu : le vieux philosophe attend impatiemment Mazarin conduit par M. B... Vous êtes bien sûr de me trouver demain matin à la Sorbonne, car j'y serai vraisemblablement sous la main d'un violent rhumatisme. *Vos dépêches* me ranimeront.....

» COUSIN. »

A cette correspondance se trouvent joints divers bulletins de recherches à faire dans les Archives de Venise, bulletins dictés et signés par M. Cousin. Tel est le suivant, dont le Cardinal fait tous les frais :

Note recommandée à l'obligeance de M*** :

1º Année 1642, août et septembre, affaire de Cinq-Mars, et la part de Mazarin dans cette affaire ;

2º Novembre et décembre. Retour de Richelieu à Paris, sa maladie et sa mort ;

3º Année 1643. Mazarin succédant à Richelieu à la fin de décembre 1642. Quelle impression produit cette élévation inattendue ;

4º Même année. Avril et mai : maladie et mort du Roi ; son testament ;

5º Régence d'Anne d'Autriche. Mazarin maintenu premier ministre ;

6º Bataille de Rocroy ;

7º Querelle de madame de Longueville et de madame de Montbazon ;

8º Même année, août et septembre. Conspiration contre Mazarin.

V. COUSIN.

et les remuements ont tant contribué à la besogne de l'histoire de cette époque.

Ces Archives ont aussi beaucoup fourni à de menues publications faites à Venise dans un but tout galant. Il en a paru plusieurs avec des textes empruntés à cette source austère, en 1856 et 1857, et depuis, un très-grand nombre. Ce fait nécessite ici quelques explications, car il ne peut manquer de paraître étrange à qui connaît peu cette coutume singulière de mettre ainsi des pages d'histoire au service d'un compliment de mariage.

Or, il est à Venise, comme en plusieurs contrées d'Italie, une habitude qui consiste à publier, à un nombre fort restreint d'exemplaires, un ou plusieurs documents d'histoire, pour honorer dans les familles l'événement d'un mariage. Ce genre d'hommage imprimé se bornait jadis à l'œuvre d'un sonnet, à la façon de quelques madrigaux ou à la production d'un épithalame. L'auteur inspiré de ces galanteries avait alors le bon goût de présenter les marques de son contentement sous une forme poétique. Un jour, c'était *Imeneo trionfante,* un autre, *la Gloria d'amore,* ou *la Ghirlanda dell' Aurora,* avec intervention des belles et agréables déesses de la religion païenne. D'aucuns reproduisaient encore d'anciennes louanges dites avec grâce sur la belle Venise, patrie de l'un ou de l'autre des fiancés, sinon de tous les deux, ainsi, des *Quartine in lode di Venezia*[1]. Rien n'était mieux approprié à une circonstance de cette sorte que des inventions de cette qualité galante. Cette mode fut-

---

[1] *Per le nobilissime nozze Albrizzi-Galvagna,* Venise, 1839.

elle estimée avoir trop duré, ou bien l'inspiration a-t-elle
été tarie? Le sonnet, l'épithalame, les madrigaux, les
gentillesses, les élégances et les compliments, ont en
effet disparu pour faire place au document. Ces publications d'occasion nuptiale sont devenues si nombreuses,
que la collection complète depuis trente années environ pourrait former à elle seule une volumineuse bibliothèque de brochures apparues sous tout format. Cette
mode que l'on a fait pénétrer inconsidérément dans
toutes les classes sociales a nécessité la recherche in-
tempestive de toutes sortes de textes originaux offrant,
qui plus, qui moins, une sorte d'intérêt historique. Les
richesses manuscrites des Archives de Venise présentaient une nourriture trop facile à l'entretien de ce singulier usage pour que de toutes parts (surtout depuis
qu'il est aisé de les approcher) on ne les mît *à la question*. Si nous signalons ce fait, c'est qu'il appartient par
sa nature aux notes que nous avons rassemblées pour ce
chapitre de notre travail; mais notre dessein n'est pas
de citer les noms des éditeurs improvisés de documents ainsi empruntés, ainsi publiés et ainsi travestis
en compliments matrimoniaux. Le lecteur ne saurait
attendre de nous une besogne aussi excessive, d'autant
que les documents ainsi produits sont rarement le fruit
du moindre effort laborieux ou d'une application particulière. Une telle coutume a son côté louable lorsqu'elle
est pratiquée par des mains habiles et expertes en l'art
de présenter le résultat de quelques intéressantes recherches. Loin de nous la pensée de ne pas goûter tous les
agréments de ces publications faites dans un but aussi

aimable, lorsqu'elles sont l'ouvrage heureux d'un chercheur familier avec les textes. Que Cicogna, Luigi Carrer,
Agostino Sagredo, Vincenzo Lazari, dom Valentinelli,
Tommaso Locatelli, Guglielmo Berchet, Nicolò Barozzi,
Giusti dall' Acqua, Rinaldo Fulin, tous ceux en un mot
qui font de l'étude de l'histoire une profession, se soient
délassés ou se délassent de leurs studieuses fatigues
habituelles en mettant sous presse quelque pièce de
leur choix bien apprêtée, bien présentée, bien enca-
drée, pour cette galante occasion, rien de mieux! Il est
d'ailleurs à penser que leur discernement les arrêtera
sur quelque fragment approprié fortunément à la circonstance : ainsi, le récit d'une fête, l'audience d'une reine
à un ambassadeur, l'inventaire des écrins d'une grande
princesse, l'entrée pompeuse des envoyés de la République en quelque cour, les négociations qui ont précédé l'accomplissement d'une alliance entre maisons
souveraines, la remise de cadeaux de la part d'un
prince pour se concilier la faveur d'un autre, les usages
du vieux temps, de spirituelles lettres, de piquants mémoires, etc. Certes, la matière abonde pour qui sait
choisir. Mais qu'à propos du premier mariage venu,
l'ami de famille le moins lettré pénètre en ces Archives
et en tire le récit d'un conclave ou le texte de quelques
dépêches politiques arrachées à l'ensemble du recueil, le
fasse imprimer et le porte en hommage aux fiancés ou aux
époux, c'est, à notre avis, un abus, voire un ridicule. Le
petit nombre des exemplaires ordinairement tirés en interdit d'ailleurs une rencontre facile aux esprits curieux
qui pourraient utiliser la matière pour leurs travaux. Les

époux et les parents auxquels ils sont présentés se bornent le plus souvent, en ces jours d'hymen, à la lecture du titre de l'hommage, et plus encore à la forme de la dédicace, pour l'agrément de laquelle il est tout un répertoire d'épithètes prises au domaine de la félicité, du bonheur, de la joie, de l'élan et de l'harmonie des cœurs, de la constance des sentiments et autres états de l'âme, qui ne sont cependant pas à l'abri du temps, des orages, des incompatibilités. Ainsi, le service rendu à l'histoire par ce genre de productions est, à peu d'exceptions près, d'une nullité absolue, et l'exercice abusif de cette coutume a de plus cet inconvénient grave de permettre à tout venant de gêner en son œuvre un chercheur plus sérieux par la publication impromptu d'une pièce appelée à figurer dignement ailleurs. Il faut regretter pour l'agrément et l'embellissement des noces vénitiennes l'ancienne coutume si galante des sonnets et madrigaux tirés sur satin rose ou blanc, avec accompagnement de lettres ornées et d'emblèmes délicats, pour ces occasions chaleureuses auxquelles l'aspect froid, sévère, doctrinaire et pédant d'un document sur papier vélin est peu fait pour convenir[1]. Cette furieuse manie d'imprimer un texte historique pour consacrer la date et le fait d'une alliance entre familles

---

[1] Des publications d'un genre charmant et d'un choix heureux pour ces circonstances nuptiales sont entre autres celles, toutes récentes, du chevalier Antonio Cappelli, de Modène : « *Le sette allegrezze degli amanti,* » texte inédit attribué à Laurent de Médicis et trouvé dans un manuscrit de Modène, puis *Ballate, Rispetti d'amore e Poesie varie,* extraites de manuscrits sur la musique des XIVe, XVe et XVIe siècles. Cela est harmonieux et littéraire.

qui fort souvent n'ont eu et n'ont rien de commun avec l'histoire, s'est particulièrement fait remarquer aux Archives de Venise depuis la retraite du directeur chevalier Mutinelli. Oserai-je dire que, sous ce rapport, son humeur peu encourageante est regrettable? Il est du reste à espérer que l'excès même de cet usage sera l'instrument du discrédit par lequel il se perdra. De cette guirlande nuptiale de documents recueillis dans les Archives, nous avons réuni les *fleurs* qui nous ont paru les plus dignes d'être conservées. Nous les présentons à titre d'échantillons curieux, devenus fort rares.

Deux dépêches du résident de la République de Venise, Rocco San Fermo, *à Turin* (1791 et 1792), concernant *l'agriculture et le commerce en Piémont,* avec notes par le comte Marcello. (Pour les noces Remondini-Albrizzi.) 1856.

Relation sur le gouvernement et territoire du Frioul, présentée à *l'Excellentissime Collège par le gouverneur* Andrea Foscolo, le 1er juin 1525, avec dissertation sur les *Relations des Rettori,* par C. Foucard. (Pour les très-heureuses noces Bergamo Venanzio.) 1856.

Relation de Bergame, lue au Sénat le 9 juin 1745 par G. B. Albrizzi au retour de sa mission, avec notes, et Considérations préliminaires sur l'importance des études historiques nationales, par Alessandro et Vincenzo Marcello. (Pour les noces Peregalli-Albrizzi.) 1856.

Dépêche de l'ambassadeur Marco Foscarini *sur la création du pape Benoît XIV,* publiée par les employés de l'impérial et royal commissaire du district de Venise à l'occasion du mariage de la fille de Pasquale Covi, leur chef.) 1857.

Le Statut inédit des noces vénitiennes, promulgué en l'an 1299, suivi d'une *Notice sur les lois vénitiennes pour la répression du luxe aux* XIIIe, XIVe, XVe *et* XVIe *siècles,* par C. Foucard. (Pour les nobles épousailles, *Sponsalizie*, Marcello-Zon.) 1858.

Relation du Frioul, présentée au Sénat par N. Contarini, le 14 avril 1764, publiée par le docteur Michele Leight. (Pour les noces Privileggi-Leicht.) 1860.

Dépêches de l'ambassade en France de Vincenzo Gradenigo *et* Giovanni Dolfin, *envoyés auprès de Henri IV à l'occasion de son avénement au trône*, publiées par G. M. Franco. (Pour les heureuses noces Calza-Franco.) 1861.

Quelques dépêches de Georgio Tornielli, *résident vénitien à Londres* en 1781 et 1785, avec *Notice* par M. N. Barozzi, publiées par G. Bianchini. (Pour les noces très-heureuses Tornielli-Gobbatti.)

Les Malatesta à Venise, par M. Guglielmo Berchet. (Pour les noces Boldù-Calbo.) 1862.

Sur l'établissement d'un consulat de Venise à Marseille en 1747. Actes et décrets publiés par dom Bartolommeo Podrini. (Pour les noces Scola-Paetella.) 1863.

Sur l'art de la verrerie, Mémoire de Sebastiano Molin, *patricien de Venise, inquisiteur aux métiers* (dix-huitième siècle), publication de G. Lazari et Angelo Bolpini. (Pour les noces Bressanin-Lazari.)

Relation de la forteresse de Palma par le provéditeur général Marco-Antonio Memmo, *présentée au Sénat en*

1599, publiée par G. Collotta. (Pour les noces Carminati-Occioni-Bonaffons.) 1863.

D'une ligue proposée par Philippe II (dépêche de l'ambassadeur Paolo Paruta à Rome, 9 janvier 1592 (M. V.), publiée par Giuseppe Gerometta. (Pour les très-heureuses noces Colledani-Bianco.) 1864.

Lois vénitiennes concernant les ecclésiastiques jusqu'au dix-huitième siècle. (Très-nobles noces Comello-Totto, recueil publié par le comte Angelo Papadopoli.) 1864.

Autobiographie du duc Henri de Rohan, avec notes, dont plusieurs extraites des Archives de Venise, publiée par M. Victor Ceresole. (Pour les très-nobles noces Comello-Totto.) 1864.

Giordano Bruno à Venise (documents inédits extraits des Archives générales), par l'abbé Rinaldo Fulin. (Pour les très-nobles noces Comello-Tolto.) 1864.

Lettre officielle à Carlo Capello, *ambassadeur de Venise à Florence en* 1529, publiée par Giacomo Piamonte. (Pour les très-heureuses noces Gei-Cini.) 1864.

Dépêche de Pietro Duodo, *ambassadeur de Venise auprès de Henri IV,* 29 avril 1597, par le même. (Pour les très-heureuses noces Piamonte-Gei). 1864.

Relation d'Ant.-Marin Priuli, *capitaine et vice-gouverneur de Vérone,* lue au Sénat le 18 février 1797, publiée par G. B. Garbin et famille. (Pour les heureuses noces Panizzoni-Ridolfi.) 1864.

Relation du royaume de France en 1752, par Francesco-Lorenzo Morosini, avec *Notes* par l'abbé Rinaldo Fulin, publiées par MM. Bora, Paganuzzi, Lioni, Rota,

Pasqualin, Trentin, Balbiani et Cucchetti. (Pour les très-nobles noces de Reali Da Porto.) 1864.

Relation du congrès de Münster, lue au Sénat par Alvise Contarini, publiée par le comte Nicolò Papadopoli. (Pour les très-nobles noces Comello-Tolto.) 1864.

Relation de Candie, lue au Sénat par Bernardo Venier, duc de Candie, en 1616, publiée par les époux Costan- tini-Lazari. (Pour les très-nobles noces Emo-Capodi- lista-Venier.) 1867.

Quittons ces cérémonies et les compliments *historiques* dont elles ont été l'occasion, pour retrouver des souve- nirs sinon plus marquants du moins plus en rapport avec ce travail.

Les recherches pendant le cours de l'année 1858 furent assez variées. M. Bertuch, chef des chasses du roi de Danemark, informa sur l'*Histoire du Danemark durant les derniers siècles,* et sur la *libération, en 1709, du prisonnier politique Felice Ciera ;* le comte Hermann de Lunzi (de Zante) recueillit d'abondantes notices sur l'histoire des *Iles Ioniennes ;* le docteur Migerka prépara un mémoire sur le *Commerce au quinzième siècle ;* le pro- fesseur Cecchetti informa sur les *Industries anciennes à Venise ;* M. Manno, sujet hellénique, sur *Constantinople et la Grèce pendant l'occupation du Turc ;* M. Alexandre Wolf consulta les *Dépêches d'Allemagne,* le docteur Lampertico dirigea ses études sur les *Droits et fran- chises à Venise au dix-septième siècle ;* M. Collotta eut en vue les *biens communaux,* les *fiefs,* les *mainmortes,*

7.

et le professeur Matkowich, le *Commerce depuis le onzième jusqu'au quatorzième siècle*. Le célèbre Ranke revint. Trente-cinq années le séparaient du temps où il avait entrepris ses grandes investigations dans cette même maison. Les temps étaient changés sous le rapport des difficultés. Il consulta laborieusement les *Papiers d'État relatifs à la Grande-Bretagne*, et, presque en même temps, M. Henri Gilbert rechercha des textes pour servir aux mémoires sur la *Découverte de l'Amérique*, et spécifier la part que la République de Venise a pu y prendre. Vint aussi le professeur Munch, Norvégien.

En 1858 aussi, le chevalier Mutinelli publia le quatrième et dernier volume de la *Storia arcana ed aneddotica d'Italia* d'après les dépêches des Ambassadeurs et Résidents à Rome, Naples, Florence, Milan, Turin et Mantoue. Nous avons dit quels étranges obstacles furent apportés à la perfection de cet ouvrage commencé en 1855; ajoutons que malgré ces obstacles, la réunion de ces textes est d'un intérêt très-vif, et qu'ils pourront toujours être consultés avec avantage par les historiens et chroniqueurs des choses d'Italie au seizième, au dix-septième et au dix-huitième siècle. Il n'a pas dépendu de M. Mutinelli de rendre cet ouvrage plus fécond et abondant en documents *politiques*. L'interdiction si regrettable qui lui fut faite est la légitime excuse de l'éditeur et de l'annotateur de cette publication, que des censeurs inconsidérés n'ont pas craint d'empêcher d'être excellente. Il est étrange de pouvoir affirmer sûrement que le titre de directeur général des Archives de Venise

fut précisément pour le chevalier Mutinelli un obstacle
à la libre disposition, pour la publicité, de pièces historiques qui ne pouvaient compromettre personne, et pouvaient être utiles à tout lecteur sérieux.

L'année 1859 fut une année de guerre et d'agitations
politiques. L'esprit public vénitien regardait du côté des
Alpes, du Mincio et de l'Adriatique. La solitude se fit
au cloître des *Frari*. La paix de Villafranca fit retomber
Venise en une léthargie dont on ne saurait apprécier la
profondeur à moins d'en avoir été le témoin. Temps
malheureux pour toutes choses! Jamais Venise n'a connu
de plus mauvais jours que ceux des quelques années qui
suivirent la signature de cette paix, estimée nécessaire
par celui dont la voix puissante avait, peu de mois
auparavant, ému et remué l'Italie. Les passions soulevées, mais non satisfaites, donnèrent lieu dans la Vénétie à une guerre aussi mystérieuse qu'acharnée entre
le dominateur et le dominé. Plus de fêtes, une émigration formidable par le nombre et par l'activité, une
lutte de chaque jour entre une police irritée sans succès,
et des comités secrets bien soutenus. Partout la colère
et le dépit. Plus de visiteurs étrangers. Si jamais Venise
parut mériter l'épithète que Chateaubriand lui a donnée,
la ville des ruines, ce fut alors. Époque lugubre! Un seul
étranger, Macaulay, vint en l'année 1860 aux Archives
de Venise, mais il ne fit que passer, il les regarda et s'en
alla. Je regrettai vivement que ce maître dans l'histoire
ne fit pas une plus large connaissance avec les grands
écrits politiques des Vénitiens d'autrefois, écrits dans

lesquels il est de ces traits de plume appliqués au récit des affaires, qui rivalisent de chaleur et de force avec les traits de pinceau d'un Giorgione et d'un Vecellio, Vénitiens aussi.

Au mois d'avril 1861, le chevalier Mutinelli, directeur depuis l'année 1848, prit sa retraite; le comte Dandolo, que des écrits distingués signalaient à l'estime publique, fut appelé à lui succéder. Ainsi que son prédécesseur, il était homme d'esprit, fin et piquant, mais dans une tout autre donnée, et était d'humeur sceptique. Son seul sourire était tout son portrait moral. Il affecta aussitôt la libéralité, et fut d'avis que les portes de la maison n'eussent pas de clôtures. Il fit un rapport en ce sens. J'ignore s'il fut approuvé, mais il agit comme s'il l'eût été. L'attention qu'avait prodiguée son prédécesseur à la conservation jalouse des secrets du Conseil des Dix lui paraissait plaisante. A son sens, un passé pareillement *accompli* devait recevoir la lumière. Il n'y eut plus de catégories dans les communications et les permissions. Demander fut suffisant pour obtenir. Il est vrai de dire que les demandes furent des plus rares, et qu'en dehors des jeunes *praticiens* de l'école de paléographie, — aux Archives, d'ailleurs, ils étaient chez eux, — il y eut à peine assez d'hôtes pour occuper chaque jour les quelques tables à écrire dispersées dans la *sala di studio*.

Les seuls chercheurs cités par le protocole des Archives en cette année d'émotions belliqueuses et politiques sont : M. Giuseppe Tassini, poursuivant ses curieuses informations pour son intéressante *Histoire*

des Rues, Places, et Quartiers de Venise [1] ; le docteur
Erizzo, réunissant les *Statuts des villes de la Vénétie;*
le professeur Müller, savantissime helléniste, voué à
l'*Histoire de Venise dans ses rapports avec celle de l'Em-*
pire byzantin, et dont le travail fut considérable; l'abbé
Nicoletti, consultant différentes matières relatives aux
mines, aux *armes de guerre,* etc. En 1860, le chevalier
Sardagna recueillit de nombreuses pièces pour servir à
l'*Histoire militaire de la République,* et M. Fabris s'occupa de la *procédure des Avogadori di comun.*

Un des premiers noms qui se présentent sous cette nouvelle période est celui de Giovanni Battista Lorenzi. Le
travail de ce patient investigateur mérite les plus chaleu-
reux éloges. Depuis cette époque (1861) jusqu'aujour-
d'hui, M. G. B. Lorenzi, coadjuteur à la bibliothèque de
Saint-Marc, n'a cessé de consulter les immenses collections réunies aux *Frari* pour en tirer les plus nombreux et les plus intéressants textes propres à illustrer
l'œuvre grandiose qu'il a entreprise de publier sur le
Palais Ducal. Il se trouvait alors à Venise un illustre écrivain anglais, John Ruskin, à qui son livre magnifique,
« *The Stones of Venice* », a valu la plus honorable réputation. M. Ruskin, enthousiasmé par les savants propos de
M. Lorenzi, tint à honneur d'en faciliter la réalisation,

---

[1] *Curiosità Veneziane ovvero origini delle denominazioni stradali di*
Venezia, del dottor Giuseppe Tassini, Venise, 1858. Depuis cette publication, M. Tassini en a entrepris une seconde non moins intéressante,
qui est un recueil de toutes les condamnations prononcées par le Conseil
des Dix.

et prit aussitôt à sa charge les frais nécessaires pour
une publication de cette importance. « MONUMENTS POUR
SERVIR A L'HISTOIRE DU PALAIS DUCAL DE VENISE, *ou série
d'actes officiels y relatifs depuis* 1253 *jusqu'en* 1797,
extraits des Archives de Venise et coordonnés par GIAMBA-
TISTA LORENZI, *coadjuteur à la bibliothèque de Saint-Marc ;*
tel est le titre adopté pour ce précieux répertoire [1]. Il était
d'abord entré dans la pensée du patient *raccoglitore* de
borner son œuvre à un seul volume, mais les richesses
qu'il a rencontrées l'ont envahi, et l'édition, pour être
parfaite, exigera trois volumes formant trois parties différentes. La première a été livrée à la publicité, et contient onze cent quarante-neuf documents intelligemment
classés et répartis, comprenant la période de l'histoire
du Palais depuis 1253 jusqu'en 1600. La seconde em-
brasse donc le dix-septième siècle, la troisième, le dix-
huitième. L'histoire du Palais Ducal, considérée sous
divers aspects, sous tous les aspects, art, politique, administration, c'est en vérité l'histoire de Venise même,
avec l'animation de ses magistratures et le personnel
extraordinaire de ses Conseils. Que de faits curieux s'y
rattachent ! que de souvenirs ! que de grandeurs et de
défaites ! Ainsi présenté, ainsi conçu, l'ouvrage de
Giovanni Battista Lorenzi ne peut manquer d'être, pour
l'historien et l'artiste, un des monuments écrits les plus
utiles et les plus attachants. Il convient de louer l'auteur, et de rendre grâces, en même temps, au libéral

---

[1] Tiré à trois cents exemplaires seulement, dont cent cinquante sur
grand papier collé et deux cent cinquante sur vélin ordinaire in-quarto.
(Venise, Typographie du commerce, de Marco Visentini, 1868.)

étranger qui a voulu se faire ainsi le patron généreux de l'importante entreprise du modeste coadjuteur.

M. Costantini consultant les actes des *Avogadori di comun*, le comte Girolamo Zinnani préparant une étude sur le chef de guerre *Gattamelata*, M. Durazzo recueillant les relations sur *Rovigo*, M. Lampertico sur *Vicence*, M. Cavattoni sur *Vérone*, et M. Joppi sur *Udine*, le Dr Trevisanato informant sur l'*Histoire de la médecine*, le Dr Gustave Oppert sur l'*Empire du Mogol*, M. Zanetti sur *Murano*, le Dr Carlo Bullo sur *Chioggia*, M. Paulovich et l'abbé Siméon Gliubich sur la *Dalmatie*, M. Lafranchini sur *Vérone au quinzième siècle*, lady Campbell, curieuse de connaître les textes politiques laissés par *Fra Paolo*, et le comte Broel Plater attiré par ses études sur les *Correspondances des États d'Italie avec la Pologne*, forment le personnel ayant eu accès aux Archives en 1861 et 1862.

L'année 1863 présente des noms déjà cités auparavant ; les nouveaux venus sont M. Alberto Errera, travaillant à un *Essai sur l'Art de la verrerie*; le Dr Luigi Méry, en quête de documents sur la *Dalmatie*; M. Teza, s'engageant dans une étude excellente à faire sur les *Réformateurs à l'Université de Padoue*, et le professeur Giuseppe de Leva, remarquable historien de *Charles-Quint*.

Les dépêches de *Pologne* furent communiquées au Dr Pilinski, celles des *Cantons suisses* à M. Victor Ceresole[1], des *États d'Italie* au professeur Minotto, du *Congrès*

---

[1] *La République de Venise et les Cantons suisses*, par M. Victor

de Münster à M. de Magnoncourt, en mission alors pour recueillir tous les actes européens relatifs à ce grand congrès. L'abbé Rinaldo Fulin, esprit charmant, avide de savoir, prompt et habile aux recherches, commença alors à interroger les Archives, auxquelles il a depuis arraché tant de secrets pour l'utilité de l'histoire et pour l'agrément et l'instruction des auditeurs qui ont assisté cette année à ses ingénieuses et érudites conférences.

M. de Magnoncourt ne fut pas le seul Français qui, cette année, mit à profit les papiers de la Chancellerie vénitienne : M. Ravaisson, occupé depuis longtemps déjà par des recherches sur l'histoire particulière des *prisonniers de la Bastille,* réunit les dépêches des ambassadeurs de Venise à Paris qui ont parlé de la célèbre prison et des hôtes que le Roi et ses ministres trouvèrent bon d'y envoyer.

M. Armingaud, élève de l'école d'Athènes, aujourd'hui professeur d'histoire au collége Rollin, étudia les textes du moyen âge relatifs à l'*Empire latin à Constantinople.* Ce jeune historien fit une étude approfondie des sources diverses conservées sur cette époque, et son séjour à Venise fut de plusieurs mois. La bibliothèque de Saint-Marc l'attira aussi, et il y prit copie des *Discours politiques de Nicétas Chorisata,* écrivain grec du commencement du treizième siècle.

CERESOLE. Curieuse et importante publication résumant avec l'indication et l'analyse des documents diplomatiques les plus variés, l'histoire des rapports si animés qui existèrent de tout temps entre Venise et les Cantons. M. Victor Ceresole, aujourd'hui consul de la Confédération helvétique à Venise, est un des étrangers qui connaissent le mieux ces Archives.

La présence de M. de Mas Latrie renouvelée en 1863 aux Archives de Venise, et le genre, nouveau pour lui , des documents qu'il indiqua pour être copiés, m'obligent à entrer ici dans quelques détails particuliers. Depuis quelque temps, M. le comte Walewski avait la généreuse ambition d'attacher son patronage à une publication qui correspondit par sa nature à celle qu'avaient entreprise MM. Abel Desjardins et Canestrini, sous les auspices du ministre de l'Instruction publique : *Négociations diplomatiques de la France avec la Toscane.* M. le comte Walewski, alors ministre d'État, avait dans son département la division dite des Sciences et des Lettres. Ce ministre, que ses fonctions politiques précédentes avaient mis à même de bien connaitre l'importance et l'intérêt, en histoire, de bons documents émanés de la plume de bons ambassadeurs, accueillit avec bienveillance la proposition que lui adressa M. de Mas Latrie de faire réunir les dépêches des ambassadeurs vénitiens à la Cour de France qui n'avaient pas encore été copiées et étudiées.

Il s'en fallait, en effet, de beaucoup que tous les documents diplomatiques relatifs à notre histoire eussent été examinés et transcrits. Pour notre part, les commissions que nous avaient données les ministres prédécesseurs de M. le comte Walewski, ne s'étaient pas étendues au delà du règne de Louis XIII. Le siècle de Louis XIV, le siècle de Louis XV et de Louis XVI avaient peu fourni à des recherches attentives, régulières, poursuivies avec soin, dans ces Archives si riches en dépêches et en rapports. M. de Mas Latrie, désireux

sans doute de quitter pour un moment le champ des
études du moyen âge qu'il avait jusqu'alors spécialement
cultivé, fit connaître par un rapport ses intentions et
ses ambitions à M. le comte Walewski. Je dois penser
que mon honorable confrère voulut bien ne pas oublier
que j'avais consacré plusieurs années consécutives au
dépouillement et à l'examen de tant de documents
appartenant à la série des dépêches vénitiennes sur la
Cour de France, et signaler au nouveau ministre les
missions dont m'avaient honoré ses prédécesseurs. M. le
comte Walewski, en effet, étant à la veille de décider
que la publication des dépêches des ambassadeurs vénitiens était de nature à mériter l'attention et l'appui du
gouvernement, autorisa plusieurs conférences entre M. de
Saux, chef de son cabinet, M. Bellaguet, chef de division des Sciences et des Lettres, M. de Mas Latrie et
moi. A la suite des entretiens qui eurent lieu, le Ministre
prit l'arrêté du 14 juin 1863, décidant la publication en
langue italienne et française des textes diplomatiques
ordinaires des ambassadeurs de la République auprès
des Rois Très-Chrétiens.

Les soins de ce travail important furent divisés de
sorte que le règne des Valois et celui de Louis XIII
me furent réservés, ainsi que ceux de Henri IV, de
Louis XIV, de Louis XV et de Louis XVI échurent à
M. de Mas Latrie. Ce grand recueil est encore en pré-
paration, et a nécessité plusieurs fois, depuis 1861, la
présence de M. de Mas Latrie à Venise pour reconnaitre
et recevoir les copies commandées. Lorsque parai-
tront les premiers volumes de cette intéressante série

de dépêches sur cette suite de tant de règnes, les historiens et les lettrés sauront que c'est à M. le comte Walewski que revient l'honneur d'en avoir décidé la mise au jour.

En 1864, les *Mosaïques de Saint-Marc* furent l'objet des recherches de M. Saccardo, la *Condition de Venise au moyen âge* l'objet de celles de M. T. Wüstenfeld. Emmanuele Cicogna réunit pour M. Zantedeschi les pièces relatives au *Professorat de Galilée à l'université de Padoue*, le docteur Errera interrogea les *Dépêches de Rome* pour en extraire les détails sur les *Procès du Saint-Office*, M. G. Lumbrosa instruisit sur les *Lois criminelles*, et M. James Nathaniel de Rothschild consulta les *Dépêches des ambassadeurs à la cour de France* sous le ministère aussi actif qu'entreprenant du duc de Choiseul. Si M. de Rothschild, qui est un lettré dans tout le sens heureux du mot, et qui a voué une part de ses sentiments d'affection aux très-rares et très-beaux livres, a étudié les dépêches écrites sous ce ministère pour en produire l'histoire, il faut le louer du choix heureux de son sujet. Sous ce long règne de Louis XV, en effet, traversé par des systèmes politiques si opposés et si variables, il est peu de questions historiques plus intéressantes à méditer, à éclairer et à discuter que celles qui se sont produites sous le ministère du duc de Choiseul, soleil brillant entre deux satellites de peu de gloire, Bernis et d'Aiguillon.

Le baron de Hübner vint l'année suivante. Ses goûts

politiques se seraient trouvés alors inoccupés, si pour
charmer les loisirs que venait de lui créér sa démission
de toutes charges dans l'État, il n'eût porté son atten- -
tion sur l'examen des dépêches vénitiennes datées de la
Cour de Rome sous *le pontificat de Sixte-Quint*. M. de
Hübner fut plein d'ardeur pour cette belle étude. Des
Archives de Venise, il passa à celles de Florence, et de
ces dernières à celles de Rome, auprès desquelles il
apprit sans doute le moyen de reparaître promptement
dans le service actif de l'État et du prince. Peu de
temps après son arrivée, en effet, il fut nommé ambassadeur à cette Cour pour l'empereur d'Autriche, son
souverain. A la même époque, M. Charles Jarre s'enquit de pièces relatives aux *Templiers*, et recueillit les
documents sur les *derniers rapports de Venise avec la
France*. L'abbé Magrini, pour un essai sur la *Vie et les
œuvres de Palladio*, le docteur Odhner pour l'*Histoire
de la Suède jusqu'en* 1654, le docteur Élia Lattes pour
un *Essai sur le Commerce, l'industrie et l'agriculture*
(de 1300 à 1500); M. Gardiner Rawson occupé de
l'histoire du *Règne de Jacques I*er*, le professeur Valsecchi
de l'examen analytique des *Statuts en Italie*, M. Sigis-
mond Spitzer de l'*Histoire de l'Empire ottoman*, fréquentèrent aussi, dans le cours de l'année 1865, la *Sala
dei studiosi*. A cette date encore appartient l'intéressante mission du comte de Laferrière-Percy, revenant
alors de Florence, de Naples, de Rome, de Modène et
de Mantoue, après avoir passé par Londres et Saint-
Pétersbourg, dont il avait successivement exploré les
Archives pour l'avantage et le profit du grand recueil

des *Lettres privées et des missives de Catherine de Médicis*, dont la publication lui a été confiée.

Le chiffre diplomatique sous la République de Venise, si grande maîtresse en affaires secrètes, si jalouse de ses communications, si vigilante à l'endroit de ses délibérations, avait été l'objet des soins les plus attentifs de la part de ceux qui la gouvernaient. Dès le moyen âge la République avait des chiffreurs (*cifristi*), et dès ces temps reculés elle avait confié au Conseil des Dix la surveillance, la garde et l'invention sans cesse renouvelée des chiffres d'État. Le chiffre vénitien méritait donc une étude spéciale : il a trouvé son historien dans la personne de M. Luigi Pasini, jeune employé aux Archives, et que tous ceux qui ont fréquenté la *Sala di studio* pendant la direction de M. Mutinelli et du comte Dandolo, ont bien connu. Préposé à la surveillance de cette salle, ce jeune et intelligent employé s'est acquis l'estime et je pourrais dire l'affection de chacun. Essentiellement instruit du classement des archives proprement dites de la République, il sut être utile à tous par son expérience obligeante, et c'est de toute justice de ne pas quitter ce chapitre sans consacrer à ses services un souvenir reconnaissant. L'histoire des chiffres et l'étude de leur interprétation ont été l'entretien tout spécial de sa curiosité. Les documents qu'il a réunis sur cette matière originale sont abondants, précis, propres à éclairer vivement cette science peu cultivée des écritures secrètes. Nous connaissons l'ensemble de ses travaux, et nous en annonçons le résultat aux curieux avec une satisfaction

d'autant plus grande que nous sommes assuré de l'intérêt particulier qu'ils trouveront à consulter un ouvrage
aussi véritablement original que le sera celui de M. Luigi
Pasini. Il commença, dès l'année 1865, à former le
recueil considérable des documents spéciaux à l'histoire
du chiffre diplomatique de la République de Venise, et,
depuis, la collection qu'il a formée peut être regardée
comme un répertoire dont l'intérêt s'adresse à toutes les
chancelleries et cabinets de l'Europe. Jusqu'à présent,
aucun travail de ce genre n'aura été produit aussi complet et aussi varié.

Les Archives de Venise comptent aussi parmi leurs
plus fidèles fonctionnaires le professeur Cecchetti. Nous
l'avons nommé déjà plusieurs fois dans le cours de ce
chapitre, mais l'assiduité de ses études mérite mieux
qu'une simple mention. Il a déjà fourni à la publicité
sur ces Archives de nombreux mémoires utiles à consulter, sortes de guides pratiques pour la production
desquels les historiens et les chercheurs doivent toujours
manifester de la reconnaissance, car, pour la sûreté des
investigations, il n'y a point de meilleur conseiller qu'un
simple catalogue pratique. M. Cecchetti en est encore à
devoir produire un grand travail d'ensemble. Nous supposons en effet que tous les opuscules qu'il a publiés jusqu'à
ce jour n'en sont que les apprêts. Néanmoins, on ne
peut consulter qu'avec avantage ses différents mémoires,
qui presque tous ont été lus dans la docte compagnie de
l'*Ateneo Veneto*. En l'année 1866, il a mis au jour une
étude intéressante sur les *Lois de la République concernant les prisons de l'État,* des *Notes statistiques* en colla-

boration avec M. F. Gregolin, et depuis cette époque
différents autres travaux que distinguent à la fois et le
cachet de l'érudition et le caractère de l'utilité [1].

Le 26 juillet de l'année suivante, en 1866, un étrange
visiteur se présenta aux Archives de Venise. Sa visite a,
depuis, fait bruit dans le monde. Ne pas en exposer les
détails dans ce chapitre, qui est comme un *Journal* de
ces Archives, serait faire preuve d'une réserve et d'une
discrétion peut-être excessives. Tous les faits qui se rattachent au séjour, si bref qu'il ait été, de ce visiteur
inattendu, forment d'ailleurs l'entier épisode qui a nécessité trois mois plus tard la rédaction de l'article XVIII
du Traité de Vienne. Or l'importance de cet article
pour l'intégrité des Archives vénitiennes étant considérable, le récit des circonstances qui en ont soulevé la
discussion et produit la rédaction ne saurait être ici hors
de cadre.

Le 5 juillet de l'année 1866, la Vénétie fut cédée à
la France. Au sens rigoureux du mot, dès le 5 juillet
par conséquent, l'Autriche n'avait plus aucun droit de
souveraineté à exercer en Vénétie. Mais comme un Empire qui compte dans une province environ cent mille
hommes d'armes et une administration considérable, ne

[1] Les principales publications du chevalier Bartolommeo CECCHETTI,
premier secrétaire actuel des Archives de Venise, sont : *Gli Archivii
della Repubblica Veneta dal secolo XIII al XIX.* — *Gli Archivii della
Repubblica ed il Notarile,* schema di un opera (1864). — *Sull' Istituzione
dei Magistrati della Repubblica Veneta fino al secolo XIII.* Memoria, 1865.
— *Una Visita negli Archivii di Venezia.* Relazione, 1866. — *Il Doge.*
— *La Vita civile dei Veneziani,* etc.

8 *

peut la quitter aussi vite qu'un locataire le ferait d'une maison, et qu'un tel ouvrage, traité par voie diploma-tique, exige un cérémonial à observer pour l'envoi, la réception et les conférences des plénipotentiaires, il ré-sulta que l'Autriche figura encore dans la Vénétie pen-dant plusieurs mois. Son rôle naturel, pendant ce temps nécessaire à la dernière exécution des conventions, eût dû être passif : il le fut en toute perfection à de nom-breux égards ; il ne le fut pas du tout à divers autres.

Dix-sept jours après cette cession de province faite par un Empereur à un autre Empereur, et avant l'arrivée du représentant du souverain en faveur duquel l'acte de cession avait été reconnu, un Religieux de l'ordre de Saint-Benoit, sujet autrichien, historiographe, Morave d'origine, homme fort instruit d'ailleurs, Dom Béda Düdik, se présenta aux Archives de Venise, accompagné d'un sous-lieutenant d'artillerie. Nul n'était avisé de l'arrivée de cet étranger, moins encore de l'objet de sa mission. Introduit dans les pièces de la direction, le moine, appuyé de l'officier son paladin, montra des façons de conquérant. Le directeur (comte Dandolo) n'étant pas encore présent, le sous-directeur (chevalier Toderini) reçut les deux visiteurs. A la soudaine réqui-sition que l'un d'eux adressa sur un ton impérieux au sous-directeur pour avoir la communication des *Catalo-gues officiels* des Archives, afin de procéder, disait-il, au dépouillement qu'il avait commission de faire, M. Tode-rini répondit avec tranquillité qu'il n'appartenait pas à lui, subordonné, mais à son chef, le directeur général, de reconnaitre un pareil ordre. Dom Béda, tout en affectant de l'indignation pour ce peu d'empressement, comprit cependant la parfaite convenance de la réponse, et consentit à attendre le chef des Archives, qui, sur ces entrefaites, arriva. Le moine et son chevalier furent aussitôt introduits dans son cabinet. Dom Béda prenant alors la parole, remit au comte Dandolo une lettre ouverte, écrite en langue allemande, d'après laquelle, par ordre exprès de Sa Majesté l'Empereur François-Joseph, M. le comte de Crenneville, son aide de camp général, lui donnait ordre, à la date du 17 juillet, de se rendre aux Archives de Venise pour y *examiner, choisir et emporter* tous les documents concernant l'Istrie, la Dalmatie, l'Albanie, les territoires d'Aquilée, de Gorice et de Marano, les dépêches des anciens ambassadeurs de Venise en Allemagne, en Pologne et en Suisse, et *tout ce qui serait indiqué dans un catalogue qu'il lui appartenait de former*. La surprise, ou, pour parler plus juste, l'émotion du chef respectable des Archives de Venise fut extrême, et dans le rapport intéressant qu'il a fait de cette exécution du 22 juillet, il n'hésite pas à dire qu'il s'étonne d'avoir pu contenir l'indignation que l'injonction d'un ordre aussi regrettable lui avait fait éprouver.

Le comte Dandolo, ainsi sommé, répondit aussitôt que sans mettre en doute la véracité de cette commission, il ne pouvait l'accepter avant de l'avoir reconnue, et que vu son ignorance de la langue allemande, il devait, avant toute réponse, la faire traduire par un des employés au service de la direction. La traduction faite, M. Dandolo comprit que d'après la teneur perfide de l'intimation, le moine pouvait, sans aucun ménagement,

8.

dépouiller ces incomparables Archives de tout ce qu'elles renfermaient de plus précieux. Toutefois il fit observer qu'il ne connaissait pas la signature « *Crenneville* », et que si un *aide de camp* était l'intermédiaire habituel de l'Empereur pour faire parvenir les ordres à son *armée,* le *ministre d'État* était le seul à qui il appartenait de transmettre les ordres de Sa Majesté aux autorités *administratives.* Sur cette observation très-nette, le moine et le paladin jetèrent les hauts cris, luttant à qui des deux empêcherait ce vieillard offensé de donner cours à ses trop justes réclamations ; mais le comte Dandolo s'adressant directement à l'officier, lui dit : « Le silence, Monsieur, doit être ici votre fait. Jusqu'à présent, votre rôle en cet endroit n'est et ne peut être que celui d'un témoin : l'exercice de votre mandat tout spécial ne commencera qu'avec l'emploi de la force. » Ainsi finit l'altercation. Revenant alors à la mission du moine, le comte manifesta sa surprise de ce que l'Empereur pût ainsi se contredire par un ordre qui détruisait une décision émanée, non pas des Princes ses prédécesseurs, mais de Sa Majesté même, et dont la teneur se trouvait dans les actes officiels, décision précieuse qui assurait depuis 1854 aux Archives de Venise leur intégrité perpétuelle. Le décret avait-il été rapporté ? Non. Des répliques si vives et si précises n'étaient pas faites pour calmer les ardeurs du Religieux. Des menaces de contrainte par la force armée furent proférées, et l'invasion des Archives fut annoncée comme devant être immédiate. Le directeur comprit alors que toute lutte serait inutile, car il devenait manifeste que l'officier d'artillerie n'avait accompagné le religieux que pour décider, si l'occasion le voulait, du nombre de soldats qui seraient nécessaires à l'envahissement de l'édifice et au transport des Archives de l'ancienne Venise sur un bâtiment autrichien. Sa déclaration — la seule que pour le moment il pût faire — fut que, sans rien rétracter de ses observations, il cédait non à la raison, à la justice et au droit, mais uniquement à la force, et surtout parce qu'il n'avait en son pouvoir aucun moyen de résistance. Il fut alors décidé du mode applicable à l'exécution de cet enlèvement. Le directeur choisit pour assistant le jeune employé aussi fidèle que sagace dont nous avons parlé précédemment, M. Luigi Pasini, avec mission de prendre une note exacte de chaque *registre* et *liasse* destinés à faire partie du butin de l'ennemi. L'heure tardive empêcha l'exécution pour le jour même, il fut convenu qu'elle serait effectuée le lendemain.

Le directeur avait néanmoins conservé quelque espoir d'empêcher ce méfait par un recours plein de loyauté et de courtoisie auprès du gouverneur militaire, le général baron Alemann. Il lui exposa tout ce qu'avait de grave un tel excès, combien insolite était la forme de cette mission, combien était atteinte sa responsabilité personnelle à l'égard de Venise, de l'Italie, de l'Europe même. Le Gouverneur déclara authentique la signature de l'aide de camp de l'Empereur, positive la volonté de Sa Majesté, et déclina, courtoisement d'ailleurs, toute autre ingérence que celle qui lui était prescrite.

La ville de Venise s'émut. L'Institut dressa un mémoire, la Municipalité un autre. Le Gouverneur mili-

taire répondit, à l'Institut et à la Municipalité une même
chose en termes différents. On en appela au consul
général de France, qui sans doute ne se rendant pas
un compte suffisant de l'état politique des choses et de
la valeur du traité de cession à la France, traité qui
désormais plaçait la Vénétie sous le droit des gens, déclara, dans son embarras, qu'il en réfèrerait à son ministre. Le marquis Pepoli, gouverneur des provinces
déjà libérées, averti, instruisit par voie rapide l'Empereur des Français et le Ministère italien. Mais tout cela
demanda des heures et des jours, et pendant ce temps
le spoliateur procédait à son ouvrage.

Le matin du 22 juillet, en effet, dès huit heures, Dom
Beda Düdik s'était présenté aux Archives, en la même
compagnie de l'officier d'artillerie, suivi cette fois d'un
peloton de soldats du génie. Reçu par le jeune et intelligent employé à qui était incombé le pénible devoir de
l'assister, l'envahisseur accomplit ce que sans doute il
appela « son devoir » avec une rigueur sans limite. Nul
égard pour les séries les plus indispensables à l'étude de
l'histoire des Vénitiens ! N'eût-il encore dérobé que les
cartons renfermant des documents d'un intérêt spécial
à l'Autriche, cet acte aurait pu sinon être excusé, du
moins être expliqué et atténué. Loin de lui cette réserve
si juste et si bienséante! Il enleva sans nulle hésitation
les cartons des *Délibérations du Sénat*, ces preuves journalières et séculaires de la vie politique de Venise au
temps où elle était une puissance, titres intimes de son
histoire, pour lesquels le respect était plus qu'un devoir.
Était-ce l'Empereur qui lui avait prescrit ce rapt plus

particulièrement que tout autre dans ce noble édifice qui n'appartenait même plus à son empire? Personne ne le voudra croire.. Et lui eût-il même encore appartenu, eût-ce été son droit de faire ravir ces grands recueils pour l'ornement des collections de son palais, dans ses provinces allemandes héréditaires?

En ces deux jours du 22 et du 23 juillet, le moine autrichien, militairement soutenu, enleva à la ville et commune de Venise treize cent trente-six registres, cartons et liasses, dont la disparition détruisit manifestement la glorieuse harmonie des grandes Archives vénitiennes.

Loin de nous cette ingénuité de croire que l'Empereur d'Autriche ait prémédité l'exécution des opérations violentes de Dom Béda Düdik! Notre conviction même est que dans les circonstances politiques fort douloureuses où se trouvait, au mois de juillet 1866, son auguste maison, François-Joseph avait à l'esprit et au cœur d'autres préoccupations que celle d'envoyer à Venise un religieux pour opérer l'enlèvement de documents antiques.

Sa Majesté ne fut, selon nous, que peu responsable des actes funestes de son mandataire. Le seul coupable fut cet explorateur des Archives de Venise pendant les journées des 21, 22 et 23 juillet 1866. Lui seul avait « ourdi cette trame, soulevé cette brigue, tendu ce piège, creusé cette mine » pour la faire jouer et éclater au moyen de la signature impériale trop aisément surprise, mais, nous pouvons le dire aussi, obtenue vainement, puisque le 3 octobre suivant, à soixante et onze jours de date, Sa

Majesté, par l'article XVIII du traité de Vienne, conve-
nait que « *les documents historiques et politiques de l'ancienne République de Venise seraient remis dans leur intégrité aux commissaires désignés à cet effet.....* » Il est
vrai aussi qu'entre la promesse stipulée par un traité et
l'accomplissement de cette promesse, les distances sont
quelquefois énormes, quand elles ne sont pas infinies.

Mais si tardive qu'ait été la réparation, nous devons
reconnaître qu'elle a été complète, et que le Gouvernement de l'Autriche a montré, en dernier lieu, un esprit
de conciliation et de bienveillance qu'on ne saurait trop
louer. M. Bartolommeo Cecchetti, dans un discours qu'il a
prononcé à l'*Athénée* de Venise, et dans lequel il a exposé
avec une grande lucidité toute cette délicate affaire des
restitutions, a dit ingénieusement que l'acte violent de
Dom Béda Düdik fut, par les résultats acquis dans les
négociations qui ont suivi, une sorte de bonne fortune
pour les Archives de Venise. Sans cette invasion à main
armée, en effet, que rien ne pouvait justifier, comment et à quel propos les Ministres plénipotentiaires
italiens auraient-ils pu faire revivre cette question des
déprédations accomplies depuis le traité de Campo-Formio ? Certes, il y avait bien prescription pour celles qui
remontaient à une époque aussi éloignée ! Il eût donc été
impossible de rappeler avec succès l'attention de l'Autriche sur ces *faits accomplis,* si le caractère malfaisant
des actes récemment commis par l'envahisseur Düdik
n'avait fourni un aliment solide à d'énergiques réclama-
mations de la part des plénipotentiaires accrédités pour
traiter des intérêts italiens aux conférences de Vienne.

L'Autriche, — et c'est fort à son honneur, — ne trouva pas injustes les considérations exposées par les négociateurs. L'article XVIII fut adopté, et la libéralité des termes dans lesquels il fut énoncé ne laissait en vérité rien de plus à désirer qu'un prompt accomplissement des conventions. Les deux Gouvernements intéressés y mirent la main au printemps de l'année suivante. Le comte Louis Cibrario et le commandeur Bonaini, pour l'Italie, le baron de Bürger et le chevalier d'Arneth, pour l'Autriche, furent désignés commissaires par leurs souverains respectifs. Le siége des conférences fut Milan. Douze séances, dont la première eut lieu le 15 juillet, furent consacrées aux discussions. Mais les stipulations sur lesquelles s'étaient accordés les honorables Commissaires n'ayant pas reçu l'assentiment du Cabinet de Florence, et MM. de Bürger et d'Arneth s'étant refusés à l'admission de bases nouvelles, les conférences furent déclarées rompues sans résultat aucun. Tel fut le premier épisode de l'affaire des *restitutions.* Puis advinrent les complications politiques de l'Italie au sujet de la question romaine d'une part et du ministère Rattazzi de l'autre, et l'année 1867 s'écoula sans qu'on eût paru penser à l'article XVIII du traité de Vienne. Mais l'honorable comte Menabrea, à qui l'on avait dû l'adoption de cet intéressant article, était, en ces conjonctures, devenu président du Conseil du Roi d'Italie et secrétaire d'État pour les Affaires étrangères. Ce sage Ministre, par une correspondance habile et mesurée, sut remettre sur table les négociations si malencontreusement rompues l'année précédente. Les mêmes Commissaires se réunirent cette fois à Florence, où, le 14 juillet 1868, les conférences aboutirent à la convention internationale dont voici les deux premiers articles :

1° *L'Autriche rendra à l'Italie ce qu'elle a emporté des Archives de Venise et de la Bibliothèque de Saint-Marc, depuis la paix de Campo-Formio (1797), à l'exception des recueils de dépêches des Ambassadeurs vénitiens en Allemagne.....*

2° *Quant aux dépêches ci-désignées, l'Autriche s'oblige à en communiquer les originaux, partie par partie (sous promesse qu'elles lui seront retournées dans un temps déterminé), au Gouvernement d'Italie, dans l'intérêt des savants qui auraient à en faire l'objet de leurs études.*

Cet article de la cession à l'Autriche des dépêches des Ambassadeurs de Venise en Allemagne avait été le *point noir* des premières conférences. Le Cabinet italien avait trouvé étrange que l'Autriche prétendît à la possession légitime des dépêches vénitiennes, en n'ayant d'autre titre à faire valoir que le lieu où elles avaient été écrites. En droit international, cette prétention, en effet, était chose nouvelle et la plus extraordinaire qui se pût entendre. Au point de vue rigoureux du droit, le Cabinet italien pouvait donc avoir raison. Mais en ces circonstances s'agissait-il de droit absolu ou bien d'une transaction ? N'est-il pas juste de dire qu'ici il n'y avait qu'à agir avec souplesse et dextérité, et se demander si la concession motivée par l'Autriche pouvait un seul instant entrer en ligne de pair avec les avantages des restitutions immédiates qu'elle se reconnaissait prête à faire ? Comment ! vous compromettiez le sort de tous les

manuscrits et de tous les objets d'art enlevés à Venise
depuis l'année 1797 pour ne pas vouloir céder trois
cents et quelques liasses de dépêches écrites de Vienne,
dépêches dont on reconnaissait la communication obligatoire sur votre simple demande? Pour ces trois cent
quarante-quatre volumes dans la conservation desquels
l'Autriche aimait à voir une innocente consolation, vous
vous faisiez plus que difficiles! C'en était trop de la
part de ce ministère Rattazzi. Et son successeur n'a
certes point abaissé l'honneur de la patrie en accédant
au vœu des commissaires autrichiens qui depuis lors,
disons-le, à leur vraie gloire, se sont montrés conciliants,
bienveillants, libéraux et courtois. La convention, en
effet, une fois signée, deux Commissaires nouveaux
furent députés à Vienne pour reconnaitre, vérifier et
recevoir les quelques milliers d'articles vénitiens dont les
Archives de Cour et d'État et la Bibliothèque Impériale
avaient été enrichies, à des époques diverses, depuis
le traité de Campo-Formio. M. Tommaso Gar, directeur actuel des Archives de Venise, et M. Giacometti,
député au Parlement, accompagnés de M. Cecchetti, en
qualité de secrétaire de la Commission, se rendirent à
Vienne. L'accueil qui leur fut fait par M. d'Arneth, directeur des Archives de l'Empire, fut loyal et honorable,
et les restitutions ont été accomplies avec libéralité.
Ainsi a triomphé le parti de la juste revendication sur
celui de l'accaparement et de l'invasion. Leçon nouvelle qui peut-être pourra servir à prévenir désormais
des faits aussi déplorables que ceux du mois de juillet
1866, et que la terrible leçon que nous avions reçue en

1814 aurait dû empêcher! Rappelons-nous à cet égard
les paroles d'un écrivain illustre à qui dans ces questions il faut reconnaitre une autorité considérable. « *Je
ne m'appesantirai pas*, a dit le marquis de Laborde,
alors qu'il était encore directeur général des Archives
françaises, *sur cette atteinte portée aux Archives de l'Europe, qui aujourd'hui paraît un rêve. La triste année
1815 trouvait les archivistes encore occupés à déballer les
caisses, et les mêmes voituriers qui venaient d'exécuter le
transport des* ARCHIVES ÉTRANGÈRES *à Paris avaient à peine
dételé, qu'ils offraient aux Alliés les mêmes voitures pour
remporter ces Archives à la Haye, à Vienne, à Rome, à
Gênes!* » « *Les Archives*, ajoute-t-il avec un grand esprit
d'indépendance et de justesse, *ont toujours leur patrie là
où elles se sont formées, et elles ne peuvent jamais la
perdre, puisqu'elles sont locales et personnelles. Transportez avec elles la population tout entière; je n'ai plus
rien à dire; mais tant qu'un habitant reste sur le sol, il
a le droit de se plaindre de ce que vous l'avez dépouillé de
ses Archives* [1]. » Rien de mieux que cet appel à la justice pour servir d'exorde à ce récit épisodique dans
l'histoire du travail accompli en ces célèbres collections,
histoire qu'il nous reste à terminer par la citation des
recherches et des études qui ont été faites, entre l'époque
des accaparements de 1866 et celle des restitutions en
1868 et 1869.

---

[1] LES ARCHIVES DE LA FRANCE, *leurs vicissitudes pendant la Revolu-
tion; leur régénération sous l'Empire*, par le marquis DE LABORDE,
Directeur général des Archives de l'Empire, membre de l'Institut.
(Paris, Renouard, 1867.)

A la mort du comte Dandolo, le 15 mars 1867, la direction fut confiée par intérim aux soins éclairés et pratiques de M. Teodoro Toderini, sous-directeur depuis de longues années, et nourri, peut-on dire, dès son adolescence en cette maison des Archives vénitiennes. M. Giuseppe Tassini, occupé du recueil qu'il formait des *condamnations* importantes prononcées par le *Conseil des Dix;* l'érudit abbé Rinaldo Fulin, explorateur judicieux des papiers non classés encore du *Tribunal des Inquisiteurs;* et MM. Nicoletti, Sardagna, Beaciani, pratiquèrent la *sala di studio* pendant cette courte période intérimaire, à laquelle mit fin l'arrivée de M. Tommaso Gar, élu directeur général par décret royal du 2 avril 1867.

M. C. C. Casati, de l'École des chartes de France, consulta en 1867 diverses *Lettres ducales* de 1134 et 1136, les *Lettres des Rois de France* adressées à leurs « *Très-chers grands amis et alliez et confederez* » les Vénitiens, et prit copie de plusieurs *Lettres autographes de Fra Felice de Montalto,* plus tard le grand pape Sixte-Quint. La présence de cet érudit, qui est aussi un publiciste distingué, inaugura la série des *studiosi* venus aux Archives de Venise depuis l'entrée du directeur actuel. Nous avons, ensuite, à citer MM. Pietro Ferrato, recherchant les statuts de l'*École nautique au dix-huitième siècle;* Giacomo Lanfranchini, les pièces du *procès* fait par le *saint Office à Gio. Andrea Ugoni;* M. Federico Stefani, les *Écrits inédits de Marco Foscarini,* ce prince des belles-lettres vénitiennes; M. Pietro Trevisan, les détails de ce drame qu'on peut appeler

« *Le stylet de Rome à Fra Paolo Sarpi* » ; le sénateur Ricotti, les *Dépêches des Résidents vénitiens à la Cour de Savoie;* l'Allemand Semper, des *Notizie* sur les ouvrages artistiques de *Donatello;* l'abbé Aug. Negri, les pièces du *Système administratif de la République;* le professeur G. Mutinelli, les pièces relatives à l'*Industrie;* l'abbé della Libera, les documents dits *Mani-morte;* M. Trabandi Foscarini, les *Négociations de Venise avec le Danemark;* madame d'Ora d'Istria, les actes de la *Conjuration des principaux chefs d'Albanie et de Servie contre le Turc,* et les traces des *manœuvres de l'évêque de Curzola pour soulever l'Albanie en faveur de Rome;* M. Carlo Tacchi, les documents relatifs à la ville de *Trente au quinzième siècle;* le professeur F. Albanese, les textes de l'*Inquisition du saint Office;* M. Paul Friedmann, *le Chiffre diplomatique* employé par Giovanni Michieli pendant son *Ambassade en Angleterre* (1555-1556) ; M. Mirce de Baratos, les documents sur le *royaume de Hongrie* au temps de *Mathias Corvin;* M. Vladimir Lamansky, le professeur Siméon Gliubich et M. Vincenzo Joppi, les textes relatifs au *Frioul* et à la *Dalmatie;* M. Édouard Curder, les preuves pour servir à l'histoire de la *Guerre de Candie;* le comte Jean de la Borde et M. Lagrèze, l'un, des *Dépêches de France* au seizième siècle, l'autre, des *Lettres de Henri IV;* M. Carlo Justi, les *dépêches de Rome* au dix-huitième siècle; M. Chomonsky, celles de *Pologne* et de *Russie;* M. Henry Harrisse, les textes de toute nature se rapportant à l'histoire de la *Découverte du nouveau monde,* et enfin M. Minotto, les pièces intéressantes et marquantes contenues dans les registres *Commemoriali* de la République.

Tel a été, depuis 1824 jusqu'en 1869, le mouvement du travail en histoire accompli aux Archives de l'ancienne République des Vénitiens, principalement dans la division si importante qui a été, pour ainsi parler, comme consacrée sous la désignation officielle de « LA CHANCELLERIE SECRÈTE [1]. »

[1] Le souvenir d'un autre genre de visiteurs aux ARCHIVES DE VENISE est conservé dans les registres de l'administration. Depuis 1835, en effet, un REGISTRE-ALBUM a été spécialement destiné à l'inscription autographe des noms de ces visiteurs, que l'on pourrait appeler, pour les mieux désigner, les *passagers* ou plutôt les *passants* aux Archives, c'est-à-dire ces voyageurs *curieux* de toutes choses *curieuses* en une ville de grands souvenirs. Ils parcourent les longues salles comme celles d'un intéressant musée. Le nombre de ces *transeuntes* va croissant chaque jour. Tel veut connaître le mode d'arrangement des salles et les procédés du classement des registres, tel autre voir les signatures de quelque grand Doge : celui-ci demande « le Conseil des Dix », celui-là « les Inquisiteurs d'État ». De cet album, ainsi consacré aux inscriptions nominales et autographes des visiteurs, on pourrait former le *livre d'or*, je veux dire la liste d'élite des personnages notables, illustres, distingués à divers titres, qui ont donné à leur curiosité de voyageurs cette satisfaction d'une visite aux principales chambres et salles de l'ancien grand cloître de *Santa-Maria Gloriosa dei Frari*. Voici les noms principaux que nous avons chronologiquement relevés sur les pages de ce livre :

1835. Le Comte de la Ferronays. Le Comte Édouard Raczinsky.

1836. M. Thiers. (4 novembre.)

1837. L'Archiduc Charles. Le Prince et la Princesse de Salerne. Le Prince de Syracuse. La Comtesse de Marnes (Duchesse d'Angoulême).

1838. L'Archiduc Albert. M. Louis Veuillot. M. Michelet. Pompeo Litta. Le Comte Pasolini. L'Empereur Ferdinand. Le Prince de Metternich. (16 octobre.)

1839. Le Comte Lanjuinais. Le Marquis de Champagny. Le Comte de Salvandy (30 septembre). Philippe Lebas.

1840. De Lajariette. Louis Ier, Roi de Bavière, sous le nom de *Comte d'Augsbourg*. Le Duc de Brunswick. Le Prince de la Moskowa.

1845. Raumer.

1846. Cesare Cantù. Auguste Génin. Edward Cheney. Rawdon Brown.

1847. P. Passavant. Le Prince-Évêque du Montenegro. L'Archiduc Rainier. M. Jules Labarte. Le Comte Apponyi.

1851. L'Empereur François-Joseph. Le Duc de Modène. Othon Ier, Roi de Grèce. Les Archiduchesses Hildegarde, Louise, Charlotte, Thérèse, Frédérique. La Grande-Duchesse de Hesse-Darmstadt. La Duchesse de Modène.

1852. Lord Westmoreland. Le Comte de Sturmer.

1853. Henri, Comte de Chambord (26 février). Le Duc de Lévis.

1854. L'Archiduc Ferdinand-Maximilien (10 mai). M. Henri Baudrillart.

1855. William Stirling. M. Louis Passy. MM. Edmond et Jules de Goncourt. Charles Blanc. Paul de Saint-Victor. Le Comte de Ficquelmont. La Princesse Clary-Aldringen.

1856. M. Charles Fortoul. M. Amédée Thierry. Lord Malmesbury. l'Empereur d'Autriche (3 décembre). Le Comte Albert de Pourtalès. William Harris.

1857. Le Comte Dubois.

1858. Marquise de Forbin d'Oppède. M. Prosper Mérimée. M. Louis Énault. Édouard Herbet. Antonio Panizzi. Sir James Hudson. L'Évêque de Nimes.

1860. Alexandre Dumas. Le Baron de Hübner. A. de Schmerling. L'Archiduc Albert. Les Archiduchesses Teresa et Matilda.

1861. M. Francis Wey.

1862. M. Motley, Ministre des États-Unis d'Amérique.

1863. M. Niel. G. C. Bentinck. M. Feuillet de Conches.

1864. M. Georges Duplessis. Lord Clarendon.

1865. Prince Arthur. Le Comte Foucher de Careilh. A. Stanley.

1866. Victor-Emmanuel (12 novembre). Les Princes Humbert, Amédée et de Carignan. M. Amari.

1867. Le Comte Giberto Borromeo. Le Commandeur Visconti-Venosta. Le Commandeur C. Nigra. M. Saint-Marc Girardin. M. Henry Harrisse (des États-Unis d'Amérique). M. L. Passerini.

1868. M. Henri Martin. M. Gabriel Aubaret. M. Gachard. M. Jules Simon. M. Gaetano Milanesi. M. A. Geffroy.

1869. Le Prince Napoléon (14 mai). M. Carlo Cadorna. M. Alfred Reumont. M. Francesco Trinchera. Le Comte Greppi. M. Charles Read. Eugénie, Impératrice des Français (10 octobre).

LES ARCHIVES DE VENISE.

DEUXIÈME PARTIE.

SECRÉTAIRES ET CHANCELLERIES.
LE GRAND CHANCELIER.
CE QU'ÉTAIT L'ORDRE DIT « DES SECRÉTAIRES »
DANS LA RÉPUBLIQUE DE VENISE.
DES CHANCELLERIES
ET PARTICULIÈREMENT DE CELLE APPELÉE « LA SECRETA ».

LES ARCHIVES DE VENISE.

DEUXIÈME PARTIE.

I.

DU GRAND CHANCELIER ET DES SECRÉTAIRES.

Avant de présenter à la curiosité du lecteur un tableau
précis des différents recueils des écritures politiques qui,
avec le temps, ont composé le principal trésor des Ar-

9.

chives de la République de Venise, nous avons pensé
qu'il serait opportun de mettre en relief le personnel
intelligent et actif aux soins duquel la postérité en a dû
la formation. Nous voulons parler de ces Secrétaires
vénitiens qui, sous la présidence du plus illustre d'entre
les citoyens, appartenaient à la Chancellerie de l'État.
De là ces deux chapitres : *Secrétaires* et *Chancelleries.*

On a beaucoup recherché, dans les séries considérables de documents spéciaux, les textes relatifs à l'organisation de la Chancellerie ducale et à la formation de
celle qui en était une subdivision importante et qu'on
appelait LA SECRÈTE. Nous ne supposons pas qu'on ait
rencontré aucune preuve formelle antérieure à la date
du 23 avril 1402. A cette date, en effet, apparaît dans
les Registres officiels, voté par le grand Conseil, un règlement très-précis, sous forme de décret ainsi présenté :
*Ordres pour la bonne conservation et surveillance de nos
écritures d'État, tant de celles qui sont rédigées dans la
Chancellerie que de celles qui nous arrivent du dehors*[1].
Un document de cette nature, développé comme il l'est,
et daté de 1402, est une preuve d'*état civil* recommandable, et permet de penser que l'établissement de
cette Chancellerie était depuis longtemps déjà en activité de service. Les citoyens qui y étaient admis formaient une classe toute spéciale désignée à Venise sous
le titre de SECRÉTAIRES, appartenant tous au rang esti-

---

[1] 1402, 23 aprilis, in Maiori Consilio. *Ordini per la buona custodia
e consegna delle carte tanto che si fanno in Cancelleria quanto che vengono di fuori.* Trois décrets.

mable des *citoyens originaires*, sorte de seconde noblesse
dans cet État oligarchique, et qui avait un chef élu par
les nobles, mais non choisi parmi eux, et créé à vie sous
le titre pompeux de « GRAND CHANCELIER ».

Ce chef élu devenait le premier des citoyens, et il
avait des prérogatives exceptionnelles. Le Grand Chancelier gouvernait et dirigeait les Secrétaires, esprits
habiles, rompus aux affaires dès le jeune âge, initiés,
par des précautions admirables, aux usages politiques et
administratifs de la République, et dans le collége desquels l'État choisissait ses représentants pour les contrées où ses Envoyés n'ayant pas qualité d'*ambassadeurs*
avaient celle de *résidents*. Ainsi à Naples, à Florence, à
Milan, à Turin, aux Cantons suisses.

Ce collége des Secrétaires ou plutôt de la Chancellerie où ils se formaient en passant par divers grades
civils, procurait de la sorte à toutes les grandes magistratures des serviteurs excellents. Les uns allaient avec
les ambassadeurs près les cours étrangères, ayant titre
et émoluments de secrétaire ou de coadjuteur, les autres
étaient élus au service politique du Sénat ou à celui, plus
élevé encore, du Conseil des Dix. Ces derniers étaient
les plus considérés et les plus méritants. La responsabilité des uns et des autres était d'ailleurs considérable,
car ils étaient dépositaires du secret, ayant charge non-
seulement de conserver les papiers de l'assemblée et
du conseil qu'ils servaient, mais encore de rédiger les
lettres et tous autres écrits qui étaient l'expression même
des volontés, décisions et arrêts de l'État.

Sansovino, qui écrivait en 1580 sa « *Venetia città no-bilissïma e singolare* », venant de parler de la *scala d'Óro* du palais ducal, à l'extrémité duquel est la salle au pla-fond doré avec quatre tableaux du Tintoret, ajoute : « A gauche, on entre à la Chancellerie, où se conservent les écritures anciennes et modernes de la République, confiées aux soins de secrétaires pris dans la classe des citoyens et élus par le Conseil des Dix, ayant à leur tête un chef suprême appelé le Grand Chancelier. Cette charge est conférée avec de grands honoraires et des priviléges spéciaux par le Grand Conseil à l'un des secré-taires les plus distingués, et il intervient à tous les con-seils secrets de l'État. Il est vêtu *alla senatoria* et porte les bas rouges. A sa mort, il a dans Saint-Marc les hon-neurs du baldaquin. Le Prince avec la Seigneurie assistent à ses obsèques, et une oraison funèbre est prononcée. Nous ne trouvons pas de trace qui indique que cette dignité ait été créée antérieurement à quatre cents ans, car alors on disait simplement « le Chancelier du Doge ».

Le sieur de Saint-Didier, qui a écrit un des plus inté-ressants petits livres qui se puissent lire sur *La Ville et la République de Venise*, s'exprime bien mieux encore :

« La République, comme j'ai déjà dit, ne se peut passer du ministère des citadins; c'est pourquoi, pour exciter le zèle et assurer à l'État la fidélité des princi-paux membres de ce puissant corps, elle a voulu l'ho-norer de l'illustre dignité de Grand Chancelier, à laquelle ils ne peuvent parvenir que par l'assiduité et l'impor-tance de leurs services : ce poste est le faîte de la gloire,

et la dernière récompense où aspirent les Secrétaires de
la République, et particulièrement ceux du Conseil des
Dix, qui tiennent le premier rang : les avantages qui
sont attachés à cette grande charge égalent en apparence celui qui la possède aux premiers Sénateurs de la
République ; et même en plusieurs choses ils l'élèvent
beaucoup au-dessus : car, excepté les Conseillers de la
Seigneurie et les Procurateurs de Saint-Marc ; il a la
préséance sur tous les autres magistrats ; il porte la veste
ducale de pourpre, il a le titre d'Excellence, les portes
lui sont ouvertes dans tous les conseils ; il tient les sceaux
de la République et il en a le secret ; il assiste à la lecture
des dépêches et des réponses des ambassadeurs et à
tout ce qui se traite au Sénat ; il lit dans le grand Conseil
tout ce qui s'y doit mettre aux voix ; il est le chef des
citadins, comme le Doge l'est de la noblesse [1]. »

Il faut toutefois ajouter que s'il était accordé au Grand
Chancelier d'être témoin aux séances du conseil le plus
secret, il ne pouvait cependant pas y agir ; car ni au
Sénat, ni au Grand Conseil, ni aux Dix, il n'avait voix
délibérative. Il était spectateur muet. Sa présence semblait dire : « Tous les citoyens vous entendent, puisque,
de par les lois fondamentales de notre État, je suis
parmi vous. »

Dans les premières années du dix-septième siècle,
une question fut soulevée au palais de la Seigneurie
sur le fait de certaines prérogatives du Grand Chancelier.

---

[1] *La ville et la république de Venise*, avec dédicace à Monseigneur
de Mesmes, comte d'Avaux et de Neu-Castel, par le sieur de Saint-
Didier, page 148. (Paris, Guillaume de Luyne, libraire juré, 1680.)

Dans ces sortes de circonstances, qui n'avaient rien d'absolument politique, les consulteurs juristes de la République étaient appelés à donner leur avis. Le plus éclairé et le plus distingué à cette époque — Fra Paolo Sarpi n'était plus! — se trouvait être un patricien de Vicence, Scipion Feramosca, et ce fut à lui que fut demandée la consultation. Le magnifique Grand Chancelier, selon ce juriste, a d'antiques priviléges, établis par des usages de temps immémorial. Il assiste aux cérémonies avec le sérénissime Prince. D'après le décret du 23 mars 1618, les fils et les frères du Doge, dans les cérémonies ecclésiastiques et civiles, doivent suivre le chef de l'État après les magistrats ordinaires; or ce décret laissait incertaine la préséance du Grand Chancelier sur les fils du Doge, et la difficulté fut levée en sa faveur. Il a donc le pas sur les grands magistrats, sur les ambassadeurs. Rien dans l'État ne peut être assez secret pour lui être caché; il est comme le grand prêtre du Sénat, comme l'antique oracle caché sous les autels des anciens Dieux dans Rome antique. Il est donc à croire que les anciens sénateurs de Venise, qui par des lois sages et prudentes ont su créer une République si glorieuse, ont pu aussi statuer sur les mérites et les titres nécessaires pour remplir des charges si hautes [1]....

En 1480, le Grand Chancelier Fornace renonça à sa charge; il lui fut cependant réservé d'avoir entrée à tous

[1] *Scritture* di Scipione Feramosca (*Raccolta* Cicogna), Venise. « Intorno a ciò avvi insigne scrittura del conte Scipione Feramosca, nobile Vicentino, consultore in jure. » (G. Rossi, *Leggi*, vol. XXVI, classe VII, Marciana.

les conseils, ses émoluments lui furent conservés et les
honneurs funèbres, si pompeux à Venise pour les grands
chanceliers, lui furent rendus comme s'il était mort
investi de sa dignité[1]. Il en fut de même pour Marco
Ottoboni, créé patricien pendant qu'il était grand chancelier, en 1646. Ses droits aux honneurs particuliers du
titre lui furent maintenus. C'était proclamer que, quoi
qu'il advînt, le Grand Chancelier de cette République ne
pouvait perdre qu'avec la vie les prérogatives que lui
reconnaissait la constitution.

Ses fonctions étaient des plus diverses. C'était à lui
qu'incombait le soin de répartir les Secrétaires pour un
service de quatre années auprès des diverses magistratures. Les questions sur les affaires de Rome venaient-
elles à être traitées dans le Sénat, c'était lui qui, selon
les lois si spéciales à cet égard, désignait par leurs noms
les sénateurs à qui leurs intérêts particuliers ou leurs
affinités connus en cour de Rome interdisaient de prendre
part à la discussion, contraints qu'ils étaient de se retirer pendant qu'elle avait lieu. Il conservait les registres des votes pour l'élection aux charges, offices et
dignités, et proclamait dans le Grand Conseil, dans la
salle des scrutins, au Sénat et au Tribunal des Dix, le
résultat des votes avec les noms des citoyens élus. Le
soin spécial enfin de la Chancellerie secrète était dans
ses attributions, et c'est à ce titre principal que, pour
nous, dans ce livre, nous avons à voir dans le Grand
Chancelier un personnage aussi intéressant. Ce n'est

---

[1] Rossi, *Leggi e costumi*, vol. XXVI, p. 222.

point, en effet, pour d'autres qualités qu'intervient ici
la figure de ce dignitaire élu par le suffrage de l'auguste
assemblée du Grand Conseil.

Dans les cérémonies, le Grand Chancelier ne pouvait
s'habiller de noir, et devait y paraître vêtu, comme toujours, en apparat de couleur; il portait la toge écarlate
à manches larges, comme pour montrer sans cesse aux
citoyens le grand relief de celui qui les représentait dans
un État cependant aristocratique. A l'égal du Doge,
il lui était permis de rester toujours couvert. Ainsi était
honoré à Venise l'homme à qui était confiée non-seulement la garde des sceaux de l'État, mais encore celle
de ses *écritures ordinaires et secrètes*. Son territoire était
donc la Chancellerie ducale, avec sa subdivision si fameuse dite la *Secrète*. Ses sujets étaient les secrétaires et
tous les jeunes aspirants à cette qualité, qui, si elle
n'était pas toujours le signe d'un mérite hors de pair,
était du moins le résultat d'un travail accompli, d'une
aptitude particulière et déjà éprouvée, et d'une expérience forcément acquise dans le manége quotidien des
actes et des écrits politiques, et à l'audition constante
des discussions les plus éclairées.

Pour être *de chancellerie* (on disait cela à Venise,
comme en France on eût dit *de robe*), il fallait être
citoyen originaire [1]. On y entrait fort jeune. Être

---

[1] Après les nobles, dit l'historien Romanin, venaient les *citoyens ori-*
ginaires, autrement dit les gens nés hors de Venise, devenus citoyens en
vertu d'une concession spéciale qui s'obtenait par un certain nombre d'années de résidence fixe, par mariage avec une Vénitienne; et toujours

admis dès douze ans à recevoir une éducation spéciale préparatoire, c'était déjà avoir comme un certi-
ficat d'aptitude aux choses intellectuelles. Dès 1443,
par un décret du 16 avril, le Grand Conseil voulant que
la Chancellerie, par laquelle passaient les affaires les plus
importantes, fût pratiquée par des personnes pour qui
la naissance « civile » ne fût pas le seul titre, mais qui
fussent capables aussi de justifier d'une somme de connaissances intellectuelles en rapport avec le degré de
l'emploi, confia à la Seigneurie le soin de l'élection de
douze jeunes gens de plus de douze ans, pour être
instruits tout spécialement dans les notions de la langue
latine, de la rhétorique, de la philosophie et autres

d'après un décret du Sénat. La citoyenneté de *intus* permettait l'exercice
dès arts et métiers et du petit commerce, celle de *intus et extra* ac-
cordait la pleine jouissance de tous les droits du *citoyen vénitien*. Cette
classe sociale fut régulièrement constituée vers la moitié du quinzième siècle, et pour y appartenir il était nécessaire de prouver aux magistrats dits
Avogadori la naissance légitime et l'honorabilité du père et de l'aïeul,
le non-exercice, à ces trois degrés, d'arts mécaniques, enfin avoir en
main les pièces de *contribuable*. Les individus qui en faisaient partie
avaient le droit de concourir aux emplois de la Chancellerie ducale, voire
à la dignité de grand chancelier, *principalissima* dans l'État, aux fonctions de notaire, de coadjuteur à l'*Avogaria*, d'intendant ducal, de
prieur des lazarets, d'avocat fiscal, de secrétaire, etc. *Storia documentata*, t. IV, p. 470.

Voyez aussi l'ouvrage de M. B. Cecchetti, *Il Doge*, page 192, où il est
traité des *cittadini*, et page 244, *della cittadinanza originaria dei Veneziani*. L'auteur fait à ce sujet un grand éloge d'un mémoire jusqu'à présent inédit, rédigé par le chevalier Teodoro Toderini et fort utile à
consulter sur cette matière intéressante : *Genealogie delle famiglie
Venete ascritte alla cittadinanza originaria*, « opera, dit M. Cecchetti,
elaborata con pazientissime cure: I nostri lettori debbono quindi saper
grado unicamente al Toderini, *vera autorità in tale argomento*, di averci
regalato tali notizie che pongono nella vera luce un subbietto finora con-
troverso e creduto di poca importanza. »

sciences estimées nécessaires.[1]. C'était l'essaim d'où l'on
sortait pour entrer en chancellerie, où l'on était d'abord
estraordinario, puis cinq ans après *ordinario*, et enfin
secretario. Cet ordre de succession dans l'emploi est longuement déterminé par un décret de 1583. De ce temps
date aussi la création des *estraordinarii di rispetto*. L'essaim se trouva donc augmenté, et on peut estimer tout
ce personnel actif, intelligent, occupé sans cesse, à près
de cent individus, dont les premiers en grade étaient les
quatre Secrétaires au Conseil des Dix; les seconds, les
vingt-cinq au Sénat; les troisièmes, les vingt-cinq *ordinaires*, et au rang inférieur, les trente et quelquefois
trente-huit *extraordinaires*. A la direction habituelle
présidaient deux ou trois chefs, dont un était dit *reggente
di Cancelleria*, puis sur tout l'ensemble dominait IL CAN-
CELLIER GRANDE. Pour se rendre compte de tout le travail
excellent de ce petit groupe affairé et dont chacun avait
des attributions spéciales, l'un écrivant les Annales de
la République, l'autre tenant les Registres secrets du
Sénat, ou dressant les Sommaires des dépêches reçues,
(opération excellente et utile à laquelle on doit les *Rubricarii*), celui-ci préposé aux Affaires d'Orient, celui-là
député à la rédaction des Audiences, un tel désigné

---

[1] Die XVI aprilis 1443, in Maiori Consilio. « *Quod per Dominum
consiliarios et capitibus de XL. eligi debeant duodecim pueri Veneti ab
annis duodecim vel supra de Cancelleria*, etc... » Quoniam multum
facit pro honore nostri dominii et pro utilitate et commodo agendorum
nostrorum tam in Venetiis, etc. — Voyez aussi la délibération du Conseil
des Dix, 1478. Le décret de 1443 est des plus importants à l'histoire
de la chancellerie vénitienne, car il est la base fondamentale de ses
règlements.

pour accompagner le Provéditeur général à Candie, cet autre détaché à la tenue des livres appelés *Universi*, il faut avoir pratiqué ces grandes Archives de Venise qui nous ont conduit naturellement, en parlant d'elles, à honorer ici la mémoire de ceux qui ont le plus contribué à leur formation [1].

Muazzo, écrivain si précis, très-correct, guide toujours sûr, a une page excellente dans son *Histoire* — encore inédite — *de l'ancien gouvernement de la République de Venise*, sur le personnel de la Chancellerie ducale. Les distinctions, les attributions de chacun, y sont rapportées avec une connaissance parfaite des matières. Cette page utile à connaître trouve ici son cadre :

« L'ordre de la Chancellerie ducale, dit-il, après celui des nobles, est le plus considéré. Il est composé par les Secrétaires qui ont part à tous les intérêts et affaires de la République, au dedans et au dehors de la métropole. Les sujets qui en dépendent sont de trois classes : les *Extraordinaires*, les *Ordinaires* et les *Secrétaires* : de tous est chef le Grand Chancelier.

» Les *Extraordinaires* sont la classe inférieure, celle

---

[1] Le Grand Chancelier G. B. Padavin, dans un mémoire intéressant qu'il adresse au Conseil des Dix sur l'état de la Chancellerie ducale, en décembre 1635, dit :

« È formata la Cancelleria in numero di cinquanta nodari, cioè venti ordinarii et trenta straordinarii... Tre obbligati alle materie criminali dell' Eccelso Consiglio di X, quattro o cinque alle ziffre, quattro alli Registri secreti, quattro nel scriver lettere e scritture che si mandano fuori secreta in tanta copia ogni settimana, che difficilmente se lo può persuader chi non la vede, uno alle voci del mazor Consiglio, non pochi sono deputati a servir diversi magistrati, et molti fuori in pubblico servitio..... etc. »

qui donne introduction à la carrière. Le Conseil des Dix
les élit. Leur devoir est d'enregistrer les décrets officiels
dans la Chancellerie, de copier les dépêches que l'on
adresse aux recteurs, de servir de secrétaires aux magistrats élus par le Sénat, de porter dans l'assemblée du
Sénat et du grand Collège les urnes du scrutin, quand
on y procède aux élections des charges. Ils sont au
nombre de trente-huit et doivent avoir dix-huit ans
accomplis.

» Les *Ordinaires* sont vingt-trois, élus aussi par le Conseil des Dix. Ils sont choisis parmi les *Extraordinaires* et
ne peuvent être promus à ce grade s'ils n'ont pas
appartenu pendant cinq années à la classe précédente;
ou s'ils n'ont servi au dehors, des ambassadeurs, des
généraux, des amiraux ou autres dignitaires obligés
d'avoir avec eux des secrétaires de l'ordre. Ils sont
astreints aux mêmes obligations que les *Extraordinaires*.
Ils tiennent les registres de la Chancellerie secrète.
Parmi eux, quatre préposés sont aux chiffres, quatre autres
aux choses secrètes. Ils portent aux ambassadeurs des
princes les délibérations du Sénat qui les concernent ;
ils copient les lettres adressées aux envoyés de la
République au dehors, aux généraux en chef et autres
représentants, lorsqu'elles ont un caractère secret et
réservé. Une fois copiées, les lettres doivent être sous-
crites par le secrétaire qui les a composées et lues au
Sénat.

» Les jeunes gens de *Chancellerie*, avant d'être soumis
au scrutin pour être élus tant Extraordinaires qu'Ordinaires, subissent un examen devant les chefs du Conseil

des Dix, un conseiller du Doge et un des réformateurs, à l'université de Padoue. Les Ordinaires et les Extra-ordinaires ont le titre de *Notaires ducaux*, et se qualifient ainsi dans les écritures officielles.

« Les *Secrétaires* sont élus par le Sénat : ils sont au nombre de vingt-cinq. Ils doivent avoir vingt-huit ans accomplis, avoir servi cinq ans en qualité d'Ordinaire, ou avoir rempli deux fois les fonctions de coadjuteur auprès de quelque charge au dehors. Les élections des Secrétaires dans le Sénat se pratiquent ainsi : des jeunes gens de Chancellerie parcourent, une feuille à la main, les rangs des sénateurs, et prennent note des noms qui leur sont désignés. Ceux-ci sont mis aux voix et élus à la majorité. Ils subissent aussi un examen en présence d'un conseiller du Doge, d'un chef des Quarante, d'un ministre au Conseil, d'un aux Ordres, et d'un réforma-teur à l'université de Padoue. Ils doivent traiter les ma-tières indiquées par le réformateur en langue italienne et latine. Les Secrétaires sont destinés au service du Sénat et du ministère. Ils rédigent les délibérations qui doivent faire l'objet des discussions du Sénat ; ils servent aussi dans les résidences, et sont employés au dehors dans des circonstances insolites. L'un d'eux, à tour de rôle, sert le Doge dans les fonctions solen-nelles.

» Les Secrétaires du Conseil des Dix sont au nombre de quatre. Le Sénat les élit dans la forme prescrite. Leur service au Conseil est de quatre ans, à l'expiration des-quels ils retournent à celui du Sénat. Passé deux ans, ils peuvent être réélus pour les Dix. Un secrétaire de cette qualité doit avoir servi dix ans le Sénat, ou passé huit ans à deux résidences.

» Chacun, dans l'ordre de Chancellerie, a droit à un appointement annuel payé par le trésor. Le plus bas est celui des *Extraordinaires;* le plus élevé, celui des *Secrétaires aux Dix.* Il est en outre un capital de vingt-quatre mille ducats par an, réparti en deux cents parts de cent vingt ducats l'une. Le Sénat les distribue à ceux de l'ordre, selon que chacun s'est distingué par la ponctualité et le mérite. A tout jeune *Ordinaire* ayant servi de secrétaire dans les ambassades ou les grandes charges, il est d'usage de lui donner une de ces gratifications. Selon son mérite, un de ces jeunes gens de l'ordre peut en recevoir plusieurs [1].

» Les Secrétaires occupés à des fonctions dépendantes du ministère ou du Sénat sont délégués aux emplois, selon les décisions du Grand Chancelier, qui les soumet annuellement à l'approbation des ministres. Quand ils s'y distinguent, on les proroge en leurs fonctions. Chaque service spécial a plusieurs secrétaires, afin qu'en cas d'empêchement de l'un d'eux ce service ne soit pas en souffrance. Deux Secrétaires sont préposés à la connaissance précise et à la rédaction des lois, et ils sont tenus d'en assurer la teneur en cas de doute dans les Conseils. Deux sont destinés à la conservation des papiers secrets, deux sont députés aux annales [2]. »

[1] Bibliothèque de Saint-Marc (division des manuscrits). HISTORIA DEL COVERNO ANTICO E PRESENTE DELLA REPUBLICA DI VENETIA, ouvrage de Muazzo, page 90, *Della Cancelleria ducale.*

[2] *Idem, ibid.,* page 120. (Classe V.II, codex DCCCLXVI.) J'ajoute à

Que de noms il se rencontre dignes de l'histoire parmi les Secrétaires de la République de Venise, depuis la seconde moitié du quinzième siècle jusqu'à la fin du dix-septième! Nos annales n'ont pas oublié ce Pietro Stella qui négocia à la cour de France sous Louis XII, en des temps difficiles, et le monde des lettres honore la mémoire de cet autre Secrétaire; Giovanni Battista Rha-musio [1], ami d'Alde l'Ancien, et à qui l'on doit l'important travail qui a produit la *Raccolta delle Navigazioni et Viaggi*. Un ouvrage excellent et plein de faits pourrait être écrit aujourd'hui à Venise par quelqu'un de ces esprits alertes, actifs et doctes, qui tiennent à honneur de réveiller, en les illustrant, les vieux souvenirs de la patrie glorieuse : *Les Secrétaires de la République*. Une partie devrait y être entièrement réservée à l'histoire des quarante-trois Grands Chanceliers qui se sont suc-cédé depuis Nicolaus Pistoretus, élu le 11 février 1323, jusqu'à G. A. Gabriel, élu en 1789, et le dernier de cette République [2].

ces détails que les décrets, délibérations, arrêts, décisions et considéra-tions relatifs à l'ordre des Secrétaires sont en nombre infini. Leur seule réunion formerait un volume compacte. Giovanni Rossi, à cet égard, est très-intéressant à consulter. Voyez à la bibliothèque de Saint-Marc, parmi les Manuscrits, le recueil LEGGI E DOCUMENTI. Première série, tome IV: *Cittadini originarii*, pages 136-154; tome XXVI: *Cancellier grande*, page 222; *Cancelleria ducale*, page 228. Deuxième série : Do-CUMENTI, tome XV: *Decreto sulle Segretarie*, page 83; *Officio del Can-cellier grande nel collegio*, page 195; tome LXXV: *Ordines Secretarii*, *Cancelleria ducale*. Voyez encore : classe VII, codex MCCLXXIII : *Grandi Cancellieri* (con note), 1268-1586; *Secretarii Consiglio X*, 1355-1589.

[1] Voyez notre notice sur Messer Zuane Battista Rhamusio, dans notre opuscule « *Aldo Manuzio* », Lettres et documents, page 89.

[2]. Le premier Grand Chancelier cité dans les histoires de la République

Ces·monographies intéressantes conduiraient à l'étude
la plus variée des sciences politiques·et à l'histoire des
négociations en de nombreux pays. Le Grand Chancelier
Gian Pietro Stella, élu le 25 janvier 1516 par treize·cent
quatre-vingt-trois votes dans l'assemblée du Grand Conseil, avait été secrétaire de douze légations, et avait
rempli personnellement neuf missions, dont deux particulièrement importantes auprès des Cantons suisses.
·Les cours de Savoie, de France, de Rome, de Vienne,
lui étaient familières, et il avait su captiver à tel point
l'esprit de Maximilien, roi des Romains, que ce souve-
·rain l'avait en quelque sorte fait son conseiller. Ajoutons
qu'un des caractères distinctifs de ces Secrétaires était
le goût et l'inclination que la plupart·avaient pour les
belles-lettres et la connaissance des langues. C'est un
attrait de plus à l'étude de leurs œuvres et à la connaissance de leur vie. En 1529, le 12 septembre, fut élu le
secrétaire Andrea Franceschi; il avait servi pendant
quarante-trois ans, était d'une instruction et d'une érudition profondes dans les langues grecque et latine, et
c'est avec une sorte de plaisir que nous avons à reconnaitre son humeur lettrée dans un des legs de son testament[1] consistant en un *Homère imprimé chez Alde
l'ancien et relié à la damasquine avec or,* etc., en faveur
de cet autre bon lettré, maître G. B. Egnazio[2], celui-là

est Conradus de Ducatis, 1268, 15 juillet; le second, Nicolaus Pistoretus, 1323, 11 février.

.·[1] Bibliothèque de Saint-Marc, manuscrits. *Testament* d'Andrea Franceschi, Grand Chancelier.

. [2] Giovanni di Cipelli, dit Giovanni Battista Egnazio, né à Venise en
1478, grand·latiniste, occupa une chaire de belles-lettres qu'il rendit

même qui, en 1514, avait prononcé l'oraison funèbre du plus méritant des typographes au quinzième et au seizième siècle. Cet Andrea Franceschi avait le goût des médailles, il recueillait les inscriptions anciennes, et le grand Titien, dont il était un ami, a fait de lui deux portraits. Par intérim, il avait été aussi bibliothécaire de Saint-Marc. Leonardo Ottoboni, élu le 14 novembre 1610, était non moins érudit en linguistique qu'Andrea Franceschi, et pendant qu'il avait été secrétaire en Espagne sous Philippe II, il avait occupé ses loisirs à réunir tous les matériaux les plus anciens en fait d'inscriptions propres à servir de preuves pour l'histoire de l'Espagne. Il avait été fait secrétaire aux Dix en 1588, fut vingt ans Grand Chancelier de la République, et mourut à quatre-vingt-huit ans, en 1630. Un de ses secrétaires lui avait dédié ce mémoire, dont le titre mérite bien d'être rappelé ici : *De studiis instituendis civium Venetorum quicunque ad arcana Reipublicæ sunt adiscendi.* Giovanni Battista Padavin, né en 1560, entré en Chancellerie comme *estraordinario* en 1576, reçu *ordinario* le 17 décembre 1577, avait été fait secrétaire du Sénat six ans après, chancelier *inférieur* en 1588, secrétaire aux Dix en 1603, chargé de missions aussi délicates que difficiles près des Grisons [1], puis en Lorraine; il avait acquis par l'étude de l'histoire des nations

renommée par toute l'Italie; accompagna, en 1515, à Milan les ambassadeurs de Venise à François Ier et fit le panégyrique du Roi, et mourut en 1553 en juin ou juillet. Voyez Cicogna, *Inscrizioni*, tome Ier, p. 341.

[1] Sur les missions de G. B. Padavin aux Cantons suisses, voyez les indications données par M. Victor Ceresole dans son livre : *La République de Venise et les Suisses*, pages 36, 37, 38, 39, 43, 44, 45.

une science politique consommée, et fut élu Grand
Chancelier en 1630. Il avait pour devise cés mots, qui
sont presque un récit : « *Per vàrios casus.* » Telles de
ces familles de Secrétaires s'étaient rendues illustres à
Venise et au dehors à l'égal des patriciens, et les noms
des Spinelli, des Milledonne, des Celio Magno, des
Domenico de Vico, des Bonifazio Antelmi, des Busenello et des Nicolosi méritent les faveurs de l'histoire,
pouvant aller de pair, sinon par le rang, du moins par
les talents, avec des Contarini, des Nani, des Donà, des
Morosini, et autres négociateurs et politiques célèbres.

Nous avons parlé des Chanceliers, regardons maintenant la Chancellerie. Nous aurions peut-être dû montrer la maison avant de présenter les habitants, mais
le but de cet écrit exige que nous étendions nos détails
avec plus de complaisance sur celle-ci que sur ceux-là;
et c'est pour être plus à l'aise en ce discours que nous
avons interverti l'ordre de la préséance.

II.

DES CHANCELLERIES
ET PARTICULIÈREMENT DE CELLE APPELÉE
« LA SECRETA ».

Trois dépôts de documents au Palais Ducal formaient trois Chancelleries de l'État. — La Chancellerie dite *Inférieure* ne contenait aucun document politique. — Extrait d'un manuscrit de G. Rossi relatif à cette Chancellerie (*note*). — La Chancellerie *Ducale*. — Dans quelle partie du Palais elle était située. — Intérieur de ladite Chancellerie. — Désignation générale des documents qu'elle renfermait. — La Chancellerie *Secrète*. — Le premier décret qui la concerne est voté par le Grand Conseil en l'an 1402. — Première réglementation relative au secret des écritures votée par le Conseil des Dix en l'an 1459. — Élection d'un Secrétaire préposé à la garde du dépôt. — Le décret du Conseil des Dix, en date du 24 juin 1462, place la Chancellerie Ducale et par conséquent la *Secrète* sous sa juridiction immédiate. — Arrêté du 22 juin 1496. — Funestes épisodes pour l'histoire de la Secrète au seizième siècle. — Les deux incendies en l'an 1574 et en l'an 1576. — Récit de ces événements. — Pertes irréparables. — Destruction totale des dépêches les plus anciennes des Ambassadeurs depuis les temps du moyen âge jusqu'à la moitié du seizième siècle. — Précautions avisées par le Conseil des Dix : arrêté du 5 mai 1579. — Ledit Conseil, à la date du 5 mars 1586, ordonne au Grand Chancelier la formation d'un *Index* raisonné des écritures politiques. — La Secrète s'augmente, en 1596, de nombreux papiers restitués par les héritiers des grands fonctionnaires. — Première élection d'un Surintendant patricien à la Chancellerie secrète. — Andrea Morosini, historiographe de la République, est élu le 17 septembre 1601. — Son premier rapport au Conseil des Dix sur l'état de la Secrète. — Détails sur les cinq Recueils secrets. — Dans quelle partie du Palais Ducal se trouvait la Chancellerie secrète au commencement du dix-septième siècle. — Sévérité des mesures de police intérieure. — Anecdote sur l'ignorance obligatoire du porte-clefs de la Secrète. — Revue des mesures décrétées sous les Surintendants qui successivement, pendant le dix-septième et le dix-huitième siècle, ont administré la Chancel-

lerie secrète. — Catalogue formé en 1610 par les soins du Grand
Chancelier Bonifazio Antelmi. — Importance de l'avertissement dont
il fait précéder les divisions de son Inventaire. — Nicolò Contarini,
second Surintendant, 1618. — Deux Secrétaires spécialement députés
à la rédaction des sommaires, 1621, 19 janvier. — Règlement définitif de la Chancellerie secrète : *Legge statuaria* du 30 mai 1624.
— Nicolò Contarini, élu Doge l'année 1630, renonce à sa charge
de Surintendant de la Secrète. — Girolamo Cornaro le remplace. —
Curieux rapport du Secrétaire Zuan Rizzardo aux Inquisiteurs sur le
mouvement qui a lieu dans la Chancellerie depuis que le courant des
affaires a rendu les écritures si abondantes. — Paolo Morosini, quatrième Surintendant, 1635. — Négligences constatées par lui dans la
rédaction des Registres de *Rome* et de *Constantinople*, et dans celle
des *Annales*. — Nombre extraordinaire de feuillets à mettre au net
exposé par le Grand Chancelier G. B. Padavin dans son Mémoire du
5 mai 1635. — Rapport du Surintendant, qui demande qu'un Sénateur lui soit adjoint, 1635. — Élection du Sénateur Giacomo Marcello. — Rapport développé et confus des *Consultores in jure* Scipione
Feramosca et Ludovico Raitelli. — Giacomo Marcello, cinquième
Surintendant, 1637. — Battista Nani, sixième Surintendant, 1651.
— Singulière révélation anonyme, relative à la Secrète, adressée en
1660 aux Inquisiteurs d'État. — Catalogue de la Secrète terminé en
1669 sous le dogat de Dominico Contarini, Battista Nani étant Surintendant, Dominico Ballarin Grand Chancelier, et Antoni di Negri
Secrétaire. — Description de ce précieux manuscrit conservé aux
Archives. — Documents contenus dans les armoires qui y sont désignées. — Michiele Foscarini, septième Surintendant, 1678. — Pietro
Garzoni, huitième Surintendant, 1692. — Un troisième Secrétaire est
député à la Secrète. — Projet de former un catalogue raisonné de
toutes les matières d'État remontant à quatre siècles, pour l'utilité
des Sénateurs et des Conseillers, 4 février 1720. — Lettre du Grand
Chancelier Anzolo Zon à cet égard. — Restauration et peut-être même
reconstruction de la Secrète sous la surintendance de Pietro Garzoni,
attestée par un document inséré comme annexe au décret du 24
juillet 1720. — Beau et intéressant passage du Mémoire de Pietro
Garzoni relatif aux précieux documents de la politique vénitienne. —
Le Conseil des Dix décide qu'il serait superflu de faire remonter l'ouvrage du catalogue raisonné au delà de l'année 1600. — Mise à
l'œuvre dans la *Secretà nuova*. — Informations sur l'état du travail,
6 juillet 1723. — Aurelio Bartolini, Giovanni Filippi, Fabio Lio y
travaillent. — Difficultés de l'entreprise reconnues par le Surintendant en 1731. — Marco Foscarini, neuvième Surintendant, 1735. —

Anciens décrets relatifs à la police intérieure de la Secrète remis en
vigueur, avril 1741. — Marco Foscarini, élu Doge, est remplacé dans
la surintendance par Nicolò Barbarigo, dixième en charge, 1762. —
Continuation de l'entreprise du catalogue raisonné des documents
politiques depuis l'an 1600. — Nicolò Donà, onzième Surintendant.
— Francesco Donà, douzième et dernier Surintendant. — Nulles
informations sur la Secrète pendant les dernières années de la
République. — Limite naturelle sur notre essai sur la *Secreta*. —
Rappel de l'hommage extraordinaire que rendirent à ses trésors historiques les Conseillers juristes de la Seigneurie dans leur Mémoire du
27 août 1635.

Trois dépôts de documents concentrés au palais de la
Seigneurie portaient la désignation officielle de *Chancelleries* : l'une était dite *Inférieure*, l'autre *Ducale*, la
troisième *Secrète*.

La Chancellerie INFÉRIEURE était située presque en face
de l'escalier des Géants, au premier étage du Palais des
Doges. Elle ne comprenait qu'une salle assez vaste,
fournie de longues armoires remplies de documents
absolument étrangers aux choses politiques. Parmi ceux
qui s'y conservaient, étaient les titres de juridiction et
de possession du Doge, les pièces relatives à l'église de
Saint-Marc en tant que chapelle ducale, et différentes
pièces civiles particulières aux intérêts des citoyens,
telles que testaments, fidéicommis, etc. Deux chanceliers la dirigeaient avec quelques coadjuteurs, qui y
exerçaient les jeunes notaires ducaux à la rédaction et
à la formation des écritures officielles [1].

---

[1] « La Cancellaria inferiore era quella in cui serbavansi i *Testamenti*
ed altre importanti carte private. Dirigevasi da due Cancellieri, un
tempo eletti, dipendenti, mutati dal Doge : ma poi nel 1523 vollersi
confermati del Pien Collegio, non potendo assumere tal incarico, se

La Chancellerie DUCALE était à l'étage supérieur et comme au centre des corps politiques qui gouvernaient et réglementaient l'État. Quand on avait monté l'élégant escalier d'or (*la scala d'oro*) et qu'on tournait im-

non persone spettanti alla Cancellaria ducale, cioè cittadini originari. (Legge 1674, 3 février.) Raccomandosi pel buon ordine tale Cancellaria al Doge. (1693, 22 février.) Voyez l'ouvrage manuscrit de G. Rossi, *Leggi e Costumi*. (Bibliothèque de Saint-Marc.)

Ivi tra le altre regole, i notai dovevano tenere in apposito libro, registro dei beni sottoposti a fideicomisso, cosa assai comoda per contratti. (Legge 1635, 29 marzo : 1613, 22 marzo.) (*Correzion Memmo*.) Così dei nomi e cognomi dei testatori, delle carte di doti e di molte altre : ricuperavano le lasciate da' notai morti o partiti senza più ritornarvi, depositendole nell' Archivio: (Legge 1449, 28 novembre.) Tenevano pure i Registri degli Inventari notarili (1521, 28 giugno), rivedevano due volte all' anno i Protocolli notarili, dove i notai di mese in mese avevano la obbligazione di notare tutti i loro atti. (1586, 15 marzo.) Le registre le plus important à consulter sur l'organisation des Chancelleries et sur les devoirs des Chanceliers fut copié par Rossi sous ce titre : *Ordines et regulæ Notariorum curiæ majoris Secretariorum*. Rossi dit encore : « Dirimpetto poi alla sala de' Giganti, si legge la lapide posta in memoria della venuta in Venezia di Enrico terzo Re di Polonia e di Francia, ed appresso vedesi un portone, il quale metteva a una sala appartenente alla propriamente detta Cancelleria ducale *inferiore*. In questa sala vedevansi a tutti i lati grandi armadi chiusi uniformi, i quali contenevano gran parte de preziosi documenti di quella Cancelleria, ed erano molto alti. Questo Archivio non deve confondersi coll' altro della Cancelleria *superiore*. Nella sala della inferiore ragunavasi, occorrendo il collegio de' notai. La sala della Cancelleria inferiore teneva a lati alquante camere tra le quali una molto vasta, ma però divisa al tempo della Repubblica. Erano bastevolmente chiare ma non allegre, mettendo le finestre con inferrate sul rivo del Palazzo. Alcune stanze prossime erano state ammezzate, divise, e subdivise per comodo d'altri uffizi e dipoi non in altezza ma ni lunghezza fu ammezzata la detta sala. Ricorderemo tutta volta che al lato del portone della Cancelleria, andando in su per quel porticato eran vi due stanze ammezzate, l'una a comodo del Cancellier grande, l'altra del direttore dei notai ducali, di cui l'ultimo fù il Gabrini. » Bibliothèque de Saint-Marc. *Codici* del Rossi. Classe VII, cod. 1402, pages 21 et 22.

médiatement à gauche, on trouvait en face de soi un
autre escalier, à degrés étroits, dont la première rampe
conduisait à diverses petites pièces (*stanzini*) occupées par
des secrétaires, et dont la seconde aboutissait à la salle
de la Chancellerie ducale. Ce lieu, très-vaste, puisqu'il
occupait en longueur l'espace de l'aile orientale du palais
compris entre la grande cour et le petit canal, était de
bel et digne aspect. Au fond s'élevait une estrade à balustres, à laquelle on atteignait par quatre degrés fort
amples. Toutes les murailles étaient remplies par de
hautes armoires d'un dessin uniforme, dont chacune
portait à la cime un écusson aux armes d'un Grand
Chancelier. Un banc circulaire soutenu par des appuis
sculptés, comme on en voit aux stalles des anciennes
églises, complétait le grave décor de ce lieu, centre des
études de ces citoyens de Venise qu'on appelait les *Secrétaires*. La Chancellerie ducale conservait d'importants
papiers et registres, tous d'État, mais n'ayant pas un
caractère absolument secret [1]. Elle était le centre de
toutes les écritures et de toutes les pièces dites de législation. Elle avait pour chef le Grand Chancelier, de qui
dépendaient les quatre Secrétaires du Conseil des Dix,
les vingt-quatre du Sénat et tous les scribes ou notaires.
Elle était à la fois un dépôt d'archives législatives et une
institution, une sorte de collége politique, institution
très-honorée et choyée, pour laquelle les plus graves

---

[1] Il en fut ainsi depuis la moitié du quinzième siècle, comme on le
verra plus loin d'après un document officiel. Jusqu'à cette époque, en
effet, documents législatifs non secrets et documents politiques secrets
se trouvaient classés au même endroit, dans la Chancellerie ducale.

décrets rédigés dans les conseils n'avaient d'expressions ni assez tendres ni assez glorieuses. Le 22 décembre.1459, le Conseil des Dix, ayant à statuer sur elle, la désigne « *Cor Nostri Status,* cœur de notre État ». Le Grand Conseil, dès 1443, disait en parlant d'elle : « *Quod Cancellaria, nostra per quam. transeunt omnia facta Status nostri et publica et secreta.* » Les documents principaux que contenaient ses armoires blasonnées étaient l'immense partie des textes du Sénat, non secrets, classés sous la rubrique de *Terre* et de *Mer;* puis les textes des lois discutées et votées par le Grand Conseil, les registres dits *Notatorii* de la Seigneurie ou Ministère, les papiers du *Receveur au sceau ducal,* ceux proprement dits du *Grand Chancelier,* ainsi que du *Secrétaire aux voix,* ou recueil des preuves de toutes les élections aux charges et dignités soumises au vote du Grand Conseil, du Sénat, des Dix, des Quarante[1], etc. ; puis les formules des priviléges accordés, *Libri gratiarum,* etc. Nous ne nous arréterons pas davantage à la description de son intérieur, puisqu'elle n'était pas la gardienne spéciale des documents politiques dont la recherche et l'étude sont la véritable fortune de l'histoire générale, et nous passerons aussitôt à cette troisième Chancellerie, qui, tout en n'étant qu'une subdivision de la Ducale, formait cependant un dépôt séparé, expressément administré sous la désignation officielle de « LA SECRÈTE ».

[1] Voyez sur la signification respective des dignités, des charges et des magistratures politiques de la République de Venise, le vocabulaire placé aux appendices de ce travail, et expressément rédigé pour servir à l'intelligence des textes vénitiens.

L'établissement de la Chancellerie secrète, que désormais nous n'appellerons plus autrement que LA SECRÈTE, pour parler le langage vénitien, date véritablement du décret du 23 avril 1402 : « *Ordini per la buona custodia e consegna delle carte tanto che si fanno in Cancellaria quanto che vengono di fuori.* » Jusqu'alors, il y a lieu de croire que les papiers d'État de la République avaient été concentrés à la Chancellerie ducale sans avoir été l'objet d'une séparation absolue. Mais avec le commencement du quinzième siècle, en même temps que croissaient et s'étendaient les affaires politiques de la République, que les écritures d'État augmentaient en nombre, que les ambassades au dehors devenaient plus fréquentes, on sentit le besoin de localiser et de réglementer, pour éviter les abus les plus graves, un dépôt affecté aux écritures, dont le contenu ne pouvait sans inconvénient être exposé à la curiosité de ceux qui n'avaient pas à en connaître spécialement. Le Grand Conseil, à la date du 23 avril 1402, fit savoir ses volontés à cet égard dans le décret dont la teneur suit :

« Étant urgent pour le bien de notre État de pourvoir autant qu'il est possible à ce que les lettres et écritures particulières à notre Chancellerie, celles qui y sont expédiées ainsi que celles qui y sont adressées, les unes et les autres de la plus grande importance, soient conservées et demeurent secrètes, comme contenant toutes nos affaires ; considérant aussi qu'il importe que tous nos gentilshommes, ceux qui fréquentent la Chancellerie et toutes autres personnes (non qualifiées pour en connaître) ne puissent avoir le moyen ou l'occasion de voir et de savoir par ces lettres et écritures plus qu'il n'est dans l'intention de l'État de leur laisser savoir ;

» On propose :

» Que les bureaux de la Chancellerie sur lesquels on dresse
ces écritures, que les armoires et meubles dans lesquels on
dépose les registres d'État, les dépêches, le texte des décisions
secrètes et autres choses de cette nature, soient établis dans un
lieu spécial et disposés dans l'ordre et selon des règlements
qu'il appartiendra à Monseigneur le Doge, à ses Conseillers
et aux chefs des Quarante d'adopter. Que cela soit au moins
décidé à la majorité de leurs votes, et le plus promptement
possible.

> » *Contre la proposition* : 14.
> » *Voix douteuses* : 15.
> » *Pour* : Tous les autres [1]. »

Le même jour où le Grand Conseil décrétait l'établissement de la Secrète, il décidait encore par un autre
vote qu'aucun registre, aucun mémoire, aucune dépêche, ne pourraient être communiqués pour être em-

---

[1]   1402, 23 APRILIS, IN MAIORI CONSILIO.

Cumzosia chel faza per lo stado nostro a proveder quanto ne sia possibile, che le lettere e scritture che se fà alla nostra Cancelleria e che
de quelle exie, et che ne vien mandade, le qual sia d'importanzia vegna
tegnude, et sia secrete, perchè quelle contien tutti i fatti nostri e azò,
che si ai nostri zentilomeni como a nostri noderi e a tutte altre persone
se toja via el destro, el muodo e la chaxion de veder e de saver per
quelle scritture et lettere più di fatti nostri de quello è intention
della terra.

Anderà parte prima, che quelli scagnelli e armeri e banchi della
nostra Cancelleria, ai quali si scrive, e luogasse i libri, lettere parte et
scritture secrete se debbia redur e far in quella forma e luogo e per quel
muodo e con quell' ordene che parerà megio a Missier lo Doxie e con-
sejeri, e cavi de Quaranta, over la mazor parte di quelli e questo faz-
zasse quanto presto le può.

De non, 14.
Non sinceri, 15.
De parte — omnes alii.

portés en dehors de ladite Chancellerie sans une permission du Doge, ou de quatre conseillers, ou des chefs
des Quarante, ou plusieurs ministres délégués par des
conseillers [1].

Mais dans l'espace du demi-siècle, malgré les précautions ordonnées par le Grand Conseil, il est à croire que
certains abus s'étaient manifestés, que toutes les mesures prescrites n'avaient pas été exécutées, car à la
date de 1459, le 31 octobre, le sévère Conseil des Dix
décidait par un décret longuement motivé les règlements qu'il avait jugés nécessaires à la conservation des
papiers d'État et à leur préservation de tous regards
indiscrets. Il ordonnait, entre autres mesures nouvelles,
l'élection de l'un des plus aptes de la Chancellerie ducale pour être particulièrement chargé de la garde et
surveillance de la Secrète; il précisait quels personnages qualifiés pouvaient seuls y pénétrer, tels que les
Ministres en activité et le Grand Chancelier, et il éta-
blissait qu'à l'avenir, certains registres moins faciles
encore à être communiqués que les autres, et constamment renfermés dans une armoire spéciale, seraient
affectés au contenu des écritures les plus confidentielles. Prévoyant le cas où quelqu'un pourrait y être

---

[1] Ancora che alguna lettera, over brieve, le qual vegna mandadi
serradi da chi se sia, e da che parte se voja alla nostra Signoria non se
debbia avrir per alguna persona de che condition vuol esser se sia,
anzi quelle lettere over brieve debbia appresentar cussi serrade, e bol-
lade, come quelle i vegnerà dade a missier lo Doxie over alla Signoria,
e se algun contrafarà, se l'averà l'offitio, over beneficio del comun de
Venexia, sia privado de quello in perpetuo, e star debbia un mexe in
le prixon de sotto, etc., etc.

adressé d'urgence pour y copier un texte quelconque,
le Conseil imposait au garde des écritures d'enregistrer
sur un livre spécial le mandat officiel du commissionné
et le but de sa recherche, en un mot, de faire un rapport sur ce que le délégué aura vu, ouvert et lu dans la
Secrète [1].

, Trois ans après la promulgation de ce décret du Conseil des Dix, ce même Conseil en votait un autre, le
24 juin 1462, par lequel la Chancellerie ducale et tout
son personnel dépendraient dorénavant de sa juridiction
immédiate. A dater de ce jour donc, il lui appartint exclusivement de délibérer et de statuer sur les destins de

[1]   1459, 31 OCTOBRIS, IN CONSILIO DECEM.

Cum sicut dare habetur scripturæ et libri nostri in quibus scripta sunt
secretissima nostri dominii, sunt sine custodia aliqua in Cancellaria
nostra in modum quod omnes vident illos, examinant et intelligunt
facta nostra ac faciunt sibi copias sine licentia nostra, et eas mittunt
quo volunt, sicut novissime advenit cum maximo et evidenti periculo
nostri status, ad quæ pro evidenti et necessario bono nostro omninò
expedit facere provisionem.

VADIT PARS pro evitandis inconvenientiis, quod omnes libri nostri
secreti tam Partium quam Litterarum reducantur et deponantur in uno
loco Cancellariæ qui per dominium deputabitur sub una clavi sola, pro
quorum custodia et gubernatione per dominium eligatur et deputetur
unus ex notariis nostris ex sufficientibus et scientibus bene scribere qui
ad hoc solum deputatus sit, cui quidem notario deputando assignetur
clavis predicta ipsorum librorum, teneatque ipse notarius libros nostros
secretos, et in eis scribat Partes et Literas ac Deliberationes nostras de
tempore in tempus, sicut capientur et deliberabuntur, ac eas rubricet.
Deputaturque sibi in Cancellaria quemadmodum per antea consueverat
unus scabellus in quo teneat librum secretum ac librum literarum secretarum clausus sub clavi et non permittat dictus notarius quod aliquis
sit qui velit, videat nec examinet ipsos libros nec aliquem alium ex
secretis sub custodia sua consignandis, nisi de mandato dominii, exceptis
nobilibus de collegio nostro qui pro declarationibus habendis, donec
erunt de collegio, possint videre dictos libros...

la Secrète, puisqu'elle était considérée comme une subdivision de la Ducale. Aussi est-ce une recherche curieuse
que celle de tous les arrêtés et décrets émanés de ce tribunal, surveillant suprême des choses et des hommes de la
République vénitienne, au seul endroit de cette Chancellerie, dépôt des secrets et des preuves intimes d'une politique si active. Le nombre de ces arrêtés, la variété des
mesures prises, le renouvellement incessant de la teneur
du règlement avec un particulier raffinement de précautions nouvelles, dénotent pour quelle large part entrait
dans les préoccupations du Conseil des Dix la Chancellerie
secrète, qui d'ailleurs allait s'augmentant chaque jour,
et formait à la fin du quinzième siècle le plus riche et
abondant dépôt de papiers d'État qui fût alors dans le
monde civilisé [1].

En juin 1496, il fut décidé que quatre notaires se-

---

[1] *Cancelleria, Secretarii et Notarii pertineant Consilio Decem, excepta
electione Cancellarii.*

MCCCCLXII, DIE XXIV JUNII, IN CONSILIO X.

Per hoc Consilium factæ sunt multæ provisiones in facto Cancellariæ
nostræ tam in regulando scripturas nostras secretas quam in facto secretariorum et notariorum nostrorum in augendo salarium et in modo
solutionis salariorum suorum et faciat pro evidenti et necessario bono
nostri status, sicut factæ sunt aliquæ particulares provisiones pro dicta
Cancellaria secretariis et notariis ita etiam providere quod totaliter sit
subdita et subditi, ac pertinentes huic consilio.

VADIT PARS quod de cetero excepta electione Cancellarii nostri, quæ
fieri debeat juxta solitum per consiliarios et per majus consilium, auctoritate hujus consilii captum sit, quod ipsa Cancellaria, secretarii et
notarii pertineant et sit subdita, ac subditi et pertinentes huic consilio
per quod circa prædicta et in prædictis provideatur, sicut ipsi consilio
videbitur, et capita quotiescumque voluerint pro prædictis possint venire
ad istud consilium et ponere partem et partes sicut pro bono nostri
status eis conveniens videbitur.

raient chargés de la copie et de la mise en ordre des registres secrets du Sénat, et qu'en dehors de ces quatre notaires, nul autre du personnel inférieur de la Chancellerie ducale ne pourrait pénétrer dans la Secrète. Des prescriptions très-sévères et grosses de châtiments en cas de contravention sont aussi consignées dans cet arrêté, non-seulement pour les secrétaires mais encore pour les patriciens qui, n'étant ni du ministère ni du Sénat, tenteraient d'y pénétrer. Il n'est pas jusqu'à l'obscur porte-clefs de ce lieu mystérieux qui ne soit rendu responsable des contraventions d'autrui, dans le cas où spontanément il ne viendrait pas les dénoncer à la barre du Conseil [1].

L'examen des documents relatifs à la Secrète pendant le cours du seizième siècle jusqu'en 1574 ne nous

[1]   1496, DIE XXII JUNII, IN CONS. X.

Quum una ex principalibus provisionibus qui requiruntur super Cancelleria nostra illa est maxima et importantissima omnium quod videlicet non fiat ita comunis, et apertus additus sicut a pauco tempore citra videtur factus...

. . . . . VADIT PARS quod auctoritate hujus consilii statutum et provisum sit : quod de cætero aliquis notarius Cancelleriæ nostræ qui non sit ex deputatis sive ex illis qui modo possunt intrare et stare in consilio nostro rogatus, non possint illis diebus quibus ipsum Consilium vocabitur, nec venire nec stare in Cancelleria nostra secreta. . . . Cæterum ut libri et omnes aliæ scripturæ Cancelleriæ nostræ secretæ non possint ita ab omnibus secretariis licentiose videri et contractari captum etiam et provisum sit quod capta presenti parte nominari et deputari debeat ille numerus notariorum qui videbitur sufficiens et de personis electis qui soli habeant et possint intrare et stare in ipsa Cancelleria quando non erit Consilium Rogatorum. Excludantur tamen ab hoc ordine illi duo notarii nostri, unus qui tenet *Registrum secretum* et alter qui tenet *Registrum comune* jam multis annis.

a rien fait rencontrer de notable. Mais en 1574 et en 1576, l'histoire de la Secrète a ses chapitres dramatiques. Le feu prit au palais des Doges, et il s'étendit à ce sanctuaire des arcanes politiques de la République vénitienne. Le récit de ces deux épisodes a été fait officiellement, et nous en avons tiré les détails relatifs à la Chancellerie.

C'était le 11 mai 1574. Le Sérénissime Prince Alvise Mocenigo, venant de présider au banquet de famille pour fêter l'anniversaire de son élection au principat, se trouvait en la salle du Grand Conseil, où le Sénat avait alors séance. C'était le soir ; une heure et demie environ après le coucher du soleil : le Secrétaire d'office donnait lecture des dépêches, lorsque soudainement il fut interrompu par le mouvement précipité de quelques Sénateurs vers les portes de la salle. Un incendie s'était déclaré au-dessus des appartements du Doge. La fumée était épaisse, les flammes s'étendaient au long de l'édifice et présageaient les plus grands désastres. Le Sérénissime Prince, resté jusqu'alors sur le tribunal où il présidait à l'assemblée du Sénat, dut quitter le palais, soutenu par deux secrétaires de la Seigneurie, et il se réfugia en compagnie de quelques Sénateurs chez le procurateur Giovanni da Lezze, qui résidait près du Palais ducal. Malgré les plus prompts secours organisés par les gens de l'Arsenal, les flammes en peu d'instants avaient gagné la salle ordinaire du Sénat, le Collège, l'anti-Collège, et s'étaient fait jour du côté des rayons les plus élevés de la Chancellerie, où elles avaient réduit en cendres les papiers

11

d'État, des registres, et autres écritures importantes
qui s'y trouvaient rangées. Les Secrétaires, quelques citoyens, tous ceux qui avaient pu pénétrer dans le but de
secourir, avaient emporté, qui ici, qui là, qui ailleurs,
le reste des archives. La plus grande partie fut du reste
déposée dans les vastes appartements du Procurateur,
où le Doge s'était fait transporter. Les papiers des Dix
eux-mêmes furent enlevés; bref, les archives de la politique des Vénitiens, conservées et surveillées jusqu'a-
lors depuis le treizième siècle avec des précautions si
jalouses, furent, en cette soirée si fatale, dispersées et
réparties chez ledit Procurateur, à la Zecca, au palais
Trevisan et dans les chambres des Quaranties. Qu'il ne
s'en soit pas égaré davantage, qu'il n'en ait pas été
détruit ou détourné un plus grand nombre, est admirable et prouve de quel respect louable était pénétré le
peuple de Venise pour les choses de l'État. On sut ensuite que ce qui ne se retrouva plus avait été l'unique
proie du fléau, car lorsqu'on rappela les registres et les
liasses à la Chancellerie, il fut aisé de reconnaitre par
les débris que si des pièces manquaient à cet appel, il
n'en fallait attribuer la perte qu'à la fatalité du sort
et non point à la malveillance ou à la mauvaise foi
des hommes [1].

Le second incendie, non moins terrible dans ses
effets, menaça d'une ruine complète le fameux Palais

[1] Voyez *Libri Cerimoniali* aux Archives de Venise, six registres
in-folio. Reg. 1° 1464-1599. La copie du récit de l'incendie, en 1574,
se trouve aussi dans les *Costumi e Leggi* de Giov. Rossi, tome VI,
page 6. (Marciana.)

ducal, recueil illustre de tant de chefs-d'œuvre. Ce fut
en l'année 1577, le 20 décembre. Cette fois les flammes
se déclarèrent du côté de la grande salle du Scrutin,
provenant du lieu où résidaient les *Seigneurs de la nuit
au civil*. On en attribua la cause à l'imprudence des
archers du Prince. Le vent par sa violence aida au développement des flammes avec une rapidité surprenante.
La salle magnifique du Grand Conseil fut atteinte ; atteints
et détruits les ouvrages célèbres dus aux plus illustres
peintres de la brillante école vénitienne, peintures de
Gentile et Giovanni Bellini, du Titien, de Tintoret, du
Pordenone. Le tribunal des Dix fut menacé, l'activité
et le courage merveilleux des maîtres de l'arsenal en pré-
vinrent la destruction. Le lieu des séances des vingt
Sages et de la Quarantie civile fut la proie du feu. De ce
côté étaient répartis les protocoles des notaires défunts,
la totalité en fut brûlée. Dans ce grand danger, tout le
personnel de la Chancellerie s'était porté aux archives
des Dix, de la Secrète et de la Ducale, et en avait retiré
les écritures pour les déposer, qui dans la sacristie de la
basilique, qui dans les chambres inférieures, qui dans
la *Loggietta ;* mais la plus grande confusion régna dans
ce transport, et plusieurs liasses n'ont pas depuis été retrouvées. La fameuse *Caisse blanche* (*il Casson bianco*),
renfermant les procès les plus mystérieux expédiés jusqu'alors par le tribunal des Dix, et des clefs de laquelle
le Grand Chancelier était le dépositaire unique, fut portée, sans être ouverte, en lieu sûr. Andrea Frizier était
alors revêtu de cette grande dignité dans la République,
et, pareil au capitaine du navire menacé à qui son de-

11.

voir impose de n'échapper que le dernier au plus grand
péril, il ne quitta le palais ou plutôt la Chancellerie
qu'après en avoir fait enlever jusqu'au dernier registre
et aux derniers parchemins [1].

Après ces deux épreuves véritablement terribles, la
Chancellerie ducale et la Secrète furent réorganisées.
Les rapports qui ont dû être faits par le Grand Chancelier au Conseil des Dix sur les pertes qu'elles avaient
éprouvées n'ont malheureusement pas été retrouvés. Il
serait donc impossible de les apprécier avec l'exactitude
que permettrait la connaissance d'un inventaire officiellement dressé. Néanmoins les lacunes énormes consta-

---

[1] Idem. *Cerimoniali della Serenissima Signoria*, page 64. Un témoin
oculaire, le patricien Molin, s'exprime de cette façon touchante : « Et
in meno di mezz' ora ancorchè dalla fedele e valorosa gente dell' Arsenale
fossero fatte prove incredibili ed usata ogni fatica e diligenza, con tutto
ciò trapassò nella ricca sala del Gran Consiglio con la medesima violenza
e forza, aiutato da un gagliardissimo vento da levante che in quell' ora
s'avea posto a soffiare notabilmente e l'augmentava, onde miserabilis-
simo spettacolo rendeva alla nobiltà e ai buoni e veri cittadini, i quali
ansiosamente discorrendo per piazza non sapevano rimediar all' irrime-
diabile danno, vedendo così glorioso ad antico ricetto d'ornamenti della
Repubblica, testimonio per le tante e sì preziose pitture della virtù e
fervide operazioni de' nostri vecchi, sugli occhi propri ridursi in cenere,
ne a suo servitio poter adoprarsi... E perchè nel luogo ove si riduceva il
Collegio de' XII, il Collegio de XX Savi e la Quarantia nuova vi erano di
molti piani, scale di legno e il *ricettacolo dei protocolli dei nodari*, il
fuoco trovando materia da rinchiudersi si fermò per divorar affatto
ogni cosa, onde spinto del vento tante fiamme spargeva fuori che em-
piendo la piazza pareva lo spaventoso Etna o Mongibello, per il che fu
dubitato che non accendesse le fabbriche della Libreria nuova che è di
rimpetto e la Cecca onde ne seguisse conseguenza di estrema rovina. »
Voyez S. ROMANIN, *Storia documentata di Venezia*, tome VI, page 357,
et pour l'histoire de la réédification et restauration du Palais ducal,
CADORIN, *Pareri di* XV *architetti*, Venezia, 1828.

tées plus tard dans les séries de la Secrète, lorsqu'il fut
fait un catalogue officiel dont nous parlerons plus loin,
purent révéler l'étendue des désastres accomplis. Qu'é-
taient devenues, en effet, les précieuses liasses des dépêches de ces ambassadeurs que Venise avait envoyés en
tous pays pour négocier, observer, traiter et rapporter?
Qu'étaient devenues les plus anciennes, toutes celles
qui depuis le treizième siècle jusqu'en 1550 environ
avaient dû trouver place sur les rayons de la Secrète?
Rien ne pouvait égaler ce dommage, parmi tous ceux
qui résultèrent de ces deux incendies si funestes. Les
dépêches de France, d'Angleterre, de tout l'Orient, des
États d'Allemagne et d'Italie, depuis l'époque glorieuse
déjà si ancienne où la République des Vénitiens avait
entamé et mené avec tant de nations diverses des négociations importantes, jusqu'à la moitié du seizième siècle, avaient disparu dans les flammes. Trois siècles de
dépêches et de rapports d'ambassadeurs anéantis! Perte
irréparable pour la connaissance véritable de l'histoire
particulière de l'Europe et de l'Asie et pour la science
de la politique générale!

Le Conseil des Dix ne pouvait manquer de penser
à prévenir le retour de pareils malheurs en cas de
nouveaux incendies. Il avisa donc aux moyens les
plus sûrs pour préserver à l'avenir de si terribles atteintes les écritures de ses Chancelleries. En 1579, le
5 mai, il décida que les grandes armoires de la
Secrète seraient converties en un nombre nécessaire
de petites qui, mobiles et faciles à être maniées, pourraient être portées à dos d'homme à l'heure du péril.

La caisse de l'*officio al sal* fut chargée de subvenir à cette dépense [1].

L'année 1586 est mémorable pour l'histoire de la conservation des papiers de Venise, car elle est l'époque où le Conseil reconnut de quelle importance pourrait être l'œuvre d'un répertoire bien établi des documents politiques renfermés dans la *Secrète*. Considérant que les Secrétaires perdaient souvent un temps précieux à chercher telles ou telles informations réclamées pour le besoin des affaires courantes, il voulut que les Sages du Collége, chargés de veiller à la conservation des Rapports (*Relazioni*) et des Annales, s'entendissent avec le le Grand Chancelier pour présider à l'ouvrage d'un *index*

[1].   1579, 5 MAGGIO, NEL CONS. X.

Nelli due ultimi incendii del palazzo nostro si ha corso grandissimo pericolo di perdere le scritture secrete et importanti così di questo Consiglio, come del Senato, et però non si dovendo tardar di farvi qualche provisione per assicurar quanto più sia possibile :

L'ANDERA PARTE che sia commesso alli Provveditori sopra la fabbrica del palazzo, che tolta l'opinione dei periti così del loco come del modo di assicurarlo'dal fuoco, nel qual si habbiano a reponer le dette scritture, debbano referir il tutto alli capi di questo Consiglio acciocchè si possa poi deliberar quanto sarà giudicato conveniente.

Et acciochè fino che si venga all'esecutione di quanto è sopradetto per assicurar esse scritture al meglio che si possa, sia preso che per li capi di questo Consiglio senza dilazione siano fatti far di novo ovvero accomodar li armeri già fatti così nell'officio di essi capi, come nella Cancelleria ducal, quali per la loro grandezza non si possono mover in tanti armeri piccioli atti ad esser portati da una persona in spalla, come si fanno le casse, ne' quali armeri si habbiano a tener li libri, filze, lettere, et altre scritture pubbliche sotto una e più chiavi, come sarà giudicato meglio, affine che occorrendo qualche disturbo, che Dio non lo permetti, sia più facile il portar via le ditte scritture senza moverle delli suoi armeri con pericolo di perderne molte, come è occorso per il passato, e la spesa sia fatta delli denari dell'officio del sale, etc...

précis des matières et négociations traitées dans le Sénat,
de ses délibérations secrètes, des audiences données aux
ambassadeurs étrangers, et de toutes autres écritures
d'État [1]. Ainsi se perfectionnait peu à peu l'établissement si notable de la Secrète.

Un autre décret en augmenta les trésors vers la fin du
seizième siècle. L'année 1596, en effet, le 20 septembre, s'appuyant des décrets antérieurs du 30 juin 1518
et du 27 janvier 1558, le Conseil des Dix prit un arrêté
par lequel ordre formel serait donné aux héritiers de
ceux qui ayant été ambassadeurs, provéditeurs, capitaines généraux, en un mot représentants publics, et

---

[1] 1586, A DI 5 MARZO, IN CONSIGLIO X.

Occorre molte volte che nelle materie importanti et di Stato che se
deveno consigliar dalli Savii del Collegio nostro nel ritrovar le scritture
et altro che appartiene a qualche materia, si trovano molte difficoltà
rispetto alle intermissioni de' negotii et alla moltiplicità delle scritture
che vanno in consideratione, di maniera che ben spesso con tutta la
fatica et diligentia, che usano li secretarii nostri, non si può ritrovare
tutto quello che saria necessario, il che apporta alle volte danno alli
negotii et deliberationi, onde è a proposito a trover modo che con maggior
facilità si possa sempre che occorrerà veder distintamente tutto quello
che vi sarà in tal proposito, però L'anderà parte che li Savii del Collegio
nostro che hanno carico delle Relationi et Annali, col parere et consiglio
di messer lo Cancellier grande nostro debbano haver cura, che nell'
avvenire sia fatto un indice distinto per le materie et capi delli negotii
spettanti al Senato, che accennano così sommariamente delle Corti et
altre come delle Deliberationi di esso Senato nostro, Esposizioni de
ambasciatori et secretarii de' Prencipi, et d'ogni altra scrittura, disse-
gni, modelli, che toccheranno al particolar di quella tal materia con
li luoghi et tempi distintamente, acciò con questa via si possa facilitar
maggiormente le consultationi delli negotii, che occorreranno alla gior-
nata per servitio del Stato nostro, et affine che questo ordine sia con-
tinuato come conviene, siano obbligati li predetti Savii alle relationi et
annali che saranno di tempo in tempo procurate, che si sia data la
debita esecutione.

qui n'auraient pas remis à l'État, selon qu'ils auraient
dû le faire, les lettres, les relations, les mémoires et
toutes écritures politiques, d'avoir à les réunir et à les
apporter au tribunal, lequel ensuite se chargerait de les
répartir dans le lieu où il était naturel qu'ils fussent.
Des peines sévères seraient infligées à tous délinquants
à cet ordre irrévocable [1]. Or, il était constant que depuis
la dernière guerre que la République avait eu à soutenir
contre le Turc ; plus d'un, à qui la loi imposait le retour

1   1596, A DI 29 LUGLIO IN CONSILIO X.

È stato dalli sapientissimi progenitori nostri prudentemente deliberato
per questo conseglio sotto li 30 zugno 1518, e poi anco del 1558 a
27 gennaro nel predetto consiglio con la zonta, che tutti li Capitani
generali, Oratori ; Provveditori, Baili, Rettori, Secretarii et altri quocumque nomine censeantur, dovessero al giugner loro in questa città
presentar subito alli capi di questo Consiglio tutti li suoi Registri, Lettere,
et altre Scritture pubbliche di materie secrete et parimenti le Relazioni
fatte dai detti rappresentanti in scrittura senza tenerne copia alcuna,
giurando alla presentia di detti capi di non haver tenuto nè dato ad
alcuno copia nè della Relatione nè dei Registri, nè di alcun' altra delle
dette scritture et perchè per la longhezza del tempo non viene data alle
dette parti de certo tempo in qua la debita esecuzione, con molto disordine, et non poco pregiuditio delle cose nostra contra l'intentione del
predetto consiglio, però,
L'ANDERA PARTE, che sia commesso alli capi di questo consiglio che
conforme alle dette deliberationi del 1518, 30 zugno, et 1558, 27 gennaro, debbino far chiamare al loro tribunal tutti quelli delli suddetti
rappresentanti nostri, che non haveranno presentate le loro relationi,
registri, ne altre scritture pubbliche, et li heredi delli morti, commet-
tendo le che per parte di questo Consiglio, che debbino dentro de
giorni otto andar al loro tribunal a presentar tutte le relationi, registri
et scritture pubbliche, che havessero, et a giurar di non haver tenuto
alcuna cosa, conforme alle suddette deliberationi, le quali siano per
l'avvenire dalli suddetti capi mandate ad esecutione, come è mente et
voluntà resoluta del predetto consiglio. E debbano li secretarii ogni
primo giorno del mese ricordar alli antedetti capi l'esecutione della
presente parte.

d'écritures importantes à la Chancellerie secrète, les
avait gardées dans sa demeure [1]. Si cet ordre fut rigou-
reusement exécuté, il y a lieu de penser qu'il valut à la
Chancellerie un accroissement considérable de documents. Deux ans plus tard, en 1599, d'autres papiers
firent retour. C'était une partie de ceux que, pendant
l'incendie de 1577, on avait précipitamment enfermés
dans une pièce voisine du lieu dit des *plombs*. Deux conseillers furent élus pour présider au triage : les archives
des Dix reçurent la part qui leur appartenait (la plus
grande part d'ailleurs), et le reste fut porté à la Secrète [2].

Ce fut avec l'avénement du dix-septième siècle que,
de par la volonté des Dix, cette Secrète prit nouvelle
figure, en recevant pour la diriger et y présider la personne d'un patricien qualifié de *surintendant*. Cette innovation importante devait amener avec elle de grandes

---

[1]   1596, 20 SETTEMBRE IN CONSIGLIO X.

Se ben con molta prudentia si sono costituite le leggi in proposito
della presentation che deveno far delle Relationi, lettere et altre scritture, gli ambasciatori...

L'ANDERA PARTE che fatta usar dalli capi di questo conseglio la debita
diligentia di tutti li predetti rappresentanti nostri che sono morti dal
principio dell' ultima guerra turchesca in qui s'habbino a levar le scritture pubbliche da quelli appresso quali, essendo morti li principali
autori, si trovano esse scritture già passate nelle loro mani. Quelli veramente che ritornati dalli loro carichi vivono al presente siano tenuti in
termine di giorni 15 dar in nota in scrittura sottoscritta di loro propria
mano alli capi di questo conseglio tutte quelle scritture pubbliche che
essi trovano havere presso...

[2]   1599, 15 MARZO, IN CONSIGLIO X.

Per mancamento di luogo sono stati in più volte riposti nella soffitta
sotto li piombi, etc...

améliorations. Le Grand Chancelier ne perdait aucun de
ses droits de gardien suprême des écritures secrètes de
l'État vénitien par cette élection d'un patricien illustre,
fort éclairé et lettré, et la Chancellerie y gagnait d'avoir
un président spécial, uniquement occupé d'elle, capable
d'initiative pour proposer des mesures excellentes aux
magistrats à qui il appartenait de les approuver. Le
17 septembre 1601, fut élu le premier surintendant,
Andrea Morosini [1], qui, par un décret antérieur de trois
ans, avait été élu historiographe de la République. Son
premier soin, après examen fait de toutes les séries de
documents contenus dans la Chancellerie, fut de soumettre ses observations au tribunal des Dix. Il fit son
rapport en 1602 [2].

« SÉRÉNISSIME PRINCE,
» ILLUSTRISSIMES ET EXCELLENTISSIMES SEIGNEURS,

» L'année dernière, le 17 du mois de septembre, Votre
Sérénité et Vos Seigneuries Excellentissimes, conjointement
avec le suprême Conseil des Dix, ont trouvé bon de commander que, comme député pour écrire l'histoire de la République,

---

[1] Voyez *Della diplomazia italiana dal secolo* XIII *al* XVI, par ALFRED
DE REUMONT, trois documents relatifs aux Archives secrètes de la République de Venise, page 317.

1600, 21 aprile, in Consiglio dei X. L'ANDERA PARTE che sia dato il
carico e la soprintendenza del luogo della segreta al diletto nob. nostro
Andrea Morosini, deputato a scrivere l'istorie, e successori suoi, con
agumento alli ducati dugento, che se li dà al presente, di altri ducati
cento all' anno, si che in tutto siano trecento. Il qual nobile nostro
deputato abbia a procurare l'esecuzione di quanto sarà imposto alli sot-
toscritti segretari, perchè quanto prima sia remediato alli mancamenti
delle pubbliche scritture.

[2] Le texte original italien du rapport ci-dessus a été reproduit en son
entier par M. de Reumont. *Diplomazia italiana*, page 322.

je dusse aussi être promu à la charge de Surintendant de la Secrète. Considérant de quelle importance il est que ces archives, où sont conservées les écritures touchant les négociations et les affaires les plus graves de ce Sérénissime État, soient tenues dans le plus grand ordre, c'est-à-dire que tout ce qui a été négligé à l'endroit des livres en parchemin et des registres soit mis au courant, et ayant donné toute mon attention au texte même des résolutions du Conseil, j'ai apporté tous mes soins à leur exécution, selon que Votre Sérénité et Vos Excellences ont pu le remarquer. Maintenant, dans le désir où je suis, pour l'acquit de la charge qui m'est donnée et pour celui de ma conscience, de faire connaître à Votre Sérénité et à Vos Seigneuries l'état présent de la Secrète, afin que s'il leur paraissait, pour le bien du service public, devoir réduire ou accroître quelque chose de leurs délibérations, elles le pussent faire en connaissance de cause, je viens leur représenter dans cet écrit le cours de cette importante affaire.

» Je trouve, Sérénissime Prince, qu'avant l'année 1459, toutes les écritures et les livres contenant les plus importants secrets de l'État se conservaient sans réserve aucune dans la Chancellerie ducale, où chacun pouvait les lire et les examiner avec facilité. On pouvait donc ainsi connaître toutes les négociations relatives aux intérêts de cet État; on pouvait prendre copie des dépêches; rien ne s'opposait à ce qu'il en fût donné part au dehors : il y avait là grand péril à d'infinis inconvénients. Le suprême Conseil des Dix s'en émut alors, et il décida que tous les livres secrets, tant ceux des *délibérations* que ceux des *dépêches* réunis ensemble, fussent placés dans un endroit de la Chancellerie fermé sous une seule clef. Un notaire de cette Chancellerie, dépositaire de ladite clef, fut préposé à la garde des livres et chargé de tenir note au fur et à mesure, dans un registre spécial, des *lettres* et *dépêches*, des *propositions* et *délibérations* du Sénat, accompagnant chaque chose d'un sommaire. Ce notaire avait accès au Collége et au Sénat, et le Conseil des Dix lui assigna certains avantages comme récompense à son labeur. Ainsi fut-il fait pendant bien des années. Ainsi furent enregistrées dans une seule série par un Secrétaire toutes les *délibérations* et les *lettres* jusqu'en l'année 1560. Ce

fut alors que beaucoup de ces registres ayant été·remplis, on
commença des séries nouvelles ; les *affaires de Rome* furent,
entre autres, consignées sur un registre à part ; il fut aussi procédé à une rédaction ample des *audiences des Ambassadeurs
des Princes* et autres personnages, desquelles primitivement on
prenait à peine note, l'usage étant que le Sérénissime Prince
en rendît compte tout simplement au Sénat. C'est alors que le
travail de la Secrète prit une grande extension, et un Secrétaire ne suffit plus à enregistrer les matières traitées dans le
Sénat. Car si d'abord, comme je l'ai dit, un seul livre était
destiné à cet enregistrement, peu à peu il en fallut d'autres,
et aujourd'hui le secret d'État, pour être consigné, exige *cinq
recueils* différents. Dans le premier, le relevé des *affaires de
Rome ;* dans le second, celles de *Constantinople ;* dans le troisième, celles des *autres cours,* et désigné sous le nom de *Il
Comune ;* le quatrième contient les *audiences du Nonce ;* le
cinquième *celles des Ambassadeurs des autres princes.* C'est
peut-être pour cela que pendant beaucoup d'années on a négligé de transcrire les *Esposizioni,* et les choses écrites se sont
tellement multipliées de jour en jour qu'il a été nécessaire,
pour arrêter le désordre qui menaçait les archives, de prendre
de nouvelles mesures. En ces derniers temps, en 1600, le
21 avril, il fut décidé dans le Conseil des Dix d'adjoindre un
autre Secrétaire au fidèle messer Alvise Agustini, déjà vieux
dans sa charge, afin qu'ensemble ils gardassent la Secrète et
eussent à enregistrer toutes les *propositions* et les *délibérations*
du Sénat, et missent au courant les *audiences des Ambassadeurs* avec la *Rubrica* générale commencée par le susdit Agustini. Messer Zacharia Rosso fut élu ; puis, le 30 octobre suivant,
messer Valèrio Antelmi, alors résidant à Milan, mis au lieu et
place de l'Agustini, devenu trop âgé. Cette décision ayant
paru ne pas encore suffire pour l'accomplissement d'une besogne si grande, le 17 septembre de l'année dernière, le Conseil des Dix trouva bon d'imprimer plus d'activité à la rédaction des registres et *rubricaires* anciens, et il députa messer
Zuane Meraveglia à la surveillance de la Secrète. Messer
Valerio Antelmi et messer Zaccharia Rosso furent appliqués aux registres courants, et messer Alvise Saetta fut

chargé de la rédaction des *Annales* depuis l'époque où on les avait négligées jusques et y compris celles du moment pendant trois années consécutives. Pour la plus grande lucidité des faits, je dirai qu'en septembre dernier je reconnus que les *audiences* relatives aux *affaires de Rome* n'avaient pas été enregistrées aux dates suivantes : ..

» De l'année 1574, 28 août, à 1580, juillet.
» — 1586, 6 octobre, à 1593, mars.
» — 1595, 11 juin, à 1597, mars.
» — 1597, août, à 1600, mai.

» En somme, seize ans des *audiences* dites de *Rome* (*Exposizioni* ROMA) n'avaient pas été enregistrées. Puis, pour les autres Cours, manquaient près de quatorze années, c'est-à-dire :

» De l'année 1584, 15 août, à 1593, mars.
» — 1593, 4 janvier, à 1600, juillet.

» Au soin d'enregistrer les *audiences* ci-indiquées, tant celles de *Rome* que celles des *autres cours,* fut appliqué Messer Zuane Meraveglia, qui a rédigé les volumes dits *Esposizione delle Corti* depuis 1584 jusques en 1590. Et il n'y a pas à douter que, malgré son labeur continuel, il faudra encore un temps considérable pour arriver au terme, et j'estime que deux ans ne suffiront pas, en supposant même que les obstacles nombreux qui peuvent se présenter ne viennent point contrarier le cours de cet important travail. »

A l'époque où fut créée la charge dite Surintendance de la Secrète, il y a lieu de penser que cette Chancellerie était déjà installée dans un endroit du Palais séparé complétement de la Chancellerie ducale. Il ne nous a malheureusement pas été donné de retrouver aucun plan de cette installation, mais d'après certaines indications tirées de documents particuliers, nous avons lieu de

dire, que la Secrète était située au delà de la salle des
séances du Sénat. Étant donc sous le portique où aboutit l'escalier des Géants, le Secrétaire qui se rendait à la
Secrète devait se diriger par l'escalier d'Or (*scala d'Oro*)
vers l'étage où se trouvaient conjointement les salles du
Collège et du Sénat; tournant alors à droite, il traversait la salle des Quatre Portes, puis le Sénat, puis le
petit espace dit l'*Antichiesetta,* d'où il pénétrait dans la
Secrète par la belle porte Lombarde qui se voit encore
aujourd'hui à droite [1]. Les transformations locales qui
en divers temps, et surtout depuis les temps postérieurs
à la chute de la République, ont été opérées, ne permet-

---

[1] Voici en quels termes, fort confus du reste, G. Rossi décrit l'endroit du palais où se trouvait la Cancelleria secreta : « Fatta la sala
detta dei *Filosofi* o corridore (perchè sulle pareti si dipinsero appunto
dei filosofi) e continuando dirittamente, trovavasi un finestrone, da cui
è scarsamente illuminato quell' andito molto lungo. Esso ha una porta
fatta a modo di finestra contigua ad una piccola terrazza coperta : almeno
così era, giacchè tratto tratto si fecero poi dei cangiamenti. Contigua
era la terrazza ad una piuttosto stretta e cattiva scala conducente ad un
appartamento con poche stanze piuttosto alte e vaste ma disadorne. Ivi
alcuni Archivi di magistrature serbavansi in appositi grandi armadi; e
singolarmente carte vecchie, di poco o nessun uso. Trapassate alcune di
tali stanze, pervenivasi all' ultima bislunga destinata all' Archivio segreto, detto appunto *la Segreta,* dove quei preziosissimi documenti (ora
per la maggior parte nell' Archivio di Santa Maria Gloriosa de' Frari)
tanto gelosamente si custodivano. Gli scaffali ove giacevano erano affatto
semplici e aperti di larice massiccio. Al di sopra di tali stanze trova-
vansi quell' ampie soffitte che si estendevano poi a tutto il Palazzo
ducale capaci per la loro struttura di destare in chiunque la meraviglia. »
(*Memorie dei siti ne quali risiedevano le magistrature della Reppublica
di Venezia.*) ROSSI, *Leggi e Costumi,* tome XVII. Même volume, à la
page 54 : « Ivi pure (in un corridore) trovansi le scalette comunicanti
anch' esse a quelle del Doge, e superiormente alle una volta prigioni
politiche, e ad altri luoghi, ed Archivi, tra cui *alla Segreta,* alla Cancelleria superiore, e finalmente alle soffitte del Palazzo. »

tent pas de dire que telle salle plutôt que telle autre (il
y en avait beaucoup, les unes étroites, les autres longues, en cet endroit) fut véritablement la fameuse *Secreta;* aussi ne préciserons-nous pas davantage. Ce que
l'on a dit de son ameublement ne révèle aucun luxe.
Tout y était simple et sévère. Des armoires de bois de
mélèze et quelques inscriptions propres à la désignation
des séries, des tables de chêne ou de noyer, quelques
siéges pour les Secrétaires occupés à dresser les inventaires et à préparer les sommaires des documents constituaient tout le mobilier de ce lieu, dont l'abord était
rendu si difficile par des règlements rigoureux affichés
à la porte même. D'autres règlements émanés du Conseil des Dix pour la police intérieure de la salle étaient
affichés au dedans. Rien du reste n'est singulier comme
le choix abondant d'expressions relatives à la vigilance
exercée et à exercer sur le contenu de ce mystérieux endroit du Palais de la Seigneurie. Les décrets des Dix
qui y ont rapport semblent avoir été rédigés dans un
style inventé tout exprès. Pour sauvegarder de l'indiscrétion la plus ténébreuse aventure politique, on n'aurait pas d'autres précautions. Le Doge n'y pouvait
jamais entrer seul. Giovanni Rossi rapporte ceci : « Pour
gardien infime (*per materiale custode,* autant dire geôlier) de ces Archives, on choisissait un individu vulgaire. Le dernier connu fut Giovanni Polacco; il en
avait acquis, matériellement parlant, une pratique parfaite. Le gouvernement, — d'aucuns l'affirment, —
recherchait pour ce métier quelqu'un qui bien que judicieux et fidèle, fût de la plus crasse ignorance, et qui,

pour plus de sûreté dans la discrétion, ne sût ni lire ni
écrire. Nous ne croyons pas cependant que la chose
allât jusque-là, et le Polacco, bien que très-ignare,
savait pourtant lire et écrire. Quoi qu'il en soit, on
raconte qu'un jour nous ne savons quel Sénateur le
voyant écrire dans un endroit fort proche de la Secrète,
en marqua le plus grand étonnement et lui aurait dit :
« *Comment! vous savez donc écrire?* » A quoi le gardien
aurait répondu avec assez d'esprit : « *Non, Excellence,
je dessine.* » A tout prendre, cet homme vulgaire était
un fin matois... [1] » En un mot, la vigilance la plus raf-
finée fut de tout temps exercée à l'endroit de la Chancellerie secrète vénitienne, et nous verrons par divers
extraits des documents officiels dans quelles circonstances et à quelles rares personnes l'accès en pouvait
être autorisé.

Une recherche des plus intéressantes, et à laquelle
nous avons consacré la patience la plus éprouvée, a été
celle de tous les décrets émanés du Conseil des Dix dans
l'intérêt et pour la préservation de la Secrète. Nous
croyons avoir réussi à former le plus complet recueil qui
se puisse produire. C'est dans cette réunion de textes
spéciaux qu'est toute l'histoire de la *Secrète.* Là sont les
rapports des Surintendants, ici des mémoires particuliers des Grands Chanceliers, ailleurs des consultations
rédigées par les Conseillers juristes de l'État à diverses
époques : toutes écritures qui étaient, pour ainsi parler,

---

[1] Giov. Rossi, *Leggi e Costumi.* Manuscrits. Tome Ier. (Bibliothèque
de Saint-Marc.)

les pièces justificatives des décrets votés et des mesures prises par le Tribunal des Dix. Dès l'année 1601, il est aisé de faire ressortir celles de ces mesures les plus notables, en les répartissant selon l'ordre successif des Surintendances. Il faut dès lors considérer la Secrète comme une sorte de petit gouvernement dont le chef du pouvoir exécutif est le surintendant, et dont le Corps législatif est l'Assemblée des Dix.

Nous avons dit que le premier appelé à cette intéressante et grave fonction fut Andrea Morosini, historiographe de la République, c'est-à-dire chargé de continuer d'écrire l'histoire de l'État au point où l'avait laissée son prédécesseur, Paolo Paruta [1]. Nous avons dit quels furent ses premiers soins. Non moins importants furent ceux

[1] La République de Venise, depuis le seizième siècle jusqu'à la fin du dix-huitième, a eu dix-neuf historiographes officiellement élus; mais les travaux de chacun n'ont pas été tous publiés. Les seules histoires imprimées furent celles de Sabellico, Pietro Bembo, Paolo Paruta, Andrea Morosini, Giovanni Battista Nani, Michele Foscarini et Pietro Garzoni. Dans un carton des papiers des Réformateurs à l'université de Padoue, aux Archives de Venise (filza 363. A. B.), voyez les décrets suivants, relatifs aux historiographes de Venise :

1577. 13 mars. Parte per le Storie.
1599. 9 décembre. *Id.*
1601. 17 décembre. *Id.*
1650. 27 janvier. *Id.*
1692. 10 juin, concernant Michele Foscarini.
1763. 17 mars. Per morte di Marco Foscarini, eletto Nicolò Donado.
1781. 20 août. Francesco Donado, filio del Nicolò.
1784. 26 mai. Scrittura di F.co Donado.
1793. 30 avril.
   Id. 4 juin.

Un décret du Conseil des Dix, en 1645, défendit l'impression de l'histoire que Nicolò Contarini avait composée.

12

auxquels il présida ensuite de concert avec le grand
chancelier Bonifazio Antelmi, soins dont le résultat fut
la première formation d'un catalogue complet des documents conservés. Certes, la Chancellerie n'était pas arrivée à la date de 1610 sans qu'aucun inventaire plus ou
moins exact ait été fait de ses richesses, puisque nous
avons eu dans les mains un *Inventarium librorum Cancellariæ* composé en 1537; mais c'était un index matériel, fait sans méthode, et non point un bon répertoire.
En 1610, au contraire, on voit, d'après les termes dont
se sert le Grand Chancelier pour présenter le Catalogue
de la Ducale, combien il s'est appliqué au travail qu'exigeait un classement de cette nature. Nous ne reproduirons pas tout son discours, mais nous serions coupable
de ne pas traduire au moins ce passage intéressant :

« Ayant, après deux ans de considérable fatigue, mené à
perfection cette entreprise véritablement utile, il me reste à
faire l'éloge des jeunes gens de la Chancellerie, qui non-seulement se sont acquittés avec diligence de la mise en ordre
des Registres officiels des magistratures ordinaires et extraordinaires, mais encore ont achevé d'enregistrer la matière de
neuf énormes volumes contenant les ordres et les commissions
du Conseil (*Collegio*), ont résumé jour par jour les registres
du Conseil des Dix, du Grand Conseil, du Sénat et de la Seigneurie; ont revisé les livres anciens, tant du criminel que
de l'ordinaire du Conseil des Dix, et ont suppléé à diverses
lacunes qui y ont été reconnues. »

Puis, passant de cet exposé général au détail des
séries, le Grand Chancelier, en les établissant sur le
Catalogue de manière que les documents indiqués cor-

respondissent aux armoires numérotées, dit, entre autres choses, à la page 48 :

« Je fais ici observer que les *dépêches* des Ambassadeurs près les Cours étrangères, des Envoyés à Constantinople et des Secrétaires résidents, ne sont pas dans les armoires désignées ci-après, mais rassemblées dans la *Secreta*. Chaque Cour est inventoriée séparément, et les dépêches commencent aux millésimes ci-dessus transcrits :

> » Rome. . . . . 1566.
> » Allemagne. . . . . . 1566.
> » Constantinople . . . 1595.
> » France. . . . . . . 1566.
> » Espagne. . . . . . . 1566.
> » Angleterre. . . . . 1603.
> » Savoie. . . . . . . 1570.
> » Milan. . . . . 1568.
> » Naples. . . . . . . 1570.
> » Florence. . . . . . 1589.

» Et quant aux lettres et dépêches provenant desdites Cours, et datées antérieurement aux millésimes ci-inscrits, ou bien elles ont été brûlées dans les incendies du Palais ducal, ou bien elles se trouvent, selon l'ordre des temps, dans les autres armoires ci-numérotées, avec les lettres des gouverneurs des provinces et autres représentants publics[1]. »

[1] La dernière partie de cette sorte d'*avertissement au lecteur* ainsi donné par le Grand Chancelier relativement aux correspondances étrangères, et le soin qu'il prend de dater, dans son classement, les séries diplomatiques de certains États d'une époque manifestement postérieure à celle dont des dépêches avaient cependant été conservées, sont d'une particulière importance pour qui s'est familiarisé avec le maniement des papiers d'État vénitiens. Pourquoi, en effet, ce mépris apparent pour les treize ou quatorze années de dépêches de France, entre autres, qui précèdent l'année 1566? « Les dépêches antérieures à cette année (dit-il avec une indifférence fort singulière tout d'abord) ont été brûlées ou bien reléguées dans des armoires. » La vérité est — et cela est fort curieux à

· Cet Inventaire et ce Catalogue furent terminés en 1610, et le grand chancelier Bonifazio Antelmi, qui en avait dirigé l'œuvre, mourut peu de mois après l'avoir vue terminée. Il fut remplacé par Leonardo Ottoboni. Le surintendant à la Secrète, Andrea Morosini, nommé en 1601, demeura près de dix-sept ans dans sa charge. Il mourut en 1618, et fut remplacé par Nicolò Contarini, historiographe de la République.

Sous cette seconde surintendance, nous rencontrons d'abord un arrêté du 19 janvier 1621. Contarini a re-

constater — qu'il a cru devoir ne faire dater le classement régulier des correspondances diplomatiques de chaque cour que de l'époque où il a trouvé que le *déchiffrement* de la partie *chiffrée* des dépêches ne manquait pas aux feuillets. Les dépêches de France, en effet, sauvées des deux incendies de 1574 et de 1576, commencent véritablement à l'année 1554, mais il faut arriver à l'année 1566 pour trouver déchiffrée par le Secrétaire d'office la partie que l'Ambassadeur avait cru devoir chiffrer. Les déchiffrements des treize années précédentes ayant été perdus et manquant absolument, le Grand Chancelier leur reconnaissait évidemment une importance moins grande. Nous reviendrons sur ces observations dans notre chapitre sur la valeur des documents diplomatiques vénitiens pour l'histoire de France en particulier.

« 1610, a di 1º agosto. Revisione, regolatione ed indice formato da me Bonifacio Antelmi, Gran Cancelier, da tuti i libri, registri, filze, lettere et di ogni altra sorte di scritture che hora si trovano nella Cancelleria ducale, tanto nelli armari della camera che ho fatto nuovamente accomodare et in quelli della soffitta vecchi et altri che ho di nuovo fatti fabricare quanto in quella della medesima Cancellaria ancora dove con particolar et minuta revisione de tutte le cose, ho separata et distintamente fatto metter insieme con la mia cotidiana assistenza ogni materia sia o in filze o in libri secondo l'ordine de' tempi e degl' armari, essendosi smarito o bruciato ne fuochi del Palazzo e ne tempi passati tutto quello che inanti i sudetti millesimi et da quelli sino al presente ci era, non si trova. Si comincia dalle filze delle materie di Pregadi da terra, poi si viene a quelli di Pregadi da mare et alle sottoscritte della serenª Signoria le quali tre materie sono negl' armari della sudetta camera nuova. »

présenté combien il est urgent de députer deux Secrétaires aux écritures de la Secrète; il démontre que, la
quantité de documents s'augmentant chaque jour, il est
du plus grand intérêt de ne laisser en arrière aucune
série des registres ordinaires. Giovanni Gerardo et Domenico Domenici, Secrétaires du Sénat, sont chargés
des inventaires et des sommaires des *délibérations secrètes*, des *dépêches* et des *audiences*. Les autres Secrétaires, Francesco Secco, Horatio Ziliolo et Giulio Prioli,
devront néanmoins poursuivre le travail qui leur a été
assigné dans la Secrète[1].

Quatre ans après fut voté un règlement définitif
pour l'ordre à tenir dans cette Chancellerie. Ce décret, du 30 mai 1624, est un de ces documents
que dans le style administratif des Vénitiens on appelait *legge statuaria*. S'appuyant sur les décrets an-

---

[1]   1621, 19 GENNARO, IN CONS. X.

È stato al tribunal dei capi di questo consiglio dal dilettissimo nob.
nostro Nicolò Contarini deputato a scriver l'Historia e alla sopraintendenza del luogo della Secreta, rappresentato l'urgente bisogno per varii
accidenti e cause di deputar due secretarii almeno che possino con l'at-
titudine e diligenza loro perfettionare li *registri* et *rubriche* delle *Deliberationi* et *Lettere secrete* che di molto tempo restano a registrarsi et
continuarli senza intermissione anco nell' avvenire, riuscendo per la
multiplicatione massimamente che si va sempre più maggiore, più difficile nelle occorenze di valersi de' successi passati nelle frequenti consultationi de' negoci quel servitio che suole dalla prontezza delle scritture ricéversi nei varii emergenti che succedeno et che ben spesso ricer-
cano presta risolutione.

Però essendosi per questa causa havuto matura consideratione sopra
li secretarii del Senato, et inteso quanto dal magnifico Cancellier Grande
nostro è stato detto per pubblico servitio.

L'ANDERA PARTE, che siano e s'intendano deputati li circospetti e fedelissimi secretarii del Senato, etc...

térieurs du 31 octobre 1459, du 21 avril 1600, du 30 octobre et du 15 novembre 1619, le décret nouveau confirme les prescriptions imposées aux deux Secrétaires préposés à la garde des écritures qui sont apportées chaque jour dans la Secrète. Nul personnage, à moins qu'il ne soit du Sénat, n'y peut pénétrer. Aucune copie, aucun sommaire, aucune note ne pourront y être faits. Sont exceptés de cette interdiction les Conseillers dits *Consultori in jure*, qui, selon les circonstances, y ont à consulter des pièces dont la connaissance leur est nécessaire pour les informations politiques qui leur sont demandées officiellement. Mais nul, sauf les membres du Collége, c'est-à-dire les Ministres, ne peut emporter aucun registre, ni aucune liasse, ni aucun mémoire. Les jeunes notaires employés aux copies demandées d'office doivent les effectuer dans la salle qui précède le lieu de la Secrète, dont jamais ils ne pourront passer le seuil. De toute copie d'office commandée, soit d'une délibération, soit d'une dépêche, soit de toute autre écriture, il en sera fait note sur un livre spécial. En un mot, les informations à cet égard devront être si précises, que l'on pourra renseigner, dans le cas de nécessité, sur ce que tel personnage, Sénateur ou Ministre, aura demandé et lu, à quel moment il se sera présenté, à quel autre il sera sorti. Ces prescriptions seront affichées dans la Secrète, et le soin de leur rigoureuse exécution sera confié aux chefs du Conseil. Enfin, les minutes de telles ou telles délibérations ou dépêches se trouvant avoir quelquefois en marge des apostilles, ou, dans le corps même du texte, quelques phrases effacées

ou corrigées, ces minutes ne devront jamais être jointes
à la mise au net des registres, mais former des liasses
séparées. Cette précaution est considérée comme très-importante pour éviter ensuite l'inconvénient de réflexions
ou de considérations aussi inutiles qu'intempestives
de la part de ceux sous les yeux desquels tomberaient
lesdites minutes. Sur dix-sept personnes présentes au
Conseil, trois ont voté contre ces mesures, et quatorze
les ont approuvées. Ce décret fut donc adopté [1].

En 1630 fut élu Doge le patricien Nicolò Contarini,
qui remplissait alors depuis douze ans la charge de Surintendant de la Secrète. Ce personnage, en acceptant la
dignité ducale, dut renoncer à tout autre emploi dans
la République dont il devenait le chef. Girolamo Cornaro le remplaça à la Chancellerie. Son élection est en
date du 27 septembre 1630.

Pendant l'année 1633, la plus grande activité (trop

---

[1]   1624, 30 MAGGIO, IN CONSIGLIO X.

È cosi necessaria la sempre debita e diligente custodia che deve del
continuo tenersi delle pubbliche deliberationi lettere e scritture che
nella Secreta del Senato si conservano, che potendo sempre giovare per
levar massimamente gli abusi, e male introdutioni in contrario, l'efficace insistenza nelle provisioni prudentemente in diversi tempi fatte in
questo importantissimo proposito, per la effettiva loro esecutione, non
si deve differir quello che possa rimediar a disordini e oviare a successi
pregiuditiali al publico servizio. Però :

L'ANDERA PARTE che inherendo a quanto è disposto dalle parti del
1459, 31 ottobre, 1600, 21 aprile e 30 ottobre, et 15 novembre 1619,
in materia della Cancelleria Secreta del Senato, et per la loro intiera
osservazione, sia efficacemente rinovata la commissione che particolar-
mente è data alli due secretarii deputati alla custodia delle scritture
secrete in quella conservate et che giornalmente si vanno repo-
nendo,... etc. (Cons. X. *Parti Comuni*, filza 351.)

grande même, paraît-il) régnait dans la Secrète. Un rapport du secrétaire Rizzardo, adressé aux Inquisiteurs sur la demande qu'ils lui en avaient faite, au sujet d'un registre des *Commemoriali* disparu, puis remis en place, nous fournit ces renseignements. Ce Secrétaire se plaint du trop de mouvement qui s'y pratique. Vieux serviteur, il ne craint pas de dire que quarante-six ans auparavant, alors que le lieu de la Secrète était près de la Chancellerie supérieure, les choses se passaient avec plus de réserve et de mystère. Alors on consignait aux mains jalouses de l'Agostini les minutes et les écritures. Il les mettait aussitôt en place; il *ru-briquait* les pièces au fur et à mesure; il était seul et il suffisait à tout. Rizzardo convient que depuis cette époque, déjà lointaine, tout a pris croissance dans l'État : les ambassadeurs sont plus nombreux, les négociations abondent de tous côtés; il faut bien plus de paroles et d'écrits, et par conséquent plus d'employés à les rapporter. Domenico Vico enregistre les *affaires de Rome,* Querini celles des *autres Cours,* Antonio Padavin les *affaires* dites de *terre* et de *mer* traitées au Sénat, Marc Ottobon les *audiences,* et il donne suite aux *Commemoriali;* Corona met au courant les *deliberazioni* du Sénat laissées en arrière; Bianchi tient les papiers relatifs aux *finances;* on recopie les anciens *Commemoriali;* les *Docteurs* nommés pour informer sur les affaires qui ont eu cours avec Rome et le Père Fulgenzio ont tous les mains aux papiers, malgré les prescriptions qui s'y opposent; enfin, le Prieur de Saint-Georges voit et lit tout. Il y a là de grands inconvénients sur lesquels un long mémoire se pourrait faire. Lorsqu'il a été chargé par le Conseil des Dix de former un *rubricario* général, il a trouvé *il Secreto* dans une certaine confusion. Vite il a mis sous clef les pièces, les communications et relations émanées de ce Conseil, ainsi que toutes autres écritures d'une particulière importance; il n'a laissé dans les armoires ouvertes que les répertoires et inventaires; il a fait quatre *rubricarii* généraux de trois cents feuilles chacun, et il travaille à un cinquième pour mettre au courant les trente dernières années. Il en est à l'année 1632, dont on transcrit en ce moment les *délibérations*. Une fois finies, il transcrira sous bonne forme et bel aspect l'inventaire général qu'il a préparé en cahiers. Il voudrait faire le *rubricario* général des *affaires de Rome*, cette matière ayant été séparée de toutes les autres. Ce travail serait urgent, car lorsqu'on n'a point sous les yeux les affaires classées par date, comment les retrouver et les reconnaître sans une peine extrême? Pour conclure, son opinion est qu'il y a trop d'employés aux alentours de la Secrète. On ne peut avoir l'œil que sur peu. Il voudrait revenir aux anciens usages. Il termine en avouant à Leurs Excellences que s'il en avait trop dit, que s'il était allé trop loin, elles le veuillent excuser, et qu'elles soient certaines que son zèle seul pour le service de la Sérénissime République lui a dicté ces choses, zèle avec lequel il continuera de n'avoir en vue que le bien de l'État pendant le peu de jours que lui laisseront encore et son âge avancé et ses infirmités[1].

---

[1]. ILLUSTRISSIMI ET ECCELLENTISSIMI SIGNORI INQUISITORI,

Obédisco con la mia debita e solita humilissima riverenza al comando

Quelles rigueurs plus grandes pouvait cependant exercer, quelles mesures plus jalouses pouvait prendre le Conseil des Dix après les règlements prescrits dans la loi de 1624? Divers ambassadeurs, nous le savons, et Contarini entre autres, alors à Rome, s'étaient plaints que telle de leurs dépêches avait été révélée à des cabinets étrangers; mais les lois les plus sévères sont inhabiles à prévenir tous abus. Les transgresseurs ont été et seront dans tous les temps. Le tribunal des Dix, le tribunal des Trois, ne pouvaient donc faire plus que ce qu'ils avaient fait, c'est-à-dire formuler des décrets qui par les répressions annoncées étaient propres à prévenir le plus d'abus possible. Les tentatives corruptrices abondaient : ils étaient incapables de les empêcher toutes de réussir.

Paul Morosini, frère d'André, premier Surintendant, succéda à Girolamo Cornaro, mort en 1635 [1]. Il remplit

delle Signorie Vᵉ Illustrᵐᵒ et Excellentᵐᵉ di mettere in scrittura quello che per la servitù ch' io presto nella Secreta, rappresentai alli Eccellᵐⁱ Sigᴿⁱ Capi dell' Eccelso Consiglio in proposito di qualche disordine ultimamente seguito, et aggiongerò quel di più che per informatione in tal proposito et per riflesso da farne quelle provisioni che fussero conferenti al pubblico servizio secondo la loro somma prudenza et intelligenza, etc. (Tergo : 1633, a di 18 gennaro. *Scrittura* del circospetto segᴿⁱᵒ dell' Eccᵐᵒ Senato Zuanne Rizzardo deputato alla Segreta, *intorno a disordini che seguono nella medesima, presentata da lui alli* Eccᵐⁱ *signori Inquisitori di Stato.* Venise. (Papiers des Inquisiteurs.)

[1] Voyez dans les *Secrete* du Conseil des Dix la lettre de ce patricien. « Serenissᵐᵒ Principe, Illustriss. et Eccellent. Signori. Essendomi io Paolo Moresini, sempre tenuto molto lontano da ogni pretensione et in particolare nel ingerirmi ne' carichi mentre non mi siano stati commessi, con grande amaritudine convenirsi sentire che potesse alcun stimare che io avessi senza fondamento a ragione voluto usurpare il carico della soprintendenza della Secreta, perciò stimo che mi convenga narrar come sia in quanto alla persona mia passato questo negozio, » etc.

sa charge avec une conscience rare, et prit une initiative des plus louables pour que le Conseil des Dix con-
sacrât ses plus grands soins à la bonne administration
de la Chancellerie qui lui fut confiée. Peu ambitieux,
mais jaloux de bien faire, il avait d'abord voulu renoncer
à l'exercice de cette charge, effrayé qu'il était de l'étendue
et de l'importance des travaux qu'il aurait à commander, pour réparer de grandes négligences reconnues dans
la mise au courant de plusieurs séries. Il constatait avec
amertume que les *registres de Rome* étaient loin d'être
au complet; que les *annales*, qui, dit-il, sont *l'âme de la
Chancellerie secrète*, n'avaient plus de rédacteurs depuis
un certain temps; que les *registres de Constantinople*
avaient été délaissés; enfin que si on ne lui donnait pas
plus de mains pour suffire, suppléer et réparer, il préférait ne point accepter une charge qu'il estimait pour lui
trop pesante. Le Conseil des Dix promit réparation,
passa outre aux réflexions du Surintendant, et Morosini
demeura en charge[1]. Il est, en effet, certain que malgré
tant et tant de rapports si pressants, tant et tant de
décrets salutaires, le service des Chancelleries, pour
ce qui était du courant dans toutes les séries des registres, avait été fort irrégulier. Le Grand Chancelier
Giovanni Battista Padavin, dans un mémoire daté du
5 décembre 1635, n'hésite pas à dire que lorsqu'il avait
reçu de la munificence publique l'honneur et la grâce
d'être promu à la dignité qu'il occupe, il n'avait pas été
peu effrayé de constater que, tant dans la Ducale que la
Secrète, il y avait plus de trois à quatre mille pages à

[1] 1635, 18 luglio in Cons. X.

mettre au net pour arriver au service courant [1]. Il confesse qu'il y a à cet énorme retard des motifs plausibles,
la durée d'une peste meurtrière, la multiplicité surprenante des écritures, le poste vacant de douze notaires
et l'âge extrémement avancé du Grand Chancelier son
prédécesseur. Jadis, deux Secrétaires suffisaient à la
Secrète; depuis, le Conseil en a adjoint quatre, et ces
six sont encore insuffisants. Un tel état de choses né-
cessitait un prompt examen et les plus urgentes précautions. Le Surintendant Paul Morosini, au mois de février 1636, supplia les Dix de lui adjoindre un Sénateur
éclairé, bien versé dans le maniement des écritures
d'État, afin de rédiger en commun un mémoire dans
lequel seraient présentées à la discussion du Conseil les
mesures qu'ils croiraient convenables [2]. Il s'agissait d'un

---

[1] Les observations du Grand Chancelier concernent, il faut le dire,
plus la Chancellerie ducale que la Secrète. Il dit cependant formellement, en se plaignant qu'il n'y a point assez de secrétaires attachés au
service spécial des Chancelleries : « Pelli Registri della Cancelleria secreta oltre due secretarii del Senato sono stati per deliberation di
questo consiglio deputati quattro come ho predetto con assegnamento
fra tutti di più di 30 ducati il mese della cassa pubblica. Ne possono
quelli supplire a tutto, essendosi convenuto tralasciar di molto tempo il
Registro delle *Esposizioni degli Ambasciatori* et altri insieme con le
Commissioni del Senato a pubblici rappresentanti. »

[2] 　　　　1635, 20 février, in cons. x.

Necessario niente meno si rende a qualunque ben regolato governo
l'ordinata custodia delle scritture segrete, che quella degli arazzi stessi.
Lo ha in tutti i tempi riconosciuto la prudenza di questo consiglio. Lo
conferma ben chiaro la scrittura diffusa dei consultori hora letta...

L'ANDERA PARTE che a ben giusto sollievo del detto dilettissimo
N. H. Polo Moresini che n' ha nella consultatione tenutane con lui dalli
capi mostrato particolare desiderio, sia di presente eletto un honorevole
nob. nostro che ponga voto nel Senato, il quale habbi a cooperar et

nouveau mode de sommaire et de nouveaux règlements.
Le Conseil des Dix, en rendant souveraine justice au
Surintendant, accéda à sa requête, nomma aussitôt le
Sénateur Giacomo Marcello, et décida qu'un rapport et
un mémoire leur seraient aussitôt commandés, pour être
comparés à celui qu'avaient présenté au mois d'août
précédent les *Consultores in jure* Scipion Feramosca et
Ludovico Raitelli. A lire en effet ce dernier, on comprend que le Conseil n'ait pas été peu embarrassé pour
décider avec clarté, justesse et prévoyance. Jamais propositions ne furent plus confuses. Le morceau est éloquent, mais la conclusion impraticable. Quant au mémoire fait en commun par le Surintendant et par le
sénateur Marcello, nous avons eu le regret, malgré nos
recherches patientes, de n'en pas faire la rencontre. Le
lecteur curieux des documents de cette nature trouvera
à l'appendice de ce volume le mémoire singulier des
Consultores in jure sur cette matière intéressante, à savoir

unitamente con esso Moresini assister alle regolationi et ordini che
dovevan decretarsi soprà essa secreta. E perchè a fine di ben incami-
nare esse regole, conviene che oltre al rappresentato dei consultori,
s'habbi il parere di essi due nobili nostri, quali come senatori di lunga
mano versati nel governo possino somministrar li proprii raccordi, sia
ad essi commesso di dover rifferir nel termine di giorni otto in iscritto
il loro senso sopra la più agevole e spedita maniera di distinguer le materie e di formarvi le rubriche, portando lo stato in che sono di presente
così li Registri come le stesse rubriche particolari et universali della
Secreta : acciò sopra le cose ben incaminate da nostri maggiori, sopra
li sensi prudenti di detti nob. nostri, col riguardo necessario alli modi
habili per porli in alto, possa deliberarsi quello che richiederà in materia si grave degna di particolare maturatione il pubblico rilevante
servitio; et su della presente data notitia ai savii del Collegio per lor
informatione.

    (*Illicò fu eletto Giacomo Marcello fù de ser Andrea.*)

quel est le meilleur ordre à suivre, selon eux, pour mener à bien l'œuvre d'un répertoire général des archives secrètes d'un État [1].

A la mort du Surintendant Paolo Morosini (20 décembre 1637), fut élu le même Sénateur Giacomo Marcello, qui lui avait été adjoint l'année précédente. Il mourut le 26 décembre 1650, et fut remplacé par Battista Nani le 17 mars 1651.

Battista Nani occupa la surintendance pendant près de vingt-sept ans, et ce fut de son temps que fut écrit le magnifique catalogue de la Chancellerie que possède encore la ville de Venise et qui est déposé en ses archives. Mais avant de signaler cet ouvrage et d'en reproduire les parties principales, nous parlerons d'un fait singulier qui touche de bien près aux choses de la Secrète.

C'était en 1660. Le Surintendant ne présidait pas alors à sa charge. Il avait, en effet, accepté d'aller en France Ambassadeur extraordinaire pour la République auprès du Roi Très-Chrétien. Le 27 septembre, les Inquisiteurs d'État reçurent, entre autres papiers à l'adresse de leur tribunal, une longue lettre qui, sous le voile mystérieux de l'anonyme, les avertissait du danger que pouvait courir le précieux dépôt de la Secrète, dans le cas où le crime serait tenté d'en surprendre les trésors. Les termes de cet avis si longuement

---

[1] Archives des Dix, filze, 27 août 1635. « Serenissimo Principe, Ha comandata la Serenità Vostra che per pubblico servitio dobbiamo investigare qualche modo col qual si potesse formare un Indice o Repertorio dei Libri e scritture,... » etc. Voyez l'*Appendice*.

motivé sont curieux. Il est aisé de reconnaître que celui
qui les a écrits avait l'habitude du palais de la Seigneurie. Il serait trop long de reproduire en entier cette information, mais en voici les traits principaux :

» Illustrissimes et Excellentissimes Seigneurs
   Inquisiteurs d'État,

» C'est le propre d'un esprit très-fidèle d'avertir son Prince
d'un danger qu'on a découvert, pour en prévenir les malheurs
possibles. Moi, dont je tais le nom pour le moment, ayant
pendant long temps pratiqué le Palais de l'État, et ayant présents à la mémoire les moindres endroits de ce Palais, je con-
nais des inconvénients et des dangers si grands pour la chose
publique, que je me tiens pour obligé à ne les pas taire, puisqu'ils regardent les plus importantes affaires que ce Sérénissime Gouvernement ait à cœur de préserver de toute curiosité.
Comme témoignage donc de mon dévouement, je viens aux
pieds de Vos Excellences leur donner part des périls et des
abus suivants.

» Je dirai d'abord que le lieu où se réunit l'Excellentissime
Collége comme étant celui qui renferme la quintessence des
secrets les plus jaloux, semble être pourvu des plus grandes
sûretés. Une grande porte située au haut de l'escalier des
Ragionati et d'autres portes doubles empêchent d'y pénétrer.
Confiante en ces clôtures, la Majesté publique se croit assurée
de l'inviolabilité de ses secrets et retient qu'aucune main
puisse tenter de se frayer une voie dans le lieu même du
Conseil, son sanctuaire vénéré.

» Mais, considérant autrement l'état des choses, l'esprit
s'épouvante et le cœur frémit en pensant que, malgré ces vigi-
lances, les dangers ne sont pas moins imminents, et que tant
de lettres d'État, les chiffres eux-mêmes et les plus délicates
matières peuvent être surpris.

» Que chacune de Vos Excellences veuille bien considérer
ce que les faits mêmes démontrent :

» 1° Dans la petite chapelle de l'Excellentissime Collége se

trouve l'escalier qui correspond en-dessous aux appartements de Sa Sérénité, escalier laissé libre, fréquenté et
continuellement ouvert. Les Sages du Conseil et d'autres
personnes y passent le plus souvent.

» 2° Dans la salle de l'ancien Sénat, au milieu, sur la gauche,
se trouve la porte qui correspond avec l'Excellentissime
Collége, et toute sa sûreté réside dans le simple *saggiador*
(verrou?) qui ouvre et ferme.

»'3° La petite chapelle du Collége est divisée en deux parts.
Dans la première se tient Sa Sérénité pour entendre la
messe, dans la seconde les écuyers; et là se trouve la porte
qui conduit à la Secrète; puis on en voit une autre fort
petite dans un coin qui conduit par un très-étroit escalier
à des cabinets.

» 4° Dans la salle susdite de l'ancien Sénat est un balcon avec
de grandes fenêtres, et sous le tribunal même où se tiennent Sa Sérénité et les Sages, existe un très-grand vide
avec une ouverture.

» Cela étant, j'ai fait la réflexion et j'ai considéré que des
personnes mal intentionnées, persuadées et convaincues par
quelque Ministre ou Ambassadeur de Princes, pourraient, au
moyen de cet escalier ainsi laissé libre, se poster à la faveur
de l'obscurité si promptement venue en hiver, se cacher ou
sur le balcon ou sous le tribunal, et y surprendre les délibérations secrètes du Sénat pendant les séances.

» Puis, aux heures plus avancées de la nuit, une fois les
portes fermées, l'huissier en chef parti, la personne envoyée,
sûre de n'être pas vue, pourrait ouvrir les tiroirs des secrétaires et emporter ce qu'il y aurait de plus précieux en matière d'écritures d'État, puisqu'il n'y a pas d'autre obstacle
pour entrer dans le Collége que la simple ferrure de la porte
donnant accès au Sénat.

» Dans ce même endroit, n'y a-t-il pas l'*armoire des écritures*
des Sages du Conseil? Ne serait-il pas facile aussi d'y porter
une main coupable?

» Mais là encore, Seigneurs Excellentissimes, ne s'arrêterait
pas cet excès; car les Princes, qui sont toujours avides de pé-

nétrer et surprendre les secrets des autres Princes, profitant
de cette opportunité, pourraient faire attenter aussi à la
Secrète, s'emparer des chiffres et prendre les empreintes des
clefs. L'antichambre de la Secrète reste habituellement ouverte ; le coupable pourrait donc aisément s'introduire et
prendre le trésor des papiers d'État qui y sont rassemblés, ce
trésor pour la conservation duquel l'autorité de la Seigneurie
dépenserait un monde — peut-on dire — pour que le contenu
n'en fût ni touché ni révélé, tandis que d'autre part il ne
serait argent qu'on ne dépenserait, stratagèmes dont on n'use-
rait, pour y atteindre. La prudence et l'expérience de Vos
Seigneuries n'ignorent pas jusqu'où peuvent aller les artifices
et les moyens employés par les Princes en de telles affaires, et
combien d'or ils dépensent pour réussir [1]. »

La lettre de ce ténébreux donneur d'avis ne finit pas
là. Après avoir exposé le péril, l'auteur propose les
moyens préservatifs. Nous ne le suivrons pas dans son
énumération. Il conclut en demandant pour unique
récompense aux Inquisiteurs, dans le cas où ils pren-
draient en considération ses observations, la remise
d'une peine qu'il a été condamné à subir, et sur laquelle,
ainsi que sur sa personne, le Conseil des Dix informera
leurs Excellences. Le document fut en effet soumis au

[1] CONSEIL DES DIX. Archives. P. S. *filze*, 1660, 27 septembre. Trois
documents. « Ill^{mi} et Ecc^{mi} SS^{ri} Inquisitori di Stato. È proprio d'un
animo fedelissimo avvertire il suo Principe qualunque scoperto pericolo
primo che ne sortiscano i mali, et havendo io persona che per ora non
esprime il suo nome pel longo corso d'anni esercitato il pubb° Palazzo
e restandomi impresse le memorie di qualunque sito del medesimo,
sento hora soggerirmi dal fatto stesso inconveniente et pericolo così
grave verso il pubb° interesse, che m'obbliga non tacerlo, mentre è
toccante le più gelose e alte materie, che habbia in cuore questo
Seren^{mo} Governo, » etc.

13

Conseil, qui jugea bon d'en faire cas. Le jour même, les chefs (*i tre capi*) délibérèrent, et ils arrêtèrent que la personne à laquelle on était redevable de ces avis serait libérée de toute condamnation, et que les Inquisiteurs seraient chargés de prescrire les mesures convenables pour obvier aux dangers indiqués afin de sauvegarder de toute atteinte coupable la salle du Collége et la *Secrète* [1].

Il est à croire que Battista Nani, revenu de son ambassade extraordinaire en France, dut s'occuper activement des devoirs auxquels l'obligeait la charge de surintendant de la Secrète qu'il avait acceptée. Ce qui est certain, c'est que ce fut *sous son règne*, en l'an 1669, que fût enfin terminé le magnifique Catalogue du Trésor des écritures secrètes de la République. Les Archives actuelles le possèdent encore en son intégrité. C'est un beau et riche volume de deux cent cinquante-cinq pages sur parchemin, relié en maroquin rouge du Levant, et orné sur les plats de magnifiques enjolivements. L'effigie du lion de Saint-Marc y est marquée au milieu, ressortant comme d'un vaste cercle d'or. Le premier feuil-

---

[1]   1660, 27 SETTEMBRE. C. X.

« Che stante quello d'essentialissimo pubblico interesse che gravemente può incorrere nel pericolo evidente rappresentato nelle scritture lette de persona segreta, e stare imminente alle scritture pubbliche esistenti nel Collegio e a quelle dell' istessa Secreta : conosciuti con l'occhio proprio dá Inquisitori nostri di Stato haver bisogno di provvedere e rimedio equivalente, trattandosi di materia tanto gelosa, e che rileva alle cose più essenziali del Governo, etc... E sia rimesso agli Inquisitori nostri di Stato di dar quell' ordine che stimeranno proprio e sufficiente a riparo delli pericoli manifestati così nella parte di Collegio, segreta ed altri luoghi dove vi è il bisogno evidente... »

let porte ce titre en superbes majuscules diversement peintes et ingénieusement combinées :

INDICE

DELLA SEGRETA

FATTO IN TEMPO DEL

. SERENISSIMO PRINCIPE

DOMINICO CONTARINI

E DELLI

ILLUSTRISS^{MI} ET ECCELL^{MI} SIG^{RI}

BATTISTA NANI K^R ET P^R

SOPRAINTENDENTE ALLA MED^A

E

DOMINICO BALLARIN

CANCELLIER GRANDE

DAL

CIRCOSPETTO SEGRETARIO

ANTONIO DI NEGRI Q^M ALBERTO

L'ANNO

MDCLXVIIII

SCRITTO DAL FED. ZUANNE GASPARINI

SCRITTOR DELLE COSE ANTICHE

▲

Ce qui, traduit, signifie : « *Index de la* SECRÈTE *fait au temps du Sérénissime Prince Dominique* CONTARINI *et des Très-Illustres et Excellentissimes Seigneurs Battista* NANI, *Surintendant à ladite Secrète, et Dominique* BALLA-RIN, *Grand Chancelier, par le secrétaire Antoine de* NEGRI, *fils d'Albert, l'an* 1669, *et écrit par le fidèle Jean* GASPA-RINI, *écrivain pour les choses anciennes.* » Ce beau et utile répertoire est l'unique document officiel qui, désignant le numéro de chacune des armoires de la Chancellerie et mentionnant le contenu avec la date des registres, a permis aux ordonnateurs modernes des Archives de Venise de reconnaître quelles étaient les matières à classer, selon les errements antiques, dans les huit salles destinées aujourd'hui à représenter l'ancienne *Secreta*. Il peut paraître intéressant de savoir dans quel ordre étaient rangés et conservés ces utiles documents. Rapporteur sur l'état ancien de cette Chancellerie, nous manquerions à notre but si, à cet endroit même de notre travail, nous ne profitions d'une aussi ample information et d'un guide aussi sûr pour exposer aux regards du lecteur les richesses qu'elle renfermait, et qui d'ailleurs ont pour la plupart été conservées. En suivant l'ordre indiqué par cet Index de 1669, il se trouve que soixante et quinze armoires composaient LA SECRÈTE.

ARMOIRES Nᵒˢ I, II, III.

AFFAIRES dites anciennes (*Processi antichi*).

ARMOIRE Nᵒ IV (PREMIER RAYON).

Les Registres des TRAITÉS (*Libri de' Patti*), contenant les Priviléges, les Acquisitions, les Conventions, les Concessions diverses, placés sans ordre de temps. Sept registres, de 883 à 1496. Plus, le registre dit Traités avec Ferrare (*Pacta Ferrariæ*), 1059 à 1259 : Traités, Syndicats et Concessions diverses sous le Sérénissime Renier Zen, 1259; Traités avec Trieste et Paix conclues avec les ducs d'Autriche Albert et Léopold en 1370; Traités avec Padoue, 1370; avec Gênes, 1381. Registre relié rouge, contenant l'index de ces neuf volumes des *Patti*.
Traités avec Crémone et autres lieux, contenant les Priviléges,

les Statuts conclus avec Crémone et Pays Lombards acquis au temps du Sérénissime Agostino Barbarigo, 1498 à 1501.

Priviléges pour Rimini, Faenza et pays des Romagnes, 1503 à 1508.

Registre dit ALBUS, ou Priviléges et Traités pour les provinces de Romanie, Soria, Arménie, royaume de Chypre; commence avec les Priviléges des Empereurs de Constantinople et finit avec l'acquisition de Capo d'Istria en 1348.

Registres dits DELLE PANDETTE, n° 3, de 1551 à 1565.

(SECOND RAYON.)

Copies de registres PATTI et Inventaire des écritures importantes renfermées dans six armoires qui sont dans les combles au-dessus de la Chancellerie. Livre long relié en parchemin.

ARMOIRE N° V.

Décrets du SÉNAT. Série dite MISTI, de soixante registres, ne commençant qu'au n° 15, en 1332, jusqu'en 1440.

Quatre registres dits Index des *Misti*.

1° Du n° 1 au n° 14 : 1293 à 1331, et va jusqu'au n° 32, en 1368.

2° Du n° 33 au n° 41 : 1368 à 1389.

3° Du n° 41 au n° 49 : 1389 à 1413.

4° Du n° 50 au n° 60 : 1413 à 1437.

ARMOIRE N° VI.

COMMEMORIALI, contenant des choses notables arrivées non-seulement en la République, mais aussi chez les Princes étrangers; Capitulaires et Priviléges sans ordre de temps. Vingt-neuf registres : le premier de 1295 à 1298, le vingt-neuvième de 1664 à..... Les huit premiers, de 1295 à 1376, sont des copies authentiques commandées à des Secrétaires, au dix-septième siècle.

ARMOIRE N° VII.

Registres des Délibérations du Sénat, Série secrète (*Parti secrete*). Ce sont les copies officielles des lettres et dépêches adressées aux Ambassadeurs, aux Capitaines généraux et autres Représentants publics.

Du n° 1 au n° 27 : 1401, 10 avril, à 1476, 27 février.

ARMOIRE N° VIII.

Idem. Suite. Du n° 28 au n° 65 : 1477 à 1547.

ARMOIRE N° IX.

Idem. Suite. Du n° 66 au n° 117 : 1548 à 1620.

ARMOIRE N° X.

Idem. Suite. Du n° 118 au n° 135 : 1621 à 1630, 31 août.

ARMOIRES N°° XI ET XII.

Idem. Suite, sous le nom distinct de Corti et de Rettori. Les registres dits *Corti* ne concernent que les délibérations du Sénat relatives à la politique avec les Cours et Puissances étrangères.

Du n° 136 au n° 221 : 1630, 6 septembre, à 1668.

ARMOIRE N° XIII.

Graces (*Gratie*). Vingt-huit volumes : de 1329, juin, à 1529, février.

ARMOIRE N° XIV (premier rayon).

Privilèges : 1374, novembre, à 1560, juin.

Registre des Promissioni Ducali avec d'autres mémoires : 1229 à 1482.

Syndicats : 1329, juin, à 1507, août.

(SECOND RAYON.)

GRAND CONSEIL (*Maggior Consiglio*). Registres contenant les *Instituti* et *Leggi*, les bases fondamentales et les lois de la République.

Tractus, 1240, juin, à 1282, juin.

Socius (Extraits du *Tractus*, 1275, juillet, à 1278, septembre).

Commune primum, 1275, décembre, à juillet 1282.

Commune secundum (Extraits du premier), 1251, septembre, à 1278, septembre.

Luna.

Zaneta.

Pilosus.

Magnus.

Capricornus.

Presbyter.

Clericus.

Civicus.

Fronensis.

Spiritus.

Novella, 1350 à 1384, août.

Saturnus (Mêmes matières que celles du *Novella*), avril 1349 à 1378, janvier.

ARMOIRE No XV.

Registres des COMMISSIONS.

1º 1408 à 1413.

2º Autres de divers temps anciens.

3º *Idem.*

4º Du Collége, 1482 à 1491.

5º *Idem*, 1500 à 1513. Les époques suivantes manquent jusqu'en 1626.

7º *Idem*, 1626 à 1633.

ARMOIRE N° XVI.

8° *Idem,* 1634 à 1639.

  1639 à 1662, manque.

9° *Idem,* 1662 à 1667.

ARMOIRE N° XVII.

Délibérations anciennes du Sénat, 1359 à 1397.

Secrets du Collége, 1382 à 1385.

Livre intitulé *Petrus Gradenico.* Lettres Ducales, 1308, septembre, à juillet 1310.

Délibérations du Conseil des Quarante.

Délibérations anciennes.

Rubricaire général des délibérations publiques, 1268 à 1288.

Capitulaire de l'Office du Levant.

Ordres et prescriptions pour les Marchandises et la Navigation.

Capitulaire des Conseillers de Venise.

ARMOIRES N° XVIII, XIX, XX ET XXI.

Liasses des Documents des Finances dits *Zecca.* Deux cent dix paquets, 1583 à 1669.

Registres *idem.* Quinze.

Liasses des Documents de la Banque (*Banco del Giro*), 1619, 16 mai, à 1652, octobre. Registre *idem*, 1619 à 1628.

Affaires financières, Emprunts et Crédits pour Noblesse. Seize volumes, 1653 à 1667.

ARMOIRE N° XXII A XXVI.

Liasses des Délibérations du Sénat. Trois cent trente-deux paquets, 1510 à 1677.

ARMOIRE N° XXVII.

Liasses du Collége ou Conseil. Cinquante-sept paquets, 1487 à 1666.

ARMOIRE N° XXVIII.

Lettres des PROVÉDITEURS GÉNÉRAUX et autres Représentants envoyés en terre ferme, 1578 à 1656.

ARMOIRE N°ˢ XXIX ET XXX.

Lettres des Provéditeurs AU DÈLA DU *Mincio*. Quinze volumes, 1606 à 1629, et diverses matières.

ARMOIRE N° XXXI.

AVIS ET NOUVELLES (*Avvisi*). 1555-1571.

Du Consul de Gênes, 1597-1598.
De Scutari, 1617, mars, à 1620, novembre.
De Naples, 1619, juillet, à 1620, février.
D'Allemagne et Flandres, 1619, juillet, à 1621.
De Milan et autres lieux, 1620.
De Pologne, 1620-1622.
De Palerme, 1614-1615.
De Bruxelles.

Lettres de Velutelli écrites du Sérail de Bosnie, 1616-1618.
Lettres de Benedetto Ferro, 1621-1622.
Sommaires des Avis et Nouvelles.

ARMOIRE N° XXXII.

Lettres des PROVÉDITEURS GÉNÉRAUX et INQUISITEURS AUX TROIS ILES DU LEVANT, 1606-1668.

ARMOIRES N°ˢ XXXIII A XXXVI.

Registres des CÉRÉMONIES. Quatre volumes, 1577-1667.
Registres dits EXPOSÉS DES AMBASSADEURS ET DES PRINCES. Soixante-seize volumes, de 1541 à 1668, février.

ARMOIRE N° XXXVII.

LETTRES ET DÉPÊCHES ANCIENNES envoyées en double.

De France, 1541 (M. Dandolo).
De Federico Badoer, 1567.
De Donado da Baezza.
De Portugal, 1571 (Tiepolo).
Beaucoup du Levant. Quarante-sept volumes.
Des Provéditeurs généraux sur mer, 1592-1622.
Charges extraordinaires maritimes, 1616-1638.
Des Provéditeurs à Candie, 1570-1668. Quatre-vingt-cinq
    volumes.

Idem à la Canée, 1640-1646. Quatre volumes.
Inquisiteurs au Levant, 1612-1663. Huit volumes.
Provéditeurs généraux sur mer, 1640-1684. Quinze volumes.
Commissaires pour les vivres et informations militaires à
    Candie.
Provéditeurs extraordinaires à l'armée, 1638-1657.
Capitaines généraux, 1646-1669. Trente et un volumes.

ARMOIRE N° XXXVIII.

Lettres et dépêches des PROVÉDITEURS EN DALMATIE ET EN
ALBANIE, 1589-1668. Quatre-vingt-douze volumes.

ARMOIRE N° XXXIX.

Lettres et dépêches des AMBASSADEURS et SECRÉTAIRES datées de
CONSTANTINOPLE.

1527, octobre, lettres de P. Zen.
1540, octobre, de Ser Alvise Badoer.
1541, décembre, de Geronimo Zane.
1552, octobre, de Domenico Trevisan.

Dépêches successives jusqu'en 1667, octobre. Cent cinquante-
    deux volumes.

ARMOIRE N° XLI.

Lettres des *Baili*, 1614-1619. Cinq volumes.
Lettres et Écritures turques. Neuf cartons.
Écritures diverses avec Inventaire, 1530-1618.
Idem sans date.
Idem sans traduction.
Papiers trouvés et inventoriés chez Iseppo Matthiazzo de Sebenico.

ARMOIRE N° XLII.

Registres des DÉLIBÉRATIONS DU SÉNAT relatives à CONSTANTINOPLE, 1556-1667. Trente et un volumes, avec liasses des minutes, vingt-trois paquets.

ARMOIRE N° XLIII.

Lettres des PRINCES ET SEIGNEURS QUALIFIÉS (*Dominorum*).
Papes, 1464-1628.
Cardinaux, 1560-1640.
Empereurs et Maison d'Autriche, 1536-1623.
Princes de l'Empire, 1515-1613.
Archiducs et Princes d'Autriche, 1563-1623.
Terres libres d'Allemagne, 1516-1622.
Roi de France, 1515-1623.
Princes de France, 1516-1623.
Roi d'Espagne, 1570-1622.
Roi d'Angleterre, 1612-1622.
Roi de Pologne.
Roi de Bohême, 1619-1622.
Suède, 1576-1621.
Moscovie, 1580.
Principautés : Transylvanie, 1567-1593; Moldavie, 1570; Valachie, 1580.
Japon, 1587.
Hongrie, 1568-1621.
Ducs de Savoie, 1568-1623.

Toscane et Maison de Médicis, 1567-1623.

Ferrare et Modène, 1510-1623.

Mantoue et Maison de Gonzague, 1571-1623.

Parme, 1570-1623.

Urbin, 1515-1623.

Gênes, 1580-1599.

Raguse, 1569-1615.

Lucques, 1571-1604.

Mirandole, 1590-1623.

Corrége, 1573-1587.

États et Pays-Bas, 1571-1623.

Naples, 1565-1623.

Sicile, 1516-1595.

Malte, 1515-1622.

Milan, 1515-1622.

Suisses et Grisons, 1581-1626.

Lettres de Don Juan d'Autriche et autres chefs de guerre à la bataille de Lépante, 1571.

Lettres des chefs de guerre Triulzi, Palavicini et Dalmonte.

Lettres des chefs de guerre, de 1516 à 1623.

Diverses, 1605-1611.

Chefs de guerre suisses, 1611.

Ducs et Républiques, 1635-1640.

Princes, 1612-1645.

ARMOIRE N° XLIV.

AFFAIRES ECCLÉSIASTIQUES. Consultations, Mémoires, Écritures diverses de Fra Paolo Sarpi. Cérémonial de Saint-Marc.

ARMOIRE N° XLV.

ROME. Exposés des Nonces (*Esposizioni de' Nuntii del Pontefice*), 1567 à 1656. Quarante volumes.

ARMOIRE N° XLVI.

ROME. Registres des Délibérations du Sénat relatives au Saint-Siége, 1560-1665. Soixante-dix volumes.

ARMOIRE N° XLVII.

ROME. Affaires relatives aux Confins (*Espulsis Papalistis circa Confini*), 1597-1643. Vingt-quatre volumes.

Liasses des Minutes des Délibérations du Sénat relatives au Saint-Siège, 1560-1664. Cent quarante paquets.

ARMOIRES N° XLVIII A LI.

ANGLETERRE. Dépêches : N° 1, 1555-1556 et 1557-1558; N° 2, 1603-1604, et jusqu'en 1668. Cinquante-trois volumes.

FLORENCE. Dépêches, 1579-1669. Soixante-quatorze volumes.

MANTOUE. Dépêches, 1588-1608, et jusqu'en 1649. Vingt-trois volumes.

SAVOIE. Dépêches, 1566-1668. Soixante-dix-sept volumes.

ESPAGNE. Dépêches, 1555-1668. Cent neuf volumes. (Les dépêches de l'année 1572 manquent.)

ARMOIRES N° LII A LV.

FRANCE. Dépêches, 1554, 2 mai, à 1676. Cent cinquante-neuf volumes.

NAPLES. Dépêches, 1564-1669. Quatre-vingt-deux volumes.

MILAN. Dépêches, 1541-1669. Cent onze volumes.

ALLEMAGNE. Dépêches, 1541 et 1566-1669. Cent trente-trois volumes.

PAYS-BAS. Dépêches, 1610-1669. Trente-neuf volumes.

ARMOIRES N° LVI ET LVII.

SUISSES. Dépêches, 1606-1668. Soixante-deux volumes.

VALTELINE. Lettres diverses, 1624-1626. Sept volumes.

GRISONS, 1589-1620. Quinze volumes.

MUNSTER (Négociation de), 1643-1650. Douze volumes.

POLOGNE. Dépêches, 1574-1652. Six volumes.

ARMOIRE N° LVIII.

ANNALES, 1566-1629. Quarante volumes.

ARMOIRES N°ˢ LIX ET LX.

Rome. Dépêches, 1566-1675. Cent quatre-vingt-sept volumes.

ARMOIRES N°ˢ LXI ET LXII.

Liasses des Minutes des Exposés des Ambassadeurs et Envoyés des Princes, dans lesquelles se trouvent les Mémoires authentiques présentés par eux dans l'Excellent Collége, 1541-1668. Quatre-vingt-trois volumes.

ARMOIRE N° LXIII.

Conseillers Juristes de l'État (*Consultores de jure*). Écritures du moine Fulgentio avec le répertoire. Douze volumes.

ARMOIRE N° LXVII.

Avocats de la Commune (*Avogadori del Comun*). Écritures les concernant.

ARMOIRES N°ˢ LXVIII ET LXIX.

Réformateurs a l'Université de Padoue. Écritures diverses les concernant et Différentes autres peu importantes.

ARMOIRE N° LXX.

Livre des premiers habitants de Venise.

ARMOIRES N°ˢ LXXI ET LXXII.

Miscellanées importantes. Affaires ecclésiastiques, neuf volumes. Affaires relatives à l'engagement des chefs de guerre. Fortifications de Chypre, Candie, Corfou et Zara. Autres choses de guerre.
Papiers divers relatifs à l'Espagne en 1609.

Livre signé « Samuel Coen ». Négociation relatée par ledit Juif sur les projets de l'Espagne contre la République en 1585.

Papiers déposés par le Conseil des Dix et venant de Démétrius Buchissa et Nicolo Sava, en 1592.

Papiers de la négociation tentée par Possevin au nom du Pape pour unir Moscovie et Pologne contre le Turc, et pour opérer la même alliance entre Venise et la Moscovie, 1582.

Écritures de don Giovanni de Médicis, 1615-1619. Six volumes.

Diverses choses de la ville de Venise et Lettres anciennes.

Brefs et diverses écritures d'après lesquelles a été composé le livre de l'Inquisition de Geronimo Polverino.

Écrits d'Ottavio Bon sur la Paix d'Italie conclue à Paris en 1617.

Lettres de M. de Foix, Ambassadeur de France, au Roi, dans lesquelles il parle en faveur de la République, etc.

Réponses du Consulteur Treo sur diverses matières.

Papiers trouvés chez lui à sa mort.

Affaire des Grisons, 1589-1593.

Comptes du Secrétaire Cristoforo Surian à la Haye, 1619-1620.

ARMOIRES Nᵒˢ LXXIII ET LXXIV.

RELATIONS des Ambassadeurs et des Capitaines généraux. Traités de paix entre César et la République, et avec la France et l'Espagne.

ARMOIRE Nᵒ LXXV.

Place réservée à toutes les écritures relatives aux charges et dignités de l'Excellentissime Grand Chancelier.

Cette œuvre de classement ainsi terminée, et ce répertoire bien établi, la Chancellerie secrète, en l'année 1669, se trouvait être dans le plus bel ordre où elle eût jamais été, et ce fut ainsi que la laissa Battista Nani, mort le 5 décembre 1678, à son successeur Michiele Foscarini, élu le 19 décembre de la même année. Le nouveau

surintendant dut n'avoir autre chose à faire qu'à suivre
la méthode nouvellement établie. Nous n'avons en effet
rien trouvé dans les documents qui concernât ses travaux. Mort en 1692, il fut remplacé, le 10 juin, par
Pietro Garzoni, qui demeura en charge quarante-trois
ans. Ce fut peut-être à son instigation que le Conseil
des Dix crut devoir, par un décret du 26 août 1716,
rappeler la teneur des anciens règlements [1]. Un troisième
secrétaire fut élu *député à la Secrète*, et les recommandations les plus particulières furent faites pour que les
livres dits *Rubricarii* ou sommaires très-détaillés des
dépêches des ambassadeurs fussent mis au courant.
En 1720, le Grand Chancelier, Anzolo Zon, après
s'être entendu avec le surintendant, propose aux Dix,
dans un rapport développé, de former un catalogue

---

[1] Ravviva e conferma le precedenti leggi, etc.

Il detto segretario doverà nel corso del suo impiego far la *Rubrica*
di tutti li dispacci diretti dall'Ambasciatore o Rappresentante al Senato.

Viene ricercata la S. Signoria a devenire all'elezione d'un terzo segretario deputato alla Secreta con li stessi obblighi ed emolumenti.
Debba uno di essi tre esser destinato alla *Rubrica generale* e come si
vuole che la predetta sia compita così trovandosi difetto, s'incarica il
Cancellier Grande a rimediarvi incaricandolo tanto in questa parte che
in quella degli *Annali* a non rilasciare le fedi per il lievo de soliti mandati a chi avesse operato se prima non averà esaminate l'opere fatte e
non l'averà trovate nella dovuta perfezione di che si raccomanda l'esecuzione al sopraintendente alla Secreta.

Sia impedito a chiunque di estrar copie o note con inchiostro, lapis o
in altro modo, come fu decretato sotto le pene cominate a trasgressori
in materia di Stato. Sia per le filze correnti destinato il banco in faccia la
porta ove abbia a tenersi sotto l'osservazione de Segretarii prescriven-
dosi però a maggior custodia d'ogni altro luogo della Secreta che uno de
Segretarii debba sedere alla parte più interna di essa in vicinanza alli
armeri di Roma.

des matières dispersées dans tant de volumes différents,
de manière qu'aussitôt que le Sénat ou le Conseil demanderait tous les papiers relatifs à une négociation, ils pussent être indiqués et livrés immédiatement [1]. C'était
proposer un travail considérable, et pour l'exécution
duquel il ne fallait rien moins qu'une expérience éprouvée. Des secrétaires du Sénat furent choisis pour l'entreprendre.

Les termes dont s'était servi le Surintendant pour
persuader les Dix avaient été pressants. On sent à les
lire que l'auteur n'est pas seulement un chef, mais qu'il
est encore et surtout un ami de la *Secrète*. Avec le cours
des ans, il s'est incarné dans elle. Il aime l'histoire, il a

---

[1] Le rapport du Grand Chancelier forme l'*inserta* datée du 4 février
1720, dans le texte du décret du 12 du même mois. Voyez CONSEIL DES
DIX P. C. *filza* n° 919. « Serenissimo Principe, Ill[mi] et Ecc[mi] signori
Capi dell' eccelso Consiglio di X[ci]. Quanto sia necessario et importi che
nella Cancellaria secreta una materia dispersa in varie filze possa all'
occasione ritrovarsi con facilità nel suo intiero, lo ha rilevato con la
sua riverita et savia scrittura l'Ecc[mo] Pietro Garzoni che come sopraintendente alla medesima invigila anco a ciò che servir possa di lume e
scorta sicura alle pubbliche deliberationi. L'Indice generale suggerito
dalla virtù di S. E. è quell' unico ordine che tener si deve per conse-
guire l'intento. Ma come la fatica è assai faraginosa, così non tutti certamente sono capaci ad intraprenderla..... Per questo comandato io col
decreto del 20 sett. passato a riferire chi deputarvi si potesse, son andato
esaminando sopra ogn' uno della Cancelleria stessa, et ho considerato
che questa grave incombenza appoggiar meglio non si potesse che ad uno
segretario dell' Ecc[mo] Senato, come quello che dotato di maggior senno
per custodir il segreto, fornito di miglior esperienza a distinguere e
sciogliere le materie che non arrivano ad esso improvvise e qualificato
di carattere gode maggior libertà e commodi d'operare in luogo dove ad
ogni momento v'ha aperto l'accesso, ridursi potrebbe l'opera a perfe-
tione con maggior brevità di tempo come appunto segui colla persona
del circospetto segretario Antonio Negri destinato in altri tempi alla
stessa incombenza... » etc.

vécu là dans l'intimité de ses secrets. Il voit et connait quels services ce dépôt précieux est appelé à rendre, il voudrait que le grand travail d'un inventaire des matières fût entrepris. Depuis les dix-huit ans qu'il consacre ses heures et ses jours à l'examen de tant de papiers, grands témoins du passé, il a vu tellement s'accroître le dépôt qui lui a été confié, qu'il a dû demander au Sénat d'en transformer le local. Un nouveau matériel a été construit, la Secrète a été agrandie, restaurée, presque réédifiée, *con nobile architettura*. Mais cela obtenu et fait, il voudrait que le fond répondît à la forme, et que des mesures fussent adoptées, des sacrifices même résolus, pour atteindre à la perfection dans l'ordre des matières et dans l'usage qu'on en peut faire [1].

« J'ai fait, dit-il, de longues stations dans la Secrète, soit que le génie des recherches qui est en moi m'y poussât, soit

[1] CONSEIL DES DIX. (*Filze*. Scrittura inserta nel decreto del 24 luglio 1720 in C. X.) « Illustri^{mi} et Ecc^{mi} Sig^{ri} Capi. Piacque al Sign. Iddio di benedire l'elezione di sopraintendente o deputato alla Segreta, che si degnò l'Ecc. Consiglio di fare della mia humilissima persona, imperocchè supplendo il lungo corso della vita alle mie note imperfezioni potei riparare gli errori che vi ho trovato, ed ostare ai nuovi, che il tempo infesto nemico del buon ordine tenta sempre d'introdurvi. In ventotto anni, ch' io sostengo debolmente quest' ufficio mi riuscì di veder ampliato l'archivio non essendo l'antico più capace a contenere il numero copiosissimo di tanti registri e volumi, i quali non solo vengono moltiplicati dai negozi interni e stranieri, ma dell' uso ancora dello scrivere incomparabilmente più diffuso, ed assiatico del passato. Somministrato dunque dell' Ecc^{mo} Senato il danaro già qualche anno per il rialzamento della Segreta, e dilatatone il luogo con nobile architettura, hebbi, confesso, un gran contento, che si fosse rimediato al bisogno del materiale; ma mentre il cielo mi protraeva i giorni del vivere e mi lasciava all' onore di servire l'Eccelso Consiglio dei X, pensai e ripensai più volte anche alla perfettion del formale, » etc...

que pour les devoirs de ma charge je dusse approfondir les sources de l'histoire vénitienne; et l'expérience acquise m'a démontré combien nous fait défaut un répertoire des matières. Nos ancêtres en ont connu la nécessité, et nous avons la preuve qu'il en est résulté quelque bon ordre; mais, pour l'usage habituel, ce qui a été fait est de nul service. Que Vos Excellences songent à quelqu'une des nombreuses affaires qui sont en jeu pour le moment, et qu'elles aillent dans la Secrète pour y pratiquer des recherches sur des affaires de même sorte advenues au temps passé, elles en reviendront sans succès. Mon idée serait donc qu'on prît en main les papiers d'État réunis là, remontant à quatre siècles environ, et qu'on en formât un répertoire entier. Je considère l'œuvre comme aussi utile que grandiose; je ne puis espérer d'en voir la fin, mes vieux ans me l'interdisent: je n'ambitionne que d'en commencer l'entreprise avec le consentement et l'approbation de l'Excellentissime Conseil[1]. »

Le catalogue désiré fut aussitôt commencé, mais nous voyons par la minute d'un décret daté de quatre jours après que le Surintendant eut soumis au Conseil ses propositions, qu'elles ne furent, pour le présent, approuvées qu'en partie. Les Dix, en effet, estimèrent qu'il suffirait de remonter à l'année 1600 et non pas tout d'abord à quatre siècles en arrière.

Andrea Carboni, travailleur excellent et fort expert au maniement des papiers anciens, proposé par Pietro Garzoni et adopté d'abord par le Conseil, fut installé dans la *Secreta nuova* pour procéder aux premiers mouvements de cet ouvrage capital[2]. Ainsi, c'est à cette date

---

[1] « Lunghe stazioni feci io nella Segreta sì per genio d'investigazione, sì per obbligo di raccolte a lume della Veneta storia, e coll' esperienza scopersi il gran difetto dell' Indice mancante delle materie, » etc. (*Id., ibid.*)

[2] Décret du 24 juillet 1720, in C. X. « Destinato il dilettissimo N. N.

de 1720 qu'il faut rapporter l'établissement d'une *Secrète* nouvelle en même temps que l'entreprise de l'œuvre conçue par Pietro Garzoni. Ces mots de *Secreta nuova*, rencontrés pour la première fois dans un document offi-, ciel, ne pouvaient passer indifférents à nos yeux, et, nous rapportant aux paroles de la lettre du surinten-dant, en date du 8 juillet 1720 : « L'Excellentissime Sénat ayant donc procuré depuis quelques années déjà les sommes nécessaires à la *restauration de la Secrète, et le lieu de sa destination ayant été agrandi dans un style d'architecture fort noble...* », nous avions eu l'es-poir de retrouver parmi les papiers conservés les preuves et même les plans de la nouvelle Chancellerie, mais nos recherches à cet égard ont été aussi infructueuses que longues. Plus heureux avons-nous été pour nos infor-mations sur l'œuvre de l'important répertoire. Un rap-port du grand chancelier Angelo Zon, du 6 juillet 1723, sur l'état du travail en cours d'être accompli par les Se-crétaires [1], mentionne dès les premières lignes un Aure-

---

Pietro Garzoni in sopraintendente alla Secreta, oltre li molti frutti pro-dotti dal suo commendabile zelo nella regolazione della medesima con-tinua colla sua virtù e prudenza ad esporre nella savia scrittura hora letta quello crede, che possa riuscir utile al pubblico servitio nella co-gnition ordinata delle moltiplici pubbliche importanti materie che vi si trovan raccolte e *massime nella nuova stanza* in cui sono state riposte le più antiche, onde con quella facilità ch'è necessaria si possa haver senza molta fatica la serie intiera degli affari a lume di quelli del presente.

Frà le opere di tempo in tempo ordinate essentialissima si releva quella dell' Indice delle materie medesime senza in quale rimangono tutte in un otiosa e pregiudiciale oscurità e che essendo fatto può som-ministrare quella cognitione che s'intende necessaria e indispensabile... »

[1] CONSEIL DES DIX. *Filze*. 1723, 6 juillet. « Illmi et Eccmi Sigri Pa-

lio Bartolini comme étant *deputato alla facitura dell' Indice* avec un autre secrétaire. « *L'Indice*, dit-il, est commencé depuis quelque temps, mais difficile et long en est le travail, et il n'y a point à espérer qu'il puisse être mené à bonne fin avant un grand espace de temps et une grande somme de fatigues, si diligents et actifs que soient ceux à qui le travail en a été confié [1]. » Au

droni colendissimi : Alla custodia della Cancelleria Secreta, dove stanno riposte le filze delle materie più recondite e gravi, sono destinati tre segretarii dell' Ecc^{mo} Senato, con l'incombenza loro di tener chiusi gli armarî, d'osservare quelli che entrano e scrivono in essa e di formare i *Registri di Roma* e la *Rubrica generale*. Altro segretario viene deputato alla *facitura dell' Indice*, oltre al fedeliss^{mo} Aurelio Bartolini, eletto ultimamente dall' Eccelso Consiglio in aiuto e sussidio, con il riflesso ad' un opera, che dovendo cominciarsi dall' anno 1600, viene ad essere assai faraginosa, come quella che comprende un lungo spatio di cento e più anni. Dietro a questo seguono li *Annali* di non minor peso; a quattro secretarii tocca l'incarico di formarli e tra questi li due, che di due in due anni escono dall' Ecc^{mo} Consiglio non senza la sopraintendenza d'uno degli Ecc^{mi} savii di Terra Ferma, come prescrivono li decreti 1702 e 1705. Li Registri in fine delle *Corti* et delli *Rettori* si vanno ripartendo dal Cancellier Grande agli Ordinarii della Cancelleria ducale, obligati a terminarli d'anno in anno a misura delle filze più o meno voluminose, che sono.

Se poi da tutti sia tutto adempito con quella puntualità che si deve, mi honorerò di dire, per quanto ho osservato, andarsi formando dal circospetto segretario Giavarina, uno de' deputati il *Registro* corrente *di Roma*, dal circospetto segretario Paulucci li tre antecedenti che solo li soli che mancano, e dal circospetto segretario Filippi la *Rubrica generale*, trascurata e negletta sin dall' anno 1713, et che per terminarla in breve tempo, non può certamente supplire la diligenza d'un solo. »

[1] *Idem.* « L'indice s'è cominciato da qualche tempo ma difficile e lungo il lavoro, non è da sperarsi che possa rendersi perfetionato e compito, che con lungo consumo di tempo e d'applicatione, per quanto prestar la possino i sopradetti due deputati. Il maggior difetto si rileva negli *Annali*, mancando dall' anno 1620 fin al 1631; poi dall' anno 1640 fino al 1675, e finalmente dall' anno 1682 sino a l'anno 1710, nel qual anno si vedono ripigliati, ma non giungendo che all' anno 1712, viene a calcolarsi l'ommissione per più di 80 anni. Questi non è possi-

mois de décembre de la même année, le 14, Giovanni
Filippi fut élu pour continuer l'ouvrage aux lieu et place
de Fabio Lio [1]. Il était un des secrétaires les plus habiles
et avait même mérité d'être nommé l'un des trois conservateurs de cette Chancellerie. Mais malgré tant de
fatigues consacrées au labeur qu'exigeait l'inventaire
conçu par le Surintendant, nous voyons qu'à la date du
17 août 1731, il n'avait pu parfaire que six années : de

bile che terminar si posseno anco in lungo spatio di tempo con l'impiego di quattro segretarii divertiti per lo più et adoprati in altre depu-
tazioni dell' Eccᵐᵒ Collegio e Senato ; perquesto crederei che come gli
Annali si riferiscono intieramente alle Rubriche generali, così fissar se
dovesse lo studio a compir piuttosto le rubriche stesse che a consumar
il tempo in quelli inutilmente, lasciando per non alterar li decreti dell'
Eccᵐᵒ Senato, alcuno dè segretarii all' incombenza d'andar formando
gli Annali correnti e obbligando gli altri a ripigliare le Rubriche generali che molto più importano del tempo che mancano col comprendere
anco le filze del Militare, onde queste ridotte al corrente, si proseguis-
canò poi con filo et ordine, senza intermizione dal segretario deputato.
Anco per i Registri delle Corti e de Rettori che sono lasciati per molti
anni imperfetti e non compiti, osservandosi non essere ancora adempita
la deputazione fatta dal predecessor Nicolosi, non lascierò di rinnovare
gli ordini, sostituendo a quelli che o fossero passati ad altro servitio, o
si trovassero fuori in pubblico servitio. Ma a questo passo mi farò lecito
di considerare a Vostre Eccelenze che tale è la scarsezza degli Ordinarii
per l'età, per l'indisposizione, o per altre cause, che mancando chi deve
trascrivere i Da mò, etc... Data li 6 luglio 1723. ANGELO ZON, CANCEL-
LIER GRANDE. »

[1] CONSEIL DES DIX. Inserta du 14 décembre 1723 au décret du 17 août
1731. (Frà consiglieri) Stante la ricercata del Consiglio dei X, 12 feb-
braro 1720 di divenire all' elezione d'un segretario del Senato, perchè
abbia a supplire alla facitura dell' Indice delle materie nella Secreta, et
essendo stato dispensato con terminazione 4 settembre trascorso, il circosp. Fabio Lio... trova opportuno la Signoria nostra appoggiare tal importantissima incombenza al circosp. Zuanne Filippi, che attrovandosi
già destinato alla custodia della Secreta stessa, doverà in oltre con la
sua abilità adempire anche ad una tal opera...

1600 à 1606! Aussi Pietro Garzoni demanda-t-il à cette époque au Conseil que deux coadjuteurs fussent adjoints au laborieux Filippi.

« Avec le plus louable zèle, dit-il, ce Secrétaire a aussitôt entrepris cette œuvre ardue, et à force d'assiduité et de patience, il a, en commençant à l'année 1600 selon que l'ordonne le décret, séparément inventorié par méthode alphabétique, selon mes instructions, chacune des affaires advenues et traitées dans le cours des six années suivantes. J'ai examiné attentivement tout ce qu'il a fait, et je vois enfin, de tout point conforme à la volonté de l'État, un copieux répertoire général expliquant les motifs, désignant les origines de toutes les affaires, indiquant les difficultés soulevées, révélant les moyens et manœuvres employés pour les surmonter, produisant enfin le but atteint et les résultats obtenus [1]. »

En 1735 mourut cet homme consciencieux, jaloux d'honorer par des œuvres utiles et grandes la charge que lui avait confiée l'État. Historiographe de la République, il fut le dernier des historiens nommés d'office dont l'ouvrage ait été imprimé.

A Pietro Garzoni succéda Marco Foscarini. La surintendance de la Secrète eut toujours ce privilége d'être

---

[1] *Inserta* nel decreto del 17 agosto in C. X. 1731. « Ill[mi] et Ecc[mi] signori Capi. L'opera grande di raccogliere ed unire col metodo d'un *indice* da me formato le differenti moltissime materie sparse confuse nei numerosi volumi della Cancelleria secreta..... Con lodevole rassegnatione ha (Z. Filippi) egli subito cominciato l'arduo travaglio, ed a costo d'indefesso studio dando principio all' anno 1600, ha esteso separatamente per alfabetto giusta le mie instruzioni ciascuna materia occorsa nello spazio di sei anni susseguenti. Io ho esaminato fissamente quanto egli compilò, e trovo esser appunto conforme alla pubblica intentione un diligente copioso *indice generale* che dimostra il motivo e l'origine d'ogni negozio, se sono insorte difficoltà, quali maneggi per superarle e qual fine siasi conseguito... »

occupée par des hommes du plus grand mérite, soit
qu'ils en aient fait preuve dans la politique, soit qu'ils
se soient distingués dans les belles-lettres. Marco Foscarini est l'une des gloires vénitiennes, et il faut dire
italiennes, du dix-septième siècle. Orateur éminent,
lettré du premier ordre, politique consommé, ambassadeur dans des circonstances difficiles, surintendant de
la Secrète, il fut élu Doge trente-deux ans après son
élection auprès de cette chancellerie. Les documents qui
nous restent de la surintendance de ce grand personnage
sont rares. Il n'eut d'ailleurs qu'à poursuivre absolument
l'œuvre commencée par Pietro Garzoni. Jusqu'où la con-
duisit-il? Nous l'ignorons. Les pièces relatives à la *Secrète* que nous avons rencontrées pendant le temps de
son administration ne traitent en quelque sorte que de
la police intérieure de la Chancellerie. Les règlements,
en effet, étaient moins observés. De nouveaux abus
s'étaient fait jour. Quelques papiers, égarés un instant,
puis retrouvés, avaient donné lieu au rappel aux lois et
prescriptions jadis en vigueur. Les chiffreurs, oubliant
qu'ils ne pouvaient traduire les dépêches qui étaient
l'objet de leur délicate besogne ailleurs que dans la Secrète, emportaient leurs papiers en d'autres salles. Il
importait de remédier promptement à ces désordres.
Aussi le Conseil des Dix informé fut-il unanime pour
voter l'arrêté suivant :

« Que le Mémoire de notre bien-aimé noble Marco Foscarini, Chevalier et Procurateur, Député à la Chancellerie secrète, concernant les désordres énoncés à l'occasion de liasses
et papiers emportés, ainsi que l'abus qui a été signalé comme

étant en contravention avec les prescriptions qui régissent le déchiffrement des dépêches, soit remis aux Inquisiteurs d'État pour qu'ils agissent selon leur prudence [1]. »

Et comme si le Conseil s'était plus ému encore les jours suivants, le 2 avril, c'est-à-dire douze jours après qu'il eut voté cet arrêté, il décida de faire appeler à sa barre les secrétaires députés à la Secrète. S'étant présentés, lecture leur fut faite d'un décret nouvellement rédigé, très-long, et qui dans son développement résumait toutes les prescriptions antérieures, et particulièrement celles considérées comme fondamentales, énoncées dans les décrets du 5 septembre 1669, du 26 août 1716, du 14 novembre et du 3 février 1735 [2]. Nous en avons signalé le détail dans le cours des pages précédentes. Ce serait donc faire redite que de reproduire ici ce décret *revivifié*, malgré toute l'importance de ses nombreux articles.

Le 31 mai 1762, l'illustre Marco Foscarini, surintendant depuis 1735, fut élu Doge. Il était le deuxième personnage que le suffrage des Patriciens venait enlever

[1] Voir aussi un décret du 5 juillet 1735 ; CONSEIL DES DIX, et dans la *filza* 65. C. X. P. S. 1743, 20 mars ; le mémoire de Marco Foscarini daté du 16 mars même année.

[2]. CONSEIL DES DIX. P. S. *filza* 65. 1743, 2 avril. « Ma la fatalità e la corrutella de' tempi di tratto in tratto rendendone inferma l'esecuzione, e forse introducendo anche una certa dimenticanza, che può essere ferrace di pessime conseguenze, vuole, che se ne ravvivi la memoria, affinchè impressi li animi de' cittadini dell' importanza di che si tratta, conoscano sempre più l'evidenza del bene che ne è per derivare, e per isfuggire quel male, che indispensabilmente non può riuscire che di relevamento pubblico di servitio. La prudenza del N. H. Marco Foscarini, cavalier et procurator, deputato alla Secreta, ne somministra nella scrittura già letta fin sotto li 20 marzo scorso un forte argomento... »

à la présidence de la Secrète pour l'élever à la dignité souveraine. Nicolò Barbarigo le remplaça dans la Chancellerie, et ce nouvel élu marqua son entrée en charge par un rapport au Conseil des Dix sur la nécessité d'une plus active vigilance pour continuer et parfaire l'œuvre difficile du fameux répertoire dont les décrets de 1720 et 1731 avaient ordonné l'exécution. Il est regrettable que ce rapport [1] ne contienne pas d'informations plus précises sur ce grand travail. Rien en effet ne se rencontre pour nous mettre à même de savoir à quelle année du dix-septième siècle les secrétaires députés *alla facitura dell' indice delle materie* en étaient arrivés. Ce document est le dernier qui, à notre connaissance, soit relatif à l'histoire de la Secrète.

Deux Surintendants se succédèrent encore à l'administration de cette Chancellerie. Ils furent deux personnages de la famille des Donà ou Donado : le premier, Nicolò, mourut en 1775, et le second, Francesco, fut surpris dans l'exercice de sa charge, en 1797, par le fatal événement de la chute de la République des Vénitiens.

Vers la fin du dix-huitième siècle, de 1770 à 1797,

[1] Voir le décret du CONSEIL du 23 novembre 1762 avec l'*inserta* du 20 novembre. « Serenissº Principe. Quanto con riconoscenza perfettissima dell' animo ravviso non essere che un puro effetto dell' inclinato clemente giudizio di V. V. E. E. la conferitami sòpraintendenza alla Segreta, altrettanto non lascierò io certamente di risvegliar in me tutte le sollecitudini e le attenzioni per corrispondere con meno d'imperfezione che sia possibile alla qualità dell' appogiatomi incarico, preso a ragione soprà di se da questo augusto consesso con spezial cura giacchè riguarda la custodia delle più gelose carte, istruzioni, memorie che si attengono al maneggio dei più delicati negozi del Governo. Qualunque mio pensiero e passo, altra scorta non avrò che le provvidenze di V. V. E. E. di tempo in tempo stabilite... »

le silence des documents à l'égard de la Secrète paraît absolu. Dans ces temps, du reste, le Conseil des Dix était fort occupé avec d'autres archives tout aussi secrètes, sinon plus encore, que celles de la Chancellerie. Ses propres archives, en effet, ainsi que celles du Tribunal des Inquisiteurs d'État, durent être remaniées, déplacées, examinées à fond, puis subir un nouveau classement. Différents arrêtés qui les concernent se retrouvent dans les cartons du Conseil. Ces vastes recueils formaient archives complétement à part de celles de la Secrète, aussi aurons-nous, dans ce livre même, à en traiter et à les exposer dans des chapitres tout spéciaux, puisque les intéressants et dramatiques débris de ces arcanes font aussi partie intégrante et essentielle des Archives vénitiennes telles qu'elles sont établies aujourd'hui.

Ici sera donc la limite de notre chronique de cette Chancellerie si célèbre. Ainsi donc, nous avons dépeint d'après des notes officielles et authentiques patiemment recueillies, la *Secreta* vénitienne, et pour finir avec l'expression d'un éloquent hommage pour ses tranquilles mais admirables dépouilles, nous rappellerons le préambule du rapport adressé par les *Consultores de jure,* le 27 août 1635, au Conseil des Dix, qui leur avait imposé le devoir d'informer sur elle :

« En vérité, le désir si digne manifesté par Vos Excellences concerne une des plus importantes et utiles affaires qui soient. Et si les moyens imaginés pour sa perfection pouvaient aussitôt correspondre à l'urgence des mesures à prendre, il est certain que la Sérénissime République en recevrait le plus particulier service. Dans la Chancellerie secrète — nous avons été à même

de le savoir en plus d'une occasion — repose un trésor pour
ainsi dire inestimable de documents d'État, et bien que des
incendies terribles en aient détruit quelques parties, ce qui a
été conservé est d'une inappréciable valeur. En ce lieu sont
les sources de l'histoire[1]. C'est là que se trouvent les antiques
non-moins qu'admirables formes du Gouvernement qui, respectées en tous les temps, peuvent assurer à cet État un perpétuel bien-être. Ici sont les affaires qui concernent tous les
Princes et l'État de Votre Sérénité, tant dans ses parties terrestres que dans ses divisions maritimes, tant dans les choses
de la paix que dans celles de la guerre : Traités, Alliances,
Ligues, Décrets, Instructions, Informations, Commissions,
Négociations, en un mot tout le Gouvernement.... Il ne se
passe point de jour qu'il ne parvienne à la Secrète des affaires
dont en peu de temps l'importance forme des volumes. »

Or, les *Consultores de jure,* Scipione Feramosca et
Ludovico Raitelli, s'exprimaient ainsi en l'année 1635.
La République des Vénitiens comptait déjà de nombreux
siècles de vie politique très-active, et les destins lui réservaient encore près de deux cents ans pendant lesquels
elle ne devait encore vivre que de ses constitutions et dans
ses usages. On peut donc bien dire avec ces *Consultores*
que dans ce lieu de repos appelé la Secrète, dans ce
centre de la conservation des preuves d'État et des papiers de la politique, était en vérité, selon leur éner-
gique expression, *la matrice dell' historia.*

---

1 « Nella Cancelleria Secreta di Vostra Serenità, come habbiamo in
molte occasioni esperimentato si trova un quasi inestimabile tesoro di
ragioni et se bene gli infortunii degli incendii n'hanno seco portato
qualche parte, quello però che rimane è di prezzo incredibile. Qui risiede
la MATRICE DELL' HISTORIA. Qui si riservano le antiche non meno che
ammirabili forme del Governo, che seguitate per i tempi possono assi-
curare la felicità di questo dominio..... » CONSEIL DES DIX. P. S. *filze.*
28 août 1635.

Les destins de ces collections au lendemain de la chute de la République, nous les avons succinctement énumérés dans le second chapitre de ce livre. Ce sont elles qu'après bien des vicissitudes nous retrouvons aujourd'hui meublant si précieusement différentes pièces de l'ancien couvent devenu le dépôt des Archives générales vénitiennes, et réunies encore sous l'ancienne désignation de SECRETA. De quelle autre importance ne sera donc pas le nouveau répertoire *raisonné* des documents vénitiens, à l'entreprise duquel s'est obligée l'administration présente des Archives de Venise, si, nous portant par la pensée à une époque que l'honorable directeur actuel ne voudra pas tenir éloignée, et supposant mené à bonne fin un si utile travail, nous le comparons à l'inventaire de 1669 que nous avons, en partie, reproduit? Les séries de la Secrète, en effet, ne se sont-elles pas augmentées d'autant d'années qu'il s'en est écoulé depuis cette date (de 1669) jusqu'à celle de 1797? Ce sont cent vingt-huit ans acquis à l'histoire, dont un Colbert, un Louvois et un Prince Eugène, un Philippe d'Orléans, un Cardinal de Fleury et une Élisabeth Farnèse, un François Morosini, une Marie-Thérèse, et un de Kaunitz, un Frédéric, un Joseph et une Catherine II, un Louis XV et un de Choiseul, des William Pitt, un Clément XIV, un Turgot et une Révolution française se sont chargés du soin des épisodes et ont fourni au mouvement des écritures d'État.

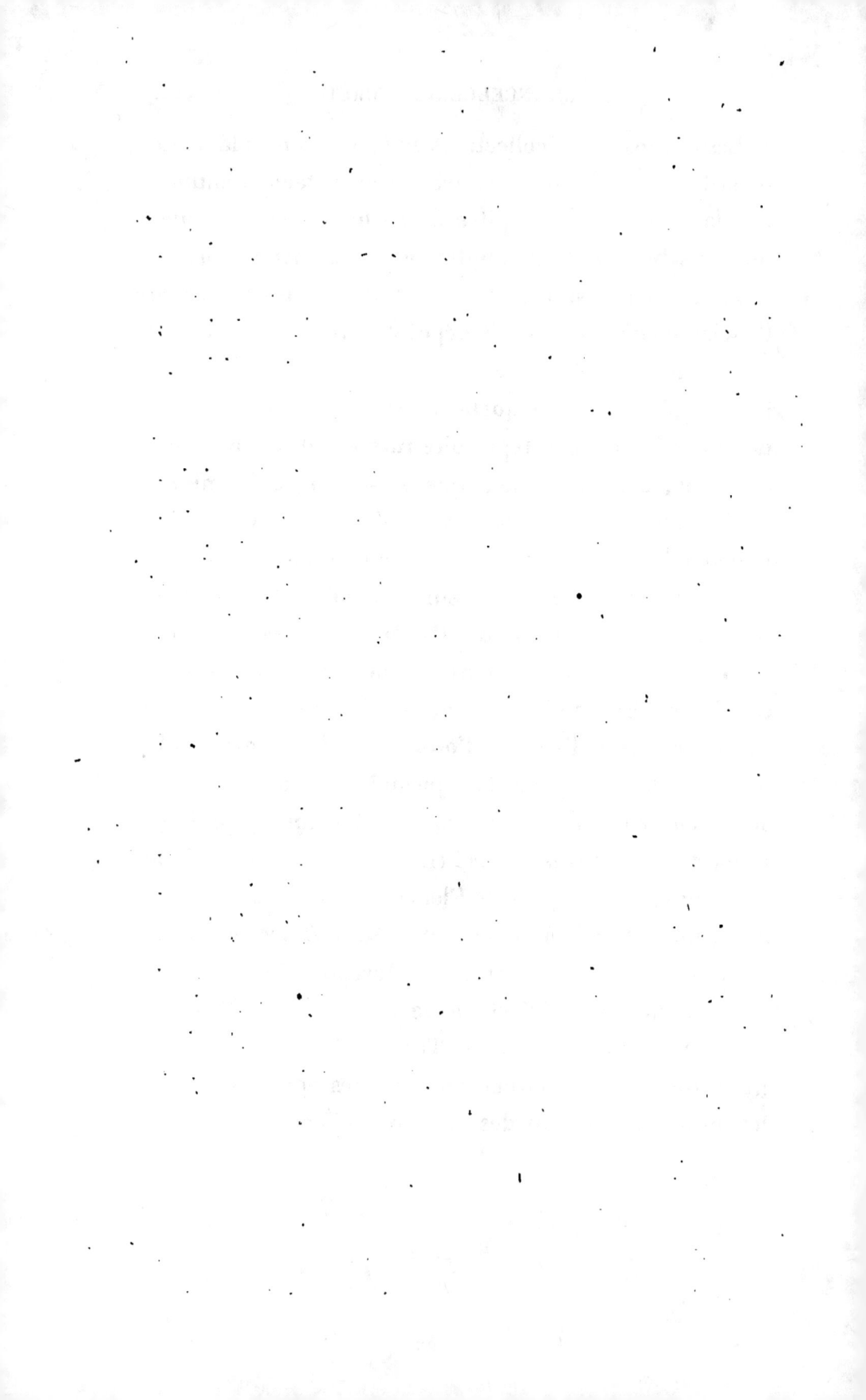

LES ARCHIVES DE VENISE.

TROISIÈME PARTIE.

DES PAPIERS D'ÉTAT DU SÉNAT ET DU CABINET DES MINISTRES.
DE L'INTÉRÊT QU'ILS PRÉSENTENT
POUR L'HISTOIRE EN GÉNÉRAL ET POUR CELLE DE FRANCE
EN PARTICULIER.
REGISTRES DES TRAITÉS, DES ACTES MÉMORABLES,
DES DÉLIBÉRATIONS ORDINAIRES ET SECRÈTES.
RECUEILS DES DÉPÊCHES,
DES RELATIONS ET DES INSTRUCTIONS.
LETTRES DES SOUVERAINS,
ET
AUDIENCES DES AMBASSADEURS ÉTRANGERS.
DU CÉRÉMONIAL,
ETC.

LES ARCHIVES DE VENISE.

TROISIÈME PARTIE.

I.

LE SÉNAT ET SES PRINCIPAUX RECUEILS
DE PAPIERS D'ÉTAT.

Les Archives du Sénat vénitien sont à la fois archives politiques et archives administratives. — La consultation de celles du « Grand Conseil » n'est pas nécessaire au curieux ou au chercheur étranger qui n'a
pas pour but l'étude du gouvernement *intérieur* de la République. —
Indication des principales séries de Registres. — Le SÉNAT. — Comment il était composé. — Ce qu'en dit le sieur de Saint-Didier, observateur et narrateur impartial. — Inconvénients de la répartition des
papiers et parchemins du Sénat proposée par Giovanni Rossi. — Les
séries dites *Miste* et *Secrete* n'ont rien de commun avec celles dites
Terra et *Mare*. — Spécimen d'un *Index* des matières de l'un des
registres de la série *Terra* et de la série *Mare*.

La connaissance des documents répartis dans les registres des *Délibérations* du Sénat d'abord, et dans ceux
du Ministère ensuite, doit être, avant toute autre chose,
le but de qui se présente aux Archives de Venise avec
l'intention d'informer sur un point quelconque de la
politique étrangère, depuis le treizième siècle jusqu'à la

15

fin du dix-huitième. En dehors de ces deux centres
nécessairement liés l'un à l'autre, les autres documents
politiques ne doivent être consultés, pour ainsi dire,
qu'à titre épisodique. C'est donc vers les intéressantes
séries des Archives proprement dites du Sénat et du
Collegio, qui jadis étaient la vraie fleur de la Chancellerie Secrète, telles que les *Lettres* aux ambassadeurs, les
Dépêches d'iceux, les *Délibérations* des ministres, l'*Exposé des Audiences* données aux ministres étrangers, les
Lettres des princes et républiques, c'est vers tous ces
recueils où prédomine l'élément politique, que nous
appellerons l'attention du lecteur qui veut bien voir dans
ce livre un informateur propre à lui indiquer les grandes
sources historiques qui sont dans ces Archives. D'un
intérêt tout autre et presque inutile pour un étranger,
sont les séries considérables des papiers du « Grand-
Conseil », où ne sont rapportés que des décrets et des
délibérations qui, sauf certaines informations commerciales, n'en fournissent aucune sur les affaires proprement dites extérieures, et qui sont uniquement choses
vénitiennes, en tant que mesures générales, lois fondamentales, élections à la souveraineté, élections aux
grandes dignités, telles que celles de sénateur, conseiller des Dix, discussions, enfin, sur des affaires de constitution intérieure [1]. M. Rawdon-Brown, dans son

---

[1] La collection des papiers du Grand Conseil comprend soixante-
douze registres sur parchemin : 1232-1793, et quatre-vingt-seize liasses
(*filze*) : 1507-1797. (Il faut toujours entendre par *filze* un groupe
d'écritures qui sont les pièces à l'appui, les pièces justificatives, les minutes, etc., des documents consignés sur les registres en parchemin.)
Nous indiquons ici par pure curiosité ceux des registres les plus anciens ;

-introduction remarquable à une publication de textes vénitiens faite en Angleterre, à particulièrement considéré les Archives de Venise au point de vue des services qui s'en pouvaient tirer pour l'histoire de la Grande-

plus spécialement affectés aux matières législatives et aux institutions de la République: Les noms bizarres de ces registres paraissent être dus à l'unique caprice et à la fantaisie des Chanceliers.

Fractus, 1240, juin, à 1282, juin.

Socius. (Extrait du livre *Fractus*, 1275, juillet, à 1278, septembre.)

Comune primum, 1275, décembre, à 1282, juillet.

Comune secundum. (Extrait du premier, 1351, septembre, à 1278, septembre.)

Luna, 1282-1285.

Zanetta, 1285-1290.

Pilosus, 1290-1299.

Magnus,
Capricornus, } 1299-1308.

Presbiter, 1305-1315.

Clericus,
Civicus, } 1313-1318. (*Rubrica maioris consilii.*)

Fronensis, 1318-1325.

Spiritus, 1325-1349.

Novella, 1350-1384.

Saturnus. (Mêmes matières que dans le *Novella* d'avril 1349 à janvier 1378.)

Leona, 1384-1415.

Ursa, 1415-1454.

Regina, 1455-1479.

Deda, 1503-1522.

Diana, 1522-1536.

Novus, 1537-1551.

Suivent les autres jusqu'au dix-huitième siècle, *Rocca, Angelus, Frigerius, Surianus, Vicus, Anselmius,* etc. Nous avons dit que des documents commerciaux se rencontraient dans ces livres; voyez, en effet, le *Calendar of State papers and manuscripts,* etc., par R. Brown, t. Ier, p. 2, 3, 5, etc., concernant des tarifs pour étoffes en 1265, le change pour les marchands qui vont en France, en 1272 et 1273, etc.

Bretagne. Nous trouvons bonne sa méthode, qu'on pourrait appeler *nationale*, et nous en adoptons volontiers le procédé, en nous plaçant, dans ces mêmes Archives, de manière à avoir pour principal horizon celui de l'histoire de notre France.

Et d'abord, puisque nous avons à traiter des écritures qui étaient adressées au Sénat ou qui émanaient de cette assemblée politique, il importe sans doute de dire ici ce qu'était ce Sénat dans la République.

Le Sénat à Venise était le véritable gouverneur politique de l'État. On l'appelait aussi « *Pregadi* », c'est-à-dire « *les Priés* ». Ce terme lui venait de ses origines. Dès les premiers temps de la République, en effet, ceux qui composaient cette assemblée étaient *priés* dans leurs maisons, lorsque besoin était qu'ils se réunissent pour tenir conseil. Ils avaient une salle dans le Palais des Doges, magnifiquement disposée pour les séances. Tout sénateur n'était élu que pour un an, il pouvait toutefois être constamment réélu, et on procédait à cette élection à la pluralité des voix dans la vaste assemblée du Grand Conseil. Un sénateur vénitien ne recevait aucun salaire, non plus qu'un membre de la Chambre des Lords aujourd'hui en Angleterre. Une même famille ne pouvait compter dans le Sénat plus de trois de ses membres. Le nombre officiellement reconnu des Sénateurs fut variable. Il fut de quarante, puis de soixante, et dans des circonstances d'une importance exceptionnelle, il y eut une *junte*, dite la *zonta*, c'est-à-dire un nombre imposant encore de personnages élus pour être

adjoints aux Sénateurs en titre et délibérer comme tels.
D'extraordinaire qu'elle avait d'abord été, cette junte
devint ordinaire. Par le fait, le Sénat était composé d'un
nombre bien plus considérable de personnes que ne
semblait l'indiquer le chiffre déterminé par les statuts
fondamentaux; ainsi différents dignitaires et fonctionnaires y avaient accès en raison même des dignités dont
ils étaient investis ou des fonctions qu'ils remplissaient.
On peut, en somme, estimer à deux cent trente les voix
délibératives dans le Sénat vénitien, et à près de soixante-
quinze les fonctionnaires qui pouvaient assister aux
séances sans y voter [1]. « Le *Pregadi* est le Sénat, où
réside toute l'autorité de la République, dit le sieur de
Saint-Didier; on y prend les résolutions de la paix ou
de la guerre, des ligues et des alliances; on y élit les
capitaines généraux, les provéditeurs des armées, et
tous les officiers qui ont un commandement considérable dans les troupes; on y nomme les Ambassadeurs;
on y règle les impositions suivant l'exigence des affaires
publiques; on y élit tous ceux qui composent le Collége

---

[1] Voyez le « *De Magistratibus Urbis* », par Marin Sanuto (Raccolta
Cicogna), et une copie dans notre collection de documents vénitiens.
Parmi les imprimés, le « Gasparis Contareni patricii Veneti *De Republica Venetorum*, libri quinque », etc.; Lyon, Elzevir, 1626 et 1628;
in-12; et l'édition Aldine, « *Della Republica et magistrati di Venetia*,
di M. Gasparo Contareni, che fu poi Cardinale »; Venise, Alde, 1591,
in-8°. Nous possédons aussi un intéressant manuscrit sans doute préparé pour l'usage d'un ancien sénateur vénitien, rédigé sous ce titre :
*Sommario del libro Roan del Pregadi, tratto dal medesimo libro diviso
in quattro libri*. Nel primo si vede con qual titolo entri cadauno senato.
Nel secondo si contengono le parti in proposito di ballotationi. Nel
terzo et quarto materie diverse appartenenti a Senatori extraordinarii.
C'est une sorte de *vade-mecum* de sénateur.

(*le Cabinet*) ; on y examine les résolutions que les Sages
(les *ministres*) prennent dans les consultations du Collége,
sur lesquelles le Sénat se détermine par la pluralité des
voix de ceux qui ont droit d'opiner dans cette assemblée, qui est l'âme de l'État et par conséquent le principe de toutes les actions du corps de la République [1]. »

Aussitôt assemblés, les portes du Sénat étant fermées,
et tous les sénateurs ayant pris place, un Secrétaire de
la Chancellerie donnait lecture des lettres qui de tous
les côtés étaient adressées à la Seigneurie, que le Cabinet avait déjà lues, et pour lesquelles il avait préparé
les réponses. Les questions étaient exposées jusqu'à trois
fois, c'est-à-dire qu'il y avait trois lectures, et à la troisième, quiconque pouvait monter à la tribune (*andar in
renga*), soit pour soutenir la proposition, soit pour y
contredire. La question étant épuisée, on allait aux
voix, à une, deux, trois ou plus de voix, selon la nature des affaires. La boule *blanche* était pour *oui*, la
verte pour *non*, la rouge indiquait le *doute* (*non sin-
cera*). Le sieur de Saint-Didier, parlant de la composition du Sénat, dit finement : « Il ne manque pas d'y
avoir aussi de ces vieillards, qui n'ayant d'autres connaissances que celles de leurs coutumes, sont si opi-
niâtres qu'ils ne sçavent ce que c'est que de s'acco-
moder aux diverses conjonctures du temps, tenant une
nouveauté pour un crime d'Estat : de sorte que le Sénat
seroit sujet à tomber souvent dans des résolutions qui

---

[1] *La Ville et la République de Venise* (Paris, 1680), chapitre « Du
Pregadi », p. 224.

ne seroient pas toujours conformes aux véritables intéréts de la République, si les plus habiles testes de ce corps, qui en connaissent les défauts, ne remédioient à ces inconvénients par un autre, c'est de temporiser, afin qu'avec le temps et par le moyen de leurs harangues ils puissent ramener les esprits et faire prendre un meilleur, biais aux affaires importantes [1]. »

Il était naturel que la grande variété des matières traitées dans le Sénat.eût pour premier résultat une non moins grande variété d'écritures ; de là ces Archives imposantes, proprement dites *del Senato,* et divisées en deux parts absolument distinctes, les unes secrètes, les autres non. Giovanni Rossi, dans ses *Essais* sur les choses vénitiennes, demeurés encore à l'état de manuscrit,

---

[1] Nous citons fréquemment le livre du sieur de Saint-Didier comme étant l'un des meilleurs sinon le meilleur qui ait été écrit sur l'État des Vénitiens par un Français de l'ancienne France. Le sieur de Saint-Didier n'a pas eu la prétention de se faire le juge suprême de cette République comme son prédécesseur à Venise, Amélot de la Houssaye, dont l'œuvre respire, à toute page, la partialité et la mauvaise humeur. Il en a voulu simplement représenter le tableau qu'il avait eu sous les yeux pendant les deux ans qu'il avait été attaché à la personne du comte d'Avaux, ambassadeur pour le Roi, à Venise. Voici d'ailleurs sa déclaration au public, en l'AVERTISSEMENT de l'édition de 1680 : « *Tout ce qui avoit esté écrit cy-devant de Venise étoit ou peu conforme à la vérité ou ne traittoit que de la moindre partie des choses que l'on en doit connoître. Le séjour que j'y ai fait depuis le commencement de l'année 1672 jusqu'à la fin de 1674, pendant l'ambassade de M. le comte d'Avaux, m'a inspiré le dessein de faire un tableau de la ville, du gouvernement et des manières de vivre des Vénitiens, le plus au naturel qui me seroit possible, et de renfermer dans les trois parties de cet ouvrage tout ce que plusieurs autheurs ont traitté séparément, et j'ose même dire imparfaitement. Toutes ces choses ensemble m'ont paru si rares et si singulières, que je ne les crois pas moins différentes de tout ce qu'on voit dans le reste de l'Europe, que la Chine l'est de la France.* »

incline à établir douze catégories dans les papiers du
Sénat, et sa répartition est la suivante :

1° Registres désignés *Misti.*
 2°   »   »   *Secreti.*
 3°   »   »   *Delle Corti.*
 4°   »   »   *De' Rettori.*
 5°   »   »   *Terra.*
 6°   »   »   *Mare.*
 7°   »   »   *Roma.*
 8°   »   »   *Roma espulsis.*
 9°   »   »   *Consultori.*
 10°   »   »   *Affari Ecclesiastici.*
 11°   »   »   *Communicate.*
 12°   »   »   *Dispacci e Relazioni.*

Ce mode de répartition me paraît diffus, et il confond
les registres de la politique, tels que les *Misti* et les *Secreti,* avec ceux de l'administration, *Terra e Mare.* Ne
convient-il pas mieux de ranger complétement à part les
séries de *Terra* et de *Mare,* pour réunir toutes les autres
sur un même territoire. Ainsi l'avait pratiqué le gouvernement vénitien, qui n'avait point encombré avec l'interminable agglomération des registres de cette catégorie les rayons de la *Secrète* réservés aux affaires spéciales. Pourquoi d'ailleurs Rossi n'admet-il que douze
séries au lieu de quinze? Que fait-il en effet des registres
des *Patti* ou *Traités,* et de ceux des *Commemoriali* ou
choses estimées bonnes à être enregistrées sur des livres
spéciaux? Et la série des affaires de Constantinople?
n'était-elle pas jadis tenue à part, et formant un recueil
spécial, aussi bien que les affaires de Rome?

Deux mots d'abord sur les deux collections dites *Terra*

et *Mare,* et dont les registres ne concernent que les
affaires administratives, soit terrestres, soit maritimes
de la République.

La série Terra comprend quatre cent onze registres
et trois mille cent vingt-huit liasses (*filze*). Les registres
commencent en 1440 et finissent en avril 1788; les
liasses vont de 1545 à 1797. Cette série renferme toutes
les lettres ducales et les décrets du Sénat relatifs à l'administration des provinces situées sur *terre ferme* et à celle
de la ville de Venise même. Toutes les affaires intérieures traitées *ministériellement* se trouvent donc consignées dans ce recueil : ainsi, la correspondance ordinaire
avec les gouverneurs et celle avec les magistratures dans
la métropole. Chaque registre porte avec lui un Index
général des matières ; la reproduction d'un seul suffira
pour la direction des investigateurs :

Speciales personæ.
Ecclesiæ, monasteria et hospitalia..
- *Electiones et confirmationes.*
Communia, communitates, capitula et territoria.
Datia et merces.
Taxæ et decimæ.
Consilia, collegia et officia.
Banchi.
Pro honorandis Principibus.
Stipendiarii.
Partes Rectoribus exequendæ.
Bona et pecunia dominii.
Debitores dominii.
Partes generales et ordines civitatis.
Advocatores comunis et sindici.
Gymnasium Patavinum.
Acquæ et expensæ pro fabricis.

Oratores, rectores, revisores et castellani.
Imprestida et subsidia[1].

La série MARE comprend deux cent quarante-sept registres sur parchemin, de 1440 à 1796, et douze cent quatre-vingt-six liasses, de 1545 à 1797. Elle est le recueil de l'administration *maritime* de la République. Voici un spécimen de l'Index de l'un des Registres :

Armamentum.
Communia, communitates et capitula.
Electiones, commissiones.
Ecclesiæ, monasteria et hospitalia.
Galeæ, naves et navilia.
Litteræ et Rectoribus exequendæ.
Oratores, Nuntii et Secretarii.
Partes generales.
Stipendiati.
Supra comiti.
Speciales personæ[2].

Ainsi que l'indique la désignation propre de cette série, c'est en ses recueils qu'il faut chercher les lettres ducales et les décrets du Sénat relatifs à toutes les

---

[1] C'est-à-dire : Affaires particulières à telles ou telles personnes. — Églises, monastères et maisons hospitalières. — Élections à des charges et confirmations dans lesdites charges. — Affaires communes. — Droits d'entrée et marchandises. — Taxes et décimes. — Conseils, assemblées et offices. — Banques. — Décisions relatives aux honneurs à rendre à des Princes. — Émoluments. — Décrets à faire exécuter par les Préfets. — Biens et finances de l'État. — Débiteurs de l'État. — Décrets et arrêtés généraux. — Avocats de la Commune et Syndics. — Université de Padoue. — Eaux et dépenses pour constructions. — Envoyés, Préfets, Inspecteurs et gouverneurs de châteaux. — Emprunts et subsides.

[2] C'est-à-dire : Armement. — Affaires communes. — Élections et mandats. — Églises, monastères. — Navires et galères. — Lettres à des Préfets et ordres à exécuter. — Envoyés et Secrétaires. — Affaires générales. — Émoluments. — Affaires personnelles spéciales.

affaires maritimes d'un ordre non politique et à toutes
les possessions d'outre-mer des Vénitiens; telles que
Chypre, Candie, la Morée, les îles du Levant, l'Istrie,
la Dalmatie, l'Albanie, la Grèce, et autres contrées qui
furent sous la domination soit continuelle, soit tempo-
raire, de la République. C'est aussi là qu'on trouvera
des preuves abondantes des premiers services maritimes
régulièrement établis entre Venise, la Flandre et l'Angleterre [1]. Tout le recueil s'adresse essentiellement à
l'attention des historiens des relations commerciales.

Avec les autres séries, nous entrons dans un domaine
d'un intérêt moins exclusif : ce n'est plus l'histoire véni-

---

[1] Voyez dans l'intéressante préface du premier volume du *Calendar
of State papers*, etc., rédigée par M. Rawdon Brown, les paragraphes
suivants, relatifs aux voyages des galères de Venise pour les Flandres,
depuis 1317 jusqu'en 1532 : *Account of the Flanders galleys. They form
the first link of connection between the two countries. — Their first
voyage. — Various rules and regulations respecting the galleys, their
captains, their officers, and crews. — Their course. — Trade with
certain English ports and with Flanders. — Imports from the Mediter-
ranean and East. — Vigilant supervision of the Senate. — The admi-
ral's commission and responsibility. — Voyage of Flanders galleys sus-
pended by the league of Cambrai. — Finally discontinued in 1532.* (De
la page LXI à LXXI.)

Les premiers documents originaux extraits des *Registri Senato* MARE,
cités par R. Brown, sont des Décrets du Sénat des 2 et 22 novembre
1440, 17 et 18 février, 16 mai 1441, 20 février 1442, 8 mars et 30 juillet 1443, 7 février et 7 mai 1444, 27 janvier, 19 octobre et 17 décembre
1445, etc., etc.

Voyez aussi la *Storia civile e politica del commercio dei Veneziani*,
par C. A. Marini (*Venezia*, Colati, 1798-1808, 8 volumes in-8°); la
Storia della navigazione nel mar Nero, par Formaleoni (*Venezia*, 1788,
2 volumes in-8°); *Del Commercio dei Veneziani*, par Fabio Mutinelli
(Venezia, 1835, 1 volume in-8°); les *Veneti primi e secondi*, par Giacomo Filiasi (Padoue, 1811-1814, 7 volumes in-8°), etc.

tienne, c'est l'histoire générale qu'elles regardent et
concernent.

II.

LIBRI PACTORUM.

(883-1496.)

Les Livres des Traités. — Le *Liber* Albus. — Le *Liber* Blancus. —
Le Doge Andrea Dandolo (1343-1354) contribue non-seulement par
ses conseils, mais aussi par l'exemple, à la recherche des documents
authentiques les plus anciens et à la formation d'importants recueils.

Dans toute description ou mention des trésors écrits
que conservent les Archives de Venise, il faudra toujours mettre en avant celle des *Libri Pactorum* ou *Patti*,
recueil fort remarquable de neuf registres qui renferment
la transcription des plus anciens traités conclus par la
République des Vénitiens avec diverses puissances au
moyen âge. Ces neuf registres, composés de feuilles de
très-beau parchemin, sont complétés par un index exécuté avec un soin admirable, en 1538, par le secrétaire
« Petrus Brixianus », sous les auspices d'Andrea Franceschi, grand chancelier. On peut dire que l'éloquente
inscription dont l'intelligent compilateur a orné l'une
des pages de cet utile répertoire est un heureux tableau
de l'ouvrage dont il a relevé les titres. « *Hi sunt*, dit-il,
*qui ab incunabulis fere reipublicæ Venetæ ad ætatem hanc
nostram, quicquid togæ bellique præclare gestum est,*

complectantur. *Hic tu, ne forte hoc nescias, pacis orna-*
menta omnia et subsidia leges. Qui principes, quæ urbana
consilia, qui magistratus conosces. Qui senatus comitivo-
rumve usus et ratio, quantaque reipublicæ majestas et
authoritas sit, accipies. » Le plus ancien document que
l'on y trouve est de l'an 883, et aucun ne dépasse la
limite des dernières années du quinzième siècle. L'érudit que sa curiosité et son goût pour les informations
diplomatiques au moyen âge porteront vers l'examen de
ces registres, devra consulter d'abord les appréciations
utiles qu'en ont publiées MM. G. L. Fr. Tafel et Gg. M.
Thomas, en Allemagne, et M. de Mas Latrie, en France.
Les deux premiers ont eu sous les yeux la copie en sept
registres, qui était alors à Vienne, et le troisième a basé
son rapport sur la copie, en neuf registres, que Venise
avait pu garder [1]. Mais à la connaissance de ces deux
séries ne doit pas se borner la curiosité du savant sur
les traités et priviléges de la République vénitienne en
ces temps anciens. Il devra aussi dépouiller les textes
précieux de ces deux grands monuments écrits du moyen
âge, fondés par les soins et l'initiative glorieuse du glo-

---

[1] Voyez « *Der* Doge Andreas Dandolo *und die von demselben ange-*
legten urkundensammlungen zur Staats- und Handelsgeschichte Vene-
digs. Mit den Original-Registern des Liber Albus, *des* Liber Blancus
und der Libri Pactorum *aus dem Wiener Archiv,* von Dr. Gottl, L. Fr.
Tafel und Dr. Gg. M. Thomas. (Aus den Abhandlungen der K. bayer
Akademie, d. W. III, Cl. VIII, Bd. I, abth. München, 1855.
Et *Archives des missions scientifiques et littéraires,* choix de Rapports
et Instructions publié sous les auspices du Ministère de l'instruction
publique et des cultes. VIe et VIIe cahier, juin et juillet 1851. *Rapport*
sur le recueil des Archives de Venise intitulé Libri Pactorum, par
M. de Mas Latrie, p. 262 à 300, et p. 344 à 385.

rieux Doge Andrea Dandolo, ce magnifique ami des
lettres et de l'histoire [1], monuments conservés sous le
titre, l'un de LIBER ALBUS, l'autre de LIBER BLANCUS.

L'ALBUS, comprenant cent vingt-huit documents, dont
le premier est un « *Privilegium Emanuelis Imperatoris
Constant.* [2] », et le dernier une convention avec le chef

[1] Andrea Dandolo, cinquante-quatrième Doge de la République.
Élu le 4 janvier 1343, mort le 7 septembre 1354. « *Questo fù un
sapientissimo homo et cortese a tutti comunemente, e perciò el vegniva
detto il Cortese di sopranome.* » Ancienne chronique dans un manuscrit
de la maison d'Este. « Unus ex primis rerum Venetarum scriptoribus,
vir probus, et literis et armis conspicuus, uti testatur F. Petrarcha, qui
eodem ævo florebat, » etc. (MURATORI.) Voyez le Mémoire allemand cité
plus haut, p. 9, 11 et suiv. « Andrea Dandolo (dit le comte Sagredo),
uomo di gran senno, amico a Francesco Petrarca, e scrittore della miglior
cronaca Veneziana che abbiamo.... »

[2] Dans son très-intéressant mémoire sur VENISE ET LE BAS-EMPIRE,
M. J. Armingaud dit : « Le premier chrysobulle dont on ait non le
texte grec, mais la traduction latine conservée à Venise dans le livre des
Patti et dans le *Liber Albus,* appartient à la fin du dixième siècle. » Et
il ajoute : « Nul doute cependant qu'il n'ait été précédé de beaucoup
d'autres. Ceux-ci auront été brûlés, comme tant de précieux documents,
dans l'incendie qui consuma une partie des Archives vénitiennes au
moyen âge. La preuve en est *à priori* dans l'impossibilité même d'un
trafic lointain qui eût manqué de garanties. Mais elle ressort aussi du
premier chrysobulle qui, en invoquant les *antiques usages,* ne fait que
les confirmer ou les étendre. » Voyez *Histoire des relations de Venise
avec l'Empire d'Orient depuis la fondation de la République jusqu'à la
prise de Constantinople au treizième siècle,* par J. Armingaud, professeur d'histoire au Collége Rollin. (Imp. Impér., 1868.) Ce travail du jeune
professeur est excellent, plein de faits intéressants, d'aperçus ingénieux,
et bien nourri de documents cherchés aux bonnes sources. « La Bibliothèque de Saint-Marc, dit-il, et surtout les archives des *Frari,* m'ont
fourni mes principales sources. Beaucoup de documents du livre des *Patti*
sont commentés dans ce travail pour la première fois, et si l'activité des
savants allemands m'a devancé de quelques années, j'ai pu cependant
trouver après eux plusieurs pièces inédites. Mon but a été d'ailleurs de
composer un tableau d'ensemble, en profitant des travaux allemands et

des Tartares, « *Pacta firmata cum domino Imperatore Zambech* », est un recueil de traités et de priviléges conclus avec les puissances orientales de Romanie, Syrie, Arménie, Chypre, Byzance, et avec quelques États asiatiques et africains.

Le BLANCUS, contenant soixante-huit articles, dont le premier est un traité de l'an 840 (*Pactum inter Lotharium imperatorem et dominum Petrum Ducem Veneciæ pro firma pace habenda inter aliquas civitates et loca ducatui Veneciæ propinqua*), et le dernier un privilége du roi Manfred (*Privilegium Regis Manfredi super restitutione Bizantium, quos Andreolus de Mari abstulit hominibus Venetiarum*) [1], est spécialement affecté aux conventions avec les pays Lombards, la Toscane, la Marche d'Ancône, les Romagnes, Naples et la Sicile.

L'historien moderne Romanin, parlant de son voyage effectué à Vienne en 1852, pour examiner ces deux précieux manuscrits, conservés alors dans les Archives impériales, dit : « Je trouvai que tous les deux étaient précédés d'une lettre patente du Doge Andrea Dandolo, par laquelle il fait connaître qu'après s'être occupé de la réforme du Statut, il juge sage et patriotique l'entreprise de sauver de l'oubli les documents anciens, de les recueillir, et de les disposer et ordonner avec le plus grand soin. C'est une lettre bien précieuse

italiens publiés récemment ou peu connus en France.... Les recherches particulières des savants vénitiens consignées dans les *Mémoires* de l'Institut royal des sciences, lettres et arts, et dans ceux de l'Athénée vénitien, m'ont été du plus grand secours. »

1. Voyez le Mémoire allemand de Tafel et Thomas, déjà cité, pages 36 à 44, et p. 47 à 53.

et qui nous fait connaitre ce grand Doge sous un jour
nouveau, c'est-à-dire non-seulement comme chroniqueur et législateur (ce que nous savions), mais encore
comme doué de cette ambition très-noble de recueillir
les plus anciens documents faits pour porter la lumière
sur l'histoire de la patrie [1]. »

Nous avons dit que les Registres « *Libri Pactorum* »
ne renfermaient aucune transcription de traités conclus
depuis les dernières années du quinzième siècle, mais à
côté de ces Registres, qui sont en quelque sorte un fragment de collection, sont aussi tous les traités originaux
(et le nombre en est considérable) signés avec les puissances depuis le treizième siècle jusqu'aux derniers
temps du dix-huitième. La part des traités et conventions, dans les Archives de Venise, est donc de tout
point admirable, car elle est une de celles qui peut-
être ont le moins souffert de l'action du temps, des
incendies et autres désastres.

---

[1] *Storia documentata di Venezia*, par S. ROMANIN, t. Iᵉʳ, p. 353
et 354. (Venise, Naratovich, 1853.) La lettre du Doge dont parle ici
Romanin a été reproduite aussi par MM. Tafel et Thomas : elle est, en
effet, fort belle et bonne à lire, de tout temps. Voici en quels termes
cet homme illustre la termine : « Sumat ergo nostri fructum laboris subditorum clara devocio, et quid erga eos generalitatis gratia patrio fovemus
affectu, gloriosum nostrum propositum recognoscant. Docti enim, quod
regna sublimant principum solertas vigilie, et dominantis tanto eminen-
tius fama crescit, quanto instantius comodis subiectorum insudare
dignoscitur, optamus cunctos dies nostros in publicas utilitates excur-
rere, ut venerabili patrie comissisque nobis divinitus populis, quibus
principaliter nati sumus, prodesse quam preesse pocius valeamus. »

III.

COMMEMORIALI.

(1295-1797.)

Livres destinés à l'enregistrement de faits et d'actes mémorables. — Les registres les plus anciens, c'est-à-dire ceux qui comprennent le quatorzième et le quinzième siècle, sont les seuls dans cette collection qui aient une réelle importance. — Indication de quelques documents relatifs aux choses de France.

Recueil de trente-trois volumes, dont un seul, le trentième, a été écrit sur papier; le reste de la série est rédigé sur parchemin. Ces volumes ne forment pas un recueil régulier et de nature spécialement définissable. On ne se trompera pas en disant qu'ils contiennent de tout un peu. Le premier document en date est de 1295, le dernier, de 1787. Il ne faut pas du reste accorder à ce recueil toute l'importance que promet le titre qu'il porte. Ce n'est pas le répertoire officiel de tous les faits mémorables pour la République de Venise, c'est un recueil de luxe, dans lequel le caprice d'un chancelier a dû plus d'une fois présider à l'enregistrement de tel document plutôt que de tel autre. La partie moderne, depuis l'année 1550 environ, y a été extrêmement négligée, et nous sommes d'avis que les *Commemoriali* ne peuvent être sérieusement utiles que pour les informateurs sur certaines choses du quatorzième et du quinzième siècle. C'est une série dont il faut particulièrement consulter les

Indici pour se rendre compte de ce qu'il convient d'y
chercher, car il serait difficile, même à celui qui a consulté chaque registre, de dire qu'on doit s'attendre à y
trouver telle chose plutôt que telle autre.

Neuf registres comprennent le quatorzième siècle,
I à IX, 1299-1407 ;

Huit, le quinzième, X à XVIII, 1407-1500 ;

Huit, le seizième, XVIII-XXVI, 1500-1604 ;

Trois, le dix-septième, XXVII-XXIX, 1604-1696 ;

Quatre, le dix-huitième, XXX-XXXIV, 1703-1787.

Des textes relatifs à des faits particuliers au royaume
de France, ou à des Français en relation d'intérêts soit
mercantiles, soit autres, avec des Vénitiens, s'y rencontrent aux années 1300, 1304 et 1307, pour la partie
la plus ancienne. L'annexe au volume II a de l'intérêt,
et se rapporte aux années 1307, 1311, 1317, 1322.
Nous y voyons affirmés les rapports établis entre Venise
et le royaume par Charles d'Alençon, comte d'Anjou,
troisième fils de Philippe le Bel. Des quittances échangées pour des fournitures d'armes ont cette particularité
d'y être transcrites en langue française, cas fort rare en
ces archives. Les nouvelles ambassades échangées entre
les deux puissances, après celle qui fut accomplie et racontée avec tant de naturel et de grâce en ses *Mémoires*
par Villehardouin, maréchal de Champagne, y sont
signalées, et des lettres de souverains y sont reproduites,
entre autres de Philippe VI de Valois (1329, 1332), de
Jean (1362), de Charles le Sage (1368, 1369, 1376,
1377), de Charles VI (1395, 1396 et 1407). Sous le
règne de Charles VII, en 1428, le volume XII contient

Capitula terræ Franciæ cursu territorii; de même
pour 1441. Telle est un peu la part du moyen âge dans
les *Commemoriali* pour la partie de France. Quant aux
documents modernes, c'est-à-dire depuis l'avénement
de Louis XI, et surtout depuis le traité d'alliance qu'il
signa en 1478 avec Venise, leur intérêt perd dans ces
registres tout parfum de curiosité, étant choses diverses
fois reproduites en d'autres séries manuscrites, non
moins officielles que celles des *Commemoriali.*

Nous devons ajouter que cette collection se complète
par quatre registres ainsi désignés : « *Mémoires anciens
qui sont importants et qui peuvent suppléer en partie aux
lacunes des* COMMEMORIALI; *Relations de Castille, maisons
régnantes, forteresses, préséances et choses historiques des
royaumes* [1].

---

[1] La progression chronologique de chaque volume est la suivante jusqu'au seizième siècle :

1295-1298	1405-1417
1309-1316	1418-1427
1317-1326	1426-1437
1325-1343	1435-1447
1342-1352	1446-1455
1353-1358	1455-1476
1358-1362	1470-1503
1362-1376	1482-1495
1376-1397	1495-1504
1395-1405	1509-1513

Nous avons dit que les documents les plus variés s'y pouvaient rencontrer. Citons à titre de preuves : *Privilegium civitatis Thadei de
Pepolis* en 1337; *Cardinales creati* sous Benoît XII et Clément VI;
*Exemplum litterarum D. Philippi Regis Francorum pro Guielmo
Pincharello de Pimano et lo de Cruce de Montepesulano fidelibus suis,*
1329; *Responsum legati Papæ Joannis XXII super subsidio potentatum
contra Turcos,* 1334; *Confessio receptionis pecuniarum datarum Vene-*

16.

IV.

DELIBERAZIONI DEL SENATO

REGISTRI MISTI.

(1293-1440.)

Définition de cette série. — Les textes des quatorze premiers Registres
(1293-1331) manquent, mais les répertoires (*indici*) ont été conservés.
— Importance de ces documents comme preuves officielles pour l'histoire des relations extérieures de la République. — Indication des
matières relatives aux affaires étrangères d'après l'Index original des
trente-deux premiers Registres, c'est-à-dire de 1293 à 1368. — Énumération de documents concernant la France depuis 1331 jusqu'en 1440.

Ces Registres ainsi désignés contiennent les différentes délibérations du Sénat sur toutes sortes de questions aussi bien administratives que politiques, et concernant à la fois certaines affaires intérieures et les

*tiis ex parte Caroli fratris Regis Franciæ, pro arnesiis, sartiis, armis,
trombis argenteis, 1311; Quietatio lingua gallica exarata quatuor tuba-
rum et unius tubetæ argenteæ consignatarum commisso gallico per nuntios
Venetos, idem* (addition au vol. II); *Memoria instrumentorum collocat.
in procuratia Sancti Marci per Cancellarium Venetiarum; 1400; Mutatio
gubernationis Genuæ in reges Franciæ et submissio; 1396; Litteræ patentes
Aloysii Regis Francorum in quibus,* etc., *1477; Pax cum Christianissimo Francorum Regi celebrata, 1478; Quietatio Christ. Regis Franciæ,
1516; Consignatio jocalium Augustino Ghisi, 1511; Indici di libri
proibiti, 1506; Libro degli dispacci del ambasciator Diedo al Soldano del
Cairo ritrovato nel 1609; Lettera della Sultana madre portata dal Ambasciator, 1605; Condotta di Giovanni di Medici,* idem, etc., etc....
L'érudit qui à Venise s'est le plus particulièrement occupé de l'étude des
documents contenus dans les *Commemoriali* est le professeur A. S. Minotto. Il en a préparé un *regesto*, c'est-à-dire un sommaire développé
dans l'ordre des matières et avec l'indication des volumes et des pages :
travail de grande patience dont il faut souhaiter la prompte publication.

négociations étrangères. L'incendie de 1574 ou de 1577
a sans doute détruit les quatorze premiers, qui comprenaient les huit dernières années du treizième siècle et
les trente et une premières du quatorzième (1293-1331).
Cette antique période n'est plus représentée dans les
Archives que par les *Indici* ou Répertoires. La série
régulière des textes ne commence donc qu'avec l'année 1332, et s'arrête à l'année 1440. Elle forme aujour-
d'hui un ensemble de trente-neuf volumes in-folio sur
parchemin. L'importance des documents qu'ils renferment mérite la plus particulière mention : ils ouvrent
d'une façon non interrompue pendant près d'un siècle
la série des pièces officielles relatives aux affaires étrangères traitées dans les contrées et avec les nations les
plus diverses. Il suffit de regarder dans les *Rubricarii* des
Deliberazioni Miste la partie désignée sous le titre d'*Ambaxatores et Tractatores,* et celle des *Commissiones* (Instructions), pour se rendre aussitôt compte de quel intérêt peut être cette source de textes propres à réformer
les mille et une erreurs des Chroniques écrites fort souvent un peu à l'aventure et sans preuves déterminées.
Un grand nombre de dates faussement assignées à certains faits peuvent être rétablies. Les *Rubricarii* des
soixante volumes jadis rangés dans la Chancellerie, et
dont quarante-six sont demeurés intacts, comprennent
quatre volumes ainsi répartis :

Le tome premier :   Index de trente-deux registres, 1293-1368 ;
     »   deuxième :   »   neuf registres, 1368-1389 ;
     »   troisième :   »   neuf registres, 1389-1413 ;
     »   quatrième :   »   dix registres, 1413-1440.

Les matières principales relatives aux affaires étrangères qui y sont indiquées, et sur lesquelles on peut effectuer les recherches en se reportant aux numéros de renvoi, sont ainsi enregistrées :

Achaiæ despotus (Dyrrachium, Rodum et Romania).
Æmonia.
Alemania.
Alexandriæ galee.
Ambaxatores et Tractatores.
Anconitana Marchia.
Anglia.
Apulia.
Aquileia patriarca et Forum Julium.
Aragonia.
Ariminium.
Armeniæ galee.
Anserum et Chersum.
Bohemiæ Rex et Lombardia.
Bononia.
Carolus dominus et fratres.
Chroatiæ barones.
Constantinopolis, Trapezunta, Mare majus.
Credentiarum officiales.
Cremona.
Creta.
Culphi custodia.
Cumæ.
Cypri galee.
Dalmatia.
Ferraria.
Flandria.
Florentia et Tuscia.
Porticum Teotonicorum.
Forenses.
Francia.
Goritii comites.

Hispania.

Hungaria.

Janua et Sagona.

Imperator Romanorum.

Insula.

Justinopolis.

Levantis officium.

Ligna missa extra pro arduis factis.

Lombardia. -

Lombardorum tabulæ vicedomini.

Maiorica.

Mantua.

Mare majus.

Mediolanum.

Mutina.

Navigandi ordines.

Navigationis officium.

Nigropons.

Papæ Legati et Prelati.

Parma.

Placentia.

Ragusium.

Rex Robertus.

Rodum.

Romandiola.

Romania.

Sardinia.

Sclavonia.

Sicilia.

Syriæ galee.

Trapezunta.

Tunisium.

Turcæ.

Verona et domini della Scala.

Ystria [1].

---

[1] C'est-à-dire : l'Achaïe, l'Emonie, l'Allemagne, les galères d'Alexandrie, les Ambassadeurs et les Négociateurs, la Marche d'Ancône, l'An-

Le relevé que nous avons fait des choses de France dans les *Indici* de 1293 à 1368 atteste des négociations engagées entre les Vénitiens et le Roi de France, soit pour les traités d'alliance, soit pour des contrats, soit pour des intérêts privés de quelques nationaux, dans le cours des années 1302, 1317, 1324, 1325, 1330, 1331, 1332, 1343, 1344, 1345, 1350, 1354, 1357, 1359 et 1366 [1]. Notre examen de la période de 1368 à 1389 établit l'ambassade en France de Pietro Bragadin en 1368,

---

gleterre, l'Apulie, le Patriarche d'Aquilée et le Frioul, l'Aragon, Rimini, les galères d'Arménie, la Chersonèse, le Rói de Bohême, Bologne, les barons de Croatie, Constantinople, Lettres de créance, Crémone, la Crète, la surveillance du Golfe, Cumes, les Galères de Chypre, la Dalmatie, Ferrare, la Flandre, Florence et Toscane, l'entrepôt des Allemands, les Etrangers, la France, les Comtes de Goritz, l'Espagne, la Hongrie, Gênes et Savone, l'Empereur des Romains, l'Office du Levant, les Navires envoyés en des circonstances extraordinaires, la Lombardie, Majorque, Mantoue, Milan, Modène, Ordres d'expédition maritime, Négrepont, Légats du Pape et Prélats, Parme, Plaisance, Raguse, Rhodes, la Sardaigne, l'Esclavonie, la Sicile, les Galères de Syrie, Trébizonde, Tunis, les Turcs, Vérone et les seigneurs de la Scala, l'Istrie.

[1] Ainsi : REGISTRE XIV, année 1331.: *Sapientes electi super litteris Regis Francorum, super facto passagii. Cursores domini Regis. Sapientes videbunt super committenda ituris. Respondeatur domino Regi Francorum ad suas litteras. Mittatur Ambaxator ad Regem Francorum.* (Texte de l'Index pour le volume XIV, dernier des *Misti*, qui ont été détruits par l'incendie de 1574 ou de 1577.) REGISTRE XV, 1332, p. 2 : *Scribatur Regi Francorum.* REGISTRE XVI, 1332 : *Ad preces Regis Francorum mittatur Ambaxator ad Marchionem Ferrariæ.* REG. XXII, 1344 : *Responsio facta Ambaxatori senescalchi domini Regis Franciæ.* REGISTRE XXIV, 1345 : *Valaresso missus ad potentes Franciæ.* REG. XXVI, 1354 : *Petrus de Compostellis, notarius dominorum de Nocte, missus ad potentes Flandriæ et Franciæ pro aptatione strateræ.* REGISTRE XXVII, 1356 : *Consules nostri Bruges et Parisiis audiantur...* REG. XXVIII, 1357 : *Misso ad dominium Delphino Viennensi et locumtenenti in Parisiis.* REGISTRE XXIX, 1361, *De litteris fiendis Ducissæ Borboniæ.*

et le passage par Venise des envoyés du Roi de France à leur retour de Hongrie en 1372, puis l'ambassade de Contarini à Paris en 1375, quelques rapports échangés en 1383 et en 1384, où Pierre de Craon jouait un rôle. La Bourgogne y a sa part en 1386 et 1389 [1]. « Des ambassadeurs arrivèrent de Venise au mois de juillet, écrit le Religieux de Saint-Denis en sa Chronique ; ils annoncèrent que le Roi des Turcs avait péri dans une bataille. », C'est l'ambassade rapportée dans la troisième partie des *Rubricarii* (1389-1413), à la date de 1395, « *Ambaxata solemnis ad dominum Regem Franciæ,* » et pour la première fois nous avons un texte précis d'*Instructions* à un envoyé de Venise en France. « *Forma commissionis datæ viro N. J. Alberto ambaxatori ad Regem Francorum* [2]. Avec le quinzième siècle, l'intérêt

---

[1] Ainsi : *Deliberazioni del Senato.* Registri Misti. REGISTRE XXXIV, 1372-1375 : *Possint scribi literæ domino Regi Franciæ in favore Moreti Lovari et Jacobelli de la Turre,* p. 16 ; *Factum pignore Franciæ cui suspensio expirat,* p. 29 ; *Ambaxatores Regni Franciæ euntes in Hungaria conducantur cum ligno ripiæ,* p. 144 ; *Ambaxatores redeuntes de Hungaria leventur,* p. 154. REGISTRE XXXV, 1375-1377. : *Per represalia Raymundi Valery mittatur unus Ambaxator ad Regem Franciæ,* p. 128 ; *Comissum Contareno Ambaxatori ad Regem Franciæ,* p. 130. REGISTRE XXXVIII, 1362-1384 : *Responsio fienda Ambaxatori Regis Franciæ de mittendo virum nuntium,* p. 118 ; *Responsio facta domino Andegavensi,* p. 120. REGISTRE XXXIX, 1384-1386 : *Responsiones factæ Ambaxatoribus domini Regis Franciæ,* p. 12, 13 et 15 ; *Detur passagium usque Segnia Ambaxatori Regis Franciæ,* p. 66 ; *Responsio facta Ambaxiatori Regis Franciæ per transitum domini Regis Lodovici in causa qui veniat Venetiis,* p. 109. REGISTRE XL, 1386-1389 : *Quid scriptum fuit domino Ducis Burgundiæ,* p. 92. Vol. XLI, 1389 : *Responsio facta domino Duci Burgundiæ,* p. 113.

[2] *Deliberazioni del Senato.* Registri Misti. REGISTRE XLIII ; 1394-1397 : *Quid scriptum fuit domino Regi Franciæ super facta relaxationis per,* etc., p. 36 ; *Quid commissum fuit Laurentio,* p. 49 ; *Ambaxata*

se développe, le rôle du duché de Bourgogne fait sentir sa politique envahissante, et de 1402 à 1411, les registres des *Misti* contiennent de plus importants détails relatifs aux princes de cette maison. Entre 1413 et 1460, dernière série de ces manuscrits, les textes politiques sont peu fréquents, surtout si l'on considère qu'à cette époque le mouvement dans les affaires extérieures s'était beaucoup prononcé; mais il n'y a pas lieu de s'étonner de la rareté des documents diplomatiques dans la quatrième partie des *Misti del Senato*[1], puisque depuis l'année 1401, une autre série a été formée qui les contient presque tous, sous le titre spécial de « *Secreta del Senato.* »

solemnis ad dominum Regem Franciæ (2 septembre 1395 et 23 septembre); *Forma commissionis,* p. 72, 78, 79, 86, 89.

[1] *Deliberazioni del Senato.* Registri MISTI. REGISTRE XLV, 1400-1402 : *Pro represaliis nostris Regi et baronibus Franciæ,* p. 123. REGISTRE XLVI, 1402-1405 : *Captum de mittere unum notarium ad potentes Franciæ pro domino Duci Burgundiæ,* p. 104; *Commissio circumspecti viri Petri de Gualfudinis missi ad dominum Ducem Burgundiæ,* p. 109-110; *Quædam littera scripta domino Regi Franciæ,* p. 111. REGISTRE XLVII, 1405-1408 : *Quid scriptum fuit dominæ Ducissæ Burgundiæ pro novitatibus quæ sunt in Bruges,* p. 2; *Quid scriptum domino Francisco Contareno, Ambaxatori in Francia,* p. 8; *Mittatur una persona sufficiens ad potentes Franciæ per liberationem viri Francisci Contareni capti,* p. 28. REGISTRE XLVIII, 1408-1411 : *Libertas praticandi cum ambaxatoribus Ducis Burgundiæ,* p. 101; *Mittatur ad Ducem Burgundiæ,* p. 107; *Scribatur oratori ad Ducem Burgundiæ,* p. 117. REGISTRE LII, 1417-1419 : *Quid scriptum Regi Franciæ* (3 mai 1417), p. 113. REGISTRE LV, 1424-1426 : *Libertas data collegio mittendi consuli Bruges executione concordii facti cum ambaxatoribus Ducis Burgundiæ et mittendi ad solvendum ipsi duci ducat.* VII m., p. 112, 160. REGISTRE LVI, 1426-1428 : *Dux Burgundiæ,* p. 92. REGISTRE LVIII, 1430-1433 : *Dux Burgundiæ et Sabaudiæ, galeræ per viagium sancti Sepulkri,* p. 108.

V.

DELIBERAZIONI DEL SENATO

REGISTRI SECRETI.

(1401-1630.)

Délibérations secrètes du Sénat. — Recueil de cent trente-cinq registres, et la plus importante série qui puisse être consultée relativement
aux affaires étrangères. — Dix volumes de sommaires ou *Rubricarii*
servent de répertoire à toute la collection. — Indication chronologique progressive de ces volumes. — Relevé des matières qui y sont
traitées d'après l'un des originaux. — Jusqu'à l'avénement de
Louis XI au trône de France, les documents concernant le royaume
sont rares et ne se rencontrent qu'à des intervalles plus ou moins prolongés. — Sous Louis XI, les rapprochements internationaux entretenus par la diplomatie produisent des textes plus fréquents. — Avec
les entreprises de Charles VIII, de Louis XII et de François Ier, ils
deviennent innombrables. — Indication particulière des principaux
documents depuis les commencements du Recueil jusqu'à l'époque des
entreprises sur l'Italie.

Cent trente-cinq registres sur parchemin, commençant en 1401 et finissant en 1630, forment la série des
Deliberazioni Secrete du Sénat. En 1630, ce recueil prend
un autre titre, que nous expliquerons ci-après. A vrai
dire, on devrait en porter le nombre à cent trente-neuf,
puisque quatre registres, antérieurs à l'année 1401, et
marqués par les majuscules A, B, E, sont désignés
Secreta consilii Rogatorum, et comprennent quelques
périodes du quatorzième siècle, telles que 1345-1350,
1388-1397 ; mais en réalité l'ordre n'est régulièrement
établi que depuis 1401. Il y a, de plus, cent qua-

rante-trois liasses communément appelées *filze*, datées
de 1510 à 1630. Ces *filze*, qui sont une réunion de
feuilles volantes, peuvent être considérées comme étant
les pièces justificatives des délibérations enregistrées
dans les volumes sur parchemin. Il importe toujours de
les consulter, car elles renferment souvent des explications et des commentaires que l'on ne doit pas s'attendre
à rencontrer dans les recueils reliés. La collection des
Secreti del Senato est d'une valeur inappréciable pour
l'historien : c'est l'histoire politique de la République des
Vénitiens officiellement prouvée sans interruption. Elle
est comme le rendez-vous de toutes les phases des négociations entamées avec les puissances étrangères. Là
sont les *Commissions* et les *Instructions* pour les ambassadeurs, les capitaines de guerre, les provéditeurs
généraux ; là sont les réponses que le corps politique du
Sénat a approuvées, et dont le plus souvent il a discuté
les termes. Il est permis de dire qu'aucune page ayant
pour objet l'histoire internationale des Vénitiens ne peut
être écrite dans des conditions authentiques sans la consultation la plus minutieuse des registres sur parchemin
de cet abondant et précieux répertoire. Dix volumes
composant le *Rubricario generale* des *Secreti del Senato*
aident particulièrement à la rencontre des informations.
En voici l'indication progressive :

     I. 1401-1430.
     II. 1431-1482.
     III. 1483-1538.
     IV. 1539-1559.
     V. 1560-1589.

VI. 1590-1611.
VII. 1612-1617.
VIII. 1618-1624.
IX. 1625-1628.
X. 1629-1630.

Les matières principales de ces utiles *Rubricarii* ayant trait aux affaires étrangères exposées dans les registres corrélatifs sont les suivants :

Ambaxiatores et Tractatores et Nuntii.
Apulea et Rex.
Achaiæ principatus, Corphoÿ et aliæ ierræ Romaniæ, Rodo et Athene.
Bononia.
Boemia.
Culphy custodia Romaniæ.
Creta et Cretensis insula.
Ciprum, Armenia et Siria...
Constantinopoli, Trapesunda.
Coronum et Mothoni.
Cremona et Laudum et Crema.
Collonia.
Dominus Papa, Prelati et Legati.
Durachium.
Datiæ Rex.
Egyptus, Alexandria et Terræ Soldani.
Este.
Flandria, Francia, Ispania.
Forenses.
Florentia et Tuscia.
Fonticum Theotonicorum.
Galee Flandriæ, Romaniæ, Cypri, Baruti, Alexandriæ.
Gorici comites.
Justinopolis.
Insula.
Janua et Sagona.

Imperator Romanorum.

Levantis officium.

Marchia, Anconitana et Arimino.

Mediolanum.

Marchio Montisferrati.

Nigroponte et insulæ Egeopelagi cum Salonicho.

Neapolis Romaniæ et Argos.

Papa.

Parma.

Ragusium.

Raxiæ et Bosniæ regnum et partes Albaniæ.

Romandiola.

Rex Poloniæ.

Sclavonia.

Sicilia.

Sardinia.

Scutarum et Drivastum, et aliæ terræ Albaniæ.

Sabaudia.

Theotonici.

Turchi et Turchia cum Gallipoli et aliis terris Turchorum.

Tridentum.

Ungaria et barones Crobaniæ.

Vicedomini Lombardorum, Ferrariæ, Maris, Ystria et ligna custodiæ et Tergestum [1].

---

[1] C'est-à-dire : Ambassadeurs, Négociateurs et Nonces, Apulie, Principauté d'Achaïe, Corfou et autres terres de Romanie, Rhodes et Athènes, Bologne, Bohème, Surveillance du Golfe de Romanie, Crète, Chypre, Arménie et Syrie, Constantinople et Trébizonde, Coron et Modon, Crémone, Lodi et Crème, Cologne, le Pape, Prélats et Légats, Durazzo, le Roi de Danemark, Égypte, Alexandrie et Soudan, Este, Flandre, France et Espagne, Etrangers, Florence et Toscane, Entrepôt des Allemands, Galères de Flandre, de Romanie, de Chypre, de Bayrouth et d'Alexandrie, Comtes de Goritz, Gênes et Savone, l'Empereur des Romains, l'Office du Levant, Marche d'Ancône et Rimini, Milan, Marquisat de Montferrat, Négrepont, Iles de l'Archipel et Salonique, Naples, Argos, Parme, Raguse, Provinces de Bosnie et d'Albanie, Romagne, le Roi de Pologne, l'Esclavonie, la Sicile, la Sardaigne, Scutari et Drivasto, Savoie, Allemands, Turcs, Turquie et Gallipoli,

Avec les entreprises successives de Charles VIII, de Louis XII et de François Ier sur l'Italie, les documents vénitiens qui offrent un intérêt particulier pour la France, sont en si grande abondance qu'ils ne se comptent plus. Aussi le soin seul d'en faire un relevé et un rapport exacts fournirait-il matière à plusieurs volumes spéciaux. Il nous suffira donc d'indiquer cette mine aux curieux qui seraient tentés de l'explorer, nous réservant de ne citer ici que les faits particuliers aux années qui séparent 1401 de 1483, c'est-à-dire à celles

Trente, Hongrie et Barons de Croatie, Vice-préfets des Lombards, de Ferrare, de l'Istrie, et Trieste.

Les termes indiqués ici sont ceux de la plus ancienne série du *Rubricario generale*, c'est-à-dire de 1401 à 1430; nous avertissons qu'avec le cours du temps ces mêmes termes ont subi des modifications, ainsi dans les dernières séries, de 1625 à 1630, on trouve :

Ambasciatori.	Grisoni.
Armata marittima.	Imperator de Germania.
Artellariæ.	Inghilterra.
Avvisi alle Corti.	Mantova.
Baviera.	Materie extraordinarie.
Bohemia.	Milano. Modena.
Candia.	Napoli.
Capitolazioni.	Ongaria.
Cefalonia.	Parma.
Commissarii in campo.	Polonia.
Confini.	Principi d'Italia.
Consuli.	Ragusi.
Corfù.	Roma.
Crema.	Savoia. Spagna.
Dalmatia et Albania.	Speciali personæ.
Eletioni.	Stati di Fiandra.
Fiorenza.	Svizzeri.
Francia.	Svetia.
Genova.	Transilvania.
Golfo.	Turchi. Zante.

des règnes de Charles VI, Charles VII et Louis XI, et qui sont comme les préliminaires des négociations appelées à devenir journalières entre Venise et France, avec la fin du quinzième siècle [1].

Sous le règne du malheureux Charles VI, depuis l'année 1401, les textes vénitiens sont empreints de l'histoire des luttes intestines entre les maisons puissantes de Bourgogne et d'Orléans. On sent, à la forme seule de quelques lettres, que le Roi n'est roi que de nom, les messages ne sont plus adressés à lui seul : ainsi, *Lettre en réponse à l'adresse du Roi de France et aux seigneurs Duc de Bourgogne et autres chefs de France* [2]. Puis en 1405 s'échangent des rapports personnels et directs entre la République et le Duc d'Orléans : « *Élection de deux ambassadeurs avec licence de dépenser jusques à*

---

[1] Dans l'ancien classement de la Chancellerie secrète, cette *importantissima-raccolta* était répartie ainsi, sur plusieurs rayons des Armoires VII, VIII et X : . . . . . . ́

Du Registre			
	I à	XIII,	1401-1436, 31 octobre.
»	XIV à	XXVII,	1436, 5 décembre, à 1476, 27 février.
»	XXVIII à	XLVII,	1477 à 1518, 19 février.
»	XLVIII à	LXV,	1519 à 1547.
»	LXVI à	LXXXIV,	1548 à 1584.
»	LXXXV à	CII,	1585 à 1612.
»	CIII à	CXVII,	1613 à 1620.
»	CXVIII à	CXXXI,	1621 à 1629.
»	CXXXII à	CXXXV,	1629 à 1630, 31 août.

[2] Plusieurs ambassades au Roi de France avaient été décidées en 1404, puis différées; ainsi REGISTRE II, 1404-1406 : *Mittantur Ambasciatores ad Regem Franciæ et ad alios in familia*, p. 42; puis : « *Quia non est necesse ad presentem mittere ad potentes Franciæ; Dandulo sit absolutum ad eam Ambasciatam*; idem : *Petrus Aymo*, » p. 50, 51; puis : *Scriptum fuit oratoribus euntibus ad potentes Franciæ per respondere debeant domino Duci Burgundiæ per ducatos petitos per ipsum*, p. 115.

treize cents ducats pour l'offre de quelques présents au
Duc d'Orléans » ; « *Réception de Pierre de Stroniguis* (?) »
envoyé aux Vénitiens par ledit duc d'Orléans, et *Com-*
mission (Instruction) *donnée par la Seigneurie audit en-*
voyé lorsqu'il retourna vers son maître. » En 1409 et 1410,
le Duc de Bourgogne veut contracter un emprunt avec
Venise ; un « maître Jérôme »[1], envoyé d'Angleterre,
est chargé des réponses. Vient la paix de Hongrie, pour
laquelle s'interpose l'ambassadeur de France (1412).
Sous Charles VII, c'est la mission de l'abbé de Saint-
Antoine (1425)[2] ; puis un traité d'alliance (1427) proposé par le Roi aux Vénitiens et pour la négociation
duquel il a envoyé des ambassadeurs, « *quid responsum*
fuit egregio viro Joachino de Odontagna (?) *oratoribus*
S^mi D^ni Regis Franciæ requirentis ligam et confederationem
cum nostro dominio[3]. » Le duché de Bourgogne (1431),
le Concile de Bâle (1433), les premiers rapports échangés entre le Dauphin de Viennois (1446), qui depuis fut
Louis XI ; une ambassade du Duc d'Orléans (1447), une
autre du Duc de Bourgogne (1448), les négociations
avec le Dauphin pour venir en Italie (1453), « *Orator in*
Sabaudia vadat ad Delphinum et requirat descensum in
Italiam suosque favores », sont matières sur lesquelles

---

[1] Ce « magister Jérôme » était de l'ordre des *Padri Eremitani*, et avait
déjà été utile à la République de Venise en plusieurs négociations. Au
mois de novembre 1409, il reçut des *Instructions* pour une mission
auprès du Roi d'Angleterre. (Voyez le *Calendar of State papers*, VENE-
TIAN, t. Ier, p. 46.

[2] SECRETI *del Senato*. REGISTRE IX, 1425-1426 : *Quid responsum*
fuit domino abbati Sancti Antonii et socio Ambasciatoribus Regis Franciæ
ad exposta per eos, p. 12.

[3] SECRETI *del Senato*. REGISTRE X, 1426-1429, p. 161.

17

s'étendent les documents des *Secretii*[1]. Pour le règne
de Louis XI, les informations sont plus fréquentes
encore; ce prince ayant inauguré à l'extérieur une politique
plus active, particulièrement du côté de l'Italie.
Ainsi : « Instruction à François Venier, ambassadeur
au pays de France et de Savoie, et de ce qu'il lui fut
écrit (1463); — Réponse à l'envoyé du Roi de France
sur les secours demandés pour le duc de Calabre (1464);
— Réponse aux envoyés des Ducs d'Orléans et de Bretagne
sur l'alliance proposée au sujet de l'État de
Milan; — Instruction aux ambassadeurs envoyés au Roi
de France pour qu'ils l'excitent contre les Turcs; — Réponse
à l'envoyé du Roi de France sur ce qu'il lui a été
écrit des affaires de Milan et de la ligue d'Italie; — Réponse
aux ambassadeurs du Roi qui exhortaient la Seigneurie
à traiter avec le Duc de Milan et à réengager à
son service le capitaine de guerre Bartolomeo Colleone
(1468); — Réponse à l'évêque de Tournay, qui conseillait
à la Seigneurie de faire alliance avec le Duc de
Bourgogne et de lui envoyer un ambassadeur pour le
féliciter de son avénement; — Élection d'un ambassadeur
audit Duc; — De l'envoi d'Antonio Dandolo, ambassadeur
en Savoie, au duc de Bourgogne, pour qu'il
le presse de conserver aux négociants vénitiens leurs
priviléges (1468); — Ambassadeur au Roi de France et
de son retour (1469-71); — De l'envoi de Ser Bernardo
Bembo au Duc de Bourgogne, et des Négociations
d'une alliance (1473); — Commission de l'ambassadeur
Morosini audit Duc (1474 et 1475); — Ambassade de

---

[1] SECRETI, idem. REGISTRES XII, XIII, XVI, XVII, XVIII et XIX.

Francesco Donato au Roi de France pour assurer la liberté maritime (1476); — Ambassade au Roi (1478); — Instructions, Commissions, Lettres, etc., à l'ambassadeur en France sur les retards apportés par le Souverain Pontife aux négociations de la paix et sur l'élection des arbitres; — Négociations avec le Duc de Lorraine (1479-80); — Exposé des raisons de l'envoyé du Duc de Bourgogne pour que les princes d'Italie forment ligue avec lui; — Exposé sommaire du discours de l'ambassadeur du Roi de France avec la Réponse touchant l'expédition contre les Turcs (1482); — Ambassade au Roi; — Commission et Instructions à Antonio Loredan, élu ambassadeur pour expliquer au Roi la guerre de la République avec le Duc de Ferrare, et pour qu'il le persuade de faire déclarer l'ouverture d'un concile; — Réponse aux deux ambassadeurs du Roi, qui conseillaient la paix avec les Princes d'Italie; — Seconde et troisième Réponse; — Lettres des ambassadeurs du Roi à la Seigneurie; — Commission à Antoine Boldù pour la réponse à faire auxdits ambassadeurs. Ce document est le dernier en date sous le règne de Louis XI, et de nouvelles instructions furent envoyées à l'ambassadeur qui résidait auprès de sa personne en l'accréditant auprès de son successeur [1]. Alors aussi commence l'ouverture dangereuse des négociations vénitiennes pour inciter le Duc d'Orléans à s'immiscer dans les affaires troublées du duché de Milan d'abord, puis du royaume de Naples, politique nouvelle qui, par cette démarche,

---

[1] SECRETA *Senato*. REGISTRES XX, XXI, XXII, XXIII, XXIV, XXV, XXVI, XXVII, XXVIII, XXIX et XXX.

inaugura les grands mouvements accomplis quelques
années plus tard, et qui mirent en cause, tantôt commune, tantôt hostile, les principautés italiques avec
le royaume de France [1]. De là cette masse immense de

[1] SECRETA *Senato*. Depuis la mort de Louis XI (30 août 1483) jusqu'à
l'époque du départ de Charles VIII pour l'Italie, les documents principaux sont les suivants : REGISTRE XXXI, 1483-1484 : *Novum man-
datum oratori Antonio Lauredano post obitum Regis*, p. 93; *Litteræ ad
novum Regem*, p. 102; *ad oratorem Lauredanum*, p. 102; *ad Ducem
Borboni*, idem; *Litteræ ad oratorem Lauredanum ad concitandum
Ducem Aurelianensem in Statu Mediolani*, p. 106; *ad eumdem pro
concitandis Gallis contra Regnum Neapolis*, p. 124; *ad nonnullos Principes Galliarum*, p. 125; *ad oratorem Lauredanum*, p. 132. RE-
GISTRE XXXII, 1484-1486 : *Litteræ ad oratorem pro instauratione pacis
cum Rege*, p. 81; *Ratificatio pacis cum Rege.* REGISTRE XXXIII, 1486-
1489 : *Scriptum J. Stella, secretario nostro in Gallia per gratulationem
Regi de victoria, et doleat de morte J. Galeoti* (Jacques Galiot, tué à
la bataille de Saint-Aubin le 28 juillet 1488), p. 149. REGISTRE XXXIV,
1489-1494 : *Quid scriptum fuit Regi Franciæ congrat. de ademptione
Ducatus Britanniæ et de ejus conjugio*, p. 107; idem : *De nativitate
filii*, p. 137; *Nuncius dictæ nativitatis donatus veste et aureis centum*,
p. 127; *Electio Francisci Capello et Zacharia Contareno oratorum ad
Regem Franciæ* (7 février 1492), p. 110; *Commissio data oratoribus ad
Regem* (29 mai, id.), p. 120; *Admonetur Rex a dominio de liga cum
Pontefice et Duce Mediolani cum riservatione ligæ ejusdem Regis*,
p. 160; *Quid dominio exposuit orator ejusdem Regis* (8 juillet 1492),
p. 179; *Responsio eidem oratori circa impresam Neapolis*, p. 179;
Quid de hoc responso scriptum fuit Regi (4 novembre 1492), p. 197.
REGISTRE XXXV, 1494-1496 : *Notificatio oratoribus in Germania de
appulsu d'Argenton et deliberatio non dandi succursum Regi Ferdi-
nando*, p. 196; *Eligantur duo oratores ad Regem Galliæ*, p. 36;
Commissio, p. 42.

Le REGISTRE XXXIII contient aussi différents documents relatifs au
Duc de Lorraine, p. 12 et suiv., 18, 26, 44, 63, 77, 87, 91.

Ces registres sont également à consulter pour des détails de mœurs et
coutumes, tels que cadeaux faits par les Princes aux Ambassadeurs de
Venise et par la République à ceux des Princes. Ainsi REGISTRE XXXIII :
Oratoribus Regis Russiæ donentur vestes, p. 152. REGISTRE XLVII : *Quat-
tuor cuppe aureæ donatæ a Rege Gallo oratoribus* (1516), p. 28; *Oratori*

documents qui remplissent les registres des *Secreti del Senato,* où devra les chercher l'historien nouveau de la politique franco-italienne au seizième siècle [1] et pendant les trente premières années du dix-septième.

L'intérêt de cette grande série de textes non interrompus pendant un siècle et demi est d'autant plus appréciable pour l'histoire exacte des rapports diplomatiques et des négociations de Venise avec les puissances étrangères, que les recueils originaux des dépêches antérieures à l'année 1550 ont été détruits par les incendies du Palais Ducal dont nous avons raconté les funestes épisodes. Les parchemins des *Secreti* du Sénat se trouvent donc former les seuls portefeuilles qui contiennent les preuves authentiques et officielles des affaires traitées ordinairement ou extraordinairement à l'étranger, et sans nulle lacune, depuis 1401 jusqu'à la période du seizième siècle où les dépêches conservées commencent à prendre corps. Nous n'entendons pas dire que la présente série renferme, soit dans ses liasses, soit dans ses registres, les copies des dépêches dont les originaux ont disparu. Plût aux destins qu'il en fût ainsi! Mais nous voulons faire observer qu'elle contient en toute intégrité et en toute régularité le texte de preuves diplomatiques

Gallo donum designatum (1519), p. 113-118. REGISTRE LIV : *Panni serici per Serenissᵃ Regina Galliæ* (1530), p. 104. REGISTRE LII : *Secretario Rosso cathena ei donata a Rege Christianissimo.* REGISTRE XLIX : *Auctio expensarum oratori in Francia,* p. 166. REGISTRE XLVIII : *Salarium oratorum,* p. 81, etc., etc.

[1] Voyez plus loin notre dissertation sur les papiers du CONSEIL DES DIX à propos de son ingérence exceptionnelle dans les affaires étrangères en des circonstances extraordinaires, et nos observations sur la nécessité pour l'historien de consulter aussi les papiers de ce Conseil.

assez importantes et assez intéressantes pour permettre d'établir un aperçu spécial de toute négociation entreprise par la République des Vénitiens avec une puissance étrangère quelconque. Ces preuves notables sont de deux sortes : les premières sont les *Instructions* qui, sous le terme particulier aux Vénitiens de *Commissiones*, étaient données aux Ambassadeurs et aux Envoyés dans les quelques jours qui précédaient leur départ pour le lieu de leur mission ; les secondes sont les lettres dites *Ducali*, qui sont les réponses successivement envoyées à ces mêmes Ambassadeurs dont le Sénat avait reçu les dépêches. A défaut de ces dernières pendant toute la durée du quinzième siècle, le chercheur et le compilateur doivent donc s'estimer heureux de pouvoir puiser à des sources d'informations aussi fécondes que le sont les *Deliberazioni secrete del Senato,* pour fournir des renseignements certains à une histoire soit générale, soit épisodique de la diplomatie vénitienne.

VI.

CORTI.

(1630-1697.)

Registres DELLE CORTI ou des COURS ÉTRANGÈRES. — Cette série spéciale
aux affaires extérieures fait immédiatement suite à celle des DÉLIBÉ-
RATIONS SECRÈTES du Sénat, qui désormais forment deux divisions
sous la désignation de CORTI et de RETTORI. — Nécessité de consulter
les trois séries *Misti*, *Secreti* et *Corti*, pour accomplir un travail
général sur la Diplomatie vénitienne depuis ses origines jusqu'à ses
dernières œuvres.

Avec le mois de septembre de l'année 1630, la décision fut prise de répartir en deux catégories la rédaction
des *Deliberazioni Secrete del Senato*. La première, sous
le nom de CORTI (les Cours), ne devait contenir que
des documents relatifs aux puissances étrangères; la
seconde, sous la désignation de RETTORI, devait être uniquement consacrée à l'enregistrement des affaires réservées, donnant lieu à des correspondances avec les gouverneurs des provinces, des villes, des forteresses et
contrées sous la domination vénitienne. Les registres appelés *Corti* sont au nombre de cent soixante-dix, allant
de 1630 à 1796; quatre cent quarante-deux liasses ou *filze*
(feuilles volantes de pièces justificatives) complètent la
série des *Corti* et atteignent jusqu'aux derniers jours de
la République de Venise (12 mai 1797). C'est donc
en les consultant que l'on trouvera toutes les délibérations prises dans l'assemblée du Sénat relativement aux

négociations entamées à l'étranger par tout Vénitien
officiellement investi du caractère d'ambassadeur, de
résident ou de chargé d'affaires. Nous ne parlons pas
des agents secrets, lesquels, fort nombreux de leur
côté, ne devaient point de compte au Sénat, mais
seulement au Conseil des Dix ou aux Inquisiteurs
d'État de qui ils tenaient le mandat de leurs mystérieuses missions.

En somme, la série des Registres du Sénat dite des
Corti est une suite naturelle à la précédente dite des
Secreti, de même que celle-ci en était une à la série
plus ancienne encore des Misti. Pour qui veut faire une
étude d'ensemble, la consultation et l'examen de chacune d'elles est non-seulement recommandable, mais
elle est même indispensable. La dernière a sur les deux
autres cet avantage, qu'au lieu de confondre en un
même recueil les actes et mémoires du Gouvernement à
l'intérieur et à l'extérieur, elle présente ceux-ci séparément. C'est tout à l'avantage de la clarté et de la facilité
des recherches.

VII.

DISPACCI.

(1554-1797.)

Les Dépêches des Ambassadeurs et des Résidents. — Elles sont la lumière dans l'histoire. — Ce que disait un Nonce dans un rapport sur l'État de Venise relativement au soin que prenaient les Ambassadeurs d'instruire le Sénat sur les Princes et les choses au dehors. — Ambassades et Résidences. — Jusqu'au seizième siècle, les ambassades sont plutôt *extraordinaires* qu'*ordinaires* auprès des diverses puissances, sauf auprès du Pape, de l'Empereur grec à Constantinople et du Turc. — Toutes les Cours indistinctement n'avaient pas auprès d'elles un Ambassadeur de Venise; mais en cas d'interruption dans les relations, l'Ambassadeur accrédité à la Cour la plus voisine informait et renseignait. — Origines diplomatiques. — Les recueils primitifs. — Rareté des dépêches d'Ambassadeurs vénitiens avant le seizième siècle. — Il en existe quelques copies soit dans des collections de manuscrits de provenance patricienne, soit dans les dépôts publics de Venise. — Date de la première dépêche vénitienne qui a été conservée. — La seconde a été transcrite dans le *Liber Albus*. — A défaut des dépêches originales dont le recueil commence à être régulier dans les Archives entre 1550 et 1560, où faut-il chercher des copies de dépêches vénitiennes? — Utilité des *Annali*, des *Diarii*, rédigés par des particuliers qui avaient à connaitre des affaires politiques. — Incomparable utilité pour l'histoire, depuis 1496 jusqu'en 1533, des cinquante-huit Registres in-folio écrits par Marin Sanudo, sénateur vénitien. — Après lui jusqu'en 1550, le silence et l'obscurité se renouvellent, quant aux dépêches. — De 1555 à 1797, le recueil général des Dépêches des Ambassadeurs vénitiens est complet. — Exposé par ordre alphabétique italien des noms des Puissances pour l'histoire desquelles les dépêches originales conservées aux Archives peuvent servir. — Nombre des volumes pour les dépêches d'Angleterre, d'Allemagne, d'Espagne, de France, de Pologne, de Turquie et autres.

Rien n'égale, dans les Archives de Venise, l'intérêt et la valeur de cette série. Si elle était complète, c'est-à-

dire si la destruction par les incendies n'avait altéré
l'ensemble de ces recueils admirables, on pourrait dire
que l'Occident et l'Orient auraient là leurs annales et
leurs mémoires, depuis le treizième siècle jusqu'à la fin
du dix-huitième, écrits chaque jour par des témoins
oculaires, observateurs sagacés et pénétrants, sages politiques, bons écrivains, et bien placés pour ne rien
ignorer du mobile des faits et de la raison des choses en
histoire. Dans un manuscrit italien de la Bibliothèque
de Sienne, dont la matière nous parait avoir été traitée
par un nonce apostolique, et qui est conservé sous ce
titre : « *Relazione dello stato, costume, disordini e rimedii
di Venezia* », nous prîmes en note ce passage : « Le Sénat
est le prince qui gouverne; par lui se traitent toutes les
affaires et se décident toutes les réponses qui doivent
être données aux lettres des souverains; dans son assemblée se lisent toutes les lettres écrites à la République
et *particulièrement celles des ambassadeurs de Venise*, qui
sont par tout le monde et qui *tous les huit jours* informent
la République *de toutes les actions, de tous les mouvements et projets des princes*, et celui-là est tenu le meilleur ministre et le plus dévoué sujet qui met le plus de
soin à connaître les choses cachées... Ils informent *sur
le caractère, les qualités, les intérêts, les affinités et les
amitiés de ces princes...* En un mot, le Sénat de Venise
fait profession de savoir tous les huit jours, par les lettres
de ces envoyés ordinairement lues le samedi, *l'état du
monde et celui de ceux qui gouvernent* [1]. » Cet énoncé des
soins que prenaient les ambassadeurs de Venise pour

---

[1] Bibliothèque de Sienne. Codex K. X, 18, p. 46.

nourrir leurs dépêches, en dit plus que le plus long discours sur l'intérêt et l'attrait qu'il leur faut reconnaitre.
Nous en ferons ici une sorte de dénombrement, afin de
mettre tout chercheur à même de se diriger promptement à travers les écrits de ces informateurs, si appréciés depuis qu'on a pu connaitre sans réserve l'œuvre
de leurs négociations. Nous donnerons ensuite un développement plus spécial aux observations que nous avons
faites sur les écrits de la diplomatie vénitienne dans ses
seuls rapports avec la France.

Le corps diplomatique vénitien se composait, dès le
seizième siècle, d'ambassadeurs et de résidents[1]. Les ambassadeurs étaient choisis parmi les patriciens, les résidents parmi les secrétaires. Les cours de Rome, de
France, d'Espagne, d'Autriche, d'Angleterre et de Savoie recevaient régulièrement des ambassadeurs. L'envoyé à Constantinople avait rang d'ambassadeur, mais
avec le titre particulier de *Bailo*. Milan, Mantoue, les
Cantons suisses, Florence, Naples, étaient des résidences.
Cependant, en diverses circonstances extraordinaires,
soit pour des causes politiques, soit à l'occasion de cérémonies, telles que des couronnements et des mariages de
princes souverains, la République accréditait des ambas-

---

[1] Nous disons le « seizième siècle », par cette raison que ce fut seulement à cette époque que le mouvement diplomatique vénitien fut
régulièrement et définitivement organisé. Jusque-là, la République avait
eu une diplomatie, certainement active, et déjà très-répandue, mais ses
ambassades aux différentes puissances avaient été plutôt en service
extraordinaire qu'en service ordinaire, sauf auprès du Saint-Siége, de
l'Empire Grec et de l'Empire Turc ensuite. Le Pape et le Grec avaient
depuis des siècles des ambassadeurs de Venise à leur Cour, et le Turc en
reçut presque aussitôt qu'il fut établi à Constantinople en 1453.

sadeurs. La Perse fut en différentes circonstances l'objet
de négociations spéciales. Différents Congrès, le Concile
de Trente, furent aussi de ces grandes occasions qui
mirent l'État vénitien en devoir de s'y faire représenter
par des personnages ayant un caractère diplomatique
élevé. Alep, le Caire, furent également en divers temps des
Résidences, bien que, pour les désigner, on les appelât des
Consulats. On peut dire que pendant le quatorzième et
le quinzième siècle, les seules Cours auprès desquelles la
diplomatie vénitienne était régulièrement servie et orga-
nisée étaient celles de Constantinople et de Rome. La
France, l'Espagne, le Portugal, l'Angleterre, l'Empire d'Allemagne, ainsi que toutes les puissances d'un
ordre inférieur, avaient aussi échangé avec Venise
des rapports diplomatiques qui, bien que fréquents,
n'étaient pas réguliers. En un mot, le service actif,
c'est-à-dire l'élection d'ambassadeurs ou de résidents
qui se succédaient de manière à ne pas laisser d'interruption dans la représentation de la République auprès
de Puissances amies, ne fut définitivement établi qu'avec
l'ouverture du seizième siècle. L'interruption des rapports n'excluait pas du reste l'envoi d'informations, car,
en ces cas d'exception, l'envoyé à la Cour la plus voisine
de celle avec laquelle on n'avait à entretenir aucun
échange de procédés, avait charge de fournir les renseignements propres à tenir convenablement instruit le
gouvernement vénitien. C'est ainsi que pendant le règne
d'Élisabeth d'Angleterre, les relations de Venise avec
cette Reine ayant été interrompues, pour ainsi dire, dès
son avénement, l'Ambassadeur à la Cour de France con-

sacrait le plus souvent une partie de sa dépêche aux événements du royaume britannique. La Cour de Turin fut
longtemps, sinon en querelle ouverte, du moins en difficultés, avec la Sérénissime République, mais le Résident
vénitien à Milan prenait ses mesures pour ne rien ignorer
d'important sur les choses de Savoie. Toutes les puissances allemandes de second ordre n'avaient pas auprès
d'elles des agents vénitiens; mais l'Ambassadeur à Vienne
pouvait avoir aisément l'œil sur elles du fond de la Cour
impériale, et il appartenait aussi à cet ambassadeur de
prêter l'oreille aux bruits et aux mouvements qui venaient du Nord. Lorsque la Pologne, par exemple,
n'avait pas d'agent vénitien à Cracovie, c'était à celui
qui résidait à Vienne de ne pas manquer à ses obligations politiques d'informateur des événements et d'ap-
préciateur des circonstances. Le lecteur comprendra
bien vite que l'énoncé de ces détails n'a d'autre fin que
de lui être de quelque utilité pour la direction et la précision de ses recherches.

A quelle date, peut-on et doit-on se demander, faut-il
faire remonter les premières dépêches écrites par des
Vénitiens à leur gouvernement? Hélas! entre la date des
premières dépêches qui ont été écrites et la date de
celles qui sont parvenues jusqu'à nous, l'espace se peut
compter par siècles! mais il est aisé de répondre qu'il
n'y a pas à douter que la date en question doive être
celle de la première mission que ce Gouvernement confia à l'un des siens pour aller traiter de ses intérêts
d'État au dehors de ses frontières. Un service de poste

au sixième siècle n'était pas organisé sans doute comme
il l'est de nos jours, mais au sixième siècle, comme cela
dut être dès que trois hommes se purent compter sur la
terre, il y eut des messagers. Dès que Venise commença
à prendre forme., sa position, unique au monde, l'ayant
obligée à des aventures maritimes, et l'esprit essentiellement ingénieux de ses citoyens l'ayant vouée à des transactions commerciales, on peut dire qu'à peine sortie
des eaux, elle eut à connaître du *droit des gens* plus
particulièrement qu'aucun autre peuple. Les chroniques
ne se font pas faute de présenter dès *Delegati Veneziani* à
Constantinople dès le sixième siècle, et l'*Altinata* entre
autres dit expressément qu'en ce temps-là se rendirent
dans cette capitale de l'Orient les envoyés de Venise, au
nombre desquels étaient les hommes les plus nobles et
les plus sages, et que l'accueil que leur fit l'Empereur
fut de toute bienveillance et honneur. Aussi peut-on
justement affirmer que les rapports de Venise avec
l'Empire d'Orient, rapports d'affaires et de négociations,
datent de son origine même et que ces rapports ont nécessairement donné lieu à des échanges de correspondance. En suivant toutes les traces une à une telles que
les fournissent les plus anciens textes connus, les témoignages traditionnels de négociations s'affirment en faveur
et à l'honneur des Vénitiens, surtout au lendemain de
la décadence de Ravenne, au huitième siècle, alors que
la chute accomplie de cette grande cité fit du peuple

---

[1] *Cronache Altinate*, t. VIII de l'*Archivio storico Italiano*, et t. V
de l'*Appendice* : « Ut in Constantinopoli pariter venerunt inter quos
erant nobiliores viri seu sapientes…, » etc.

Vénitien le maître sans rival de la belle Adriatique [1].
Que sont devenues toutes les preuves écrites des premières ambassades? Bien puéril serait le vœu de les rencontrer un jour, et nous n'avons rien de mieux à faire
que de nous contenter, à défaut de parchemins introu-
vables, des assertions rapportées par les plus anciens
chroniqueurs. Les désordres des premiers temps, les
incendies fréquents, ont anéanti sans doute ce qu'aujourd'hui, si nous les avions, nous pourrions, sans
nulle emphase, appeler de surprenants trésors. Voulez-
vous connaître à quel point de civilisation dans l'habileté
et de bonheur dans l'expression en était arrivé le gouvernement vénitien à la fin du douzième siècle, d'après
un document véritable? lisez l'*instruction* donnée sous
le dogat de Henri Dandolo, en 1198, aux ambassadeurs
Navager et Donado chargés d'aller saluer l'Empereur
dans Byzance et de lui présenter les lettres de la Seigneurie. Vous y trouverez, selon que l'a si judicieusement fait remarquer l'érudit auteur de *Venise et le Bas-
Empire*, tous les caractères qui ne cessèrent de distinguer
la diplomatie vénitienne : netteté, précision, sentiment
juste de ses propres forces, prévoyance de toutes les
éventualités, pénétration de l'avenir [2]. En dehors des
traités, nous estimons que ce document est l'un des
plus curieux parmi les anciens, peut-être le plus curieux,
peut-être même le seul de cette époque, qui expose

---

[1] Voyez l'intéressant travail de M. J. Armingaud, « *Venise et le Bas-
Empire* », p. 9 à 15. Paris, Imprimerie impériale, 1868.

[2] M. J. Armingaud, professeur d'histoire au collége Rollin, ancien
membre de l'École française d'Athènes.

d'une manière plus intime et moins froide que ne le font
ordinairement les termes desdits traités, le mode d'agir
de ces gens plus civilisés qu'aucuns autres, et prescrive
en toute lucidité les objets généraux et particuliers sur
lesquels devrait se porter leur attention.

Quoi qu'il en soit, la plus ancienne dépêche dont le
texte nous soit jusqu'à présent parvenu dans son intégrité,
est celle de l'ambassadeur Jacopo Tiepolo, adressée de
Constantinople au doge Pietro Ziani, en date du mois de
décembre de l'année 1219. Elle n'est peut-être pas recommandable par l'agrément du style, qui n'est pas autrement dicté qu'en ce latin du moyen âge fort oublieux de
la pureté des périodes cicéroniennes, mais la précision
des faits y est bien établie, et déjà l'on y remarque cette
inclination qu'eurent toujours les ambassadeurs des Vénitiens, pendant tous les siècles écoulés depuis, de mettre
en scène leurs interlocuteurs et de reproduire aussi
exactement que possible les mouvements du dialogue.
Dans cette dépêche de 1219, où il est question d'un
cardinal légat du Pape, tel paragraphe commence
ainsi : « *Prescriptus dominus cardinalis* ait omnibus,
dicens : «*Quia summus Pontifex misit ipsum ad hoc im-*
» *perium*, etc..... » Tel autre : « *Sed prædictus dominus
cardinalis* dicebat : « *Quod si prædicti Barones facere*
» *vellent*, etc..... [1] » Cette dépêche de 1219 précède

---

[1] « Copia di una scrittura publica antica delle cose di Costantinopoli,
in tempo della vacanza di quell' Imperio et Patriarchato nel 1219. Et è
una delle già raccomandate p. parte dell' Ecc^mo Senato, nel 1383, alla
Procuratia de supra. Tratta fuori dalla rovina di altre molte parimente
pubbliche, di diversi generi, in gran numero perite, et illustrata con
alcune degne annotazioni dall' abbate don Fortunato Olmo. » (Ainsi dans

dé vingt-deux années la seconde dépêche connue, qui est
celle adressée de Tyr, en 1242, par Marsilio Zorzi, au
doge Jacopo Tiepolo, et reproduite sous cette mention
dans le *Liber* ALBUS : « *Marsilius Georgius, baiulus Vene-*
torum in Syria, multa ibidem gesta per ordinem narrat[1]. »
Infiniment rares sont donc les dépêches proprement dites
des ambassadeurs vénitiens, même à l'époque où les documents diplomatiques d'un autre genre, tels que les
Instructions (*Commissiones*) et les *Lettres du Sénat* (*Du-*
cali), abondent dans les recueils manuscrits authentiques de la Seigneurie. Aussi, les moindres vestiges
comme les moindres fragments qu'on en pourra découvrir devront-ils toujours être considérés comme des
bonnes fortunes de chercheurs ou de curieux. Dans le
cours des investigations que nous avons faites à Mantoue,
il nous est précisément arrivé de rencontrer la copie
d'une de ces dépêches, en date de Ferrare, du 26 février 1426, adressée au célèbre doge François Foscari,
par les ambassadeurs Fantino Michiel et Antonio Contarini, chargés de porter des propositions et d'ouvrir
des négociations pour réussir à la paix d'Italie, singulièrement troublée alors par les ambitions de la maison
des Visconti, régnante à Milan.

L'étendue de ce document est trop grande pour que
nous le reproduisions ici ; mais la manière dont il est
composé, l'allure du style, l'abondance des détails, ré-

le manuscrit Cicogna, n° 869, où se trouve ce document. Samuel
Romanin l'a publié, t. II, p. 408, *Storia documentata di Venezia*.)

[1] Indiquée par TAFEL et THOMAS en leur *Essai* déjà cité sur le Doge
Andrea Dandolo, dans l'Index des *Libri Albi*, p. 40.

vèlent toutes les qualités politiques acquises par les négociateurs vénitiens [1]. L'attrait de cette lettre, en mani-
festant le vif intérêt qui devait caractériser toutes les
correspondances de ce genre en ces temps d'où il nous
en est si peu revenu, rend d'autant plus amers les regrets
qu'il faut éprouver de la dévastation et de la déperdition
des dépêches écrites par tant d'ambassadeurs pendant
le quinzième siècle. Les autres dépêches connues et appartenant à ce siècle, bien qu'elles ne soient que des
copies, méritent une confiance égale à celle qu'il faudrait accorder aux recueils originaux. Ces copies, en
effet, proviennent toutes de collections vénitiennes manuscrites, formées par des familles de patriciens qui,
malgré tant de lois prohibitives, avaient pu conserver
ainsi, pour l'honneur de leurs aïeux, des papiers d'État.
Différentes dépêches nous sont aussi fournies par les
soigneux écrivains de *diarii* ou mémoires et notes rédigés au jour le jour par des particuliers qui avaient

---

[1] *Archives de Mantoue.* Papiers d'État de la maison des Gonzague :
« ILLUSTRISSIME PRINCEPS ET EXᵐᵉ DOMINE. Per litteras nostras hac nocte
scriptas, quas detulit unus caballarius de Padua qui hinc hoc mane
recessit, scripsimus Serenitati Vestræ adventum nostrum ad hanc civita-
tem et collationes habitas cum isto illustri domino Marchione, ac ejus
responsiones et reliqua quæ tunc scribenda fuerunt, sicut Dominatio
Vestra ex ipsis literis dare potuit videre. Hodie secundum ordinem datum
per dominum Marchionem ad horam circa 19, iterum ad præsentiam
fuimus suæ Magnificentiæ, in camera audientiæ suæ, et similiter etiam
dominus Franchinus de Castigliono orator illuster domini Ducis Mediolani, et ibi nobis omnibus congregatis. Dominus Marchio dixit hæc
verba..., » etc. Cette dépêche est ainsi datée : *Datum Ferrariæ die*
xxvi *febri* 1425, *hora noctis* sᵈᵃ. Elle est signée : « *Fantinus Michiel
et Antonius Contarenus, oratores* », et adressée *Illmo Principi et Illmo
dño Francisco Foscari Dei gratia inclito Duci Venetiarum.*

part aux délibérations politiques et qui, pour plus de précision dans l'énoncé de leurs souvenirs, les appuyaient de pièces copiées par eux, soit pendant qu'ils étaient dans l'exercice de leurs fonctions, soit en d'autres circonstances. Les *Annali veneti*, rédigées par Domenico Malipiero et publiées dans le beau recueil de Florence, *Archivio storico Italiano*, commencées en 1457 et terminées en 1500, reproduisent ainsi plusieurs de ces dépêches. Parmi les collections patriciennes des familles de Venise, dont plusieurs furent heureusement léguées à la Bibliothèque de Saint-Marc et au Musée Correr, quel prix ne faut-il pas reconnaitre à celles des Contarini et des Foscarini, centres imposants de recueils de documents politiques de tout genre, et qui nous ont valu la conservation des dépêches complètes de quelques ambassadeurs à différents Princes? Ainsi, la correspondance de Giosafat Barbaro, accrédité auprès du Shah de Perse Ussun-Assan en 1474 [1]. Quels trésors peut-être pour les histoires du quinzième siècle ne sortiraient pas d'un catalogue soigneusement établi de tous les papiers possédés encore en Vénétie par les héritiers de ces patriciens, si glorieux serviteurs de leur patrie? Que de choses enfouies, cachées, oubliées dans ces chambres fermées de tels ou tels de ces palais de la vieille Venise! Beaucoup, sans doute, ont été dispersées, mais combien encore il en reste qui, si elles étaient accessibles, pourraient produire de lumières! Déplorables sont ces

---

[1] Voyez *Lettere al Senato di* GIOSAFAT BARBARO, publiée à Vienne, en 1852, par M. Cornet, d'après l'exemplaire conservé dans la *Raccolta Foscarini*.

clôtures, inutiles à tous, et surtout à leurs possesseurs, qui, le plus souvent, ne sont pas assez persuadés que les ressources qu'on en pourrait tirer sont uniquement de celles qui n'ont rien de commun avec les intérêts matériels, et que par conséquent, en abandonnant volontiers ce genre de biens aux célèbres dépôts des manuscrits ou des imprimés qui sont l'honneur de leur pays, ils appelleraient du moins à eux la reconnaissance publique.

Avec la fin du quinzième siècle, apparaît le recueil en cinquante-huit Registres in-folio si admirablement formé par Marin Sanudo, et ce recueil est si précieux que, depuis l'année 1496, par le récit de laquelle il s'ouvre, jusqu'au mois de septembre de l'année 1533, qui est sa limite, tous les historiens des pays de l'Europe peuvent y puiser avec abondance les informations les plus particulières. Marin Sanudo a construit la majeure partie de son immense journal « *des choses advenues* ». de 1496 à 1533, avec les dépêches des ambassadeurs que la Seigneurie recevait de toutes parts. Il fut Sénateur, il avait la confiance du Conseil des Dix, il avait été spécialement admis à la connaissance et à l'examen des papiers de la *Secrète*, il notait et écrivait chaque jour, en ces temps où les dépêches originales nous manquent encore. Son *diario*, son *journal*, ses *mémoires* sont un monument auquel il est impossible d'accorder de suffisants éloges. Le lecteur verra au chapitre suivant de quelle nature peuvent être les services rendus par le journal de ce grand curieux pour parer aux lacunes des dépêches originales de France particulièrement. Or ce que nous disons à cet endroit relativement aux recherches des documents diplomati-

ques vénitiens sur la France seule peut être applicable
aux mêmes recherches à faire sur toutes les puissances
avec lesquelles Venise eut des rapports entretenus par
des négociateurs et des agents. En dire davantage à
cet égard, dans ces présentes pages, serait donc chose
inutile. Mais de 1533 à 1555, environ, recommencent
sinon les ténèbres absolument, du moins une sorte de
silence irritant pour celui que l'étude des registres de
Sanudo avait familiarisé avec des récits expansifs. Marin Sanudo, en effet, n'eut point de continuateur,
et ce n'est qu'à de rares intervalles, pendant les quinze
ou dix-huit années qui nous séparent de la date des
recueils originaux et réguliers, que l'on rencontre quelques débris partiels de correspondances. Enfin, et en un
mot, l'unité et l'harmonie dans les dépêches des ambassadeurs vénitiens adressées des différents États de l'Europe au Sénat ne peuvent être considérées comme véritablement établies et conservées sous une forme officielle
qu'à dater des dix premières années de la seconde moitié
du seizième siècle, nous voulons dire de 1550 à 1560.
Jusque-là, en fait de dépêches, ce ne sont que fragments,
recueils partiels, morceaux et épisodes. Assurément, ils
ont leur utilité et leur intérêt propre : et singulièrement
dédaigneux serait l'historien qui n'en ferait cas ! [1] Mais

---

[1] Pour se rendre compte de l'important service que ces documents
même isolés peuvent rendre dans un récit où les circonstances politiques les plus graves sont en jeu, voyez le chapitre Ier du douzième livre
de la *Storia documentata di Venezia*, par Romanin (t. V, p. 50 et *passim* jusqu'à la fin du chapitre), les dépêches si curieuses et si animées
des ambassadeurs Sebastian Badoer, Zaccaria Contarini et Bernardo
Trevisan auprès de Ludovic le More, en 1493, 1494 et 1495, et celles de

que sont-ils à côté de ce qu'ils étaient lorsque les flammes, implacables en leurs effets, n'avaient point passé sur ces

Francesco Foscari, accrédité auprès de l'Empereur Maximilien, le 30 mai 1496, époque des guerres italiennes. Ces dépêches proviennent des recueils manuscrits de la Bibliothèque de Saint-Marc et Cicogna. Voyez aussi l'intéressante publication des *Dépêches* du même *Francesco Foscari*, faite par les soins érudits de M. Tommaso Gar dans l'*Archivio storico Italiano*, t. VIII, et *Trois années de l'histoire de Charles-Quint* (1543-1546), d'après les dépêches de l'ambassadeur vénitien Bernardo Navagero, par M. Gachard, directeur des Archives royales de Belgique. Le savant M. Gachard, l'infatigable et heureux chercheur de tant de monuments écrits, a fait remarquer avec raison combien sont rares dans les dépôts de manuscrits en Europe les recueils de *Dépêches* de ces Ambassadeurs de Venise. Les copies des *Relations*, au contraire, abondent; mais rien de moins commun que les dépêches. Il importerait peu du reste qu'il y eût — et il s'en trouve quelques-uns — des registres en copie des dépêches de ces ambassades, postérieures à la période de 1555 à 1560, puisqu'à dater de cette époque les originaux sont aux Archives de Venise, accessibles à tous les studieux. Mais, nous ne saurions trop le dire, toutes celles qui pourront être signalées comme étant antérieures à cette date constituent une découverte véritablement précieuse. Voici, pour l'instruction de chacun, les différents recueils des dépêches antérieures à 1555 relatives à différents pays et qui existent en différents dépôts :

Hongrie............ Registrum *Litterarum* dominorum Zaccaria Contareno et Jacobi de Priolis, Ambaxatorum Venetiarum ad Ludovicum Regem Hungariæ. Anno MCCCLXXIX. (*Bibliothèque de Saint-Marc*, classe VI, codex CCXCIX.)

Naples......... Registrum *Litterarum* dominorum Nicolai Mauroceno doctoris, Zaccharia Contareno, Jacobi de Priolis, Joannis Gradonici et Michieli Mauroceno, Ambass. Venetiarum ad dominum Carolum de Durachio, pro pace tractanda, 1379. Epistolæ LVI. (*Id., ibid.*)

Sienne......... Francesco Contarini. *Lettere* della sua ambasciata a Siena. Mars 1454 au 17 septembre 1455. (*Bibliothèque de Saint-Marc*, classe V-II, codex MCCVII.)

sévères murailles de la *Secrète,* où apparaissaient dans un ordre admirable tous ces papiers de la diplomatie véni-

GRÈCE ET PERSE. . . *Lettere* al Senato di Giosafat Barbaro, legato al Re di Persia, 1472-1474. (*Codici Foscarini.*)

EMPEREUR. . . . . . . Zaccaria Contarini et Girolamo Lion. *Lettere* scritte nell' ambasciata a Massimiliano I° (13 novembre 1493 au 18 mars 1494) (*Bibliothèque de Saint-Marc,* classe VII, codex MXLIV), et 1495. (Classe VII, codex DCCXCIX.)

DUC DE MILAN. . . *Dispacci* di Sebastiano Badoer e Benedetto Trevisan oratori a Ludovico il Moro. Décembre 1494. (*Bibliothèque de Saint-Marc,* classe VII, codex DXLVII.)

EMPEREUR. . . . . . . *Dispacci* al Senato Veneto di Francesco Foscari e di altri oratori presso l'Imperatore Massimiliano I° nel 1496. (*Manuscrits Cicogna.*)

EMPEREUR. . . . . . . Registrum *Litterarum* Francisci Capello oratoris ad Massimilianum I. Du 25 août 1501 au 6 décembre 1502, et du 30 mai 1504 au 24 novembre 1505. (*Bibliothèque de Saint-Marc,* codex DCCCCXC.)

EMPEREUR. . . . . . . Registrum *Litterarum* domini Vincentii Quirino oratoris ad Massimilianum I. Du 26 février 1506 (m. v.) al 21 mai 1507. (*Bibliothèque de Saint-Marc,* classe VII, codex DCCCCLXXXIX.)

DUC DE BOURGOGNE. Registrum *Litterarum* V. Quirino oratoris ad Filippum Ducem Burgundiæ. Du 27 février 1505 au 24 mars 1506. (*Bibliothèque de Saint-Marc,* codex MCXXIX.)

ESPAGNE. . . . . . . *Lettere* di Francesco Corner Ambaxiator al Re di Spagna. Du 5 janvier 1508 au 30 octobre 1509. (*Bibliothèque de Saint-Marc,* classe VII, codex MCVIII.)

ROME. . . . . *Dispacci* dell' Ambasciator Antonio Giustiniani a Roma, 1502-1505; di varii Ambasciatori, *idem,* 1509; di Marco Minio, *idem,* 1516-1520.

ANGLETERRE . . . Sebastiano Giustinian. *Lettere* scritte al Senato nella sua ambasciata al Re d'Inghilterra. De janvier 1515 à juillet 1519. (*Bibliothèque de Saint-Marc.*)

ESPAGNE. . . . . . . Gasparo Contarini. *Lettere* scritte al Senato nella

tienne, qui, sans nul doute, renfermaient les confidences
de la politique et l'image de ceux qui l'avaient dirigée

                       Ambasciata a Carlo Quinto. Du 23 mars 1521
                       au 25 juillet 1525. (*Bibliothèque de Saint-Marc*,
                       classe VII, codex MCX.)

ESPAGNE........ *Dispacci* al Senato del N. H. Andrea Navagero
                       Ambasciatore alla Corte di Spagna. Du 21 juillet
                       1524 au 28 octobre 1527. (*Bibliothèque de Tré-*
                       vise : manuscrits.) Et autres dépêches du 17 no-
                       vembre 1527 au 20 avril 1529.

ROME........ *Lettere* dell' orator Gasparo Contarini nella sua
                       Ambasciata a Roma. 21 mai 1528 au 5 novembre
                       1529. (*Bibliothèque de Saint-Marc*, classe VII,
                       codex MXLIII.)

FRANCE........ *Dispacci* di Antonio Venier e Francesco Pisani
                       Ambasciatori al Re di Francia. Du 3 septembre
                       1530 au 5 décembre 1532. (*Archives de Venise*,
                       Miscellanées, codici in volumi, n° 416.)

ROME........ *Dispacci* di varii Ambasciatori, de 1535 à 1536.

FRANCE........ *Dispacci* scritti dall' Ambasciator in Francia al
                       congresso di Nizza, 1538.

EMPÉREUR........ *Dispacci* dell' Ambasciator Mocenigo a Carlo
                       Quinto, 1538-1540.

FRANCE........ *Dispacci* dell' Amb. Matteo Dandolo al Re di
                       Franza, 1540-1542. (*Còdici Foscarini*.)

EMPEREUR........ Registro di *Lettere* di Bernardo Navagero e di
                       Domenico Morosini Ambasciatori a Carlo Quinto
                       Imperatore. Du 17 septembre 1543 au 25 dé-
                       cembre 1545. (*Bibliothèque de Saint-Marc*,
                       classe VII, codex DCCCXCII.) Et le même, jus-
                       qu'au 30 mai 1546. (*Codici Foscarini*.)

FRANCE........ *Dispacci* dell' Ambasciator Francesco Giustinian al
                       Re di Francia, 1546-1549. (*Archives de Venise :*
                       Miscellanées ou *Codici Foscarini*.)

MILAN........ *Dispacci* del residente a Milano, 1547-1550.

ESPAGNE........ *Dispacci* dell' Amb. Mocenigo alla Corte di Spagna,
                       1538-1540.

ROME........ *Dispacci* dell' Amb. Matteo Dandolo alla Corte di
                       Roma, 1549-1551.

EMPEREUR........ *Dispacci* delli Amb[ri] F. Badoèr et D. Morosini all'

depuis peut-être quelques siècles? Par ce qui en reste
aujourd'hui, par ces fragments épars de dépêches rencontrés et réunis à force de recherches et de patience,
par ces quelques volumes, les uns d'une date, les autres
d'une autre, et qu'on ne peut que signaler sans homo-
généité ni suite, jusqu'à l'époque que nous avons dite,
notre pensée ne peut que se reporter sur un de ces empla-
cements d'ancienne ville romaine ou grecque, au lendemain d'un passage de barbares. Que sont devenues les
œuvres des sculpteurs? Où sont les statues et les colonnes
élégantes des temples? Des premières il n'est plus que
des morceaux épars, le bras de l'une, le torse de l'autre;
des secondes, voici la feüille d'acanthe brutalement
détachée des chapiteaux qui les couronnaient; ce ne sont
que débris des plus beaux ouvrages transformés eux-
mêmes en pièces méconnaissables. Laissons maintenant
ces discours et regardons les séries, telles qu'elles ont
été conservées et telles qu'elles se présentent aux yeux
du chercheur dans les Archives actuelles. Nous suivrons
l'ordre alphabétique italien des Puissances auprès des-

Imperatore Carlo Quinto, in Augusta, du 7 juillet 1550 au 11 mars 1551. (*Codice Foscarini.*)
1552-1554.

ROME . . . . *Lettere* dell' Ambas. Bernardo Navagero alla Corte
di Roma. Du 7 septembre 1555 au 4 sep-
tembre 1556. (*Bibliothèque de Saint-Marc,*
classe VII; codex MXCVII.) Et du 5 septembre
1556 au 6 novembre 1557. (*Codici Foscarini.*)
Et *Registro* dell' Ambascieria di Marc Ant.
Da Mula, du 18 mai 1560 au 23 novembre.
(*Codice Foscarini*), et *idem* au 25 février
1561.

quelles les Ambassadeurs ou les Résidents, auteurs de ces dépêches, étaient accrédités :

COSTANTINOPOLI (Constantinople).

La correspondance qui a été conservée comprend deux cent quarante-deux volumes, dont cinquante-quatre pour le seizième siècle, cent onze pour le dix-septième et quatre-vingt pour le dix-huitième. Elle n'est régulière qu'à dater de l'année 1552; les dépêches précédentes appartiennent aux années 1527, 1540 et 1541, c'est-à-dire au grand règne du sultan Soliman. Les représentants de Venise auprès de la Cour du Sultan y avaient le titre soit de *Bailo*, soit d'Ambassadeur, soit d'Envoyé. M. Vincenzo Lazari [1] a dressé un tableau du personnel diplomatique de Venise à Constantinople pendant le seizième siècle, duquel il résulte qu'il y eut, de 1507 à 1598, trente *baili*, et de 1502 à 1595 vingt-deux ambassadeurs (*oratori*), quatre envoyés (*inviati*) et quatre *vice baili*. Au dix-septième siècle il y eut dix-sept *baili* et quatre ambassadeurs. Mais il importe de définir ici la signification du terme de *Bailo*, consacré jadis par l'usage vénitien, et que les diplomates ou écrivains français, lorsqu'ils avaient lieu de parler de lui et de ses actes, appelaient le *baïle*. « Après la perte de Constantinople par ceux de la race latine, en 1261, dit l'écrivain Lazari, le représentant de Venise continua à y résider; il était

---

[1] Voyez l'Avant-propos et l'Introduction au tome IX de la RACCOLTA ALBÈRI (Florence, 1855), travail intéressant de M. Vincenzo Lazari sur la Cour ottomane et les Ambassadeurs de Venise : « *Cenni intorno alle Legazioni Venete alla Porta Ottomana nel secolo* XVI. »

changé tous les deux ans et avait le titre de *bailo*, bajulus, vocable dont la signification ancienne de *pédagogue, tuteur*, devint celle de *défenseur* des personnes et des biens des concitoyens en pays étranger. Girolamo di Pietro Minotto, élu le 15 mars 1450, était *bailo* à Constantinople auprès du dernier Empereur grec de la famille des Paléologue, alors qu'en 1453, le 29 mai, Mahomet II s'empara de la capitale. Le *bailo*, fait prisonnier, fut bientôt mis en liberté et retourna à Venise, où des négociations avaient déjà cours entre la République et le Sultan victorieux pour que l'envoi d'un *bailo* ayant les mêmes droits et les mêmes obligations qu'il avait sous la domination grecque, pût être continué. En effet, l'année suivante, Bartolomeo Marcello, ambassadeur de Venise à Mahomet II, fut accrédité *bailo* auprès de ce souverain. A cette époque (1454) commence donc la série des *baili* à la Cour ottomane, non interrompue pendant le quinzième siècle, sauf pour motifs de guerre, de 1465 à 1473 et de 1493 à 1507.

La charge de *bailo* était celle d'un ambassadeur ordinaire, mais un traité de paix ou une trève, l'avénement d'un Sultan au trône, la circoncision d'un prince, une victoire signalée, étaient autant d'occasions qui pouvaient nécessiter l'envoi d'un ambassadeur extraordinaire. Le *bailo* et l'ambassadeur devaient être de sang patricien. Il appartenait au Grand Conseil (*Maggior Consiglio*) d'élire le *bailo* par quatre tours de scrutin, et au Sénat de désigner l'*ambassadeur* ou l'*envoyé*. Il était d'usage qu'un *bailo* demeurât en charge pendant deux ans, mais comme il devait attendre l'arrivée de son successeur, il en résultait que le séjour qu'il faisait auprès de la Cour du Turc était presque toujours de trois ans.

Au seizième siècle, le *bailaggio* à Constantinople était la plus honorable et la plus importante ambassade que pût ambitionner un Vénitien. Les rapports de Venise avec la Porte, souvent hostiles, toujours suspects, alors même qu'on échangeait les plus vives manifestations amicales, exigeaient qu'un tel poste fût occupé par les hommes les plus habiles et les plus experts dans les négociations internationales. Mais les choses changèrent avec le cours des temps, et l'importance du *bailaggio* à Constantinople finit par céder le pas à celle de l'ambassade à Rome; aussi dans le dernier siècle la résidence orientale n'était-elle, en réalité, qu'une occasion de faire de gros bénéfices et de rétablir une économie domestique déjà altérée... »

Le nombre et la spécialité des affaires vénitiennes avec Constantinople et l'Orient étaient si exceptionnels et si considérables, que le gouvernement avait estimé nécessaire la formation, dans ses Archives, de registres rédigés en dehors de ceux qui renfermaient les affaires étrangères en général. De là une série toute particulière qu'il importe de consulter sous le titre de : *Deliberazioni del Senato : Costantinopoli,* s'étendant de 1556 à 1796, et comprenant soixante-deux volumes.

FIRENZE (Florence).

Les dépêches datées de Florence ne commencent à être régulières qu'en 1588, et elles ont pour limite l'an-

née 1677, formant ainsi une collection de soixante-dix-
huit volumes[1]. Il y eut cependant, sans parler des résidents, trois ambassadeurs élus pour Florence au quatorzième siècle, dix-neuf au quinzième, et onze au seizième.
Parmi les restitutions faites par la Cour de Vienne aux
Archives de Venise, se trouve un volume des dépêches
de l'ambassadeur Antonio Tiepolo à Florence, en 1579.

FRANCIA (France).

Deux cent soixante-seize volumes composent le recueil
des dépêches de France depuis 1554 jusqu'en 1797. Les
détails que nous donnons plus loin dans un chapitre séparé sur les dépêches de France nous dispensent ici de
toute autre observation.

GERMANIA (Allemagne).

Le premier volume comprend des dépêches de l'année 1541 et beaucoup de lettres diverses; le second
ouvre la série régulière avec l'année 1566. Cette série
est de deux cent quatre-vingt-douze volumes, qui,
d'après les conclusions de l'article xviii du traité de
Vienne du 3 octobre 1866 entre l'Autriche et l'Italie,
demeurent acquis à la Cour impériale. Cette Cour a
toutefois reconnu que, sur la demande en communication de telle ou telle partie des dépêches par le Gouvernement italien, elle ferait aussitôt acte de complai-

---

[1] M. Fabio Mutinelli en a publié d'intéressants extraits dans les volumes II et III de la *Storia arcana ed aneddotica d'Italia*. (Venise, 1855
et 1858. Naratovich, éditeur.)

sance et enverrait par voie diplomatique à la direction des Archives les volumes qu'elle demanderait.

GENOVA (Gênes).

Trente volumes, de 1627 à 1785.

INGHILTERRA (Angleterre).

Cent trente-neuf volumes. Le premier comprend les deux ambassades de Giovanni Michieli et de Giacomo Surian, accrédités auprès de Marie Tudor, de 1554 à 1558. Comme il n'y eut pas de rapports directement échangés entre le Royaume et la République pendant toute la durée du règne d'Élisabeth, la série des dépêches ne reprend un cours régulier qu'avec l'avénement de Jacques Iᵉʳ. M. Rawdon-Brown est officiellement employé par le gouvernement de la Grande-Bretagne à la transmission de la copie de tous les papiers d'État vénitiens relatifs à l'histoire de cette puissance.

MILANO (Milan).

Deux cent trente et un volumes : la correspondance n'est conservée d'une façon régulière que depuis l'année 1566 [1].

MANTOVA (Mantoue).

Vingt et un volumes : années 1588, 1608, et de 1613

---

[1] Voyez les tomes I et IV de la *Storia arcana ed aneddotica d'Italia*, pour les extraits.

à 1647. Correspondance irrégulière. Il y a eu à Mantoue tantôt des ambassadeurs, tantôt des résidents.

MODENA (Modène).

Trois volumes : 1642-1643.

MUNSTER.

Correspondance de l'ambassadeur Alvise Contarini écrite du congrès de Munster, 1643-1648, onze volumes.

NAPOLI (Naples).

Cent soixante-six volumes : 1570-1797 [1].

POLONIA (Pologne).

Dix-huit volumes : 1574-1718 [2].

ROMA (Rome).

Correspondance de trois cent onze volumes, régulière depuis 1566, mais à laquelle il manque l'année 1572, disparue dans l'incendie de 1577. Les affaires de Rome, comme celle de Constantinople, ont été l'objet dans les Archives de l'ancienne République d'un classement à

---

[1] Voyez les tomes II, III et IV de la *Storia arcana* déjà citée.

[2] M. le marquis de Noailles a utilisé de la manière la plus intéressante les dépêches de l'ambassadeur de Venise en Pologne, Girolamo Lippomano, dans son bel ouvrage de « HENRI DE VALOIS ET LA POLOGNE EN 1572. » (3 volumes. Paris, Michel Lévy, 1867.)

part. Aussi faut-il consulter séparément les *Registri delle Deliberazioni del Senato* Roma, ouverts avec l'année 1560, ainsi que la série dite *Materie Espulsis Papalistis*. Cette curieuse exception exige l'explication suivante. Là République de Venise, de tout temps, dans sa politique, montra une fermeté particulière à l'endroit de cet objet de si grandes controverses, qu'on appelle la *différence* entre le pouvoir temporel et le pouvoir spirituel du Pape. Aucun État catholique n'a montré un plus grand courage et n'a fait preuve d'une plus tenace persévérance pour ne pas laisser confondre au détriment de ses droits et priviléges cette distinction si naturelle. Or, lorsque les affaires romaines étaient à l'ordre du jour dans le Sénat, il était d'usage que le Grand Chancelier prononçât, avant que la discussion fût ouverte, l'exclusion momentanée des Sénateurs qui avaient avec la Cour de Rome, soit par la parenté, soit par les intérêts matériels, des affinités particulières. Une fois cet appel nominal effectué, la discussion commençait, et les décisions qui en résultaient étaient enregistrées sous le titre de *Materie Roma Espulsis,* recueil qui ne comprend pas moins de cent et quelques volumes. La correspondance diplomatique vénitienne composée à Rome a un caractère particulier de dextérité et d'élévation politique incomparable, car il était rare que l'ambassadeur élu pour un poste aussi difficile ne fût un homme qui non-seulement avait pratiqué le Sénat, mais qui aussi avait rempli des fonctions diplomatiques auprès de toutes les grandes Cours de l'Europe. Pendant le seizième siècle, seul, il n'y eut pas moins de quarante-neuf ambassades ordinaires des Vénitiens aux Pontifes et vingt-neuf extraordinaires [1].

RUSSIA (Russie).

Les rapports directement établis entre la République de Venise et l'Empire Russe furent très-tardifs, aussi n'y a-t-il dans cette catégorie que peu de volumes de dépêches. Federico Foscari, accrédité en 1783, et Pietro Grimani, en 1790, furent les deux seuls Ambassadeurs qui aient été en résidence à Saint-Pétersbourg.

SAVOIA (Savoie).

La correspondance est de cent dix volumes et commence au 31 mars 1570. Avec le 20 juin 1630, une lacune de trente-deux ans se présente. Les relations entre les deux États interrompues à cette époque ne furent, en effet, reprises qu'en 1662, au mois de septembre, avec la réception de l'ambassadeur Alvise Sagredo. A dater de 1741, la série de *Savoie* prend le titre de *Torino* (Turin) avec l'ambassade extraordinaire de Marco Foscarini, et continue ainsi jusqu'en 1797.

SIGNORI-STATI

(LES PROVINCES-UNIES DE HOLLANDE, ETC.).

Cinquante-cinq volumes environ, répartis diversement avec les titres de *Olanda,* 1610-1616; de *Haya* (la

---

[1] Voyez dans le tome III de la série II de la RACCOLTA ALBÈRI, la Préface et les Annotations de M. TOMMASO GAR sur les ambassades de Venise auprès des Pontifes.

Haye), 1632-1669, puis 1709; de *Utrecht*, 1711-1712, etc., et ainsi jusqu'en 1744.

SPAGNA (Espagne).

Cent quatre-vingt-treize volumes, dont les trois premiers sont datés de différentes villes de la Belgique (1554, 16 mars à 1559, 10 août), la Cour d'Espagne étant alors en séjour aux Pays-Bas. Il faut déplorer pour cette série, ainsi que pour celles de Rome et de France, la perte des dépêches de l'année 1572 [1]. Nous avons aussi constaté deux lacunes importantes dans l'ensemble de cette correspondance; l'une de 1712 [2] à 1720, l'autre de 1770 à 1782.

SVIZZERA (Suisse).

Quatre-vingt-douze volumes répartis sous ces divers titres : *Grigioni* (Grisons), *Svizzeri* (Suisses), *Svizzeri e Grigioni* (Suisses et Grisons), *Zurigo* (Zurich), *Coira* (Coire), de 1569 à 1762 [3].

[1] Cette coïncidence de la disparition des dépêches vénitiennes de l'année 1572 pour les trois séries de *France*, d'*Espagne* et de *Rome* a de quoi beaucoup surprendre au premier abord; ce qui est certain, c'est que cette disparition se trouve déjà signalée dans le *Catalogue officiel* de la *Chancellerie* en 1669. La cause la plus vraisemblable d'un aussi étrange accident a dû être la place même qu'occupaient ces volumes sur l'un des rayons de la Chancellerie secrète atteints par les flammes lors du grand incendie de 1577.

[2] Du 16 décembre 1706 au 3 janvier 1712, le service diplomatique vénitien à Madrid n'avait été fait que par un Secrétaire. *Voyez* aux Archives les numéros 140, 141 et 142 de la Correspondance d'Espagne : Antonio Perazzo, secrétaire. (271 dépêches.)

[3] Voyez la publication de M. Victor Cérésole, *la République de Venise et les Suisses*. Venise, Antonelli, éditeur, 1864.

Tel est l'inventaire général des dépêches qui ont été conservées. Le chercheur ne devra cependant pas se borner au seul examen des volumes des *Dispacci* adressées au Sénat. Son travail ne serait pas complet, s'il ne portait pas aussi ses investigations du côté des papiers du Conseil des Dix et des Inquisiteurs d'État, parmi lesquels sont de nombreuses lettres adressées dans des circonstances délicates ou pour des motifs exceptionnels, à ces magistrats politiques, par les Ambassadeurs. Nous donnons maintes preuves appuyées de curieux éclaircissements, dans les deux dernières parties de cet ouvrage, consacrées, l'une, au Conseil des Dix ; l'autre, aux Inquisiteurs.

Il nous reste présentement à entrer dans quelques détails particuliers à la série des dépêches de France.

VIII.

DES AMBASSADEURS DE VENISE A LA COUR DE FRANCE ET DE LEURS DÉPÊCHES.

(1498-1797.)

Énumération des ambassades vénitiennes en France depuis le règne de saint Louis. — Elles sont régulièrement et définitivement établies avec le règne de François Ier. — Première dépêche *originale* de la série des dépêches de France adressées au SÉNAT. — Moyen de réparer autant qu'il est possible les torts causés à l'histoire par le manque des dépêches *originales* avant l'année 1554. — Rechercher les copies dans les archives particulières des maisons patriciennes et dans les collections manuscrites des Bibliothèques publiques. — Inappréciable avantage pour l'histoire de France du *Journal* manuscrit en cinquante-huit volumes in-folio tenu de 1496 à 1533 par Marin Sanudo. — Élection d'un ambassadeur. — Quelle route il suivait pour se rendre en France. — Durée ordinaire de son voyage. — Son arrivée à la Cour. — La première audience. — Costume de l'ambassadeur. — Cérémonie dite de l'*entrée*. — Sa correspondance. — Temps employé pour l'envoi d'une dépêche. — Circonstances extraordinaires. — Retour de l'ambassadeur à Venise. — Compte des dépenses qu'il avait à rendre. — Ambassadeurs à la Cour des Valois. — Énumération de leurs dépêches depuis l'année 1554. — De celles dont l'interprétation du chiffre diplomatique n'a pas été retrouvée. — Inconvénients du mystère qui y demeure attaché. — Services importants que M. Luigi Pasini, employé aux Archives de Venise, est appelé à rendre par la connaissance qu'il a acquise de l'interprétation des anciens chiffres de la diplomatie vénitienne. — Ambassadeurs en France sous Henri IV, sous Louis XIII, sous Louis XIV, sous Louis XV, sous Louis XVI et sous la République. — Intérêt particulier et originalité des dépêches vénitiennes. — Différents extraits empruntés à la *correspondance* des Vénitiens à la Cour sous le ministère du cardinal de Richelieu.

Les incendies de 1576 et de 1577 ont anéanti tous les volumes des dépêches originales venues de France, antérieurement au 2 mai de l'année 1554.

L'étendue de ce désastre pour notre histoire sera
justement estimée, si l'on considère que le nombre des
ambassades peut être réparti, entre les différents règnes
qui ont précédé cette année 1554, c'est-à-dire la sixième
du règne de Henri II, de la manière suivante.

Saint Louis, Philippe le Hardi, Philippe le Bel, reçurent chacun à leur Cour une ambassade vénitienne :
Philippe IV de Valois, deux ; Charles V le Sage, une ;
Charles VI deux ; Charles VII, trois. Avec l'avénement de Louis XI, les négociations devinrent plus fré--
quentes, et la France fut successivement visitée pendant
son règne par six Ambassadeurs de la Seigneurie. Six
aussi furent envoyés à Charles VIII. Douze ambassadeurs ordinaires et cinq extraordinaires furent accrédités auprès de Louis XII. Puis, avec l'avénement de
François Ier, s'ouvrit l'ère des ambassades régulièrement
établies. Depuis cette époque jusqu'aux dernières années
du règne de Louis XIV, où il y eut une interruption dans
les relations d'ailleurs reprises sous Louis XV, la Cour
de France ne fut jamais sans avoir auprès d'elle un
ambassadeur de Venise. Dix-neuf Ambassadeurs ordinaires se sont succédé auprès de François Ier, et six
extraordinaires lui ont été envoyés, en des occasions
différentes. Lorenzo Contarini fut celui qui salua Roi
Henri II, et Giovanni Capello, dont les dépêches commencent la série de France dans les archives vénitiennes,
lui succéda. Encore faut-il dire que les lettres conservées
de cet ambassadeur ne sont que les dernières qu'il écrivit
pendant sa légation. Arrivé, en effet, à la Cour en
octobre 1551, il avait eu sa première audience du Roi

le 4 novembre, au Louvre, et ce n'est qu'à la date du
2 mai 1554 que nous rencontrons une première dépêche
originale. Or, à cette époque, un successeur avait été
déjà désigné par le Sénat pour remplacer Giovanni
Capello, qui partit à la fin de cette même année.

En somme, admettant même que les dépêches des
Ambassadeurs en France à l'époque si lointaine de Saint
Louis, de Philippe de Valois, de Charles le Sage et de
Charles VI, aient été perdues avant les désastres de 1574
et de 1577 dans la Chancellerie secrète, on peut con-
clure à l'anéantissement, par ces derniers incendies,
des écrits diplomatiques de tous les Ambassadeurs de la
Seigneurie accrédités en France sous Louis XI, sous
Charles VIII, sous Louis XII et sous François Ier.

Mais si grave qu'ait réellement été cette perte, si irréparable qu'elle soit, nous devons toutefois dire que par
une assidue pratique de recherches bien dirigées, en
différents endroits de Venise où sont amassés des documents manuscrits, il est possible de la réduire à des
proportions moindres. Est-ce à dire, en effet, qu'on ne
saurait absolument pas reconstituer depuis le treizième
siècle le mouvement diplomatique vénitien, non-seulement auprès de la Cour de France, mais encore auprès
de toutes les Puissances, petites ou grandes, qui ont fait
œuvre de négociation quelconque avec la République?
Est-ce à dire que la poursuite des traces des négociateurs
et de leurs actes officiels soit entièrement interdite au
curieux le plus entreprenant? Assurément non. Et nous
estimons que c'est ici le lieu de dire par quelles voies,
par quels moyens et par quels procédés le curieux doit agir.

Si les dépêches originales sont irrémissiblement perdues pour le quatorzième, le quinzième et la moitié du
seizième siècle, ne peut-on pas rencontrer en quelque
dépôt d'archives de famille ou de bibliothèques publiques, sinon la copie de toutes les dépêches, du moins
la copie de quelques-unes? L'expérience en ces matières
nous a démontré que quelques succès pouvaient être
obtenus. Le département des manuscrits de la Bibliothèque de Saint-Marc, les collections si précieuses de
textes recueillis au Musée Correr, les archives de famille
telles que celles des Donà delle Rose, des Morosini et
autres, possèdent différents volumes de dépêches qui
tout en n'étant sans doute que la minute ou la copie de
celles qu'avait expédiées l'Ambassadeur à la Seigneurie,
ne comportent pas moins les mêmes termes, ne révèlent
pas moins les mêmes faits, en un mot sont les mêmes
dépêches et méritent absolument le même crédit. Or
tel de ces recueils, dont la minute ou la copie existent, serait vainement cherché, en original, dans les
Archives Vénitiennes proprement dites, pour avoir été
la proie des flammes aux époques que nous avons men-
tionnées. En quelque bibliothèque du monde où nous
ayons pénétré, il ne nous est jamais arrivé de sortir
sans nous être informé, d'après les catalogues et les
inventaires, des manuscrits de *provenance vénitienne*
que cette bibliothèque pouvait avoir. Cette assiduité et
cette persévérance nous ont valu de fortunées rencontres, propres à adoucir l'amertume et le préjudice que
nous avaient causés les pertes subies par les collections de la Chancellerie secrète. Voilà donc un premier

moyen indiqué pour diminuer le malheur de ces ruines.

Mais que ne dirons-nous encore, et surtout ici, de l'importance extraordinaire des cinquante-huit in-folios manuscrits, rédigés avec une patience et un soin admirables par ce bon patricien de Venise, diverses fois sénateur, chroniqueur et historiographe, Marino Sanudo? De 1496 à 1533, par conséquent pendant le cours de trente-neuf ans, n'a-t-il pas noté jour par jour les choses advenues dans la politique, en usant, pour un soin si particulier, de la lecture qui lui fut exceptionnellement permise des *dépêches,* des *relations* et des *lettres* de toute nature arrivées de tout pays à la Seigneurie? Or, cet espace compris entre 1496 et 1533 appartient à la longue époque durant laquelle nous manquent les dépêches officielles originales! De quelles ressources ne sont donc pas ces précieux registres, qui sont l'honneur et la fleur de la Bibliothèque de Saint-Marc! Nous avons relevé de ces cinquante-huit in-folios le sommaire des choses relatives aux événements de France. Cette seule part nous a fourni matière à plus d'un volume considérable de notes ayant pour origine des informations puisées par le chroniqueur dans les dépêches et les rapports des Ambassadeurs. Ce que nous avons fait pour la partie française, chacun ne peut-il pas le faire pour la partie de l'histoire du pays qui l'intéresse? M. Rawdon-Brown y a cherché l'Angleterre; le docte abbé Valentinelli, Bibliothécaire de Saint-Marc, y a cherché le monde slave [1],

---

[1] *Esposizione di rapporti fra la Republica Veneta e gli* SLAVI MERIDIO-NALI : Brani tratti dai Diarii di MARINO SANUDO esistenti nell' I. R. Biblioteca di S. Marco, 1496-1533. *Venezia,* Tipogr. del Commercio, 1863.

tel autre le monde germanique. Des dépêches entières y
sont souvent reproduites sous le titre de *Esemplari di
lettere*. Le sagace chroniqueur ne se livrait à la fatigue
de cette reproduction de textes entiers, qu'autant qu'il
sentait que l'intérêt en était grand et exceptionnel. Les
autres dépêches sont indiquées dans son travail sous le
titre de *Summarii di lettere* [1].

Quant à chercher enfin et à poursuivre la trace incontestablement officielle de l'œuvre des négociateurs, depuis les commencements du quatorzième siècle jusqu'à
l'époque du seizième où la série des dépêches qui ont été
conservées devient régulière; quant à l'accomplissement
de cette recherche pour l'histoire de chacune des puissances avec lesquelles Venise a pu échanger des rapports
soit politiques, soit commerciaux, il suffira de se rendre
familier avec le mode de consulter cette inappréciable

---

[1] Les *Diarii* de Marin Sanudo sont maintenant à la Bibliothèque de
Saint-Marc en original, et non plus en copie. Les *originaux* ont fait
partie des restitutions reconnues légitimes par le gouvernement autrichien à la Bibliothèque de Saint-Marc, d'où ils avaient été emportés
en 1805 : mais les caractères de l'écriture du chroniqueur sont tellement
difficiles qu'ils rendent l'usage de ces exemplaires fort peu commode.
Les copies, alors à Venise, mais aujourd'hui à Vienne, sont authentiques, et ce sont elles qui forment l'exemplaire en cinquante-huit volumes où tant d'historiens ont déjà puisé des notices et des renseignements. Ces copies furent exécutées au dix-huitième siècle par des employés
de la Chancellerie ducale et d'après une décision formulée et votée par
le Conseil des Dix. Elles offrent aussi l'avantage d'une table des matières
abondamment disposée pour chaque volume. Ainsi pour des recherches
relatives à la France, il faut se reporter dans l'index à ces différentes
rubriques : *Franza, Re di Franza, Franzesi, Orator di Franza, Armata
franzese, Esemplari di lettere, Summari di lettere, Relazioni*, etc.
Nous avons relevé tous les sommaires des cinquante-huit volumes pour
tout ce qui concerne la France, et nous les avons réunis en un seul
registre qui se trouve dans notre collection de documents vénitiens.

série des registres que nous avons décrits sous les titres de *Misti* et *Secreti* (*Senato*). On n'y trouvera pas la reproduction des dépêches des négociateurs, mais on y rencontrera, dans l'ordre des temps et des circonstances, la date précise de l'*élection* des envoyés, le texte des *instructions* qui lui étaient données à son départ (*Commissio*), et enfin le texte de chacune des *lettres* qui lui furent adressées *en réponse* aux siennes d'après la décision et le jugement politique du Sénat. Ce sont là des sources admirables et fécondes, et qui, à côté du grand vide des dépêches en la Chancellerie, sont un peu, pour le chercheur, ce qu'est l'oasis, dans le long désert, pour le voyageur.

L'élection d'un ambassadeur ordinaire ou extraordinaire se faisait dans le Sénat à la majorité des voix; le personnage élu ne pouvait refuser d'obéir au choix que l'État avait fait de lui, à moins de payer une amende considérable[1]. Entre la date de son élection et celle de son départ, il laissait souvent s'écouler plusieurs mois, soit qu'il y fût contraint par la gravité de ses affaires, ou que le soin de ses apprêts exigeât un temps plus ou moins long.

Il fut établi qu'un ambassadeur de Venise ne devrait pas demeurer plus de deux ans en fonctions à une même Cour, mais il était rare qu'entre le jour de son départ de Venise et celui de son départ de la Cour où il était accrédité, il ne se passât pas trois années. Nous pensons

---

[1] Voyez entre autres arrêtés celui de 1536 qui règle les amendes à encourir pour refus de l'acceptation d'une ambassade à une tête couronnée.

que cet usage des Vénitiens d'élire de deux ans en deux ans un ambassadeur auprès d'une Cour était unique, aussi est-il l'explication du nombre de personnages qui se sont succédé à ces différentes Cours pendant un même règne.

Peu de jours avant de quitter Venise, le Ministère (*Collegio*) remettait à l'Ambassadeur un document appelé *Commissio;* c'était tout à la fois une lettre patente de nomination avec les conditions énoncées et une sorte d'instruction générale sur les premières démarches à faire : à cette *Commissio* étaient jointes des lettres ducales pour le souverain. L'Ambassadeur partait accompagné d'un secrétaire officiel et d'autant de gentilshommes qu'il lui plaisait d'avoir avec lui. Sa suite était en général nombreuse, sa dépense excessive, mais comme en général chaque sujet tenait à se faire honneur, il n'y eut peut-être pas un seul exemple à citer d'un Ambassadeur de Venise à qui son ambassade n'ait coûté trois et quatre fois la somme que lui allouait son gouvernement. Plus d'un de ces patriciens ne s'estimant pas assez fort pour soutenir de telles charges avec cette sorte d'honneur qui constitue le faste et la pompe, préférait refuser l'élection qui était faite de sa personne, sauf à payer l'amende que son refus lui faisait encourir.

Le voyage de Venise en France se faisait à petites journées. La compagnie était nombreuse, il fallait force mules et force chevaux, tant pour les hommes que pour les bagages. La route suivie, pendant le seizième siècle, était généralement celle de Venise à Milan, à Turin et à Suse, d'où, par la Novalèse, on passait le mont Cenis

traversant la *Feriera*, l'*Hospedaletto*, les *Tavernelle*, la
Ramazza et Lunebourg, d'où à Lyon par Saint-Jean de
Maurienne, Chambéry et Pont-de-Beauvoisis. Lyon était
la première grande étape pour un repos de plusieurs
jours. Si les circonstances politiques du moment l'obligeaient à éviter les chemins de Lombardie et de Piémont,
il prenait alors les chemins du Tyrol et de l'Allemagne,
et passait par Trente, Brixen, Inspruck, Augsbourg,
Ulm, Stuttgard, Strasbourg, Metz, Verdun, Châlons,
la Ferté-sous-Jouarre et Meaux, d'où il gagnait Paris.
Mais cette direction ne fut prise que rarement, et celle
de Lyon était la plus ordinaire. Le gouverneur de la
ville recevait l'Ambassadeur, et par ordre du Roi il allait
ordinairement au-devant de lui. De Lyon, assez habituellement, l'Ambassadeur gagnait Roanne, où il s'em-
barquait pour arriver à Nevers, et selon que la Cour
était à Paris, ou, dans ses déplacements si fréquents
alors à Blois, à Amboise et à Tours, il se dirigeait soit
vers Paris par Montargis et Corbeil, soit vers Blois par
Orléans. L'ambassadeur Giovanni Capello, parti de
Venise le mercredi 9 septembre 1551, pour se rendre à
Paris auprès de Henri II, n'arrivait à Lyon que le
17 octobre, et à Paris le Ier novembre. Le temps employé dépendait du reste de la saison et des circonstances. Sous les Valois, depuis l'avénement de Henri II
jusqu'à la mort de Henri III, l'ambassadeur vénitien
qui fit le trajet le plus bref de Venise à Paris, dans
une occasion où sa présence, selon qu'elle serait plus
ou moins rapide, pouvait empêcher une rupture entre
la France et l'Espagne, fut Giovanni Michieli. Élu le

29 juin 1578, parti de Venise le Ier juillet, il était à Lyon
le 10, où il séjourna jusqu'au soir du 11, et arriva à
Paris le 18, où, pour ainsi dire au débotté, il avait
aussitôt l'audience du roi Henri, et surtout de la Reine
mère, Catherine de Médicis.

Lorsque l'Ambassadeur était à la veille d'entrer à Paris,
celui qui résidait à la Cour, prévenu par son successuer,
allait au-devant de lui fort accompagné, et le conduisait
à l'hôtel qu'il occupait. Des officiers de la maison du Roi,
— si déjà ils n'avaient été le saluer, soit à Longjumeau,
soit à Bourg-la-Reine, — le venaient complimenter de la
part des princes et princesses. L'audience était ensuite
demandée et le jour était fixé pour cette cérémonie, qui,
à Paris, avait lieu au Louvre, et hors Paris, dans les châteaux où résidait la Cour. Des gentilshommes désignés
par le Roi, quelquefois des évêques qui s'étaient distingués dans les négociations, d'autres fois le capitaine
des gardes (cela avant que la charge d'introducteur des
ambassadeurs ait été créée et réglée) venaient quérir
l'ancien Ambassadeur et le nouveau en leur hôtel[1],
et le conduisaient aux chambres du Louvre où, dans la
plus grande parade, l'attendaient le Roi et la Cour.

Au seizième siècle, et pendant une partie du dix-septième, l'Ambassadeur de Venise portait la robe dite *séna-*

---

[1] L'histoire de l'ancien Paris est peu diserte sur l'indication et la description des hôtels occupés par les Ambassadeurs ou les Résidents des
Puissances étrangères, et il nous serait impossible de préciser quels
hôtels ont successivement habités les Envoyés de la Seigneurie de Venise
à la Cour de France. Tout ce que nous en savons se réduit à signaler
qu'en 1608 l'ambassade de Venise était en l'*hôtel de Sens*, qui, situé à
peu de distance du quai des Célestins, a conservé jusqu'à présent les

toriale en étoffe cramoisie ou violette à larges manches,
ce qui lui donnait toujours un air fort noble, surtout lorsqu'ayant été fait chevalier, il ajoutait à ce costume une
large bande de velours brodée d'or qu'il jetait sur l'épaule
droite et laissait flottante par-dessus la robe. Mais avec le
temps, les modes ayant fort changé, les ambassadeurs
finirent par quitter la robe *sénatoriale,* et avec la perruque
et la dentelle prirent des habits de brocart et à fleurs.

L'Ambassadeur résident présentait son successeur, les
compliments s'échangeaient, et souvent en une même
audience, tandis que l'un faisait son premier salut,
l'autre prenait congé. Plus tard il y eut aussi la cérémonie toute d'apparat dite de « l'Entrée de Monsieur
l'Ambassadeur » qui était une sorte de voyage pompeux
et fastueux depuis le couvent de Picpus jusqu'à l'hôtel

deux tourelles si originales de son entrée, vrai et rare tableau d'un coin
du vieux Paris; qu'en 1612, ladite ambassade occupait l'*hôtel de la Reine
Marguerite,* rue de Seine-Saint-Germain; qu'en 1634, elle était sise
derrière les *Minimes;* en 1652, dans la rue *Saint-Gilles;* en 1671, rue
de *Thorigny,* et fort voisin de la maison habitée alors par la marquise
de Sévigné: en 1694, rue *Sainte-Anne;* en 1699, rue de *la Planche;*
en 1738, *quai d'Orçay;* en 1740, rue de *Grenelle-Saint-Germain;*
en 1747, rue *Garancière;* en 1750, rue *Saint-Maur;* en 1758, rue de
Varenne; en 1765, rue et porte *Saint-Honoré,* à l'hôtel de *Baschy;*
en 1769, rue de *l'Université,* en l'hôtel de *Brou;* en 1773, place *Vendôme;* en 1778, rue de *Bondy;* en 1780, près la *porte Saint-Martin,* au
boulevart, et en 1792, rue *Saint-Florentin,* en l'hôtel de l'*Infantado.*
Lorsque les ambassades étaient dites extraordinaires, et avant l'acquisition pour le service du Roi de l'hôtel d'Ancre, situé rue.de Tournon,
appelé plus tard l'*hôtel des Ambassadeurs,* parce qu'ils y étaient reçus
en cérémonie, le Roi désignait quelque hôtel célèbre par sa magnificence
dans Paris pour y loger et défrayer l'Ambassadeur. En 1575, lorsque
Giovanni Michieli vint porter l'hommage au Roi Henri III pour son
avénement au trône, le Roi lui fit livrer l'*hôtel de Guise.* En 1618, Simon
Contarini, ambassadeur extraordinaire, fut reçu à l'*hôtel de Luynes.*

qu'il occupait, avec la plus grande et titrée compagnie de France, mais cela ne fut que pur article de cérémonial et affaire principale des Sieurs de Bonnueil, de Guron, de Berlisé, de Brulon, de Sainctot, de Vernueil, de Breteuil, de la Live, et autres introducteurs et maîtres des cérémonies de France qui avaient chargé d'en régler et déterminer les apprêts.

Sous les Valois et le grand Henri, les choses se passaient avec plus de bonne grâce, sans que la politique y perdît rien de son compte, tout au contraire. Au lendemain ou au surlendemain de l'audience publique, l'Ambassadeur, selon que la Cour avait lieu d'être en termes plus ou moins intimes avec l'État de Venise — ce qui fut sans cesse le cas depuis Henri II jusqu'à Louis XIV — avait ses entretiens particuliers avec le Roi. Cette visite intime donnait matière toujours curieuse et attachante à sa correspondance, et jusqu'au jour où le prédécesseur quittait définitivement sa résidence, les lettres étaient signées par les deux ambassadeurs, et ne portaient d'autre adresse que ces mots : AL SERENISSIMO PRINCIPE DI VENETIA. Les cachets étaient à l'effigie du Lion de Saint-Marc, tenant le livre en sa griffe.

Cette correspondance était assez régulière. Il la faut estimer à plusieurs lettres portant la même date, écrites sinon un même jour, du moins partant chaque semaine par un même courrier. En cas de plusieurs dépêches expédiées à la fois, le secrétaire avait soin de les désigner par des numéros successifs. Dans les cas extraordinaires, tels que ceux de la mort du souverain, de la nouvelle d'une victoire ou d'une défaite importante, de

la signature d'une tréve, ou des conclusions d'une paix,
l'Ambassadeur pouvait disposer d'un courrier spécial
mandé aux frais de la République, laquelle récompen-
sait celui-ci en raison du plus ou moins de vitesse dont
il avait fait preuve. Il y eut de ces exemples de rapidité
qu'on peut tenir pour prodigieux : ainsi, le plus extraordinaire nous semble être celui qui, relatif à la nouvelle
de l'entente conclue à Cambrai, si hostile pour Venise,
atteste que les lettres écrites à Blois, le 7 février 1509,
par l'Ambassadeur parvinrent au Palais de la Seigneurie
le 14 du même mois au matin. C'était donc n'employer que sept jours pour parcourir l'énorme distance
qui sépare Blois de Venise [1]. Le même cas s'était d'ailleurs présenté dix années auparavant à l'occasion de la
nouvelle de la mort du Roi Charles VIII, qui, advenue
le samedi 7 avril à Amboise, fut annoncée à Venise le
samedi 14. La connaissance d'une nouvelle si importante valait la peine d'une telle célérité, car les États
d'Italie s'attendaient plutôt alors à recevoir l'avis d'une
seconde entreprise de Charles VIII aux plaines de Lombardie qu'à être assurés du fait de sa mort à Amboise [2].
En 1678, le 28 mai, la dépéche n° 240 de l'ambassadeur
Contarini, pour annoncer avec certitude une prochaine
conclusion au traité de Nimègue, était envoyée expressément moyennant le prix de soixante louis d'or [3]. Dans

---

[1] Dépêche de l'ambassadeur Antonio Condulmer. *Diarii* di MARIN
SANUDO, vol. IV.

[2] Marin Sanudo. *Diarii*, vol. I, supp., fol. 35.

[3] Je soubsigne, Champagne, et confesse avoir receu, par les mains
de M. Cantu, intendant de S. Exc. Monseigneur Contarini, Ambassadeur de la S. République de Venize, par l'ordre même de S. Exc., la

les temps ordinaires, sous Henri II, la correspondance
de l'Ambassadeur parvenait à la Seigneurie en quinze
ou seize jours, et de même celle de la Seigneurie pour
son Ambassadeur à la Cour : ainsi les lettres de Venise
du 16 juin 1554 arrivèrent à Reims le 2 juillet, celles
du 11 décembre 1556 parvinrent à Paris le 24. Peu
d'années après, sous la régence de Catherine de Médicis, en 1561, M. l'évêque de Dax étant ambassadeur
pour le Roi à Venise, il se fit une convention postale
dont l'avantage fut considérable pour accélérer l'aller
et le retour des dépêches. Six courriers, affectés uniquement au service de France pour Venise et de Venise
pour France, furent désignés à Lyon pour cet emploi.
Le temps limité fut de dix jours pour les mois d'hiver,
et de huit pour le reste de l'année. Le courrier devait
partir de Lyon de manière à arriver le vendredi à
Venise, afin que le service pour Rome, qui se faisait le
samedi, prît les dépêches venues de France; il devait
ensuite partir de Venise pour Lyon le lundi.

Selon l'importance des faits ou la confidence des
informations, selon aussi le risque que les dépêches
couraient d'être interceptées, en des temps de guerre,
l'Ambassadeur usait du chiffre qui lui était remis à
Venise, à son départ, pour rendre sa correspondance
plus mystérieuse à ceux qui l'eussent ouverte. Il est
telle de ces dépêches qui est chiffrée entièrement, il est
telle autre qui ne l'est qu'en divers endroits, principale-

somme de soixante louis d'or pour faire le voyage de Paris à Venize en
diligence, et ce pour une depeche extraordinaire; en assurance de quoy
je me signe « Champagne ». 28 mai 1678.

ment lorsqu'il s'agit, dans le récit d'une audience, de reproduire les propres termes dont a usé le Souverain en traitant avec l'Ambassadeur quelques affaires politiques de nature délicate. Lorsque la dépêche chiffrée arrivait à la Seigneurie, elle était soumise aux secrétaires aux chiffres, qui la traduisaient aussitôt, et en joignaient l'interprétation écrite sur une feuille à part, intercalée ensuite dans la dépêche originale.

Lorsque le temps assigné par les arrêtés du Sénat pour la durée d'une ambassade était près d'expirer, l'Ambassadeur avait presque toujours soin de le rappeler à la Seigneurie dans l'une de ses dépêches, afin de hâter l'élection de son successeur. Revenu à Venise, il devait aller s'inscrire sur les registres officiels au Palais ducal, et prenait quinze jours pour préparer la *relation* de son ambassade qu'il était obligé de lire à la tribune, devant le Sénat assemblé. Il avait aussi un délai pour présenter aux trésoriers de la Seigneurie l'état des sommes dont il lui avait été prescrit, dans sa commission, de rendre compte. Sous les Valois, un ambassadeur qui restait en France trente-cinq mois environ, devait estimer sa dépense générale à dix mille ducats et quelques centaines de livres. D'après des notes que nous avons recueillies dans les papiers de la maison Donà delle Rose, nous avons vu les comptes de plusieurs ambassadeurs en France, d'où il résulte que Sigismondo di Cavalli, qui fut à la Cour en 1571 et en 1572, dépensa environ 87,879 francs; Lorenzo Priuli, 81,852 francs; Zuane Moro, 891,712 francs; Zuane Dolfin, du 29 août 1584 au 7 mars 1588, 12,815 ducats, c'est-à-dire

110,868 francs. Nous ne parlons, du reste, ici que de la dépense officielle de l'Ambassadeur, c'est-à-dire de celle dont il avait à rendre compte.

Au dix-septième siècle, sous Louis XIV, la dépense officielle d'un ambassadeur de Venise se pouvait évaluer à quatre cents ducats par mois. Ainsi, du 29 mars 1676 au 6 novembre 1679, c'est-à-dire pour un séjour de trois ans, sept mois et sept jours, Contarini dépensait 39,831 ducats, dont 8,131 pour les seuls frais du port des dépêches et du voyage des courriers, et 800 pour le loyer annuel de son hôtel [1]. Dans ces dépenses dites officielles, l'Ambassadeur était autorisé à compter les frais de sûreté pour ses voyages d'aller et de retour, tels qu'emploi de mousquetaires [2], alfiers et capitaines. Il en était de même pour les dépenses des deuils de cour, etc.

Sous les Valois, depuis le moment du règne de Henri II, où les dépêches de l'Ambassadeur de Venise sont conservées (1554), jusqu'à l'extinction de cette branche royale dans la personne de Henri III, quinze Ambassadeurs ordinaires représentèrent successivement

---

[1] L'estimation *exacte* des ducats vénitiens à convertir en valeurs de France est difficile; cependant nous pouvons dire, d'après l'ambassadeur Alvise Pisani, qu'en 1701 (juin) 3,027 francs 17 sols faisaient 1,009 écus 6 sols de France, qui convertis en 90 ducats de banque par 100 écus faisaient 908 ducats de banque de Venise. Or, l'écu de France était de 3 livres, et 100 écus de France faisaient 80 ducats de banque de Venise.

[2] Sébastien Foscarini, ambassadeur en 1680, avait pour escorte, des soldats, de Turin à Saint-Jean de Maurienne; des mousquetaires, de Saint-Jean à Chambéry; un capitaine et des soldats, de Chambéry à Pont-de-Beauvoisin; douze mousquetaires, de Pont-de-Beauvoisin à Lyon; un alfier et douze soldats, de Lyon à Roanne; etc.

la République des Vénitiens à la Cour de France. Il y
eut en outre huit ambassades extraordinaires. Le nombre
des dépêches de chaque ambassadeur était variable. Il est
d'ailleurs des temps où les faits abondent, où le mouvement politique est extraordinaire, où les audiences avec
le Souverain et les principaux personnages sont plus fréquentes. Toutes ces choses fournissent aux dépêches et
les rendent nombreuses. Il est du reste à remarquer que
plus on avança, plus on écrivit, et les dépêches d'un
négociateur, sous le règne de Louis XIV et de Louis XV,
sont une fois plus abondantes que celles d'un ambassadeur à la Cour des Valois. Giacomo Soranzo, sous
Henri II, a écrit deux cent vingt-huit dépêches environ
depuis le 1er mai 1555, date de sa première audience,
jusqu'au 5 décembre 1557, qui fut le jour où il prit
congé du Roi. Giovanni Dolfin, depuis le 29 septembre 1584, jour où il salua le roi Henri III à Saint-
Germain, jusqu'au 25 janvier 1588, où il présenta à la
Cour son successeur Giovanni Mocenigo, adressa près de
trois cents dépêches : ils sont ceux qui, à cette époque
des Valois, ont le plus écrit. Il faut estimer à cent cinquante ou deux cents le nombre des dépêches des autres
ambassadeurs ordinaires pendant cette période. En
somme, nous estimons que le total des dépêches fournies par la diplomatie vénitienne, depuis le 4 mai 1554
jusqu'au 5 août 1588, forme un ensemble de près de
deux mille cinq cents lettres. Plusieurs lacunes sont du
reste à signaler et à déplorer : ainsi, du 4 septembre 1554 au 24 février 1555, les dépêches manquent;
de même pour les mois de janvier et février 1559; de

même (et celle-là est de beaucoup plus importante) pour
l'année 1572 moins les deux premiers mois; de même
pour les trois premiers mois de 1573[1]. Les deux mille
cinq cents dépêches originales (nombre approximatif)
formant le recueil qui est à consulter sur les règnes de
Henri II, de François II, de Charles IX et de Henri III,
sont renfermées en dix-huit volumes ou liasses cartonnées, plus ou moins considérables, dont chacune porte
au dos un numéro successif et le nom de l'ambassadeur
signataire.

Nous avons dit que parmi les dépêches il en était un
grand nombre de chiffrées. Or nous devons ajouter que
pour une cause difficile à expliquer, puisque les raisons
que nous pourrions donner ne seraient basées que sur
des conjectures, la partie chiffrée des dépêches originales, depuis le 4 mai 1554 jusqu'au 8 avril 1566, ne
se trouve nulle part déchiffrée. La première dépêche
dont le déchiffrement lui est annexé est en date du
8 avril 1566, dans le volume sixième de la collection.
Jusqu'à présent, malgré nos tentatives diverses fois répétées, nous avons été inhabile à l'opération du déchiffrement qui exige des facultés d'une extraordinaire spécialité, et nous nous trouvions dans cette situation
pénible de ne pouvoir profiter d'un grand nombre de ces
documents si précieux pour l'histoire des quatre der-

---

[1] Nous donnons ici les dates selon la méthode française (*more gallico*), car si nous les devions donner selon l'usage vénitien (*more veneto*,
comme on disait), il en résulterait une confusion extraordinaire. L'année des Vénitiens, en effet, ne commençait qu'au 1er mars, de sorte
que janvier et février de 1573 en France seraient janvier et février de
1572 à Venise.

nières années de Henri II, pour celle du règne de François II, et pour celle des cinq premières années du règne
de Charles IX. L'inconvénient de cette obscurité, dans
les lettres les plus intéressantes, nous avait paru si grand,
que nous avions estimé qu'il serait préférable de tenir en
quelque sorte pour non avenue la conservation des dépêches non déchiffrées de ces douze années, et de ne
commencer la publication officielle des documents diplomatiques vénitiens qu'avec l'année 1566. Mais un fait
récent vient de se passer qui nous permet de nous ras-
surer, et nous met à même de pouvoir annoncer que la
lumière sera faite sur ces mystérieuses lignes, si nombreuses qu'elles soient dans les six volumes dépourvus
des annexes d'interprétation.

Si celle des pages que, dans notre chapitre des
Historiens, Chercheurs et Curieux aux Archives de Venise, nous avons consacrée à M. Luigi Pasini, n'a pas
échappé au lecteur, il a sans doute déjà compris que
le fait important dont nous voulons parler est dû à ce
laborieux et patient employé auprès de ces archives.
M. Luigi Pasini, qui s'est voué à cette étude souvent
ingrate de l'interprétation des chiffres et écritures
occultes pour en faire bénéficier l'histoire, a réussi,
dans ces derniers temps, à la formation d'une clef
propre à déchiffrer les pages chiffrées par Giovanni Michieli, ambassadeur à la Cour d'Angleterre sous Marie
Tudor. Le *Master of the Rolls*, en sa qualité de chef des
Archives de la Grande-Bretagne, a cru de son devoir de
féliciter ce jeune érudit sur un succès si marqué. La nouvelle de cette découverte nous étant parvenue par la

bienveillante entremise de la direction du *Record Office*, où des recherches dans les documents anglais nous retenaient alors [1], était faite pour nous émouvoir, en même temps qu'elle devait nécessairement faire naître en nous le plus vif désir de voir M. Luigi Pasini s'attaquer avec courage au chiffre des *dépêches de France,* comme il s'était attaqué au chiffre de celles d'Angleterre. M. Luigi Pasini a accueilli avec faveur nos propositions, il s'est mis à l'étude du chiffre de France non interprété avant lui ; et il a réussi merveilleusement. Grâce donc à son aptitude extraordinaire, les dépêches de six Ambassadeurs vénitiens, pendant un espace de douze années, écrites sous l'impression des grands événements caractérisés par les dernières luttes du Roi de France avec l'Empereur et l'Espagnol et par les premières guerres de religion, auront recouvré leur extrême intérêt.

Considérable sera ce travail, car nous n'avons pas estimé à moins de cinq mille lignes de chiffres le total de celles qui, sans les heureux efforts du traducteur des signes occultes de l'Ambassadeur de Venise en Angleterre, seraient indubitablement demeurées pour nous lettre morte. Que signifierait en effet, pour le public lettré et curieux des choses de l'histoire, la publication de dépêches dont le sens serait jusqu'à cinq et six fois

---

[1] Nous dûmes cette communication bienveillante à M. Duffus-Hardy, qui, sous la présidence du Lord Romilly, est directeur du royal établissement appelé « Public Record Office », où nous avons étudié, depuis la fin d'octobre 1868 jusqu'à la fin de mars 1869, l'admirable collection de documents diplomatiques anglais conservée sous le titre de « State Papers ».

interrompu dans une seule? Voici entre autres la lettre
de l'ambassadeur Capello du 4 septembre 1554, écrite
à Compiègne, où le roi Henri lui a donné une fort longue
audience : elle contient d'abord *deux* lignes de chiffres,
puis *six* en un autre endroit, puis *six* encore, puis *trois*,
et enfin *dix*. Si ces vingt-sept lignes de chiffres ne sont
pas compréhensibles, à quoi bon cette dépêche? N'est-
il pas d'ailleurs naturel de penser que tous les passages
que l'ambassadeur a cru devoir dissimuler par des signes
occultes, contiennent les faits les plus curieux ou les
paroles les plus intéressantes? Giacomo Soranzo, rapportant un entretien familier qu'il eut avec Henri II au
sujet des affaires d'Angleterre, dit : « *Sa Majesté se
tournant tout à coup vers moi, prenant un visage troublé et
haussant les épaules, m'ajouta ces propres paroles. . . . .* »
Et les paroles sont en chiffres non interprétés! Ces
exemples, bien qu'isolés, sont assurément suffisants
pour démontrer et le préjudice du silence, et la nécessité
de la révélation, pour l'usage de ces documents. Mais
avec l'année 1566, les dépêches chiffrées portent avec
elles l'interprétation officiellement opérée par les secrétaires aux chiffres de l'époque, et ce travail s'y trouve
régulièrement accompli pour toutes les lettres reçues
de France depuis cette année du règne de Charles IX
jusqu'à celle de la chute de la République (1566-
1797).

Sous le règne de Henri IV, il y eut sept Ambassadeurs
ordinaires et trois extraordinaires. Les dépêches conservées, — et elles sont toutes en parfait état, — forment

une série de vingt-trois volumes, depuis le 2 août 1589
jusqu'au 15 mai 1610 [1].

Louis XIII vit à sa cour douze Ambassadeurs ordinaires et six extraordinaires. Cinquante-huit volumes de
dépêches renferment la correspondance vénitienne écrite
pendant son règne (14 mai 1610 à 16 mai 1643). Plusieurs volumes de cette série ont été désastreusement
atteints par l'humidité, entre autres celui des dépêches de
l'année 1621, et plus encore le volume portant le numéro
d'ordre 75 et daté de 1630. Les dépêches qu'il contient
sont pour la plupart devenues illisibles, depuis la date
du 11 avril : aussi cette liasse a-t-elle reçu le titre de
Frammenti di Francia plutôt que celui de *Dispacci*. Il est
à remarquer que c'est dans cette série que, pour la première fois, les dépêches de France reçoivent, avec chaque ambassade nouvelle, un numéro d'ordre successif.
Cette énumération commence avec la correspondance de
Siméon Contarini, en 1618, et dans l'usage des recherches et des notes, elle est d'une utilité particulière. Le
nombre des dépêches, sous ce règne qui fut si affairé,
depuis que M. le Cardinal eut en ses mains la politique
du royaume, s'accrut du reste considérablement. Le
chiffre total n'est pas moins de *quatre mille six cents
dépêches*. Il est remarquable que cette abondance diplomatique épistolaire commença avec l'année 1629.

[1] Nous devons faire remarquer que parmi ces vingt-trois volumes
appartenant à la collection des Dépêches de France, les numéros 30
et 39 contiennent aussi des dépêches de LORRAINE (n° 30, mission de
Giovanni Battista Padavin, secrétaire, 1601-1607); (n° 39, ambassade
de Francesco Morosini, 1609).

Alvise Contarini, du 1ᵉʳ septembre 1629 au 13 avril
1632, n'écrivit pas moins de quatre cent quarante-cinq
dépêches; Giovanni Soranzo, du 15 avril 1632 au 25
octobre 1634, en écrivit trois cent treize; Alvise Contarini, son successeur, cinq cent sept; Angelo Correr,
cinq cent cinq.

Louis XIV reçut dix-huit Ambassadeurs ordinaires et
deux extraordinaires, qui les uns et les autres ont fourni
à une correspondance de cent onze volumes, formant
un total de *sept mille sept cent cinquante-huit dépêches,*
depuis 1643 jusqu'en 1710 [1]. Nous disons 1710, bien
que le règne ne fût pas terminé à cette époque, car les
rapports de la République de Venise avec la Cour de
France furent alors interrompus. L'affaire « dite de la
protection du cardinal Ottoboni, en Cour de Rome »,
avait causé cette rupture, et lorsque l'ambassadeur
Alvise Mocenigo quitta Paris le 2 mars 1710, sans qu'il
lui ait été permis de prendre congé du Roi, la République put dire que, seule entre toutes les puissances
de l'Europe, dans l'espace de cent soixante-quatorze
ans, depuis le retour de François Iᵉʳ de sa captivité de
Madrid, en l'année 1526, elle n'avait pas vu s'écouler
un seul jour sans qu'elle fût représentée auprès de la
personne royale par ses Ambassadeurs. L'année suivante, au mois d'août 1711, Giovanni Emo reçut avis

---

. [1] Les volumes de dépêches portant les numéros 143 (G. Morosini,
ambassadeur, 1668) et 154 (Ascanio Giustinian, ambassadeur, 1673)
renferment quelques dépêches que l'humidité a malheureusement rendues illisibles.

de se rendre auprès du marquis de Torcy, ministre des affaires étrangères, avec lequel il eut une première conversation le 30 août à Fontainebleau, non point en qualité d'ambassadeur, mais simplement avec le titre de *Nobile*, ce qui à l'endroit du cérémonial ne voulait à peu près rien dire. Des ouvertures pour une bonne entente furent faites, mais les négociations n'aboutirent pas, et la République demeura sans représentant à la Cour, non-seulement jusqu'à la mort du Roi en 1715, mais encore pendant les cinq premières années de la Régence.

Sous Louis XV, la Cour reçut quinze Ambassadeurs ordinaires et un extraordinaire. Les rapports, interrompus ouvertement pendant dix années (de 1710 à 1720), avaient été repris avec l'envoi et la réception du secrétaire Giovanni Maria Vincenti, arrivé à Paris le 13 novembre 1720. Il y prépara l'accueil des Ambassadeurs extraordinaires annoncés à l'occasion prochaine de la déclaration de la majorité du Roi. Lorenzo Tiepolo et Nicolò Foscarini arrivèrent en effet au mois de juillet 1722, et ils partirent en octobre. Barbon Morosini vint en décembre et fut le premier des ambassadeurs vénitiens ordinaires, accrédités de nouveau à la Cour de France. Quant au secrétaire Giovanni Maria Vincenti, qui avait rouvert les relations, il quitta Paris en janvier 1723 pour se rendre au congrès de Cambrai, où il résida jusqu'en mars 1725. Or, de la fin de 1720 jusqu'au 10 mai 1774, date de la mort de Louis XV, quarante-sept volumes forment la correspondance vénitienne sur le règne. Elle est de *trois mille sept cent soixante*

et onze dépêches [1]. Nous ferons remarquer que dans certains volumes de cette série, particulièrement après le
traité d'Aix-la-Chapelle, en 1748, il se trouve souvent
des interruptions dans l'ordre régulier de ces dépêches,
signalées du reste à la place que devrait occuper le document, par une page blanche portant le numéro d'ordre
avec ce mot : *Espulsis.* Il en faut conclure que toute
dépêche ainsi qualifiée, n'ayant pas été lue au Sénat,
d'après l'ordre du Ministère, qui par là voulait souvent
éviter quelques discussions violentes, doit être recherchée dans les papiers du *Collegio* ou quelquefois aussi
dans ceux du Conseil des Dix. On sent qu'à cette époque
l'observation des lois antiques de l'État vénitien n'était
plus rigoureuse, et que les abus de pouvoir, tels que celui
dont le Ministère donnait ainsi l'exemple en empêchant
que des dépêches adressées au Sénat parvinssent à leur
légitime adresse, pouvaient se produire avec facilité.

Pendant le règne de Louis XVI, quatre Ambassadeurs
ordinaires se succédèrent à la Cour de France. Douze
volumes formant un ensemble de *huit cent soixante
dépêches* environ composent la correspondance. Antonio
Capello fut celui qui eut à décrire l'assemblée du 5 mai
1789; Almorò Pisani, la journée du 10 août 1792. Parti
en septembre pour Londres comme simple voyageur, il

---

[1] La correspondance de FRANCE dans les Archives de Venise relative
au règne de Louis XV commence avec les volumes marqués **210** *bis,*
210 *ter* au nom du *secrétaire* Gio-Maria Vincenti. Le numéro **211** contient la courte correspondance de l'ambassade *extraordinaire* de 1722,
et le numéro **212** rouvre celle des *ordinaires* avec Barbon Morosini, le
11 décembre 1726.

y séjourna jusqu'au 9 juin 1795, bien que, pendant cette
absence, son hôtel à Paris fût considéré comme étant
encore la résidence ordinaire de l'Ambassadeur de Venise.
Sa correspondance, en date de Londres, composée de
cent quatre lettres, ne traita toutefois que des choses
françaises. Rappelé le 7 mars 1795, Almoro Pisani fut
le dernier Vénitien qui eût qualité d'Ambassadeur de la
République en France.

Au mois de juillet 1795 arriva à Paris le Vénitien
Alvise Querini, mais avec le titre de *nobile*. Son élection
avait été le sujet de vives discussions dans le Sénat et
n'avait, peut-on dire, réussi, que sous la pression des
circonstances politiques. Le 30 juillet, il se présenta
devant l'Assemblée avec ses lettres de créance adressées
aux « *Représentants du Peuple français dans la Convention nationale.* » Il demeura en la même qualité près du
Directoire, et les négociations qu'il eut avec Barras et le
ministre des relations extérieures, Charles Delacroix,
font le dernier objet de ses dépêches. Le 12 mai 1797,
la République de Venise, trahie autant par elle-même
que par l'étranger, expirait après quatorze siècles
d'existence. Dans le délai le plus bref, la notification de
sa déchéance fut adressée sous forme de *species facti* à
ses derniers représentants au dehors. Le 20 mai, celui
qui la représentait en France, n'ayant pas encore reçu
ce document, fut avisé par le Directoire, que la République de Venise n'existant plus, la mission qu'il remplissait n'avait désormais plus raison d'être. Ainsi se
retira de France le dernier des anciens Vénitiens, et les

deux dernières dépéches, portant les numéros 136 et 137
de sa correspondance, sont en date du 22 mai et du
3 juin 1797 [1].

Une sympathie marquée de la part des historiens de
tous pays, un suffrage unanime de louanges, une confiance spontanée, ont accueilli les communications du peu
de dépéches d'Ambassadeurs vénitiens qui ont été rendues publiques depuis quelques années. Que sera-ce lorsque, par les publications prochaines, on les connaîtra
presque toutes; et qu'on pourra en apprécier l'ensemble?
Que de tableaux heureusement peints ressortent de ce
grand cadre! que de traits finement accusés! que de
sentiments bien définis! que de fois par un mot naturellement venu, par une remarque isolée, ces Vénitiens
vous montrent ce qui est au fond du cœur, et ce qui
agite et passionne l'esprit des Princes et des Ministres
avec lesquels ils traitent! Où avaient-ils acquis ce talent
d'observation et d'exposition qui dès le quinzième siècle
leur est si particulier? Était-ce donc chez eux qualité
innée? L'auteur si méritant des « Négociations de la
France dans le Levant » a dit avec justesse : « *Venise*

---

[1] Par un calcul approximatif raisonné, que nous avons établi d'après
le nombre des Ambassadeurs vénitiens qui furent accrédités en France
depuis l'avénement de Louis XII (époque où ils devinrent ordinaires)
jusqu'à la chute de la République en 1797, — abstraction faite des temps
pendant lesquels, sous Louis XII (1509-1513), sous François Ier (1526-
1528), sous Louis XIV (1710-1715) et sous Louis XV (1715-1720), les
rapports diplomatiques furent interrompus entre les deux pays, — nous
avons estimé que pendant le cours de ces trois siècles de bonne amitié
(1498, avril, à 1797, mai), la diplomatie vénitienne avait dû fournir
un ensemble de 30,322 dépéches à l'adresse de son gouvernement.

*avait créé et empreint du cachet de son esprit cette
science nouvelle de la diplomatie.* » Mais pourquoi ces
Vénitiens plutôt que tels ou tels autres Italiens ? Ce
n'est pas que nous voulions dire qu'il n'y eut point
d'autres négociateurs habiles aux portraits, heureux
dans l'observation, experts au récit, politiques quant
aux réflexions et aux conseils, en cette Italie très-civi-
lisée du quinzième siècle. Rome a fourni des nonces fort
capables, et Florence eut l'immortel Machiavel! Mais
nulle part nous ne rencontrons une diplomatie aussi
régulièrement bien servie, et dont les caractères et les
qualités sont si bien établis, qu'on les dirait transmis de
personnage à personnage, par un esprit de tradition qui
se plaît à perpétuer les moyens, les artifices, les cou-
leurs, les pinceaux, la manière enfin et la méthode. Il
faut sans doute chercher, dans le système adopté pour
l'éducation de ces jeunes patriciens de Venise, le secret
de qualités politiques si généralement répandues parmi
eux. Dès leur jeune âge, ils apprenaient qu'à moins de
se faire moines ou abbés — car Venise n'admettait point
qu'un religieux de profession eût à connaître de ses
affaires temporelles — ils auraient inévitablement accès
aux choses de l'État, qu'inévitablement ils devraient en
être les serviteurs. Toute l'éducation qu'ils recevaient
tendait à les diriger vers cette voie du service administratif et politique. A vingt et un ans, les plus aptes
étaient quelquefois élus *Savii alli ordini,* c'est-à-dire *Sages
aux ordres* ou auditeurs au Conseil, admis à entendre
toutes les discussions des Ministres qui préparaient les
communications à faire au Sénat. A vingt-cinq ans, ils

entraient de droit au Grand Conseil, c'est-à-dire dans
l'assemblée de tous les patriciens, et dès ce jour prenaient
part à l'élection des charges. Le plus souvent, à l'issue
de leur adolescence, beaucoup accompagnaient en leurs
missions, et à titre libre, les Ambassadeurs ou les
Provéditeurs; c'était de toute façon faire une bonne
école. Ils apprenaient ainsi l'usage des Cours, la manière de traiter, l'art de négocier, et s'exerçaient à écrire
en consignant en des *diarii* ou journaux personnels le
résultat de leurs observations. Ils savaient surtout que
les mouvements de la politique à l'étranger avaient le
plus souvent leurs ressorts dans les sentiments et les
passions des Princes et des Ministres puissants; qu'ainsi,
ils ne devaient rien négliger pour les bien connaitre.
De là sans nul doute cette particularité constante de la
recherche et de l'exposé des détails dans les écrits de la
diplomatie vénitienne.

L'attrait des dépêches des Vénitiens tient surtout au
soin minutieux des informations qu'ils trouvaient le
moyen d'avoir sur toutes les actions et les mouvements
des personnages de la Cour, non moins que sur ceux des
chefs de parti dans les temps de trouble. On peut affirmer que, sous les Valois, sous Henri IV et sous
Louis XIII, nulle diplomatie n'était pareillement servie. Ces ambassadeurs étaient d'une bonne école, et
savaient dire *bien* ce qu'ils avaient *bien* vu. Les audiences
étaient alors nombreuses. Les souverains de France, en
effet, ne commencèrent à faire les mystérieux et à rendre
peu fréquente l'approche de leur personne que depuis
Louis XIII; mais les Valois et Henri IV étaient de

l'abord le plus facile, et ils s'épanchaient volontiers avec
les ambassadeurs des Puissances vraiment amies.
Louis XIV, en inaugurant une sorte de culte extérieur
pour son personnage, a rendu ses entretiens politiques
beaucoup plus rares et le plus souvent insignifiants; de
là un intérêt bien plus vif et plus direct s'attache aux dépêches qui sont antérieures à son règne. Les entretiens
des ambassadeurs de Venise avec Catherine de Médicis
et avec Henri IV sont de la plus grande curiosité; ceux
du cardinal de Richelieu, racontés par ces négociateurs
experts, ont une saveur particulière que nous n'avons
pas trouvée ailleurs. Les fréquentes audiences, les
voyages continuels de ces ambassadeurs à la suite de la
Cour, prêtaient à une correspondance sans cesse animée.
Partout où se rendait cette cour, arrivait aussi l'ambassadeur et sa compagnie. Sous Louis XII, il habite Blois
plus que Paris. Sous François Ier, il est en perpétuels
déplacements. Sous Henri II, il est tour à tour à Poissy
pour être plus près de Saint-Germain, à la Ferté-Milon
pour être à portée de Villers-Cotterets, à Moret ou à
Melun pour toucher à Fontainebleau, puis le voilà à
Compiègne et à Blois. Ce ne fut guère que sous Catherine de Médicis, ou plutôt sous les Rois ses fils, qu'il résida
plus régulièrement à Paris; encore était-il de tous les
séjours un peu prolongés que faisait la Cour en dehors
de la capitale, cour sans cesse hors d'haleine, et d'humeur si mobile et vagabonde qu'elle semble ne jamais
être qu'en aventures de politique, de chasse, de religion
ou de galanterie menées à Blois, à Chambord, à Amboise, à Chenonceaux et à Tours. Peu de faits échap-

paient à l'oreille aisément entretenue de l'ambassadeur,
peu de symptômes, à son œil fort exercé. De plus, il faut
dire que grâce à des complaisances de la République pour
le trésor de France sous le Valois, à des actes de sympathie personnelle admirablement entendue pour Henri IV,
à une communauté de sentiments et de vues politiques
contre l'Espagnol échangés avec Richelieu, une confiance extrême s'établit entre les envoyés de Venise et la
maison de France. Catherine les recherchait, et avec
eux faisait l'expansive ; Henri IV ne leur refusait jamais
le charme et l'attrait de ses entretiens ; M. le Cardinal
leur soumettait les plus graves questions, et lorsqu'il fit
le voyage de Lyon et de Piémont, il avait pour bon
compagnon politique, en son carrosse, l'ambassadeur
de Venise.

Un attrait des plus vifs qu'offre encore la consultation
de ces documents diplomatiques appelés « les dépêches »
tient à la corrélation qui existe entre elles. Il se peut en
effet que telle dépêche écrite à Madrid ou à Rome soit
tout aussi intéressante pour la France que telle dépêche
écrite à Paris. S'offre-t-il dans l'histoire une question
dont le débat et les phases soient communs à plusieurs
grandes Puissances, vous avez sous la main, en cette
chancellerie secrète, toutes les dépêches arrivées, pour
ainsi dire en même temps, des différentes Cours intéres-
sées. Vous connaîtrez alors, en un même temps aussi,
quel tour veulent donner à cette question les Souverains
et les Ministres qui y ont part, soit d'une manière déclarée, soit d'une façon occulte.. Serait-ce traiter sagement

de la rivalité du Roi de France et de l'Empereur, que de
ne consulter que les écrits de l'ambassadeur témoin des
actes et confident des pensées et projets du Roi Très-
Chrétien? N'est-il pas bon aussi, n'est-il pas nécessaire
de référer aux écrits de l'ambassadeur témoin des actes
et confident des pensées et projets de l'Empereur? Voici
un débat qui naît à Rome relativement à la France. C'est
une question française, mais n'est-elle pas aussi bien
romaine? De quel intérêt, alors, ne seront pas à la fois
les dépêches écrites de la Cour Pontificale et les dépêches
écrites de la Cour de France? Quel avantage n'offre pas,
pour aider à l'acquit des connaissances auquel vous oblige
votre qualité d'historien, cette possibilité de consulter en
un même temps et les unes et les autres! C'est dans cette
variété si recommandable et si utile que la réunion, en
un même lieu, de tant d'informations certaines sur un
même objet politique, acquiert un relief si appréciable.
Au milieu de toutes ces dépêches que remplissent l'énoncé
des faits et l'exposé des impressions éprouvées auprès
de ceux qui, à un moment donné, font le jeu de l'histoire,
l'historien se trouve avoir en quelque sorte sous les yeux
le mouvement simultané de leurs pensées, de leurs projets et de leurs actions!

On a dit que les dépêches des Vénitiens avaient le
charme des mémoires. Mais il y a mémoires et mémoires!
or nous dirons qu'elles ont, en général, le charme des
meilleurs mémoires, car elles contiennent avec abondance tout ce qui est propre à former des mémoires
excellents par la sûreté, par l'agrément et par la variété
des détails. Si l'ambassadeur a vu le Roi ou M. le Car-

dinal, et qu'il ait eu, soit avec l'un, soit avec l'autre, une conversation faite pour animer son récit, il se gardera bien de ne la pas transmettre au Sénat. Au sortir de l'appartement où l'audience lui a été donnée, il la résumera, toute fraîche prononcée, sur le carnet qui ne le doit point quitter, et rentré dans son cabinet d'ambassadeur, il la fera passer de la page du précieux carnet en celle de sa dépêche. Il nous serait aisé de citer les mille et un exemples que nous avons recueillis de ces traits qui donnent tant de vie à ce genre d'écrits chez les Vénitiens de cette époque-là. Ils abondent dans les dépêches au temps des Valois consacrées à la Reine mère; ils ne sont pas moins nombreux dans les dépêches écrites sur le règne de Louis XIII, particulièrement depuis que Richelieu fut le Ministre dirigeant. Nous nous en tiendrons à n'en rapporter que quelques-uns qui sont relatifs à la personne de Monsieur le Cardinal.

Siméon Contarini est à la Cour en 1626. Le traité du 5 mars a été signé à Monçon. C'est cette ennuyeuse et traînante question de la Valteline et des Grisons qui en a fait les frais avec l'Espagnol. L'Ambassadeur vient voir M. le Cardinal, qui, dans une conversation précédente, l'avait assuré de grandes complaisances pour sa bonne alliée la République Sérénissime et avait fini en lui disant deux ou trois fois : « *Surtout taisez-vous.* » Cette fois Contarini vient donc le remercier au nom de la République pour ses bonnes intentions, et le Cardinal, le prenant à part, lui dit : « *Monsieur l'Ambassadeur, vous souvient-il de ce que je vous ai dit? N'êtes-vous pas d'avis que c'était la vérité? Voyez un peu comment les choses se sont passées, et comment, de grâce, pouvions-nous faire la guerre en dehors du royaume quand d'autres nous la voulaient faire chez nous? j'avais bien prévu que nous ne pouvions pas nous gouverner autrement. Que dira-t-on à présent du Cardinal de Richelieu, que chacun se plaît à blesser? Avez-vous vu ce qui s'imprime contre moi? Nous avons obtenu ce que nous voulions, c'est-à-dire les Espagnols hors la vallée et hors nos passages. N'êtes-vous pas content? Ceux de Rome maintenant disent du bien de moi, et me veulent canoniser, et ils doivent s'apercevoir qu'on ne peut point gouverner en France comme on gouverne à Rome! Mais si je ne négocie pas ici les affaires selon leur plaisir, les voilà aussitôt à dire qu'ils me veulent excommunier.* Là-dessus je me mis un peu à rire et je dis que son Illustrissime Seigneurie, prudent seigneur, connaissait bien déjà les qualités et les défauts de l'air de Rome [1]. »

Et à quelque temps de là, l'Ambassadeur ayant appris que le ministre d'Espagne, le cardinal Barberini et Fargis, ambassadeurs de France à Madrid, étaient convenus de faire quelques altérations au traité, damnables aux intérêts de Venise, va trouver M. le Cardinal. « Il était, dit-il, tout vivace d'esprit et de paroles, et bien que dispos aussi à m'écouter volontiers, plusieurs fois il tenta de m'interrompre; et moi, doucement, le priant de me laisser terminer ce que j'avais à lui dire, il se complut à le faire, puis me fit cette réponse précise : « *Tout cela n'est rien. Fargis est un fou. Que Votre Excellence aille*

---

1 ARCHIVES DE VENISE. *Dépêches de France*, volume 66. SIMÉON CONTARINI, ambassadeur. Lettre du 25 octobre 1626. Paris.

*chez le Roi, qu'elle le lui dise, qu'elle lui dise même que
c'est moi qui le lui ai dit. Rien n'a été établi; ce fut une
simple manière de voir de Fargis. Nous ne donnerons les
forteresses ni aux gens de la Valteline ni aux Espagnols;
nous ne sommes pas des aveugles, nous savons que l'Italie
nous tiendrait tous pour des fous. Quatre jours après que
cet avis sera parvenu à Rome, un de nos courriers y sera
aussi, par lequel on saura que nous ne sommes pas contents
et que nous ne voulons pas faire perdre à la France sa réputation. Écrivez aussi cela à la République, dites-lui que
c'est de moi que vous tenez ce propos. Fargis a fait des
siennes; nous le rappellerons à l'ordre, je vous en assure.
Ce que je vous dis là, nous l'avons dit à tous. Faites-vous-
le dire par l'ambassadeur d'Espagne. Ah! dit-il, j'oubliais
que vous ne communiquiez pas ensemble. J'aime fort Votre
Excellence, je suis tout entier de son côté* [1]. »*

A Contarini succéda Georgio Zorzi, qui connut le Cardinal pendant la double lutte qu'il eut à soutenir à la
Cour contre la Reine mère et, au dehors, contre ceux
de la Rochelle. Si le cadre est plus grand, plus vive aussi,
plus élevée et saisissante est la peinture. Rien de plus
intéressant que de voir sous la plume du Vénitien le travail incessant, l'occupation constante, l'animation politique du grand ministre, « *infaticabile ed indefesso, non
concedendo à se stesso nè ai proprii affari, nè pausi, nè
respiri* [2]. » Ce sont ses expressions. Et que ne dirons-nous
de sa dépêche du 2 octobre 1628, qui, traduite par le

---

[1] IDEM, *ibidem.* Lettre du 22 octobre 1626.

[2] ARCHIVES DE VENISE. *Dépêches de France.* ZORZI ZORZI, ambassadeur, 1626-1629. Volumes n°s 67-70.

pinceau d'un grand artiste de genre, serait d'un effet si
beau? C'est le jour où la flotte anglaise s'avance à pleines
voiles vers l'île de Ré. Le Roi de France et le Cardinal
et tout ce qu'il y a de guerriers dans la suite du Roi
sont sur la plage; tout s'anime au combat pour le cas où
Buckingham tenterait le débarquement. L'ambassadeur
de Venise s'est pénétré de tous les épisodes émouvants
de la journée; il n'a point quitté la plage; puis, le soir
venu, à une heure avancée de la nuit, il est allé à M. le
Cardinal, étonné de le voir à une pareille heure. C'était
pour parler de la paix, que peut-être, pensait-il, il lui
serait possible de négocier en qualité d'intermédiaire.
Vains projets d'un conciliateur trop empressé! Mais sur
ce point délicat s'engage une conversation du plus vif
intérêt entre ces deux esprits très-politiques. Comme on
le voit, le Vénitien n'omet point ces détails pittoresques
qui sont si bien faits pour vivifier le récit et conserver
aux circonstances le coloris particulier que la réalité
leur a donné.

Les négociations des traités, du reste, étaient les
grandes campagnes où les passions politiques du Cardinal avaient sans cesse le plus grand jeu. Ce vaillant
esprit ne trouvait jamais quelqu'un qui fût propre à le
comprendre absolument : aussi avait-il en ces occasions
d'étranges défaillances, qu'à ses confidents les ambassadeurs vénitiens il ne craignait point d'avouer avec des
mouvements d'extraordinaire expansion. Nous citerons
encore ce trait pris à une dépêche du Vénitien en 1630.
Le 8 octobre, le traité de la paix signée à Ratisbonne,
pour les négociations de laquelle Richelieu avait envoyé

aux conférences le Père Joseph et M. de Léon, venait
d'être apporté à Paris. Le 25, Alvise Contarini (celui même
que plus tard nous trouverons si habile ambassadeur au
Congrès de Münster), Alvise Contarini est reçu par le
Ministre. L'entretien fut long, et nous empruntons à la
dépêche qui en rend compte ce singulier et caractéristique fragment : « Ce matin, écrit l'ambassadeur, j'ai vu
le Cardinal, que j'ai trouvé très-affligé. « *Veuillez m'excuser, me dit-il ; si je ne vous ai point vu plus tôt, car je
suis plus mort que vivant ; depuis la maladie du Roi, je
n'ai pas éprouvé de plus rude souci que celui-ci. De Léon
et le Capucin ne pouvaient faire pis qu'ils n'ont fait! Plût
à Dieu que la France eût fait couper la tête à Fargis et à
beaucoup d'autres qui ont excédé leurs pouvoirs en des
traités de ce genre, et où il va de l'honneur du royaume!
Il y a vingt articles, et il n'en est pas un qui n'ait trois
ou quatre erreurs des plus graves. Il n'est plus possible de
songer à traiter en France, il n'y a plus d'homme pour
cet ouvrage. De Léon et le Capucin se sont laissé tromper
par les Princes Électeurs. Je ne puis vous en dire davantage avant que la Reine mère ne revienne ; on arrangera
le tout avec elle. Mais je ne crois pas que cette paix soit
stable, car nos ministres ont dépassé leurs instructions.
Ils ne devaient traiter que des choses d'Italie, et ils y ont
inclus les affaires de Champagne pour les évêchés de Metz,
du Duc de Lorraine et autres. En outre d'un traité, ils ont
fait une alliance entre nous et l'Empereur, alliance hon-
teuse, préjudiciable et fâcheuse pour tous nos amis ; nous
obligeant à ne pas donner de secours aux ennemis de l'Empire ni en argent, ni en conseils, ni en forces. Il ne leur*

manquait plus que de nous obliger à renoncer à toutes les alliances pour rendre notre honte plus entière. En ce qui concerne la République, il y a un article, mais peu honorable, comme tous les autres. On m'écrit que votre ambassadeur y a souscrit. Je ne veux pas y croire... » Et, pour me le montrer, il appela son secrétaire; mais celui-ci lui ayant répondu que la copie en avait été envoyée à Bouthilier, afin de le traduire en français pour être communiqué à la Reine mère... « *Plaise à Dieu,* reprit-il, *que Schomberg se soit avancé! Nous lui avons envoyé un courrier pour que, sur les avis d'Allemagne, il ne s'arrête pas...* » Puis il me dit ces paroles formelles : « *Vous voyez quelles sont nos fatigues pour bien conduire cette barque, qu'à travers tant d'écueils on ne peut cependant pas dire être allée si mal jusqu'à présent. Mais maintenant le malheur veut que ces nautoniers, qui s'estimaient les plus experts et les plus pratiques, nous fassent aller de travers et nous mettent en péril de naufrage. Je veux assurément me retirer dans un cloître et me libérer de ces continuels soucis, qui pour moi sont autant de peines de mort* [1]. »

Monsieur le Cardinal, heureusement pour la grandeur et la réputation de la France, ne se fit point moine, et les ambassadeurs vénitiens qui vinrent à la Cour purent encore le voir, le connaître, l'apprécier, le dépeindre et le juger fort à leur aise. Leurs dépêches, en effet, pendant treize années encore, depuis cet entretien de Richelieu avec Alvise Contarini, traitent sans cesse de sa per-

---

[1] ARCHIVES DE VENISE. *Dépêches de France,* volume 76, ALVISE CONTARINI, ambassadeur. Dépêche n° 241, Rouen, le 25 octobre 1630.

sonne et de sa politique. Nous avons recueilli tous ces
précieux écrits [1], et lorsque nous les aurons intégralement
publiés, Venise aura cette gloire, ajoutée aux autres dans
son passé, d'avoir élevé un monument manifestement
utile à notre histoire.

[1] Dans la série des volumes que nous avons préparés et dont le titre
général est « DE LA DIPLOMATIE VÉNITIENNE EN FRANCE », nous avons
adopté pour ceux qui sont relatifs au grand ministère du Cardinal de
Richelieu, ce sous-titre « LES AUDIENCES DE M. LE CARDINAL ET SES
CONVERSATIONS POLITIQUES AVEC LES AMBASSADEURS VÉNITIENS ». (2 forts
volumes in-8°.)

IX.

LES RELAZIONI.

(1493-1795.)

RELATIONS ou RAPPORTS des ambassadeurs vénitiens au retour de leurs missions. — Matières d'une *Relazione*. — Elle était lue en présence des Sénateurs assemblés. — Succès de ce genre de documents tout spécial à la diplomatie vénitienne. — Les *Relazioni* sont aujourd'hui universellement consultées. — MM. Nicolò TOMMASEO, Eugenio ALBÉRI, GACHARD, D'ARNETH, FIEDLER, Nicolò BAROZZI et Guglielmo BERCHET ont publié des recueils importants de *Relazioni*. — Beaucoup de *Relazioni* sont demeurées inconnues jusqu'à présent. — Recherches à faire. — Noms des ambassadeurs à la Cour de France au seizième siècle, dont M. Eugenio ALBÉRI a publié des *Relations* dans la *première série* de son Recueil. — Relations indiquées dans les *Diarii* de Marin Sanudo. — Indication précise des noms des ambassadeurs dont les *Relazioni* manquent sur les règnes des Valois, de Henri IV, de Louis XIII, de Louis XIV, de Louis XV et de Louis XVI, avec la date des ambassades pour en faciliter la recherche. — Les dernières *Relazioni* sur les affaires de France diffèrent quant à la forme des *Relazioni* traditionnelles. — Caractère distinctif de ce document diplomatique, dont la lecture chez les Vénitiens était une sorte de cérémonie politique. — Ce qu'il faut aussitôt chercher dans une *Relazione*, c'est le portrait du Prince ou du Ministre. — Admirable galerie des Royaumes et Républiques de l'Europe au seizième, au dix-septième et au dix-huitième siècle, lorsque les publications qui sont en cours d'être faites seront achevées. — Du secret nécessairement exigé pour les *Relazioni*. — Tentatives d'ambassadeurs étrangers pour qu'il ne soit pas gardé et pour obtenir la communication de ces documents. — De la dernière page des *Relazioni* invariablement consacrée à l'exposé des dons et présents reçus par l'Ambassadeur à son départ de la Cour. — Ce qu'il faut chercher dans les *Dépêches* et ce qu'il faut demander aux *Relations*.

Il ne suffisait pas à la curiosité du Sénat Vénitien sur les affaires des Puissances étrangères, auprès desquelles

il avait accrédité ses ambassadeurs, d'être éclairée et
entretenue par l'envoi très-fréquent de dépêches fort étendues. Il voulut aussi qu'au retour de leur mission, ces
ambassadeurs se présentassent en son assemblée, pour y
lire un rapport développé sur la situation topographique
du Pays où ils avaient été envoyés, sur le caractère du
Prince et des Ministres qu'ils avaient connus, sur la
composition et les mœurs de la Cour qu'ils avaient fréquentée, sur l'état des finances du Gouvernement, et
sur les conditions d'amitié ou d'inimitié politique dans
lesquelles vivait ce Gouvernement avec les autres Puissances [1]. Le genre de solennité qui était affecté à cette
lecture diplomatique devant le Sénat assemblé faisait
que l'usage de la *Relazione* était spécial aux Vénitiens.

Tous les ambassadeurs, en effet, de toutes les nations
ont envoyé et envoient au Prince ou au Gouvernement
qu'ils représentent des rapports, détaillés plus ou moins,
en des occasions particulières, et il n'est pas d'Archives
d'État qui n'en aient conservé et qui n'en conservent.
Mais entre ces rapports dus à des circonstances données

---

[1] « Li capi della Relatione di Francia (dit un homme d'État italien
dans ses notes personnelles), sono stati :

> *Del Regno.* — Du Royaume.
> *Del Re.* — Du Roi.
> *Principi et Nobiltà.* — Princes et Noblesse.
> *Del Clero.* — Du Clergé.
> *Del Popolo.* — Du Peuple.
> *Del Consiglio.* — Du Conseil.
> *Del Gabinetto.* — Du Cabinet.
> *Dei Principi del sangue.* — Des Princes du sang.
> *Della persona del Re.* — De la personne royale.
> *Delle intelligentie.* — Des rapports avec les Puissances.

et ceux des ambassadeurs de Venise, universellement
connus sous le nom de RELAZIONI, la différence est absolue. La lecture au Sénat d'une *Relazïone* était devenue
une habitude si bien entrée dans les mœurs politiques de
cette République, que le Sénat, dont l'ambassadeur était
le mandataire, eût estimé que l'ambassade n'eût point
été parfaite, c'est-à-dire achevée, tant qu'il n'aurait pas
entendu, dans ses comices, l'énoncé de ce discours final
qui constituait la *Relazione.* En un mot, il était du devoir
de l'ambassadeur vénitien, dans un délai déterminé par
des règlements adoptés dès le treizième siècle, de présenter sous une forme convenue, et pour l'instruction
d'une assemblée de gouvernants, le tableau de la Cour
et de l'État qu'il avait dû observer et apprendre à bien
connaître pendant le temps de sa résidence.

Ce genre de documents a acquis, depuis quelques
années, une véritable popularité. Tous les historiens des
choses du passé les ont recherchés, et ils en font un
constant usage pour appuyer les opinions et les sentiments qu'ils émettent, particulièrement, sur la personne
et le caractère des Princes et de leurs Ministres. On peut
dire, en effet, qu'une galerie semblable de portraits à
ceux que l'on peut tirer du cadre des *Relazioni Venete*
n'existe nulle part ailleurs. Venise seule l'a créée. Le
long travail que nous avons consacré à ces précieuses
pièces auxquelles nous devons toute la matière du livre
que nous avons publié sous le titre de « *La Diplomatie
Vénitienne et les Princes de l'Europe au seizième siècle* »,
nous autorise à diriger vers cet ouvrage l'attention du
lecteur à qui les détails présents ne suffiraient pas. Il y

trouvera reproduits, selon l'ordre des temps, tous les
décrets et tous les arrêtés relatifs, soit à l'œuvre même
de la *Relazione* vénitienne, soit à ses origines, soit aux
règlements adoptés dans le Sénat pour la cérémonie de
la lecture qui devait en être faite, soit aux éléments
invariables qui la devaient composer; il y trouvera enfin
des indications précises concernant les grandes publications modernes auxquelles a donné lieu, dans différents
pays, la connaissance exacte de ces documents, uniques
en leur genre [1].

[1] C'est ici, pour nous, l'occasion la meilleure de rappeler qu'en 1862,
lorsque parut le livre dont nous parlons, un fort grand nombre d'articles littéraires furent consacrés aux RELATIONS DES AMBASSADEURS VÉNI-
TIENS par d'éminents publicistes. Des aperçus ingénieux, des choses bien
dites et bien pensées, des considérations et des observations excellentes,
ont caractérisé ces articles si variés, tous écrits à l'honneur de ces politiques de l'ancienne Vénétie dont nous venions de présenter les œuvres.
Ce m'est donc un devoir fort doux à remplir que de signaler à l'attention des esprits littéraires et érudits les pages publiées alors sur ce sujet
par MM. JULES JANIN, dans l'*Indépendance belge*; PRÉVOST-PARADOL,
dans le *Journal des Débats*; A. GEFFROY, dans la *Revue des Deux-
Mondes*; ALFRED DE REUMONT et LÉOPOLD HAËFNER, dans la *Gazette
d'Augsbourg*; PAUL DE SAINT-VICTOR, dans la *Presse*; LOUIS ÉNAULT, dans
le *Constitutionnel*; FEDELE LAMPERTICO, dans l'*Archivio storico italiano*;
T. CAMPENON, dans la *Critique française*; LÉON LAVEDAN, en sa *Correspondance générale*; DE BARTHÉLEMY, dans *la France*; ÉDOUARD FOURNIER,
dans la *Patrie*; ainsi que celles qui parurent non signées par leurs auteurs
dans le *Bulletin de la Société de l'histoire du Protestantisme français*, dans
le *Saturday Review* et *The Press*, à Londres, et dans les *Gazettes de Cologne et de Venise*. C'est aussi mon devoir de remercier avec effusion les
grands organes de la presse française dans la personne de leurs honorables
rédacteurs en chef, qui ont bien voulu donner aussitôt une hospitalité
si large à des extraits considérables de ce même livre « *De la Diplomatie vénitienne* ». Comment pourrais-je ne pas me souvenir de la bienveillance avec laquelle le *Temps*, l'*Opinion nationale*, le *Siècle*, le *Constitutionnel*, le *Nord*, tous, dans les premiers jours d'août 1862, ont présenté à leurs lecteurs les pages de ces ambassadeurs vénitiens qui leur
avaient paru les plus dignes d'attention et d'intérêt?

Peu de temps s'écoulera, d'ailleurs, sans que toutes les Relations des ambassadeurs vénitiens, recherchées par des curieux actifs et judicieux dans toutes les collec-tions de manuscrits formées et conservées en Europe, ne soient devenues chose publique. M. Tommaseo en a révélé la curiosité et l'intérêt, il y a plus de trente ans, par la publication partielle qu'il a faite en France [1]. M. Euge-nio Albéri leur a fait prendre, peut-on dire, tout l'essor dans la renommée qu'elles méritaient d'avoir, en formant l'admirable collection de toutes les Relazioni connues qui ont été prononcées à la tribune du Sénat de Venise pendant le seizième siècle [2]. Le savant M. Gachard en a fait l'objet de mémoires spécialement écrits pour être lus à l'érudite commission d'histoire de Belgique [3]. Le grand historien allemand, Léopold Ranke, a proclamé dans tous ses livres les services que lui avait rendus, pour l'énoncé de ses jugements, la consultation de si importants écrits [4]. MM. Nicolò Barozzi et Guglielmo

[1] *Relations sur les Affaires de France au seizième siècle*, recueillies par N. TOMMASEO. Paris, 1838. Deux volumes in-4º de la Collection des Documents inédits pour servir à l'histoire de France.

[2] *Le Relazioni degli Ambasciatori Veneti al Senato durante il secolo decimo sesto*, raccolte ed illustrate da EUGENIO ALBÉRI. Florence. Quinze volumes in-8º : le premier en 1839, le quinzième en 1863.

[3] *Les Monuments de la Diplomatie Vénitienne considérés sous le point de vue de l'histoire moderne en général et de l'histoire de la Belgique en particulier*, par M. GACHARD, archiviste général du royaume de Bel-gique. (Mémoire présenté à la séance de l'Académie royale le 7 mars 1853.) *Relations des Ambassadeurs Vénitiens sur Charles-Quint et Philippe II*, par M. GACHARD. Bruxelles, 1855. 1 vol. in-8º. Voyez aussi l'avant-pro-pos de l'intéressant mémoire « *Trois années de l'histoire de Charles-Quint* (1543-1546), par M. GACHARD, de l'Académie et de la commission royale d'histoire de Belgique, etc. Bruxelles, 1865.

[4] Voyez tous les ouvrages historiques de LÉOPOLD RANKE sur le sei-zième et le dix-septième siècle.

Berchet, suivant l'exemple donné et la route ouverte
par M. Albéri, qui venait de couronner son édifice par
la publication du quatorzième et du quinzième volume
du recueil consacré au seizième siècle, ont entrepris la
formation d'un recueil non moins grandiose consacré au
dix-septième [1]. M. d'Arneth à Vienne a divulgué les
Relazioni sur la Cour impériale pendant le dix-huitième
siècle [2], et M. Fiedler celles du dix-septième sur la même
Cour. Présentement donc il en reste peu qui ne soient

---

[1] *Relazioni degli Stati Europei lette al Senato dagli Ambasciatori
Veneti nel secolo decimo settimo*, raccolte ed annotate da NICOLÒ BAROZZI
e GUGLIELMO BERCHET. (Venezia. P. Naratovich, éditeur.) Sept volumes
parus : le premier en 1856, le huitième est en cours de publication.

[2] *Die Relationen der Botschafter Venedigs über Osterreich im acht-
zehnten Jahrhundert*, nach den Originalen herausgegeben, von ALFRED
RITTER V. ARNETH. Wien, 1863, 1 vol. in-8°. Cet intéressant volume
comprend neuf relations sur la Cour de Vienne dues aux ambassadeurs
dont les noms suivent : DANIEL DOLFIN, 1708; G. PRIULI, 1722; D. BRA-
CADIN, 1733; MARCO FOSCARINI, 1736; ANTONIO CAPELLO, 1744; MARCO
CONTARINI, 1746; POLO RENIER, 1769.

Quant aux Relations sur la Cour de Vienne au dix-septième siècle,
annoncées par M. FIEDLER, je les transcris ici d'après l'indication four-
nie par M. GACHARD : 1614, G. SORANZO; 1620, POLO MINIO; 1624,
F. ERIZZO et S. CONTARINI; 1630, S. VENIER; 1637, RENIER ZEN et
ANGELO CONTARINI; 1638, GRIMANI; 1649, G. GRIMANI; 1650, ALVISE
CONTARINI; 1654, G. GIUSTINIAN; 1658, B. NANI; 1659, N. SAGREDO et
B. NANI; 1661, A. MOLIN; 1665, G. SAGREDO; 1671, M. ZORZI; 1674,
Z. MOROSINI; 1678, F. MICHIEL; 1682, A. GIUSTINIAN; 1685, D. CON-
TARINI; 1690, F. CORNER; 1693, G. VENIER; 1699, CARLO RUZZINI.

Voyez aussi les *Calendar of State Papers and manuscripts, relating
to English affairs*, existing in the archives and collections of Venice and
in other libraries of northern Italy. Edited by RAWDON BROWN. London, Longman, 1864 et 1867.

Il va sans dire que nous ne mentionnons ici que les ouvrages spéciaux, car si nous devions citer tous les auteurs qui, depuis quelques
années, ont mis au nombre des sources qu'ils ont consultées les *Relazioni* des ambassadeurs vénitiens, nous aurions à produire un véritable
répertoire bibliographique.

connues. Que MM. Nicolò Barozzi et Guglielmo Berchet
nous donnent l'importante série des *Relations* sur la
Cour de Rome pendant le dix-septième siècle d'abord;
puis celles de toutes les Cours pendant le dernier siècle,
alors le monument sera complet et immuable; pour la
plus grande gloire de la Venise ancienne.

La publicité déjà si étendue qui a été donnée aux
Relazioni des Vénitiens sur les différents États de l'Europe nous dispense de signaler davantage à l'action des
chercheurs cette mine de documents. Cependant plus
d'une *Relazione* jusqu'à présent a manqué à l'appel des
investigateurs les plus sagaces pour rendre complète
telle ou telle série. Plus d'une n'a été trouvée qu'après
de louables tentatives, diverses fois renouvelées, auprès
de départements de manuscrits, étrangers même à ceux
de la Vénétie. Il en fut ainsi de la *Relazione* si importante de Pietro Duodo sur la Cour de France en 1597,
inopinément rencontrée dans les Archives royales de
Turin, ainsi encore de celle de Francesco Vendramin sur
la même Cour. Ces rencontres témoignent qu'en fait de
découvertes manuscrites il n'y a jamais lieu de perdre
tout espoir, à moins de ces preuves formelles, officiellement obtenues, et qui démontrent pleinement que la
recherche en serait vaine. Il s'est présenté divers cas,
en effet, où la *Relazione* d'un ambassadeur n'a matériellement pu être faite. La mort, par exemple, a surpris
tel ou tel ambassadeur, soit à la fin, soit dans le cours
du mandat qu'il remplissait. Pietro Pasqualigo mourut à
Milan en 1515, Andrea Navagero à Blois en 1529, Gio-

22

vanni Capello à Paris en 1559, Gerolamo Corner en 1743,
Giovanni Almorò Mocenigo en 1756, et Giovanni Alvise
Tiepolo en 1764. Rechercher leurs relations serait donc
une fatigue inutile. Il en est aussi qui, pendant le temps
même de leur résidence à une Cour, ont été élus pour
se rendre à une autre, sans qu'ils fussent pour cela
dans l'obligation de faire acte de présence à Venise dans
l'intervalle de leurs missions. Ceux-là se réservaient quelquefois, pour le strict accomplissement de leur devoir,
soit d'envoyer une dépêche considérable, faite pour tenir
lieu de la *Relazione* par la nature des détails dont ils la
composaient, soit de remettre à l'époque de leur retour
définitif le soin de la produire sur l'une et l'autre ambassade qu'ils avaient successivement remplie, soit enfin
d'adresser cette *Relation* par écrit et dans les formes
ordinaires, afin qu'elle soit lue au Sénat par un secrétaire. Dans le premier cas, la *Relazione* se trouve faire
partie intégrante des dépêches de l'ambassadeur : ainsi,
celles de France par Alvise Contarini en 1635 et par
Daniele Dolfin en 1785 ; dans le second, il peut arriver
qu'elle soit enregistrée sous le nom de l'État où l'ambassadeur est allé en premier lieu. Nous pouvons citer
l'exemple de Giorgio Zorzi, qui, laissant la Hollande
en 1626, passa en France, et n'a fait à Venise qu'une
Relazione dont la première partie est consacrée à l'État
où il fut d'abord accrédité, et dont la seconde est relative
à la Cour de France, qu'il venait de quitter [1]. Il est juste
de dire que ces cas ont été peu fréquents.

---

[1] *Relatione dell' Illmo et Ecc^mo signor* Zorzi Zorzi *fatta in Senato nel
suo ritorno delle sue ambascierie ordinarie dei* Paesi Bassi *e della* Corte

La Cour de France a une part admirable dans ces *Relazioni* des Vénitiens qui ont été rassemblées par tant de soins si louables. Le recueil formé par M. Eugenio Albéri en contient vingt-deux [1] : la plus ancienne est

DI FRANCIA, l'anno 1630. Nous avons rencontré cette relation parmi les manuscrits conservés à la Bibliothèque communale de Ferrare, et là copie nous en fut obligeamment adressée par le bibliothécaire et littérateur fort distingué, L. N. CITTADELLA, le 20 décembre 1862.

[1] La *Raccolta* ALBÉRI se compose de trois séries qui forment quinze volumes in-8°. La PREMIÈRE SÉRIE comprend l'*Allemagne*, l'*Angleterre*, la *France* et la *Pologne*; la SECONDE, *Rome*, la *Savoie*, *Milan*, *Florence*, *Lucques*, *Gênes*, *Mantoue*, *Ferrare*, *Urbin*, *Naples* et la *Sicile;* la TROISIÈME, *Constantinople.* Ces trois séries réunies présentent un ensemble de cent soixante et onze *Relazioni.* Nous indiquons de la manière suivante les RELATIONS DE FRANCE publiées dans les volumes de la série 1re qui les contient :

AMBASSADEURS.	ANNÉE.	VOLUME.	PAGE.
Zaccaria Contarini.	1492.	IV.	1.
Marino Giustinian.	1535.	I.	145.
Francesco Giustinian.	1538.	»	197.
Niccolò Tiepolo.	1538.	II.	75.
Matteo Dandolo.	1542.	IV.	27.
Marino Cavalli.	1546.	I.	217.
Matteo Dandolo.	1547.	II.	159.
Lorenzo Contarini.	1551.	IV.	57.
Giovanni Capello.	1554.	II.	273.
Giacomo Soranzo.	1558.	II.	399.
Giovanni Michiel.	1561.	III.	409.
Michele Suriano.	1562.	IV.	103.
Marc-Ant. Barbaro.	1564.	»	151.
Giovanni Correr.	1569.	IV.	177.
Alvise Contarini.	1572.	IV.	227.
Giovanni Michiel.	1572.	»	275.
Sigismondo Cavalli.	1574.	»	311.
Giovanni Michiel.	1575.	»	343.
Giovanni Michiel.	1578.	»	377.
Girolamo Lippomano.	1579.	Append.	33.
Lorenzo Priuli.	1582.	»	405.
Pietro Duodo.	1598.	»	73.
Francesco Vendramin.	1600.	»	451.

22.

de 1492, la dernière est de 1600. Le recueil édité par
MM. Nicolò Barozzi et Guglielmo Berchet en contient vingt-
trois; la première est de 1605, la dernière est de 1699.

Mais, malgré l'abondance des tableaux dans ces deux
galeries magnifiques, dont l'une est du seizième siècle,
et dont l'autre est du dix-septième, combien de vides,
hélas, sont encore à remplir! Entre l'ambassade extraordinaire de Zaccaria Contarini à Charles VIII, en 1492,
jusqu'à l'ambassade ordinaire de Marino Giustinian, à
François Ier, en 1535, le *Recueil Alberi* ne contient pas
une seule *Relazione*, et si nous n'avions signalé les sommaires de trois ou quatre que nous ont fournies les *Diarii*
de Marin Sanudo, nous serions resté sans traces d'aucun
de ces intéressants documents sur le règne de Louis XII et
sur les dix-sept premières années du règne de François Ier.
Encore faut-il dire que bien faible est cette rencontre,
puisqu'il ne s'agit que du sommaire et du résumé des pièces
que les événements si importants de ces règnes et la physionomie de la Cour de ces deux Princes ont dû rendre
capitales [1]. Or, n'avons-nous pas dit que sous Louis XII

[1] Les relations de France dont nous parlons ici sont ainsi indiquées
dans les *Diarii* de MARIN SANUDO :

Relatione di S. DOMENEGO TRIVIXAN *el Kavalier venuto* ORATOR DE
FRANZA. 1502. 1° ottobre. (Vol. IV de l'exemplaire manuscrit qui est
aujourd'hui à Vienne, page 114.)

Relatione di Ser MARCO DANDOLO *Dotor et Cavalier, in Pregadi, ritornato dell'* AMBASCIARIA DI FRANZA, 1515, decembre. (Vol. XXI, page 331).

Sumario de la Relatione di Ser MARCO ANTONIO VENIER *el Dotor venuto* ORATOR DI MILAN *fata in Pregadi a di 4 novembre* 1525o. (Vl. XL,
pages 319 à 322.)

Sumario di la Relatione di S. ZUAN ANTONIO VENIER *stato* ORATOR IN
FRANZA *fata in Pregadi a di* XI *marzo* 1533. (Vol. LVII, page 444.)

il y a eu seize ambassades tant ordinaires qu'extraordinaires? Encore faut-il se rappeler que les rapports diplomatiques entre Venise et le Roi furent suspendus pendant les cinq années de guerre dites de la *Ligue de
Cambrai!* De quel intérêt ne serait pas entre autres la
connaissance de la *Relazione* d'Antonio Condulmer, qui
avait si particulièrement pratiqué Louis XII et le cardinal d'Amboise, à Blois et dans leurs déplacements, à
l'époque même où s'était fomenté le projet insidieux de
cette ligue formidable contre l'État des Vénitiens? Voilà
donc seize *Relazioni* dont les textes ne pourraient peut-
être pas être vainement cherchés dans les Archives des
familles patriciennes ou dans les différents dépôts de
manuscrits historiques épars dans le monde [1]. Il faut

Voyez aussi « *les Princes de l'Europe au seizième siècle* », troisième
partie, chapitre IV, page 359 et suivantes.

[1] Les *Relazioni* sur le règne de Louis XII, qui sont demeurées inconnues jusqu'à présent et qui sont à rechercher, sont celles des ambassadeurs dont les noms suivent :

1498-1499. NICOLÒ MICHIEL, ANTONIO LOREDAN, H. ZORZI, ambassa-
            deurs extraordinaires.
1499.   NICOLÒ MICHIEL, MARCO ZORZI, BENEDETTO GIUSTINIAN,
            BENEDETTO TREVISAN, ambassadeurs extraordinaires à
            Milan pour le séjour de Louis XII. (Septembre.)
1500.   GEORGIO EMO.
1500.   FRANCESCO FOSCARI.
1501.   GEORGIO CORNARO, ambassadeur extraordinaire accrédité
            auprès du cardinal de Rouen, à Milan.
1502.   MARCO DANDOLO.
1502-1505. FRANCESCO MOROSINI.
1505-1507. LUIGI MOCENIGO.
1506.   HIERONIMO DONADO.
1507-1509. ANTONIO CONDULMER.
1508.   DOMENICO TREVISAN et PAOLO PISANI, ambassadeurs
            extraordinaires.
1513.   ANDREA GRITTI, ambassadeur extraordinaire.
1514.   ALESSANDRO DONADO.

maintenant estimer à onze le nombre de celles que le
Sénat a dû entendre de la bouche de ses ambassadeurs
à François Ier, depuis l'avénement de ce prince à la
couronne jusqu'à l'ambassade de Marino Giustinian, en
1533[1]. Pour ces deux règnes seulement, voilà donc près
de vingt-sept *Relazioni* qui manquent à la galerie de
France! Depuis cette époque jusqu'à la fin du seizième
siècle, les vides sont heureusement rares. Nous en signalerons encore trois pour François Ier depuis 1533 jusqu'en
1547[2], deux pour Charles IX, en 1566 et 1571[3], trois
pour Henri III, 1577, 1584 et 1588[4]; et trois pour
Henri IV, en 1595, 1600 et 1603[5]. Tel est le passif et

---

[1] Nous désignons cette date de 1533 parce qu'elle est celle de la première relation de France qui ait été retrouvée dans son intégrité et
publiée entièrement dans la RACCOLTA ALBÉRI. Les *Relazioni* sur le règne
de FRANÇOIS Ier, qui ont dû être lues au Sénat depuis 1515 jusqu'à 1533
et qui sont demeurées inconnues jusqu'à présent, sont celles des ambassadeurs dont les noms suivent :

1515.   DOMENICO TREVISAN, ANDREA GRITTI, ZORZI, CORNARO,
        ANTONIO GRIMANI, ambassadeurs extraordinaires pour
        l'entrée de François Ier à Milan. (Novembre.)
1516-1518. ZUAN BADOER, ambassadeur ordinaire.
1517-1520. ANTONIO GIUSTINIAN, ambassadeur ordinaire.
1520-1524. ZUAN BADOER, ambassadeur ordinaire.
1527-1530. SEBASTIANO GIUSTINIAN, ambassadeur ordinaire.
1531-1533. ZUAN ANTONIO VENIER, ambassadeur ordinaire.
1532.   PISANI, ambassadeur extraordinaire.

[2] Ce sont celles de GIOVANNI BASSADONNA, 1535-1537; CRISTOFORO CA-
PELLO, 1537-1540; VINCENZO GRIMANI, ambassadeur extraordinaire, 1540.

[3] Celles de GIACOMO SURIAN, 1564-1566; de LEONARDO CONTARINI,
ambassadeur extraordinaire, 1571.

[4] Celles de FRANCESCO MOROSINI, ambassadeur ordinaire, 1574-1577;
GIOVANNI MORO, ambassadeur ordinaire, 1582-1584; GIOVANNI DOLFIN,
ambassadeur ordinaire, 1584-1588.

[5] Celles de GIOVANNI MOCENIGO, ambassadeur ordinaire, 1587-1595;
FRANCESCO CONTARINI, *idem*, 1597-1600; MARIN CAVALLI, *idem*, 1600-
1603.

l'actif de ce grand article pour les chapitres de nos histoires au seizième siècle : trente-huit *Relazioni* demeurées
inconnues sont à rechercher ; vingt-trois connues sont
publiées. Regardons maintenant au siècle suivant.

M. Nicolò Barozzi, avons-nous dit, a publié vingt-
trois *Relazioni* qu'il faut répartir entre les règnes de
Henri IV, de Louis XIII et de Louis XIV. Or, combien
y a-t-il eu d'ambassadeurs vénitiens à la Cour, soit ordinaires, soit extraordinaires, depuis l'année 1600 jusqu'à
l'année 1699? Le relevé des élections du Sénat, pratiqué sur ses registres officiels, donne le chiffre de quarante et un [1]. Il y aurait donc lieu de porter au nombre

---

[1] La *Raccolta* BAROZZI-BERCHET, ainsi que la *Raccolta* ALBÉRI, se
divise en séries. Mais elles sont disposées dans un ordre différent, car
chaque pays forme une série.

PREMIÈRE SÉRIE : l'*Espagne*, deux volumes.

SECONDE SÉRIE : la *France*, trois volumes.

TROISIÈME SÉRIE : l'*Italie*, un volume de publié.

QUATRIÈME SÉRIE : l'*Angleterre*, un volume.

CINQUIÈME SÉRIE : *Constantinople*, quelques livraisons publiées.

L'ouvrage en est donc au huitième volume, qui n'est que commencé.
Les retards apportés au complément de cette intéressante publication
sont infiniment regrettables. M. NICOLÒ BAROZZI a pris soin de la DEUXIÈME
SÉRIE, c'est donc lui qui a publié les RELATIONS DE FRANCE des Ambassadeurs dont les noms suivent :

Angelo Badoer, 1605.

Pietro Priuli, 1608.

Antonio Foscarini, 1610.

Nani et Gussoni, 1611.

Pietro Contarini, 1616.

Vincenzo Gussoni, 1617.

Ottaviano Bon, 1617.

Alvise Contarini, 1637.

Angelo Correr, 1641.

A. Contarini et G. Grimani, 1643.

Gio.-Batt. Nani, 1648.

Michele Morosini, 1653.

Giovanni Sagredo 1656.

Francesco Giustinian, 1660.

Gio.-Batt. Nani, 1660.

Alvise Grimani, 1664.

Alvise Sagredo, 1665.

Marc-Ant. Giustinian, 1668.

Giovanni Morosini, 1671.

Francesco Michiel, 1674.

Ascanio Giustinian, 1676.

Domenico Contarini, 1680.

Sebastiano Foscarini, 1683.

Girolamo Venier, 1688.

Pietro Venier, 1695.

Nicolò Erizzo, 1699.

de quatorze les *Relazioni* qui sont comme autant de
tableaux manquants au cadre du dix-septième siècle [1];
mais en réalité il ne faut le porter qu'à treize, depuis
que nous avons heureusement rencontré celle de l'ambassadeur Giorgio Zorzi parmi les manuscrits conservés
à la Bibliothèque de Ferrare.

M. Nicolò Barozzi, pour parfaire sa publication des
Relazioni di Francia, devra recueillir et publier celles
des ambassadeurs à la Cour de France pendant le dix-
huitième siècle. Le travail exigera peu de fatigue, car
bien que ce siècle ait compté vingt-trois ambassades
vénitiennes en France, dix *Relazioni* seulement existent
parmi les manuscrits des Archives, et sur ces dix [2], qua-

---

[1] Les RELAZIONI qui nous manquent sur le règne de Louis XIII et
sur celui de Louis XIV (pendant le dix-septième siècle) sont celles des
ambassadeurs dont les noms suivent :

Sous Louis XIII.

1610-1613. GIORGIO GIUSTINIAN, ambassadeur ordinaire.
1617-1618. SIMEONE CONTARINI, ambassadeur extraordinaire.
1618-1620. ANGELO CONTARINI, ambassadeur ordinaire.
1620-1621. GIROLAMO PRIULI, ambassadeur extraordinaire.
1621-1624. GIOVANNI PESARO, ambassadeur ordinaire.
1624-1625. MARC-ANT. MOROSINI, ambassadeur ordinaire.
1626. SIMEONE CONTARINI, ambassadeur extraordinaire.
1629-1632. ALVISE CONTARINI, ambassadeur ordinaire.
1629-1630. GIROLAMO SORANZO, ambassadeur ordinaire.
1631-1634. GIOVANNI SORANZO, ambassadeur ordinaire.
1641-1644. GIROLAMO GIUSTINIAN, ambassadeur ordinaire.

Sous Louis XIV.

1655-1660. FRANCESCO GIUSTINIAN.

[2] Ces dix RELATIONS sont celles des ambassadeurs ordinaires :

Lorenzo Tiepolo, 1703.
Alvise Mocenigo, 1733.

tre déjà ont été publiées séparément. Cette série, moins complète et moins intéressante que les précédentes., offre cette particularité de présenter les deux dernières *Relazioni* comme ayant été composées d'une manière différente de toutes les précédentes, depuis trois siècles.

Alessandro Zen, 1736.
Francesco Venier, 1739.
Andrea da Lezze, 1742.
Francesco Morosini, 1752.
Daniel Dolfin, 1785.
Antonio Capello, 1790.
Almorò Pisani, 1795.

Les quatre qui ont été publiées séparément sont : la *Relazione* de Francesco Morosini (1752), par l'abbé RINALDO FULIN, et celles de Daniele Dolfin (1785), d'Antonio Capello (1790) et d'Almorò Pisani (1795), par l'historien SAMUELE ROMANIN, dans les tomes VIII, IX et X de la *Storia Documentata di Venezia*. D'où il suit que les *Relazioni* manquantes sur le règne de LOUIS XIV, de LOUIS XV et de LOUIS XVI seraient celles des ambassadeurs :

Sous Louis XIV.

1698-1702. ALVISE PISANI.
1707-1710. ALVISE MOCENIGO.
1711-1712. GIOVANNI EMO. (Envoyé intérimaire.)

Sous Louis XV.

1722.   N. FOSCARINI et L. TIEPOLO, ambassadeurs extraordinaires.
1722-1726. BARBON MOROSINI, ambassadeur ordinaire.
1727-1730. ZACCARIA CANAL, ambassadeur ordinaire.
1745-1748. ANDREA TRON, ambassadeur ordinaire.
1756-1759. NICOLÒ ERIZZO, ambassadeur ordinaire.
1764-1768. BARTOLOMEO GRADENIGO, ambassadeur ordinaire.
1768-1772. ALVISE MOCENIGO, ambassadeur ordinaire.

Sous Louis XVI.

1772-1776. LUIGI MOCENIGO, ambassadeur ordinaire.
1776-1780. MARCO ZEN, ambassadeur ordinaire.

Les ambassadeurs Antonio Capello et Almorò Pisani, en effet, avaient été témoins de la Révolution française, et ils avaient cru devoir prendre occasion de la lecture politique qu'ils avaient à faire de la *Relazione*, pour entrer dans des considérations inspirées par les circonstances mêmes, plutôt que de produire, selon l'ancien usage, des portraits de Princes ou de Ministres. Quant au dernier représentant de l'antique République auprès de la France, les actes du général Bonaparte au delà des Alpes et l'approbation qu'y donna le Directoire à Paris lui ôtèrent la peine d'avoir à préparer la *Relazione* à laquelle l'obligeaient les coutumes anciennes de la politique de son pays. S'il y a donc une *Relazione* d'ambassadeur vénitien qu'il est assurément inutile de rechercher, c'est celle qui aurait dû être signée du nom d'Alvise Querini. Il n'en a point prononcé, car, à son retour, il n'y avait plus de Sénat pour l'entendre. Il y avait encore une Venise, mais la République avait vécu.

Ne cherchez pas dans les *Relations* des Vénitiens les faits journaliers de leur ambassade à la Cour. Ils avaient pris le soin de les raconter et de les exposer dans leurs dépêches. Mais cherchez dans leurs pages le tableau d'ensemble. Il paraît que jadis — et cela avant 1425 — il était libre à tout ambassadeur de prononcer sa *Relazione* sans l'avoir écrite. Soit qu'il parlât facilement et comme de mémoire, soit qu'il s'aidât de notes expressément préparées, la relation qu'il faisait au Sénat de son ambassade était une sorte de discours prononcé en famille. Un arrêté de 1425 dit : « *In scriptis relationes facere tenean-*

tur. » En 1268, un autre arrêté avait dit : « *Oratores in reditu dent in nota ea quæ sunt utilia dominio.* » Il nous semble voir, en ces deux formules, toute l'adoption de l'usage diplomatique de la *Relazione* chez les Vénitiens. Par le décret de 1268, on ne leur demande que de consigner quelques *notes*, propres à être utiles au gouvernement pour ses discussions sur les affaires étrangères. Ces notes ont assurément été données; quelques-uns les auront développées; d'autres, bons parleurs sans doute, rentrant dans le Sénat, auront voulu *bien dire* ce qu'ils avaient *bien vu* et comment étaient les Princes avec lesquels ils avaient traité. Ces bons *diseurs* auront eu des imitateurs, et la relation *parlée* sera passée ainsi dans l'usage au Sénat. Mais on dut bientôt comprendre quel intérêt il pourrait y avoir à appuyer cet usage de l'autorité d'un décret dont le but principal fût de faire remettre à l'État ces intéressants rapports soigneusement *écrits*. De là le décret si important de 1425 : « *Les relations devront être faites par écrit.* » De là cette consécration formelle d'un usage si utile; de là ces discours originaux, à la facture et au soin desquels les bonnes têtes politiques durent donner la plus particulière attention. N'était-ce point une sorte d'événement, pour l'intérieur de cette assemblée d'auditeurs, tous *politicanti*, que la nouvelle du retour de leur ambassadeur d'auprès de quelque grande Cour, et de la bouche duquel, par conséquent, ils allaient entendre la *Relazione?* Supposez-vous au seizième siècle. L'Empereur Charles, le Roi François, le Roi Henri VIII et le Pape tiennent la corde des affaires en Europe. La République Sérénissime est particulièrement intéressée à bien savoir ce qu'il en est de l'un ou de l'autre, et ce que l'un ou l'autre pense d'elle. Elle est hésitante en ses alliances. Que va lui dire l'ambassadeur nouvellement revenu? Et s'il est un homme de réelle valeur, si dans ses ambassades on l'a déjà reconnu fort par les conseils, habile, persuasif, expert et d'une éloquence heureuse, quelle importance ne prend pas aussitôt la séance pour laquelle il a annoncé sa relation! Tout cela est si vrai, que dans les principaux *diarii* du temps il est très-rare que le fait même de la présentation d'un discours important et le nom de l'orateur ne soient pas inscrits comme étant chose digne de mémoire. « *Le 6 octobre* 1528, écrit Marin Sanudo, *Andrea Navager, qui était Ambassadeur auprès l'Empereur, s'est présenté au Sénat, en robe de damas cramoisi, et il a fait sa* RELATION, *qui fut très-belle et abondante. J'espère l'avoir et la rapporter ici* [1]. » Nous citons cette seule mention, mais nous en avons rencontré de semblables très-fréquemment.

Les Cours étrangères connaissaient bien cet usage comme étant en grand honneur dans le Sénat vénitien, et il était naturel que leur curiosité attachât du prix à obtenir autant qu'il était possible la communication des *Relations* qui les concernaient spécialement. C'était aux ambassadeurs qui les servaient à Venise d'aviser au moyen de se les procurer, sinon entières, au moins par fragments. Cette possession n'était d'ailleurs praticable que « par façons de souterrains », car jamais

---

[1] Voyez CICOGNA, *Inscrizioni Veneziane*, tome VI, page et note 279. Tout l'article sur l'ambassadeur Andrea Navager est des plus intéressants.

ces documents, dont quelques-uns se trouvèrent fort répandus en copies dans les collections manuscrites des
grands seigneurs ou des grands curieux au dix-septième
siècle, ne furent considérés par le gouvernement de Venise autrement que comme documents secrets. Si les
diplomatiques auteurs de ces relations n'avaient pas
trouvé dans les lois de leur gouvernement à l'endroit
du secret des écritures d'État, des garanties réelles et
sérieuses contre l'indiscrétion publique, si la clôture des
portes de la salle du Sénat, dans la tribune duquel ils
prononçaient leurs rapports, n'avait été que fictive, ces
relations et ces rapports, loin d'être recherchés aujour-
d'hui et consultés comme des sources admirables de
révélations, seraient délaissés comme autant de ces mille
et un documents vulgairement officiels qu'a dictés tout
bonnement l'intérêt d'État. Sans le secret assuré à de
semblables écrits, quels embarras n'auraient pas rencontrés la libre parole et la libre pensée des ambassadeurs
pour s'exprimer avec franchise sur le caractère des princes,
sur les passions et les sentiments des ministres, sur
les dispositions des peuples qu'ils avaient pratiqués! À
quelles demandes incessantes d'explications délicates
n'auraient pas exposé leur propre République ceux de
ces ambassadeurs qui n'auraient pas mis une certaine
mesure dans l'énoncé de leurs opinions! Il est du reste
remarquable que la plupart des relations dont, par une
voie ou par une autre, on a pu se procurer des copies, et
dont fort peu du reste ressemblent exactement aux originaux, sont presque toutes les mêmes. Il y a d'ailleurs
d'incontestables preuves contre la divulgation, présumée

trop facile par d'honorables écrivains[1]. Pour notre part, nous avons souvent vu l'Ambassadeur de France à Venise fort en peine de se procurer pour le service et l'agrément du Roi la copie de telle ou telle *relation* dont Sa Majesté lui avait elle-même recommandé la recherche.

« *Monsieur de Villiers,* écrivait Henri IV, le 15 août 1601, à son ambassadeur chez les Vénitiens, *je ne m'estois moins promis de l'affection envers moy et de la prudence des sieurs Delfin et Priuli que les langages et effects favorables que vous m'avez representez par vostre lettre du 24 juillet que j'ay reçeue et lue le* VIII *du présent, et auray à plaisir de scavoir quelle aura esté la* RELATION DE LADITE LÉGATION *qu'ils auront faict au Sénat et comment elle y aura esté receüe.....* [2]. » Or l'Ambassadeur du Roi avait mis en haleine la curiosité de Sa Majesté par ce passage de sa dépêche du 24 juillet, où après avoir annoncé le retour à Venise des deux Vénitiens, il écrivait : ... « *Sur quoy ledit sieur Delfin me dict que c'estoit à luy à en donner compte* (de l'ambassade) *au Sénat, ainsi qu'il espéroit faire dedans* X *ou* XII *jours, et en sorte que la République connoîtroit qu'elle n'avoit peu mieux et plus heureusement adresser qu'à Votre Majesté cette observance et dévotion singulière que l'on scait qu'elle vous a, à laquelle il escheoit adjouter de la creüe, si tant estoit qu'elle en peut*

---

[1] Voyez l'opinion formulée par l'honorable M. GACHARD dans celle de ses plus récentes publications parue sous le titre de « *Trois années de l'histoire de Charles-Quint* (1543-1546), *d'après les dépêches de l'ambassadeur vénitien* BERNARDO NAVAGERO », pages 10, 11 et 12. (Bruxelles et Leipziz, 1865.)

[2] *Lettre* (inédite) *du* ROI à ANTOINE SÉGUIER, SIEUR DE VILLIERS, *son ambassadeur à Venise.* (Bibliothèque impériale. Manuscrits, n° 18,040. F. Fr.)

recevoir. *Je connois le sieur Delfin pour l'avoir pratiqué.*
Il me sembloit, Sire, en me faisant ce discours, qu'il ne
pouvoit assez représenter ce qu'il ressentoit en l'intérieur
de ce qui estoit deub à Votre Majesté par la République et
en particulier par luy et son collègue, et suis asseuré qu'il
se parlera plus d'un jour de LA RELATION *qu'il en fera, et*
dont je tiendray Votre Majesté advertie [1].... » Mais en fait,
Monsieur de Villiers, qui s'était si fort avancé, ne put
jamais avoir ladite relation, et le Roi de France se dut
contenter à cet égard de ce miel que M. le président de
Villiers lui avait distillé à l'occasion du retour à Venise
des deux ambassadeurs dont Sa Majesté avait si fort désiré connaître la *relation de France.* Ce qui est exact,
c'est que le plus souvent le serviteur du Roi pouvait entendre de diverses sources quelques-uns des faits ou des
sentiments qu'avait exprimés l'orateur. De tels fragments
rapportés sont fréquents dans les dépêches au Roi. Ce
même M. de Villiers, dans sa vingtième dépêche, le
9 octobre 1599, écrit... « *Avec ce que sur les bruits qui*
ont couru des forces que l'on disait se préparer en l'Estat
de Milan, eulx (les Vénitiens) *qui vont toujours au plus*
seur ont voulu pourvoir tellement à leurs affaires qu'ils
ne puissent estre surpris, se remettant d'accroistre l'amas
desdites forces, selon ce qu'il se feroit audit Estat-de-Milan
et quand ils verroient plus clair aux intentions du Roy
d'Espagne, duquel ils semblent se tenir plus asseurez de-
puis le retour des deux Ambassadeurs qu'ils avoient envoyez

[1] *Dépêches* (inédites) de M. le Président Antoine SÉGUIER, sieur DE
VILLIERS, ambassadeur pour le Roi à Venise, 1599-1601. (Bibliothèque
impériale. Manuscrits, n° 18,040. F. Fr.)

vers lui, qui ont fait RAPPORT; *ainsi que j'ay sceu pareille-ment, que l'humeur de ce prince, à ce qu'ilz en pouvoient comprendre, bien que chatouillé de l'âge et de l'opinion de sa grandeur, leur sembloit plus disposé à conserver ses Estats par la paix que désireux de les accroistre par de nouvelles entreprises.... Lesdits deux Ambassadeurs fai-sant leur* RAPPORT *ont dit que l'on estoit en grande crainte en Espagne que la Royne ne fût point pour porter des en-fants, et dont ils rendent des raisons que Vostre Majesté aura peu entendre d'ailleurs....* [1]. » L'Espagnol lui-même, accrédité à Venise, et qui était de nature si particulière-ment corruptrice pour le service et d'après l'ordre du Roi son maître, ainsi que le prouvent et sa propre cor-respondance et les mesures secrètes prises à son égard par le Conseil des Dix, ne réussit pas autrement que M. le président Séguier, malgré beaucoup d'efforts séducteurs pour obtenir les *relations* tout fraîchement prononcées sur la monarchie et le monarque par les Vénitiens au retour de leurs missions. N'arrivant point à se les procurer, il nourrit quelques-unes de ses dé-pêches des quelques échos du Sénat qu'il obtient par des moyens mystérieux, en somme peu productifs [2].

---

[1] Mêmes *Dépêches* inédites déjà citées.

[2] Voyez dans les *Papiers de Simancas*, conservés aux ARCHIVES IMPÉ-RIALES DE FRANCE, les dépenses secrètes de l'ambassadeur d'Espagne à Venise sous Philippe II et sous Philippe III. Le 15 septembre 1582, voici tout ce que don Christoval de Salazar pouvait dire d'une relation de Florence qui venait d'être lue au Sénat : « Antier se leyo in Pregai la RELACION que dio el secretario que voluio de Florencia. Hanme dicho che començo como hazen los Embaxadores, contando las condiçiones y qualidades del stado de Florencia, fuerças, las rentas, la obediencia, y animos de los subditos, come otras vezes avria oydo y se passo por

Nous ne terminerons pas cet aperçu relatif aux *Relazioni* vénitiennes sans donner quelques explications sur ce que nous pourrions appeler la *page finale* de chacun de ces documents. Les relations de ces ambassadeurs, en effet, se terminent invariablement par l'hommage à l'État des présents que leur a faits, à leur départ, le Souverain auprès duquel ils ont été accrédités. Invariablement aussi ils demandent en même temps au Sénat de leur abandonner ces dons comme une sorte de témoignage de sa satisfaction pour leurs travaux, de récompense pour leurs fatigues et de dédommagement pour leurs dépenses. L'usage de ces présents royaux n'existe plus aujourd'hui pour la diplomatie, mais sous l'ancienne monarchie, il fut sans cesse mis en pratique. A moins donc qu'un ambassadeur n'eût personnellement mécontenté le Souverain ou qu'il ne dût quitter la Cour dans des conditions de cessation de rapports avec son propre gouvernement, il recevait ordinairement, dans les quelques jours qui suivaient son audience de congé,

---

ellas. Y quanto a los negocios a que fu repitio a quello, que por cartas avia escrito... » (*Papiers de Simancas*, K. n° 1673.)

Le succès dépendait, il faut le dire, de l'habileté et de la discrétion des agents qu'on employait en ces affaires occultes. C'est ainsi que je trouve un simple envoyé du Duc de Mantoue, en 1609, se faire fort d'avoir pour dix ducats une copie de la *Relation* de l'ambassadeur Contarini, fraîchement revenu d'Angleterre. Voici ce qu'il écrit : « L'Amico delli avvisi particolari mi fa sapere che S. A. è vago di vedere la *relatione fatta dall' ambasciator Contarini venuto novamente d'Inghilterra*; la quale consiste in narratione delli costumi et qualità del Re et Regina et filioli, et sin dove si estendono le forze sue, et il sito dell' Isola et altre cose curiose che con dieci ducati la si haverà... » (*Archives de Mantoue* : Correspondance de *Venise*, lettre de Camillo Sordi, 1609, juillet.)

23

une marque de la munificence royale. Or une loi fort
ancienne dans la politique des Vénitiens (elle était déjà
en vigueur au treizième siècle) imposait aux ambassadeurs de déclarer au Sénat, en les lui consignant, les
présents qu'ils avaient reçus. Cette assemblée se réser-
vait le droit, soit de les faire porter au trésor public,
soit d'en accorder la jouissance à l'ambassadeur. De là
cette déclaration et cette demande des présents qui font
toujours l'objet des dernières lignes de la *Relazione*.
Quelquefois le Roi ajoutait à ces témoignages matériels
de sa satisfaction des marques fort honorifiques, consistant en la création de chevalier, dont le cérémonial se
pratiquait par l'accolade avec l'épée et par l'envoi des
lettres patentes qui octroyaient à l'ambassadeur le droit
d'ajouter les lis de France, « *deux fleurdeliz d'or au chef
de l'écu et blason de ses armoiries pour par luy et sa postérité les porter* [1]. » M. de Neufville écrivant de Conflans le
25 juin 1601 au président Séguier, ambassadeur de
France à Venise, lui dit : « Ces messieurs Delfin et Priuli
ont esté traictez fort favorablement, desfrayez jusques

---

[1] *Henry, par la grace de Dieu, Roi de France,* savoir faisons à tous
présens et advenir, Que nous ayans singulier regard aux bonnes et
louables qualitez, vertuz et merites de nostre tres cher et bon amy le
sieur Johan Capello, gentilhomme venizien et ambassadeur de nos tres
chers et grands amiz le Duc et Seigneurie de Venize par devers nous,
desirant singulierement pour les bons et honnestes offices qu'il a faits
durant son ambassade a l'entretenement, observacion et continuacion
de la grande amytié et alliance d'entre Sa Seigneurie et nous, luy faire
congnoistre la bonne volonte que nous luy portons..., etc. *Donné à
Paris, au mois de novembre, l'an de grace mil et cinq cens cinquante
quatre et de notre règne le huitième.* M. Nicolò Barozzi a reproduit
entièrement cette lettre patente dans la préface du 1er volume des *Relazioni di Francia* (secolo xvii).

à leur partement et presentez en la forme accoustumée, oultre cela *le Roy a voulu faire le dernier Chevalier et luy donner trois fleurs de lis en ses armoiries;* c'est un sage et honnête gentilhomme... etc. » [1]. Cela était un présent

[1] Henri IV, qui avait toujours le mot heureux et la phrase joyeuse à l'endroit de ses amis, écrivait ceci à son ambassadeur à Venise, sur le fait des deux Vénitiens dont il avait créé l'un chevalier : « ...*Sy leurs ambassadeurs sont partiz davec moi aussy contens que je le suis deux, ilz sen loueront, je leur ay en toutes choses tesmoigne l'affection que je porte à leur* République, *de quoy j'estime quils noublieront de faire fidelle recit. Jauray plaisir aussi que vous les congratuliez apres leur arrivee du contentement que j'ay receu de leur legation, et que vous demandiez* au Sr Priuli *comme il se trouve du coup d'espee quil receut de moy en partant, le fesant chevallier...* » (Lettre (*inédite*) du Roi au sieur de Villiers, le 25 juin 1601.)

A quoi M. le Président Séguier, sieur de Villiers, répondant de Venise au Roi, le 24 du mois suivant, dit :

« *Cependant je puis asseurer* Vostre Majesté *que le jour que les dits ambassadeurs furent au* Collegio (*Cabinet des ministres*), *accompagnés de plus de trois cents gentilshommes, l'on ne s'entretint en la place de Saint-Marc et le jour subséquent daultres discours que de ce qu'il avoit pleu à Dieu mettre en* Vostre Majesté, *et des démonstrations quelle avoit faictes en la personne desdits ambassadeurs et de ceux de leur suyte, d'aymer et estimer* la République *et d'affectionner sa conservation. Le* xviiie, *lesdits sieurs* Delfin *et* Priuly *me rendirent la visite, et pour ce que j'avois receu le soir precedent la depesche de* Votre Majesté *du 25 du passé, je fis avec eulx les offices qui m'estoient ordonnez par icelle, et n'oubliay en parler et demander au sieur* Priuly *comme il se trouvoit du coup d'épée qu'il avoit receu de* Votre Majesté, *sur quoy ledit ne manqua d'une honneste repartie, me disant qu'il s'en sentit dès lors atteint au vif, qu'il en avoit pour toute sa vie, et qu'il ne se pouvoit un plus beau et plus favorable coup digne de la bonté de* Votre Majesté, *et dont il ne s'estonnoit pas, ayant toujours estimé qu'il ne pouvoit partir de* Votre Majesté *que choses excellentes, et qu'il s'estoit reconneu qu'en toutes ces operations Elle estoit conforme à Elle-mesme, et qu'au surplus qu'il ne falloit point de coup d'espée pour l'abattre devant vous, estant dès auparavant de tout acquis à* Votre Majesté *par ce qu'il avoit veu en icelle...* » (Lettres et dépèches (*inédites*) d'Antoine Séguier, sieur de Villiers, *Bibl. imp.*, manuscrits, n° 18,040.)

23.

tout d'honneur et que la République ne contestait jamais
à la personne de ses ambassadeurs. Quant aux dons
proprement dits, ils varièrent selon les temps et les circonstances. Nous pouvons cependant, d'après nos recherches, en établir ainsi le genre et le prix sous les différents règnes, depuis les Valois.

François Ier et Henri II donnaient ordinairement à
l'ambassadeur une chaine d'or de la valeur de quelques
mille écus. Charles IX ajouta au don de la chaine celui
d'un anneau ; cela en faveur d'un Contarini en 1570.
Giovanni Michieli fut le premier à qui des pièces d'argenterie travaillées furent présentées ; ce fut en l'année 1572, et depuis ce temps jusque vers la seconde
moitié du règne de Louis XIII, cette mode fut main-
tenue à la Cour. La Reine mère elle-même en fit aussi
présenter ; ainsi l'ambassadeur Cavalli en reçut d'elle
en 1574 pour la valeur de six cents écus. Giovanni Michieli, en 1575, reçut encore vingt pièces d'argenterie
dorée, et en 1578, il reçut de la Reine un magnifique
anneau ; il en était à sa douzième légation de par le
monde. Giovanni Pesaro, sous Louis XIII (en 1624),
fut, ce nous semble, le premier qui, avec les pièces
d'argenterie dorée, fut honoré de l'hommage d'un portrait du Roi encadré dans de l'or avec diamants. Le
même Roi offrit à Alvise Contarini, en 1638, une épée
avec la poignée en brillants, une croix de diamants et
de l'argenterie. Sous la minorité de Louis XIV, l'usage
revint de présenter une chaine d'or pesant cent onces
environ, et un petit portrait du Roi fut depuis lors régulièrement adressé à l'ambassadeur. Il fut cependant

donné à Giovanni Battista Nani, en 1648, une épée avec un ceinturon fourni de perles montées sur or, et Mazarin lui offrit pour sa part une montre entourée de diamants. La Reine mère donna à Giovanni Sagredo, en 1656, son portrait en diamants. Tous les ambassadeurs vénitiens, depuis cette date jusqu'en 1705, reçurent à leur départ une chaîne de plusieurs rangs d'or avec une médaille pareillement d'or, frappée au portrait du Roi. M. de Breteuil, introducteur des Ambassadeurs depuis le 23 novembre 1698, et qui a tenu d'intéressants registres qui sont comme les *mémoires* de sa charge, s'exprime ainsi, relativement à l'*Ambassadeur de Venise :* « A sa dernière audiance luy ayant fait demander s'il veut être fait chevalier (ce qui se fait lorsque c'est la première ambassade qu'ils font vers les têtes couronnées), il se retire un moment à un coin pour quitter sa robbe de cérémonie, et revient au Roy où il y a un carreau préparé par le premier valet de garde robbe, étant à genouil, le Roi tire son épée et le fait chevalier de l'accolade en luy disant : « *Par saint Georges* » *et saint Michel, je vous fais chevalier !* » Et en même temps le Roy luy met le baudrier et une épée que le grand maitre de la garde robbe doit fournir, et pour cet effet, il le faut avertir huit ou dix jours auparavant : on luy donne un présent de vaisselle ou chaîne de deux mil écus, et une boîte de portrait de mil écus, et pour tous ces préparatifs, il faut que l'Introducteur soit averty douze ou quinze jours auparavant. »

.Mais à dater de 1705, et à l'occasion de l'audience de congé du marquis Rinuccini, envoyé extraordinaire

de Florence, l'usage des présents, soit en chaînes d'or,
soit en boites de portraits à diamants, fut supprimé et
remplacé par la présentation d'un médaillier. Le registre
de M. de Breteuil renferme à cet égard des détails très-
intéressants : « C'est à l'occasion de cet envoyé, dit-il,
qu'on a changé pour la première fois l'usage où nostre
Cour avoit été jusqu'à présent de donner aux Ambassadeurs et Envoyez, lorsqu'ils ont pris leur audiance de
congé, un portrait du Roy enrichy de diamants de plus
ou moins de valeur. Au lieu d'un portrait, on donna au
marquis Rinuccini et on donnera desormais la suitte entière des medailles qui ont été frappées pour transmettre
à la postérité les principaux événemens de la vie de Sa
Majesté. Il y a longtemps que M. le chancelier, qui a le
soin de ces medailles, avoit dessein de les faire servir à
cet usage, le meilleur que l'on en puisse faire, (et que
j'avois envie de concourir à son intention,) mais comme
toute nouveauté dans ce qui regarde un ambassadeur
ou un envoyé a de la peine à se trouver de leur goût,
on avoit reculé jusqu'à présent à l'exécution, et le Roy
voulut même que l'on pressentit Rinuccini sur ce changement avant de le faire [1].

---

[1] M. de Breteuil ajoute ici : « On avoit dejà représenté à Sa Majesté
que non-seulement l'usage des portraits n'est pas uniforme dans les prin-
cipalles Cours de l'Europe, mais que dans la sienne même il ne l'étoit
pas. Ce n'a jamais été l'usage d'en donner au Nonce, c'est ordinairement
un buffet de vaisselle d'argent qu'on luy donne pour present, et on
donne aux ambassadeurs de Venise, par une ancienne coutume, deux
chaînes d'or grossièrement travaillées et du poids de mil escus chacune.
La boite de portrait enrichie de diamants qu'on y a jusqu'à present
ajouté est un supplément qui n'est pas d'un ancien usage. » (Voyez à la
Bibliothèque de l'Arsenal, Histoire, manuscrit n° 222, les Mémoires
du Baron de Breteuil, 1578-1715, sept volumes in-folio.)

» La suitte des medailles de la vie du Roy ne peze en
argent que deux mil cinq cens livres, et les moindres
présents que le Roy fait aux ministres étrangers sont
d'environ 4000 livres, un peu plus, un peu moins.
Ainsi pour y suppléer, on mettra un certain nombre de
medailles d'or parmy celles d'argent, et le nombre
de medailles d'or sera augmenté à proportion du plus
ou moins de valeur du présent que Sa Majesté voudra
faire. Et comme les revers de ces medailles ne sont pas
entendus de tout le monde et que Sa Majesté a faict imprimer un livre, il y a trois ans, qui en contient l'explication au bas de l'estampe de chacune, je proposay
qu'on joignit un de ces livres au présent des medailles ;
ma proposition parut raisonnable [1]. Le medaillier que
le Roy m'ordonna de donner contenoit treize tiroirs,
dans lesquels il y avoit deux cens quatre vingt sept medailles dont 280 étoient d'argent et sept d'or [2]. »

Nous inclinons du reste à croire que l'usage de présenter le médaillier du Roi aux Ambassadeurs ne fut
pas durable, et nous trouvons qu'en 1785, le présent
du Roi au Vénitien Giovanni Dolfino fut une boîte

---

[1] « Mais (ajoute encore M. DE BRETEUIL) comme tous les exemplaires
qui en ont ete imprimez ont ete distribuez par ordre du Roy, il fallut
pour commancer cette sorte de present, que je donnasse le livre dont Sa
Majesté m'avoit honoré au marquis de Rinuccini, quand je fus luy porter les medailles dont Sa Majesté luy fit présent, ce qui est cause qu'on
réimprime le livre des medailles pour le joindre à tous les presents que
le Roy fera à l'avenir aux ministres publics qui auront été à la Cour ;
au moyen de cet usage, les medailles du Roy se repandront dans tout
le monde par une voye naturelle et durable, et y feront connoitre les
actions de Sa Majesté et la gloire de son règne. »

[2] « Celles d'argent pèzent une once un gros et demy chacune, et celles
d'or deux onces deux gros. »

à portrait avec diamants, de la valeur de vingt mille livres.

Mais ce ne sont point de ces menues choses, dont l'intérêt est d'un genre tout privé, que l'historien, de nos jours, doit demander aux *Relations* des diplomates de la curieuse République. L'étude qu'on a faite de ces grands documents a révélé des pages impérissables ; ce sont celles que ces Vénitiens ont consacrées aux portraits, petits et grands, des princes et des conducteurs de la politique dans les États où ils ont eu mission d'aller. Là est le véritable attrait de ces belles pièces, utiles à l'histoire. En cet art, comme les peintres de leur immortelle école en ses beaux temps [1], ils sont des maitres. Faut-il rappeler ici comment, par eux, l'histoire peut aujourd'hui produire une Catherine de Médicis qui n'est point la femme que nous avaient montrée soit les trop beaux flatteurs, de l'école de Brantôme, soit les trop cruels détracteurs, de l'école de Régnier de la Planche [2] ? Où trouver une série pareille à cette réunion de portraits arrivant de toutes les Cours contemporaines, à de rapides intervalles, et présentés, pour ainsi parler, aux regards de ces Sénateurs qui, par ce moyen, connaissaient sans cesse, d'après des témoins oculaires éloquents, et les affaires des royaumes, empires et répu-

---

[1] Voyez à ce sujet la belle page de M. A. REUMONT, dans son livre « *Della Diplomazia italiana dal secolo* XIII *al* XVI, » page 97. (Florence, Barbera, 1857.)

[2] Voyez le récent ouvrage, aussi intéressant que judicieux, de M. IMBERT DE SAINT-AMAND, « *Les Femmes de la Cour des Valois* ».

bliques, et les passions et les intérêts cachés, et la physionomie individuelle de ceux qui avaient en leurs mains lesdites affaires ?

Pour nous résumer, nous dirons : Demandez donc aux DÉPÊCHES le cours graduel et journalier des événements, les récits immédiats des faits, les interprétations momentanées, les impressions subites ; demandez-leur les conversations avec les ministres, les audiences des princes, les anecdotes courantes. Mais, demandez aux RELATIONS l'image méditée de la Cour, le tableau politique largement fait et judicieusement exposé des questions qui ont défrayé et animé l'esprit d'un Gouvernement pendant les trois années que l'ambassadeur a pu l'observer, demandez-leur aussi la figure fidèlement étudiée, l'âme habilement pressentie de ses chefs, ainsi que l'attitude et les sentiments des peuples.

Dans ses DÉPÊCHES, l'ambassadeur est un narrateur, esclave des circonstances ; dans sa RELATION, il est l'historien des hommes et des choses politiques, et selon la mesure du talent que lui a départi la nature ou qu'il a acquis par l'étude, il est aussi un artiste et un philosophe.

X.

DOCUMENTS VARIÉS
OU MISCELLANÉES DES ARCHIVES DU SÉNAT.

De quelques recueils de documents ne faisant pas partie des Séries principales, mais appartenant aux Archives du Sénat. — Correspondances
des CHEFS DE GUERRE, des PROVÉDITEURS et des COMMISSAIRES envoyés
aux armées de terre et de mer. — Intérêt de ces documents dans les
circonstances historiques de nos guerres en Italie. — Dépêches, entre
autres, du provéditeur général Andrea Gritti, 1509-1516. — Papiers
des CONSULTORES DE JURE. — Curiosité du recueil des « ÉCRITURES
COMMUNIQUÉES AU SÉNAT D'APRÈS LES ORDRES DU CONSEIL DES DIX »
(*Scritture communicate dal Consiglio dei Dieci al* SENATO). — Des
discours et harangues prononcés à la Tribune du Sénat dans les discussions politiques. — De la liberté de la Tribune à Venise en des
temps où elle était inconnue ailleurs.

Aux séries précédentes des registres et liasses des
Recueils appelés *Terre* et *Mer* (TERRA e MARE), des Délibérations *mêlées* du Sénat (MISTI), des Délibérations Secrètes (SECRETI), de celles relatives aux Cours étrangères
(CORTI) et aux provinces (RETTORI), des Recueils des
Dépêches et des Relations (DISPACCI et RELAZIONI), c'est-à-
dire aux séries aussi compactes qu'imposantes qui sont
à la fois l'expression et les preuves du Gouvernement
politique et administratif des Vénitiens, depuis les premiers ans du treizième siècle jusqu'aux derniers du dix-
huitième, et qui au nombre de près de neuf mille volumes
forment l'ensemble des Archives du Sénat; à ces séries,
disons-nous, viennent s'en joindre d'autres, composées
de liasses et de paquets, que, vu l'état incomplet de

· leurs matières, on pourrait appeler les pièces *Miscellanées*.

Bien que ces pièces, au premier abord, — et si l'on ne s'en rapporte qu'à leurs titres, — ne paraissent pas offrir un intérêt spécial relativement aux choses de France, ce serait erreur de croire qu'elles en sont absolument dépourvues. Nous dirons même plus, c'est qu'à de certaines époques, les circonstances politiques internationales ont donné à certains de ces documents une importance historique des plus grandes. Les uns concernent l'armée de terre, les autres, les flottes; ceux-ci, les îles du Levant, Candie, Chypre; ceux-là, les provinces orientales, la Dalmatie, l'Albanie. Différentes sont les désignations sous lesquelles ces documents variés sont conservés et répartis.

Ici nous trouvons :

PROVVEDITORI GENERALI *nella Terra ferma.*
»   *straordinarii*   »
»   *d'armata.*
»   *generali da mar.*
»   *delle Isole.*
»   *della Dalmazia.*
»   *di Zante.*
»   *di Cefalonia.*
»   *di Candia.*
»   *oltre il Mincio.*
»   *in campo.*
»   *a Peschiera.*
»   *soprà l'Adige.*
»   *alla custodia dei confini* [1].

---

[1] C'est-à-dire : PROVÉDITEURS GÉNÉRAUX sur terre ferme, — extraordinaires, — d'armée, — sur mer, — des Iles, — de la Dalmatie, — à

Ailleurs :

CAPITANI *del golfo.*
     »   *delle galeazze.*
     »   *contro li Uscocchi.*
     »   *di nave.*
INQUISITORI *in campo.*
         »   *in Levante.*
PUBLICI RAPPRESENTANTI *militar.*
COMMISSARII *d'armata* [1], etc., etc.

Autant de lettres, autant de documents, autant de
pièces à consulter sur les affaires de l'armée de terre et
de mer! Or, de quel intérêt ne sont-ils pas lorsque ces
affaires furent mêlées aux nôtres, soit à titre d'hostilités,
soit à titre d'alliances? A la fin du quinzième siècle,
quand Charles VIII fut en Italie, et que Philippe de
Commynes eut échoué dans sa mission diplomatique auprès des Vénitiens, et que ceux-là devinrent nos ennemis
déclarés (car ils furent contre nous à la journée de For-
noue), où chercher des informations curieuses, sinon dans
les correspondances des chefs de guerre, des commissaires de l'armée et des provéditeurs au camp? Ah! si
toutes les correspondances de ces chefs, commissaires et
provéditeurs, à l'époque de nos vieilles guerres d'Italie,
sous ce Charles, sous Louis XII et sous François Ier,
n'eussent pas été atteintes par différents désastres, il est

Zante, — à Céphalonie, — à Candie, — au delà du Mincio, — au Camp,
— à Pescaire, — sur l'Adige, — à la garde des frontières.

[1] C'est-à-dire : CAPITAINES du golfe, — des galères, — contre les
Uscoques, — des navires; — INQUISITEURS au camp, — dans le Levant;
— REPRÉSENTANTS DU GOUVERNEMENT auprès de l'armée; — COMMIS-
SAIRES à l'armée.

bien permis d'assurer qu'à peine serait-il besoin de faire
ailleurs œuvre de chercheur pour être incomparablement
informé, et par le menu, sur cette belliqueuse période
de l'histoire ! Ce qui du reste se peut glaner encore est
propre à former des gerbes admirables. Celui-là qui
aura consulté la correspondance de ce Provéditeur
Andrea Gritti depuis l'entrée en campagne de Louis XII
contre les Vénitiens jusques à la journée de Marignan,
où ils étaient nos compagnons (correspondance conservée sous le titre de *Dépêches de Terre ferme*, 1509-
1515), aura pu connaître de quelles ressources peuvent
être ces documents militaires. Ils ont l'attrait et la variété
des dépêches diplomatiques avec la précision des bulletins de l'armée en plus. Mais ce ne fut point le seul
temps sur lequel les textes militaires des Vénitiens sont
de nature à appeler notre attention.

Si pour le quinzième siècle, Charles VIII avec son entreprise sur Naples, si pour le seizième, Louis XII avec ses
prétentions sur Milan et avec sa ligue de Cambrai contre
l'État de Venise, et François Ier avec ses luttes contre
l'Empereur sur terre italienne, ont diversement fourni
aux investigations spéciales, dans des papiers du genre
de ceux que nous signalons ici, Louis XIII, Louis XIV
et Louis XV, n'ont pas ouvert une carrière moins abondante à parcourir en ces mêmes papiers, avec les affaires
des maisons de Savoie et de Mantoue. Et quant aux
campagnes dites uniquement « d'Italie », sous la conduite
de Bonaparte, n'est-il pas naturel de penser que les
pièces abondent aussi dans ces différents cartons sur des
événements et des personnages qui étaient bien faits

pour exciter la curiosité d'un Gouvernement dont ils mettaient la demeure en si grand péril?

Dans un autre ordre de matières, indiquons aussi comme appartenant à ces *pièces diverses* des Archives du Sénat, le recueil des informations, consultations, avis et jugements écrits par cette compagnie d'érudits tout spéciaux appelés les *Consultores de jure,* auxquels le Sénat présentait souvent des questions d'une nature toute particulière. Ces *Consultores de jure* étaient peut-être ce qu'en Angleterre et en Prusse on appelle aujourd'hui des Conseillers de la Couronne. Ils avaient charge de présenter un mémoire approfondi et précis sur la question même qui était adressée d'office à leur examen. Libre ensuite était le Sénat d'admettre les raisonnements qu'ils avaient produits et les raisons qu'ils avaient fait valoir. La création de cet office tout particulier de *Consultor de jure* était fort ancienne, et M. Bartolomeo Cecchetti, en la mentionnant dans un de ses écrits [1], cite le décret du Grand Conseil du 23 février 1301. Riccardo Malombra, qui professait à l'université de Padoue, fut le premier qui en fut investi. La collection des mémoires, informations et consultations de ces érudits, de ces philosophes et de ces théologiens, ne comprend pas moins de trois cents volumes depuis 1600 jusqu'en 1790. Nous citerons parmi leurs nombreux auteurs, les uns *teologi e consultores canonisti,* les autres *consultores de jure* proprement dits, Fra Paolo Sarpi, Fra Fulgenzio, Fra Celsio, qui étaient

---

[1] *Una visita agli* Archivi *della Repubblica di Venezia.* (Extrait des actes de l'*Ateneo veneto,* avril 1866.) Page 21.

de l'ordre des Servites; puis Lonigo, Tosetti, Scipione Feramosca, Ludovico Raitelli, Bortolotti, Emo, Treo, Bertoldi, Valsecchi, Sabini, Celotti, Tanzio, Montagnacco, Wrachien, Brizzi, Delle Caste [1].

En cette classe toute particulière des papiers variés du Sénat, nous paraît devoir être aussi répartie la très-intéressante collection des pièces politiques dites *Communicate del Consiglio dei Dieci al Senato*, c'est-à-dire les lettres et les documents d'État dont le Conseil des Dix ne croyait pas devoir garder pour lui l'absolu secret et dont la communication à l'assemblée du Sénat lui semblait utile dans l'intérêt du Gouvernement. Ces pièces, du reste, avant même d'arriver à la connaissance de cette assemblée, étaient d'abord soumises à celle des membres du Cabinet. Aussi la formule ordinaire de leur envoi était-elle la suivante :

Que par un secrétaire du Conseil, après recommandation faite du secret exigé, les pièces ci-jointes soient communiquées aux Sages du Collége (cabinet des ministres) *et au Sénat, pour qu'ils en connaissent et pour qu'ensuite ils puissent décider ce qu'ils estimeront nécessaire de faire* [2].

---

[1] Giovanni Rossi, dans le premier volume manuscrit de ses *Leggi*, s'exprime ainsi : « Immensi studiosi lavori si veggono ammassati negli scritti. Nè volumi residui di tal genere, giacchè alcuni ne mancano ridonda il sapore della scienza, e curiosissimi aneddoti si presentano. Vi si collocarono appresso diciotto volumi d'un consultore Chioccarini. Costuì però non fu già allo stipendio della Repubblica, ma i suoi lavori ivi giacciono, perchè vennero spediti al Senato in copia dal segretario Veneziano Gobbi, da Napoli l'anno 1771. L'opere, non molte, d'altri consultori si veggono, de quali il nome ignoriamo, ma probabilmente, usando diligenza, potrebbero investigarsi utilmente. » (Bibliothèque de Saint-Marc, manuscrits.)

[2] 1617, 28 juin. (IN CONSIGLIO DEI X.)

. Ou encore :

Que par un secrétaire de ce Conseil, la plus entière discré-
tion recommandée, après avoir prêté serment sur les Évangiles,
et pris en note les noms des personnes présentes, soient commu-
niquées aux Sages du Collége (ministres du cabinet), *puis, si*
bon leur semble, au Sénat, les particularités qui sont arrivées
à la connaissance de nos Inquisiteurs d'État, par l'entremise
d'un confident, auquel nous pouvons accorder la plus entière
confiance [1].

Ou encore, et cette fois à l'adresse directe du Sénat :

Que le présent exposé qui va être lu, fait hier matin en
l'audience secrète des Ministres, par l'Ambassadeur de France,
soit communiqué au Sénat, après lui avoir recommandé la
plus absolue discrétion sous les peines les plus graves, qui sont
de la compétence de ce Conseil, c'est-à-dire celles des biens et
de la vie. Que serment soit prêté par chacun sur les missels; le
nom de chacun aussi pris en note; tous étant pareillement tenus
sous la foi du serment, et sous lesdites peines, de ne pas même
laisser savoir qu'ils ont dû prêter ledit serment [2].

Les volumes cartonnés renfermant les curieuses communications du Conseil des Dix au Sénat (*Scritture com-*
municate del Consiglio dei Dieci al Senato) sont au nombre
de vingt-six. Le soin que nous aurons de traiter plus au
long des matières réunies et conservées sous ce titre,
dans la quatrième partie de ce livre entièrement consacrée
aux prérogatives du Conseil des Dix et à la nature de
ses Archives dans leurs rapports avec la politique extérieure, nous dispense ici de tous autres détails. Il nous
a paru plus naturel de rattacher à un chapitre spécial à

---

[1] 1645, 10 février. (CAPI DEL CONSIGLIO DEI X ED INQUISITORI.)
[2] 1583, 19 avril. (IN CONSIGLIO DEI DIECI.)

ce CONSEIL un exposé de pièces qui lui appartenaient en propre. Le Sénat ne les avait, en effet, que de seconde main, et souvent même lui parvenaient-elles altérées et transformées en divers endroits, selon que ce CONSEIL DES DIX, qui les lui adressait, avait estimé prudentes ou nécessaires les altérations ou les transformations des pièces originales. Les preuves à l'appui de cet état de choses sont nombreuses et incontestables, car nulle de ces pièces ne pouvait être envoyée en communication, sans qu'un vote des membres du Conseil y eût autorisé. Or l'expression motivée de leurs volontés, ou du moins de leurs propositions, se retrouve dans les papiers originaux du Tribunal, et nos assertions reposent uniquement sur les informations que nous en avons tirées.

D'autres documents pleins d'intérêt et véritablement *uniques* pour l'époque à laquelle appartiennent les plus anciens, sont aussi de nature à être signalés parmi les *Miscellanées* des archives du Sénat. Malheureusement ils sont en si petit nombre, qu'on pourrait aisément compter ceux qui sont parvenus intacts jusqu'à nous. Ce sont les discours, *orationi,* et les harangues, *ringhe* ou *aringhe,* prononcés par les Sénateurs dans les occasions importantes où la tribune était occupée, dans l'enceinte du Sénat, soit par les orateurs du Gouvernement, soit par ceux de l'Opposition. Dans un temps, en effet, au seizième siècle par exemple, où pour tous les peuples le mot de *liberté de la tribune* était ou inconnu ou incompréhensible, la chose était établie à Venise et y était

24

triomphante depuis des siècles, autant qu'elle l'est aujourd'hui dans les Parlements d'Angleterre, d'Italie et
de France [1]. On peut dire que cette liberté vraiment
admirable fut, chez ce petit peuple, admise et reconnue dès l'aurore de ses destinées. Rien, en aucun
temps ni dans aucune circonstance, n'en arrêta ou n'en
affaiblit les franchises. De la place publique, sous les
tribuns et les premiers doges, elle passa plus tard dans
le Sénat et s'y maintint à travers les temps, fière et sans
restrictions, comme sans obstacles et sans limites, jusqu'aux derniers moments de sa vie politique. Lorsque
peu à peu, sous l'action des circonstances, de démo-
cratiques qu'elles étaient, les formes républicaines du
Gouvernement devinrent aristocratiques, lorsqu'au mot
de *Comune Venetiarum* fut substitué celui de *La Signoria*,
au lendemain de l'élection à la dignité ducale de Francesco Foscari, en 1423, la liberté absolue d'exprimer sa
pensée ne subit nulle atteinte dans l'assemblée législative
et délibérative du Sénat. Les questions y étaient posées
selon des formes admises qui n'excluaient nullement l'in-
terpellation, et il était rare qu'elles en vinssent à l'épreuve
du vote sans avoir subi les feux les plus vifs d'une discussion éclairée. Ainsi se traitaient les choses de la guerre
et de la paix, les approbations des articles des traités,
le texte même des réponses à faire aux souverains en des
occasions particulières et délicates. Les partis avaient
leurs orateurs. Le Sénat était un Parlement ou plutôt
une Chambre des Lords dans toute l'acception du mot,
à cette différence près que ces Lords étaient élus chaque

---

[1] L'auteur écrit ces lignes aujourd'hui 2 août 1869 !

année et que les hommes les plus jeunes dans les magistratures de la République, auxquels un talent reconnu
avait donné de l'autorité, pouvaient ainsi vivifier, par
la sagacité de leurs observations et la pénétration de
leur éloquence, les débats de cette assemblée souveraine. Aucun document ne saurait donner une idée plus
exacte de la vie politique du Sénat et de la liberté des
discussions qui y avaient cours, que le récit des séances
fait par Marin Sanudo dans les pages manuscrites de ses
Diarii ou journaux, pendant les périodes de ses deux ou
trois élections au Sénat vénitien. Il rapporte avec lucidité et simplicité les séances auxquelles il fut présent et
les discussions auxquelles il eut une part toute personnelle. Il analyse les discours de ses adversaires et reproduit les siens en leurs parties les plus persuasives. On
se rend alors compte des formes parlementaires en usage
dans cette assemblée délibérative. A le lire, on croit
l'entendre [1], et le sentiment qui vous anime, en cette

---

[1] Voyez dans les *Ragguagli sulla vita e sulle opere di Marin Sanuto*,
publiés par RAWDON BROWN, les pages extraites des *Diarii* sur les séances
du Sénat vénitien des 22 et 23 mai 1517 au sujet des lettres adressées
par l'ambassadeur de Venise en France aux Chefs du Conseil des Dix, et
communiquées au Sénat au sujet de la prolongation de la trêve pendant
un an. Voyez aussi son curieux discours du 5 juin de la même année, dans
lequel il s'excuse de monter aussi souvent qu'il le fait à la tribune,
n'agissant ainsi que pour le bien de sa conscience, dont tous les mouvements sont pour l'intérêt et le bien de l'État. Il s'opposait ce jour-là aux
avis des ministres, mais il était d'une opposition aussi modérée dans sa
forme que persuasive en ses moyens, et basée sur des raisonnements
frappés au meilleur cachet du bon sens. Ce passage perdrait à être traduit, aussi le reproduisons-nous ici tel que le bon Sénateur l'expose
lui-même en son dialecte ingénu :

« *Poi mi escusai col* Conseio, *si montava cussi spesso in renga ; per do
cosse feva ; una per la mia conscientia, non mancar in quel che sento* »

24.

lecture si curieuse, est celui de l'admiration pour les libertés reconnues dans un État dont la plupart des historiens étrangers ont faussé, comme à plaisir, la nature des principes et le caractère de ses plus louables prérogatives.

Tous ces discours, toutes ces harangues étaient-ils reproduits et conservés, ou analysés seulement par des scribes officiellement désignés, nous ne le saurions dire, car on n'a aucune donnée positive sur cette particularité. Ce qu'il y a de certain, c'est que quelques-uns de

di ricordar il ben nostro, perchè, ai miei ricordi, sempre ho parlato, questo Conseio mi fa onor; e in darmi audientia, e con le balote (votes) voler l'opinion mia et exposta a questo Exmo Conseio da bon servitor; et questa è sta una dile cause che son stà contento, intrar questo anno di Pregadi con prestar a la Signoria tanto che el sento è piu di le forze mie, non per saver di novo, che per gratia di Vostra Sublimità, e de chi mi ha concesso, tutto sapeva per far la mia Historia a laude di questa Exma Republica, come si vedrà, ma per poter ascender in questa renga, quando sento qualche opinion contraria al ben, utile et honor di questo Stado, e cussì l'ho fatto, e farolo sempre : ne questi preclarissimi Padri di Colegio averà per mal, perchè quando ale sue opinion vien contraditto, et poi con le vostre balote dimostrato non piacer la loro opinion, si dieno contentar del voler dil Conseio, perchè tutti semo a un fin. Hæc volui dixisse per debito di la mia coscientia, ricomandandomi alla Vostra Sublimità et alle Vostre Excellentie da bon servitor con altre parole che lo Eterno Dio mi subministrò; sichè fo lunga e perfeta renga; et per il mio parlar voltai il Conseio, che prima volea la parte dei Savii (ministres)... Mi rispose ser Francesco da Pexaro Savio di Terra ferma; fo molto lungo, parlò ben per la sua opinion. Poi parlò ser Silvestro Memo savio ai Ordeni, ma non aldito, a pocha voce. Poi ser Stefano Tiepolo... e poi andò in renga ser Gaspero Malipiero... poi parlò ser Ferigo Moroxini... poi ser Piero Trum. Curieuse aussi est sa harangue du 13 septembre 1517, dans laquelle s'indignant contre les brigues qui se faisaient pour arriver à certains postes, il rappelle au Sénat son pouvoir modérateur et l'obligation qu'il a de rappeler à leur devoir certains puissants fonctionnaires... perchè vui, Signori (s'adressant aux Sénateurs), seti Domini rerum. »

ces morceaux d'éloquence parlementaire se trouvent conservés çà et là, touchant les questions les plus diverses.
A tout prendre, il faut déplorer que le compte rendu de
tous les débats, qui eux aussi eurent leurs grands jours,
ne nous soit pas parvenu intact. Que ne fut-il alors inventé
cet art si admirablement utile de la sténographie [1] ! Quels
papiers seraient ceux uniquement affectés aux débats
parlementaires du Sénat de cette République qui, depuis
le douzième siècle, connut sans interruption jusqu'à la
fin du dix-huitième la liberté de la tribune, et qui depuis
la fin du quinzième eut à prendre part à toutes les discussions européennes que fit surgir la politique ! D'où
vient donc que nous n'avons lieu de connaître que quelques-unes de ces harangues prononcées en divers temps
et que nous trouvons dispersées en différents recueils
manuscrits conservés aux archives ? Pourquoi cette
extrême rareté ? Quoi qu'il en soit, nous indiquerons
ici ceux qui nous ont paru les plus propres à mériter
l'attention, par le caractère des questions de politique
étrangère qui en sont l'objet.

Et au premier rang nous citerons ces harangues relatives au grand débat de l'Empereur et du Roi de France,
qui, pour le fait de leur rivalité, cherchaient l'un et
l'autre à se prévaloir de l'alliance des Vénitiens.
Dans le Sénat, les uns étaient pour l'alliance de la République avec Charles-Quint, les autres pour l'alliance

---

[1] Voyez au sujet de l'*Art Sténographique* un article excellent sur un
ouvrage spécial de M. H. GENSOUL, publié dans le *Journal officiel* du
30 juillet **1869** par M. HIPPOLYTE PRÉVOST, esprit si compétent pour
cette science difficile.

avec François Ier, d'autres pour la neutralité. Les débats paraissent avoir été fort animés, et dans ces journées parlementaires, on reconnaît que les grands orateurs ont dû *donner* comme le font les grands bataillons dans les grandes journées de la guerre. Les principales harangues dont le texte est aux Archives sont les suivantes :

Discours de Georges Corner, *Procurateur, par lequel il exhorte le Sénat à ne se pas départir de l'alliance avec l'Empereur Charles-Quint pour en former une avec François Ier, venu en Italie pour la conquête de l'État de Milan, en* 1524.

Discours de..., exhortant le Sénat à s'allier avec François Ier, qui se trouvait alors en Italie avec une puissante armée pour s'opposer aux projets de Charles-Quint.

Discours de Domenico Trevisan, *Provéditeur, par lequel il exhorte le Sénat à céder à Clément VII les villes de Ravenne et de Cervia qu'occupaient les garnisons vénitiennes au temps où le Pape était prisonnier.*

Harangue de Marc-Antoine Cornaro *au Sénat pour lui conseiller de persister dans son alliance avec Charles-Quint et de ne pas accepter les propositions du Roi de France.*

Harangue de Leonardo Emo, *faite dans le Sénat pour lui persuader de procéder avec réserve dans la réponse à donner au Roi de France, relativement aux propositions de l'alliance.*

Discours de..., dans lequel il exhorte le Sénat à ne pas vouloir entendre aux propositions de paix faites par le Turc et à poursuivre les préparatifs de guerre.

Discours de Marco Foscari, *pour persuader au Sénat de*

se mettre d'accord avec le Sultan Soliman et à déposer les armes [1].

Sommaires de quelques harangues et discours qui ont été prononcés dans l'assemblée du Sénat [2].

Harangues et discours, parmi lesquels plusieurs relatifs aux discussions ouvertes sur l'emprunt demandé à la République par le Roi de France [3].

Des recherches actives dans les recueils manuscrits des bibliothèques de la Vénétie, soit publiques, soit privées, faites et pratiquées dans le but de découvrir quelques-unes de ces pièces *parlementaires*, auraient, ce nous semble, des résultats heureux. Nous avons pu reconnaitre, en effet, que les hommes politiques de Venise tenaient pour leur usage beaucoup de notes personnelles sur les affaires traitées pendant le temps qu'ils remplissaient leurs charges. A ces notes, il n'y a pas à douter qu'ils n'aient souvent joint, soit comme souvenir de leur carrière, soit comme pièces à l'appui de leurs faits et gestes, de nombreuses harangues [4]. Non-seule-

---

[1] Ces documents faisaient partie de la Série des manuscrits transmis à Vienne en 1837 et restitués à Venise en 1869. Voyez dans l'*Archivio storico italiano*, tome V, page 453, l'indication du *Codex* 4 de cette Série, « *Scritture diverse istoriche* ».

[2] Ce manuscrit appartient à la Série des Archives dite MISCELLANEA (*Codici in Volumi*). Voyez le numéro 208, *Abbozzi di arringhe in Pregadi* 1558.

[3] Même Série. MISCELLANEA (*Codici in volumi*). Voyez le n° 376 : *Renghe in Senato.*

[4] Ainsi : *Materie relative a Nicolò e Sebastiano Foscarini padre e zio di Marco. Sono aringhi ed altri documenti spettanti alle varie cariche da essi coperte, e agli affari della Repubblica, dalla fine del secolo* XVII *sino ai primi decenii del successivo.* Raccolta Foscarini. Portaf. XIII, n° 6671, etc.

.ment pour l'histoire du gouvernement intérieur·d'un pays
qui s'administrait par voie délibérative, mais encore
.pour celle de la politique extérieure, ce sont des documents du plus grand prix et de la plus grande curiosité.
L'historien Samuele Romanin a vivement compris l'intérét tout ·particulier de ce génre d'écrits, et la *Storia
documentata* qu'il a publiée en contient un nombre remarquable qu'il a fort habilement encadrés, selon les
occasions, dans le cours de ses récits [1]. Mais un livre
est encore à faire, qui serait l'*Histoire parlementaire de la
République de Venise*, et dans lequel les affaires étrangères
pourraient avoir la plus intéressante part.

La lecture attentive des diverses harangues des Vénitiens qui ont été conservées, nous a démontré que le
caractère de leur éloquence à la tribune comportait·sur-

[1] Voyez ·tome IV, page **107**, le *discours du Doge*, extrait de la Cronaca *Savina*, pour persuader le Sénat d'accepter l'alliance des Florentins contre le duc de Milan, **1425**, décembre. Nous croyons que ce spécimen de l'art oratoire vénitien est le·premier auquel on puisse peut-
être accorder un caractère d'authenticité. Dans le même volume de la
Storia documentata, à la page **506**, nous lisons : « Dopo quanto abbiamo
esposto relativamente alla istoriografia veneziana, alle tante ambasciate
sostenute da' principali personaggi della. Repubblica e alle frequenti
arringhe nei Consigli, sarebbe vana opera trattenerci a dimostrare quanto
dovesse fiorir in Venezia la eloquenza. Quella dei Consigli era semplice,
chiara, esprimevasi nel nativo dialetto, ma còn sane e stringenti ragioni,
e già avemmo occasione di riferire alcuna arringa o almeno qualche
brano... »

Nous croyons qu'il serait intéressant d'examiner le portefeuille **7** des
manuscrits de Marco Foscarini contenant les matériaux pour la partie
projetée du second volume de son grand ouvrage *Della Letteratura Veneziana*. M. Tommaso Gar, qui a fait une étude si minutieuse de ces
manuscrits, désigne ainsi cette partie : *Materiali per la sezione.* —Eloquenza e *Belle arti.* — Portaf. **vii**, b, n° **6688**; ·**xii**, b, n° **6687**, etc.
Voyez *Archivio storico Italiano*, tome V, page **440**.

tont les éléments du positivisme et de la pratique. Peu d'entre eux ont recherché les grands effets oratoires. La période cicéronienne leur est peu commune. Ils sont au Sénat pour traiter des choses de la politique, un peu comme des banquiers importants qui raisonnent, en leur cabinet, les affaires financières soumises à leur maison. Ils s'égarent rarement dans les allusions inutiles, évitent les préambules et les incidents. La forme est nette, familière et digne tout à la fois. Rarement des sentences : le plus souvent des faits. Ils traitaient fort souvent à la tribune les plus graves questions dans le dialecte de leur pays, et rien n'est curieux comme l'effet que produit l'application de cette langue naïve et ingénue, à l'exposé et à la discussion des matières politiques les plus ardues, les plus élevées et parfois les plus entraînantes.

XI.

ARCHIVES DU *COLLEGIO*
OU CABINET DES MINISTRES.

(1327-1797.)

Qu'était-ce que l'assemblée dite le *Collegio?* — Attributions et occupations du *Collegio*. — Le personnel du cabinet des Ministres. — Lieu des séances du Conseil. — Tableaux admirables qui sont aux murailles. — Inscriptions sur la voûte. — Définition des titres de ceux qui composaient le *Pien Collegio*. — Les six Conseillers du Doge. — Les trois Chefs des Quarante. — Les six Sages-Grands. — Les cinq Sages de Terre ferme. — Les cinq Sages aux Ordres. — Archives de la *Seigneurie* peu utiles à consulter pour l'histoire proprement dite. — Archives du *Collegio*. — Recueil du NOTATORIO DEL COLLECIO. — Dans une série des LETTRES du Collège (1487-1758) se trouvent les documents officiels relatifs aux princes étrangers de passage sur le territoire ou reçus dans Venise. — LETTERE SECRETE, SINDACATI e COMMISSIONI, Procurations et Instructions. — Y a-t-il eu un Recueil général d'Instructions formé pour les propres Archives du cabinet des Ministres? — Précision et netteté dans la rédaction des Instructions les plus anciennes. — La *Commissio* donnée dans l'année 1198. — Depuis le seizième siècle, les documents appelés *Commissioni* ont une importance inférieure à celle qu'ils avaient auparavant. — Les ANNALI ou Annales de la République rédigées par un Secrétaire sous la direction de l'un des Ministres. — Les AVVISI ou *Nouvelles officielles* envoyées aux Ambassadeurs.

Nous avons quitté l'assemblée du Sénat : pénétrons maintenant dans le cabinet des Ministres. On l'appelait *il Collegio*. « Le Collége est le tribunal où réside toute la majesté du Prince : les Ambassadeurs y vont à l'*audience;* on y lit les lettres des *affaires étrangères;* on y présente toutes les requestes; on y plaide les causes

privilégiées qui sont celles des Prélats et des bénéfices ;
on y règle la compétence des juges ; en un mot, le
Collége est la porte par où il faut que toutes les affaires
du dehors entrent, et c'est lui qui prépare les matières
qui doivent estre agitées dans le Sénat [1]. »

Quel était le personnel qui composait ce cabinet des
Ministres ? Ils étaient vingt-six, différents en âge et en
dignité.

Le Doge.

Les six Conseillers du Doge.

Les trois Chefs de la Quarantie criminelle.

Les six Sages-Grands.

Les cinq Sages de Terre-ferme.

Les cinq Sages aux Ordres.

L'escalier connu à Venise, dans le Palais Ducal, sous
le nom de *scala aurea* (l'escalier d'or), conduisait au
Collegio par la charmante salle dite des *quatre portes*.
En face de l'une d'elles se présente l'avant-salle dudit
Collége (*anti-sala del Collegio*). L'art le plus magistral
en a embelli les murs. Voici la salle même du *Collége* :
une longue estrade élevée de quatre marches en occupe
tout le fond, et un siége de menuiserie à l'antique,
qu'un petit marchepied élève de six pouces plus haut
que les bancs qui sont à droite et à gauche, divise cette
estrade par le milieu. C'est le siége du Doge. Une pièce
de satin cramoisi se détache du dossier ; un carreau de

---

[1] *La Ville et la République de Venise*, partie II, page 175. (Paris,
édition de 1680, chez G. de Luynè, libraire juré au Palais, dans la
salle des Merciers.)

même étoffe et un petit tapis de pied en sont le simple ornement. Mais les yeux sont ravis par la beauté, sévère et splendide tout ensemble, des décors de cette salle. Au-dessus du siége ducal, Véronèse a peint ce tableau si admiré où l'on voit le Doge Sébastien Venier rendant grâces à Dieu de la victoire remportée sur le Turc; des *gloires* d'anges portent les palmes; la Foi, Venise et sainte Justine, qui fut la patronne de cette journée triomphante, apparaissent dans une beauté parfaite. Au-dessus de la porte qui donne accès à la chambre du Sénat est l'horloge dont l'aiguille est l'épée de la Justice. Entre autres représentations peintes admirablement, sont la Bienheureuse Marie, porteuse du divin Enfant, donnant l'anneau à sainte Catherine, et le Sérénissime Doge François Donato, en compagnie de saint Marc et de saint François tenant un bref à la main où il est dit :

> *Ob prudentia nunquam penitendum*
> *in magnis Consiliis.*

En d'autres béates allégories, où la Madone est encore héroïne, se voient parmi les personnages, ici le Sérénissime Nicolò da Ponte, là le Provéditeur Andrea Gritti. Tintoret a signé ces ouvrages. Rien de beau comme le plafond au-dessus du simple trône : c'est Venise! La Justice lui apporte l'épée; la Paix, le rameau d'olivier; et en caractères d'or surgissent ces deux mots magnanimes :

> *Custodes libertatis.*

Puis du milieu de ce plafond s'élève la Foi dans le

Ciel, et à ses pieds un sacrifice religieux institué par la République nourrie dans la foi chrétienne, et pour inscriptions, ici : Nunquam derelicta, ailleurs : Reipublicæ Fundamentum.

Enfin, pour troisième chef-d'œuvre, c'est Neptune et Mars entourés de charmants Amours, porteurs d'armures fermées et de coquilles toutes brillantes, allusion à la domination de Venise sur la mer, avec cette légende :

Robur imperii.

Ces clairs-obscurs qui sont à l'entour mettent en relief les huit vertus morales et les actions louables de Décius, d'Alexandre, de Séleucus. Tout le plafond est de Véronèse? Que dirions-nous encore de la frise élégante qui pare cet *édifice* délicieux? Ainsi fut orné pendant le seizième siècle, et tel se voit encore aujourd'hui, le lieu où discutaient les Ministres, conseillers de la République des Vénitiens, et où étaient reçus en audience les Ambassadeurs qui représentaient auprès d'elle les gouvernements étrangers.

Dans cette compagnie, qui formait l'assemblée dite du *Pien Collegio* pour la distinguer de celle qui composait le *Collegio minore,* ou encore la *Serenissima Signoria,* se rencontrent des qualifications de dignités et de charges publiques si peu en rapport avec les titres ordinaires dans les autres États, qu'il nous a paru nécessaire de donner ici une explication précise de chacun d'eux. Que peuvent signifier en effet les titres des trois

Chefs des Quarante, des six *Sages-Grands,* des cinq *Sages de Terre ferme* et des cinq *Sages aux Ordres?*

Les six Conseillers étaient ceux du Doge. La ville de Venise étant divisée en six quartiers, six patriciens (un par quartier), ordinairement les plus recommandables par la réputation qu'ils s'étaient acquise dans l'administration ou dans la politique, étaient désignés par le Sénat aux votes du Grand Conseil. Les six Conseillers étaient la compagnie politique du Doge, et demeuraient huit mois seulement en fonctions. Le Doge ne pouvait donner audience à qui que ce fût, ni délibérer sur aucune chose, ni faire écrire aucune lettre ayant un caractère public, sans que quatre de ses conseillers fussent présents. On pouvait dire de lui ce que Plutarque a dit d'Agésilas : *Majestatem quidem Regis habet, sed auctoritatem civis* [1]. Quatre Conseillers aussi devaient immanquablement assister aux séances du Conseil des Dix, du Sénat et du Grand Conseil, et le Doge étant absent dans une assemblée, le plus ancien des Conseillers était de droit vice-Doge. Il appartenait aux six Conseillers de pouvoir ordonner qu'une séance du Sénat fût tenue extraordinairement. Ils portaient la robe rouge à manches larges.

Les trois Chefs des Quarante étaient les plus anciens parmi les quarante juges qui formaient la magistrature vénitienne dite de la *quarantie criminelle,* le plus considérable tribunal de la République après ceux où l'on traitait d'affaires d'État. Ces trois Chefs avaient séance

---

[1] « Il a l'autorité d'un citoyen avec la majesté d'un Souverain. »

au cabinet des Ministres pendant les deux derniers mois
qu'ils étaient en charge. Ils portaient la robe violette à
manches étroites avec le chaperon. Réunis aux six Conseillers sous la présidence du Doge, ils formaient le
Petit Conseil toujours appelé la *Serenissima Signoria*,
ou, pour faire plus court, la *Seigneurie*.

Les six SAGES-GRANDS étaient les principaux personnages, les véritables ministres de l'État. « L'on fait
choix, dit le sieur de Saint-Didier, des meilleurs sujets
de la République pour remplir les places des *Sages-
Grands*, car comme ils doivent manier les plus grandes
affaires de l'État, ils doivent aussi avoir acquis une
prudence consommée et une parfaite connoissance de
tous les intérests de la République. Ces six gentilshommes
sont la partie intellectuelle de l'âme de la République ;
aussi les Procurateurs de Saint-Marc se font honneur
d'occuper ces postes, puisque les *Sages-Grands* sont les
maîtres du gouvernement pendant les six mois qu'ils
sont en charge. Ce sont eux qui consultent toutes les
matières qui doivent être agitées au Sénat, et qui l'assemblent lorsque quelque affaire pressante ne permet
pas de différer jusques à la première séance : c'est aussi
le Sénat qui les élit ; mais comme on ne change que trois
Conseillers du Doge à la fois, on ne change aussi que
trois *Sages*, afin de ne pas remplir ces places importantes
de six sujets tout nouveaux : ils portent la veste ducale
de drap violet, et la République n'envoie point d'ambassadeur à l'Empereur, au Pape, ni au Grand-Seigneur,
qu'il n'ait déjà eu, ou à qui elle ne donne par avance la

qualité de *Sage-Grand*. Comme les six Sages-Grands roulent par semaine pendant leurs six mois, l'on peut dire
que le *Sage de semaine* est le chef de la République, car
c'est luy qui reçoit tous les mémoires et toutes les requestes; c'est luy qui propose les affaires au Sénat, où son
sentiment donne ordinairement le branle aux résolutions, car il porte le résultat des consultations que les
Sages ont fait sur toutes les matières, et la substance
des responces qu'on doit faire, tant aux despeches des
Ambassadeurs de la République qu'aux offices que ceux
des Princes étrangers passent au Collége [1]. »

Les cinq SAGES DE TERRE FERME étaient spécialement
chargés des affaires de guerre, et jouissaient d'une
grande autorité dans le *Collegio*, et ce titre très-hono-
rable était habituellement conféré aux patriciens envoyés
aux Rois en qualité d'Ambassadeurs. Dans l'exercice de
leurs fonctions, le premier était appelé *Savio alla scrittura*, le second *Savio cassiere*, le troisième *Savio alle
ordinanze*, et les deux autres suppléaient à défaut des
précédents. Ils portaient la robe violette à manches larges. La création de cette charge tirait son origine de
l'époque où se fit la conquête du territoire de Trévise
par la République. Tout patricien qui avait exercé les
fonctions soit de *Sage-Grand*, soit de *Sage de Terre
ferme*, avait le droit d'assister aux séances du Sénat
pendant un an.

Les cinq SAGES AUX ORDRES étaient appelés les *Petits-*

---

[1] *La Ville et la République de Venise*, partie II, page 208.

Sages. Cette qualité a inspiré encore à l'auteur du livre
« *De la Ville et République de Venise* » une page excellente que nous reproduisons tout entière, comme contenant les meilleures choses qui se puissent dire à l'endroit de cette création des *Sages aux Ordres,* qui était
une école excellente de politique expérimentale. « On
doit admirer, dit-il, la sagesse de la République qui a
sceu se faire une pépinière de grands hommes, en établissant les *cinq Sages aux Ordres,* car comme cette
magistrature est sans juridiction, elle devient une excellente école à la jeunesse pour s'instruire dans les affaires
et se rendre capable d'exercer les premières charges de
l'État. Les cinq places des petits Sages sont destinées
aux jeunes nobles d'ancienne origine, lesquels, désirant
entrer dans les emplois, commencent à donner des marques de prudence par une conduite plus sage... La qualité de *Sage des Ordres* distingue extraordinairement ces
gentilshommes pendant les six mois qu'ils sont en
charge; ils ont part au secret de l'État, puisqu'ils assistent aux Consultations du Collége et qu'ils entrent dans
le Sénat. Il est vray qu'ils n'ont point de voix délibérative en l'une ni en l'autre assemblée, mais ils peuvent
dire leur avis à la Consultation des Sages, en parlant
debout et découverts : et afin que rien ne manque à leur
instruction, la chambre secrète où l'on conserve toutes
les dépêches importantes des Ambassadeurs et tous les
Registres des affaires d'État leur est ouverte.

» C'est dans cette source que ces jeunes nobles puisent
une parfaite connaissance des intérests de la République,
et c'est par l'exemple des sages vieillards qu'ils regar-

dent comme leurs maistres, qu'ils apprennent l'art de
gouverner. Cet employ, d'un autre costé, est la pierre
de touche par laquelle l'on connoist le caractère et la
capacité de leur génie et de leur esprit : la douceur, la
modestie, la sagesse dans la conduite de la vie, sont les
principales vertus qu'on demande aux *Sages aux Ordres :* mais ce qu'on remarque particulièrement dans
ces commencemens est la force des brigues qu'ils font
pour obtenir ces emplois; car les plus sages Sénateurs
les voyent avec plaisir employer tout leur crédit et toute
leur adresse à conduire leurs intérests, jugeant du pouvoir qu'ils auront à l'avenir dans la République par le
succès de leurs premières prétentions.

, » Cette magistrature est la porte par où l'on peut entrer et arriver plutost aux grands emplois, car les *Petits
Sages* ont toute la facilité possible de faire connoistre ce
qu'ils valent, et une ample matière d'établir les divers
talents qu'ils ont receus de la nature ou de l'étude dans
les discours qu'ils sont obligez de faire en entrant au
Collége sur les choses qui regardent la mer, et toutes
les autres fois qu'ils veulent parler sur les matières qui
se traitent dans les Consultations des *Sages.* Ils devaient
être âgés de vingt-cinq ans, et portaient la robe violette
à manches étroites [1]. »

----

[1] Les ouvrages qui ont été publiés en France sur les *Magistratures*
et le *Gouvernement de Venise* ne sont pas fort nombreux, et il serait
difficile d'en citer plusieurs après ceux-ci :

*Perfection de la vie politique escrite en italien par le seigneur Paul
Paruta,* etc.; traduit par M. François-Gilbert DE LA BROSSE. (Paris,
Chesneau, 1582, in-4°.)

La Politique civile et militaire des Vénitiens. (Cologne, Michiel,
1669, in-12.) Auteur : M. DE LA HAYE.

Quelles étaient maintenant les Archives proprement dites du Cabinet des Ministres et quels sont les recueils qui, ayant été conservés jusqu'à présent et répartis dans le classement actuel, peuvent être consultés avec fruit par les historiens. Ici comme pour les archives du Sénat, nous établirons deux classes absolument distinctes, nous montrant indifférent pour l'une, dite *administrative*, et fort curieux pour l'autre, dite *politique*.

Le Vénitien Giovanni Rossi, dans le premier volume de ses œuvres encore inédites [1] sur les choses vénitiennes, et qu'il a consacré aux archives de la République, réunit

Histoire du Gouvernement de Venise, par le sieur AMELOT DE LA HOUSSAYE. (Paris, Léonard, 1677, 2 vol. in-12.)

Supplément à l'Histoire du Gouvernement de Venise, etc. (Paris, Léonard, 1677, in-8º.)

La Ville et la République de Venise (Paris, de Luynes, 1680, in-12), par D. S. D. C'est l'ouvrage du sieur DE SAINT-DIDIER.

Nouvelle Relation de la ville et République de Venise, divisée en trois parties, dont la première contient son *histoire générale*, la seconde traite du *gouvernement et des mœurs de la nation*, et la troisième donne connaissance de toutes *les familles patrices employées dans le Gouvernement*. (Utrecht, chez Poolsum, 1709, in-8º.) L'auteur est le sieur FRESCHOT.

Mémoires historiques et politiques sur la République de Venise, rédigés en 1792. (1795.)

Mémoire justificatif de l'auteur des *Mémoires historiques et politiques sur la République de Venise*, composé par lui-même en 1795. (Lyon, 1796, in-8º.) Auteur : LÉOPOLD CURTI. Les deux premiers volumes ont été réimprimés, revus, corrigés et augmentés de notes. (Paris, Pougens, an XI, 1802.)

Mais il existe parmi les manuscrits des Bibliothèques d'intéressants rapports demeurés inédits jusqu'à présent et qui peuvent être consultés avec avantage. Nous pouvons citer entre autres, à la BIBLIOTHÈQUE IMPÉRIALE, le nº 5604, *Du Gouvernement de Venise*; le nº 14660, *Voyage de M. d'Halincourt en Italie;* le nº 19013, *Voyage en Italie fait en* 1611-1612; le nº 19020, *Du Gouvernement de Venise, Relation de* BRULART, qui y fut ambassadeur de France.

[1] BIBLIOTHÈQUE DE SAINT-MARC. *Leggi e Documenti.*

en une seule série les papiers du *Collége* et de la *Seigneurie*. Il en résulte pour lui une énumération considérable de liasses et de registres dont le plus grand
nombre ne saurait être d'aucun usage pour les investigateurs auxquels s'adresse particulièrement ce présent
ouvrage. Nous laisserons donc de côté les quatre-vingt-
quinze volumes *Costituti di Collegio*, désignés aussi
Costituti di nihil transeat, de 1632 à 1793; les deux cent
dix-neuf appelés *Suppliche di fuori*, de 1554 à 1797;
les trois cent neuf de *Suppliche di dentro*, de 1563 à
1797; les cent quatre-vingt cinq de *Suppliche in causa*,
de 1600 à 1797, les soixante-dix de *Rimesse a Savii*,
de 1627 à 1793, appelés aussi la *Raccolta dei Da mò*[1];
les cent treize de *Sottoscritte da terra*, de 1488 à 1723,
et les dix-neuf de *Sottoscritte da mar*, de 1492 à 1669 :
le tout réuni sous la dénomination générale de *Lettres
de la Seigneurie*, avec les *Réponses*, et relatif à des affaires
litigieuses entre particuliers sur lesquelles il était besoin
d'informer auprès des représentants de l'autorité. Tels
encore seize volumes de *Possessi della Signoria*, de 1560
à 1609 ; cent des *Parti dell' officio alla scrittura;* vingt-
huit d'autres *Lettere della Signoria*, de 1663 à 1792;
douze de *Possessi del Collegio*, de 1609 à 1647; vingt-
huit des *Grazie et Privileggi*, de 1299 à 1593, etc.

Quant aux séries formant les archives proprement
dites du *Collegio*, elles se composent des deux cent
vingt-cinq registres appelés *Notatorio di Collegio*, des
liasses de *Lettres* dites *secrètes*, de quelques registres

---

[1] Terme absolument vénitien. Les *Da mò* étaient des décrets exécu-
toires immédiatement.

contenant les *Commissions* ou *Instructions* pour des
Envoyés et des Ambassadeurs, des cartons renfermant
les *Lettres des Souverains* et *des Princes* (*Lettere Dominorum*) adressées à la République, des registres enfin
appelés *Esposizioni Principi*, ou recueils des audiences
données par le *Collegio* aux ambassadeurs des Puissances. Telles sont les archives politiques du cabinet des
Ministres dont nous avons à nous occuper en examinant
séparément chacune des séries.

Il serait difficile de définir exactement le contenu des
Notatorii del Collegio, tant il est varié. Chaque registre
porte avec lui un répertoire des matières qui est ainsi
établi :

Delegationes.
Litteræ.
Speciales personæ.
Datia et merces.
Provisiones generales.
Officia et Regimina.
Secretarii et Cancellaria.
Electiones et Confirmationes.
Communia et Communitates.

Le premier volume va de l'année 1327 à l'année
1383, le second de 1383 à 1391, le troisième de 1397
à 1406, le quatrième de 1406 à 1413, le cinquième de
1414 à 1424, le sixième à 1439, le septième à 1444,
le huitième à 1453, etc. Cette série contient peu de
matières politiques, et sauf quelques articles qui y sont
consignés comme pour *mémoire*, tels que le fait d' «une
récompense donnée au courrier qui porta, en 1498, la

nouvelle de l'alliance conclue avec le Roi, » une note
relative à « l'ambassadeur Capello allant en France
en 1501, » une autre concernant « Hieronimo Donado »
y allant en la même qualité, des ordres touchant « la
publication de la paix en 1512, » nous sommes d'avis
que notre histoire n'a rien à trouver là. Des ressources
abondantes s'y offrent, au contraire, pour qui aurait à
faire des recherches relatives à différents priviléges fort
intéressants, dans les dernières années du quinzième
siècle et dans la première moitié du seizième. Priviléges
pour l'impression de tels ou tels livres, priviléges pour
le droit de profiter de telles ou telles inventions, ordres
de payements pour tels ou tels artistes officiellement
commissionnés, abondent en ces pages [1].

Quant à la série des *Lettere del Collegio*, de 1487
à 1758, sorte de *Compendium* relatif aux élections des
Ministres délégués dans les provinces de terre ferme ou
dans les pays maritimes, elle nous parait surtout recommandable par les détails qu'elle offre touchant le passage
des Princes étrangers sur le territoire de la République
et sur l'accueil que le Gouvernement avait jugé devoir
leur faire. Ainsi c'est à l'aide de ces lettres, de ces
patentes, de ces mandats, que nous avons pu former le
*Journal officiel de la réception et du séjour de Henri III à
Venise,* lorsqu'à son retour de Pologne ce Roi de France

[1] Que ceux qui possèdent notre publication des *Lettres* d'ALDE MA-
NUCE L'ANCIEN et des documents le concernant; « *Aldo Manuzio,* » etc.
(Venise, 1867, imprimerie d'Antonelli), regardent à l'*Appendice,* n° 1,
page 55. Ils y trouveront l'indication d'un grand nombre de textes de
ce genre signalés par nous dans les *Notatorii del Collegio.*

fut accueilli avec un si grand faste et honoré par de si joyeuses et si admirables fêtes sur les terres et dans la ville des Vénitiens [1].

Les *Lettere secrete dèl Collegio* sont d'une nature plus particulière, selon que l'indique le titre : mais cette série paraît avoir subi de graves dommages, car elle présente de continuelles lacunes. Deux registres, de 1308 à 1310, et cinquante-sept liasses, de 1436 à 1666, la composent.

Les *Commissioni* ou *Sindacati* (instructions et procurations) données à des patriciens chargés d'entrer en négociations diplomatiques avec des Gouvernements étrangers, forment aussi quelques registres, mais encore ici nous n'avons rien de complet à signaler ; et d'ailleurs ces instructions, rédigées, il est vrai, par les *Sages* du Conseil, devant être toutes lues au Sénat et approuvées par lui, se retrouvent nécessairement à leur date dans les *Deliberazioni* des registres, soit *Misti,* soit *Secreti* du Sénat, dont nous avons tant parlé. Les plus anciennes, relatives à la France, rapportées dans les *Sindacati* en question, sont aux dates du 18 novembre 1330, du 12 mars 1332, du 13 décembre 1338, du 22 novembre

---

[1] Le premier document émanant du *Collegio,* et concernant cet épisode si intéressant, après que le passage du Roi par Venise fut décidé, est en date du 30 juin 1574. Patentes. *Universis et singulis nobilibus....* Dovendo il Re christianissimo venire in questa città, ritornando di Polonia per andare in Franza, passar per il Stato nostro, etc.... *Lectum* Collegio, die 30 junii 1574. Voyez plus loin notre chapitre sur le *Cérémonial de la République.*

1376 et du 26 septembre 1395 [1]. Dans les registres *Liber secretorum Collegii*, 1382-1385, et *Memoriale secretum Consilii sapientum*, 1354-1364, nul document n'existe qui soit de nature à être recueilli par un investigateur des choses de France.

Les secrétaires attachés au *Collegio* avaient-ils reçu l'ordre de former un recueil général et régulier de toutes les Instructions destinées aux Ambassadeurs et à toutes autres personnes chargées de missions au dehors? Ces quelques registres épars, retrouvés sous le titre unique de *Commissioni*, le donneraient à penser, et, certes, un tel soin eût été fort louable, car si aujourd'hui une série de ces *Instructions* pouvait se présenter complète depuis les premiers ans du treizième siècle, les difficultés qu'on rencontre pour former la première partie de l'histoire du mouvement diplomatique vénitien seraient fort aplanies. Nous avons dit, en effet, que les *Commissioni* ou *Instructions* étaient premièrement rédigées par les soins des Ministres du *Collegio*, et qu'elles restaient

---

[1] 1330, 18 novembre. Sindacato (*procura*) al nob. uomo Marco Bene-detti *per chiedere dal* Re di Francia *la restituzione di* 30 *balle di panni veneziani, trattenute apud terram Sancti Johanni de la Logia.* (*Sindacatus* primus, c. 18 tergo.)

1332, 12 marzo. Sindacato *ai nobili uomini* Filippo Belecno, Biagio Zen e Marino Morosini *per trattare col* Re di Francia Filippo, *circa le navi, armi, vettovaglie, cavalli, pel passaggio in Terra santa* (c. 23 1º).

1338, 13 dicembre. Simile a Schiavo Bollani, *per ricuperare dal* Re di Francia *gratiam maletote* (c. 65).

1376, 22 novembre. Simile a Giovanni Contarini, *ambasciatore al* Re di Francia, *per venire ad un accordo, circà rappresaglie* (c. 330).

1395, 26 settembre. Simile *al nob. uomo* Giovanni Alberti, *ambasciatore al* Re di Francia, *per la liberazione dei cittadini Veneti, fatti catturare dal* Signor di Santa Croce (c. 414 1º).

telles, selon que le Sénat en décidait. Quoi donc de plus naturel qu'un recueil exact en ait pu être ordonné pour former une série spéciale dans les armoires destinées à la conservation des papiers du Conseil? Nous attachons de l'importance à ces documents, et surtout aux plus anciens, parce qu'à défaut des dépêches qui n'existent plus, ils sont propres à nous mettre sur les traces les plus certaines des négociations qui ont signalé les premiers rapports internationaux des Vénitiens en dehors des limites orientales. Le style en était d'abord d'une précision particulière. Rien de plus net, rien de plus significatif. Le sens politique, véritablement inné chez ces praticiens des affaires, se révèle curieusement dans la plus ancienne *Commissio* qui soit connue. Quel en fut le rédacteur, nous l'ignorons. Fut-ce le Doge, alors plus puissant qu'il ne le fut plus tard, et jouissant de prérogatives plus accusées et d'un droit d'initiative qui disparut devant des lois nouvelles? Fut-ce son Conseil? Peut-être. Toujours est-il qu'en 1198, il était ainsi notifié aux Ambassadeurs Navigaioso et Donat envoyés à l'Empereur d'Orient :

« Après avoir salué l'Empereur, vous lui présenterez nos lettres, et tirerez le commencement de votre discours des premières paroles qu'il vous dira, en suivant l'inspiration de votre sagesse. Puis vous en viendrez au but de votre mission. S'il veut que l'accord soit juré tel qu'il a été conclu, soit. Mais, s'il abordait le chapitre du Roi de Sicile, qui s'y trouve contenu, s'il disait que le temps fixé est déjà-passé et voulait établir catégoriquement que nous devrions le secourir contre la Sicile et l'Apulie, dites que nous n'avons pas songé à ce point-là, et que par suite vous n'avez pas d'instruction à cet

égard et ne pouvez rien résoudre. S'il consent au traité en
faisant quelque proposition relative à cette question de Sicile
et d'Apulie, soit : sinon, non. Au cas où il le voudrait à d'autres conditions, ayez l'habileté de nous amener ses plénipotentiaires. S'il élevait quelque objection sur l'article qui regarde
l'Empereur d'Allemagne, et voulait le supprimer, vous répon-
driez que nous vous avons envoyé loyalement, sans arrière-
pensée, et que nous n'avons point songé à cette difficulté, que
nous ne vous en avons pas dit davantage, et que vous ne pouvez pas faire autrement qu'on ne vous a dit. S'il n'accepte le
traité qu'à la condition de supprimer cet article, n'y consen-
tez pas, mais efforcez-vous de nous amener ses plénipotentiaires. S'il adopte le traité dans sa teneur, jurez en votre
nom, vous et les autres envoyés présents ; à leur défaut, jurez
vous seuls, comme il est d'usage de jurer de bonne foi, que
nous conclurons l'accord par le moyen de mandataires autorisés, et que nous l'observerons.... [1] »

La *Commissio* relative à une négociation avec le Roi
de France et que caractérise une certaine étendue de
recommandations, est celle qui fut dictée par le *Collegio*, le 23 septembre 1395, pour Ser Johannes Albertus.
Nous la reproduirions si, comme la plupart des questions agitées alors entre la République et le Royaume,
elle n'avait absolument trait qu'à des intérêts commerciaux et individuels. Il faut, en effet, atteindre au règne
de Charles VII (1425) et surtout à celui de Louis XI,
pour commencer à reconnaître que des intérêts véritablement politiques inspirent les messages qui sont
échangés entre les deux puissances. Jusqu'au jour où les

---

[1] Ce document a été ainsi traduit par M. J. ARMINGAUD, dont nous
avons parlé précédemment à propos de l'intéressant ouvrage qu'il a
produit sur « *Venise et le Bas-Empire* ». Voyez plus haut notre chapitre II de cette TROISIÈME PARTIE, *Libri Pactorum*, page 238.

Ambassadeurs ont commencé à devenir *ordinaires* (ce qui fut avec l'avénement de François Ier), il est remarquable que la rédaction des *Commissiones* a beaucoup plus d'importance historique qu'elle n'en a eu depuis. Il semble que la difficulté d'échanger fréquemment des lettres avec ses ambassadeurs ait, dans les temps anciens, obligé le Gouvernement de Venise à grouper, dans ses premières *Instructions,* toutes les recommandations que nécessitaient les circonstances dans lesquelles l'ambassadeur était accrédité. Voyez l'*Instruction,* en date du 12 octobre 1461, à Bernardo Justiniano et à Paulo Barbo, ambassadeurs en France. Elle ne contient pas moins de vingt-quatre articles, tandis que plus tard, lorsque, tous les deux ou trois ans, les ambassadeurs vénitiens parcourront sans cesse la distance qui sépare Venise de Paris, lorsque des courriers rapides iront et viendront porteurs fréquents de messages, la *Commissio* ne sera plus qu'une sorte de lettre patente d'Ambassadeur destinée à lui dire qu'il est nommé pour telle légation, qu'il recevra tel salaire désigné, qu'arrivé à la résidence du Souverain il lui présentera des lettres de créance, etc., et autres banalités sans cesse répétées. Les vraies *Commissiones* alors, les bonnes *Instructions* sont la correspondance ordinaire préparée, chaque semaine, par le *Collége,* soumise au jugement du Sénat, et expédiée ensuite par les soins du même *Collége* aux ambassadeurs pour qui elle était faite [1].

---

[1] Le protocole ordinaire aux *commissioni* était le suivant : *Che al nobil homo *** destinato Ambassator al *** sia commesso in questa forma.* Sur les registres où elle était transcrite, elle portait à la fin le nombre des votes du Sénat qui l'avaient approuvée et désapprouvée.

Deux autres séries de documents, qu'à bon droit on . peut classer parmi les papiers, les uns de la *Seigneurie*; les autres du *Collegio*, méritent l'attention des curieux.

. Nous voulons parler des registres appelés *Rubricarii* et des registres appelés *Annali*.

. Il appartenait en effet à la *Seigneurie* d'élire les Secrétaires chargés de la rédaction des premiers [1], et à l'un des *Sages de Terre ferme* de veiller à l'exécution des seconds.

Les *Rubriche*, qu'aujourd'hui on appellerait des *Regesti*, n'étaient autres que des analyses de documents originaux, et les registres qui les contenaient prenaient le nom de *Rubricarii*. Ces recueils offraient cet avantage de représenter immédiatement sous une forme abrégée le contenu des textes qu'on pouvait avoir besoin de consulter dans telle ou telle circonstance impérieuse. Le Secrétaire choisi pour accomplir le travail des *Rubriche* devait surtout viser à renfermer, sous une forme aussi claire que concise, les points les plus importants du document original. Appliquée aux textes diplomatiques, cette utile mesure a ainsi produit un nombre considérable de volumes qui sont l'essence des dépêches qu'adressaient les Ambassadeurs. Il est à supposer que l'on en gardait le travail dans les armoires mêmes du cabinet des Ministres, afin que ceux-ci eussent constamment sous la

---

[1] 1601, 17 septembre, en CONSEIL DES DIX.... Et dovendo delli Registri et Rubriche di Libri Secreti correnti continuar li circospetti et fedelissimi Signori Zaccaria Rosso et Bonifacio Antelmi, quandò sarà ritornato da Milano, *eletti essi per ballotatione della* SIGNORIA NOSTRA *a questo carico....*

,main des informations rétrospectives sur tel ou tel gou-
‘vernement étranger pour l'utilité de leurs discussions. Il
serait difficile de préciser l'époque à laquelle on a commencé cet important travail. Ce qui. se peut affirmer,
c'est que lorsque là décision fut prise de l'entreprendre,
‘on trouva bon d'étendre ce soin aux recueils de dépéches déjà anciennes. Ainsi en 1601, nous trouvons un
décret qui confère au secrétaire Giovanni Meraviglia la
charge spéciale de *rubricare*, d'*analyser* les registres
anciens et d'y apporter toute la sollicitude dont on le
sait capable [1].

Précisément, — et bien que les *Rubricarii* ne remon-
tent pas en date à une époque antérieure à la moitié du
seizième siècle, c'est-à-dire à celle dont les dépéches
nous manquent, — ces *Rubriche* peuvent rendre les plus
grands services et consoler les investigateurs des quelques
lacunes qui tout à coup interrompent une série de documents. Les dépéches de France pour l'année 1572 nous
en sont un exemple. Elles nous manquent, en effet, ainsi
que nous l'avons dit. Recourant aux registres des *Rubriche,* nous les trouvons analysées, sinon pendant le cours
de toute l'année, du moins pour sept mois [2]. Les dépéches
originales des deux Ambassadeurs au Concile de Trente

---

[1] *Idem.* Debba haver il carico delli Registri et Rubricarii *vecchi* il
circospetto et fedelissimo Segretario del Senato Gio. Maraviglia, il qual
restado libero da ogni altro carico di qual si voglia sorte, fuor che di
‘portar i bossoli nel Senato, habbia ad attender con ogni sollecitudine
ad esso carico, sicchè si veda quanto prima incaminato il detto servitio
per poterne sperar anco della sua diligentia il debito compimento in
cosa di così suprema importantia.

[2] C'est-à-dire pour les cinq derniers mois de 1572 et les deux premiers de 1573.

pour la dernière convocation, c'est-à-dire de 1562 à 1563, manquent entièrement, mais toutes les *Rubriche* en ont été retrouvées. Voici du reste le relevé des séries principales des *Rubricarii* pour les correspondances principales :

Rubricarii de France, 1558-1756 : cinquante-quatre volumes.
    »   de Rome, 1557-1752 : quatre-vingt-quatre volumes.
    »   d'Espagne, 1593-1770 : trente-neuf volumes.
    »   d'Angleterre, 1603-1748 : vingt volumes.
    »   de Constantinople, 1558-1755 : cinquante-trois volumes.

La première dépêche de France *analysée* est du 1ᵉʳ mars 1558, et le premier registre *Rubricario* comprend celles de toutes les ambassades depuis cette époque jusqu'au 27 février 1587, l'année 1571 et les sept premiers mois de 1572 exceptés. Voici à titre de preuve la rédaction de la *rubrica* d'une dépêche ayant quelque importance. Telle que l'a écrite l'Ambassadeur, elle est de cent vingt-six lignes environ ; réduite par le Secrétaire chargé de l'analyse, elle est de soixante-dix lignes. La proportion, comme on le voit, est suffisante. Il s'agit d'une conversation que la Reine mère Catherine de Médicis eut le samedi matin qui précéda le 27 juillet avec l'Ambassadeur vénitien. Le Secrétaire rédige ainsi, en donnant d'abord un titre au document :

Entretien de la Reine mère relatif au Duc d'Alençon, aux mouvements qui se sont produits en Flandre, au Roi d'Espagne, au Roi Très-Chrétien et à diverses affaires fort importantes. Il (l'ambassadeur) rapporte ce que lui a dit la Reine mère dans la maison de Gondi, c'est-à-dire qu'elle lui avait donné ce dérangement, à lui seul parmi les Ambassadeurs, de la venir trouver pour lui faire part de beaucoup de choses, comme au représentant d'un prince non-seulement très-affectionné à la Couronne, mais encore dont on pouvait vraiment dire qu'il était le seul ami sincère, ajoutant : « *Je suis décidée à aller trouver le Roi de Navarre pour lui conduire sa femme qu'il réclame vivement, et dont les articles de la paix lui assurent le retour. J'espère enfin établir cette paix et la voir s'effectuer dans ces contrées, car il n'est que trop vrai que les Huguenots ont fait en sorte de s'unir avec le Duc, mon fils, et d'envahir ensuite le royaume! Mais Dieu me donnera le moyen de rompre toute entente et de les apaiser. Et mon fils, bien qu'il fasse grand bruit en apparence des honneurs et des faveurs qu'il reçoit des Flamands, n'est, au fond, que très-mécontent. Guadagni, revenu de là, m'a affirmé, sous le secret, que jusqu'à présent il n'a rien en main. Les provinces ne veulent d'aucunes garnisons, et Monseigneur n'a pu obtenir qu'à grand'peine, où il est, de faire entrer les gens de sa maison avec sa garde ordinaire des Suisses, tout au plus cent hommes. Cependant il était résolu de plutôt perdre la vie que de revenir honteusement, et il disait maintenant fort librement qu'il était allé là seulement pour protéger ce peuple et sans aucune autre intention, et qu'il désirait envoyer de nouveau un Ambassadeur aux États pour décider de toutes choses.* » La Reine ajouta : « *Nous avons une réponse du Roi Catholique qui, connaissant la bonne volonté du Roi mon fils et la mienne, se tient tranquille, et nous croyons que vraiment telle soit son intention; aussi vais-je me mettre en route, avec l'esprit un peu plus calme. Je suis certaine que le Duc sera de jour en jour plus mécontent, et que tous ses projets se réduiront à rien, car s'il a pris pour les États deux petits villages, qu'est-ce donc, puisqu'il les a rendus aussitôt, et bien que lesdits États l'aient fait capitaine général de l'armée, ils ne lui donneront pour cela aucune place dont il soit le maître. Je vous prie, Seigneur Ambassadeur, d'assurer vos Illustrissimes Seigneurs qu'autant que chose humaine puisse être certaine, le Roi non-seulement ne favorisera pas les projets de son frère; mais qu'il s'y opposera, sans toutefois s'attirer la guerre dans le Royaume, et nous avons expressément en-*

voyé quelqu'un pour que cela soit dit aux États et au Prince d'Orange, les exhortant à la paix avec leur Roi, et les avisant de n'ajouter point foi aux messagers de Monseigneur qui voudront faire croire que nous lui prêterons aide, et nous ferons savoir la même chose à tous les Princes. Je crains que les trois ambassadeurs n'obtiennent aucun résultat, et par conséquent qu'ils n'aient eu qu'une vaine fatigue, mais en somme il faut laisser faire au temps, qui éclaircira tout et dont l'effet surpassera celui de nos peines et de nos prières. Le Roi d'Espagne et son Conseil devraient bien considérer qu'il est vieux et que par raison naturelle il ne peut vivre longtemps encore, et que s'il dure même encore quelques ans, il ne laissera pas ses fils dans un âge assez avancé pour pouvoir gouverner un si grand empire; il ferait donc bien d'user de tous les moyens pour se concilier ces Princes et se les familiariser, car ils peuvent lui faire ou beaucoup de bien ou beaucoup de mal. Le Roi mon fils n'a pas d'enfants, et ce qui me fait plus de peine à penser, c'est qu'il n'a pas grand espoir d'une longue vie; ce royaume est donc destiné à venir au Duc mon fils et à sa postérité, car s'il allait à la maison de Bourbon, voyez un peu, Seigneur Ambassadeur, comme nous nous en trouverions tous. C'est vrai que Monseigneur a plus d'état et de revenu que n'en a jamais eu fils de France, puisqu'il jouit d'un million de livres de rente, quand les lois de ce royaume voudraient qu'il n'en eût pas plus de 60,000, et c'est moi qui suis cause qu'il soit si riche; mais avec tout cela il n'est content ni du Roi ni de moi, et vraiment il a trop d'ambition. Mais il faudra bien qu'il se calme et qu'il songe à n'avoir rien de plus, tant que vivra son frère, et celui-là se trompe qui jugera et fera en sorte qu'il en soit autrement, etc. »

L'ambassadeur ajoute que le Roi ira avec les Reines jusqu'à Étampes, et que Sa Majesté reviendrait ensuite à Paris [1].

---

[1] Le commencement de la dépêche originale qui, naturellement, est en italien et que nous interprétons, est dans la forme suivante :

« Sérénissime Prince,

» La Sérénissime Reine mère m'a envoyé dire, vendredi soir, par le seigneur Jérôme Gondi, que s'étant résolue de partir le jour après pour

Il ne faudrait pas conclure de l'exemple de cette *rubrica* que toutes les autres soient aussi longuement et, pourrait-on dire, aussi consciencieusement exposées dans les *Rubricarii*, car alors il s'agirait, en quelque sorte, plutôt de *reproductions* que d'*analyses*. Ce témoignage, pris entre mille et deux mille, prouve le soin que mettait le Secrétaire, dans son travail, à ne pas ôter au document, quand il en valait la peine, l'originalité et l'importance qui lui étaient propres. Telle autre dépêche, en effet, n'est rédigée dans le *Rubricario* que sous la forme d'un simple sommaire. Ainsi, à la date du

conduire sa fille au Roi de Navarre, son mari, elle avait le désir de me voir auparavant, et que je trouvasse bon de prendre la peine d'aller le matin à la maison dudit Gondi où elle devait aller sans cérémonie et y dîner, pour ensuite partir. J'y allai donc et rendis à Sa Majesté toutes grâces pour m'avoir ainsi fait cette faveur avant son départ, qu'en vérité, lui dis-je, je n'aurais pu imaginer si subit, particulièrement en ces circonstances. » (*Suit la conversation de la Reine mère citée dans la* rubrica.)

Voici maintenant la fin :

» Toutes ces choses, la Sérénissime Reine me les a dites, et j'ai fait le possible pour rapporter à Votre Sérénité ses propres paroles, prononcées avec le sentiment de la plus grande affection et avec la plus grande confiance. Il me paraissait même qu'elle voulait encore dire plus qu'elle n'exprimait. J'ai remercié vivement Sa Majesté, et lui ai dit que puisque j'avais primitivement témoigné par mes lettres de la parfaite volonté de Leurs Majestés, et de leur désir de conserver la paix dans ce royaume et dans la chrétienté, je ferais maintenant la même chose, en écrivant aussi à Votre Sérénité tout ce que je venais d'apprendre de sa propre bouche, lui souhaitant le plus heureux voyage et un prompt retour. Elle m'assura, quant à ce dernier, qu'il ne pourrait avoir lieu avant trois mois. Le Sérénissime Roi ira avec les Reines jusqu'à Étampes, à vingt-quatre lieues d'ici, et sera de retour dans quatre jours.

» Paris, le 27 juillet 1578.

» Hieronimo Lippomano, Ambassadeur. »

26

27 février 1586 (*more Veneto*), c'est-à-dire 1587 (de France), le Secrétaire pour les *Rubriche* réduit ainsi la dépêche :

« Gentilhomme envoyé par Mandelot au Roi lui expose son dévouement et celui de ses collègues pour Sa Majesté, disant que les actes dont ils étaient convenus n'avaient d'autre but que de se préserver contre l'insolence de ceux de la Religion et de leurs protecteurs, faisant allusion par cela à Épernon.

Quelques provinces de France ont envoyé demander au Roi qu'il veuille leur permettre de lever sept mille fantassins et huit cents chevaux sous le commandement des chefs de la contrée pour résister aux Huguenots, trouvant bon que le général soit désigné par Sa Majesté.

Le Roi envoie vers Mandelot pour connaître le résultat des négociations faites à Lyon.

La destitution de Gessan (?) de son gouvernement de Valence a déplu aux Guise. Du Maine en a fait plainte au Roi, qui s'en remet à Bellièvre et à Villeroy pour l'accommodement.

On a doublé les gardes à Paris et au Palais du Roi, par la crainte où l'on est d'un soulèvement. Du Maine essaye de persuader le Roi de ne pas ajouter foi à ces rumeurs, lui offrant ses fils pour otages. Rambouillet a été envoyé aux Guise pour qu'ils se retirent de Sedan.

La Reine mère est rappelée à Paris, dans le cas où elle ne pourrait pas avancer dans sa négociation avec Navarre [1]. »

Quant aux documents appelés *Annali*, l'un des *Sages de terre ferme* était élu par le *Collége* pour en surveiller la rédaction. Le décret auquel on en doit la formation est du 18 décembre 1551, et il est si explicatif qu'il suffira d'en lire la teneur [2] pour que l'on sache précisé-

---

[1] ARCHIVES DE VENISE. *Rubricario di Francia*, Registre Ier, 1558-1586.

[2] Le texte original italien se trouve à la page 18 du Registre dit *Liber primus* du Conseil des Dix.

ment ce qu'est ce genre de documents d'histoire spécialement rédigés par des secrétaires. Le voici tel qu'il a
été soumis au vote du Conseil :

1551, 18 DÉCEMBRE, EN CONSEIL DES DIX.

Parmi les plus utiles choses d'un bon gouvernement d'État,
il faut mettre en avant la connaissance des événements du
passé, car on sait par là quels exemples il faut suivre et quels
écueils il faut éviter. Si jadis on avait porté à la conservation
de ces notions tout le soin désirable, non-seulement on n'aurait pas perdu le souvenir des grandes et belles actions qui ont
eu lieu, mais encore on n'aurait point laissé disparaître les
traces de beaucoup d'affaires de notre Seigneurie, pour son
plus grand désavantage.

Considérant donc qu'il importe de prendre à cet égard d'utiles
mesures,

ON DÉCIDE,

Que par notre Cabinet des Ministres (*Collegio*), avec l'intervention des Chefs de ce Conseil, l'un des *Secrétaires* du Sénat
soit élu qui, pendant trois ans de suite, aura charge d'écrire
nos *Annales* en langue vulgaire. D'un temps à un autre, il
enregistrera toutes les *propositions* faites en matière d'État par
les Princes à notre Seigneurie et à nos Ambassadeurs, et pareillement toutes les *réponses* que nous avons faites ainsi que nos
délibérations. Il aura soin de rappeler tous les événements
qui nous auront été communs avec ces Princes, soit en guerre,
soit pendant la paix, et enfin toutes les choses qui leur paraîtront dignes de mémoire, les distinguant bien les unes des
autres, avec un répertoire. Et s'il arrive que l'on ait à traiter
quelque matière relative à la juridiction de notre Seigneurie,
il en prendra note séparément, et montrera de temps en temps
son travail à celui des *Sages* qu'aura élu le ministère à cette
intention, ainsi que cela se pratique pour la charge qui est
donnée de tenir note des affaires de guerre, et afin qu'indication de tout ce qui devra être noté par ce Secrétaire lui soit, à
l'occasion, diligemment précisé. Quand il aura accompli les
premiers trois ans, le même Secrétaire pourra être réélu pour

26.

trois années encore. Il appartiendra à ce Conseil de décider de la rémunération qui lui paraîtra convenable pour compenser ses fatigues. Les *Annales* seront placées dans la Chambre secrète où l'on conserve nos autres écritures réservées, afin qu'elles ne puissent être communiquées qu'à ceux qui ont accès dans notre Sénat, et il n'en sera pas donné de copie[1].

> *Pour le décret.* . . .   24
> *Contre.*   4
> *Voix douteuses.* . . .   0

Le secrétaire Hieronimo Polverino fut le premier à qui fut confié le soin de la rédaction des premiers volumes des *Annales vénitiennes;* Alvise Borgi lui succéda par décret du 22 août 1552, et Febo Capella eut mission de continuer le travail. En 1571 fut élu pour ce soin le secrétaire Ambrosio Ottobon, qui y demeura assidu jusqu'en 1589, c'est-à-dire pendant dix-huit ans, et le décret qui fut pris le 12 octobre de cette année pour le rémunérer dignement lui fait le plus grand honneur :

Le très-long service (y est-il dit) qu'à la satisfaction publique le très-fidèle et circonspect Secrétaire du Sénat Am-

---

[1] ARCHIVES DE VENISE, *Conseil des Dix.* (*P.* Communi; Registro 20.) Le nombre de *vingt-huit* votants dans un Conseil qui s'appelle celui des Dix ne surprendra pas le lecteur quand il se rappellera que le Conseil des Dix non-seulement se composait de *dix-sept* personnages en temps ordinaire, puisque le Doge et ses six Conseillers y avaient accès, mais encore qu'il était des circonstances où une *zonta*, c'est-à-dire un nombre indéterminé de Sénateurs, une *junte*, était formée par voie d'élection pour prendre part aux délibérations. Ce nombre de personnages *adjoints* était variable, mais en tout cas il ne pouvait jamais y avoir plus de trente-sept assistants à une séance du Conseil. Voyez, pour plus de détails, la QUATRIÈME PARTIE de cet ouvrage, qui est entièrement consacrée aux Archives des Dix, et qui traite de l'institution et de la constitution de ce célèbre tribunal.

broise Ottobon a rendu, pendant l'espace de cinquante-deux
ans continus, dans toutes les charges qui lui ont été confiées,
les soins qu'il a particulièrement apportés durant dix-huit ans
dans le devoir très-important d'écrire les *Annales* de notre
République, sa grande diligence et la maturité du jugement
dont il a fait preuve dans cet emploi, ainsi qu'il résulte des
attestations données par nos bien-aimés nobles Alexandre Mocenigo et Paolo Paruta, députés l'un à la rédaction de nos
Histoires, et l'autre à la surveillance de nos *Annales*, méritent
qu'une récompense convenable lui soit donnée.

......Il s'est acquitté de cet emploi d'une façon parfaite,
esquisitamente, particulièrement dans la formation de différents volumes contenant beaucoup de choses relatives à différents Princes et autres bien dignes de mémoire, etc... [1].

Au secrétaire Ottobon succéda, dans la rédaction des
Annales, Alvise Saëtta, et nous le trouvons signalé, après
sept ans de service, à la bienveillance du Conseil des
Dix, par Nicolò Morosini, *Sage de terre ferme*, député
aux *Annales*, pour le talent qu'il a déployé à condenser
en trois volumes les choses advenues depuis l'année
1590 jusqu'à la fin de 1598, et pour la peine qu'il a
prise, en dehors de toutes ses occupations journalières,
soit au Sénat, soit dans la Chancellerie [2]. Toute la
collection actuelle des Annales conservée aux Archives
forme aujourd'hui près de soixante-huit volumes, dont

---

[1] Conseil des Dix. 1589 a di xii ottobre. (Papiers de la maison Donà
delle Rose.)

[2] Idem., ibid. *Mémoire* de Nicolò Morosini, « *Savio di T. Fer. alli*
Annali, con giuramento ». Un autre document, du 17 septembre 1601,
prouve que ce même Secrétaire a dû continuer l'œuvre des *Annales* jusqu'en 1604. « *I quali egli sia obbligato a scrivere per tre anni prossimi*
venturi.... I quali finiti si habbia per il Collegio *nostro ad elegger*
secondo l'ordinario un altro Segretario in luogo suo.

le plus grand nombre sont écrits sur parchemin, en y comprenant les deux d'*Annali di fuori* (Annales étrangères), 1559-1560, 1573-1577, celui des *Annales de Rome*, 1573, et les cinq qui sont plutôt composés de fragments, et dont le plus ancien porte la date du 13 décembre 1549. Le dernier Registre est de l'année 1719 [1].

Il y a lieu de penser qu'il appartenait encore à celui des *Sages de terre ferme* qui était de service de veiller à la rédaction et à l'expédition de ces petites feuilles de *nouvelles* officielles qui, écrites pour l'usage des Ambassadeurs à toutes les Cours, sous le nom d'*Avvisi*, leur tenaient absolument lieu de *Gazette officielle de l'étranger*. Au seizième siècle, ces simples feuilles, *Avvisi*, rendaient un grand service pour aider à la connaissance des choses advenues en tout pays, puisque les journaux proprement dits n'existaient pas et qu'il était difficile d'ajouter une foi entière aux nouvelles fournies, pareillement sous ce titre, par des particuliers qui, établis à Rome ou à Florence, faisaient de ces envois l'objet d'une spéculation personnelle. Le gouvernement de la République de Venise, si bien placé pour recevoir les nouvelles de Constantinople, par exemple, et de tant d'autres pays, avait donc eu

---

[1] Voyez, pour le tableau progressif chronologique des Registres des *Annales* qui ont été conservés et qui aujourd'hui sont aux Archives de Venise (retour de Vienne), le volume « *L'Archivio di Venezia con riguardo speciale alla storia inglese.* » Saggio di R. BROWN, con una nota preliminare del Conte AGOSTIN SAGREDO. (Traduction de MM. V. CERESOLE et R. FULIN. Venise et Turin, G. Antonelli et L. Basadonna, 1865.)

soin de charger ses Ambassadeurs de lui envoyer comme
annexes à leurs dépêches, des feuilles dont la rédaction
avait pour objet exclusif l'énumération des nouvelles
politiques et des événements particuliers aux contrées
où ils étaient accrédités. Aussitôt parvenues à la Chancellerie de Venise avec les dépêches, ces feuilles étaient
livrées à des secrétaires spéciaux pour en former une
autre qui était le résumé de toutes, sous la rubrique
respective de *Avvisi di Roma, di Vienna, di Costantinopoli*, etc. Et cette feuille manuscrite, produite à un
certain nombre d'exemplaires, était officiellement expédiée avec la correspondance ordinaire du Gouvernement
pour ses Ambassadeurs et ses Ministres résidents. Tels
sont aux Archives les *Summarii di Avvisi*, de 1537 à
1550; les *Sommarii d'Avvisi da diversi luoghi*, de 1550
à 1572, etc. [1]. Aucunes réflexions ne s'y remarquent;

---

[1] D'intéressants détails sur les *Avvisi* en général ont été produits par
l'érudit écrivain italien M. SALVATORE BONGI, directeur des Archives de
Lucques, dans le numéro de juin 1869 de la *Nuova Antologia* (Florence).
Voyez « *Le Prime Gazzette in Italia* », article fort curieux de 36 pages.

De nombreux recueils d'*Avvisi* sont indiqués par M. TOMMASO GAR
parmi les manuscrits *Foscarini*, mais il importe en les consultant de
savoir reconnaître s'ils sont émanés de sources officielles ou de sources
privées. Ainsi :

Ristretti di Avvisi *al Senato da diversi paesi, sopra gli avvenimenti
politici degli anni* 1630-1631.

Avvisi *di Polonia*, 1620-1622.

Avvisi *da Brusselles ed altri luoghi*, 1624-1626.

Sommarii autentici degli Avvisi *giunti al Senato Veneto dalle Corti
d'Europa e dal Levante, dal marzo* 1523 *al luglio* 1529.

Avvisi *di Napoli dal* 16 *luglio* 1619 *al* 25 *febrajo* 1620.

*Sommarii d'*Avvisi *da diversi luoghi*, 1602-1615.

*Sommarii d'*Avvisi *dal* 1510 *fino al* 1522.

Avvisi *diversi*, 1620-1621.

ce.sont des bulletins de nouvelles strictement et admi-
nistrativement enregistrées *ad usum* .des Ministres à
l'étranger, qui, de la.sorte, connaissaient ce qu'il importait qu'ils n'ignorassent pas, dans le mouvement des
faits politiques d'une grande importance.advenus dans
les·différents pays.

Nous avons groupé dans ce seul chapitre les détails
que nous avions à produire sur les différentes séries de
documents particuliers au Cabinet des Ministres, nous
réservant de traiter séparément, selon. que l'exigent
l'intérét et l'importance du sujet, des deux imposants
recueils de textes formant l'un l'*Exposé des audiences
des Ambassadeurs des Puissances* (*Esposizioni dei Principi*), et l'autre les *Lettres des Souverains* (*Lettere Dominorum*). Il appartenait, en effet, au *Collegio*, au Ministère, de donner ces audiences et de recevoir ces lettres.

., Avvisi *di Germania dal* 1619-1621.

Voyez *Archivio storico Italiano*, tomo V (Florence, Vieusseux,
1843), pages 453 et suiv.

Quelques manuscrits de la Bibliothèque impériale renferment plusieurs de ces *Avvisi*. Voyez 3081, *Aviso di Venetia del* 1º *agosto*
(fol. 38); 3096, *Aviso de Viterbo* (fol. 111); *Aviso de Florentia*
(fol. 112); 3087, *Adviz d'Allemaigne* (fol. 141); 3092, *Advertisse-
menz divers*, etc.

XII.

ESPOSIZIONI PRINCIPI
OU REGISTRES DES AUDIENCES DES AMBASSADEURS.
(1541-1797.)

Caractère tout diplomatique de ces documents. — Nombre des registres
et des liasses formant la série des *Esposizioni Principi*. — Occasion
de l'examen de ces Registres pour rechercher quels furent les Ambassadeurs de France à Venise depuis le treizième siècle. — Difficultés
pour former un état nominal de ces Ambassadeurs avant le règne de
Louis XI. — État nominal sous Louis XI, Charles VIII et Louis XII.
Évêques ambassadeurs accrédités par François Ier et par Henri II. —
Ambassadeurs envoyés par Charles IX et Henri III. — Caractère
intime des rapports échangés alors avec la Cour de France. — Ambassadeurs accrédités par Henri IV. — Hurault, sieur de Maisse. — Antoine
Séguier, sieur de Villiers. — De Fresnes-Canaye. — Ambassadeurs
accrédités par Louis XIII. — Claude de Mesmes, comte d'Avaux. —
Ambassadeurs accrédités par Louis XIV. — Les affaires de France
commencent à perdre de leur importance à Venise en raison de la
neutralité dont la République se fait une loi. — Ambassadeurs accrédités par Louis XV. — Fragment des Instructions données à l'abbé de
Bernis. — Ambassadeurs accrédités par Louis XVI. — Chargés d'affaires de la République française. — Examen progressif du recueil des
Esposizioni Principi. — Sommaire de plusieurs *Esposizioni* au seizième
siècle. — Manière tout à fait spéciale de traiter les affaires politiques
étrangères. — Un ambassadeur à Venise est forcément orateur. —
Forme habituelle d'une audience à portes closes. — Contenu varié
des Registres et des liasses du recueil des *Esposizioni Principi*. —
Rapports sur des conférences ou des conversations avec des Ambassadeurs étrangers. — Mémoires des Secrétaires sur la visite qui leur
est commandée. — Isolement des Ambassadeurs à Venise. — Lois
étranges à leur endroit. — Comment ils en évitent la rigueur. — Les
Registres des *Esposizioni Principi* qui méritent le plus l'attention des
politiques sont ceux qui correspondent par la date de leurs documents
aux règnes de Charles IX, de Henri III, de Henri IV et de Louis XIII.

Les *Esposizioni Principi* sont la fleur des papiers et
des parchemins des Archives du Cabinet des Ministres :

cent vingt-sept registres, se suivant sans interruption de
1541 à 1797, et cent soixante-dix-neuf liasses se suivant
de même de 1541 à 1797, composent cette très-intéressante série de documents diplomatiques.

Avec les *Esposizioni Principi*, en effet, nous sommes
exclusivement sur le territoire des Ambassadeurs étrangers en résidence, soit ordinaire, soit extraordinaire, à
Venise. Le *Collegio* recevait les Ambassadeurs. Ceux-ci,
arrivés dans l'enceinte du lieu des séances, exposaient
les motifs qui les amenaient à cette audience. Or,
comme c'était toujours au nom de leur Prince ou de
leur Gouvernement qu'ils présentaient cet *exposé* dont
un secrétaire de service prenait note à mesure que par-
lait l'Ambassadeur, de là l'explication de ce titre d'*Esposizioni Principi* donné au recueil des registres et des
liasses formés par ces textes. En un mot, les *Esposizioni
Principi* sont la narration des audiences données par les
Ministres assemblés aux Envoyés des Puissances étrangères. La création de ce recueil tout spécial paraît ne pas
avoir été antérieure à l'année 1541, car auparavant il ne
s'en trouve nulle trace dans les papiers d'État de la République, et les textes relatifs aux missions politiques et
aux réponses à faire aux Ambassadeurs étrangers se rencontrent, à leur date, dans les registres secrets du
Sénat, sous les *rubriques* diverses de *Oratores*, *Ambaxatores*, *Francia*, *Spagna*, *Germania*, *Imperator*, etc.,
selon la Puissance que l'Ambassadeur représente. Pour
ce qui est de la France, la part est grande et belle; l'u-
sage que nous en pouvons faire ici nous permet de produire le tableau le plus détaillé et le plus exact qui ait

jamais été donné du personnel de la diplomatie française à Venise et des conditions dans lesquelles elle y faisait figure.

Le premier ambassadeur de France à Venise qui a laissé des traces, on pourrait dire immortelles, de son ambassade et de sa négociation, est le narrateur qui, dans l'*Histoire de la conquête de Constantinople* (1198-1207), a rendu un compte si curieux de son passage par Venise, du séjour qu'il y fit et de la négociation qu'il y entama avec le concours de ses compagnons Jean de Friaise et Gautier de Gandouville, députés comme lui du comte de Blois. Ce récit [1] de Geoffroy *de Villehardouin* n'est pas seulement un monument admirable du vieux langage, il est aussi une assise, peut-on dire, des plus utiles pour notre histoire. Ce fut en 1199 que ce personnage traita avec la République des Vénitiens.

En 1249 est signalée par l'historien Matthieu Paris l'ambassade du *comte de Bar* et du *seigneur de Beaujeu*, sous le règne de saint Louis [2].

Depuis ces temps jusqu'au règne de Charles VII, il

---

[1] Voyez *Mémoires relatifs à l'histoire de France depuis le treizième siècle jusqu'au dix-huitième siècle*, tome Ier.

[2] Ces deux seigneurs auraient reçu leur mission du Roi, alors qu'il était de passage à l'île de Chypre. « *Per idem tempus, cum Rex Francorum qui in Cypro hyemando commorabatur, misit Comitem de Bar virum discretum et eloquentem et dominum de Beugin militem strenuissimum ad Venetos et alios vicinarum insularum ac urbium incolas... cui Veneti favorabiliter sex magnas naves frumento et vino et aliis victualium generibus onustas, nec non et militare presidium et multos cruce signatos, liberaliter transmiserunt.* » MATTH. PARIS. *Hist. Angl.* Voyez ROMANIN, *Storia documentata di Venezia*, tome II, page 250.

se présente pour l'historien une particulière difficulté au signalement personnel des *Envoyés de France*. Les noms en effet manquent le plus souvent dans les documents même les plus spéciaux à leurs négociations, et pour toute désignation, nous n'avons pas autre chose que « *Les Ambassadeurs* ou *l'Ambassadeur du Roi Très-Chrétien*.[1] » C'est ainsi que, malgré nos recherches les plus attentives, il nous serait impossible de préciser quels furent les *Envoyés français* à Venise en 1307, en 1344, en 1374, en 1384 et en 1385. Le Religieux de Saint-Denis, ordinairement si précis et toujours intéressant dans sa précieuse *Chronique*, nous fait même défaut pour Venise. Il nomme bien maître Pierre Plaon, envoyé à Rome pour le roi Charles VI avec l'évêque de Senlis en 1399, accompagnés des délégués de l'Université de Paris, maître Jean Luquet, docteur en droit divin, messire Robert de Dours, docteur en droit canon, maître Jean Courtecuisse et maître Pierre Leroi, alors qu'ils furent en Italie pour la grande question de l'extinction du schisme; mais il se tait sur les missions à Venise. La seule dont il fasse mention fut produite en une occasion tout agréable, qui lui a permis de raconter en termes

---

[1] ARCHIVES DE VENISE, *Registri misti del Senato*, n° XXXIX, 1384-87, feuille 12. A la date du 8 octobre 1384, on trouve : « *Quod respondeatur istis Ambaxatoribus Serenissimi domini Regis Franciæ quod intellecta Ambaxata sua nobis sapientissime exposita presentibus respon-. demus...* » Voyez le même Registre, page 109 : *Responsio facta Ambaxiatori Regis Franciæ per transitum domini Regis Ludovici in causa qui veniat Venetiis.* (1385, 10 juillet.) Voyez les *Registri* SECRETI *del Senato*, 1412-1414, n° V, page 43. *Respondeatur Ambaxatori Regis Franciæ... ac tractandam pacem inter dominum Regem Hungariæ et nos.* (1412, 11 juillet.)

fort galants le départ de France du prieur de Toulouse
et de messire Raymond de Lescure, conduisant à
Jean II, roi de Chypre, alors à Venise, cette belle
Charlotte de Bourbon, filleule du Roi de France, qui
lui était fiancée, et dont ce bon religieux, qui paraissait
s'y connaître, écrit qu'en considérant les agréments de
sa personne on pouvait dire : « C'est bien un vrai trésor
de beauté; la nature s'est plu à l'entourer de charmes,
mais elle s'est trompée en la créant mortelle [1]. » Cela
en 1411.

En diverses autres circonstances, les documents sont
plus explicites et désignent la personne des négociateurs, mais encore ici nous trouvons peu notre compte,
les noms étant interprétés d'une façon telle qu'il est
malaisé de reconnaître ceux qui les portaient. Ainsi,
en 1404, le Duc d'Orléans envoie un *Pierre de Scrovignis* [2]? En 1412, il y a aussi trace d'une autre ambassade. En 1425, c'est l'abbé de Saint-Antoine,
Artaud de Grandval [3], avec un compagnon, *socius*.

[1] Si quis etiam tunc formositatem ejus attendisset, dixisset : Hec est
verus pulchritudinis radius, quam natura studio multo depinxit, nilque
in ea erravit nisi quod mortalem statuit. « *Chronique du* RELIGIEUX DE
SAINT-DENIS, *contenant le règne de Charles VI de* 1380 *à* 1422, » *publiée
en latin pour la première fois et traduite par* M. L. BELLAGUET, tome IV.
(Paris, 1842.)

[2] ARCHIVES DE VENISE, *Registri* SECRETI *del Senato*, n°. II, 1404-
1406, page 82. *Dicatur* Petro de Scrovignis *qui ad nos venit per partem*
Ducis Aurelianensis..., etc. P. 82, 84, 86. (3, 12 et 18 janvier 1404.)
Comissio facta Filippo de Scrovignis *reducenti ad* dominum Ducem
Aurelianensem *super facendis et dicendis*... Et page 131. (1405, 27
juillet.)

[3] ARCHIVES DE VENISE, *Registri* SECRETI *del Senato*, n° IX, 1425-
1426, page 12, *Quid responsum fuit* domino abbati S^{cti} Antonii Vien-

Mais quel était ce compagnon? En 1429, il est question
d'un *Simon Charles*, maître des requêtes [1]. Bref, il faut
arriver jusqu'en 1459, époque de l'ambassade du seigneur de Montsoreau, *Jean de Chambes*, beau-père de
Commynes, accompagné du sieur *de la Rosière*, maître
des requêtes, de maître *Jehan Daysse* et du secrétaire
du Roi *Toreau*, pour connaître quel mode était en
usage auprès des Vénitiens pour la réception des Ambassadeurs à l'audience de la Seigneurie.

Le seigneur de Montsoreau en a fait lui-même la relation piquante. Il y vint en octobre avec mission de ne
pas laisser se bien établir les mesures qui venaient d'être
prises au concile de Mantoue et qui ne s'accordaient
point avec les vues de ceux qui avaient en leurs mains
la politique de la France. Lui et sa compagnie arrivèrent à l'île de Chioggia, où quarante gentilshommes,
députés par la Seigneurie, le vinrent saluer, et dont un
le harangua. Embarqués sur deux bateaux du Doge
richement parés, ils furent conduits jusqu'à l'abbaye
de Saint-Georges-Majeur, où la Seigneurie les défraya
de toutes dépenses. Les ambassadeurs furent reçus au
Palais le dimanche qui suivit leur arrivée : « Alasmes
devers le Duc bien accompagniez de grant nombre de
gentilshommes, trouvasmes en notre descendue entre
le palays et la rivière, crois, plus de cinquante mille
hommes, et le Duc nous vint au devant jusques en la

nensi et socio, ambasciatoribus Regis Franciæ, *ad exposta per eos*. (1425,
3 mai.)

[1] *Idem., ibid.*, Registre n° XI, 1429-1431 (1430, 3 février), p. 161.
Quid responsum fuit egregio viro de Odontagna et Oratoribus domini Regis
Franciæ *requirentis ligam et confederationem cum nostro dominio*.

basse galerie, et là nous feit bon et honnorable accueil,
et à tous propos me faisoit de l'onneur beaucoup ; et
alasmes à la messe ensemble, et en son siége me feit
seoir à la main droicte, et Mᵉ de la Rosière à gauche ;
l'autre, Mᵉ Jean Daysse, Toreau et le herault... Le
lundi demorasmes en notre logis pour veoir nos lectres
et instructions. Le mardi matin allasmes devers luy.
Nous vint au devant et nous mena en sa salle du Conseil
qui estoit bien paree, et je luy baillié les lectres du Roy,
et Mᵉ de la Rosière luy dict notre créance en latin bien
et honorablement et en haut stille... Et ce faict le Duc
remercia bien, et dit qu'il estoit plus joyeulx de nostre
venue que d'ambaxade qui entrast trente ans à Venise,
et qu'il le devoit estre, car c'est le Roy des roys et Tres-
Chrestien, et que nul ne peuct sans luy, et toutes bonnes
et honnorables paroles. » Mais un trait fort curieux et
qui, dans le cours de ce récit familier, est un vrai portrait de la manière politique des Vénitiens, qui a toujours été de ne jamais trop s'engager, est celui-ci,
rapporté dans les termes suivants par le sieur de Montsoreau : « Le jeudy nous fist notre reponse belle et honnorable à tout ce que Monsieur de la Rosière avait
proposé, et sur le champ luy fut dit que ce n'estoit pas
assez amplement respondu aux deux poincts principaux.
Le recogneut, et dit que pour y repondre luy falloit en
assembler plus grand nombre de son Conseil, et ont esté
depuys assemblés mille à douze cens gentilshommes et
nous dict que eussions pacience... » La Seigneurie ne
prit pas moins de huit jours avant de se décider à faire
parler de nouveau son Doge, ce qu'il fit, paraît-il, à

l'honneur et à l'avantage de la France, car le sieur de
Montsoreau écrit ensuite : « Le mercredy sept de novembre, partismes de Venize, car lundi eusmes notre
réponse belle et honnorable, et dont sommes bien
contans..., etc. [1]. »

Louis XI, qui, comme Dauphin du Viennois autant
que comme ambitieux, avait déjà entretenu quelques
relations avec la République, lui ayant adressé entre
autres confidents, en 1460, un sieur *Nicolas* [2], accrédita différents ambassadeurs à la Seigneurie pendant
son règne. En 1462, 1466, 1468, il parut à Venise des
Envoyés de France [3]; mais la plus importante ambassade
fut celle qui, en 1478, fut déclarée auprès de la Répu-

---

[1] Voyez *Bibliothèque de l'École des chartes*, tome III, pages 183-196.

[2] ARCHIVES DE FRANCE, J. 1039, pièce 10 (15 octobre 1460). Comme
Dauphin, il avait eu, avant cette époque, des rapports diplomatiques
avec la République de Venise; ainsi dans le *Registro* SECRETO, n° XVII
(1446, 11 mars), nous trouvons : *Quid responsum fuit* Oratoribus
Illustrissimi domini Delfini Viennensis *circa electionem suam ad gonfa-
lonieratum sanctæ Ecclesiæ et in factis Bononiæ et aliis tangentibus
Romanum Pontificem.* Page 4. Et pour le duc d'Orléans (16 janvier
1447) : *Quid responsum fuit* oratoribus Ducis Aurelianensis. Page 196.
Dans le *Registro Secreto*, n° XIX, 1453, 11 décembre, *Oblatio* Delfini
descendendi in Italiam, page 211. *Registro* SECRETO *del Senato*, n° XXI
(1460, 10 octobre), *Responsio* Oratori Regis Francorum *ad fœdus et
auxilium præstandum Duci Calabriæ ad regnum Neapolis.* Page 20.
Pour les Ducs d'Orléans, de Bretagne et d'Anjou : *Responsio* oratoribus
Ducum Aurelian., Britann. et Angolism., *ad fœdus petitum pro statu
Mediolani.* Page 21.

[3] *Id., ibid. Registro Secreto del Senato*, n° XXII (1466, 31 juillet).
Responsio Oratori Regis Galliæ *super iis quæ scripserat dominio de rebus
Mediolani et de Liga Italica.* Page 176. Et *Registro*, n° XXIII (1466,
23 février), *Responsio* Oratoribus ejusdem Regis *hortantis Dominium
fœdus inire cum Duce Mediolani.* Page 26.

blique, dans les personnes de *Gui d'Arpajon*, chevalier
et chambellan; *Antoine de Morlhon*, président au parlement de Toulouse; *Jean de Arcanis* (?), chambellan,
maître *Antoine de Comines*, légiste, maître *de Serres* et
Jehan Desberi [1]. Louis XI, à cette époque, était en
grandes et actives négociations avec les Vénitiens, ses
alliés, depuis le traité négocié en France par l'envoyé
Gradenigo et signé le 9 décembre 1477, au Plessis-lez-
Tours [2]. Les derniers ambassadeurs qu'il envoya parurent au *Collegio* en 1480, 1481 et 1483 [3].

Sous Charles VIII, les premières années du règne s'é-
taient passées sans qu'une ambassade fût directement
adressée aux Vénitiens; mais lorsque l'entreprise de
Naples prit germe dans l'esprit de ce Roi, il sentit la
nécessité d'accréditer ses négociateurs auprès des États
d'Italie; et de 1493 à 1495, Venise vit arriver successivement les Envoyés de France, *Peron de Baschet* [4], *De
Citin* et *Philippe de Commynes*.

Nous devons à ce dernier un récit admirable de son

[1] Voyez la lettre de créance pour cette ambassade dans le tome Ier
des *Négociations diplomatiques de la France avec la Toscane*, publié
par MM. ABEL DESJARDINS et CANESTRINI, page 174. (Plessis-lez-Tours,
1er novembre 1478.) Ces ambassadeurs étaient accrédités à la fois pour
Florence, Rome et Venise : *si commode poterunt*, y est-il dit.

[2] BIBL. IMP., *Manuscrits*, n° 2892, *Ratiffication des Traitez de Venise*.

[3] ARCHIVES DE VENISE. SECRETI *del Senato*, n° XXIX (1480, 18 décembre). *Responsio* Oratori Gallo *suadenti generale fœdus contra Turcos*,
page 144, et SECRETI, id., n° XXX (1481, 1er juin), *Summaria Expo-
sitio* Oratoris *Regis Franciæ cum responso circa expeditionem contra
Turcos*, 18. Et XXXI (1483, 11 août), *Responsio* duobus Oratoribus
Regis *suadentibus pacem cum Principibus Italiæ*, page 58.

[4] Le nom de cet Envoyé est défiguré dans les ouvrages imprimés. On
l'y appelle communément Perron de Basche. La lettre ci-jointe, que

arrivée, de sa réception et de son séjour. Il y fut en octobre 1494, ayant laissé le Roi à Ast, prêt à se rendre vers Pavie. Il y vint en six jours « avec muletz et train, car le chemin estoit le plus beau du monde » et passa par leurs cités « comme Bresse, Verone, Vicence et Padoue, et aultres lieux. » Partout lui « fut faict grant honneur, pour l'honneur de celuy qui l'envoyoit. » Le jour qu'il entra à Venise, fut « bien esmerveillé de veoir l'assiete de ceste cité et de veoir tant de clochers et monastères et si grant maisonnement, et tout en l'eaue... et est chose bien estrange de veoir si belles et si grans églises fondees en la mer. » A l'heure où il allait s'embarquer à Lizzafusina, aux confins du territoire de Pa-

nous avons copiée sur l'original existant aux Archives de Mantoue, démontre qu'il convient de l'appeler Peron de Baschet :

« CHARLES, PAR LA GRACE DE DIEU, ROY DE FRANCE. *Tres cher et grant amy. Nous avons esté adverty par notre amé et feal cousin conseiller et chambellan ordinaire et chevalier de notre Ordre, le Sr DAUBIGNY, et nos amez et feaux conseillers, maître* DENIS DE BIDAUT, *general de noz finances,* JEHAN MATHERON, *chevalier president de Provence, et* PERON DE BASCHET, *nostre maître dhotel, noz ambassadeurs, du bon et grant recueil que leur avez fait, et le vouloir que avez de nous faire service dont nous vous mercions et prions tres cordiallement que veuilliez continuer et vous employer en ce que nous le recongnoissons envers vous tellement que vous serez bien content. Tres cher cousin et grand amy,* N. S. *vous ayt en sa saincte garde.* Escript de Lyon, le vi^e jour de may.

A NOTRE CHER COUSIN ET GRANT AMY LE MARQUIS DE MANTOUE. *Archives de Mantoue,* E, XV, I, Francia.

· Ce BASCHET fut du reste un ambassadeur de peu de talent. Il eut cependant à remplir diverses missions importantes à cette époque. Francesco della Casa, ambassadeur des Florentins, en fait un assez pitoyable portrait, le disant *avarissimo* et facile à corrompre. Voyez les *Négociations de la France avec la Toscane,* tome Ier, page 223.

Sur la mission à Venise, voyez *Registro* SECRETO *del Senato,* n° XXXIV, page 179, *Quid Dominio exposuit Orator ejusdem Regis. Responsio eidem Oratori circa impresam Neapolis,* 179.

doue, pour se rendre à Venise par les lagunes, selon
l'usage qui était alors, vinrent au-devant de lui vingt-
cinq gentilshommes « bien et richement habillez et de
beaux draps de soye et escarlate », et le conduisirent
jusque près de la ville, en une église de Sainct-André,
où il trouva un nombre égal de gentilshommes avec les
Ambassadeurs de Milan et de Ferrare. Ce fut de là qu'il
fit son entrée et que sur des bateaux plats, couverts de
satin cramoisi et sur lesquels se pouvaient bien asseoir
quarante personnes, il traversa la ville pour se rendre en son logis, au monastère de Saint-Georges, « et
me menèrent au long de la grant *rue,* qu'ils appellent
le Canal Grant et est bien large. Les gallères y passent à
travers... et est la plus belle *rue* que je croy qui soit en
tout le monde la mieulx maisonnée, et va le long de la
ville... C'est la plus triomphante cité que j'aye jamais
veue, dit-il encore, et qui plus faict d'honneur à Ambassadeurs et estrangiers et qui plus saigement se gouverne. Le lendemain me vindrent querir et mener à la
Seigneurie où presentay mes lettres au Duc qui preside
en tous leurs Conseils, honnoré comme ung Roy, et
s'adressent à luy toutes lettres ; mais il ne peult guères
de luy seul... Pour ce jour ne dis aultre chose ; et me
feit-on veoir trois ou quatre chambres, les planchers richement dorez... et y a audict palais quatre belles
salles richement dorees. » Commynes ensuite fait le récit
émouvant de sa négociation : « *Or fault dire quelle fut
ma charge...* » Et bien que les résultats de sa mission
aient été si peu heureux que, rappelant avec tristesse
l'impression que lui avait causée la dernière réponse de

la Seigneurie, il dise ingénument : « J'avoye le cueur
serré... », ce grand homme ne leur rend pas moins cette
justice de dire : « Et si ont bien congnoissance, par Titus
Livius, des faultes que feirent les Rommains, car ils en
ont l'hystoire, et si en ont les os en leur palais de Padoue.
Et par ces raisons et mainctes aultres que j'ai congneues
en eulx, je dis encore une autre fois qu'ilz sont en voye
d'estre bien grans seigneurs pour l'advenir. » Cet homme
illustre revint encore à Venise dans la même année, en
octobre 1495, et jusqu'à l'avénement de Louis XII
les Vénitiens ne virent aucun autre envoyé de France [1].

Mais aussitôt que la mort de Charles VIII fut connue,
les rapports entre son successeur et la République furent
presque aussitôt renoués, et ce Roi envoya *deux Ambassadeurs* pour traiter, puis messer *Accurse Mainier* [2],

---

[1] *Mémoires de Philippe de Commynes*, édition de la Société de l'Histoire de France, tome II, livre VII, chapitre xviii, page 403. » *Digression ou discours, aucunement hors de la matière principale, par lequel
Philippe de Commynes, autheur de ce present livre, parle assez amplement de l'estat et gouvernement de la Seigneurie des* Venissiens, *et de ce
qu'il vist et y fut faict pendant qu'il estoit* ambassadeur pour le Roy *en
leur ville de Venise.* » Chapitre xix. « *Quelz furent les subjectz de* l'ambassade du sieur d'Argenton *auprès de la République de* Venise. »
[2] Voyez au département des *Manuscrits de la* BIBLIOTHÈQUE IMPÉRIALE
le n° 2892 (ancien fonds), *Traictez faits par les Ambassadeurs du Roy
avec les Ducz et Communautez de Venise,* 1499. Et 3087, fol. 234,
Articles écrits de la Court du Roy Tres Chrestien à l'Ambassadeur dudit seigneur à Venise, *messer* ACCURSE MAYNIER, 3 juin. Et ARCHIVES
DE VENISE, une *lettre de* Louis XII *à Costantino Quirini,* lui recommandant le docteur Accursio Mainerio, grand juge de Provence, son
ambassadeur à Venise. Lyon, 13 mars 1501. Ainsi que, à la BIBLIO-
THÈQUE DE SAINT-MARC, les *Diarii di* MARIN SANUTO, tome II, 1498,
1er octobre, 1499, septembre. *Luigi XII spedisce due* Oratori *in Vene-*

grand juge de Provence, pour le représenter. Ce dernier
y résida jusqu'à l'arrivée de *Jean Lascaris* [1], en 1503,
qui occupa ce poste diplomatique jusqu'à la grande
rupture advenue entre le Royaume et la République à
la suite des conférences tenues à Cambrai, dont le
31 décembre 1508 il avait annoncé au *Collegio* la
solution, sans parler, bien entendu, des articles secrets
que contenait ce traité, si pernicieux pour les Vénitiens. Louis XII, au temps où résidait Jehan Lascaris
en qualité de son ministre *ordinaire,* avait envoyé
comme *extraordinaire* à la République un négociateur
italien, son serviteur, du nom de *Michel Rizzo* [2] en
1504, M. *de la Palisse* [3] en 1507, et un M. *de Vegiers* [4]

---

tia, page 506, et *Lettera credential fatta dal* Re di Francia *alli suoi* Ora-
tori *spediti in Venetia,* page 607, tome III, 1499, octobre-mars 1501.
Manda Oratori *in Venetia,* page 197. *Comissioni spedite al suo* Orator *in
Venetia,* page 475. *Lettere di due Oratori Francesi all'* Orator di Fran-
cia *in Venetia,* page 196. *Lettera del* Re di Francia *al suo* Orator *in
Venetia,* pages 390 et 475.

[1] *Diarii di* MARIN SANUTO. Tome IV, 1501, avril, à 1503, mars. *Lo-
dovico XII spedisce* Orator *a Venetia per nuova lega,* page 105. Tome V,
1508, avril, à mars 1504. *Nuova lega tentata da* Zuane Lascaris, page 34.

[2] *Diarii di* MARIN SANUTO, tome VI, 1504, avril, à 1507, février.
Michel Rizo *orator* spedito a Venezia, page 2.

[3] *Idem, ibid.,* tome VII (1507, mars, à 1509, février). Le 3 août,
le Sérénissime Prince rend compte de ce que lui ont exposé les Ambassadeurs de France, *qui, à son avis, veulent l'alliance avec la République.* Le 7, M. de la Palisse et Michel Rizo, Ambassadeurs, *partent
pour Milan après avoir reçu une réponse favorable.*

[4] *Idem, ibidem,* tome VII, page 432. Le 30 juin, *il Re di Franza
richiama* Monsr di Vegiers, *suo* Orator straordinario. Le 10 janvier 1508,
les envoyés de France sont venus dans le Conseil. Le 2 mai, Zuan
Lascaris au Conseil. Le 31 décembre, Jean Lascaris présente des lettres
du Roi au *Collegio.* Le 28 janvier 1509, Jean Lascaris *annonce au* Collegio *qu'il a ordre de prendre congé,* et part le 30.

en 1508. Après la paix signée à Blois le 23 mars 1513, vinrent deux *envoyés extraordinaires*, dont l'un, *Théodore Trivulce*[1], avant le mois d'août, puis, plus tard, en qualité d'ordinaire, l'*Évêque d'Asti*[2], qui aussi était un Trivulce.

François Ier, — on ne saurait trop le rappeler, — fut celui de nos Rois qui, par l'excessif mouvement de ses affaires au dehors, inaugura l'ère de la Diplomatie française. Jusqu'alors, il faut bien le reconnaître, l'institution de la Diplomatie n'est point définie par la fixité des fonctions. A l'exception de quelques hommes tels que Commynes, les Envoyés diplomatiques se bornaient à passer par un pays, à séjourner quelques semaines au plus auprès du Prince, à chercher à le persuader de prendre en faveur telles ou telles résolutions ou intentions du Roi Très-Chrétien, et puis la mission était remplie. Il n'y avait point résidence. Si François Ier donna un

---

[1] *Diarii* di MARIN SANUTO, tome XVI (1513, mars, à 1513, août). *Onori fatti ad un* Orator de Franza, pages 183, 203, 204. Va in Collegio, pages 221 et 264. Et *Lettre du Roi accréditant* Théodore Trivulce, *son chambellan et lieutenant général*, Blois, le 5 avril 1513, page 209.

[2] *Diarii* di MARIN SANUTO, tome XVII (1513, 1er septembre, à 1514, février). *Mandato lo* Episcopo de Asti, *arriva a Ferrara, indi a Chioza, e preparativi facti in Venezia*, page 189; *arriva*, 191, 192; *rifferisce in Collegio*, p. 192, 193, 232, 276, 301, 306, 318. *Regalato dal Conseio dei X*, 338; *in Collegio per certa materia importante*, 357, e 434, 449. Tome XVIII (1514, mars-août). *Va in Collegio*, pages 53, 65, 76, 85, 113, 147, 208; *tien colloqui con due Savii*, p. 254, 259; *audienza*, 325, 343, 344. Nuove conferenze in Collegio, 396, 399, 405, 406, 419. Tome XIX (1514, 1er septembre, à 1515, février). Va in Collegio per certi nuovi avvisi, pages 6, 250.

nombre considérable de commissions à faire auprès des Puissances par des agents fidèles, qui le plus souvent étaient des officiers de sa maison et ses varlets de chambre ou tranchants, il n'eut pas moins ses Ambassadeurs en titre. Venise, dont il jugea l'alliance tant de fois nécessaire au bien de ses affaires en Italie, pendant sa lutte acharnée avec l'Empereur, fut certainement la Puissance qu'il occupa le plus de sa politique, et à laquelle, par contre, il envoya sans cesse des messagers et près de laquelle il accrédita des personnages assez capables pour traiter et négocier véritablement. Depuis son avénement et jusqu'à l'époque de sa captivité, nous avons à signaler l'*évêque d'Asti* [1], qui tout d'abord demeura son ambassadeur ordinaire ; M. *de Chandener* et M. *de la Vernède* [2] (octobre 1515), un de ses chambellans [3],

---

[1] *Diarii* di MARIN SANUTO, tome XX (1515, mars-août). *In Collegio comunica i preparativi del Re*, page 301. In *Collegio*, p. 391, 278, 258, 122, 270, 332, etc. *Stette con li Caì de X lungamente*, p. 68, 25. Tome XXI. *Il Re accorda licenza al suo Orator in Venetia di portarsi a visitarlo*, p. 176 et 203.

[2] *Idem, ibid.*, tome XXI (1515, 1er septembre, à 1516, février). *Il Re spedisce un nuntio a Venetia*, page 205. *Spedisce due Oratori a Venetia*, p. 216.

[3] *Idem, ibid.*, tome XXIV (1517, mars-septembre). *Un suo camerier onorato da Ser Andrea Gritti*, p. 135; *un suo camerier a Venetia. È onorato*, 486. Pour les premières années du règne de François Ier et ses négociations, voyez les *Registri* SECRETI *del Senato*, XLVI, XLVII, XLVIII. ROMANIN dit en son chapitre VI, tome V : « *Alle lunghe guerre succedettero i lunghi maneggi diplomatici nei quali passò l'anno* 1517, *adoperandosi la Francia a comporre le cose dell' Imperatore colla Repubblica. Ma tante erano le difficoltà d'appianarsi, che appena il* 31 *luglio del* 1518 *si poté venire ad una tregua quinquennale*; etc. » François Ier avait aussi renouvelé cette année, le 15 avril 1517, le traité de Louis XII.

en 1517; M. *de Teligny* [1] en 1519; *Jacques Colin* [2], un
secrétaire de M. de Lautrec, en 1521; un sieur *Renzo da
Cere* [3] en 1523, et un autre envoyé, dont tout un discours
à la Seigneurie se trouve rapporté dans les *Diarii* de Marin
Sanudo [4]. Mais depuis sa captivité, en 1525, jusqu'à la
fin de son règne, le service diplomatique de Venise
devient très-régulier : le poste de Venise se peut dire
fondé pour la diplomatie française. L'année même de la
captivité, sont à Venise l'*Évêque de Bayeux*, un *Ambroise
de Florence* et un sieur *de Villiers* [5]; la Reine mère y

[1] ARCHIVES DE VENISE, *Registro* SECRETO, n° XLVIII, mars 1519,
p. 4 et 165. Et MARIN SANUTO, tome XXVI (1518, septembre, à 1519,
février), manda a Venetia Monsr de Teligny, 839. Et tome XXVII
(1519, mars-septembre), *dimanda denari alla Signoria nostra, materia
in Senato « segretissima »*, p. 141, et tome XXVIII (1519, octobre, à
juin 1520). *Molti Franzesi onorati a Venetia*, p. 5; et tome XXIX,
(1520, juillet, à février 1521), *Certo franzese a Venetia onorato in Collegio*, p. 299.

[2] BIBLIOTH. IMPÉRIALE, *Manuscrits*, n° 2966 (ancien fonds). *Double
de l'Instruction et Memoire à* Jacques Colin, secrétaire de Mons. de
Lautrec, *de ce qu'il aura à dire et remonstrer à la Seigneurie de Venise
de par Monseigneur*. Fait à Milan, le 4 août 1521, fol. 186. Et MARIN
SANUTO, tome XXXI (1521, juillet-septembre). *Certo suo* messo *porta in
Collegio* una lettera, page 191. *Viene per congratularse de la creation
del Doxe*, p. 199, 202.

[3] BIBLIOTH. IMP., *Manuscrits*, n° 3034, ancien fonds. *Lettre en italien
de* Renzo da Cere *a lo Ill. Mons. lo meregal de Memoransi*, Venetiis;
30 luglio 1523, fol. 25. Et MARIN SANUTO, tome XXXIII (1522, mars,
à 1523, février). *Viene altro suo* messo *in Collegio*, page 287. Tome XXXIV
(1523, mars-septembre). *Il Re manda un* nuncio *in Collegio*, page 342.

[4] *Diarii* MARIN SANUTO, tome XXXV, 261. *Copia della memoria presentata al Senato dall'* Ambasciator francese, *chiedendo una risposta
diffinitiva sull' amicizia o nimicizia della Repubblica col suo signore*,
p. 261, 1524, 30 janvier. Et S. ROMANIN, *Storia documentata*, tome V,
p. 387 et 391.

[5] BIBLIOTH. IMP., *Manuscrits*, n° 3044 (ancien fonds). *Lettre de Fran-*

envoie le sieur *de la Barre*, bailli de Paris, et Georges
Sormano; en 1526 [1], *Leonello de Carpi* y remplit une
mission [2]; Monseigneur *de Langeais* s'y présente [3];
en 1527, M. *de Moret* [4]; en 1528, l'*Évêque d'Avranches*, Jean de Langeac et le vicomte *de Turenne*, l'*Évêque
de Rodez*, Georges d'Armaignac [5]; en 1529, *Gaspard
Sormano*, le sieur *Renzo*, l'*Évêque de Tarbes*; Gabriel de
Gramont; l'*Évêque de Lodi*; *Théodore Trivulce*; *Joachim
de Vaulx* [6]; en 1530, *Guido Rangone* [7]. Nous donnons

çois Ier *au* Sr Rance et à l'évêque de Bayeulx, Ambroise de Florence,
et le sire de Villiers... *conseillers et* Ambassadeurs à *Venise...* à Montargis, le 8 aoust, fol. 32 et 41.

[1] *Diarii* di MARIN SANUTO, tome XXXVIII (1525, mars à mai). *La
Regente di Francia scrive al Senato Veneto per mezzo del di lei* messo,
page 123, et Registro *Secreto* del Senato, 1525, 5 avril, p. 135. Et
tome·XXXIX (1525, juin-septembre), Lettera di Madama di Lion a
questi suoi oratori.dei 13, 16, 17 juillet, p..182. Et.BIBLIOTHÈQUE IMP.,
Manuscrits, 3087 (anc. fonds), *Lettre de* la Barre *à Madame*, de Venise,
lè XIX juillet, fol. 29. Et 2962, id., *Instruction au* Sr de Villiers, varlet
tranchant, *de ce qu'il aura à dire au Duc et Seigneurie de Venise*,
fol. 128.'

[2] BIBLIOTH. IMP., *Manuscrits*, 3003 (ancien fonds), *Lettre de* Leonello
Pio da Carpi *à Mons. le grant maistre Anne de Montmorency*, à Venise,
le 1er jour de novembre 1526 (fol. 26).

[3] *Idem, ibid., Manuscrits*, 19751. Lettres originales de du Bellay.
MARIN SANUTO, tome XLII (1526, juillet-septembre). *Il Re manda* ora-
tori a *Venezia*, p. 21. Monsign. di Langes, Ambasciator di Francia in
Venezia..Incombenze dategli dal Re di Francia suo signore, p. 239.

[4] *Idem, ibid.*, tome XLV (1527, mai-août). *Lettera di* Monsign. di
la.Moreta, orator *di Franza*, p. 346.

[5] BIBLIOTH. IMP., *Manuscrits*, 2999 et 3020, Lettres de Turenne à
Mons. le grant maistre, juillet et août 1528, Venize; 3020, de l'évêque
de Rodez, 13 octobre; 3096, de Jean de Langeac, évêque d'Avranches,
octobre.

[6] *Idem, ibid.*,·Manuscrits, 2981, 3000, 3005, 3012, 3020.

[7].*Idem, ibidem*, 3012.

tous ces noms, persuadé que nous sommes de l'utilité
de ces mentions pour faciliter les recherches et mettre
sur des traces certaines de documents peut-être inexplo-
rés jusqu'à présent et appelés tous à servir à l'histoire
complète de la diplomatie française, histoire que l'on
peut dire avoir été essayée par le sieur de Flassan, mais
qui, selon l'abondante et intéressante méthode nouvelle
de traiter un sujet, n'a jamais été faite.

Il est remarquable comme, aussitôt que cette diplomatie se trouva fondée en France et entrée dans les
usages ordinaires de la Cour, le poste de Venise fut considéré. Le savant M. Charrière, pour la science duquel
les anciennes négociations françaises en Orient n'ont
plus de secrets, a commenté cette observation d'une
façon élevée : « La priorité, dit-il, des relations diplomatiques de Venise, sa grande expérience de la politique
des Cours, le secret de son gouvernement, les moyens
nombreux de renseignements qu'il possédait par des
voies publiques et privées, toutes les circonstances con-
couraient à rendre ce poste le plus actif et le plus important pour la France, où les matières à traiter étaient les
plus délicates par le mélange de ménagement et de contrainte qu'il était nécessaire d'employer, surtout par
l'habileté des hommes que l'on avait en tête et qu'il
fallait persuader. Les discordes des villes italiennes, la
prépondérance acquise chez elles au parti impérial, faisaient affluer à Venise un grand nombre d'exilés du
parti contraire. On distinguait entre tous l'émigration
florentine, qui avait à sa tête les frères Strozzi, grands
capitaines et influents par leur nom. Ils formaient, avec

leurs partisans dévoués à la France, comme un petit corps
d'armée dans la cité même et avaient une occupation
de rapports constants et secrets avec les Ambassadeurs
français [1]. » Ce qui n'est pas moins remarquable aussi,
c'est combien à cette époque la meilleure diplomatie
avait ses fonctionnaires parmi les évêques. A les voir
ainsi traitant pour le Roi en tout pays la politique du
royaume, on pourrait se demander si jamais il leur arrivait de penser aux affaires de leur évêché. Toutes les
grandes affaires de négociation, sous ce prince, ont
assurément été traitées par les hommes de l'épiscopat.
C'est une diplomatie d'évêques, de quelque côté que
vous en regardiez le personnel : diplomatie fortement
inaugurée du reste à Venise par l'*Évêque de Bayeux*,
par cet Italien au service du Roi, ce Canossa si lettré,
si fin, de tant de goût et de grâce [2]; puis vint l'*Évêque
d'Avranches*, auquel succéda comme ambassadeur ordinaire *Lazare de Baïf* (1530-1533); celui-là était un
laïque [3], mais bientôt remplacé par l'*Évêque de Lavaur* [4] (1535-1536), et successivement furent accrédités
l'*Évêque de Rodez* [5] (1536-1539), l'*Évêque de Montpel-*

---

[1] *Négociations de la France dans le Levant,* par E. Charrière, 4 vol.
in-4°. (Paris, 1848.)

[2] Les *dépêches* de l'Évêque de Bayeux se trouvent parmi les *Manuscrits* conservés à la Bibliothèque de Vérone.

[3] Voir ses *Dépêches,* Bibliothèque impériale, *Manuscrits,* n° 3941.
Lettre au Roy, 2985, 3050, 3081, 3096.

[4] *Idem, ibid.,* 3000, *Dépêche au Roi par Georges de Selve, Evesque
de Lavaur, à Venise, le 7 septembre 1535,* et 3091, 3096, 3045.

[5] *Idem, ibid.,* 3120, 3062. Instruction et mémoire à Mons. l'Evesque
de Roddez; Ambass[r] du Roi devers la Seigneurie de Venize... touchant
le fait de Gennes, le 26 juin 1537 (fol. 142). Et *fonds* Dupuy, 45,
Démonstrations de l'Evesque de Rodetz.

lier [1], ce savant Guillaume de Pélicier (1539-1542),
l'*évêque de Valence* [2], Jean de Montluc (1544), et *Jean
de Morvillier* [3] (1546-1550). Le maréchal *d'Annebaut*,
accompagné de *Joachim*, sieur *de Vaux*, que l'on voit
figurer tantôt ici, tantôt là, dans les affaires étrangères,
y était venu [4] extraordinairement en 1539.

Fidèle aux traditions du Roi son père, Henri II
confia aussi à de nombreux évêques les soins de ses
affaires à l'extérieur, et la République de Venise reçut
pour sa part, comme accrédités auprès d'elle par ce
Prince, quatre Ambassadeurs, dont un seul n'avait pas
charge d'âmes. Le *Cardinal de Tournon* [5] y arriva

---

[1] Ses *Dépêches*, BIBLIOTH. IMP., fonds *Clérambault*, Mélanges, 230.
Et Affaires étrangères. Il quitta Venise au mois de septembre 1542.

[2] *Idem*, *ibid.*, 2991. Lettre de Venise du 30 janvier (fol. 85). Son
discours à la Seigneurie dans les *Papiers de Granvelle*.

[3] Ses *dépêches* et *lettres*, BIBLIOTHÈQUE IMPÉRIALE, *Manuscrits fr.*,
16088 et 2957. Et voir les *Lettres et Mémoires d'Estat* recueillis par
messire GUILLAUME RIBIER, 2 vol. in-fol. (Blois, 1666). C'est ici pour nous
l'occasion de dire que M. GUSTAVE BAGUENAULT DE PUCHESSE prépare en
ce moment un travail des plus intéressants dont voici le titre : « JEAN
DE MORVILLIER, évêque d'Orléans, garde des sceaux de France (1506-
1577). *Étude sur la politique française pendant le milieu du seizième
siècle*, d'après des documents inédits. » (Paris. Didier, éditeur.)

[4] « Monseigneur, dimanche dernier, le marquis du Guast et moy
nous arrivâmes icy là où pour l'honneur du Roy et de l'Empereur nous
fusmes par le Duc et la Seigneurie reçus en si grand triomphe et cere-
monie qu'il n'etoit possible de plus, et leur ayans lundi en leur consis-
toire présenté le fait de noz charges, ils nous voulurent encore hier ouyr
pour entendre de nous plus amplement leurs volontez, ce que nous
feismes... De Venise, le 3 décembre 1589. D'ANNEBAUT. » (Voyez *Mémoires d'État*, recueil de Ribier.)

[5] ARCHIVES DE VENISE, *Esposizioni Principi*, Registre n° 1, p. 6,
et BIBLIOTHÈQUE IMPÉRIALE, *Manuscrits*, 3126 (anc. fonds). *Mémoire de*

extraordinairement en décembre 1551 ; *Odet de Selve* [1],
l'un des cinq fils du président et frère de l'Évêque de
Lavaur, qui avait négocié à Venise sous le roi François, y fut ambassadeur ordinaire de 1550 à 1554 ;
l'*Évêque de Lodève* [2], Dominique de Gabre, lui succéda
(1554-1557), et pendant ce temps fut reçu en cérémonie au *Collegio* le déjà célèbre *Cardinal de Lorraine* [3],
qui, revenant de son importante mission à Rome, avait
à s'entendre avec la Seigneurie avant de rentrer en
France. L'un des esprits les plus charmants de ce temps,
les plus agréables et les mieux tournés, un homme habile à qui l'histoire de la diplomatie devra une page éloquente, l'*Évêque d'Acqs* [4], François de Noailles, le même
qui plus tard fut si heureux ambassadeur auprès du
Turc, remplaça l'Évêque de Lodève. Il n'en était point
à ses débuts diplomatiques, il venait de servir le Roi en
Angleterre, et un baron de la Garde, le complimentant
sur ce changement de résidence, lui écrivait le 26 octobre 1557 : « Je me suis resjoui ayant sceu qu'il a pleu
au Roy vous lever de ce purgatoire d'Angleterre pour
vous colloquer au paradis de Venize. » M. l'Évêque

ce qui a été fait à Chioggia par Messeigneurs les Cardinaux de Ferrare
et de Tornon, Sr de Termes, et Ambassadeur de Selve, *pour estre
envoié au Roy par le seigneur Cornelio Bentivoglio,* 1552 (fol. 20).

[1] Voyez le *Recueil des Papiers d'Estat de* G. Ribier, cité plus haut.

[2] Biblioth. imp., *Manuscr.*, 16079, Ses *Dépêches,* et 3125, A. F.,
Mémoire de l'evesque de Lodeve, Ambassadeur du Roy *à Venise pour
les affaires de S. M. en Itallie.* A Monsr le Connestable ; faict à Ferrare, le 3 décembre 1555 (fol. 58).

[3] Archives de Venise, *Esposizioni Principi,* Reg., n° 1, page 81.

[4] *Mémoires d'Estat,* recueil de G. Ribier, *passim.* La copie des dépêches existe parmi les manuscrits de la famille de Noailles.

d'Acqs fut ambassadeur jusqu'en 1560, et remplacé par
M. *de Boistaillé*[1], bon serviteur du Roi à Constantinople.

Sous Charles IX et Henri III, c'est-à-dire pendant les
vingt-neuf ans que la Reine mère eut en ses mains la conduite des affaires, les Ambassadeurs ordinaires accrédités
auprès des Vénitiens furent le sieur *du Ferier*[2], 1563-
1567, succédant à M. de Boistaillé; *Paul de Foix*[3], 1567-
1570; le sieur *du Ferier* pour la seconde fois, 1570-1582,
et *Hurault de Maisse*[4], 1583-1588. Les Extraordinaires
furent le *Sénéchal* de Lyon, 1574; *Hieronimo Gondi*[5],

---

[1] Bibliothèque de l'Arsenal, *Manuscrits*, Histoire, nos 584-586.
« La depesche du Roy pour M. de Boistaille allant resider ambassadeur
à Venise. » Il avait le titre de conseiller et de maitre de l'hôtel du Roi.
Le chiffre pour l'ambassade est à la page 6. Première dépêche du 11 mai
1560. Dépêche sur ce que l'on pense des affaires de France en Italie,
page 136 r°, 4 janvier 1561. Il a négocié l'emprunt de la Cour de
France à Venise. Voyez n° 585, dépêche adressée en France le 28
août 1562, pages 51-56, et les *Esposizioni Principi*, Reg. n° I, pages
47 et 64, etc.

[2] Voyez Charrière, *Négociations de la France dans le Levant*,
tome II, page 713. Dépêche du Sr du Ferrier : parti en septembre 1567.

[3] Archives de Venise, Lettres de créance du Roi et de la Reine
mère, datées de Saint-Maur-les-Fossés, 26 septembre 1568, pour une
nouvelle négociation d'emprunt. Était à Venise depuis 1667. Voyez
Esposizioni Principi, 22 octobre, 24 octobre 1567, 11, 15 et 17 octobre 1568, 24 janvier 1568 (M. V.).

[4] André Hurault de Maisse, gentilhomme de robe longue, avait quarante ans quand il fut nommé Ambassadeur à Venise, « *di natura cortese e destra*, dit un Vénitien. Il partit de Paris en septembre 1582, et
eut son audience en cérémonie le 7 novembre. Ses dépêches se trouvent
à la Bibliothèque impériale, parmi les *Manuscrits*, 16090, 16091-92-93
et 10736-39.

[5] Jérôme Gondi était introducteur des ambassadeurs à la Cour de
France. Eut une mission en Italie en 1578. Voyez Archives de Venise,
Esposizioni Principi, Reg. n° I, page 46. Arrivé le 2 septembre à Venise,

1578; *Jules Gassot* [1], 1581; M. *de Luxembourg*, 1586, et
les Envoyés *Annibale Ruccellai* [2], 1562 et 1567; le *Marquis de Villars* [3], 1567; le *Comte de Ventadour* [4], *Cornelio Fiesque* [5], 1568; M. *de Vulcob* [6], 1569; M. *du Glas* [7],
1585. Jamais encore les relations entre la République et
la France n'avaient eu un caractère aussi intime. La
question d'argent les avait fort cimentées. Le trésor du
Royaume aux abois avait été alimenté, sous Charles IX,
par celui de Venise. Un emprunt avait été demandé au
nom du Roi et de la Reine mère. La République l'avait
accordé moyennant des garanties sur des rentes et un
dépôt considérable de bijoux de la couronne. De là tant
de messages et de missions particulières. Depuis ce
moment, en 1562, il ne se passait pas un fait un peu

---

et reçu le 3 au *Collegio*. Et *Lettre de créance* du 14 août, Paris. Il y
vint encore douze ans plus tard, à son retour de Rome, en mars 1589.

[1] Lettre de créance du 27 mai 1583, Paris. Ce Gassot allait alors
en mission à Rome. *Esposizioni Principi*, pages 111 et 165.

[2] ARCHIVES DE VENISE, *Lettre de créance* du 2 octobre 1567. *Esposizioni Principi*, 22 octobre et 24 octobre 1566.

[3] *Idem*, *ibid. Deliberazioni del Senato*, 1567, 12 avril. Lettre du
Sénat à son Ambassadeur en France : *Vederete dall' occluse copie quanto
hanno esposto alla Signoria nostra* il Signor Marchese de Vilars e *l'ambassator del Re*, etc....

[4] *Id.*, *ibid.*, *Lettre de créance* du 27 mars 1568, Paris.

[5] *Id.*, *ibidem*, *Lettres de créance* des 5 et 7 avril 1568, Paris.

[6] *Id.*, *ibidem*, Lettre de créance de la Reine mère du 15 décembre
1568, Melun. Et *Esposizioni Principi*, 24 janvier 1568 (M. V.) ...Che
era gionto un gentilhuomo mandato da Sua Maestà Christianissima con
lettere di credenza, il quale era nipote di Monsignor d'Orliens, qual già
vinti anni fù qui Ambasciator e si chiamava Monsieur de Morvillier,
qual gentilhuomo era molto honorato e pieno di virtu, et che per molti
anni era stato nello studio di Padova.

[7] *Id.*, *ibid.*, *Esposizioni Principi*, 20 mars 1585, Reg. I°, page 83.

important au bien des affaires de la maison du Roi,
qu'aussitôt la nouvelle n'en fût portée à Venise par
l'ordre exprès de Sa Majesté, qui semblait avoir à tâche
de montrer aux Vénitiens qu'ils étaient ses plus particuliers confidents et bons alliés. Les *Esposizioni Principi*
offrent donc un intérêt tout spécial sous le gouvernement
de la Reine mère, et cet intérêt ne fait que s'accroître,
sous Henri IV, que les Vénitiens, seuls parmi les Puissances de l'Europe, — et cela fut et sera pour leur plus
grand et éternel honneur, — reconnurent aussitôt Roi
de France.

Henri IV fut représenté à Venise, en service ordinaire, par *Hurault de Maisse*[1], accrédité de nouveau,
1589-1595; par *Antoine Séguier*[2], sieur *de Villiers*,

---

[1] ARCHIVES DE VENISE, *Esposizioni Principi*, Reg. n° 1, 2 septembre
1589, p. 154; 3 octobre, 5 et 9 octobre, pages 162, 165 et 171.. Registre n° 11, 28 novembre 1589, 15 décembre, id., p. 36; 41, 2 janvier 1589 (M. V.), p. 56. Présente ses nouvelles lettres de créance le
28 janvier 1590, page 64. Audiences : 10 mars, 27 avril, 24 mai, 2 juin,
20 août, 28 septembre, 18 novembre 1590. 21 mars, 1er, 19, 23 avril,
18 mai, 29 juin, 17 août, 26 octobre, 18 novembre 1591. 24 avril,
15 mai, 5, 19 juin, 26 septembre, 1er octobre 1592. 17 mars, 12,
26 mai, 9, 16 septembre, 29 octobre 1593. 3, 11, 14 janvier, 1er février,
19 mars. Prend congé, 4 avril 1594, laissant Camille de la Croix, chargé
d'affaires. Revient Ambassadeur extraordinaire; audiences, 20, 24 juillet
1595, et prend congé le 29. Réaccrédité le 6 septembre, audiences les
14, 23 et 27 octobre 1595, 5 mars, 20 avril, 16 juillet 1596. 27 octobre 1597.

[2] Annoncé à la Seigneurie le 4 novembre 1598 par le secrétaire de
la Croix. A sa première audience le 10 novembre. Importante audience
le 21 mars 1600, 6 et 16 septembre. Relations sur sa conversation avec
l'Ambassadeur vénitien revenu de France le 30 juillet, et le 5 et 10
octobre 1601 avec le procurateur G° Foscarini. Prend congé le 16 octo-

1598-1601 ; *de Fresnes-Canaye*[1], 1601-1607, et M. *de Champigny*[2], 1607-1611. Les Extraordinaires furent *François de Luxembourg*[3], Duc de Piney, le *Marquis de Pisani*[4], le *Duc de Nevers*[5], M. *d'Ossat*[6], l'Évêque de Rennes, 1598, et le *Cardinal de Joyeuse*[7].

La diplomatie française à Venise pendant les dix-sept premières années du règne, c'est-à-dire depuis 1590 jusqu'à 1607, fut dans la plus grande activité et mise aux mains d'hommes du mérite le plus élevé. Les dépêches de M. de Maisse, diplomate consommé, sont animées, vivaces, pleines de faits heureusement exposés. Il eut à soutenir une lutte vigoureuse, glorieuse et toute nationale devant les Vénitiens pour entretenir leur fer-

bre, et arrive à Paris le 19 novembre 1601. Voyez ses *Dépêches*, BIBLIOTHÈQUE IMPÉRIALE, *Manuscrits*, nos 10740, 18039 et 18040.

1 Présenté à la Seigneurie le 16 octobre. Ses dépêches ont été imprimées. Dans les *Esposizioni Principi*, Registre n° III, audiences très-nombreuses. Prend congé le 27 août 1607.

2 Présenté le 30 octobre 1607. Va au *Collegio* avec M. d'Halincourt, Ambassadeur à Rome, le 9 juillet 1608, et le 18 juin 1611 avec M. de Sancy, Ambassadeur à Constantinople; prend congé le 13 août 1611.

3 ARCHIVES DE VENISE, *Esposizioni Principi*, Registro II, 28 novembre 1589, page 36. *Audience*, 5 décembre, p. 41, 10 décembre, p. 46, et 1590, 13 et 18 novembre, pages 102 et 103. BIBLIOTHÈQUE IMPÉRIALE, *Manuscr.*, 18000, 5157, et fonds Dupuy, 212.

4 ARCHIVES DE VENISE, *Esposiz. Principi*, Registro n° II, 11 mai 1593, 26 mai. BIBL. IMP., fonds Brienne, 354; Serilly, 243.

5 *Id., ibid. Esposiz. Principi*, 1594, 3, 11, 14 janvier, 7, 11 et 19 février, pages 125-138.

6 *Id., ibid. Espos. Principi*, Reg. III., 1598, 20 juillet. Première *audience*, 21 juillet; seconde *audience* le 24, pages 32 et 37. Ses dépêches ont été imprimées. *Lettres du* CARDINAL D'OSSAT, avec notes historiques et politiques de M. Amelot de la Houssaye, 5 vol., Amsterdam, 1732.

7 ARCHIVES DE VENISE, *Esposizioni Roma*, mars et avril 1607.

meté si honorable et maintenir la résolution courageuse
où ils étaient de reconnaître, au mépris du Pape et de la
volonté de Philippe II, le vrai roi de France dans la
personne de Henri IV, que le Nonce et l'Envoyé d'Espagne prétendaient bien n'appeler encore que *le Béarnais*.
L'épisode ne dura pas moins de cinq ou six ans [1].
C'est une matière d'élite pour une étude des affaires de
France à cette époque, conduites, traitées et négociées
à l'étranger. Antoine Séguier, sieur de Villiers, successeur de M. de Maisse, est tout homme du Parlement de
Paris, esprit bien nourri des bonnes lettres, aimant les
anciens, recherchant les livres, bon et calme observateur, ayant, en ses lettres au Roi, des saillies piquantes
qui ont un parfum de bonne école. Son rôle à Venise
fut de bien dépeindre les Vénitiens, de les entretenir en
l'affection et l'admiration qu'ils avaient vouée au Roi, et
de savoir pénétrer bien à fond quelle serait leur conduite
au cas où la politique turbulente de Monsieur de Savoie,
que soutenait alors l'Espagnol, porterait le Roi de France
jusqu'à l'envahissement de son duché. « *Ces seigneurs,*
dit-il quelque part, *m'ont traicté honorablement et à l'ac-
coustumee, je ne puis rien désirer d'eulx, et le Roy ne les
recherchant que de la bonne intelligence qui a tousiours
esté entre ces deux Estatz, nous ne sommes pas pour
nous lasser les uns des autres.* » Ses dépêches ont un
charme de style tout particulier. Elles n'ont pas le mouvement qui se remarque dans celles de son prédéces-

---

[1] Nous donnons les plus intéressants détails sur toute cette période
de la politique franco-vénitienne dans notre second volume de la *Diplomatie vénitienne*, HENRI IV ET LES VÉNITIENS, présentement sous presse.

seur, — les temps d'ailleurs sont plus calmes, le traité
de Vervins est signé, — mais elles ont ce je ne sais
quoi de bonne et naturelle diction qui toujours satisfait
l'esprit [1]. Sous M. de Fresnes-Canaye commença la
grande lutte des Vénitiens avec le Pape Paul V, lutte
en laquelle s'interposa le Roi de France et que M. le
Cardinal de Joyeuse, son ambassadeur extraordinaire,
termina fort heureusement pour le repos de la chrétienté. Ces diverses questions sont celles qui ont si vivement animé l'élément diplomatique de la France à
Venise sous le règne de Henri IV, et les registres des
Esposizioni Principi sont féconds en documents propres
à jeter sur elles la plus vive lumière.

[1] Il était aussi un philosophe. Voyez le *post-scriptum* de sa lettre du
17 avril 1599 à son ami M. de Vertamont, Conseiller du Roy en la
Court de son Parlement : « *Monsieur, les affaires commencent à s'es-*
chauffer et suis contraint descripre beaucoup plus que de lyre. Ce seroyt
bien ung agreable exercice pour ung ambitieux, car vous y voyez le
monde le plus rehausse et en plus grandes affayres. Croyez moy sûr que
c'est du vent et de la fumee, et que le jardin du cloistre (allusion à sa
demeure à Paris) *et la metayrie d'Auteuyl avec la Cour du Parle-*
ment mesnent un homme plus doucement à son dernier jour : c'est ma
philosophie. Aymez moi s'il vous plaist toujours. »

Le sieur de Villiers était alors dans sa cinquantième année. Il resta
près de trois ans ambassadeur à Venise. Il a raconté fort au long et
d'une façon charmante son aller et son retour, comment le Roi l'avait
nommé sans qu'il eût rien fait pour avoir cette marque de sa confiance.
Il partit de Paris le 26 septembre 1598, et arriva à Venise le sixième
jour d'octobre. Son séjour fut jusqu'au 19 octobre 1601 qu'il partit
pour Paris, où il arriva le 19 novembre pour se rendre aussitôt à Saint-
Germain où le Roi était. Le sieur de Villiers harangua Sa Majesté d'une
façon touchante, après quoi, dit-il (et c'est par ces mots qu'il met fin
au registre de son ambassade), « *la responce fut telle que je la pouvois*
desirer, avec laquelle je me retiray et reprins le chemin du Parlement
pour y servir mon office ».

28.

Louis XIII, sous la régence de Marie de Médicis, manda pour ambassadeur ordinaire *Léon Bruslart* [1], 1612-1620; et, depuis, *M. de Villiers* [2], 1620-1623;

[1] ARCHIVES DE VENISE, *Esposizioni Principi*, 1611, 17 décembre. Présente ses lettres de créance, réside dix années Ambassadeur, et prend congé le 13 avril 1620. BIBLIOTH. IMP., *Manuscrits*, ses dépêches, ses *Instructions* et *écrits divers*, nᵒˢ 1426, S. G. F., 1017, fonds Harlay, et 16094, F. F. Il a laissé un mémoire sur son ambassade qui est comme un tableau du gouvernement de Venise, et dont voici le début fort expansif :

La qualité d'ambassadeur étant estimée au jugement d'un chacun l'une des plus belles, honnorables et relevées d'entre les hommes pour l'honneur que reçoivent ceux qui en sont honorez d'estre participants des secretz de leurs maîtres, de représenter leur personne, de communiquer souvent par lettres avec eulx et de traicter ordinairement avec les Princes auprès desquels ils résident ou avec les plus grands de leur Cour de choses grandes et importantes, leur debvoir les oblige d'autant plus aprez qu'ilz se sont honorablement acquittez de l'administration de leur charge, de rediger par escrit et en bon ordre toutes les choses plus memorables qu'ils auront pu voir, remarquer et apprendre pendant le cours de leur ambassade pour s'en fortifier et rafraischir la mémoyre, sans laquelle ils ne peuvent tirer profit de ce qu'ilz ont veu pour laisser à leur patrye et postérité ce fruit de leur labeur, et en rendre bon et fidèle compte au temps et lieu qu'ils en seront requis. Pour ce respect, ayant pleu au Roy m'honorer de l'ambassade de Venise et de me commander dès l'année 1611 d'y venir résider, et me croyant après une résidence de près de neuf années, sur le point d'en désemparer pour laisser la place remplie de personne de plus grand mérite et expérience que moy, j'ay creu ne pouvoir emploïer plus utilement ce peu de temps qui reste avant mon partement qu'à dresser le plus exactement que je pourray cette relation et représenter avec une pure et naïve sincérité tout ce que j'ay peu pénétrer et cognoistre du gouvernement de cette République, de ses mœurs, de ses loys, de sa puissance et richesse, de l'estendue de son domaine, de l'assiete et température d'iceluy, de ses plaisirs et defauts, de ses interetz, amitiez et intelligences avec les autres Princes..., etc. (Voyez *Manuscrit* de cette Relation, fonds *français*, 19020.

[2] ARCHIVES DE VENISE, *Esposiz. Principi.* Présenté le 25 août 1620, prend congé le 3 septembre 1624. BIBLIOTHÈQUE IMPÉRIALE, *Manusc.*

M. d'Aligre [1], 1624-1628; le *Comte d'Avaux* [2], 1628-1632;
M. de la Thuillerie [3], 1632-1637; *M. du Houssay* [4], 1638-
1640, et *M. des Hameaux* [5], 1642-1643. Les Ambassadeurs extraordinaires furent le *Marquis de Cœuvres* [6],
1621; le *Maréchal d'Estrées* [7], 1630; le *Duc de Créqui* [8],
1634; *M. de Bellièvre* [9], 1635, et *M. de Lyonne* [10], 1642.
La politique du règne de Louis XIII fut des plus alertes
en Italie. Tantôt c'était la question des Ligues grises et
de la Valteline, tantôt celle de Mantoue, tantôt celle
du Montferrat, et toujours celle du Piémont. Le grand
adversaire était l'Espagnol, qui campait dans Milan, et

[1] ARCHIVES DE VENISE, *Esposiz. Princip.* Arrivé le 6 décembre 1624,
présenté le 11 décembre, prend congé le 7 septembre 1627. Voir ses
Instructions, manuscrit 571, *Histoire*. BIBLIOTHÈQUE DE L'ARSENAL.

[2] *Idem*, *ibid.* Présenté le 5 janvier 1628, prend congé le 22 septembre 1632. Voir à l'ARSENAL, Man. 571, ses *Instructions*, pages 229-242,
et BIBLIOTH. IMP., *Man.*, fonds Dupuy, 45, sa *harangue* au *Collegio*. Il
était Claude de Mesmes, comte d'Avaux, frère du président de Mesmes.
Traita au Congrès de Münster. Mourut le 19 novembre 1650.

[3] *Id.*, *ibid.*, *Esp. Principi.* Présenté le 16 novembre 1632, prend
congé le 17 décembre 1637.

[4] *Id.*, *ibid.* Présenté le 2 mars 1638, prend congé le 18 septembre
1640.

[5] *Id.*, *ibid.* Présenté le 20 novembre 1642. En audience le 12 juin
1643 pour présenter les nouvelles lettres de créance.

[6] *Id.*, *ibid.* Annoncé au *Collegio* le 11 septembre 1621; son audience
le 27 septembre.

[7] *Id.*, *ibid.* Présenté le 16 février 1630, prend congé le 28 mars.
BIBLIOTHÈQUE IMPÉRIALE, *Manuscr.*, 16096 et 4067, ses dépêches et ses
papiers de 1613 à 1641.

[8] *Id.*, *ibid.*, *Esposiz. Principi.* Annoncé le 11 août 1634, arrivé le 19,
présenté le 23.

[9] *Id.*, *ibid.* Présente ses lettres de créance le 31 août 1635, prend
congé le 15 octobre. BIBLIOTH. IMP., 16077, sur M. de Bellièvre en Italie, et 15890-15916, Papiers Bellièvre, de 1566 à 1640.

[10] *Id.*, *ibid.*, *Esposiz. Principi.* Présenté le 18 décembre 1642.

qui soutenait les prétentions de Monsieur de Savoie. Le
mouvement·des affaires, assez agité pendant l'ambassade
de Léon Brûlart d'abord, calmé sous M. de Villiers, avait
repris quelque activité sous M. d'Aligre, pour atteindre
à son comble sous M. d'Avaux. Pendant les quelques
siècles que durèrent les bonnes relations entre la République et la France, il n'y a pas eu d'ambassade plus
affairée, plus nourrie de négociations, plus chargée
d'audiences que celle de Claude de Mesmes, comte
d'Avaux. A cette époque aussi, le Cardinal de Richelieu
était dans tout le feu de sa magnifique politique, et, par
l'action qu'il leur communiquait, les peuples alliés avaient
à se ressentir de ses infatigables entreprises autant que
ses ennemis les plus déclarés.

Louis XIV accrédita successivement pour ses Ambassadeurs ordinaires : *M. des Hameaux*[1], 1643-1645 ;
de Grémonville[2], 1645-1647 ; *René de Voyer de Paulmy
d'Argenson*[3], 1651-1655 ; *M. Duplessis-Besançon*[4], 1655-

[1] ARCHIVES DE VENISE, *Esposiz. Principi.* Réaccrédité par la Reine
régente, présente ses lettres le 12 juin. Prend congé le 5 mars 1645.
BIBLIOTH. IMP., *Man.* 16097, ses *Dépêches.*

[2] Arrivé le 23 mai 1645 de Rome, parti le 17 octobre 1647. BIBLIOTH.
IMP., *Man.* 16098 et 16099, ses *Dépêches.*

[3] Arrivé le 19 novembre 1651. Fait son entrée le 12 décembre. Va
en audience de cérémonie le 13. Prend congé le 18 novembre 1655.
Voir BIBLIOTH. DE L'ARSENAL, M. 387, *Hist.*, et BIBLIOTH. IMP., 16078.
Son père venait d'être élu Ambassadeur extraordinaire auprès de la République, et y mourut avant d'avoir eu sa première audience. Voyez sur
ses obsèques, faites par ordre du Sénat, et sur son mausolée, sculpté
par Claude Perrault dans l'église de San-Giobbe, le tome VI des *Inscrizioni Veneziane*, E. A. CICOGNA, page 542 et suiv.

[4] Arrivé le 24 octobre 1655. Fait la cérémonie de son entrée le 9 décembre 1656. BIBLIOTH. IMP., *Manuscrits* 16100, 16101, ses *Dépêches.*

1656; *Pierre de Bonsi*[1], Évêque de Béziers, 1662-1665 ;
le *Président de Saint-André*[2], 1669-1671 ; *le Comte
d'Avaux*[3], 1672-1674[4] ; *l'Abbé d'Estrades*, 1676-1678 ;
M. de Varengeville, 1679-1681 ; *Michel Amelot de Gournay*[5], 1682-1685 ; *M. de la Haye-Vantelet*[6], 1684-1701 ;
M. de Charmont[7], 1703-1705 ; *l'Abbé de Pomponne*[8],
1705-1709. Un seul y fut en qualité d'Extraordinaire,
de la Feuillade[9], Archevêque d'Embrun, 1659 ; et un, en
qualité d'*Envoyé*, le *Comte de Rébenac*[10], 1692. Sous
ce règne, après la confection du traité de Munster, à

[1] Né à Florence en 1631, eut l'évêché de Béziers en 1659. Négocie
le mariage de Marguerite-Louise d'Orléans avec le prince de Toscane
en 1662. Arrive Ambassadeur à Venise en décembre 1662. Fait son
entrée le 23 décembre. Prend congé le 13 janvier 1665 pour aller Ambassadeur en Pologne, d'où en Espagne. Meurt le 11 juillet 1703, archevêque de Narbonne. Ses dépêches aux ARCHIVES DES AFFAIRES ÉTRAN-
GÈRES.

[2] Fait son entrée le 8 février 1669, présente les lettres du Roi en date
du 24 septembre 1668. Rappelé le 19 octobre 1671, prend congé le
10 novembre. Eut pour secrétaire le fameux *Amelot de la Houssaye*.

[3] Arrivé le 21 juin 1672, fait la cérémonie de son entrée le 21 septembre. Prend congé le 10 novembre 1674.

[4] Arrivé le 18 janvier, fait son entrée le 15 avril 1676. Prend congé
le 12 décembre 1678. BIBLIOTH. IMP., *Manuscrits*, fonds *Clérambault*,
Mélanges, 707.

[5] Amelot, marquis de Gournay. Présenté le 2 juin 1682, prend
congé le 2 janvier 1685.

[6] Présenté le 9 juillet 1685. Précédemment Ambassadeur à la Porte,
puis Envoyé extraordinaire à Munich.

[7] Fait son entrée en cérémonie le 29 avril 1703.

[8] Arrivé le 2 juin 1705, fait son entrée seulement le 10 mai 1706.
Part en 1709.

[9] De la Feuillade, archevêque d'Embrun, arrivé le 20 août 1659, a
sa première audience le 12 septembre. Prend congé l'année suivante en
septembre. BIBLIOTH. IMP., *Manuscrits*, n° 16102, ses *Dépêches*.

[10] BIBLIOTHÈQUE DE L'ARSENAL, *Manuscrits*, Histoire, 569.

laquelle la République, de l'avis de tous les historiens qui en ont bien connu la matière, prit une part si glorieuse avec la personne de l'ambassadeur Alvise Contarini, ses rapports avec la France semblent avoir perdu tout le relief de leur importance. La sagesse de son Sénat avait pour soin principal la conservation d'une neutralité absolue. Simple spectatrice des événements politiques les plus graves dont le théâtre, sous le règne de Louis XIV, fut en plus d'une occasion sur ses propres confins, la République ne visait qu'à un système de conciliation, le plus souvent impossible à atteindre; aussi le rôle actif de nos ambassadeurs à cette époque est-il presque nul. Ils sont là comme des représentants plus ou moins magnifiques chargés de narrer les nouvelles qu'ils apprennent de divers endroits. Ils semblent aussi en quelque sorte avoir plutôt mission de s'occuper de questions commerciales et industrielles pour satisfaire à la curiosité ardente de Colbert [1], et seconder ses vues à cet endroit, que de se mêler personnellement aux graves affaires qui, dans le reste de l'Europe,

---

[1] Sous ce rapport, la Correspondance de l'Évêque de Béziers et celle du Président de Saint-André offrent beaucoup d'intérêt. Voyez la *Correspondance administrative sous Louis XIV*, publiée par G. Depping, et *les Lettres, Instructions et Mémoires de* Colbert, publiés par Pierre Clément (Paris, Imp. impériale), tome II, deuxième partie, *Industrie et commerce*, et tome V, *Sciences, Lettres, Beaux-arts, Bâtiments*. Ainsi : Lettre au Président de Saint-André, Ambassadeur à Venise, 16 août 1669, « *Étudier secrètement l'état des manufactures de glaces et de dentelles*, tome II, page 484; 15 novembre 1669, *Surveiller la concurrence que les glaces et dentelles de Venise font à celles de France*, etc., etc. Voyez aussi notre article publié dans la *Gazette des Beaux-Arts*, tome XXIV, 1er mars 1868, *De l'hommage d'un tableau de* Paul Véronèse *que fit à* Louis XIV *la République de Venise en 1664*.

font le mouvement des cabinets des ministres. Les circonstances cependant semblent avoir donné un attrait politique aux missions et aux audiences du comte d'Avaux, de l'abbé d'Estrades, et de l'abbé de Pomponne. Après le départ de ce dernier, en 1709, le poste diplomatique de Venise ne fut occupé que par un secrétaire chargé d'affaires, qui fut *M. de Frémont*, lequel resta en charge jusqu'en 1723.

Les ambassadeurs de Louis XV auprès de la République furent le *comte de Gergy* [1], 1723-1732 ; le *comte de Froullay* [2], 1733-1743 ; *M. de Montaigu* [3], 1743-1746 ; *M. de Chavigny* [4], 1750-1753 ; *l'Abbé de Bernis* [5], 1752-1755 ; le *Marquis de Durfort* [6], 1758-1760 ; le *Comte de Baschi* [7], 1761-1767 ; le *Marquis de Paulmy d'Ar-*

[1] Accrédité le 14 octobre 1723, arrivé à Venise en décembre. Depuis la seconde moitié du règne de Louis XIV, les dépêches des ambassadeurs de France auprès des Vénitiens ne se rencontrent pour ainsi dire plus dans les dépôts publics de documents. Les Archives des affaires étrangères, et souvent aussi les archives privées des familles auxquelles ont appartenu les ambassadeurs, en sont les heureux et naturels dépositaires.

[2] Arrivé le 28 novembre 1733, parti le 13 février 1743.

[3] Arrivé en juillet 1743. Voyez dans le *Journal des Débats* l'intéressant article publié sur l'ambassade de ce personnage inutile et dont le secrétaire fut Jean-Jacques Rousseau, par M. de SAINT-MARC GIRARDIN. Le ministre d'Argenson, dans ses *Mémoires*, dit : « M. de Montaigu ne se distingue pas davantage par le contenu de ses dépêches cette année-ci que la précédente. »

[4] Présenté le 12 novembre 1750.

[5] Reçoit ses instructions le 9 septembre 1752, arrive le 25 octobre, part le 12 avril 1755.

[6] Fait son entrée en cérémonie le 11 novembre 1758.

[7] Fait son entrée en mai 1764.

genson [1], 1767-1771, et le *baron de Zuckmantel.* Il n'y
eut pas d'ambassadeurs extraordinaires, et pendant l'absence ou le congé des ordinaires, la correspondance fut
écrite et les affaires traitées par des secrétaires, tels que
l'abbé de Villefond, M. de Nogaret, le sieur *Adam,* le chevalier *d'Hauteroche,* et surtout par les *Le Blond,* ayant
qualité de consuls. La situation politique des ambassadeurs de France à Venise, sous ce règne, se trouve
peinte au vif dans les premières lignes du mémoire ser-
vant *d'instructions* à l'abbé de Bernis, dont la citation
ne saurait trouver en dehors de ces pages un cadre plus
approprié au sujet :

C'est le sort ordinaire de tous les États, y est-il dit, d'avoir
leur accroissance et leur décadence. Cette vicissitude est particulièrement remarquable dans les Républiques. Celle de Venise
en a plus qu'aucune autre éprouvé les effets. Faible dans son
origine, elle s'était accrue au point de donner de l'ombrage
aux principales puissances de l'Europe. On vit à Cambray la
France, l'Espagne, l'Empereur, la Cour de Rome et le gouvernement des Pays-Bas se liguer contre elle en l'année 1508.
La République fit alors la triste expérience d'une ambition qui
l'auroit épuisée et qui auroit à la fin procuré sa ruine totale;
elle sentit qu'elle ne pouvoit subsister qu'en se maintenant en
paix et en ne prenant aucune part aux querelles des autres
Puissances. C'est par ces considérations que la République a
adopté ces maximes pacifiques qu'elle a suivies constamment
depuis près de deux siècles. L'exactitude avec laquelle elle les
a observées fait aujourd'hui toute sa sécurité et luy procure
toute la considération dont elle jouit. Elle tient un rang parmi
les Souverains, et les plus puissants ont toujours eu soin d'entretenir auprès d'elle un ambassadeur ou ministre accrédité.
Le Roy a conservé cet usage, établi par ses augustes prédécesseurs.....

---

[1] Fait son entrée le 27 juin 1767.

La situation actuelle des affaires de l'Europe présentera au sieur comte abbé de Bernis peu d'objets importans de négociations dans les premiers temps de sa résidence. L'affaire des sucres est la seule qui mérite aujourd'hui de sa part une attention particulière, et Sa Majesté est persuadée qu'il la suivra avec tout le zèle et l'intelligence dont elle le sçait capable. La République a depuis quelque temps diminué les droits sur les sucres qu'elle tire du Portugal, et elle n'a point fait la même diminution sur ceux que la France y apporte. Le Sʳ abbé comte de Bernis doit faire à ce sujet les plus fortes représentations au gouvernement de Venise, et luy faire sentir qu'une telle disproportion tendroit à détruire totalement cette branche de commerce de la France avec la République.....

Il n'est pas nécessaire d'observer à l'Ambassadeur du Roy que la connoissance du caractère, des intentions et du crédit des nobles Vénitiens qui ont une part principale dans l'administration de la République est un des objets les plus essentiels de ses recherches. Le Roy et son Conseil attendent du zèle et de l'intelligence de l'abbé comte de Bernis les notions qui peuvent leur manquer sur ce point [1].

Il faut, du reste, dire que l'abbé comte de Bernis et ses successeurs n'eurent pas seulement à s'occuper de la question des sucres, mais qu'une question plus politique dut fixer leur esprit d'observation. Ce fut celle des envahissements médités de la Cour de Vienne dans les affaires d'Italie. A cet égard, la pénétration des Envoyés de France fut, dès cette époque, tenue en haleine, éveillée, exercée par la politique infatigable de cette maison d'Autriche, si grande alors et si dangereuse.

Louis XVI accrédita, pendant son règne, quatre ambassadeurs, qui furent : le *Marquis de Vergennes* [2],

---

[1] Correspondance de l'abbé comte de Bernis, Ambassadeur du Roi.
[2] Présenté le 10 mai 1779.

1779-1783; le *Comte de Chalons*, 1786-1789; le *Mar-*
quis de Bombelles [1], 1789-1791, et le *Marquis de*
Durfort [2]. Les sieurs *Schlick* et *Hennin* furent chargés
d'affaires.

Ce même *Hennin* [3], les sieurs *Jean Jacob*, *Noël* [4],
Lallement [5], y représentèrent la République française,
une et indivisible. Le dernier Français qui ait eu à présenter un message spécial au Cabinet des Ministres, fut
Junot [6], aide de camp du général Bonaparte, et délé-

---

[1] Parti avant le 14 mars 1791.

[2] Présenté le 22 juillet 1791. Remet au *Collegio* la lettre du Roi du
25 septembre par laquelle il annonce avoir accepté la Constitution.
Parti le 19 mai 1792.

[3] Chargé d'affaires du Conseil exécutif provisoire de la République,
avec *lettres de créance* du 25 décembre 1792. Présenté le 22 janvier
1793. Parti le 13 juin 1793, laissant le sieur Jacob pour secrétaire.
Voyez ARCHIVES DE VENISE, *Corti* (filze, 10 janvier 1793), et *Esposi-*
zioni Principi (filze). Et *Memoria che può servire alla storia politica*
degli ultimi otto anni della Repubblica di Venezia; Londres, 1798. Et
Consiglio dei Dieci, Partie secrète.

[4] Avec *lettres de créance* du Conseil exécutif, en date du 11 mai,
signées des sieurs Le Brun, Clavière, Dalbarade, J. Bouchette, Gohier
et Garat. Parti sans avoir été reçu en audience du Conseil. Voyez la
Raccolta cronologica ragionata di documenti inediti che formano la
storia diplomatica della Revoluzione e caduta della Repubblica di Vene-
zia; tome Ier.

[5] Annoncé au Conseil le 13 novembre 1794 par le Secrétaire Jacob.
Présenté le 22 novembre. Voyez dans la *Raccolta* Cicogna, filza 2987,
Riflessioni sulla caduta della Repubblica Veneta, del conte Giuseppe
Giacomazzi. Réaccrédité avec lettres du Directoire exécutif, qu'il présente le 25 janvier 1796. Voyez ARCHIVES DE VENISE, la dernière *filza*
des *Esposizioni Principi*, et à la BIBLIOTHÈQUE DE SAINT-MARC, *Miscel-*
lanée 162. *Recueil de pièces relatives aux affaires de Venise.* Parti le
7 mai 1797, laissant son secrétaire Villetard avec des pleins pouvoirs.

[6] Arrivé inopinément le 13 avril 1797 avec qualité d'aide de camp
du général commandant l'armée d'Italie. A l'audience, le samedi saint,

gué par lui; mais *Villetard* [1], secrétaire de Lallement,
fut le dernier qui ait eu à traiter d'affaires en séance
ordinaire.

Tels sont les personnages, Ambassadeurs ordinaires,
Ambassadeurs extraordinaires, Chargés d'affaires, Envoyés en missions spéciales qui, depuis les temps les plus
anciens jusqu'à la chute de l'État des Vénitiens, parurent au nom de la France devant le *Collegio,* et si nous
en exceptons le maréchal de Champagne, qui vint à
Venise en l'an 1199, les traces de tous les autres peuvent être recherchées et suivies dans les Archives de la
République, soit à l'article *Deliberazioni del Senato,* soit
à celui de *Esposizioni Principi.*

Nous avons dit plus haut que le recueil de ces *Esposizioni,* tel qu'il a été formé par les secrétaires désignés
pour ce travail, s'ouvrait seulement avec l'année 1541.
À vrai dire, cette date ne mérite point l'honneur qu'on
lui fait d'inaugurer ce remarquable fonds de documents
spéciaux. Une seule audience y est reproduite à cette
époque, et l'enregistrement d'autres audiences ne reprend que dix ans plus tard avec l'*Esposizione* du Cardinal de Tournon, qui, en compagnie de l'Ambassadeur
ordinaire, fut reçu au *Collegio.* Nous ne saurions expli-

14, il présente au Conseil la lettre de Bonaparte, datée de Judenburg
le 20 germinal (9 avril). Sa conversation avec le procurateur Pesaro se
trouve dans le tome X de la *Storia documentata,* page 80.

[1] Voyez sur le rôle du secrétaire Villetard pendant les six derniers
jours de la République des Vénitiens, la *Storia documentata* de S. Romanin, tome X, pages 150 et 185, et aux Archives la dernière liasse des
papiers du *Grand Conseil.*

quer le motif qui a fait que le secrétaire rédacteur ait
passé de l'année 1541 à l'année 1551 sans mentionner
aucune autre audience, quand certainement plusieurs
ont été données, pendant ce laps de temps, à l'évêque
de Montpellier, à l'évêque de Valence et à Jean de Morvillier. On s'aperçoit du reste en feuilletant ce premier
registre, qui s'étend de 1541 à 1570, que la série régulière a quelque peine à s'établir, car pour l'année 1551
des audiences *di Francia* on n'y rencontre que le document relatif au Cardinal de Tournon; pour 1552, nous
n'en trouvons que deux; pour 1554, six; pour 1555,
un; pour 1556, sept; pour 1557, deux; pour 1558,
deux; pour 1559, deux; pour 1560, aucun; pour 1561,
un; pour 1562, sept; pour 1563, aucun; pour 1564,
un, etc. Dans le nombre ci-dessus indiqué, nous consi-
dérons comme méritant plus particulièrement d'être
signalées, les *Esposizioni* suivantes :

1552. L'Ambassadeur *de France* présente un mémoire à la
Seigneurie pour l'exhorter à appuyer l'entreprise que le Roi
Très-Chrétien veut faire sur le royaume de Naples.

1554. Discours et propositions de l'*Ambassadeur du Roi
Très-Chrétien* sur les affaires de l'État de Sienne, avec instances
à la République pour lui prêter secours, et offres d'envoyer
l'un de ses fils, etc. Mission particulière de M. d'Avanson à ce
sujet.

1555. Le *Cardinal de Lorraine* rend compte au gouvernement de Venise de la négociation qu'il vient d'accomplir à
Rome avec le pape Paul IV.

1557. L'*ambassadeur de France*, après avoir raconté la
défaite de Saint-Quentin et la capture de M. le Connétable,
demande à contracter un emprunt avec la République pour
la solde des gens de guerre qu'elle a en Italie.

1558. Affaire de la préséance à reconnaître entre le *Roi Très-Chrétien* et Sa Majesté Catholique, avec tous les discours, les lettres et les négociations auxquelles elle a donné lieu.

1562. Requête présentée au nom du *Roi Très-Chrétien* à la République pour contracter avec elle un emprunt de deux cent mille ducats afin d'aider à sa défense contre les huguenots ; et discours de l'Ambassadeur à cette occasion.

Mémoire présenté par l'*Ambassadeur de France* touchant les efforts de la Reine pour apaiser les troubles dans le royaume.

L'*Ambassadeur de France* expose que la Reine mère a tout fait pour ne pas laisser s'introduire dans le royaume la religion nouvelle et pour qu'on n'en vînt pas aux armes : il cite des faits pour démontrer que la Reine a sans cesse essayé de sauvegarder la foi catholique, et sollicite la conclusion de l'emprunt dont elle a besoin.

L'*Ambassadeur de France* rend compte de la victoire du Roi sur les huguenots et de l'obligation que le Roi et tout le royaume ont pour Sa Sérénité, en raison du prêt d'argent qu'elle leur a fait.

L'*Ambassadeur du Roi-Très Chrétien* et le *gentilhomme* venu de France rendent compte de la victoire du Roi, louent fort Sa Sérénité, et lui offrent les forces du royaume en cas de besoin. Il met très-haut la valeur du duc de Guise dans cette entreprise.

L'*Ambassadeur de France* dit que le Roi est entré à Lyon avec allégresse de toute la ville, que le Roi sera toujours affectionné à la République, que le Cardinal de Lorraine se met à sa disposition.

Toutes sommaires que soient ces indications, il nous est permis de penser qu'elles suffiront à démontrer l'intérêt politique de ces pièces, qui, dans les registres où elles sont conservées, présentent le plus complet développement. On peut estimer qu'à dater de 1562, année où fut commencée la négociation de l'important emprunt de deux cent mille ducats pour le compte du Trésor de France, les *Esposizioni Principi* sont régulièrement rédigées et que toutes les audiences des ambassadeurs, à l'exception de celles que des raisons d'État appelaient à se passer en Conseil des Dix, et dont nous aurons à parler ailleurs, y sont relatées fort consciencieusement. L'abondance de ces pièces devient surtout extrême lorsque, après 1582, la réformation dudit Conseil, discutée si vivement et présentée aux votes de tous les patriciens, eut restreint de beaucoup cette ingérance si grande que depuis les premiers événements de la ligue de Cambrai, en 1509, il s'était peu à peu acquise dans les *affaires étrangères* de la République.

Amelot de la Houssaye, dans son *Histoire du gouvernement de Venise*, dit que l'on appelait Venise « l'École et la Pierre de touche des Ambassadeurs, car *c'est là*, dit-il, *que les Princes mettent leurs sujets à l'épreuve pour en savoir le juste prix.* » La manière toute particulière d'y traiter sans cesse devant un Conseil assemblé donnait en effet à l'ambassade à Venise un caractère qu'elle n'avait pas ailleurs au seizième siècle. Il fallait que l'Ambassadeur se fît à l'usage d'exposer à haute voix l'objet qui l'amenait devant Leurs Seigneuries du cabinet des ministres. Jamais d'intimité, jamais cette facilité dans la négociation que donnent la confidence et l'habitude des relations! Si simple et bref que voulût être un ambassadeur dans son *exposé*, il ne pouvait faire autrement que de jouer son rôle d'orateur. Lorsque les affaires étaient sinon indifférentes, du moins peu importantes, la chose était facile ; mais lorsqu'il s'agissait pour la France de soutenir une véritable lutte contre les persuasions que prétendait faire naître dans l'esprit des Vénitiens la politique rivale de l'Espagnol et de la maison d'Autriche, il importait que l'Ambassadeur fît assaut de talent dans la diction, de pénétration dans l'exposé de ses motifs. Il importait qu'il persuadât. Il n'était pas, comme dans les autres Cours, un représentant du Roi ayant quelquefois à communiquer, sous le sceau de la confidence, à un premier Ministre, par conséquent en tête-à-tête avec lui, les choses qu'il avait reçu l'ordre de lui dire ; il était, dans toute l'acception du mot, le grand avocat politique, plaidant la cause politique du Royaume devant un Ministère assemblé. Un des plus remarquables ambassadeurs de France à Venise, celui qui réunissait toutes les conditions de l'orateur négociateur, fut M. d'Avaux, choisi par le Cardinal de Richelieu dans le moment où la grave question de la *succession de Mantoue* et les affaires du Piémont occupaient l'esprit du plus grand des ministres qu'ait jamais eus la France.

Lorsque le Roi avait désigné le personnage qui devait aller ambassadeur à Venise, le Vénitien qui résidait à la Cour avait aussitôt le soin de s'informer sur le caractère, sur les qualités et les habitudes du nouvel accrédité, pour en faire rapport dans sa dépêche au Sénat. C'est ainsi que dans la correspondance des Vénitiens on peut trouver d'intéressants renseignements sur la personne des hommes d'État qui avaient mérité la confiance du

Souverain pour occuper ce poste diplomatique. Il suffit, pour les rencontrer, d'examiner les dépêches ordinaires dont la date est en corrélation avec celle de la déclaration royale. Il fut même des ambassadeurs sur la personne desquels les informations recueillies ont fait l'objet d'une dépêche spéciale, adressée aux Inquisiteurs d'État. Le Sénat était aussi toujours avisé de l'époque du départ du nouveau représentant du Roi, ainsi que de la route qu'il avait l'intention de prendre pour se rendre de Paris à Venise. Cette route était quelquefois celle de l'Allemagne et du Tyrol, le plus ordinairement elle était celle de la Savoie, du Piémont et de la Lombardie. Ces directions dépendaient d'ailleurs de l'état des relations qui existaient entre la Cour de France et celle des pays par lesquels l'ambassadeur devait passer. A la fin du seizième siècle, le voyage par l'Allemagne exigeait plus d'un grand mois. Antoine Séguier, ambassadeur pour Henri IV, qui, parti de Paris le 26 septembre, avait dû éviter de passer sur les terres de Monsieur de Savoie, et prendre le chemin de la Lorraine et de l'Allemagne, n'arriva à Venise qu'à la fin d'octobre. Lorsque au contraire les bons rapports avec Monsieur de Savoie permettaient que le train de l'Ambassadeur de France passât sur son territoire, celui-ci avait l'usage de s'arrêter à la Cour de Turin et d'y présenter le compliment du Roi. En ces circonstances, la première dépêche de la correspondance d'un Envoyé de France à Venise est presque invariablement datée de Turin. Arrivé au lieu de la résidence, l'Ambassadeur nouveau occupait assez habituellement le palais de son prédécesseur; aussi le domicile de l'ambas-

sade de France à Venise a-t-il peu varié. Et comme en cette
ville il était d'usage que des ambassadeurs ou résidents
étrangers n'habitassent point dans les quartiers voisins
de la place de Saint-Marc, et trop près du lieu où se traitaient les affaires politiques de cet État, il en résulta que
le palais de France à Venise fut presque toujours choisi
dans le quartier dit de *Cannareggio*. L'espace de terrain
occupé par tous les bâtiments de la résidence, avec les
maisons attenantes et aboutissantes, avait droit d'asile,
et aucun sbire de l'État ne pouvait prétendre à y mettre
le pied. Cette prérogative étrange pouvait être très-ho-
norable pour le pavillon du Roi, mais il convient de reconnaître qu'elle était, par suite des abus qui en déri-
vaient, une source continuelle de discussions et de
mécontentements entre l'Ambassadeur et le Gouvernement. Les échanges de notes à cet endroit ont été très-
nombreuses et souvent fort aigres. Un mémoire de
M. de Paulmy sur le *traitement des Ambassadeurs à
Venise*[1] en fait foi. Différentes autres prérogatives relatives aux droits d'entrée appartenaient encore aux ministres résidents auprès de cette République; mais il est
permis de dire que celles-ci, non plus que les précédentes, n'étaient choses faites pour entretenir la paix
et l'accord entre les ministres du Roi et les magistrats
vénitiens. Il est telle correspondance dont la plus grande
partie ne roule pas sur d'autres objets que ceux des différends auxquels donnait lieu l'exercice de ces droits, que

---

[1] ARCHIVES DE VENISE, *Conseil des Dix* (Parti secrete, *filza* 73),
1768, 2 février.

les uns voulaient sans limites et que les autres auraient
voulu restreindre [1].

Les occupations diplomatiques d'un ambassadeur de
France à Venise varièrent selon les temps. Au seizième
siècle, le ministre du Roi avait, pour alimenter sa correspondance, à faire de constants rapports sur les États
du Levant, dont Venise était en quelque sorte l'entrepôt
commercial et politique. Les nouvelles y étaient incessantes, et l'ambassadeur devait être aux écoutes. Il lui
appartenait aussi de rendre compte des affaires de quelques principautés italiennes dont les terres confinaient
avec celles de la République. Souvent même il devait
aller en visiter les princes. La maison de la Mirandole,
qui, au temps des Valois, était sous l'immédiate protection de la France, est sans cesse l'objet d'un article des
dépêches de l'Ambassadeur. La maison de Mantoue était
aussi de celles qui devaient tenir éveillée son attention
diplomatique. A la saison d'automne, plus particulièrement au dix-huitième siècle, l'Ambassadeur, se conformant aux modes et usages du pays, quittait la ville et
louait une villa sur les bords de la Brenta, entre Venise

---

[1] Amelot de Gournay, accrédité le 18 novembre 1682, eut ainsi de
continuelles difficultés, aussi demanda-t-il promptement son changement,
qu'il obtint le 2 novembre 1684. Sa harangue de congé renferme ce passage curieux et d'ailleurs fort piquant :

« *Pour moy qui n'ai pas eu le bonheur de trouver les occasions pendant le temps de mon ambassade de vous prouver mon attachement sincère et respectueux par des services réels; si les conjonctures ont rendu
mes intentions infructueuses, et si l'ardente passion que j'ay toujours
eue d'acquérir quelque mérite auprès de vous est demeurée inutile, vous
me devés du moins la justice d'estre persuadés que j'ay toujours conservé les dispositions les plus pures et les plus vives pour toutes les
choses par lesquelles j'aurois pû vous plaire.* »

DE. L'AMBASSADEUR DE FRANCE A VENISE. . 453

et Padoue. Aussi les dépêches à cette époque de l'année
sont-elles généralement dénuées de tout intérêt, et l'Ambassadeur se trouve réduit à dire, plus ou moins, que
l'absence des principaux magistrats, qui sont à la campagne jusqu'à la Saint-Martin, ne laisse rien transpirer
de ce qui peut avoir rapport aux affaires. Pendant ce
temps, les ministres les plus consciencieux soignaient les
mémoires qu'ils avaient charge d'écrire, soit sur l'état
politique de la République, soit sur l'état du commerce
en général, soit sur celui de quelques manufactures
encore prospères. « Mais soyés sûr, Monsieur (écrivait
spirituellement l'abbé de Bernis au Ministre des Affaires
étrangères à Paris), que je suis très-aise de n'avoir pas
des occupations plus importantes : *l'Europe n'est heureuse que quand les Ambassadeurs n'ont rien à faire* [1]. »
Aussi sa correspondance, entre autres, est-elle émaillée
de *Mémoires* concernant l'*état des marchandises que Marseille tire de Venise*, ou relatifs aux *poids, mesures et
monnaies en usage*, ou encore sur le *commerce de la République dans le Levant*.

Mais si l'Ambassadeur devait renseigner le principal
Secrétaire d'État sur les choses politiques, il ne devait
point oublier les hommes qui avaient la direction des
affaires.

« Il n'est pas nécessaire d'observer à l'ambassadeur du Roy,
(écrivait M. de Saint-Contest), que la connoissance du caractère, des intentions et du crédit des nobles Vénitiens qui ont
une part principale dans l'administration de la République,
est un des objets les plus essentiels de ses recherches. Le Roy et

---

[1] *Lettres et Dépêches* du S[r] abbé comte DE BERNIS.

son conseil attendent du zèle et de l'intelligence de l'Ambassadeur les notions qui peuvent leur manquer sur ce point[1]. »

Les réponses à cet article des *Instructions* sont en général curieuses, et puisque nous avons eu tant à discourir sur les attributions du Cabinet des Ministres où les ambassadeurs avaient audience, il nous semble que nous ne saurions trouver un cadre plus approprié aux portraits de ceux qui le composaient en 1736. C'était l'époque où M. de Froullay, ambassadeur de France, répondant à l'invitation que lui avait faite le Ministre, lui adressait cette note, peu de jours après la lui avoir ainsi annoncée...

« Je ne manqueray pas, Monseigneur, de former le plutôt qu'il me sera possible un Mémoire qui contienne la connoissance des caractères, des talents et des inclinations de ceux qui ont le plus de part au gouvernement de Venise, ainsi que de l'autorité et du crédit qu'ils y peuvent avoir. J'y ajouterai ce qui regarde les caractères et les talents des ministres étrangers qui résident icy, et je me conformerai à vos ordres dans les changements qui arriveroient des principales têtes qui composent le Collége, le Sénat, le Conseil des Dix et le Grand Conseil[2]. »

Le *Mémoire* répond par le détail aux promesses de l'Ambassadeur, mais nous n'en reproduirons que les traits concernant les personnes du Cabinet des Ministres :

Le *Collége* est composé du Prince, de six Conseillers, six Sages-Grands, quatre Sages de Terre ferme, le Sage caissier,

---

[1] *Instructions* de M. DE SAINT-CONTEST, ministre des Affaires étrangères de France. (11 septembre 1751-24 juillet 1754.)

[2] *Lettres et Dépêches* du comte DE FROULLAY, ambassadeur pour le Roi à Venise (1733-1743).

trésorier général, cinq Sages des Ordres et les trois chefs de la Quarantie criminelle. Dans le Collége sont portéz tous les recours, tant de matières d'État que de matière d'économie, qui sont digerez par les Sages-Grands et Sages de Terre ferme et rapportés au Sénat pour en donner les résolutions.

CARACTÈRE DU DOGE.

Carlo Ruzzini, le seul de cette famille qui ait été Doge, a fait les ambassades d'Espagne, de Vienne, d'Angleterre, et a succédé à Foscarini à Utrecht. Il a été aussi ambassadeur plénipotentiaire à Passarovitz, et deux fois ambassadeur extraordinaire à la Porte, procurateur par mérite. C'est un homme d'une grande éloquence et qui a rendu fort souvent service, a fait particulièrement connoître son grand esprit dans l'affaire de Zacharie Canal, qui a été ambassadeur à Rome il n'y a pas longtemps, et qui mit la République en brouilleries avec cette Cour par ses mauvais deportemens et sa mauvaise conduite. Son opinion étoit de le faire venir de Rome enchaîné et le traiter comme un criminel de lèze-majesté, mais le parti du chevalier Erizzo l'emporta contre l'opinion du Doge.

CONSEILLERS.

Alvise Foscarini (de San-Staë), peu scavant, avare, n'a pas grand crédit, ne se soutient que par la parenté.

Galean Contarini (qui demeure sur les Zattere) a été *avogador;* homme de grand esprit, d'une fine politique, fort bien venu dans le *broglio* [1], et fort estimé par ses belles qualités.

---

1 « On appelle *broglio* à Venise toutes les sollicitations qui se font pour venir à bout d'une affaire; mais ce nom convient plus particulièrement aux brigues que la noblesse vénitienne fait pour obtenir les dignités; et comme on donne aussi ce même nom au lieu où la noblesse s'assemble pour ce sujet, mon dessein est de promptement parler icy de cet endroit de la place Saint-Marc qu'on appelle le *Broglio,* où les gentilshommes vénitiens se rendent tous les jours pour faire leurs brigues et pour y parler de leurs interests. La première place de Saint-Marc est comme divisée en trois parties par deux enfoncemens du pavé qui forment comme deux ruisseaux. Lorsque les nobles s'assemblent le matin, ils occupent

Jean-Antonio Erizzo (de la Madeleine), est podestat à Brescia et présentement Inquisiteur d'État; homme sage, fort dévot, fort bien entendu dans les affaires politiques.

Philippe Nani (de Canal-Reggio), plusieurs fois Sage-Grand, a laissé de l'être par trop de fatigue à laquelle il ne pouvoit resister, s'est borné à être seulement conseiller; homme scavant, fort populaire, serviable. Ses opinions sont approuvées au Sénat.

Alvise Mocenigo (de San-Samuel), quatrième neveu du Doge dernier. Esprit mediocre.

Almorò Cesar Tiepolo (de Santa-Maria Formosa), provéditeur à Zante, homme de grand esprit, fort éloquent, politique et fort doux.

SAGES-GRANDS,
PREMIERS MINISTRES DE LA RÉPUBLIQUE [1].

Alvise Mocenigo (de San-Samuel), maison ancienne. A été Inquisiteur en Terre ferme; homme prudent, fort éloquent; qui harangue souvent au Sénat.

Francesco Morosini (del Giardino) est un des plus accreditez de la Republique. Comme chacun pretend à la dignité de Procurateur par mérite, chacun lui cède toutes les fois qu'il veut l'être. Dans la dernière guerre contre le Turc, il fut envoyé ambassadeur extraordinaire à Rome pour obtenir du secours du Pape.

J. B. Contarini, petit-neveu du Doge défunt, frère de l'Ambassadeur qui va à Constantinople; homme d'une grande élo-

le portique qui est sous le palais de Saint-Marc et un tiers de la place du mesme coté, et lorsqu'ils vont au *Broglio* l'après-midy, ils se tiennent sous le portique de la première aile des Procuraties neuves et dans l'autre tiers de la place, à cause que le premier costé est à couvert du soleil levant et que l'autre l'est du soleil couchant. » (*La Ville et la République de Venise*, partie Ire, pages 33 et 34), édition de 1680.)

[1] L'ambassadeur énumère ici plus de six personnages. Or, comme il n'y avait que six Sages Grands au *Collegio*, il y a lieu de penser qu'il a ajouté à leur nombre, sans les désigner, les trois chefs des Quarante. Les personnages indiqués ici sont en effet au nombre de neuf.

quence, d'une vivacité douce, insinuant dans les harangues qu'il fait au Sénat, fort aimé pour sa grande douceur, bon politique, et promettant plus qu'il ne tient.

Jean Emo, Procurateur par mérite dans le temps qu'il a été ambassadeur à Constantinople. Il était dans le rang des *Barnabotti* [1]. Il doit sa fortune à son frère Gabriel, qui est mort, lequel, par son grand esprit, sa fine politique, s'est avancé jusqu'au Conseil des Dix, et en conséquence plusieurs fois Inquisiteur d'État. C'est un homme fort estimé au Sénat, un Cicéron dans les harangues; il a des manières si insinuantes qu'il s'est attiré l'amitié de tous les nobles. Il a été envoyé en France à l'occasion de la prise des vaisseaux chargez de bled que la France fit sur les Venitiens lorsqu'ils les transportèrent à Barcelone du temps que la France et l'Espagne en faisoient le siége. Il a fait connoître d'ailleurs son grand esprit.

Le Procurateur *Alvise Pisani*, ambassadeur du temps de Louis XIV, qui en faisoit beaucoup d'estime; manières douces, charitable, celui qui brille le plus à Venise par la depense et la quantité des domestiques, et fort envié des plus nobles, ayant cependant dans son parti plusieurs *barnabotti* par ses grandes générosités à leur égard.

Procurateur *P. Grimani* (de l'Arbre d'or), a été ambassadeur à Vienne. Grand esprit, d'une profonde politique, maison opulente. Quatre sénateurs dans sa famille.

Andrea Erizzo (de San-Martino) a été ambassadeur en Espagne, où il a donné des marques de son esprit par les lettres qu'il écrivit au Senat.

Procurateur *Andrea Soranzo* (Morceau d'or), fort âgé, esprit brillant, d'une vertu éminente, bon conseiller.

Chevalier *Andrea Emo*, ambassadeur à Constantinople à la dernière guerre. Cruel et superbe, mais beaucoup d'esprit; aussi violent que cruel dans ses harangues.

SAGES DE TERRE FERME.

J. Barbarigo (della Terrazza). Jeune homme d'esprit, étudie continuellement dans la Secrétairerie d'État.

---

[1] Nobles que le faible état de leur fortune rendait en quelque sorte inférieurs aux autres et souvent leurs obligés.

Almorò Justiniani (de San-Vidal). Homme doux, affable, rempli d'esprit et de belles manières. Il occupe maintenant la charge de Président de guerre.

Antonio Michiel (rue des Avocats) brigue l'ambassade d'Espagne; étudie tellement que son père est obligé de le modérer.

François Loredan (de San-Stefano). Homme superbe, d'une fierté extraordinaire; ignorant.

Zuan Valaresso (de San-Jeremia). Esprit doux, affable, bon politique.

L'emploi des *Sages de Terre ferme* consiste à faire leurs rapports aux *Sages-Grands* touchant les affaires politiques et d'économie des finances pour être rapportées au Sénat et en recevoir les ordres.

La forme habituelle de l'audience donnée par les Ministres réunis se pratiquait de la sorte. Les audiences étaient ou publiques, c'est-à-dire *de cérémonie* et à portes ouvertes, ou privées, c'est-à-dire à portes closes et demandées uniquement pour affaires à traiter. Nous parlerons des premières dans le chapitre suivant, rédigé d'après les livres dits *Cérémonies de la République*. Quant aux secondes, c'est d'elles qu'il s'agit ici.

Lorsque l'Ambassadeur avait à traiter d'une affaire et qu'il jugeait prudent de l'exposer personnellement, il envoyait, la veille, son secrétaire avec charge de présenter un court mémoire à ce sujet, et le *Collegio* s'assemblait en conséquence pour le recevoir et l'entendre. Le secrétaire de service l'introduisait. Après la cérémonie des révérences d'usage, il avait la parole et en usait [1]. Le Doge se levait, faisait une réponse vague

---

[1] La forme donnée à la rédaction de l'*exposé* de l'Ambassadeur est ordinairement celle-ci : *Venuto nell' Eccellentissimo Collegio, il signor Ambasciatore della Maestà Christianissima disse* : « SERENISSIMO PRINCIPE... » Suit le discours.

qui consistait généralement à dire que le Cabinet des
Ministres allait en référer à l'assemblée du Sénat [1]. Par
ce moyen, les Vénitiens, comme on le voit, préparaient toujours l'ouverture d'une porte à leurs réflexions.
L'Ambassadeur se retirait alors, attendait quelquefois
une réponse dans l'*Anti-Collegio,* ou quittait les ministres,
assuré qu'il était qu'un secrétaire, désigné pour cet office,
lui porterait le lendemain les explications qu'il avait sol-
licitées. Le secrétaire, porteur de la réponse, revenait
ensuite au *Collegio,* où il faisait part, sous forme de *Mémoire* écrit, du récit très-détaillé de l'entrevue qu'il avait
eue [2]. Le *Mémoire* qu'il avait rédigé était ensuite annexé
aux pièces de l'*Esposizione,* et c'est ce genre d'écrits qui
composent, pour la plus grande partie, les *liasses (filze)*
que nous avons signalées avec les *registres.* En consultant donc les *Esposizioni Principi,* il importe au curieux
de référer à l'une et à l'autre source. Tantôt dans les
registres, tantôt dans les liasses *(filze)* se trouvent aussi
les intéressants rapports des Sénateurs ou des Conseillers députés chez l'Ambassadeur même, pour conférer
avec lui sur une question en cours de négociation. Ces
rapports constituent un véritable recueil d'entretiens
politiques, reproduits avec des efforts d'exactitude, assurément très-curieux [3]. Cette série d'ailleurs de docu-

---

[1] Par exemple : « *Questi Signori hanno inteso lo rappresentato da
Vostra Signoria et vi havranno la consideratione propria per farli poi
sapere quello occorrerà.*

[2] Ainsi, le 3 août 1625 : « *Relatione di Moderante Scaramelli della
Risposta data dall' Ambasciator alla deliberatione del Senato da lui let-
tagli : che aspettava altra risolutione nel negocio di Mansfelt, et dice le
cause,* » etc.

[3] Ainsi, le 10 octobre 1601 : *Relatione di conversatione seguita trà*

ments est si complète, que les conversations mêmes occasionnées par la rencontre fortuite [1] d'un patricien avec un ambassadeur, soit pendant une cérémonie, soit au sortir d'une église, s'y trouvent rapportées.

Les ambassadeurs étrangers à Venise, sous le rapport des relations individuelles, se trouvaient, du reste, dans la plus étrange situation. Ce gouvernement si jaloux avait mis en vigueur dès le quatorzième siècle une loi qui interdisait, sauf dans des cas prévus, à tout patricien d'avoir aucune affinité ni aucun rapport social avec un représentant de puissance étrangère. Par conséquent, ces personnages, dont la compagnie journalière est habituellement si recherchée dans les autres pays, étaient réduits dans Venise comme à une sorte de bannissement de la classe la plus élevée des habitants. Le palais d'un particulier qui était de l'ordre des patriciens ou de la classe des secrétaires, était habituellement pour eux *terra incognita*.

Les cérémonies publiques seules leur étaient accessibles, et comme dans ces circonstances il pouvait advenir qu'un ambassadeur liât conversation avec un patricien d'une façon plus ou moins habile, et qu'il s'avançât jusqu'à traiter avec lui de matières politiques, le patricien, strict observateur des lois de son gouverne-

---

il Cavalier et Procurator Giacomo Foscarini et Mons.ᵣ de Villiers, Ambasciatore di Francia. Le 2 novembre 1601 : Relatione dell' Ill.ᵐᵒ Sr Giovanni Dolfin Cav.ᵣ soprà discorso tenutogli dal secretario dell' Ambasciator di Francia sulla lega della Repubblica con Grisoni.

[1] Ainsi, le 6 mars 1628 : Relatione di Messer Alvise Foscarini, Consiglier de diversi particolari discorsi in Camera del Serenissimo Principe coll' Ambasciator di Francia toccante il duca de Savoia e Mantova.

ment, n'avait alors autre chose à faire qu'à se rendre au *Collegio* ou même au Conseil des Dix, et à donner part du cas où il s'était trouvé. Si la conversation qu'il avait eue n'avait pas été dénuée d'importance, elle était aussitôt résumée par un secrétaire et jointe, plus tard, aux papiers des *Esposizioni*.

Il faut le dire, la République, par cette sévérité de coutumes dans l'usage habituel de la vie politique, s'est créé un nombre considérable d'ennemis dans la personne des ministres étrangers et dans celle de leurs secrétaires. Quelques-uns cependant n'en ont porté nulle plainte, et d'autres paraissent même s'être aisément accommodés à ces mœurs, témoin Hurault de Maisse, ambassadeur qui, écrivant en 1583 à mademoiselle de Châtellerault, lui disait : « *Et la demeure est si douce et si belle, que qui s'ennuiera à Venise, malaisément pourra passer sa vie ailleurs*[1]. » Témoin encore Antoine Séguier, sieur de Villiers et président au Parlement, qui, ambassadeur aussi, dans une lettre familière au ministre Villeroy jointe à sa dépêche du 20 novembre 1598, lui disait ingénument : « *La vie, au surplus, est icy fort aysée et tranquille... Vous auriez besoin, pour quelques heures du jour, du repos qui se jouit en Italie, et particullièrement à Venise, que si j'avois l'heur de vous y tenir, nous jetterions dedans le grand Canal et en la pleine mer une partie de vos soucis*[2]. » Mais tous n'ont point parlé de cette façon aimable

[1] BIBLIOTHÈQUE IMPÉRIALE DE VIENNE, *Manuscrits*. Lettres et Dépêches (*inédites*) de M. Hurault de Maisse, page 372. Lettre du 29 janvier 1583.

[2] Cet ambassadeur, dans une lettre familière à M. de Vertamont, « Conseiller du Roy en la Court de son Parlement », disait encore en

d'un pays où, en dehors de la pratique purement officielle, ils se trouvaient avoir moins de liberté sociale
que le moindre jeune seigneur venu dans l'unique but
d'occuper ses plaisirs. Toutefois, disons-le aussi, aux
difficultés formalistes de cette vie singulière était un
remède, de l'emploi duquel beaucoup d'ambassadeurs
ne se sont pas fait faute, non-seulement pour l'exercice
de leurs divertissements, mais encore et surtout pour
l'avantage de leurs fonctions. Venise avait deux saisons
de carnaval par an ; — ce carnaval si célèbre et chanté
tant de fois. — L'une durait des mois et l'autre des semaines, et pendant ces mois et ces semaines, le masque
était la figure la plus habituelle que se faisait le plus
honnête homme. Sous ce mystérieux couvert du masque
de toile blanche, du manteau noir ou rouge, de la coiffe
de soie noire à dentelle formant la *baüta*, et du petit
tricorne sans ornement qui constituaient l'habit vénitien
en temps de carnaval et qui, portés par un nombre infini
. de personnes, faisaient que chacun se ressemblait, différents ministres étrangers ont su tirer de cet usage de
pouvoir fréquenter, ainsi travestis, les fêtes patriciennes,
des avantages particuliers pour la politique qu'ils avaient
à soutenir ou pour les informations qu'il leur importait
d'avoir. L'abbé comte de Bernis, ambassadeur auprès
de cette République, raconte fréquemment dans ses dé-

___

parlant de sa résidence à Venise : « *Cependant considerez moy comme un*
homme qui ne se plainct que destre trop à son aise, vous asseurant que
depuis que ie suis au monde avec quelque connoissance, je ne me souviens
pas d'avoir passé une annee si nettement et doucement que jay faict icy ;
à un point près qui est la jouissance des frères et des intimes amis, hors
de là je vouldrois dire Tali felix exilio... » (Lettre du 29 décembre 1599.)

pêches au ministre secrétaire d'État pour les Affaires
étrangères, qu'il a pris le masque en telle ou telle occasion, et que ce costume lui a valu la connaissance et la
fréquentation de tel ou tel Sénateur ami des intérêts de
la France.

Le Comte de Froullay, ambassadeur pour le Roi en
1734, écrit le 9 octobre : « Nous avons été à la Place,
aux spectacles, et partout en public ensemble, en masque, suivant l'usage du pays. M. le Nonce a été de la
partie ; les spectacles et les masques viennent de recom-
mencer icy jusqu'au Caresme, *et quelquefois cela n'est pas
inutile pour les affaires*[1]... »

Dans la dépêche du 25 novembre 1753, racontant les
belles cérémonies et les fêtes magnifiques avec lesquelles
Luigi Pisani venait d'inaugurer son entrée dans la charge
de Procurateur de Saint-Marc, l'abbé comte de Bernis,
ambassadeur, dit : « J'ai eu occasion, pendant les fêtes,
de communiquer avec toute la noblesse, et *d'avoir deux
entretiens sous le masque avec le Doge*. Dans ces grandes
assemblées, j'ai reçu et donné les témoignages les plus
flatteurs d'estime et d'amitié réciproque, j'oserois même
dire les plus sincères ; la manière franche et ouverte avec
laquelle je me suis expliqué, la politesse et les distinctions particulières que j'ai affecté dans les différentes occasions, ont produit sur l'esprit de la noblesse tout l'effet
que je pouvois me promettre. *J'ay même formé quelques
liaisons dont je pourrai tirer parti dans la suite*[2]... » Sou-

---

[1] *Papiers et Depesches* de M. le comte DE FROULLAY, ambassadeur
pour le Roi à Venise. *Passim.*

[2] *Papiers et Depesches* de l'abbé comte DE BERNIS, ambassadeur
pour le Roi à Venise. *Passim.*

vent aussi les ambassadeurs employaient des tiers; appartenant soit à la classe religieuse des nonnes et des moines, soit à la classe du commerce. L'abbé de Bernis dit encore : « J'ay eu, par la voie d'un tiers, de grandes explications avec le procurateur Emo et son fils, 1° *sur la situation critique où pourroit se trouver la République en cas de guerre; 2° sur la nécessité où elle est de se mettre en état de défendre la neutralité dont elle a adopté la maxime; 3° sur l'utilité qu'elle retirera en s'ouvrant au Roi avec la confiance qu'elle doit à l'amitié et à la bienveillance de ce Prince. Sa Majesté étant la seule en Europe en état de protéger la République par sa puissance, et de la conseiller avec désintéressement*[1]. » Le tiers en question ici était un sieur Le Roy, négociant français, établi à Venise depuis de longues années. M. de Froullay employait pour son *tiers* un médecin. Rien n'est étrange comme ce défilé d'intrigues, dangereuses très-souvent, pour arriver à se ménager quelques intelligences, capables de servir une politique étrangère sous ce Gouvernement, que l'expérience la plus profonde avait rendu si jaloux et si inquiet. L'Abbé de Bernis, qui cependant n'a pas eu trop à se plaindre de son séjour chez les Vénitiens et qui ne manquait pas aux divertissements que le goût du théâtre ou les intrigues du carnaval lui présentaient, a dépeint, en traits curieux à reproduire, la situation personnelle d'un ambassadeur de France à Venise. Certains de ces traits, sans nul doute, sont forcés, mais il est facile de faire une juste part de l'exagération.

Les Ambassadeurs du Roi à Venise, dit-il, doivent tou-

---

[1] *Papiers et Depesches, idem, ibidem.*

jours craindre de fatiguer les ministres des affaires étrangères
par leurs correspondances, qui ne sont presque jamais animées par des négociations intéressantes, mais il faut convenir
aussi que comme leurs dépêches ont besoin d'indulgence, ils
ont eux-mêmes encore plus besoin de patience pour supporter
la privation de toute espèce de société. En butte aux étrangers dont ils sont la seule ressource, séparés du gouvernement et de la noblesse avec qui ils ne communiquent que par
des agents subalternes, environnés d'espions de qui cependant
ils doivent avoir l'art de tirer toutes leurs connaissances,
ne pouvant jamais préparer dans la conversation les matières
qui entrent dans leurs *mémoires* au Sénat, obligés à une infinité d'égards pour ne pas blesser un peuple accoutumé à être
caressé par ses maîtres, toujours examinés et jugés par un
gouvernement éclairé et défiant qui ne les perd jamais de vue
et qui pèse dans une balance jalouse jusqu'à leurs paroles les
plus indifférentes, toujours attentifs, toujours dans l'observation et jamais occupés ni distraits : cette vie sombre et soli-
taire que les lois de la République font mener aux ministres
étrangers a souvent dérangé des têtes faibles, et plus souvent
aigri et aliéné les esprits.

Par là se peut-on expliquer la violence dans les appréciations de quelques écrivains politiques qui, tels
qu'Amelot de la Houssaye, après avoir servi à l'ambassade de France auprès des Vénitiens, ont déversé dans
leurs récits toute l'amertume que ce séjour *diplomatique*
avait amassée dans leur âme. Qu'est-ce en effet que
l'*Histoire du Gouvernement de Venise* par cet Amelot,
sinon un long pamphlet fort indigne de créance ?

Pour résumer ce chapitre, nous dirons que le rôle des
ambassadeurs de France à Venise n'est considérable,
pour l'histoire qu'au seizième siècle et pendant toute la

durée du règne de Louis XIII, et que les registres des *Esposizioni Principi* qui doivent être plus particulièrement ouverts et consultés par les chercheurs avides de pièces véritablement historiques et politiques, sont ceux qui appartiennent à cette grande période du mouvement des temps et des faits[1].

[1] Les *Esposizioni Principi* rapportent les audiences de tous les Ambassadeurs et Ministres résidents à Venise, sauf celles du NONCE, qui forment la série spéciale des *Esposizioni Roma*, composée de cinquante-six Registres et de soixante-trois liasses (*filze*). La série des *Registri* s'ouvre le 23 décembre 1567 et va jusqu'au 16 février 1795. Il existe une lacune dans les documents, depuis le 10 septembre 1574 jusqu'au 16 juillet 1580. La série des *filze* commence également au 23 décembre 1567 et va jusqu'au 3 avril 1797.

XIII.

LES LIVRES DES CÉRÉMONIES DE LA RÉPUBLIQUE.

(1492-1797.)

L'un des Sages de Terre ferme préside au Cérémonial. — Registres appelés *I Cerimoniali della Repubblica di Venezia.* — Sous quel rapport ils sont utiles à l'histoire. — Nous y avons cherché l'*élément étranger,* c'est-à-dire toutes les pièces relatives à la réception des Ambassadeurs et à l'accueil fait aux Princes. — Cérémonial du premier compliment fait à l'Ambassadeur. — Récit d'Antoine Séguier, sieur de Villiers, en 1598. — Cérémonial de la première audience. — Suite du récit du sieur de Villiers. — Le faste augmente dans la maison des Ambassadeurs de France à Venise sous le règne de Louis XIV. — *Entrée* de l'Ambassadeur. — Gondoles du comte d'Avaux en 1672. — *Mémoire de l'Entrée et de l'Audience publiques de M. Amelot,* 1682. — Entrées de M. de Charmont et de M. de Froullay. — La cérémonie de l'Entrée n'était pas obligatoire. — L'abbé de Bernis s'en abstient. — Autres cérémonies où paraît l'Ambassadeur. — Cérémonie de la prise de congé. — Discours du sieur de Varengeville, 1681. — Discours du comte d'Avaux, 1674, et son étrange lettre au Roi. — Réception des Princes français à Venise. — Anne de Candales, Reine de Hongrie. — Henri III, Roi de France et de Pologne. — Autres personnages français. — Noms de tous les personnages étrangers qui se trouvent inscrits dans les six Registres des Cérémonies de la République.

Parmi les personnages qui remplissaient les hautes fonctions des cinq *Sages de Terre ferme* dans le Cabinet des Ministres, il en était un à qui le soin était confié de s'occuper du *cérémonial* de la République. Or, au nombre des cérémonies adoptées chez les Vénitiens, se trouvaient la réception des ambassadeurs étrangers en première audience, et la représentation que, pour ainsi parler, plusieurs d'entre eux ont donnée au public de leur *entrée* magnifique. Les textes relatifs aux *cérémonies* ne furent d'abord rédigés que sur des feuilles volantes,

30.

réparties ensuite dans les papiers variés du *Collégio*. Mais vers la fin du seizième siècle, tous ces documents, ayant été soigneusement réunis, servirent de base à la formation d'une sorte de *code* qui, avec le cours des temps, a fini par comprendre cinq volumes considérables, désignés dans les Archives sous le titre de *Cerimoniali della Serenissima Repubblica di Venezia*[1].

Ces magnifiques registres sont un répertoire officiel d'informations qui assurément n'ont jamais été tenues comme choses secrètes, et les matières qu'ils renferment ne sauraient être considérées que comme des *curiosités* dans l'histoire. Si donc nous accordons à ce chapitre, destiné à les rappeler, l'étendue de quelques

---

[1] Les registres de différents formats, les liasses et autres recueils de documents relatifs au cérémonial vénitien, en ses généralités comme en ses particularités, sont ainsi indiqués par MM. B. CECCHETTI et F. GREGOLIN dans les utiles *Note statistiche* qu'ils ont rédigées. ARCHIVES DE VENISE, chambre 206 : *Cerimoniali*, un petit registre. *Cerimoniali*, 1464-1797, six volumes. — *Cerimoniali* (du chevalier du Doge) dont use le Gouvernement vénitien dans toutes les fonctions et dans toutes les assemblées tant ordinaires qu'extraordinaires, de même que pour ce qui regarde les Princes et les Ministres étrangers (xviiie siècle). — *Cerimoniali* de l'Ambassadeur de France à Venise, 1608-1610. Documents relatifs à l'envoi d'ambassadeurs extraordinaires au Roi de France, 1643-1774 (liasse 1). — *Titolârii* pour les lettres aux Princes (xvie-xviiie siècle, liasse 1). — *Formulario* des titres dont les Princes ont coutume d'user pour la République de Venise, 1738 (liasse 1). *Scritture ed Inserie* relatives au cérémonial et aux délégués pour la venue des Princes, par Andrea Memmo, Sage de Terre ferme chargé des cérémonies, 1769. — *Note* sur la venue des Princes à Venise, 1577-1764. — *Liber Cerimoniarum*, 1600-1611 (registre 1). — *Registro* des cérémonies particulières dans les circonstances les plus remarquables (1593-1758.) — *Cérémonies* au seizième siècle. — Et différentes liasses contenant des documents sur les *funérailles* de Beaufort, 1669, du *passage* du Roi de France, 1574, du *logement* du Prince de Pologne, 1624, du Grand-Duc, 1628, etc., etc. *Préséances*, etc.

pages, le motif est que par la consultation et l'examen
de ces matières on y trouve, avec quelques détails, la
notification de tous les personnages français qui ont été
reçus en cérémonie à Venise pendant le cours de près
de trois siècles, et parfois l'exposé des circonstances
plus ou moins intéressantes de leur présentation à la
Seigneurie, soit en vertu des lettres de créance de leur
souverain, soit avec l'appui tout spécial de l'Ambassadeur ordinaire, soit enfin en raison de la qualité même
de leur personne. Par ce récit, d'ailleurs, le tableau que
nous avons essayé de faire des usages diplomatiques
adoptés chez les Vénitiens recevra la dernière touche.

Nous laissons de côté les cérémonies proprement
dites nationales de la République, c'est-à-dire celles
qui par des fêtes anciennement et pompeusement ré-
glées consacraient sous les formes du cérémonial le plus
raffiné dans ses dehors, des traditions antiques dans
l'esprit du peuple et avaient pour but d'y maintenir
une admiration salutaire au respect de l'État et à l'honneur de la religion [1]. Le Doge, dont la principale fonc-

---

[1] Le premier Registre contient ainsi le détail des cérémonies.

> *Adventus Ducissæ in palatium;*
> *Nuptiæ filiæ Ducis;*
> *Dies Resurrectionis;*
> *Ad sanctum Geminianum;*
> *Vigilia Beati Marci;*
> *In vigilia Ascensionis;*
> *Ad sanctum Vitum;*
> *Ad sanctam Marinam;*
> *Ad sanctum Georgium* (die Nativitatis D[i]);
> *Ad sanctum Georgium* (die s[cti] Stephani);
> *Ad sanctam Mariam Formosam;*
> *Solemnitates institutæ per Ill. Dominium;*
> *Corpus Domini.*

tion était d'être une fastueuse image de la puissance, était l'âme de ces solennités, et ce n'était que dans ces pompes, d'ailleurs si vaines, que seulement on pouvait le croire un véritable souverain. Différents ouvrages traitent fort amplement de toutes ces fêtes et cérémonies traditionnelles, et nous ne saurions rien dire ici qui déjà n'ait été dit à satiété [1]. Nous n'avons donc porté nos recherches dans les documents originaux qui y ont rapport que sur l'*élément étranger,* en tant qu'il fut l'objet d'un cérémonial décidé en conseil, c'est-à-dire sur les Ambassadeurs des Princes dans leurs rapports avec le gouvernement de la République, et sur les Princes eux-mêmes qui en visitèrent la capitale.

Les magnifiques Registres appelés *I Cerimoniali della Repubblica* comprennent les époques ci-dessous désignées et divisées :

Le premier : 1464-1599.
Le deuxième : 1556-1581.
Le troisième : 1600-1704.
Le quatrième : 1705-1768.
Le cinquième : 1769-1781.
Le sixième : 1781-1797.

Pour procéder avec ordre, nous parlerons d'abord de la réception en cérémonie d'un Ambassadeur venant présenter au Conseil les lettres qui l'accréditent auprès de la République. A peu de différence près, le cérémonial dont le sieur de Montsoreau, dans sa *Relation* familière de 1459, et dont Philippe de Commynes, dans

---

[1] Voyez l'intéressant ouvrage *Il Doge di Venezia,* par M. BARTOLOMEO CECCHETTI. — Venise, 1864; Naratovich, éditeur.

le chapitre xviii du livre VII de ses admirables *Mémoires*, nous ont donné la description, a toujours été le même pendant toute la durée du Gouvernement vénitien. La pompe et le faste de l'*entrée* sont les seules formes qui aient varié. Mais assistons d'abord à la première audience. L'Ambassadeur est arrivé. Le secrétaire de son prédécesseur se présente au Conseil en un jour ordinaire de ses séances. Il fait part à la Seigneurie de la nouvelle qu'il est chargé de lui donner. On lui répond par un compliment et on convient du jour de la réception. Deux sénateurs illustres sont aussitôt désignés pour présider à la solennité de la première visite d'abord et de la présentation ensuite. Il fut un temps où cette visite se pratiquait en lieu neutre, et ce lieu était toujours une des petites îles qui, au milieu de l'enceinte flottante de cette ville unique, apparaissent comme autant de satellites avancés en ces étranges lagunes. Sur le territoire de chacune d'elles se trouvait un monastère, et c'était dans l'une des salles du couvent, expressément disposée pour la circonstance, que les deux personnages désignés, accompagnés d'une suite de sénateurs dont le nombre variait de trente à soixante, attendaient l'Ambassadeur.

« Je m'en allai (écrit le sieur de Villiers, ambassadeur de Henri IV) à Saint-Georges d'Alga, monastère qui est une île distante d'un mille et demi de Venize, et là me vindrent trouver nombre de gentilshommes vénitiens vêtus de leurs longues robes de soie rouge, députés par le Prince et par la Seigneurie à cet effet. Monsieur le chevalier Duodo, qui a été ambassadeur en France, portant la parole, ayant un chaperon de drap d'or comme chevalier, les autres ne l'ayant que de soie, me dit en peu de mots : *Que le Prince et la Seigneu-rie, avertis de ma venue, les avoient députés pour me venir dire que j'étois le bienvenu, comme étant envoyé d'un Prince qu'ils honoroient et estimoient infiniment, et duquel ils avoient l'ami-tié très-chère, comme ils avoient toujours eu celle de la maison de France.* Il lui plut ajouter quelques paroles en ma faveur, et conclut que *je me devois promettre du Prince et de la Sei-gneurie, pendant le séjour que je ferois auprès d'eux, toutes choses conformes au respect et à l'affection qu'ils avoient à celui de la part duquel j'étois dépêché.* Ma réponse fut aux termes qui ensuivent. *Illustrissimes Seigneurs, l'affection devotieuse et inclination du Sérénissime Duc et en general de la Republique Vénitienne avec la Couronne de France et le Roi Très-Chrétien est si ancienne et si illustre qu'il ne s'y peult desirer et ajouter que la continuation à laquelle le Roi, le Serenissime Prince et l'auguste République semblent contri-buer comme à l'envi. Le Roi m'ayant exprès à cet effet depêché icy, Sa Sérénité et Vos Illustrissimes Seigneuries m'y voyant d'un si bon œil et m'y retenant avec des demonstrations tant favorables et avec un si honorable accueil, je le prends et l'interprète sainement et sans me méconter, comme faict et adressé à Sa Majesté et laquelle j'en tiendrai avertie......, etc.*

» Cette réponse faite, ils me conduisirent à l'église, et après un mot de prières nous rentrâmes en gondolles ; et fus con-duit par les chevaliers Duodo et gentilshommes et un secré-taire de Sa Seigneurie qui marchait devant eux jusques à ma chambre, de laquelle je les vins reconduire jusques à l'esca-lier où je saluai derechef tous lesdits gentilshommes les uns après les autres[1]. »

Ainsi se passait le premier jour, qui n'était autre, comme on le voit, que celui du compliment. Le len-demain était le jour plus solennel de l'audience en cérémonie. La même compagnie, mais souvent fort

---

[1] BIBLIOTHÈQUE IMPÉRIALE, *Manuscrits.* Lettres et dépêches d'ANTOINE SÉGUIER, Sr DE VILLIERS..

augmentée, venait au palais de l'Ambassadeur dans des
gondoles d'apparat, le saluait et le voyait monter dans
celle qui lui était destinée. Cette flottille diplomatique
voguait alors par les eaux du Grand Canal et se rendait
à la rive de la *Piazzetta*, où les personnages, prenant
pied devant les portes du Palais du Doge, se dirigeaient,
à pas d'ambassadeur, vers l'*escalier des Géants*, le montaient, traversaient la galerie, montaient lentement l'*escalier doré*, trouvaient toutes grandes ouvertes les belles
portes de l'*Anti-Collegio*, et pénétraient en la salle du
Conseil où étaient le Doge et les vingt-six personnages
composant le Cabinet des Ministres, assis selon leur
rang. L'Ambassadeur se détachant de sa suite toute glorieuse, faisait trois révérences, les ministres se levaient,
et le représentant du Roi prenait place à la droite de
Sa Sérénité. Écoutons encore le sieur de Villiers :

« Je pris opinion de me présenter à cette première audience
avec une robe de velours à grandes manches, bien que les
ambassadeurs précédents n'eussent usé de robe à grandes
manches, mais pour l'honneur que j'avois d'être président au
Parlement de Paris.

» Entrant en la salle où étoit le *Collége,* je m'inclinai devant le Duc et ceux qui l'assistoient, ainsi que le porte leur
usance. Le Duc se leva debout, et m'allay seoir auprès de lui.
Celui qui me servoit de secrétaire bailla au secrétaire de la
Seigneurie la lettre que le Roy leur écrivoit, laquelle fut lue
tout haut, mais en italien seulement. Cette lecture finie, je fis
la proposition qui ensuit :

» Sérénissime Prince, Illustrissimes Seigneurs, les lumières vives, les ornements rares et les fondements solides
de ce puissant État que Dieu bénit toujours en la fécon-
dité de ses bénédictions éternelles ! *Le Roi me depeschant
vers Votre Sérénité et Illustrissimes Seigneuries pour y résider*

son ambassadeur, m'a commandé en substance vous ramente-voir la bonne intelligence, correspondance sincère, fraternelle amitié qui a été de tous temps entre la Maison de France et la Seigneurie de Venise, et été non-seulement avec avantage pour l'un et pour l'autre État, mais encore avec suite de plusieurs bons, grands et notables effects tant pour l'universel de la République chrétienne que pour la dignité, le repos et la sûreté de l'Italie. (Suit un long éloge de la conduite politique des Vénitiens à l'égard du Roi, alors qu'il était encore dans ses plus incertaines luttes.) Puis, en terminant, l'Ambassadeur dit : *Sur cette prudence qui vous fut très-particulière, vous vous confirmâtes de plus en plus en la résolution de donner au Roi, à l'avénement de son règne, le contentement qu'il pouvoit attendre seulement des meilleurs amis et plus certains alliés de sa couronne. Aussi Sa Majesté désire entrer plus avant avec vous en la bienveillance et en l'amitié que de tout temps vous ont eu les Rois ses prédécesseurs. Il veut plus et peut plus, il voudra toujours ce dont vous le requerrez; le trouverez aux occasions qui se pourront offrir autant désireux (il m'a commandé de le vous dire) de la conservation de la dignité et des ornements de cette auguste République, comme du Royaume que Dieu lui a mis en la main* [1]. »

Après que l'Ambassadeur avait ainsi présenté la lettre du Roi qui l'accréditait et avait prononcé son allocution, le Doge lui répondait, faisant naturellement assaut de paroles gracieuses et encourageantes. L'Ambassadeur se retirait alors après avoir usé des mêmes révérences qu'il avait marquées à son entrée dans la salle, et reprenait le chemin qui conduisait à la rive, en vue de l'île de Saint-Georges-Majeur, où l'attendaient les gondoles. Les trente sénateurs lui faisaient cortége jusqu'à sa demeure, où il les recevait de nouveau. Dès lors, l'Am-

---

[1] Registre des *Lettres et dépêches* d'ANT. SÉGUIER, déjà cité.

bassadeur pouvait être considéré comme étant investi
de ses pleins pouvoirs et entré dans l'habituel exercice
de ses fonctions.

Ce mode de réception fut, peut-on dire, invariable.
Le luxe seul dans l'apparat des gondoles et la tenue
des livrées, la somptuosité dans l'ameublement des
salles du palais de l'ambassade, où le représentant du
Roi recevait l'illustre compagnie, faisait que cette cérémonie était plus ou moins glorieuse et honorable. Au
dix-septième siècle, l'usage devint habituel aux Ambassadeurs d'orner l'une des salles d'entrée, et quelquefois même le portique, de buffets ou dressoirs magnifiques que couvraient de riches pièces d'argenterie, et
pendant que Son Excellence était reçue en audience au
Palais du Doge, la Seigneurie lui faisait la galanterie
de lui envoyer toutes sortes de confitures, de pièces
dressées, de régals particuliers au pays, et autres gentillesses qu'il trouvait tout apprêtées et servies à son
retour. Plus on avança dans le règne de Louis XIV,
plus la pompe et le faste dans tout ce qui pouvait flatter
la vue et marquer de la grandeur, fut appliqué au relief
de ces solennités. M. René de Voyer de Paulmy, chevalier, comte d'Argenson et de Rouffiac, « conseiller du
Roy en tous ses conseils », fut un des ambassadeurs
ordinaires à Venise qui commencèrent à donner à la
cérémonie de la présentation un fort grand air de magnificence. Ses nombreux valets de pied marchaient les
premiers, les pages ensuite, puis les officiers du Nonce
et de l'ambassadeur de l'Empereur, et les résidents en
foule. Son Excellence s'avançait après eux avec le che-

valier de cérémonie, allant à pas d'ambassadeur, deux
pages portant sa robe, puis suivaient les sénateurs et
les gentilshommes. L'Evêque de Béziers, qui vint huit
ans plus tard, tirait vanité, dans une dépêche particulière, de la grandeur du train qu'il avait eu à Venise.
« Depuis trente ans, dit-il, il n'y a eu d'ambassadeur de
France à Venise qui ait vécu avec plus d'éclat ny fait
plus de depense soit pour les meubles, pour la table,
pour les livrées, pour la magnificence des gondolles et
pour le nombre des domestiques. »

Ce fut, du reste, sous le règne de Louis XIV que la
cérémonie dite de l'*Entrée de M. l'Ambassadeur de France*,
qui autrefois se confondait avec celle de la première
audience, atteignit aux porportions les plus fastueuses
et conséquemment les plus coûteuses. Cette cérémonie,
qui, parait-il, n'était pas absolument obligatoire, n'était
du reste que chose d'apparat, et on ne saurait chercher
les raisons d'un usage si dispendieux que dans le pres-
tige apporté par ce spectacle à la puissance dont l'Ambassadeur était le solennel représentant. Comme cette
entrée ne se pouvait pas faire sans des apprêts qui nécessitaient beaucoup de temps et que les Ambassadeurs
tardaient à l'accomplir autant que cela leur était dé-
cemment possible, trouvant bon de ne point s'embarrasser trop tôt de la dépense énorme qu'entraînait avec
elle cette solennité, il en résultait que souvent cette
entrée n'était pas faite dans l'année même de leur
arrivée [1]. M. de Froullay, qui résidait depuis 1733, ne

---

[1] L'abbé de Bernis, qui était arrivé le 27 octobre 1752, écrivait le
22 septembre 1753 : « On me presse beaucoup de faire mon *entrée*, pour

fit son *entrée* que le 20 avril 1738. Cette fête, qui pouvait n'en être pas une pour l'ambassadeur, était toujours un événement agréable pour la population de Venise. Le cortége était des plus nombreux; c'était comme une flotte dont les navires dorés semblaient ne voguer sur les eaux du Grand Canal jusques en vue de Saint-Georges, que pour l'enchantement d'un peuple avide et amoureux de ces spectacles. Le peintre Canaletto a rendu merveilleux le souvenir et l'image de ces entrées de gala de quelques ambassadeurs[1]. Tous les yeux étaient pour les gondoles expressément commandées, et pour l'appareil et le relief desquelles le goût avait dû rivaliser avec le prix.

« Pour mes gondolles, écrit le comte d'Avaux, après son *entrée,* le 18 septembre 1672, puisqu'il faut vous en parler et que les gondolles font icy partie de l'ambassade, ie dois vous dire qu'au lieu qu'on ne mettoit qu'un *felce* de velours noir à la première avec deux gallons d'or et un *felce* de damas avec

le motif qu'en assistant aux fonctions où se trouve la Seigneurie, bien des gens qui veulent me parler en trouveroient l'occasion et me diroient ce qu'ils n'oseroient me faire dire. Mon intérêt n'est pas d'être fort pressé de faire une dépense si considérable qui me sera toujours fort onéreuse, quelque secours que le Roy me donne. C'est à vous, Monsieur, à juger si les affaires et les circonstances l'exigent. Il faut bien du temps pour s'y préparer. » Notifiant ailleurs, à la date du 1er avril 1753, que l'Ambassadeur de l'Empereur a fait son entrée publique le 29 et le 30 d'avril, il dit qu'il n'y en a pas eu pour la France depuis M. de Froullay, et que celle de l'Ambassadeur de l'Empereur n'a pas coûté moins de 80,000 florins d'Allemagne.

[1] A Milan, dans le palais Sormani-Andreani, on voit deux tableaux de ce maître véritablement charmants, et dont la conservation est surprenante. Le sujet de l'un est l'entrée d'un ambassadeur avec tout l'apparat imaginable. Tiepolo en a peint les figures.

des gallons de soie à la seconde, c'est à ma seconde gondolle que j'ay mis le *felce* de velours noir avec les deux gallons dor et le *felce* de damas à la troisième, car pour la première ie l'ay faite d'une invention nouvelle avec un *felce* de velours bleu couvert de fleurs de lis dor en broderie, et le tapis et les carreaux de mesme velours couverts de gallons dor le plus beau que j'ay peu trouver. Jay voulu aussi avoir quatre gondolles, quoique jusques icy les autres Ambassadeurs n'en eussent eu que trois; et le jour de l'entrée j'eus quatre gondolliers à chaque gondolle, au lieu que les autres n'en avoient eu que quatre à la première seulement, si bien que ces seize gondolliers avec beaucoup de pages et de lacquais faisoient une assés grande livrée [1]. »

Un document qui, sur cet article des cérémonies de la première audience, en dit plus qu'aucun commentaire, est le suivant : « *Mémoire de l'entrée et de l'audience publiques de M. Amelot.* » Il se trouve conservé parmi les manuscrits de la Bibliothèque de Troyes, et nous le reproduisons ici dans son intégrité [2] :

« Monsieur Amelot, ambassadeur du Roy à Venise, ayant mis en etat toutes les choses nécessaires pour faire son entrée publique, envoya le 7e de septembre 1682 le Sr Bartolo Franceschi, secrétaire d'ambassade italien, donner part au *Collége* de son arrivée, et demander d'estre receu selon la coustume le 23e dudit mois, ce qui fut ainsy arresté avec des tesmoignages d'impatience de le voir audit *Collége*. Comme c'est l'usage en ces occasions de nommer un chevalier de l'*Estole d'or*, c'est-à-dire un de ceux qui ont esté dans les ambassades, pour recevoir le nouvel ambassadeur et l'accompagner au *Col-*

---

[1] *Lettres et dépêches de M. le comte* D'AVAUX, *ambassadeur à Venise.* Registre no 1.

[2] Nous avons dû la communication de ce document à l'obligeance parfaite de M. Harmant, bibliothécaire de la ville de Troyes. Nous le prions ici d'agréer tous nos remerciments.

lége à la teste de soixante Sénateurs, le Doge nomma, le 11e du
mesme mois, pour ceste fonction, le chevalier Federic Cornaro, homme de mérite et de la plus illustre maison de Venise,
qui a esté ambassadeur en Espagne. Les soixante Sénateurs
furent aussy nommés dans le mesme temps parmi les premiers
du *pregadi*.

» Quelques jours avant celuy de l'*entrée*, l'Ambassadeur
envoya un gentilhomme chez les Ambassadeurs de l'Empereur et d'Espagne et chez le Patriarche de Venise luy donner
avis du jour de son *entrée*, et fit faire le mesme office par un
valet de chambre au Secrétaire de la Nonciature et au Sr Mar-
chesi, agent de Mantoue.

» Le mercredi 23e septembre, sur les deux heures de France,
l'Ambassadeur partit de son palais dans ses gondoles avec cinq
gentilshommes de sa suite et quelques officiers de sa maison,
et quarante autres gentilshommes françois ou attachez aux
interests de la France, parmi lesquels estoient cinq chevaliers
de l'ordre de St Michel, sujets de la République. Dix ou douze
gros marchands françois, habituez icy depuis longtemps,
avoient esté avertis par des billets aussi bien que le reste du
cortége, et tous ensemble faisoient environ le nombre de
soixante personnes. Des cinq gondoles de l'Ambassadeur, la
première et la deuxiesme estoient toutes de sculture dorées et
enrichies de grand nombre de figures et de bas-reliefs. Les
felches et toute la garniture de dedans, avec les tapis et les
carreaux, estoient de velours cramoisy à la première et de
bleu à la seconde, en broderie d'or d'un fort beau dessin et
fort bien exécuté. Les trois autres estoient aussy enrichies de
plusieurs figures et ornements de sculpture d'or et noir, et
garnies de damas. Dans la première estoient l'Ambassadeur, le
Secrétaire de l'ambassade et deux gentilshommes françois;
dans la deuxiesme, quatre gentilshommes de sa maison; dans
la troisième, ses quatre pages, et dans les quatrième et cin-
quiesme, ses douze estaffiers. Les autres personnes du cortége
suivoient dans leurs gondoles, qui toutes estoient à quatre
rames aussi bien que celle de l'Ambassadeur, à cause de la
longueur du chemin. Il se rendit en cet ordre à l'isle du
St Esprit, à quatre mil de Venise, lieu destiné pour recevoir

les Ambassadeurs de France. Il y trouva un appartement que
le Sénat avoit fait meubler, et où s'estant un peu reposé, il
receut les complimens de l'Ambassadeur de l'Empereur par
son secrétaire d'ambassade, accompagné des trois autres gentilshommes de la suite de ce Ministre. Il en receut aussi du
Nonce, quoyqu'absent, par le secrétaire de la Nonciature,
suivy de deux autres ecclésiastiques, et de l'agent de Mantoue, par son secrétaire; l'Ambassadeur d'Espagne, n'ayant
point accoustumé de se trouver aux fonctions publiques, n'y
envoya point. A peine ces complimens furent-ils finis qu'on
apperceut venir les barques du chevalier Cornaro et des Sénateurs. Elles estoient toutes simples, selon l'usage des nobles,
et le seul chevalier Cornaro, à cause de sa fonction, en avoit
une plus propre, voguée par quatre gondoliers d'une livrée
magnifique, qui estoient vetus de velours bleu chamarré d'un
gros galon d'or. Les soixante Sénateurs nommez s'y trouverent tous, ce qui ne s'estoit point encore veu. Ils estoient en
robe rouge de cérémonie, qui est de grosse moire cramoisy,
avec l'estolle sur l'espaule, de velours à fleurs de la mesme couleur. L'estolle du chevalier estoit d'un gros brocard d'or. C'est
une distinction qu'ont les nobles qui ont esté dans les ambassades
et qui sont chevaliers. Sitost qu'ils commencèrent d'aborder
à l'isle, on avertit M. l'Ambassadeur qu'il estoit temps de descendre dans l'église, qui est le lieu où l'Ambassadeur reçoit
le compliment de la République, ce qu'il fit pendant que tous
les Sénateurs s'assembloient à la rive à mesure qu'ils débar-
quoient pour marcher en corps selon l'ordre de leur ancienneté, le chevalier demeurant toujours dans sa barque, attendant la réponse de l'Ambassadeur auquel il avoit envoyé un
secrétaire de la Chancellerie en robe violette pour l'avertir de
son arrivée et luy demander audience. La response estant venue,
il sortit de sa barque et se mit en marche à la teste des soixante
Sénateurs, qui le suivirent deux à deux. Le Secrétaire de
l'Ambassade, accompagné des gentilshommes de M. l'Ambassadeur, vint recevoir le chevalier à la porte de l'église, et après
luy avoir fait un compliment se mit à sa gauche et le conduisit jusqu'au milieu de l'église, où il trouva l'Ambassadeur qui,
du haut de cette mesme église, s'estoit avancé à petits pas

pour venir à sa rencontre. Le chevalier lui fit un compliment
en italien, et après que l'Ambassadeur y eut respondu en françois et qu'ils eurent satisfait l'un et l'autre par des paroles.
plus familières au devoir de l'honnesteté, le chevalier donna la
droite à l'Ambassadeur et le conduisit dans sa barque, où, la
gauche estant la place d'honneur, l'Ambassadeur se mit de ce
côté, et chaque Sénateur fit la mesme chose à l'égard de tous
ceux qui composoient le cortége. Comme le temps estoit alors
fort beau, la mer estoit couverte non-seulement des gondoles
de l'Ambassadeur, des gentilshommes du cortége et de celles
des nobles, mais encore d'une infinité d'autres personnes que
la curiosité avoit attiré, parmy lesquels estoient les Ambassadeurs de l'Empereur et d'Espagne. L'on vint dans cet ordre
jusqu'au palais de l'Ambassadeur, où le cortége, sur la fin de
la marche, s'empressoit d'arriver pour y recevoir l'Ambassadeur qui ne descend de gondole que le dernier. Les Sénateurs
et tous ceux du cortége estoient rangez en haye dans le portique d'en bas. L'Ambassadeur et le chevalier ayant mis pied
à terre passèrent au travers et monterent jusque dans la
chambre d'audiance au bruit des trompettes, des fifres et des
tambours. Le chevalier fit alors un compliment à l'Ambassadeur sur son heureuse arrivée, auquel après avoir répondu il
le reconduisit en luy donnant la main, parce que c'est alors
une action domestique, et l'accompagna jusques au troisième
degré de la rive. Lorsque la gondole du chevalier commença
à se remuer pour partir, l'Ambassadeur se retira sur le pas de
sa porte, où il demeura à recevoir les révérences de tous les
Sénateurs et à leur en rendre jusques au dernier. Aussitôt
après les portes furent ouvertes à tout le monde. Le concours
des nobles et des gentilshommes en masque et à découvert y
fut fort grand, ceste occasion estant la seule où l'entrée de la
maison des Ambassadeurs n'est pas un crime capital pour les
nobles. La grande porte et l'escallier estoient gardez par un
capitaine et douze soldats esclavons, les chambres estoient fort
esclairées et fort ornées; douze violons se faisoient entendre
dans le portique d'en haut, des concertos dans les chambres
particulières, et les trompettes et les fifres aux fenestres du
second estage, les confitures saiches, les eaues glacées de toutes

31

sòrtes et des vins de liqueur estoient servies avec abondance
par les pages et les officiers de la maison jusqu'à onze heures
du soir que dura l'affluance du monde. On donnoit en bas du
vin à boire à tout le peuple. Ce premier jour l'Ambassadeur
estoit en juste au corps brodé d'or, parce qu'il est censé n'arriver qu'alors de son voyage.

» Le lendemain il se mit en habit de cérémonie avec la
robbe du conseil de satin noir, le chapeau à cordon d'or et les
gants à franges de mesme. Sur les huit heures du matin, le
mesme chevalier Cornaro et les soixante Sénateurs, après avoir
envoyé un secrétaire de Chancelerie comme la veille scavoir
si l'Ambassadeur estoit prest, se rendirent à sa maison : tous
ceux qui luy avoient fait cortége la veille s'y trouverent aussy
bien que les gentilshommes de l'Ambassadeur, ceux du Nonce
et ceux du Patriarche, qui envoya seulement alors suivant
l'usage qui luy est particulier en cela, luy faire compliment
sur son arrivée. L'Ambassadeur, après avoir envoyé tous ceux
de sa maison à la rive pour recevoir le chevalier et les Sénateurs, alla luy mesme les recevoir au milieu de l'escallier, se
faisant porter sa robbe par deux pages, et donnant la main
au chevalier il le conduisit dans la chambre d'audiance, et l'on
se mit ensuite en marche comme la veille pour se rendre au
palaïs de St Marc. L'Ambassadeur reprenant alors la main
droite en marchant, et la gauche dans la gondole, aussy bien
que ceux du cortége à l'égard des Sénateurs, on alla descendre
à la petite place St Marc, où les Sénateurs et le cortége s'estoient rangez en haye ; après quoy, au travers d'un monde
infini, par la grande cour du palais et par le grand escallier,
on monta au Collége, qui est l'assemblée où l'on reçoit les
ministres estrangers, là où réside la majesté du Prince. Les portes en estoient toutes ouvertes, et la salle estoit remplie de la
plus grande partie des nobles et mesme des gentilshommes, ce
qui se fait seulement cette première fois. Dès que l'Ambassadeur parut quelques pas, mesme hors de la porte, le Doge et
tous ceux qui composent le Collége se levèrent et se découvri-
rent tous, à la réserve du Doge, qui se lève et ne se découvre
jamais. Alors l'Ambassadeur ayant fait quitter sa robbe aux
deux pages qui la lui portoient, s'avança dans la salle du Col-

lége et fit trois révérences triplées, c'est-à-dire au Doge, à ceux
qui sont à sa droite et à sa gauche. La première fut en entrant,
la seconde au milieu de la salle, et la troisième après avoir
monté les degrez du trosne, ou pour mieux dire de l'estrade
eslevée de cinq ou six marches où est la seance. Il alla ensuite
asseoir à la droite du Doge et se couvrit sans attendre d'y
estre invité : il présenta au Doge sa lettre de créance, lequel la
donna aussitôt à un Secrétaire du Collége qui la leut à haute
voix de françois en italien, ensuite de quoy l'Ambassadeur
prononça son discours, que le mesme secrétaire répéta en italien. Le Doge y répondit par des remerciements en termes fort
généreux, pleins de respect pour Sa Majesté et d'honnesteté
pour l'Ambassadeur. Lorsqu'il eut achevé, l'Ambassadeur se
leva et sortit après avoir fait les mesmes reverences qu'en entrant ; il fut reconduit par le chevalier et les Sénateurs comme
la veille jusques dans sa chambre d'audiance, et les reconduisit aussy de la mesme manière au bruit de toutes sortes d'instruments. Un quart d'heure après que ces messieurs se furent
retirés, un maistre d'hostel du Doge vint présenter à l'Ambassadeur le présent ordinaire de la République, composé de quatorze bassins de confitures et d'une douzaine et demye de bou-
teilles de vin. Cet officier fut régalé par l'Ambassadeur d'une
montre d'or de dix louis. L'Ambassadeur donna ce jour-là à
disner à tous les gentilshommes et autres qui lui avoient fait
cortege jusqu'au nombre de cinquante. L'après-disner les portes furent ouvertes à tout le monde, et l'on trouva dans les
chambres les mesmes musiques et les mesmes raffraichisse-
mens que la veille. Le soir du mesme jour, un secrétaire vint
prier l'Ambassadeur de la part du Collége d'y aller le lendemain recevoir la response du Sénat, car c'est dans le Sénat
que tous les offices des Ambassadeurs sont leus et examinez
pour leur donner ensuite les responses qui y sont arrestées,
celles que le Doge fait sur-le-champ n'étant jamais que des hon-
nestetez générales qu'on peut dire estre comptées pour rien.
L'Ambassadeur s'y rendit donc le lendemain 25, dans sa gondole, suivy de la plupart des gentilshommes qui luy avoient fait
cortége les deux jours précédents ; il trouva les portes du Collége fermées selon la coustume, et un lieu dans l'antichambre

garny d'un tapis pour se reposer. Cet usage a esté introduit parce que l'escallier estant fort haut, on a quelquefois besoin de prendre haleine avant que d'entrer dans le Collége où l'on a ordinairement à parler. Dès que l'Ambassadeur fut arrivé, il fit dire par l'huissier qu'il estoit là, et aussitôt les portes luy furent ouvertes; il entra seul, fit ses reverences et alla prendre sa place comme la veille, ayant aussy esté receu de la mesme manière. Le Doge luy dit que le Sénat faisoit à son discours la réponse qu'il alloit entendre; le Secrétaire en fit en mesme temps la lecture. L'Ambassadeur prit ensuite la parole et fit au Collége un compliment de trois ou quatre périodes auxquelles le Doge respondit en des termes pleins d'estime pour son caractère et pour sa personne. L'Ambassadeur sortit ensuite après avoir fait ses trois reverences, mais par une autre porte à main gauche. Il fut suivy par le secrétaire du Collége qui le mena dans la chapelle du palais, qui est tout proche, et là il dicta au Secrétaire d'ambassade cette response du Sénat qu'il venoit de lire à l'Ambassadeur, leur usage estant de ne jamais rien donner par écrit. En ce mesme lieu, il donna aussy la lettre du Sénat en response à celle de créance que l'Ambassadeur avoit présenté dans sa première audience, et le reconduisit seulement jusques à la porte d'une grande salle attenant d'un côté au Collége et de l'autre à la chapelle; après quoy l'Ambassadeur se remit en marche avec son cortège; et au lieu d'aller remonter dans ses barques à la place de St Marc, il passa à pied au travers de la Mercerie, suivant la coutume, pour aller remonter en gondole au bas du pont de Realte. »

M. de Froullay, en 1738, fit une entrée fort belle : sa première et sa seconde gondole étaient appareillées de velours lamé d'or, et sa troisième de drap d'argent brodé de fleurs rouges; le bois était doré, chargé de sculptures emblématiques, et la livrée de Son Excellence ne comptait pas moins de cinquante individus [1].

---

[1] « La prima et la seconda gondola saranno il cielo fornito di detta robba d'oro, ma mettano tutti in un pezzo senza tagliarla, li cussini,

L'entrée de M. de Charmont, faite le 29 avril 1703, fût plus magnifique encore, et elle a été décrite dans les plus grands détails [1]. L'Abbé de Pomponne, qui lui avait succédé et qui fut le dernier ambassadeur du roi Louis XIV auprès des Vénitiens, régla du reste, en un mémoire très-développé, le cérémonial de France à Venise, et cette note a depuis servi d'instruction sur cet article à tous ceux qui vinrent après lui.

« Sa Majesté (écrit le Ministre des Affaires étrangères à l'abbé de Bernis) a fait joindre à cette instruction le même journal qui a été remis au predecesseur de cet Ambassadeur (M. de Chavigny), et qui contient dans un grand détail tout

stramazetto e banchette, medesima robba. Là terza gondola fornita di drappo d'argento con fiori naturali rossi ; paggi 4 ; staffieri 10 ; lachè 8. — Barcaroli nella peota 12. — Nelle 3 gondole doro 4. Nella negrona 4. Nella seconda nera 4. — Nella *Serena* 4. (Cosi la chiamano essendo una spezie di mezza bissona.) L'intaglio, una *serena* tutto indorata da novo. » Note relative à l'*entrée* que doit faire M. de Froullay, 1738, 25 février.

[1] Voici une note manuscrite que nous avons rencontrée sur cet Ambassadeur à l'occasion de son *entrée* :

« Je vous envoye la Relation que vous souhaitez, et vous dirai que je vous la ferai autant instructive qu'il me sera possible. Vous sçaurez donc que Son Excellence Monseigneur Joseph Hennequin de Charmont, Ambassadeur de Sa Majesté Très-Chrétienne auprès de la Sérénissime République de Venise, est un homme très-bien fait, d'une taille un peu au-dessus de la moyenne, et d'une famille très-ancienne de robbe, originaire de Flandres, laquelle vint s'établir en Champagne il y a environ deux cents ans, et eut l'honneur de servir plusieurs Rois prédécesseurs de S. M. Ce seigneur, à l'âge de trente-deux ans, ayant exercé la charge de procureur général, le Roy le jugea capable d'estre secretaire du Cabinet de S. M., puis, connoissant la sublimité (*sic*) et la pénétration de son esprit, le nomma son ambassadeur à Venise en 1702. Il détermina donc le 29e jour du mois d'avril 1703 pour faire sa magnifique entrée dans cette belle ville. »

Suit, dans ce style pompeux, la description des quatre gondoles de l'Ambassadeur.

le cérémonial observé à Venise pendant l'ambassade du sieur abbé de Pomponne. Ce journal servira de règle au sieur abbé de Bernis pour tout ce qui a rapport à la République, en observant neantmoins qu'il ne doit point rendre de visite aux cardinaux à moins qu'ils ne consentent à luy donner la main, chez eux... Quant aux Ambassadeurs étrangers qui résident ordinairement à Venise, le sieur abbé comte de Bernis sçait que le premier venu doit estre le premier visité après qu'il a fait notifier son arrivée dans la forme et suivant l'usage ordinaires [1]... »

Pendant son séjour, il était d'autres cérémonies qui obligeaient l'Ambassadeur à paraître, telles que celles dites *en chapelle* et celles dites *des banquets*.

Le Doge donne à dîner à messieurs les Ambassadeurs quatre fois dans l'année avec plusieurs nobles ou sénateurs; les jours destinés pour cela sont le lendemain de Noël, jour de saint Étienne, où l'on a accoutumé de commencer le carnaval; le jour de l'Ascension, au retour de la cérémonie qui se fait avec le Bucentaure; le jour de saint Marc et le jour de san Vito. Le Doge, dans les cérémonies, suit immédiatement après les étendarts et les trompettes, et marche au milieu du Nonce du Pape et de l'Ambassadeur de France. S'il y avoit à Venise d'autres Ambassadeurs, ils marcheroient tous de front, suivant leur rang, à côté du Nonce et de l'Ambassadeur de France. Depuis que la République, à l'exemple de la Cour de Rome, décida la préséance de la France au-dessus de l'Espagne (qui fut lorsque messire François de Noailles, évesque de Dacqs, estoit ambassadeur de Henri II auprès de la République), l'Ambassadeur d'Espagne ne s'est plus trouvé aux fonctions publiques; cela est cause qu'il est moins connu et moins aimé à Venise que celuy de France, que le peuple nomme communément l'Ambassadeur, comme s'il n'y en avoit point d'autre [2].

[1] *Mémoire pour servir d'Instruction au Sr abbé comte de Bernis.*

[2] *La Ville et la République de Venise,* « De la pompe avec laquelle le Doge marche aux cérémonies solennelles, » page 192.

Lorsque l'Ambassadeur prenait congé, il accomplissait cet office encore avec cérémonie, et faisait ses adieux dans la forme la plus solennelle. Tout ce que l'éloge peut fournir d'expressions magnifiques était naturellement mis en réquisition pour ces occasions. Et souvent même tel ambassadeur qui, comme Amelot de Gournay [1], n'avait eu que des rapports personnels fort désagréables avec la Seigneurie, par suite de ses prétentions les plus exorbitantes, se trouvait dans ce cas singulier de devoir lui marquer le plus éloquemment possible et son profond respect et son admiration grande, en allant lui annoncer son départ. Son prédécesseur, le sieur de Varengeville, avait été plus heureux, s'il en faut croire le ton de ses adieux, dont nous reproduisons, à titre de spécimen, les premières paroles :

« SÉRÉNISSIME PRINCE ET TRÈS-EXCELLENS SEIGNEURS. La lettre du Roy mon maître, dont Vostre Sérénité et Vos Excellences viennent d'entendre la lecture, leur a fait connoître que c'est pour la dernière fois que j'ay l'honneur de paroître dans cette auguste assemblée, et c'est ce qui fait qu'Elles ne voient pas aujourd'huy sur mon visage cette joye que j'ay toujours eüe d'y paroître. La veneration que j'ay pour VOSTRE SÉRÉNITÉ et pour VOS EXCELLENCES, les marques qu'Elles

---

1 Toutes les difficultés personnelles auxquelles nous faisons ici allusion tenaient à toutes sortes de contrariétés procurées par des agents subalternes aux gens de l'ambassadeur, soit au sujet de ses franchises pour les vivres, soit au sujet de querelles advenues entre ses gondoliers et les sbires. Amelot avait cru devoir échanger des notes si aigres avec la Seigneurie sur ces sortes d'affaires, que sa position n'était en effet plus tenable. Il fut nommé ambassadeur en Portugal. Voyez la *Correspondance de Louis XIV avec le marquis Amelot, son ambassadeur en Portugal* (1685-1688), publiée et annotée par le BARON DE GIRARDOT (Nantes, 1863).

m'ont si souvent données de leur affection, la part que je
prends à leur gloire, et l'admiration où je suis de leur sage et
heureux gouvernement, m'avoient rendu ces lieux presque
aussi chers que ma patrie, et la seule peine que je pouvois
avoir auprès de cette République estoit la necessité que je
prevoiois de m'en esloigner un jour. Lorsque le Roy m'eut
honoré de cet employ, après la gloire qu'il y a de le servir,
rien ne me toucha davantage que l'idée que je me fis de ce
climat que la douceur du ciel et celle de ses habitants rendent
si tempéré et si agréable; de cette ville que l'art et la nature,
la protection de Dieu et l'industrie des hommes ont renduë si
riche et si florissante, de ce Sénat qui conserve depuis tant de
siècles la reputation d'une sagesse extraordinaire et d'une
équité aussy souveraine que sa puissance, enfin de cette Republique qui a toujours augmenté sa gloire et sa grandeur, et
qui n'a jamais rien perdu de sa liberté ny de son ancienne
discipline. L'expérience m'a fait connoitre que je ne m'estois
pas trompé dans mes pensees, et j'ay plus veu que je n'avois
imaginé.

» Aussy j'ay regardé comme un extresme bonheur pour moy
d'avoir esté emploié par Sa Majesté à cultiver une alliance
qui luy est si considerable et si chere. Mon devoir s'est accordé
avec mon inclination, et je n'ay eu besoin dans tout le cours
de mon employ ny de precaution ny de menagement ny d'habileté; je n'ay fait que serrer les nœuds d'une correspondance
establie......

» Pour moy, SERENISSIME PRINCE, TRÈS-ILLUSTRES ET TRÈS-
EXCELLENS SEIGNEURS, je prendray seulement la liberté de
temoigner à Vostre Serenité et à Vos Excellences combien je
suis touché de la bienveillance dont Elles m'ont honoré dans
tout le temps de mon sejour auprès d'Elles. Dans tous les
autres employs, si l'on est habile on va exercer la sagesse;
dans celuy-ci, quelque habile qu'on soit, on la vient apprendre.
J'ay profité de ces lumières, et j'ay receu de plus toutes les
marques de vostre bonté. Quoique j'aye eu soin dans les occasions de vous faire connoitre ma reconnoissance, j'en ay gardé
dans le cœur une partie que je puis sentir et qu'il ne m'est pas
possible d'exprimer: J'assure Votre Serenité et Vos Excellences

que j'en conserveray l'eternel souvenir, et que dans le repos et le sein de ma patrie, je n'auray pas de plus agreable ny de plus douce occupation que de penser combien je les honore et combien je leur suis obligé. »

Il est vraiment curieux de voir à quel degré d'éloge arrivaient même les ambassadeurs du caractère le plus froid et le plus mesuré. M. le comte d'Avaux, prenant congé de la Sérénissime République, au mois de novembre 1674, leur disait entre autres choses :

« En effet, quelque surprenantes que soient la situation et la structure de Venise, l'ordre et la forme de son gouvernement sont encore plus admirables, et il me paroit bien moins difficile d'avoir affermi cette ville sur l'instabilité des flots que d'avoir fixé et uni tant d'esprits à un mesme interest, et malgré les passions differentes qui agitent les particuliers, tenir toujours uniforme et inébranlable ce grand corps de la République. Aussy ne peut-on assés admirer avec combien d'art et de prudence elle sait distribuer à chacun les employs qui lui sont propres, de sorte que, comme dans une machine où quantité de pièces d'inégale grandeur mises en leur place composent un tout régulier et parfait, ainsi toutes ces différentes personnes agissent de concert chacune dans son employ, concourent pour ainsy dire dans l'assemblage des parties pour former ce corps politique dont toute la terre admire la justesse et la regularité des mouvemens. Si la gloire en effet des ayeulx est un flambeau qui esclaire la postérité, est-il un jour plus serein et plus esclatant que le vostre, est-il extraction égale à la noblesse de Vos Excellences? Le temps qui dévore tout l'a respectée, et son ancienneté a consacré la plus grande partie de vos familles. Semblables à ces rochers que la nature a plantés sur le bord d'un fleuve qui le voyent sans cesse renouveller demeurant eux-mesmes immobiles, ou, sans aller plus loing, semblables à vostre chere patrie qui estant fondée sur les vagues de la mer, voit sa colere et ses tempestes sans pour cela en perdre le moindre de ses ornements, vous avez veu

des throsnes s'elever et se destruire, et vous avés veu plusieurs
fois changer la face de la terre, sans que la splendeur de vos
maisons ait souffert la moindre esclipse. Fasse le Ciel que rien
ne puisse jamais troubler cette juste harmonie que Dieu par
un miracle a voulu mettre entre la plus parfaite monarchie et
la plus parfaite Republique de l'univers, faisant que deux
choses si opposées parussent au monde en mesme temps et y
gardassent entre elles un perpétuel accord... Qu'il y ait toujours en France des admirateurs et des partisans de la sagesse
et de la gloire de la République de Venise, comme à Venise
des personnes qui fassent des vœux pour la grandeur et la
conservation de la monarchie françoise [1]. »

Les livres *Cerimoniali* de la République traitent aussi,
comme nous l'avons dit, de l'arrivée, de l'accueil et de
la réception des Princes. Et dans les détails qu'ils rap-

---

[1] *Lettres et Dépêches du comte d'Avaux*, registre nᵒ 3. En même
temps cet ambassadeur adressait au Roi son maître cette singulière
lettre, chef-d'œuvre d'un courtisan qui n'en peut mais quant aux flat-
teries et qui fait un effort suprême.

« SIRE,

» J'ay pris congé de la RÉPUBLIQUE que je laisse dans une très-ferme
résolution de ne se despartir pour rien du monde des interets de VOTRE
MAJESTÉ. C'est un sentiment dans lequel Elle m'a toujours fait paroistre
qu'elle estoit...

» Mais quand Ils ont considéré que VOTRE MAJESTÉ dans ses dernières campagnes a formé des desseins et a pris des resolutions que
toute la sagesse de Venise recueillie dans son SÉNAT n'auroit pas seulement imaginés, pardonnés moy, SIRE, si je dis qu'Ils n'ont pu voir
sans quelque peine que le CABINET de VOTRE MAJESTÉ soit maintenant
dans l'opinion du monde ce qu'a esté jusqu'à ceste heure l'ASSEMBLÉE
DES SAGES de Venise, et que VOTRE MAJESTÉ leur enlève une qualité
que ce SÉNAT s'estoit apropriée par une possession continuelle de douze
cents ans. Mais d'un autre costé, SIRE, ils n'ont pu considérer qu'avec
joye qu'il n'y a jamais eu que VOTRE MAJESTÉ qui leur ait pu disputer
ceste qualité, et qu'il leur est bien glorieux d'avoir quelque chose de
commun avec le plus grand Prince de la terre!... »

portent et exposent, la politique paraît avoir moins à
faire encore que dans les cérémonies particulières aux
fonctions des ambassadeurs. Ainsi nous voilà bien loin,
pour un moment, de l'histoire proprement dite. Nous
sommes dans la chronique et ses détails. Parler de la
réception de chacun des princes et seigneurs' français
serait chose vaine, aussi n'indiquerons-nous que les
noms de ceux que nous avons relevés sur les régistres
du *Cérémonial,* laissant ainsi ce soin de rassembler
les détails et de les produire, aux chercheurs que
l'intérêt de leurs études ou l'agrément de leur curiosité porterait vers ces documents officiels. La réception
d'un ambassadeur, celle d'un prince, d'une princesse,
étaient du reste complétement différentes. Pour le premier, un cérémonial invariable présidait à son accueil,
tandis que pour les Princes les cérémonies devenaient
des fêtes publiques dont l'éclat, le brillant et la variété
étaient mesurés à la puissance et au renom des *héros*
qui en étaient l'objet. Les textes officiels sont silencieux
sur les fêtes données en l'honneur de *Charlotte de Bour-*
bon, qui vint de France à Venise en 1311 pour y rencontrer le Roi de Chypre, son fiancé ; mais pour *Anne de*
Candales, parente d'Anne de Bretagne et de Louis XII,
accompagnée du sieur de la Guierche, ambassadeur du
Roi, et qui fut de passage à Venise, pour se rendre en
Hongrie, où l'attendait la couronne de reine, aucun
détail ne manque. Marin Sanudo, de son côté, a consacré de nombreuses pages aux fêtes qui furent données à
cette princesse française, et en trois mots il a fait d'elle
ce portrait aimable, *bella, piccola, dolce nel parlar.* Elle

arriva le 31 juillet de l'année 1502, fut reçue avec le
Bucentaure et logée au palais du marquis de Ferrare.
Son séjour à Venise dura vingt et un jours, elle sut dire
au Doge un compliment charmant, à savoir, qu'elle ne
s'était en vérité point connue Reine avant d'être entrée
sur les terres vénitiennes. De 1502 à 1574, nul prince
de France ne vint à Venise; mais au mois de juillet de
l'an 1574 fut reçu avec la plus grande pompe le Roi de
France en personne, ce Henri de Valois qui revenait
de Pologne pour aller occuper le trône que la mort ino-
pinée de Charles IX venait de laisser vacant. Jamais la
splendeur vénitienne n'a été depuis dépassée, et toute
l'histoire du séjour de ce prince dans la ville des Vénitiens est la plus brillante et la plus intéressante qui se
puisse connaître. Arrivé le 2 juillet, Henri III, roi de
France et de Pologne, quitta Venise le 12 du même mois.
Anne de Joyeuse, beau-frère du Roi, pair et amiral de
France, fut reçu le 26 juillet de l'année 1583, et pour
ses dignités non moins que pour l'amitié si particulière
que lui portait Sa Majesté, la République de Venise le
reçut avec des honneurs presque égaux à ceux qu'elle eût
décrétés pour une tête couronnée. Les autres personnages reçus en cérémonie pendant le reste de ce siècle
furent *Charles de Lorraine*, le 21 juin 1584; le *Cardinal
de Joyeuse*, le 25 juin 1585; le *Cardinal de Gondi*, le
12 août 1588; le *Duc de Nevers*, le 15 février 1593;
le *Duc de Luxembourg*, le 20 juin 1598; le *Duc d'Au-
male*, le 26 novembre 1598. Mais aucune fête publique
n'a signalé la présence de ces princes à Venise. Au dix-
septième siècle, sous le règne de Henri IV, le *Duc* et la

Duchesse de Nevers furent les seuls qui allèrent au-devant des honneurs vénitiens, en mars 1609. Sous le règne de Louis XIII, il est remarquable que les deux princes du sang qui visitèrent Venise ne voulurent point y être reçus autrement que comme des particuliers. Le *Prince de Condé* [1] y vint en 1622, et le *Comte de Soissons* [2] en 1627. Les autres personnages français inscrits aux *Cerimoniali* sont : le *Cardinal de Lyon*, 26 octobre 1636 ; le *Duc de Vendôme*, 4 octobre 1644 ; le *Duc de Créqui*, 15 mai 1665 ; le *Duc de Longueville*, 24 avril 1666 ; le *Marquis de Seignelay*, 16 mai 1671 ; le *Comte de Soissons*, 2 octobre 1694. Pour le dix-huitième siècle, nous ne voyons à signaler que le *Cardinal d'Estrées*, 21 janvier 1700 ; le *Cardinal de Polignac*, 27 mai 1732 ; le *Comte de Penthièvre*, 25 novembre 1754 ; la *Duchesse de Chartres*, 24 mai 1776 ; le *Duc de Chartres*, 18 novembre 1782, et le *Comte d'Artois*, le 8 janvier 1791 [3].

[1] Voyez aussi *Esposizioni Principi*, FRANCIA, 1622, 10 novembre. *Venuta in Collegio del Ambas*^r *di Francia : dà parte del passagio del* Principe di Condé *per la Santa Casa di Loreto et discorre soprà il titolo dovutogli di* Altezza, 1622, 12 novembre. *Discorso dell' amb. di Francia soprà il titolo :* 1622, 14 novembre, *dà parte dell'arrivo del* Sr Principe di Condé, 21 novembre. *Visita del* Principe di Condé *fatta a* Sua Serenità *: Incontro et posto con discorso del* Principe *circa altri particolari di stato.* Voyez, dans la collection du *Philobiblion*, à Londres, l'intéressante publication de la pièce ainsi désignée : *Account of an Interview which took place at Venice in 1622 between the* Prince de Condé *and* Fra Paolo Sàrpi. (*Derived from Original Sources.*)

[2] *Esposizioni Principi*, 1626 (M. V.), 5 janvier. *Il* Signor Conte di Soissons *venne incognito a Venetia, e prese alloggio col suo sequito à San Tomà alle Colone e visitò la Città senza voler essere scoperto.*

[3] Comme il pourrait être utile ou paraître intéressant à quelques curieux de connaître quels ont été les principaux Princes et Seigneurs

qui ont été l'objet d'un article dans les six Registres des *Cerimoniali*, nous avons fait le relevé des noms dans l'ordre suivant :

Premier et deuxième Registre, 1464-1599. Duc de Saxe. — Duc de Ferrare. — Duc d'Urbin. — Marquis de Mantoue. — Seigneur de Rimini. — Robert de Saint-Severino. — François Sforza. — Archevêque de Cologne, Électeur de l'Empire. — Le nonce Annibal Capua, porteur de la Rose d'or. — Archiduc d'Autriche. — Don Giovanni de Médicis. — Don Alphonse d'Este. — Cardinal d'Este. — Duc Henri de Brunswick et de Lunebourg. — Ambassadeur du Grand-Duc de Moscovie. — Le Prince de la Grande Valachie. — Duc de Mantoue. — Paolo Giordano Orsino, Duc de Bracciano, et Vittoria Accoramboni. — Ambassadeurs du Japon. — Cardinal Radzivil. — Archiduc Maximilien (*incognito*). — Prince de Bavière (*idem*). — Cardinal Farnèse (*idem*). — Hussein Cesniger, ambassadeur ottoman. — Duc et Duchesse de Mantoue. — Cardinal Aldobrandini. — Archiduc Ferdinand, frère de la Reine d'Espagne. — Duc de Sessa.

Registre troisième, 1600-1704. Duc de Wurtemberg, Prince de l'Empire, 1600, 1er avril. — Duc de Mantoue, avec la Duchesse Marguerite, sa sœur, 1600, 20 juillet. — Archiduc Maximilien d'Autriche, 1600, 10 octobre. — Duc de Bar, Prince de Lorraine (*idem*). — Don Giovanni de Médicis, 1601, 29 juin. — Cardinal d'Este, 1603, 20 mai. — Princes de Savoie, 1608, 30 avril. — Prince de Modène, 1614, 16 mars. — Vincent de Gonzague, Prince de Mantoue, 1614, 2 mai. — Prince Thomas de Savoie, 1620, 24 avril. — Duc et Duchesse de Mantoue, 1623, 6 avril. — Grand-Duc de Toscane, 1629, 6 avril. — Prince Alexandre de Pologne, frère du Roi, 1633, 17 octobre. — Prince Léopold de Toscane (*incognito*), 1639, 22 septembre. — Duc de Parme (*incognito*), 1640, 18 mai. — Duc de Modène (*idem*), 1641, février. — Duc de Parme, 1643, 11 janvier. — Duc de Modène (*idem*), 11 janvier. — Prince Casimir, cardinal de Pologne, 1646, 27 octobre. — Ambassadeurs de Moscovie, 1656, 21 janvier. — Duc de Mantoue, 1658, 17 octobre. — Prince Alméric d'Este, 1660, 1er juillet. — Prince de Florence, 1664, 24 mai. — Prince Maximilien de Bavière, 1665, 24 février. — Duc Électeur de Bavière et Duchesse, 1667, 21 mai. — Vicomte de Falconbridge, 1670, 25 juin. — L'Électeur de Cologne, 1670, 9 septembre. — Prince de Neubourg, 1676, 16 mai. — Duc de Radziwil, 1677, 11 décembre. — Prince Ulrick de Brunswick, 1681, 15 novembre. — Duc Maximilien de Bavière, 1681, 29 janvier. — Prince de Neubourg, 1683, 1er mai. — Duc Électeur de Saxe, 1684, 3 février. — Duc Ernest-Auguste de Brunswick, 1684, 9 février. — Prince de Brunswick-Wolfenbuttell, Margrave de Brandebourg, Duc de Savoie, Duc Electeur de Bavière, 1687, 1er mars. — Gaston, Prince de Toscane, 1688, 16 décembre. — Duc de Bavière, 1691, 9 décembre. — Ferdinand, Prince de Toscane, 1695, 27 janvier. — La Reine veuve de Pologne, 1698, 21 janvier. — Cardinal de Lambergh, 21 janvier 1700.

REGISTRE QUATRIÈME, 1705-1768. Reine veuve de Pologne et Électrice de Bavière, mars 1705. — Earl of Manchester, ambassadeur extraordinaire d'Angleterre, 1707, 21 septembre. — Roi de Danemark, sous le nom de comte d'Eudemburgh, 1708, 29 décembre. — Le Prince héritier de l'Électeur de Saxe et Roi de Pologne, 1708, 4 février. — Prince Électeur de Bavière, 1715, 1er février. — Prince-héréditaire de Modène, 1719, février. — Second Prince de Modène, 1723, 23 juin. — Prince Électoral de Saxe, 1738, 3 avril. — Duc de Modène, 1742, 5 octobre. — Comte de Holderness, ambassadeur extraordinaire d'Angleterre, 1744, 22 février. — Marquis de Prié, ambassadeur de l'Empereur, 1747, juillet. — Duc de Montealegre, ambassadeur d'Espagne, 1749, 21 avril. — Prince héréditaire Frédéric de Brandebourg-Anspach, 1752, 11 février. — Prince de Wurtemberg avec la Duchesse Élisabeth-Sophie de Brandenburg-Bayreuth, 1753, 7 mars. — Comte de Rosembergh, ambassadeur de l'Empereur, 1754, 18 juillet. — Earl of Northampton, ambassadeur d'Angleterre, 1763, 10 juin. — Duc d'York, 1764, mai. — Prince héréditaire de Brunswick, 18 septembre 1766. — Duc de Wurtemberg, 1766-1767.

REGISTRE CINQUIÈME, 1769-1781. Empereur Joseph, 1769, 22 juillet. — Grand-Duc et Grande-Duchesse de Toscane, sous le nom de Comte et Comtesse de Pitigliano, 1770, 22 juin. — Prince Xavier de Saxe, sous le nom de *Comte de Guervich*, 1771, 20 avril. — L'Électrice douairière de Saxe, 1772, 4 juin. — Marquis de Squillace, ambassadeur d'Espagne. — Comte de Durazzo, ambassadeur de l'Empereur, 1772. — Duc de Wurtemberg (*incognito*), 1774, 23 février. — L'Empereur Joseph, le Grand-Duc de Toscane, les Archiducs Ferdinand et Maximilien, 1775, 21 mai. — Duc de Glocester, 1775, 11 octobre. — Duc d'Ostrogothie (*incognito*), 1775. — Grand-Duc de Toscane. — Duc de Glocester (*incognito*), 1777, 7 mai. — Grand-Duc et Grande-Duchesse de Russie, sous le nom de *Comtes du Nord*, 1781, 18 janvier.

REGISTRE SIXIÈME, 1781-1797. Pie VI, 1782, 11 mai. — Prince Frédéric-Louis de Wurtemberg, 1783, 23 avril. — Gustave, roi de Suède, sous le nom de *Comte de Haaga*, 1784, 3 mai. — Le *Nonce*, 1784, 10 mai. — L'Empereur Léopold II. — Roi et Reine de Naples, sous le nom de Comtes de Castellamare. — Grand-Duc et Grande-Duchesse de Toscane, et les Archiducs Charles, Léopold et Ferdinand, 1794, 24 mars.

XIV.

LETTERE DOMINORUM
OU LETTRES DES ROIS, PRINCES, SEIGNEURS
ET CHEFS D'ÉTAT
A LA RÉPUBLIQUE DE VENISE.

(1500-1797.)

Les Lettres des Princes adressées au Doge étaient ouvertes dans le Cabinet des Ministres. — Collection volumineuse des *Lettere Dominorum.* — Indication générale. — Raisons du peu d'intérêt politique qu'offrent les Lettres des Princes étrangers à l'adresse de la République de Venise. — Le plus grand nombre sont des Lettres de créance et de rappel d'ambassadeurs, de félicitation, de recommandation, de condoléance. — *Titulature* des Lettres adressées par les Rois de France à la République. — Spécimens de quelques-unes de ces Lettres. — Dénombrement des Lettres de France qui sont conservées dans ces Archives depuis Louis XII jusqu'au Directoire. — Quelques Lettres de Charles IX. — Autres Lettres diverses. — Une lettre du Duc de Guise. — L'objet des négociations en cours d'être traitées ne doit pas être cherché dans les *Lettere Dominorum.*

Les Lettres des Princes et Chefs d'État sont classées dans les Archives du *Cabinet des Ministres*, par cette raison qu'il appartenait à ces ministres de les ouvrir. Le recueil formé par cette abondante correspondance extérieure était jadis désigné sous le nom de *Lettere Dominorum*, ou *Lettere Principi*[1]. Ces Lettres sont conservées

---

[1] Ce terme est abréviatif, car il serait plus juste de dire *Lettere delli Principi*. De même pour la Série précédemment citée des *Esposizioni Principi*, pour *Esposizioni delli Principi*.

chronologiquement dans des boîtes cartonnées — *buste* — au dos desquelles est inscrit, soit le nom du pays d'où elles proviennent, soit la qualité collective des personnages de qui elles émanent : ainsi, *Casa d'Austria* (Maison d'Autriche), *Valacchia* (Valachie), *Inghilterra* (Angleterre), etc., ou bien *Elettori dell'Impero* (Électeurs de l'Empire), *Vescovi di Trento* (Évêques de Trente), *Cardinali* (Cardinaux), etc. La collection générale des *Lettere di Sovrani e Signori* est volumineuse, car elle ne comprend pas moins de quatre-vingt-cinq cartons ou portefeuilles [1].

[1] ALLEMAGNE, 1563-1786, deux portefeuilles.

MAISON D'AUTRICHE, 1536-1797, quatre.

ÉLECTEURS DE L'EMPIRE, 1647-1796, deux.

ÉVÊQUES DE TRENTE, 1623-1796, deux.

GRANDS MAÎTRES DE MALTE, 1647-1795, un.

BOHÊME, HONGRIE, TRANSYLVANIE, SUÈDE, MOSCOVIE, MOLDAVIE, VALACHIE, JAPON, } 1567-1689, un portefeuille.

CZAR DE MOSCOVIE, 1741-1796, un.

PERSE, PRUSSE, DANEMARK, SUÈDE, } 1637-1780, un portefeuille.

POLOGNE, 1569-1772, deux.

VILLES LIBRES, 1517-1788, deux.

ANGLETERRE, 1570-1796, deux.

ROIS ET REINES D'ESPAGNE, 1568-1795, deux.

PAYS-BAS ET FLANDRES, 1571-1630, un.

NAPLES, SICILE, MALTE, 1515-1624, un.

PORTUGAL ET SARDAIGNE, 1716-1785, un.

NAPLES, 1761-1793, un.

PORTUGAL, 1777-1795, un.

DUCS DE SAVOIE ET LORRAINE, 1568-1737, un.

MILAN, 1516-1639, un.

FERRARE, MODÈNE, 1516-1611, un.

DUCS D'URBIN, 1515-1627, un.

GRANDS-DUCS DE TOSCANE, 1567-1791, deux.

DUC DE PARME, 1570-1731, un.

GRISONS, 1535-1611, un.

CANTONS SUISSES, 1646-1696, un.

CANTONS SUISSES ET LIGUES GRISES, 1700-1788, un.

La Correspondance de France est renfermée dans sept de ces portefeuilles, dont six contiennent les lettres des Rois et Reines, et un, celles des Princes et de quelques particuliers. Les lettres antérieures à Louis XII n'existent plus en original [1] ; les lettres de Louis XII sont extrêmement rares [2] ; en un mot, la correspondance française, dans les *Lettere Dominorum* des Archives de Venise, n'a été véritablement conservée que depuis le règne de François Ier, encore faut-il reconnaître qu'un

PRINCES DE FRANCE ET LORRAINE, 1516-1628, un.

ROIS DE FRANCE, 1515-1773, six.

ROIS ET RÉPUBLIQUE DE FRANCE, 1774-1795, un.

DUCS DE MANTOUE, 1571-1629, un.

DUCS ET PRINCES D'ITALIE, 1628-1795, deux.

PRINCES D'ORANGE ET ÉTATS GÉNÉRAUX, 1606-1796, un.

GÉNES, MONACO, LA MIRANDOLE, LUCQUES, RAGUSE, GENÈVE, } 1566-1791, un portefeuille.

PRINCES, 1605-1645, trois.

ROME ET VILLES DE L'ÉGLISE, 1568-1626, un.

PATRIARCHES, ÉVÊQUES ET ECCLÉSIASTIQUES, 1555-1628, trois.

CARDINAUX, 1560-1797, vingt-cinq.

[1] Il convient d'en rechercher la copie ou l'interprétation officielle soit dans les Registres *Commemoriali*, soit dans les Registres *Secreti del Senato*.

[2] La République en a reçu cependant un assez grand nombre de ce Roi, qui, sauf pendant les années que dura la ligue dite de Cambrai, eut à traiter tant d'affaires avec les Vénitiens. Pour retrouver la mention et même la copie de quelques-unes de ses lettres, les précieux registres *Diarii* de Marin Sanudo sont à consulter. Ainsi : Registre n° 2, page 607 (22 mai 1499), *Lettera credential fatta dal Re di Francia alli suoi Oratori spediti in Venetia;* (2 août 1498) *Lettera del Re al Senato,* page 724. Registre n° 5, page 582 (16 janvier 1503), *Copia di una lettera del Re di Franza a la Repubblica traslata dal francese.* Registre n° 7 (1508), pages 284 et 353, *Scrive alla Signoria.* Registre n° XVI, page 209 (5 avril 1513), *Copia di una lettera del Re di Franza mandata alla Signoria nostra.* Autres, page 448 (23 juillet), page 564 (4 août), page 635 (23 août).

fort grand nombre des lettres de ce prince [1] ont dû être brûlées en même temps que les dépêches des ambassadeurs vénitiens qui ont précédé l'année 1554. Il est, en effet, remarquable que les secrétaires qui avaient soin des papiers de la Chancellerie secrète laissaient parfois, jointes aux dépêches des Ambassadeurs, les lettres royales qui arrivaient à Venise par la voie diplomatique vénitienne, de sorte que ce serait ne pas avoir mené complétement à bonne fin la recherche de la correspondance d'une Cour étrangère que de se contenter d'ouvrir les portefeuilles des *Lettere Dominorum*. Il faut aussi feuilleter les dépêches. C'est ainsi qu'il nous est arrivé personnellement de rencontrer parmi celles qui furent adressées de la Cour de France, sous les Valois et sous Henri IV, des lettres de nos Souverains, adressées par eux soit aux Ambassadeurs eux-mêmes [2], soit par leur intermédiaire à la République.

Nous avons fait le dépouillement de la correspondance

---

[1] A la Bibliothèque de Saint-Marc se trouve la copie d'une longue lettre du Roi François Iᵉʳ, en date de Dijon, le 2 d'avril 1522, et ainsi adressée : « *François, par la grâce de Dieu, Roi de France, Duc de Milan, Seigneur de Gênes, à nos très-chers et grands amis, alliés et bons compères le Doge et Seigneurie de Venise.* » Marin Sanudo, dans ses *Diarii*, Registre nᵒ 21, page 80 (14 septembre 1515), cite une lettre du Roi écrite de Marignan à la Seigneurie, une de la Reine, page 107, et de la mère du Roi, *idem*. Autre du 8 février 1516 adressée au Proviéditeur général Gritti, page 473.

[2] Ainsi, lettre de *Henri III*, du 8 juillet 1588, Rouen, à l'Ambassadeur; du *Cardinal de Bourbon*, en 1590; de *Henri IV*, du 21 mars 1590, de Mantes; du 8 mars 1591, du camp devant Chartres; du 12 décembre 1589, du camp devant Laval, etc. De même, parmi les dépêches des Ambassadeurs sous Louis XIII et Louis XIV, on trouve intercalées des lettres du *Cardinal de Richelieu* et du *Cardinal Mazarin*.

française en son entier, et le résultat dont nous avons à rendre compte est celui-ci :

2 Lettres de Louis XII [1].
8 » de François Ier [2].
2 » de Henri II [3].
26 » de Charles IX.
68 » de Henri III.
23 » de Catherine de Médicis [4].
82 » de Henri IV [5].
25 » de Marie de Médicis.
94 » de Louis XIII.
40 » de Louis XIV.
65 » de Louis XV.
23 » de Louis XVI.
6 » au nom de la République.

Le protocole des lettres des Rois et du gouvernement de la République française adressées à la République

[1] 1500, 20 février, Loches. Lettre de recommandation en faveur de Giorgio Quirini Stampalia, et 1501, 13 mars, Louis XII recommande à Costantino Priuli le docteur Accursio Mainerio, grand juge de Provence, son ambassadeur à Venise.

[2] 1515, 1er février, Tarascon. Cette lettre du Roi est adressée à son conseiller ordinaire et maître des requêtes Pierre de la Vernède, son ambassadeur à Venise. Il lui commande d'annoncer à la Seigneurie la mort du Roi d'Aragon et lui envoie les nouvelles qu'il a reçues de Liége. Ce document est sans nul doute la copie laissée par l'Ambassadeur à la Seigneurie. —1516, 6, 8 et 12 octobre, et une sans date, à Lautrec. — 1527, 12 décembre, Saint-Germain, Lettre du Roi à M. de Bayeux (Louis de Canossa), son ambassadeur à Venise. — 1538, 10 octobre, Lettre de recommandation pour le chevalier Antonio Maria Averoldi, Bressan.

[3] 1547, 3 juillet, Saint-Germain, et 1552, 11 juillet. En faveur d'un Nicolò Losco de Vicence et d'un Leonardo Malipiero.

[4] Copiées par M. DE LAFERRIÈRE-PERCY en juillet 1865.

[5] Copiées par M. DE LAGRÈZE en octobre 1868. Voyez Revue des Sociétés savantes, séance du 18 janvier 1869.

sérénissime de Venise fut invariable : *Très Chers et
Grands Amys Confederez et Alliez le Duc et la Seigneurie
de Venise.* Telle était la suscription. Le Doge n'ouvrait
aucune lettre, et en eût-il reçu une directement, qu'il
eût dû en faire aussitôt part à la Seigneurie. Toutes les
lettres de la Cour de France étaient d'ailleurs remises
par l'Ambassadeur ou le chargé d'affaires en personne.
La remise d'une lettre de Roi, Reine, Prince du sang
ou premier Ministre du Royaume était donc toujours l'objet d'une sorte de cérémonie, et comme aucune d'elles
en aucun temps ne put avoir un caractère spécial d'intimité ou de confidence, puisque tout le ministère était
appelé à en connaître, il en est résulté que la correspondance des Souverains étrangers avec la République de
Venise n'a pas d'autre intérêt que celui qui peut être
attaché à des lettres de chancellerie. Aussi les Archives
de Venise ne contiennent-elles pas une seule lettre entièrement autographe de l'un de nos Rois ou Princes,
de l'une de nos Reines ou Princesses. Ailleurs, dans les
moindres Archives, de Princes qui ont été chefs de famille, on peut rencontrer souvent des lettres fort
curieuses, ayant un caractère d'intimité ou de confidence, soit par suite d'alliances entre les maisons, soit en
vertu d'une communauté d'intérêts d'États existant entre
ces Princes et la France. A Florence, avec les Médicis,
d'où sortait Catherine, et où sa petite-fille de Lorraine
était devenue la Grande-Duchesse ; à Mantoue, où l'épouse
de Henri IV avait sa sœur mariée au Duc Vincent de Gonzague ; à Ferrare, où s'était mariée Renée de France
et dont la fille Anne fut la Duchesse de Guise, femme

de François et mère de Henri le Balafré; à Parme, où Louis XV avait sa fille, Madame Infante; à Turin, où l'alliance de famille se trouvait si étroite sous Louis XIII par Madame Royale, sous Louis XIV par la Duchesse de Bourgogne, les lettres les plus intéressantes, toutes remplies de ces détails qui pour l'histoire et ses mystères sont bien souvent des révélations, peuvent se trouver et satisfaire autant que charmer là curiosité des chercheurs; mais à Venise, on ne saurait s'attendre à ces sortes de bonnes fortunes dans l'investigation. Que dire de plus d'ailleurs à cet endroit, sinon qu'on ne pourrait pas même y rencontrer une seule lettre qu'un Roi de France eût véritablement dictée? Chaque lettre, écrite sur parchemin ou dans un format dont le seul aspect exclut l'échange de pensées et de communications personnelles, est l'ouvrage soit d'un secrétaire du cabinet du Roi, soit de celui du cabinet de l'un de ses ministres. Ainsi donc, prise dans son ensemble aussi bien qu'étudiée dans son détail, la correspondance échangée par les Rois, Princes et Seigneurs de la Cour de France avec les Vénitiens n'a qu'un caractère cérémonieux. Lettres de créance, de recréance et de rappel d'Ambassadeurs, lettres de condoléance pour la mort d'un Doge, de compliment pour l'avénement d'un autre, de recommandation pour tel ou tel personnage, de remercîment pour l'envoi de quelques présents, de notification de quelque victoire ou de consolation sur quelque défaite, tel est le thème ordinaire de ces lettres composées pour la plupart sur un même modèle, et dont le cours des temps seul modifia plus ou moins les termes. L'objet

même des missions confiées aux Ambassadeurs ou aux
Envoyés extraordinaires n'est pas exprimé dans la
lettre particulière que lui donne le Roi pour accréditer
sa présence devant la Seigneurie. Charles IX, confiant
une mission au comte de Ventadour, lui donne la lettre
suivante pour le gouvernement de Venise :

« TRES CHERS ET GRANDS AMYS, ALLIEZ ET CONFEDEREZ. En
allant presentement en Italie, nostre tres cher et aimé cousin, le comte de Ventadour, pour aulcunes choses concernant
nos affaires et services, nous luy avons donné charge de vous
visiter et vous dire quelque chose de nostre part dont nous
vous prions le vouloir croire tout ainsi que vous vouldriez
faire nous-même. Suppliant à tant le Créateur, tres chers
grands amys et confederez, quil vous ayt en sa saincte garde.
Escript à Paris, le 27ᵉ jour de mars 1568 [1].

» CHARLES. »

Catherine de Médicis, si originale et intéressante en
ses lettres ordinaires, si *personnelle,* si caractéristique
quand l'occasion lui est donnée d'être bien *elle* et non
pas d'être représentée par l'un ou par l'autre de son
cabinet, n'est autre qu'une souveraine sans individualité
marquée, lorsqu'elle s'adresse à la République de Venise,
et cela dans les moments mêmes où elle a le plus grand
besoin de son secours et de son aide pour alimenter le
trésor épuisé. Voyez plutôt cette lettre.

« Vous entendrez bien au long par le Sieur de Foix, ambassadeur du Roy nostre très-cher seigneur et filz auprès de
vous, l'estat auquel nous nous retrouvons à présent de l'instance que nous luy avons ordonné vous faire de notre part.
Pourquoi nous vous prions autant affectueusement que nous

[1] ARCHIVES DE VENISE, *Lettere Dominorum,* Francia.

pouvons, vouloir donner audit sieur de Foix la même créance
que feriez à nous, et la responce conforme à l'affection qu'avez
de tout temps portée à la prospérité des affaires de ce royaume.
Priant à tant le Créateur vous donner ce que vous désirez.
Escript à Saint Maur des Fossés le 26 de septembre 1568 [1].

« CATERINE. »

La lettre qui, parmi toutes celles adressées par le
roi Charles IX à la République de Venise, nous a paru
avoir été dictée dans un style qui n'est pas absolument
dépourvu de quelque inspiration personnelle, est celle
du 9 décembre 1570, et dans laquelle l'écrivain console
d'une manière étrange les Vénitiens sur la défaite qu'ils
viennent d'éprouver dans leur guerre avec le Turc et
sur la perte qu'ils ont encourue de leur ville de Nicosie.
Après les premières marques de condoléance sur cette
nouvelle si funeste au bien de la chrétienté, le roi
Charles dit :

« Les guerres et les afflictions sont envoyées de la main de
Dieu ainsy qu'il lui plaist, et pour les causes que luy seul
conoist, restant loisible de contredire à sa saincte volonté.
Maintenant il est courroucé contre vous, ce n'est pas pour
toujours, et faut espérer s'appuyer en sa bonté et miséricorde [2]. »

Sous Charles IX encore nous trouvons deux lettres
qui, pour être plus développées et plus explicites que
les autres, offrent aussi plus d'intérêt. Elles concernent
les affaires du Levant et du Turc, et l'on sait combien
la politique des Valois fut active et occupée de ce côté.

[1] ARCHIVES DE VENISE, *Lettere Dominorum*, Francia.
[2] *Idem, ibidem.*

Tous les lecteurs de documents historiques sur cette époque connaissent quel attrait on a toujours trouvé aux dépêches de l'évêque de Dacqs, François de Noailles, accrédité ambassadeur du Roi auprès du Grand Seigneur. L'ambassade de cet évêque au Sultan fut, en effet, l'une de celles qui ont fourni la meilleure correspondance du temps et de celles qui ont été le mieux remplies. Lorsqu'il partit pour Constantinople, l'ordre lui fut donné de s'arrêter à Venise comme accrédité temporairement, et de se présenter à la Seigneurie, auprès de laquelle d'ailleurs il n'avait laissé que de bons souvenirs, ayant été ambassadeur du Roi Henri, douze ans auparavant. La lettre du Roi dont il était porteur était ainsi conçue :

« Très chers et grands amys, alliez et confederez. Suivant ce que nous avons cy devant escript au Sʳ Duferier, nostre ambassadeur auprès de vous, du singulier desir et affettion que nous avons toujours eu de vous montrer et faire cognoistre par effect comme nous voullons embrasser vos affaires, et ce qui vous touche tout ainsi que les nostres propres, et mesmes de moyenner avec le Grand Seigneur une bonne paix ou bien une si longue tresve que par après la paix sen puisse ensuyvre, laquelle nous estimons estre plus necessaire pour vous que davoir à faire à ung si puissant ennemi et si proche voisin des terres et pays de vostre obeissance, Nous avons esleu et choisy nostre amy et feal conseiller en nostre Conseil privé, l'Evesque de Dacqs, pour aller en Levant resider nostre ambassadeur à la Porte dudit Grand Seigneur. Estant personnaige doué de si bonnes parties et louables qualitez, ainsy mesmement que vous en avez bonne connoissance du tems qu'il a este nostre ambassadeur auprès de vous, dont il vous a laissé ung singulier contentement et monstré en toutes ses actions et depportemens ung très affectionné desir au service et prosperité de vostre Estat, que nous.avons pensé ne pouvoir commettre cette charge à personnage plus digne, ni qui mieulx et plus vertueusement s'en puisse acquitter principalement pour ce qui touche et concerne votre fait. Que sur toutes choses, nous luy avons expressément donné charge de traicter, conduyre et negocier ainsy que vous adviserez, et selon les memoires et instructions de votre part luy en seront baillees. Et la resolucion que par ensemble en prendront avec vous lesdicts Sr Duferrier et luy. Et esperant pour la singuliere recommandation que luy en avons faite, qu'il se saura si bien conduire et comporter en votre affaire, que par ensemble nous en aurons ung contentement commun. Vous pryant le croire de ce quil vous dira de notre part, tout ainsi que vous vouldriez faire nous mesmes. Escript à Gaillon, le XXIIIe de mai 1571 [1].

» CHARLES. »

La seconde lettre est relative au fait de l'arrestation que la République n'avait pas craint de faire de la personne d'un envoyé du Grand Seigneur passant sur le territoire de Venise pour se rendre en France. Ce message du Roi à la Seigneurie serait propre à trouver place dans l'important recueil des *Négociations de la France dans le Levant,* publié avec tant d'érudition et après de si utiles et fructueuses recherches par M. Charrière. C'est un de ces documents qui prouvent tout le prix qu'attachait alors le cabinet de France au maintien de l'alliance avec le Turc, alliance dont il est curieux de remarquer que nous ne nous sommes jamais départis depuis que François Ier en prit l'initiative et en assit les bases par des négociations heureuses.

« TRES CHERS ET GRANDS AMYS, ALLIEZ ET CONFEDEREZ. Par cy devant nous avons bien sceu l'emprisonnement par vous

---

[1] ARCHIVES DE VENISE, *Lettere Dominorum,* Francia.

fait de Mahumet que le Grand Seigneur envoyoit devers nous. Mais nous n'en avons jamais, sinon que depuis peu de jours, entendu les causes et occasions, et pour ce quelles nous semblent telles et tant importantes à notre honneur, grandeur et répputacion que nous ne pouvons dissimuler l'extresme regret et deplaisir que nous en portons, nous vous avons bien voulu escripre cette presente, et par icelle vous prier mettre en consideracion que etant ledit Mahumet depesché par son maître pour venir devers nous en ambassade, il ne pouvoit et ne devoit, passant par les terres de ceulx qui nous sont amyz et confederez, estre aucunement arreste ne emprisonne, comme vous avez faict, sans violer les conféderacions, chose qui tousiours nous seroit reprochee, si nous ne nous mettions en debvoir de poursuivre l'eslargissement et liberté dicelluy Mahumet, ainsy que voulons faire vifvement et ny vous oublyer. Remonstrant par tout ou besoing sera le tort que nous estimons nous estre faict en cest endroit, et que malaisement le pourrions nous supporter pour les consideracions dessusdictes. Par quoy, TRES CHERS ET GRANDS AMYS, ALLIEZ ET CONFEDEREZ, nous vous prions que par l'amour et en faveur de nous, et suivant le benefice et devoir de notre bonne amytié, vous veuillez eslargir et mettre en pleine liberté ledict Mahumet, luy faisant rendre et restituer ses lettres, papiers et autres choses qu'il avoit lors de son emprisonnement, affin qu'il puisse continuer son voyage par deça ou s'en retourner devers son maître, selon qu'il advisera avec le Sr Duferier, notre ambassadeur auprès de vous, et levesque de Dacqs que nous envoyons en Levant, et lequel vous fera sur ce plus amplement entendre notre intencion et tout ce que nous en avons à vous dire. Qui gardera — nous en remettant sur lui — de vous en faire plus long discours par cette presente, vous pryant surtout le croire comme vous vouldriez faire nousmesmes, suppliant à tant le Createur, tres chers et grands amyz, alliez et confederez, qu'il vous ayt en sa saincte garde. Escript à Fontainebleau, le xxixe de juillet 1751 [1].

« CHARLES. »

[1] ARCHIVES DE VENISE, *Lettere Dominorum*, Francia.

Nous avons dit qu'à côté de la correspondance des Rois, des Reines et des Princes du sang, se trouvait aussi celle d'autres Princes et seigneurs, et pour citer des noms, nous donnerons ceux d'Odet de Foix, du Duc de Nevers, du Duc de Nemours, du prince de Luxembourg, du maréchal de Lesdiguières et de ceux de la maison de Guise. Mais aucune de ces lettres n'est faite pour aider grandement à l'histoire. Ce sont choses de congratulations, condoléances ou remerciments. L'une des mieux dictées, et que nous produisons comme spécimen de protocole, est celle de Henri de Lorraine, duc de Guise, remerciant la Seigneurie pour la lettre qu'elle voulut bien lui adresser touchant la mort du Cardinal de Lorraine, en 1575.

« SERENISSIME PRINCE,

« J'ay eu cest honneur de reçevoir la lettre quil vous a pleu m'escripre, et entendu par icelle la deploration que Votre Serenissime Seigneurie et toute la République vénitienne vous faictes de la mort de M^r le Cardinal de Lorraine, mon oncle, et le grand deuil quelle en porte à bon droict pour avoir faict la perte dung des plus affectionnés serviteurs que vous et elle eussiez. Et puisqu'il a pleu à Dieu m'envoyer tel inconvénient, je me veulx du tout conformer à sa très saincte volonte, et vous remercie très humblement de tant de bonnes jouïssances quil vous plaist avoir de moy et de ma maison. Vous suppliant très humblement quil vous convient que j'en sôys digne, non me voulloir retenir en sa place pour ne m'en sentir capable, mais au nombre dung des plus humbles et affectionnés serviteurs que vous et ladicte Republique puissiez jamais avoir. Ne voullant pour les services d'icelle espargner ma vie ny tout ce qui est en ma puissance. Ainsy que par effect le cognoitrez ayant cest honneur de recevoir vos commandemens et vos autres volontés. Je prie, Monseigneur, Serenissime Prince, vous voulloir et toute votre Republicque conformer et maintenir heureusement en tout honneur, grandeur et felicité. Paris, le xe jour d'avril 1575 [1].

» Votre très humble et affectionné,

» HENRY DE LORRAINE. »

Pour nous résumer sur ce chapitre et en clore le détail, nous dirons que les pièces de la correspondance de la cour de France avec la République de Venise, conservées dans les Archives, ne peuvent être considérées que comme des documents justificatifs, propres à préciser quelques dates, à signaler certains faits, à déterminer l'époque de l'envoi ou du rappel de tel ou tel Ambassadeur. S'attendre donc à rencontrer dans ces lettres, soit des exposés de système politique, soit des aveux concernant les questions du moment, soit l'expression de pensées personnelles qui, par le tour original et intime qu'elles ont, font qu'une lettre peut être quelquefois un véritable monument historique;

---

[1] ARCHIVES DE VENISE, *Lettere Dominorum*. Principi di Francia e Lorena (1516-1628). Dans ce même portefeuille sont aussi les lettres de quelques particuliers, parmi lesquelles nous citerons celle d'un gentilhomme, « *Germain Audebert* », auteur d'un long poëme latin, composé en vers didactiques à l'honneur de la Ville et République de Venise (1582). La Seigneurie l'ayant voulu récompenser pour cette belle action, l'avait, par un décret du 30 mars 1583, créé chevalier de Saint-Marc, et présenté d'une chaîne d'or avec médaille de 200 écus. Elle avait, en outre, fait imprimer à ses frais cet ouvrage *héroïque* avec ordre de le tirer à quatre cents exemplaires. Voyez SENATO, *Terra*, Registro n° 54 (1582-1583), pages 101 et 104, ainsi que les deux dépêches de l'Ambassadeur à Paris, Giovanni Moro (8 juillet et 18 octobre 1583).

s'attendre, disons-nous, à de telles rencontres, serait se préparer une déception certaine. En un mot, la correspondance entretenue par les chefs d'État avec le gouvernement vénitien, qui forme aujourd'hui l'abondante série des *Lettere Dominorum*, est purement et exclusivement officielle. L'objet secrèt des négociations doit être recherché dans les *Instructions confidentielles* adressées par le Souverain ou par les personnes de son cabinet aux Ambassadeurs auprès de la République, mais non pas dans les lettres *à protocole invariable*, adressées « *Aux Tres Chers et Grands Amys, Alliez et Confédérez Le Duc et La Seigneurie de Venize.* »

LES ARCHIVES DE VENISE.

QUATRIÈME PARTIE.

LE CONSEIL DES DIX.
CARACTÈRE ET ÉTENDUE DE SON POUVOIR.
SON RÔLE DANS LES AFFAIRES ÉTRANGÈRES.
DIVERSITÉ DE SES ATTRIBUTIONS.
INVENTAIRE PARTICULIER DES DOCUMENTS QUI COMPOSAIENT
SES ARCHIVES JUDICIAIRES ET POLITIQUES.

LES ARCHIVES DE VENISE.

QUATRIÈME PARTIE.

I.

LE CONSEIL DES DIX.

Origine du Conseil des Dix. — Comment il faut juger son institution, en apprécier le but, et considérer impartialement quels étaient les éléments de puissance dont les lois l'avaient investi. — De l'élection du Conseil des Dix. — Du nombre des Conseillers. — De la salle des séances. — Des fonctions préliminaires. — Des Chefs du Conseil. — Ordre des séances du Conseil et des matières qui y étaient traitées. — Juridiction du Conseil. — Des dénonciations et des plaintes. — De la procédure. — Des peines. — Les Secrétaires du Conseil. — Des Archives du Conseil des Dix. — Leur formation. — Du classement qui en fut fait en 1786. — Inventaire actuel.

L'histoire du Conseil des Dix, d'après les documents originaux de ce tribunal célèbre, à l'aide des révélations fournies par ses seules archives, n'a pas encore trouvé son narrateur. Notre prétention ici n'est pas d'être cet historien; les limites qui nous sont imposées et le but que nous nous sommes proposé dans cet ouvrage ne nous le permettent pas. Notre devoir est de soulever un coin du voile qui, jusqu'à ces dernières années, tenait

33.

dans le mystère les pièces authentiques; notre devoir est d'indiquer la plus grande et la plus importante partie des documents; notre devoir, pour ne pas nous écarter de l'idée fondamentale qui a présidé à la formation de ce livre, est de nous attacher particulièrement à faire ressortir les *preuves* du Conseil des Dix de la République de Venise dans ses rapports avec l'étranger. En un mot, le lecteur trouvera plutôt ici le portrait du Conseil des Dix agissant au dehors, que le tableau du Tribunal exerçant sa juridiction à l'intérieur. Le but que l'auteur se propose d'atteindre en produisant cette quatrième partie de son livre se pourrait résumer dans ce titre : *le Conseil des Dix et les Affaires étrangères.*

Cependant, pour procéder ensuite avec méthode à l'exposé des séries de documents qui formaient les archives particulières du Conseil des Dix, pour en donner à comprendre le genre, le caractère, la portée, il importe peut-être de dire aussitôt ce qu'était véritablement ce Conseil, quelle fut son origine et comment il fonctionnait.

Communément, on s'accorde à dater la création, disons l'*invention* du Conseil des Dix, de l'année 1310. La raison d'État l'aurait établi. La conjuration d'un Bajamonte Tiepolo, fomentée et formée contre les lois en vigueur, l'aurait rendu de nécessité publique. Il eût été décrété d'urgence et comme inventé, produit, constitué spontanément. De récentes recherches fructueusement accomplies parmi les parchemins les plus anciens et dues à l'activité très-érudite de M. Bartolomeo Cec-

chetti, secrétaire actuel des Archives de Venise, ont
apporté des preuves contraires au fait de cette origine
universellement adoptée. Dans un *Mémoire* intéressant,
M. Bartolomeo Cecchetti semble démontrer jusqu'à l'évi-
dence que, fort antérieurement à la date de 1310, en
plein treizième siècle, la magistrature des Dix était
mentionnée parmi les institutions politiques de la République des Vénitiens [1]. Il semble démontrer en outre
que, dès cette époque, ces *Dix* avaient, dans leur juridiction, à connaître des matières d'État les plus graves [2].

[1] Voyez « *Sull' Istituzione dei Magistrati della Repubblica Veneta fino
al secolo* XIII. Memoria letta all' Ateneo Veneto nell' adunanza 13 luglio 1865 dal socio B. Prof. CECCHETTI. (Venezia, Tipogr. del Commercio, 1865.)

[2] Ce passage du *Mémoire* de M. B. Cecchetti est trop important pour
que nous ne le reproduisions pas intégralement :

« E qui a dimostrarvi di quale importanza sia il ricorrere ai documenti per constatare le origini delle Istituzioni, — io vi citerò soltanto
un fatto non privato d'interesse.

» Tutti hanno ripetuto l'istituzione del CONSIGLIO DEI X non esser più
antica del 10 luglio 1310, in seguito cioè, alla congiura Tiepolo-Que-
rini. Sulla base di documenti irrefragabili io posso invece affermare che
quel CONSIGLIO con non dissimili attribuzioni dà quelle che ebbe nel 1310,
esisteva molti anni prima.

» Infatti in un codice del 1289-1291, al primo anno (1288, 9 feb. m. v.)
leggo più fiate separatamente nominati il *Doge*, il *Consiglio Minore*, e
i *Tre Capi della Quarantia Criminale*, — poi i DIECI e i CAPI DEI
DIECI. Non può quindi sorger dubbio che pei *Dieci* si debba intendere *la Serenissima Signoria*, sapendosi poi che l'istituzione dei X *Savii*
del corpo del Senato, data soltanto dal 1529, 20 luglio.

» Trovo quel *magistrato* incaricato d'affari diplomatici, e così seguita-
mente da indurmi a credere che non fosse straordinario e provvisorio,
ma continuo, e incaricato di affari gelosi; raccomandandosi in alcuna
delle *parti* da esso prese, — il *Secreto*.

» Dagli atti originali del *M. C.* al 3 aprile 1291 trovo recate alcune
modificazioni al *Capitolare* dei DIECI obbligandoli ad assistere oltre che
alle adunanze del proprio Consiglio, a quelle in qui si ritenesse oppor-

Ce qui toutefois nous paraît être incontestable, c'est que
le danger qu'avait couru le gouvernement établi à Venise,
devant les efforts subversifs de Bajamonte Tiepolo et de
ses complices, eut pour conséquence de mettre dans les
mains de ce Conseil un pouvoir qu'il n'avait pas eu jusqu'alors. Ce qui est encore incontestable, c'est que ce
fut de l'année 1310 à l'année 1355, époque remplie
d'agitations de tout genre, que ce Tribunal, de nature
essentiellement politique, reçut, pour ainsi parler, du
vote même des Assemblées législatives de la République,
ses lettres de légitimation et d'établissement irrévocable.
De toutes manières donc, il ne serait pas juste de dire
que le Conseil des Dix dut sa création à une surprise.
Voyez, en effet, quelles furent ce qu'on pourrait appeler
les phases dramatiques de son institution.

Que la loi célèbre qui, sous le Doge Pietro Gradenigo, élu en 1289, créa formellement l'hérédité aristocratique dans le gouvernement de la République des
Vénitiens, ait produit des mécontents dans ce peuple
civilisé ; que cette annulation de coutumes déjà sécu-

tuna la loro presenza. E la legge dice : *Quod sciunt nègocia guerræ*
plenius. Anche allora avevano adunque quelle eguali incumbenze che
risultano ad essi ripetute con varii decreti del *Magg. Consiglio* nel secolo XIV.

» Era anche allora dell'istituto dei Dieci il procacciare segrete tratta-
zioni diplomatiche, per cui appariscono in varie credenziali, delle quali
citerò una del 28 agosto 1291 che comincia : « Nos Petrus Gradonico...
Notum fieri volumus universis presentes litteras inspecturis quod cum
nostro Consilio minori e DE X, etc.... »

A la fin de son *Mémoire*, M. B. Cecchetti produit comme preuves
vingt documents relatifs *alle giurisdizioni del Consiglio dei X dal* 1289
al 1291.

laires en 1299 ait animé et excité l'esprit de quelques
citoyens; cela était à prévoir, et ne peut paraître à l'historien que chose naturelle. Deux ans étaient à peine
écoulés depuis l'accomplissement de ce grand fait (appelé
dans l'histoire des Vénitiens la *serrata del Maggior Consiglio* [1]), qu'une conjuration, ayant pour chef un citoyen
puissant, fut ourdie. Dénoncé, l'instigateur, Marin Bocconio, en fut pour sa tête. Dix de ses compagnons eurent
le même sort. La fuite et l'exil furent le salut des autres.

Le quatorzième siècle, considéré politiquement, s'ouvre mal pour la République. La guerre dite de Ferrare
est malheureuse, elle soulève de véhémentes controverses dans le Grand Conseil; les nobles se divisent; les
Quirini, partie guelfe, s'y opposent avec emportement
contre les Dandolo et les Gradenigo, partie gibeline. Le
Pape intervient comme ennemi de Venise et fulmine
contre l'État.

L'issue de cette guerre malheureuse anime les partis.
De grandes querelles intérieures s'alimentent avec d'anciens motifs intempestivement rappelés. Les mécontents
surgissent : ils gagnent en audace.

Une révolution autrement grave que celle du faible
Bocconio se trame. Ses éléments sont dans la partie
patricienne, dans celle qui a accès au Grand Conseil.
Les conspirateurs sont gens éclairés, politiques, élo-

---

[1] C'est-à-dire la composition définitive du Grand Conseil. Voy. ROMANIN,
Storia documentata de Venezia, t. II, et surtout l'exposé historique si remarquable de l'historien AGOSTINO SAGREDO, admirablement dicté, inspiré,
peut-on dire, par le souffle élevé de Tacite et des grands latins. On le trouvera dans l'ouvrage collectif de *Venezia e Le Sue Lagune*, sous le titre de
Storia civile e politica dei Veneziani. (Volume I, p. 60-61 et suiv.)

quents, rompus aux choses d'État. Marco Quirini et Bajamonte Tiepolo s'en déclarent secrètement les chefs. La conjuration se forme dans la maison noble de Quirini. Les adeptes sont nombreux. L'élément populaire mécontent est sourdement excité.

Le 16 juin 1310 est le jour fixé pour l'invasion armée du Grand Conseil. Mais un traître à son parti a prévenu le Doge, celui-ci les Conseillers. Si la rapidité de leur action ne parvient pas à arrêter l'éclat de la conjuration, elle peut du moins, par une prompte défense, soutenir la lutte, mieux que cela, la vaincre. L'étendard de Bajamonte Tiepolo porte ce mot toujours magnifique : *Liberté!* Le vent le déchire. C'était de mauvais augure. La lutte néanmoins fut acharnée. Il y eut péril pour l'État constitué. Bajamonte Tiepolo pactisa et quitta le territoire. Plusieurs nobles faits prisonniers furent jugés et mis à mort.

Quirini et Tiepolo étaient-ils des Brutus? Non. Rivalité personnelle, ambition ardente, tels avaient été les sentiments promoteurs.

Ainsi qu'il advient à la suite de ces secousses et périls politiques, des lois d'*exception* furent votées.

On voulut un Tribunal exceptionnel, à l'activité, à la vigilance, à la puissance octroyée duquel fût confié le salut en quelque sorte matériel de l'État.

Trois propositions furent faites.

La première ainsi conçue :

« Qu'en raison des événements récents (*per le occorse notivà*), et seulement pour ce qui s'y peut rattacher, on ait à investir le *Conseil des Quinze*, unis aux chefs de la *Qua-*

rantie, du pouvoir exceptionnel de librement dépenser, ordonner et agir selon qu'il leur paraitra opportun, et que tout ce qu'ils auront décidé et exécuté à cet égard ait à être approuvé comme si le Grand Conseil même en eût ainsi ordonné[1]. »

C'était reconnaitre trop de pouvoir à quelques-uns qui en avaient déjà beaucoup. Le vote fut contraire à l'adoption de cette proposition.

On voulut une magistrature nouvelle, réglée, temporairement établie, il est vrai, mais facile à rétablir selon les circonstances et les nécessités politiques.

Il fut proposé d'élire _dix_ patriciens dans le Grand Conseil, dont un seul d'une même famille, et ne devant demeurer en charge que jusqu'au 29 septembre, jour de Saint-Michel. Des pouvoirs particuliers leur seraient délégués, etc...

Le vote sanctionna cette seconde proposition.

Quand vint le jour de Saint-Michel, date assignée à l'expiration de ce nouveau pouvoir, le Doge se rendit au Grand Conseil; il représenta avec éloquence que les dangers de l'Etat n'étaient pas à leur fin, il signala les vues secrètes de ce Tiepolo et de ses complices encore aux frontières, il révéla des menées ourdies dans les Marches et en

---

[1]   1310, 10 LUGLIO.

« Cum poneretur quod omnia ista negotia istarum novitatum et omnia quæ ad ipsa quocumque modo spectarent vel possent spectare, committantur Consilio de XV cum capitibus de quadraginta pro quibus omnibus et occasione ipsorum et eorum quæ spectarent ad ea, possint expendere et omnia alia providere, ordinare et facere quæ eis videbuntur, et omnia quæ in preditis facta erunt per ipsos, sint firma sicut facta essent per majus Consilium. (Capta de non.) » Registre PRESBITER.

Lombardie, il combla d'éloges la vigilance des Dix, et demanda le vote pour la continuation de leur pouvoir à deux mois.

Le vœu fut approuvé à la majorité des voix.

Même exposé du Doge et même vote après les deux mois. Ainsi fut-il jusqu'en 1311.

La continuation s'étendit ensuite à cinq ans, puis à dix ans. Ce Conseil s'était rendu utile, de nouveaux événements le rendirent indispensable.

En 1355, le 20 juillet, peu de temps après que la République eut connu que son propre Chef l'avait voulu trahir, le vote fut pour la perpétuité du Conseil, et l'assemblée législative des Vénitiens lui détermina des règlements à observer qui sont très-curieux à connaître. Il eut son capitulaire.

Ce conseil, déclaré nécessaire à perpétuité, fut le CONSEIL DES DIX.

Eut-il des pouvoirs illimités? Oui, si vous appelez illimitée la faculté reconnue par la majorité des suffrages de rappeler à son devoir le Chef même de l'État s'il vient à y manquer, et ce Chef non moins que ses Ministres. Ses jugements pouvaient-ils être arbitraires? Non, si vous considérez quelle était son organisation, quels ses règlements, quelle la mise aux voix de toutes ses délibérations.

Il est, dans l'histoire, de ces préjugés et de ces croyances si universellement répandus, accrédités, vulgarisés, que ce n'est que par des fatigues extraordinaires et une production continuelle de preuves manifestes que l'on peut arriver, sinon à les détruire complétement, du moins à les amoindrir dans leur excès. Nulle institution ne fut plus faussement présentée, exposée et jugée que celle de ce Conseil des Dix. Le secret profond qui était assuré à ses délibérations et pour le maintien duquel les précautions les plus raffinées furent de tout temps auto-risées, fut un aliment trop accessible à l'exagération et à l'invention des récits, pour que des pamphlétaires et des romanciers ne s'en emparassent pas sans réserve. Certes, ce Tribunal extraordinaire a eu ses drames, puisque la politique et la raison d'État lui faisaient un devoir de scruter le fond des cœurs; certes aussi il a eu ses erreurs, car pour suprême qu'il fût appelé, il n'était pas divin, et conséquemment pouvait faillir; mais estimer qu'il a été créé pour l'exercice complaisant du mal plutôt que pour le prévenir ou le corriger, est une de ces erreurs extrê-mement grossières dont la recherche active de la vérité dans l'histoire, portée si haut et goûtée si vivement de nos jours, veut qu'il soit fait et justice et réparation. Sa création fut-elle donc le produit arbitraire de l'imagina-tion échauffée d'un tyran élevé à l'école d'un Néron? Était-il une *arme* offensive ou défensive inventée par ce tyran pour le tourment de son peuple? Le bon sens nie qu'il en ait pu être ainsi. La création du Conseil des Dix fut le résultat des suffrages, des discussions et des réflexions d'une Assemblée nombreuse, intelligente, forte de sa force commune, pleine d'instincts politiques, et qui n'ignorait pas que l'arme dont, par un vote, elle allait reconnaître l'usage, était faite pour prévenir les dangers que des ambitions puissantes à l'extérieur ou subversives à l'intérieur pouvaient susciter à la République. Son installation fut-elle donc l'œuvre d'un jour? Ce même Grand Conseil qui avait limité son existence à deux mois, l'eût-il continuée par un vote nouveau à un an, puis à cinq ans, puis à dix ans, puis à perpétuité, s'il n'avait pas eu à reconnaître en son institution et en l'exercice de ses pouvoirs le bienfait plutôt que le maléfice? Est-ce que l'État qui en instituant ce Conseil l'avait créé son propre juge, n'était pas celui qui alors dans le monde entier était le plus régulièrement gouverné et administré? Quel peuple avait alors un *parlement* comme à Venise? Le souverain pouvait-il même exercer une pression sur ses arrêts? Qu'était-ce que le Doge en présence du Grand Conseil, du Petit Conseil et du Sénat, sinon un personnage investi de moins de pouvoir que n'en saurait avoir aujourd'hui la Souveraine de la Grande-Bretagne, ayant à compter avec la volonté d'un Parlement et d'une Chambre des Lords? Il est d'ailleurs manifeste, pour qui a cherché à connaître le Conseil des Dix par les sources authentiques plutôt que par les histoires faites à plaisir en dehors de toutes informations valables, que l'exercice de son pouvoir eut à se produire pour la protection du peuple contre les patriciens plutôt que contre le peuple en faveur des patriciens[1]. Allez à ses papiers, ouvrez ses registres, feuilletez ses parche-

---

[1] Muazzo, dans son histoire encore inédite du « *Gouvernement civil des Vénitiens* », dit en excellents termes : « Giudica tutti i casi più gravi che succedono nella città, e fuori per lo stato, et inoltre quelli di qualunque natura anco minori, ove intervengono nobili. *Ottimo instituto per tenere in disciplina la nobiltà, mentre il delitto è sempre più grave, quanto maggiore è chi lo commette.* »

mins, pénétrez en sa correspondance, initiez-vous aux
mystères de sa justice, connaissez ses décrets, informez
sur ses arrêts, et vous reconnaîtrez s'il ne fit de son
pouvoir qu'un long abus, et si l'esprit de tyrannie
plutôt que celui de justice fut l'inspirateur et le mobile
de ses actes. Qu'il ait eu dans ses mains des armes terribles, ce n'est pas contestable. Qu'il en ait usé à tout
propos et sans autre discernement que celui qu'inspire le
soupçon, est absolument faux. Le vouloir juger aujour-
d'hui d'après le mode des pénalités en usage à ces époques anciennes, est le fait de la puérilité. Ne faut-il pas
compter avec les mœurs et les coutumes des temps? Sous
le meilleur de nos Rois, sous le plus juste, le plus franc et
le plus aimable, n'écartelait-on pas encore furieusement
les fauteurs de certains crimes? Il est absurde de traiter
de l'histoire du passé avec les comparaisons du présent,
à moins que ce ne soit pour louer et admirer les progrès
acquis. Le Conseil des Dix eut d'ailleurs à soutenir, dans
le cours de trois siècles, les épreuves les plus terribles
que puisse avoir à subir une institution politique. Trois
fois son institution, son existence, son système furent
mis au ban du *Parlement* qui l'avait créé. Trois fois, par
un parti formé dans le Grand Conseil, il fut mis en question, et soumis à l'examen et à la discussion. La tribune
était libre; on a encore les discours qui furent prononcés d'une part pour sa conservation, de l'autre pour
son abolition. En 1582, en 1628, en 1762, l'éloquence
des orateurs mit en jeu son existence. La majorité des
suffrages lui nomma des juges pour avoir à en connaître.
Ses papiers les plus secrets leur furent soumis. Il ne

s'agissait pas d'une instruction personnelle à former
contre dix individus investis de pleins pouvoirs et accusés
de les avoir tournés contre l'État. Autrement élevée
était cette instruction, puisque selon ses résultats elle
devait amener une Assemblée considérable à se prononcer
pour ou contre la conservation dans l'État de cette institution. Trois fois le Conseil des Dix triompha du
parti qui lui était contraire, après avoir donné lieu aux
plus curieuses et aux plus émouvantes discussions qui se
puissent engager dans une grande et vigoureuse assemblée politique [1].

Saint-Simon, dans ses incomparables *Mémoires*, se
sert d'une expression singulière, un peu perdue aujour-
d'hui, pour caractériser l'emploi du temps par le Roi
dont il a dépeint si admirablement les mœurs : il dit
donc quelque part qu'il veut maintenant parler de la
mécanique de *la vie* ou plutôt des *journées* du Roi. Nous
aurons recours à ce mot pour l'appliquer à ce récit : il
nous reste à parler et il importe que nous parlions de
la *mécanique* du Conseil des Dix, de l'élection de ses
membres, du lieu de ses séances, de l'ordre même de
ces séances, de la procédure qui y était observée, et
des affaires extraordinaires qui y étaient instruites. En

---

[1] Voyez sur ces grands épisodes de la vie politique et parlementaire
à Venise la *Storia documentata di Venezia*, par Romanin. L'auteur a
fourni d'intéressants détails. Les discours des orateurs principaux qui
ont pris part à ces débats y sont reproduits soit en entier, soit en leurs
parties les plus importantes. Voyez, pour l'année 1582, le t. VI,
chap. viii, p. 366-370; pour 1628, le t. VII, chap. v, p. 223-237;
pour 1761-1762, le t. VIII, chap. iv, p. 107-140.

un mot, qu'était-ce que le Conseil des Dix? Après la réponse, nous entrerons en ses Archives.

DE L'ÉLECTION DU CONSEIL DES DIX. — Elle se faisait par le Grand Conseil, autant dire par le Parlement, et non en une seule séance, mais en plusieurs. Deux candidats, et plus tard trois, étaient proposés pour un seul siége; la majorité des suffrages décidait de l'élu par quatre tours de scrutin. Ils étaient choisis parmi les plus renommés et les plus illustres patriciens. Cette élection se faisait chaque année pendant les mois d'août et de septembre; deux individus de la même famille ne pouvaient être élus. L'élu demeurait en charge une seule année, il ne pouvait être réélu l'année suivante : nul appointement, nulle solde. L'année expirée, un conseiller des Dix appartenait de nouveau aux suffrages du Grand Conseil pour être désigné à quelque charge que ce fût.

DU NOMBRE DES CONSEILLERS. — Le Conseil s'appelait des *Dix*, mais en réalité il était composé de dix-sept membres, car le Doge et ses six conseillers assistaient aux séances et y avaient voix délibérative. En tous cas, il était nécessaire qu'il n'y eût pas moins de quatorze conseillers présents pour qu'une délibération fût légalement prise et votée. Dans les circonstances de la nature la plus grave, pour une plus grande sûreté dans l'équité de ses arrêts et pour couvrir d'autant sa responsabilité, le Conseil demandait une adjonction de vingt ou de vingt-cinq membres choisis parmi les premiers hommes de l'État, avec voix délibérative. De là le mot consacré de *Consiglio Decem* avec *la Zonta*. La première *zonta* fut élue pour le procès si célèbre fait au doge Marino Faliero, en 1355. Elle fut ensuite ordinaire, puis, comme avec le cours des temps, elle avait pris une autorité trop considérable, et que par la grande influence dont le tribunal des Dix ainsi formé pouvait disposer, on pouvait redouter des abus politiques considérables, elle fût réduite à quinze membres en 1529, pris dans le Sénat, élus par lui et approuvés par le Grand Conseil. En 1583, il se présenta le cas étrange de ne pouvoir réunir un nombre de voix suffisantes pour l'approbation des membres de la *zonta :* par ce fait elle fut supprimée. A chaque séance aussi assistait un *Avogador del comun*, ou procureur général, sans voix délibérative, ayant charge de prévenir tout abus, pouvant suspendre tout arrêt qui par sa teneur eût outre-passé les lois en vigueur, habile à rappeler à l'ordre un conseiller des Dix en cas qu'il eût manqué à son devoir, commis enfin à l'instruction spéciale des procès.

.DE LA SALLE DES SÉANCES. — Le Conseil avait pour ses séances une salle particulière dans le Palais ducal, salle qui, au seizième siècle, fut rendue magnifique, du plus grand goût, de la pompe la plus sévère, digne en tout point de la gravité et de la majesté de ce Tribunal. Une de ses portes ouvrait sur la salle dite des *Quatre*, en face de la principale entrée du Sénat ; mais l'entrée ordinaire et usuelle de cette partie du Palais dite *le Conseil des Dix* était du côté de l'escalier des *Censeurs*. On entrait

d'abord en la petite salle de la *Bussola*, sorte d'antichambre à la salle des Trois Chefs du Conseil, qui était
à gauche, et à la belle salle du Conseil même, en face.
Les *inventeurs*, pour le besoin des romans et des fa-
bles, ont représenté la Chambre des Dix tendue de
noir, avec tout un matériel propre à atterrer ceux qui
avaient à y comparaître; l'histoire et la vérité ne sont
pas de cet avis. Dans la salle, un tribunal recouvert de
maroquin rouge, des siéges de bois de chêne sculpté,
une table pour les conseillers et une autre pour le
secrétaire, tel était l'ameublement; de tous côtés, sur
les murailles et au plafond magnifiquement sculpté,
des ouvrages de peinture par les plus grands maîtres,
tels étaient les ornements. Ainsi, sur le mur de gauche,
« le pontife Clément VII, l'empereur Charles-Quint et les
ambassadeurs de la République assis avec des cardinaux
et autres princes, conviennent de la paix d'Italie à
Bologne, dont on voit dans le lointain la place et l'église
de San-Petronio, avec cette inscription : *Pax Italiæ
Bononiæ*, MDXXIX, et au milieu : *Ad Italiæ securitate fir-
manda accessuit prisca Venetiarum pietas* » (ouvrage de
Titien); en face, « le Dôge Ziani au retour de sa victoire sur Frédéric Barberousse et couronné par le pape
Alexandre III, lui donnant l'anneau pour épouser la
mer en signe du pouvoir acquis » (ouvrage de Bassano).
Entre les fenêtres, « trois épisodes de guerre », par
l'Aliense. Au plafond, un grand ovale : « Jupiter chas-
sant les vices, un ange près de ce dieu, avec un livre ouvert
où est écrit le décret de l'institution du Conseil » (ouvrage de Véronèse). Dans un second ovale, « Jupiter et

Janus » ; dans un troisième, « le char de Neptune ».
Au-dessus du tribunal, « la Visite des rois Mages », et
quantité de figures de l'Aliense, « Venise avec des
chaines brisées dans la main admirant un Olympe où
sont les divinités, une jeune femme du plus gracieux
aspect, richement habillée, regardant au-dessous d'elle
un vieillard dans l'attitude de la réflexion », ouvrage de
Véronèse, qui peignit aussi trois des figures en clair-
obscur qui sont autour du grand ovale [1].

[1] Ces grands ouvrages, ces peintures précieuses, n'étaient pas les seuls
ornements des salles du Conseil des Dix. Le Conseil avait d'autres salles
que les étrangers de distinction demandaient toujours à visiter ; on les
appelait les *salles des armes du Conseil*. Elles contenaient, outre une
quantité d'arquebuses, de pistolets, de fusils, plus ou moins anciens,
différents objets. L'inventaire de 1726, dont nous avons pris la copie
dans le manuscrit n° 12 de la Bibliothèque du Comte Donà delle Rose,
nous met à même de signaler les suivants :

Trois boucliers, dont un du Sérénissime Doge Sebastiano Ziani, et deux
    envoyés par des Souverains Pontifes.
Cimeterre envoyé à la République par le Souverain du Japon.
Armure de Gatamelata, chef de guerre.
Armure de fer de François Ier, Roi de France.
Armures envoyées par le Roi de Perse.
Statue de bronze du Sérénissime Francesco Morosini.
Oriflamme du Doge Ziani.
Statue de marbre du Doge Sebastiano Venier.
Statue de marbre du Seigneur Francesco da Carrara.
Autre de François Sforza.
Autre de Bianca-Maria Visconti.
Un tableau avec figures en relief de la main d'Albert Dürer.
Quelques petits tableaux précieux du Bassan.
Deux figures d'Adam et d'Ève (fort estimées).
Un cabinet d'ébène incrusté de pierres admirables (*nobilissime pietre*)
    et contenant trente-neuf pièces de bronze anciennes et soixante-douze
    camées.
Un fanal de cristal de roche entièrement monté en argent.
Tableau de la « Beata Vergine », peinture des plus célèbres.
Autre « Beata Vergine » par Palma le Vieux.

Des fonctions préliminaires. — Le soir du 29 septembre, alors que dans le Sénat on procède à l'élection de la *zonta*, ceux de l'Excellentissime Conseil (Conseil des Dix) se réunissent dans la salle de la Quarantie Civile ancienne, où les lumières ont été préparées. Leurs Excellences, selon le rang d'âge, se mettent à genoux devant la bienheureuse Vierge Marie, au bas des siéges jusqu'aux grandes fenêtres, les *Avogadors* aussitôt après, et du côté où sont les siéges, près des portes, le Grand Chancelier avec les Secrétaires, tous récitant à haute voix le « *Veni, Creator Spiritus* ». L'oraison terminée, Leurs Excellences se lèvent et procèdent à l'élection des Trois Chefs du Conseil pour le mois suivant, et conviennent de l'heure du lendemain pour aller en cérémonie saluer le Sérénissime Prince. » Ainsi parle le secrétaire Francesco Verdizotti, qui a rédigé le manuscrit des cérémonies et des fonctions du Conseil des Dix.

Des chefs du Conseil. — A la fin de chaque mois, le Conseil procédait à l'élection de ses Trois Chefs. Ils avaient l'initiative des affaires, préparaient les procès et faisaient exécuter les arrêts et les résolutions dudit Conseil. Ils avaient un *capitulaire* formé pour l'instruction formelle des fonctions qu'ils avaient à remplir, des devoirs qui leur incombaient et des limites précises de leurs prérogatives. Ils donnaient audience trois fois la semaine, mais exclusivement sur des questions et pour des motifs pertinents à l'institution du Conseil. En des occasions d'une extraordinaire importance, ils pouvaient donner audience immédiate en dehors des jours pres-

crits. Les rapports des Chefs de quartier leur étaient
adressés. Chaque premier du mois, ils présentaient la
liste des prisonniers justiciables des Dix, rappelaient au
Conseil les procès en suspens, signaient les lettres ou
plutôt les ordres donnés par le Conseil aux magistrats
des provinces. Ils avaient en quelque sorte la surintendance des théâtres, fêtes et spectacles. C'était à eux
qu'était dévolue l'exécution de la *promissione ducale,*
c'est-à-dire cette haute mission de confiance de maintenir le Doge dans les limites du pouvoir que les lois
avaient prescrites[1]. A eux encore, l'exécution de la Bulle
Clémentine à l'égard des curés ou titulaires de paroisses.
Dans le Grand Conseil et dans le Sénat, les Trois Chefs
avaient une place distincte. L'hiver, ils portaient un

[1] Voir dans les pièces secrètes du Conseil (*Filze parti secrete*) l'arrêté
du 23 octobre 1595 qui détermine les fonctions et les attributions des
Chefs du Conseil. « Benchè li santissimi progenitori nostri habbino con
divina inspiratione instituito questo Consiglio in quella autorità, vene-
ratione et grandezza che stimano poter servire per vero fondamento del
buon governo, et per principal sostegno dello Stato nostro, et che in ogni
tempo, quando hanno veduto che esso Consiglio per l'abbracciar troppo
materie veniva a domesticarsi più del conveniente et che correva per ciò
pericolo di scemar quella dignità et reputatione che per beneficio delle
cose nostre l'è tanto necessaria, non sono mai mancati con nove et pru-
dentissime parti di provvedere a quelli inconvenienti, che servivano : et
fra le altre deliberationi sapientissime furono quelle del Maggior Consiglio del 18 settembre 1418 et 1º aprile 1487 per le quali è dichiarito
tutte quelle materie, che nel detto Consiglio devono esser trattata, si è
non di meno a poco a poco introdotto, che molte cose contro la forma
di molte importantissime deliberationi sono abbracciate : dal che è nato
che il TRIBUNAL DEI CAPI di esso Consiglio è giornalmente fastidito da
infinite dimande de particolari indegne veramente della grandezza del
detto Magistrato, dinanti il quale, nei tempi passati, se non per importantissime cause, o vero proprie di esso, o con grande rispetto, se com-
pariva,... etc. »

vêtement de drap violet fourré à manches larges avec le chaperon de couleur rouge; pendant l'été, ils avaient la tunique longue en camelot noir.

ORDRE DES SÉANCES ET DES MATIÈRES TRAITÉES. — Dans la première séance du Conseil se faisait l'élection à diverses magistratures et emplois. Les Conseillers désignaient, par le nombre de voix, les inquisiteurs d'État, le trésorier général du Conseil, deux *réviseurs* du trésor, deux commis aux réponses, un délégué à la salle des armes, un secrétaire lecteur, au lieu et place de celui qui avait soutenu le poids des affaires pendant deux ans. Le secrétaire de service lisait à cette séance aux Conseillers le *capitulaire* ou charte des obligations de chacun des Conseillers, commençant par ces mots : *Moi qui suis du Conseil des Dix, je jure par les Saints Évangiles de conseiller en toute bonne foi et conscience tout ce qui sera pour le bien de l'État* [1]... — Lecture était faite aussi chaque premier du mois des cas et des événements dont le Conseil avait à connaître, tant à l'intérieur qu'à l'extérieur, du bilan de la caisse, du livre des procès en cours,

[1] Texte original du premier article du Capitulaire du Conseil des Dix : « *Giuro io che sono del* CONSECIO DI X *alli Evangeli santi di Dio; l'utile e l'honor di Venetia, et che con buona fede, et conscientia, consiglierò à Messer lo Dose et al suo Consegio tutto quello che io reputerò appartenere all' honor et alla conservation del buon stato del Dominio nostro, et farò et osserverò tutto quello che Messer lo Dose con li Capi di X mi commetteranno.* » L'article II, relatif au secret inviolable, commençait ainsi : « *Son tenuto servar credenza, la qual sempre me s'intendi esser commessa sopra ogni e qualunque cosa et materia, le quali in questo Consiglio saranno proposte, communicate, lette ovvero trattate, sopra ogni sorte di lettere, scritture o relation tanto in scritto quanto in parole dette in esso consiglio,* » etc.

et l'*Avogador* rapportait sur les procès qui avaient été
acceptés le mois précédent. A la seconde séance on lisait
la note des homicides perpétrés dans les provinces.
Dans les séances ordinaires, tel était l'ordre suivi :

Lecture des lettres adressées aux ambassadeurs et
représentants publics,

Affaires du dedans et du dehors,

Décisions relatives aux condamnés, aux contumaces,
aux prévenus,

Lecture des procès instruits,

Élection de commissions spéciales composées soit de
deux, soit de trois membres, et d'un *avogador*.

MATIÈRES DE LA JURIDICTION DU CONSEIL. — Trahisons,
sectes, conspirations, troubles politiques, secrets d'État
et agents révélateurs, crimes de fausse monnaie et de
sodomie ; séductions à pratiquer à l'étranger dans l'intérêt de l'État ; fonds secrets ; la chancellerie ducale ; les
grandes confréries ; les recteurs ou préfets contrevenant
aux lois et aux ordres de l'État ; les bois, les mines,
l'art des verriers de Murano, les armes prohibées, les
masques, les théâtres ; affaires criminelles des patriciens ; les *bravi;* les intrigues illicites pour s'attirer des
votes dans le Grand Conseil ; la surveillance secrète des
monastères, la police des églises. L'historien Romanin
a divisé cette juridiction en trois parties capitales : *Sûreté
de l'État, Protection des citoyens, Mœurs et coutumes.*
L'observateur sagace peut aussitôt comprendre quel
nombre de matières doivent appartenir à ces trois divisions. Les détails en sont infinis.

DES DÉNONCIATIONS ET DES PLAINTES. — A chaque séance du Conseil on procédait à l'ouverture des dénonciations et des plaintes jetées et trouvées dans la mystérieuse cassette dite *Bouche du lion,* pratiquée au dehors de la salle du Tribunal. De grandes erreurs se sont propagées sur cette coutume, répugnante en tous cas. La dénonciation n'était pas, en effet, admise sans avoir été soumise à de particuliers examens; elle était en un mot l'objet de précautions minutieuses. Si elle était signée, on en mettait l'acceptation aux voix. Les quatre cinquièmes des votes étaient nécessaires; à leur défaut, la dénonciation était repoussée. Elle pouvait subir cinq tours de scrutin. Non signée, c'est-à-dire anonyme, il était nécessaire qu'avant même d'être mise aux voix, les six conseillers du Doge et les Trois Chefs du Conseil fussent d'accord pour déclarer qu'elle était relative à des affaires d'État ou à des choses d'intérêt public. Mise ensuite aux voix, son acceptation dépendait des cinq sixièmes des voix au premier scrutin et des quatre cinquièmes au second. Alors seulement le secrétaire l'enregistrait au livre des plaintes, d'où le procès suivait son cours. Non acceptée, toute dénonciation écrite était brûlée. Pour l'instruction ensuite du procès, pour l'invitation à l'accusé de se présenter, ou pour le mandat d'amener, c'était encore aux votes qu'il fallait soumettre et les décisions et les formules.

Il arrivait parfois que de violentes satires ou d'âpres épigrammes contre la République elle-même étaient confiées à la *gueule du lion* qui servait d'ouverture à ces boîtes mystérieuses. Un jour, entre autres, que le

Conseil avait proclamé un décret futile en termes pompeux contre l'usage des formidables perruques dont la mode étrangère avait envahi le patriciat de Venise, on trouva dans la boîte aux dénonciations cette piquante déclaration : *Respublica Veneta in minimis maxima, in maximis minima.*

DE LA PROCÉDURE. — Le procès déclaré, un *avogador*, un conseiller du Doge et deux des Dix étaient désignés pour l'instruire, avec obligation de le présenter dans l'espace de quinze jours. Ils interrogeaient le prévenu. Deux secrétaires en sous-ordre écrivaient, l'un les termes de l'accusation, l'autre ceux de la défense. L'accusé pouvait citer des témoins, mais non être confronté avec eux. A ces derniers, l'obligation du serment et du secret était imposée. L'accusé ne pouvait répondre par écrit, mais seulement de vive voix. Incapable, on lui envoyait les avocats des prisonniers. Certains interrogatoires se faisaient dans l'obscurité. Était-ce pour inspirer de la terreur à l'accusé, ou pour ne pas l'exposer à être troublé par la vue de ses juges? Le procès fini, les actes rassemblés, lecture en était faite souvent jusqu'à deux fois. Les défenses ne pouvaient être lues par morceaux, mais de suite et entières. La lecture finie, l'*Avogador* proposait le jugement par ces rapides paroles : « *Vous paraît-il, d'après ce qui vient de vous être lu et dit, que l'accusé *** doive être condamné?* » Quant au genre de la peine, chacun pouvait proposer; le vote avait lieu. Si, par cinq tours de scrutin, l'accusé ne rencontrait pas la moitié des voix, il était ou mis en liberté, ou renvoyé à un autre tribunal, ou soumis à un nouveau procès. Pour l'application de la peine, l'*Avogador* proposait d'abord, puis les Trois Chefs, puis les Conseillers, le Doge enfin. Pour chaque proposition, toujours le vote. A celle qui avait la majorité, quatre tours de scrutin. Prononcée, elle était irrévocable. A l'*Avogador* incombait le funèbre devoir d'en faire part au condamné. Les plus particuliers détails de cette procédure, avec toutes ses formules spéciales, peuvent être étudiés dans les registres et liasses des archives du Conseil.

DES PEINES. La plupart terribles; quelques-unes modérées. Pour les premières, la prison obscure, la pendaison entre les colonnes de Saint-Marc, la taille de la main, la tête tranchée, l'étranglement. La plus redoutable était cette peine de mort mystérieusement accomplie et ainsi prononcée : « *Que cette nuit, le condamné* *** *soit conduit au canal Orfano, où, les mains liés et le corps chargé de poids, il sera jeté par un officier de la justice. Et qu'il y meure.* » Pour les secondes, la prison non obscure, l'exil, l'internement, la condamnation au service des galères, etc. Le Conseil des Dix avait ses prisons spéciales dites *camerotti;* celles non officiellement appelées les *pozzi* et les *piombi*, les puits et les plombs, étaient de son redoutable domaine. Les *camerotti di sotto* (les puits) étaient obscurs mais non accessibles à l'eau du canal, comme on l'a fait croire en des récits dignes d'Anne Radcliffe; les *camerotti di soprà* (les plombs) étaient des cellules fortement doublées de bois, mais non privées de lumière. L'aventurier Casanova, qui

fut à même de les connaître pour y avoir été enfermé,
les a véridiquement décrits dans le chapitre si curieux
de ses *Mémoires* qu'il a consacré au récit de sa fuite. Le
Conseil des Dix avait plusieurs officiers de justice dont le
principal portait le fameux titre de *Messer Grande*. Les
autres étaient les *Capi de sgherri* au nombre de six, et
les *sgherri* ou sbires.

: LES SECRÉTAIRES DU CONSEIL DES DIX. Au nombre de
quatre, dont un seul de service pendant un temps donné.
On peut dire que le Secrétaire de service était plus
instruit des affaires du Conseil que les Conseillers eux-
mêmes, car les Dix ne demeuraient en charge qu'un an ;
et il appartenait au Secrétaire d'instruire les nouveaux
élus des affaires courantes que leurs prédécesseurs
avaient laissées en suspens. Ses fonctions étaient les
suivantes : chaque matin assister à l'ouverture des portes
du Tribunal et veiller à ce que la nourriture soit portée
aux prisonniers justiciables des Dix. Le premier matin
du mois, lire aux Trois Chefs du Conseil leur *capitulaire*.
Présenter au Chef de semaine le bilan de la caisse à
remettre à l'*Avogador* sortant, pour qu'il en fasse l'examen. Se présenter au Conseil du Doge (*collegio*) pour
avertir qu'il y aura séance (*ordinare il consiglio*), et, le
Doge ne s'y trouvant pas, l'aller avertir en ses chambres. Dresser la liste de ce qui doit être mis en Conseil
pour la séance, et selon l'ordre et la règle prescrits.
A la fin de chaque mois, inscrire dans le registre
Notatorio les mandats pour le service du Conseil, de
même les sentences prononcées par les Chefs. Prescrire

aux greffiers du Conseil de remettre à l'*Avogador* la
note des plaintes et dénonciations présentées dans le
mois. Lorsque le Grand Chancelier ne pouvait être présent au Grand Conseil, il appartenait au Secrétaire des
Dix de remplir ses fonctions; il présidait aussi en sa
place, dans la salle du scrutin, aux votes pour les
élections. C'était encore ce Secrétaire qui devait donner
avis au Grand Conseil des condamnations prononcées
par les Dix contre un patricien. Les papiers les plus
secrets, les clefs des archives du Tribunal, et celles du
Tribunal même étaient confiées à sa garde. Lors des discussions politiques dans le Sénat, d'une nature extraordinaire et qui exigeaient le secret le plus absolu, particulièrement pour les affaires qu'on appelait « *Communications du Conseil des Dix au Sénat* », le Secrétaire des
Dix montait à la tribune et prononçait cette formule :
« *Seigneurs Excellentissimes : sur ce qui vient d'être lu et
disculé dans l'importante affaire présente,* (ou bien) *sur
le contenu de la communication qui vient de vous être lue,
Vos Excellences sont obligées au plus rigoureux silence;
elles n'en doivent même pas parler entre elles, en dehors
des portes de cette assemblée, sous peine d'encourir les
châtiments établis par les lois contre les révélateurs des
secrets d'État, y allant de la vie et des biens.* » En de
certains cas, il ajoutait : « *Que Vos Excellences veuillent
bien venir prêter serment sur les Évangiles; les noms des
votants vont être pris en note;* » ou encore : « *Il en sera
de cette question comme si le serment eût été donné sur les
Évangiles.* » Que les secrétaires des Dix dussent être des
hommes d'une éducation et d'une instruction hors ligne,

d'une considération éprouvée, gens pleins de mérite en
un mot, il serait puéril d'en douter. Le plus souvent,
n'était-ce pas à eux qu'était confiée la rédaction des
lettres, des mémoires, des arrêts, les considérants des
décrets, les instructions secrètes aux agents et aux ambassadeurs, dans des circonstances aussi exceptionnelles
que délicates et difficiles? Une histoire bien conduite et
conçue des Secrétaires [1] du Conseil des Dix, en suivant
l'ordre des affaires soit politiques soit criminelles dont
ils ont eu à rédiger l'*instruction*, serait le meilleur cadre
à choisir comme devant être adapté à l'histoire politique
et privée du Conseil même.

DES ARCHIVES DU CONSEIL. — L'histoire proprement
dite des Archives du Conseil des Dix est fort limitée.
Les documents spéciaux à leur formation, au classement qui en a été ordonné et opéré, à l'élection des

---

[1] Les principaux Secrétaires du Conseil des Dix furent :

(Pendant le SEIZIÈME SIÈCLE.) Gasparo della Vedoa, Thomà de Fres-
chi, Andrea de Franceschi, Bartholomio Comin, Jacopo Caroldo, Nicolò
Sagondino, Lorenzo Rocca, Zambatista Ramusio, Febo Capella, Zuan
Francesco Ottobon, Andrea Frizier, Antonio Milledonne, Francesco
Girardo, Andrea Surian, Lunardo Ottobon, Nicolò Padavin.

(Pendant le DIX-SEPTIÈME SIÈCLE.) Roberto Lio, Bartolomeo Comin,
Pietro Darduini, Gasparo Spinelli, Giacomo Vendramin, Antonio Maria
Vincenti, Antonio Antelmi, Valerio Antelmi, Marc Antonio Busenello,
Pietro Antonio Zon, Giovanni Battista Ballarin, Agostino Viannol,
Francesco Verdizotti, Domenico Vico, Giovanni Andrea Fontana,
Angelo Nicolosi, Iseppo Cavanis, Pier Antonio Gratarol.

(Pendant le DIX-HUITIÈME SIÈCLE.) Agostino Bianchi, Girolamo Vignola, Gasparo Marini, Vendramin Bianchi, Giacomo Busenello, Ora-
zio Bartolini, Domenico Maria Cavalli, Pietro Busenello, Zuanne Zon,
Zuanne Antonio Gabriel, Giuseppe Gradenigo, Zuanne Fontana, Bernardo Gislanzoni, Gasparo Soderini, Giuseppe Imberti.

personnes qui en ont été chargées, sont peu nombreux. On peut en quelque sorte dire que la meilleure et plus fidèle histoire de ces Archives est leur propre catalogue. Nous en signalerons les parties les plus intéressantes après avoir résumé les quelques faits suivants, qui sont relatifs à la conservation des Papiers et des Registres de ce Tribunal si célèbre. Nous ne nous en faisons le rapporteur que d'après des textes authentiques, recherchés par nous dans les Recueils officiels des décrets et des arrêtés du Conseil.

Le document le plus ancien qui mentionne la nécessité pour le Conseil des Dix d'avoir un répertoire commode de ses propres décrets est de l'année 1424. « *Vadit pars*, y est-il dit, *quod omnes partes predictæ spectantes isti Consilio redigi debeant in unum librum* [1]... » A cette époque le Conseil des Dix comptait à peine un siècle d'existence, et toutes ses Archives devaient ne pas s'étendre à plus de quelques Registres, désignés sous le titre de *Misti*, c'est-à-dire *actes mêlés*. Comme les papiers de ce Tribunal à la fois juridique et politique n'avaient rien de commun avec ceux de la Chancellerie secrète, ils étaient conservés dans des armoires et des coffres établis dans l'une des salles du Conseil, et

---

[1] 1424, 24 NOVEMBRIS, IN CONSILIO DECEM. « Cùm a magno tempore citra partes captæ fuerint per quas deliberatum et terminatum est quid istud Consilium agere habeat, sed quia in diversis libris scriptæ sunt non potest de earum continentiis haberi notitia, et bonum et utile sit quod omnes partes spectantes isti Consilio reducantur in uno libro, ut illi de isto Consilio possint de dictis partibus notitiam habere.

» VADIT PARS, quod omnes partes spectantes isti Consilio redigi debeant in unum librum de per se et sub illo millesimo, mense, et die quibus captæ sunt, » etc...

confiés à la garde du Secrétaire élu pour le service des
Dix. En ces temps éloignés, donc, l'Archiviste du Conseil des Dix n'était autre que le Secrétaire. Mais avec
le cours des temps, et déjà même vers la fin du quinzième siècle, l'importance et surtout la diversité des
attributions de ce Tribunal s'étant accrues, il en résulta
que ses Registres de décrets et d'arrêtés, ses Recueils de
correspondances, ses feuilles volantes produites par
l'instruction des procès, toutes ses écritures enfin, relatives soit à la politique, soit au gouvernement intérieur,
soit à l'exercice de la haute justice, étaient devenus
très-nombreux. Les papiers seuls des chefs du Conseil
(*I Capi*) comprenaient des *Notatorii*, des *Parti*, des *Let-*
tere responsive, des *Note dei prigioni*, des *Raspe*, des
Suppliche, etc. Puis, lorsque la difficulté et la gravité des
circonstances politiques extérieures, signalées principalement par l'invasion du Roi de France sur terre italienne, eurent en quelque sorte nécessité de laisser le
Conseil des Dix s'arroger un pouvoir exceptionnel et
devenir une sorte de Conseil des Ministres en perma-
nence pour la sûreté de l'État, le caractère politique
dont il s'investit, le mit en correspondance directe et
presque habituelle, pendant un demi-siècle, avec les ambassadeurs accrédités en service ordinaire auprès de
toutes les Cours par le Sénat. De là, une augmentation
soudaine et considérable de papiers d'État du Conseil
depuis l'année 1500. Une division nouvelle fut aussi
établie dans les recueils vers 1525 : il y eut deux séries,
l'une des *Parti Communi* (affaires ordinaires), l'autre des
Parti Secrete (affaires secrètes) ; les affaires criminelles

formaient déjà série spéciale depuis le commencement
du seizième siècle.

Un catalogue particulier des Archives du Conseil des
Dix, un inventaire exact des registres principaux et des
cartons affectés au classement des correspondances,
avant l'année 1611, ont-ils été dressés? C'est ce que nous
ne saurions dire, car il n'existe aucun document authentique qui puisse nous renseigner à cet égard. A la date
de l'année 1605, on trouve un *Index et inventaire des
livres et des écritures secrètes trouvés dans les armoires
de l'Excellentissime Conseil, et formés par les illustrissimes Alessandro Zorzi et Zuan Giacomo Zane, députés
élus pour ce faire au mois d'octobre dudit an* [1]. On en pourrait conclure que ce qui constituait alors les Archives
du Conseil n'était autre qu'une série d'armoires placées
dans les salles proprement dites du Tribunal des Dix, ou
dans quelques pièces y attenantes. Les rédacteurs de
l'*Inventaire* prennent soin de dire que les numéros indiqués se rapportent l'un aux armoires mêmes, et l'autre
aux rayons sur lesquels sont classés les papiers indiqués.
Mais, à bien examiner la matière, on doit convenir que
ce catalogue fut plutôt celui des papiers étrangers à la
juridiction ordinaire du Conseil des Dix, c'est-à-dire de
livres, d'écrits, de mémoires, qu'il avait cru devoir préserver de la curiosité d'autrui, ainsi : *Livre in-quarto recouvert de cuir doré contenant divers secrets fort importants*

---

[1] « Indice et Inventario de' *Libri* et *Scritture secrete*, trovate negli armari et casse esistenti nella soffitta dell' Eccelso Consiglio di X, formato
di ordine degli Illustrissimi Signori Alessandro Zorzi et Zuan Giacomo
Zane, deputati ed eletti a questo, dall' Ecc. Consiglio di X, l'anno 1605
nel mese di ottobre...

relatifs à l'art de la guerre, ou encore : « *Histoires manuscrites de Giovanni Alvise Palma de* 1530 *à* 1545, *lesquelles, d'après l'ordre des Chefs du Conseil, ne peuvent
être communiquées sans une délibération dudit Conseil.* »
En un mot, il faut arriver à l'année 1611 pour rencontrer un véritable Catalogue ou Inventaire des papiers
du Conseil des Dix. A cette époque, en effet, le Gouvernement de la République avait pris des mesures pour
qu'un état fût soigneusement dressé de toutes les écritures authentiques réparties auprès de toutes les magistratures. Pour la part du Conseil des Dix, voici le titre
de son catalogue à cette époque : *Inventaire des liasses,
livres et registres des Arrêtés et des Correspondances de
l'Excellentissime Conseil des Dix, des répertoires, minutes
de Lettres, Dépêches et autres actes des Chefs du Conseil,
séparément et distinctement classés par époques. Fait par
l'ordre et en la présence de François Contarini et André
Morosini, élus pour présider à la régularisation des écritures, et présenté par eux au Conseil le* 27 *juillet* 1611[1].
Or, depuis cette époque jusqu'à l'année 1785, il n'y a
plus trace de classement ou de travaux préparatoires
pour établir de nouveaux catalogues des Archives du
Conseil. Mais à la date du 29 avril 1785, les éclaircissements deviennent précis. Le secrétaire de service,
Bernardo Ghislanzoni, fait un rapport dont le but est de

---

[1] « Inventario di *Filze, Libri* e *Registri* delle Parti e Lettere dell'
Eccelso Consiglio di X[ci], de *Notatorii, Filze di lettere,* et altri *Atti* degli
Eccellentissimi Signori Capi separatamente e distintamente per i tempi
che servono, fatto di ordine e alla presenza degli Illustrissimi Signori
Francesco Contarini et Andrea Morosini eletti per la regolazion delle
Leggi e Scritture, e presentato nell' Eccelso Consiglio di X a 27 di lu-
glio 1611. »

démontrer aux chefs du Conseil la nécessité de se pré-
occuper d'une réorganisation complète de tous les papiers. Il expose que le local qui leur a été réservé
jusqu'alors est insuffisant, impropre même à les contenir avec ordre. La confusion y règne, la négligence a
même été si grande, à certains égards, que l'humidité
a pénétré par plusieurs endroits, et un dégât considérable a réduit un grand nombre de dossiers et mémoires
presque au néant. Des papiers entre autres, et par exemple, des liasses de procès, ont été délaissés, abandonnés
presque dans les combles, où sont les *camerotti di soprà*,
c'est-à-dire à l'endroit où sont les *plombs*. Ce dernier
détail, pour ne le dire qu'en passant, montre combien le
prisonnier célèbre Jacques Casanova est véridique dans
cette partie de ses *Mémoires* où, narrant, avec un si vif intérêt, l'emploi des longues heures de sa captivité, il nous
expose comment le hasard avait mis à sa portée toute
une série de documents anciens qui appartenaient indubitablement aux Archives du redoutable Tribunal[1]. Le
rapport du Secrétaire fut suivi d'un arrêté par lequel le

---

[1] ... Casanova s'exprime ainsi au chapitre xiii du quatrième volume
de ses *Mémoires* : « Le geôlier nous dit que nous pouvions nous prome-
ner dans le galetas pendant une demi-heure. Je trouvai cette prome-
nade excellente pour ma santé et pour mon projet d'évasion, que je ne
pus mettre à exécution que onze mois après. Au bout de ce repaire de
rats, je vis une quantité de vieux meubles jetés sur le plancher à droite
et à gauche de deux grandes caisses et devant un gros tas de papiers
cousus en cahiers. J'en pris une douzaine pour m'amuser à les lire, et je
vis que c'étaient des procès criminels dont je trouvai la lecture très-
divertissante, car il m'était permis de lire ce qui dans son temps avait
certainement été très-secret : ...il y en avait qui dataient de deux ou trois
siècles, dont le style et les mœurs me procurèrent quelques heures de
plaisir. » Tome IV, page 335.

Conseil avisait à remédier dans les plus brefs délais possibles aux conséquences funestes du désordre et de
l'abandon dans lequel avait été laissée la partie ancienne
de ses Archives[1]. L'importance du fait avait paru si
grande que, pour la première fois, les Conseillers crurent
devoir créer la charge, jusqu'alors inconnue, *surintendant aux Archives du Conseil des Dix.* Le 3 septembre, les trois personnages, délégués à cette fin de
proposer les réformes à introduire, présentèrent un rapport circonstancié dont les conclusions furent admises.
Les plans de l'architecte Filippo Rossi furent adoptés;
un crédit de 3,000 ducats fut approuvé; le coadjuteur de
chancellerie, Giuseppe Olivieri, fut élu pour procéder à
l'examen et au classement de tous les papiers, registres,
procès et dossiers[2]. Le patricien Zaccaria Valaresso,

[1] 1785, 29 APRILE, IN CONSIGLIO X. « Frà gli affari che interessano le
provide cure di questo Consiglio negl' interni suoi peculiari rapporti,
quello si riconosce di somma importanza, che riguarda la preservazione,
l'attenta custodia, il maneggio e la bene ordinata distribuzione delle
Filze e Registri, nelli quali si contengono le ordinarie e le tante altre
gravi materie soggette a vincolo di segretezza da tempi assai remoti sino
al tempo presente emanate dalla speziale autorità del Consiglio medi-
simo, » etc. (ARCHIVES DES DIX, *Parti communi.*)

[2] 1785, 3 SETTEMBRE. « Ravvisando la maturità di questo Eccelso
Consiglio come un oggetto ben degno delle provide sue cure, la preser-
vazion, la custodia e la ben ordinata distribuzione degli antichi e re-
centi autentici documenti, che si conservano nell' Archivio di Vostra
Serenità, e rimarcando nel tempo stesso che a tutto questo si oppongono
l'attuali imperfezioni e relativa angustia del luogo, la mancanza in esso
del necessario lume, » etc. (Rapport du *Camerlengo alla Cassa* et de deux
deputati alle risposte aux *Signori Capi dell' Eccelso Consiglio,* ARCHIVES
DES DIX, *Parti communi.*)

1785, 9 SETTEMBRE, IN CONSIGLIO X. « All' importanza dell' argomento riguardante la materiale e formal riduzione dell' Archivio in cui

premier surintendant élu, fut à même, le 14 juillet 1786, de présenter un premier rapport sur l'état du travail accompli [1]. A la date du 27 septembre, nous trouvons un second rapport, et dans le même intervalle de temps, le secrétaire Joannes Zon soumettait au Conseil différentes observations écrites, dont nous avons les textes intéressants sous les yeux. La nécessité d'un catalogue est formulée. Un triage considérable est fait. Des papiers et des livres, étrangers aux affaires du Conseil, sont portés ailleurs : un grand nombre même est transféré à la Bibliothèque publique de Saint-Marc. Alors fut présenté au Conseil cet utile Catalogue général des Papiers du Tribunal, formé par l'intelligent coadjuteur du surintendant, Giuseppe Francesco Olivieri, sous ce titre :

« *Catalogue raisonné de tous les Registres, Liasses et Papiers qui se trouvent dans les Archives secrètes du Conseil des Dix, 1786.* » C'est un registre de cent trois feuilles de parchemin relié de maroquin, avec ornements

tutte si contengono le materie appartenenti a questo Consiglio corrispondono pienamente l'esaltezza ed il zelo delli dilett.mi N. N. Camerlengo alla cassa e deputati alle risposte producendo nella gradita scrittura ora letta sopra ciaschedun articolo della commissione che ad essi fu demandata col decreto 29 aprile passato i loro maturi suggerimenti, » etc... Archives des Dix, *idem*. Et à ce décret est joint le *projet* proposé par « Filippo Rossi, architetto e pubblico perito ».

[1] Dall' Archivio secreto dell' Eccelso Consiglio di X, *li 14 luglio 1786*. « L'onorevole incarico, ch' è piacciuto all' autorità di questo Eccelso Consiglio adossare alla riverente persona mia, di presiedere alla materiale e formal riduzione del secreto suo archivio, » etc... *Zaccaria Valaresso, Presidente*. (Archives des Dix, *idem*.) Et 1786, 21 luglio, in Consiglio X. « Riesce di molta compiacenza a questo Consiglio l'intendere della Relazione ora letta del D° N. Zaccaria Valaresso, Presidente all' Archivio che a merito della di lui attenzione ed impegno se trovè ridotta quell' opera in ciò che riguarda... » etc.

d'or et à la marque du Lion de Saint-Marc sur les deux
côtés [1].

Depuis la date du dernier rapport du patricien
Zaccaria Valaresso (28 septembre 1785 [2]), jusqu'à celle

[2] **1786, 28** SETTEMBRE, IN CONSIGLIO X. « Sostenuto con lodevole ed

du 25 septembre 1792, nouveau silence des documents
sur les Archives du Conseil des Dix. C'est à cette date
que pour la première fois on trouve indiquée la formation spéciale des archives des *Procès criminels;* le surintendant est Sebastiano Zen. Vient ensuite, daté du
29 avril 1795, un rapport très-circonstancié du surintendant Cristoforo Antonio Loredan [1], par lequel nous
voyons que le plus grand ordre est apporté aux Archives
qui lui ont été confiées. Il s'étend séparément sur les
deux Archives du Conseil, dont il désigne l'une *Archivio
delle Deliberazioni,* et l'autre *Archivio dei Processi.* Il établit trois catégories dans les pièces manuscrites ; celles
qui lui paraîtront traiter de matières purement politiques,
seront portées à la Chancellerie secrète ; celles qui auront
un caractère littéraire ou scientifique seront déposées à la

utile impegno per il corso del cadente semestro dal dilett. nob. nostro
Zaccaria Valaresso il carico di Presidente all' Archivio, presenta a
questo Consiglio nell' atto di deponerlo la relazione delle cose operate e
disposte, e dello stato in cui trovasi la comandata riduzione di quel
luogo tanto nel suo formale che nel materiale, affine d'introdurre in esso
un ben regolato e permanente sistema corrispondente al contemplato
premuroso oggetto della più cauta e sicura custodia de queste carte... », etc.
(Décret contre-signé *Joannes Zon*, secretarius.) La Relation du président
aux Archives est jointe au décret (ARCHIVES DES DIX, *idem*), ainsi que
la liste des livres qui ont été transférés à la Bibliothèque de Saint-Marc.
    [1] DATA DALL' ARCHIVIO DE' PROCESSI CRIMINALI DELL' ECCELSO CONSIGLIO
DI X, LI 29 APRILE 1795. Prestata essendosi l'obbedienza mia alla vene-
rata commissione dai voti sovrani di queste Eccelso Consiglio deriva-
tami di sopraintendere alla sistemazione dell' Archivio criminale dei
Processi da essere espediti e delegati, seguo in questo momento le zelanti
traccie de benemeriti mei precessori, che di tempo in tempo rassegna-
rono alla pubblica sapienza l'andamento di quella faraginosa ed interes-
sante operazione », etc. (ARCHIVES DES DIX.) Il avait été déjà question
de cette *sistemazione* dell' Archivio dei Processi criminali en 1792,
25 sett. 1793 et 26 mars.

Bibliothèque de Saint-Marc. Stefano Andrea Guerra et
Giovanni Maria Rubbi sont ses coadjuteurs pour l'opération du classement. Les détails qu'il soumet aux Excellentissimes Seigneurs du Conseil sont pleins d'intérêt. Il
a cru devoir procéder par siècle pour l'opération du classement, en se conformant ensuite à des subdivisions de
dix ans en dix ans. Cinq armoires contiennent déjà les
procès mis en ordre. Il en a fini avec les pièces du seizième et du dix-septième siècle. Celles du dix-huitième,
c'est-à-dire du siècle courant, restent à être examinées.
Un décret du 8 mai approuve son ouvrage [1]. A la date
du 12 septembre, nouveau rapport sur l'état des papiers
des Dix, et il est le dernier que nous ayons rencontré. Le
Surintendant en a achevé le classement [1]. Les Archives
criminelles sont en ordre. Il a rencontré des pièces
d'érudition qu'en raison des caractères orientaux qui

[1] 1795, 8 MAGGIO, IN CONSIGLIO X. « Nel render conto il dilettiss. nob.
nostro sopraintendente agli Archivii del grado d'avanzamento a cui è
nel decorso semestre progredita, mediante la di lui vigilanza e l'opera
de fedelissimi deputati, la sistemazione di quello criminale di Processi,
riferisce nell' aggradita scrittura ora intesa la cura ch' ebbe di far raccogliere e separare in tre distinte categorie tutti li manoscritti che vi ha
rinvenuti », etc... (ARCHIVES DES DIX, *Parti communi.*)

[2] DATA DELL' ARCHIVIO DE PROCESSI CRIMINALI DELL' ECC⁰ CONSIGLIO
DI X, LI 12 SETTEMBRE 1795. « Prossimo a dimettere l'onorevole appog-
giatomi incarico di sopraintendente ad ambi gli Archivii di questo Ecc⁰
Consiglio, mancherei ad uno de presenti doveri della mia incombenza
se non rendessi conto a V. S. di quanto ho operato in quello special-
mente criminale, dove ho creduto di rivolgere le maggiori mie cure
onde vedere anche in esso verificato quel buon sistema ed andamento
che con tanta compiacenza, rimarcasi nell' altro delle deliberazioni », etc...
(ARCHIVES DES DIX.) Et à ce *Mémoire* du Surintendant sont jointes deux
pièces, dont une du 16 septembre, signée par le préposé à la caisse du
Conseil Pietro Bonfadini, et l'autre, du 18 septembre, qui est un décret
du Conseil, contre-signé par le secrétaire Joseph Gradenigo.

les caractérisaient, il a soumis à l'examen du savant orientaliste Assemani[1], lequel en a fait une laborieuse description.

A deux ans de là, la République cessa d'exister. Les Archives des Dix comme celles de la Chancellerie Secrète furent atteintes par plus d'un côté. Cependant, grâce aux soins successifs que nous avons énumérés à l'article des vicissitudes des Archives de Venise, nous devons dire que peu à peu les papiers des Dix se sont réintégrés et qu'ils sont encore ceux qui, à l'heure présente, ont le mieux conservé ou recouvré le plus heureusement cet aspect d'unité et d'harmonie que leur avait donné sous la République sérénissime le Surintendant préposé à leur réorganisation et à leur conservation. En parlant plus loin de l'objet même des documents contenus dans ces Archives, en signalant à la curiosité publique l'attrait et l'intérêt historiques de certaines séries, nous aurons à louer bien haut les dignes efforts, récemment couronnés de succès, de celui à qui est confiée la direction actuelle des Archives vénitiennes, et quand nous en serons à l'examen des correspondances adressées de l'étranger aux trois Chefs des Dix, nous ne manquerons point à publier comment l'histoire en doit non-seulement la connaissance mais le salut à M. Tommaso Gar.

Telle qu'elle est aujourd'hui reconstituée, la collection

---

[1] Professeur illustre des langues orientales au séminaire de Padoue. A l'occasion du travail qu'il venait de faire en cette circonstance, le Conseil des X lui décerna une médaille de la valeur de douze sequins d'or.

des papiers et registres du Conseil des Dix peut être
ainsi représentée :

Quarante-quatre Registres appelés Misti ou *Mélanges*, de
1310 à 1524[1].

Cent quarante-cinq Registres des *Parti secrete* ou *Affaires
secrètes*, de 1525 à 1707.

Deux cent quarante et un Registres sur parchemin de *Parti
communi* ou *Affaires ordinaires*, de 1525 à 1791.

Deux cent six Registres d'*Affaires criminelles*, appelés *Criminali*, depuis l'année 1502.

Quatre-vingt-quinze Registres des *Diarii* ou *Notes journalières pour mémoire*, de 1605 à 1797[2].

Cinquante-cinq liasses de *minutes* ou *Pièces à l'appui* pour
les Registres *Misti*, jusqu'à l'année 1477.

Treize cent quarante-six liasses de *minutes* ou *pièces à l'appui* pour les Registres des *Parti communi*, de 1525 à 1797.

Soixante et onze liasses de *Documents secrets* (*Parti secrete*),
de 1525 à 1797.

Cent soixante liasses d'*Affaires criminelles*, jusqu'en 1797.

Quarante-cinq liasses de *Procès criminels*, de 1607 à 1796.

---

[1] Le premier registre des *Misti* a été improprement indiqué comme
registre du *Conseil des Dix* : les dates seules des documents qu'il renferme doivent l'exclure de cette série, 1300, 13 décembre-1302, 23 février. L'auteur du Catalogue des papiers du Conseil en 1786 en a fait
lui-même la remarque. S'il l'a donc conservé dans le classement, ce fut
sans doute par respect pour la tradition. Le Registre ii ne comporte
que des fragments de 1315, 1er janvier, à 1324, février. Il en est de
même pour le Registre iii, dont les fragments vont de 1325, mai, à
1331, avril. Le Registre iv s'étend de 1348, 21 janvier, à 1358, octobre,
mais il contient aussi quelques décrets épars, dont le dernier est en date
du 22 mars 1363. Le Registre v manque. Le Registre vi comporte des
fragments de 1363, 19 avril, à 1374, 21 juin. Le Registre vii manque.
Le Registre viii va de 1392 à 1407; le ix de 1408 à 1418; le x de 1419
à 1429, le xi de 1430 à 1437, etc.

[2] Le rédacteur du Catalogue de 1786 constate les lacunes suivantes :
1635, 1642, 1643, 1644, 1645, 1653, 1654, 1682 et 1683.

Six cent dix-huit liasses de *procès* effectués au nom du Conseil *dans les provinces de terre et de mer.*

Cinquante-neuf liasses de *Proclami* ou *Sentences Criminelles,* de 1457 à 1797.

Cette vaste série, dont nous venons d'énumérer le détail[1], ne comprend que les papiers proprement dits du Conseil des Dix, mais il y faut adjoindre aussitôt le recueil considérable des papiers des trois Chefs du Conseil (*Capi del Consiglio de X*), dont :

Cinquante-sept Registres des *Notatorii,* de 1478 à 1796, avec soixante liasses de 1542 à 1793.

Soixante-sept liasses de *Lettres* de 1473 à 1655.

Trois cent soixante-neuf liasses de *Lettres Secrètes,* de 1525 à 1797[2].

Cent trente et une liasses de lettres dites *Sottoscritte,* de 1510 à 1793. (*Affaires civiles, privées et contentieuses.*)

Seize liasses de *Lettres Criminelles,* de 1575 à 1666.

Cinquante-six liasses de *Procès Criminels,* de 1630 à 1797.

Un nombre plus ou moins considérable d'autres liasses renfermant des *sentenze,* des *décisions* (*terminazioni*) pour la libération des exilés, des lettres en réponse aux Chefs du Conseil, des notes relatives aux prisons, des rapports des chefs de quartier, des suppliques, etc.

---

[1] Il existe aussi quatre Registres qui sont hors série et dont il importe de consulter les matières principalement pour écrire l'histoire du Conseil, ce sont : le LIBER MAGNUS, qui est un recueil de décrets et d'ordonnances (225 feuillets parchemin); LIBER PRIMUS, du 11 mars 1550 au 15 avril 1567; LIBER SECUNDUS, du 16 mars 1567 au 27 février 1575; LIBER TERTIUS, du 7 mars 1576 au 28 février 1588, avec table des matières.

[2] Le rédacteur du Catalogue de 1786 fait remarquer dans cette série les lacunes suivantes : de 1617 à 1632,

1636,

de 1649 à 1662,

1666.

Et plus de cent cinquante mille *Lettres* ou *Dépêches* politiques, tant des Ambassadeurs à l'étranger que des Recteurs ou préfets (*Rettori*) et *Provéditeurs* extraordinaires dans les provinces.

Les titres respectifs de ces séries suffisent pour diriger le chercheur, selon le but qu'il se propose en approchant des Papiers du Conseil des Dix. Tous sont loin d'avoir une égale importance à l'égard des informations précieuses pour l'histoire. Quant à ces dernières, il serait inutile de les demander à d'autres séries que celles dites des *Parti Secrete* et des recueils de *correspondances* venues de l'étranger à l'adresse des Chefs du Conseil. C'est de la nature même de ces documents, c'est de l'intérêt tout spécial qui les distingue, c'est de l'attrait particulier de ceux qui sont relatifs aux choses et aux personnes de France, que nous avons maintenant à entretenir le lecteur.

II.

LES DOCUMENTS DU CONSEIL DES DIX.

Intérêt particulier des documents politiques du Conseil. — Nature de ces documents dans la série des *pièces secrètes*. — Une correspondance s'établit entre les Chefs du Conseil et les Ambassadeurs de la Seigneurie. — État des dépêches. — Particularité des informations. — Preuves à l'appui. — Autres documents. — Audiences auxquelles assistaient les trois Chefs du Conseil. — Où se trouvent les lettres des Chefs du Conseil aux Ambassadeurs. — Examen des *pièces secrètes*, communément appelées *Parti Secrete*. — Détail des matières dont elles traitent le plus ordinairement. — Lettres des Dix à l'Ambassadeur en France. — Citation de différents documents. — Pièces désignées sous le titre de *Communicate del Consiglio*. — Pièces secrètes concernant les affaires de Rome. — Mélanges.

L'histoire du Conseil des Dix peut et doit être considérée sous deux aspects essentiellement différents. L'un est tout de politique, l'autre tout de jurisprudence criminelle. Le premier est le plus intéressant pour l'historien proprement dit. La loi du 28 septembre 1468 avait ainsi déterminé les attributions politiques du Conseil :
« Il informera sur les trahisons, sur les conspirations, sur les sectes. Il connaîtra des actes qui sont de nature à troubler la paix de l'État, des conventions et pratiques, soit à l'extérieur, soit à l'intérieur, pour surprendre et livrer une partie du territoire, toutes choses en un mot qui exigent d'être traitées dans le plus grand secret (*segretissimamente* [1]). » Rien de plus large assurément

---

[1] 1468, 18 SEPTEMBRIS, IN M. CONSIGLIO. (Liber *Regina*, p. 76.)
« Magno semper studio conati sunt progenitores nostri tenere in cul-

que cette définition d'attributions, car par elle il advint
que le Conseil des Dix eut à pénétrer en toutes affaires
d'État, selon que, pour rehausser l'autorité de sa juridiction et l'importance de son pouvoir, il établit et décida que telle affaire plutôt que telle autre méritait
d'être traitée *segretissimamente*. C'est par ce côté particulier d'intervention politique que le Conseil des Dix
appartient à l'histoire générale tout autant qu'à celle de
Venise. Mais s'appuyant sur les formules si larges de
la loi de 1468, le Conseil des Dix avait peu à peu étendu
ses pouvoirs à des matières et à des négociations d'État
qui, au terme des Constitutions en vigueur n'auraient
dû être traitées que dans le Sénat. Cet envahissement
lui attira la réprobation d'un parti puissant dans le
grand Conseil. On voulut une réformation. Les graves
et politiques débats auxquels donna lieu cette importante affaire eurent pour résultat le vote qui décida
d'une réforme dans la définition des attributions anciennes du Conseil[1]. Les termes de la définition nouvellement adoptée peuvent être ainsi résumés :

mine Consilium nostrum de X tum propter auctoritatem et dignitatem
suam, tum propter magnitudinem gravissimarum rerum tangentium sta-
tum nostrum sibi commissarum. Verum ut omnes scire possunt, ab ali-
quo tempore citra excreverunt in tantum occupationes et negotia ipsius
Consilii præsertim in multis et diversis rebus impertinentibus indignis-
que tanti Magistratus, ut necessarium sit et honori nostro maxime con-
veniat providere. Propterea, vadit Pars quod ea, quod pertinent ad
proditiones et sectas et ad turbationem pacifici status nostri item ad trac-
tatus terrarum et locorum subditorum et aliarum rerum ejusmodi quæ
secretissime tractari merentur », etc...

[1] Voyez à la Bibliothèque de Saint-Marc le manuscrit DCCLXXIX,
*Raccolta di memorie storiche e aneddotiche per formare la storia del
Consiglio de' Dieci.*

1° Avis et informations à avoir dans l'intérêt de l'État. Ces avis seront soumis à la connaissance du Sénat, à moins que, par un vote des deux tiers des voix, ils ne soient déclarés de nature à être gardés par le Conseil. Les noms des informateurs et des confidents ne seront révélés en aucun cas ;

2° Les offres de révélations importantes dans l'intérêt de l'État ;

3° Le choix, l'envoi et la solde des agents secrets ;

4° L'accommodement, par les voies de la séduction et de la récompense, des embarras qui sont de nature à inquiéter l'État.

Le programme était encore large. Aussi est-ce particulièrement du côté des papiers relatifs à ces *Affaires Secrètes,* formant série à part dans les Archives du Conseil, sous le nom de *Parti Secrete,* que doit se porter la curiosité des investigateurs. Tous les gouvernements, en effet, ont eu à compter avec ce Conseil : France, Espagne, Saint-Siége, Allemagne, États Ottomans, États Italiens, ont été, selon les circonstances, l'objet plus ou moins nécessaire des informations les plus variées. Il en résulte que les épisodes dramatiques et singuliers abondent. Nous ne parlons pas ici de ces épisodes, qui sont si connus pour avoir fourni carrière et nourriture à l'imagination des auteurs de romans célèbres, épisodes que justement on pourrait appeler les *Grandes Histoires du Tribunal des Dix* [1]. Nous parlons au contraire de ces

---

[1] C'est-à-dire les épisodes dramatiques dont Marino Faliero (avril 1355), les Carrare de Padoue (janvier 1406), Francesco Carmagnola (mars 1432), les Foscari (1445-1457), Antonio Foscarini (1615 et 1621)

millé et un détails imprévus et inconnus qui naissaient
sous le pas des circonstances politiques, à toute heure, à
tout moment ; de ces faits oubliés parmi tant d'autres
faits et qui se rattachent à la ténébreuse et toujours
palpitante histoire des passions humaines, qu'un Tribunal régulièrement extraordinaire, composé le plus
souvent d'hommes éminents, disposant de moyens considérables pour le châtiment comme pour la récompense,
était chargé d'instruire, pour le bien, pour le service,
pour l'intérêt, pour la raison d'État, et qui, sans qu'un
seul jour ait interrompu l'exercice de sa juridiction, demeura stable pendant le cours de trois cent soixante-
deux ans (1335-1797). Cherchons-le donc à l'œuvre
dans ses propres documents. Indiquons aux historiens
les traces qu'ils auront à suivre pour pénétrer le secret
de ses opérations.

Depuis sa création et son établissement au quatorzième siècle jusqu'à la fin du quinzième, on peut dire
que le Conseil des Dix n'eut pas une correspondance
habituelle avec les Ambassadeurs de la République accrédités auprès des Puissances étrangères. Des dépêches
de ces Ambassadeurs à l'adresse des Chefs du Conseil

---

furent les héros. L'historien Romanin s'est appliqué à rechercher et à
produire la vérité sur ces histoires extraordinaires, si diversement racon-
tées, présentées et commentées. Voyez ses intéressants chapitres dans
les tomes III, IV et VI de sa *Storia documentata di Venezia*. A titre de
simple renseignement, il faut consulter aussi un livre récemment publié
par M. GIUSEPPE TASSINI : « *Alcune delle più clamorose condanne capi-
tali eseguite in Venezia sotto la Republica.* Memorie patrie. (Venise,
Cecchini, 1866.)

étaient chose rare. Les prérogatives du Sénat n'avaient
pas été atteintes à cet égard. Mais lorsque les circonstances politiques eurent, avec le règne du roi
Charles VIII en France, rendu les relations extérieures
au delà des monts d'une importance pour ainsi dire inconnue jusqu'alors, lorsque l'expédition d'Italie eut créé
un mouvement exceptionnel dans les affaires, lorsque
les intrigues extraordinaires de Ludovic le More, tantôt
avec la Cour de France, tantôt avec celle de l'Empereur, eurent nécessité de la part des États voisins une
surveillance, une vigilance, une attention qui intéressaient au plus haut degré le salut de l'État, le Conseil
des Dix en arriva à prendre en main le manége de certaines négociations dont jusqu'alors le Sénat seul avait
eu le soin. L'impérieuse nécessité de garantir exceptionnellement le secret de certaines informations porta
le Conseil des Dix à restreindre telles ou telles communications. Il se mit peu à peu en rapport direct avec les
Ambassadeurs, et ce fut ainsi que commença à se former cette correspondance spéciale qui par la suite, pendant une grande partie du seizième siècle, devint si
abondante. Les temps difficiles que la République eut à
traverser pendant cette terrible lutte que l'histoire appelle la Ligue de Cambrai, accrurent d'autant le pouvoir politique du Conseil des Dix dans la direction des
Affaires étrangères; et on peut dire que depuis cette
époque jusqu'au jour où la mort du roi François Ier
d'abord et la retraite de Charles-Quint ensuite, apai-
sèrent les grands différends dont l'Italie avait été le
perpétuel théâtre, il faut rechercher les informations po-

litiques autant dans les papiers du Conseil des Dix que
dans ceux du Sénat. De ces lettres adressées par les
Ambassadeurs aux Chefs du Conseil, comme de celles
adressées par les Chefs du Conseil aux Ambassadeurs, il
est certain qu'un fort grand nombre a été réduit à
néant. Ce qu'il en reste cependant est d'une extrême
curiosité. C'est aux soins récents de M. Tommaso Gar
que les historiens en devront la connaissance. Dans les
divers mouvements occasionnés par les transactions des
documents vénitiens, avant que le couvent des *Frari*
fût devenu le centre définitif des Archives, un nombre
considérable de papiers s'étaient trouvés en quelque sorte
comme abandonnés, sans qu'on se fût bien rendu
compte de leur valeur, et lorsque, l'année dernière, le
Directeur actuel décida qu'il serait procédé à leur examen, on reconnut que parmi ces papiers étaient les
correspondances étrangères adressées aux Chefs du Conseil pendant le seizième siècle. M. Tommaso Gar fut
intelligemment secondé dans cet examen et ce classement par l'érudit chevalier Federico Stefani [1], et présentement la curiosité des chercheurs est à même
d'éprouver, à cet égard, les plus vives satisfactions.

---

[1] M. Federico Stefani mérite les plus vifs éloges, non-seulement pour
sa coopération dans l'œuvre du classement de cette partie des Archives
de Venise, mais encore pour les intéressants travaux d'histoire auxquels
il a mis la main depuis plusieurs années. Il est aujourd'hui un des conti-
nuateurs les plus actifs du grand et célèbre ouvrage de POMPEO LITTA sur
les familles célèbres d'Italie. Il y a quelques années, le ministère de
l'instruction publique en France lui confia la mission de rechercher
dans les papiers d'Italie, particulièrement en Toscane et en Vénétie, les
documents relatifs aux origines des Bonaparte, et les publications qu'il a
produites à cet effet sont des plus estimées.

Nous nous sommes enquis de la part d'intérêt que pouvait avoir l'histoire de France à cette découverte d'autant plus précieuse, qu'ainsi que nous l'avons dit en un chapitre précédent, les correspondances ordinaires, à l'adresse du Sénat, jusqu'en 1554, ont péri par l'incendie.

La première dépêche est en date du 22 octobre 1500 : il n'en reste qu'un nombre assez limité sur le règne de Louis XII. Le recueil est de beaucoup plus important pour l'histoire du temps de François Iᵉʳ. On peut estimer que jusqu'à l'avénement de Henri II le nombre total est d'environ trois cents dépêches. Les traits saillants, les signes caractéristiques de ces documents sont des communications, qu'en matière diplomatique on appelle essentiellement confidentielles, c'est-à-dire d'une nature à n'être connues que de la personne du Ministre ou du Souverain. Elles portaient cette suscription : *Serenissimo Principe et Excellentissimis Dominis Capitibus Illustrissimis Consilii Decem, Dominis Observandissimis.* Le secret des intrigues, la révélation du nom des personnages de la Cour qu'on avait pour affidés, les entretiens les plus confidentiels avec le Souverain ou ses premiers Ministres sur des questions politiques, la pénétration des sentiments, les motifs des préférences et des inclinations des Chefs de l'État pour telles ou telles alliances, y sont mis au jour. L'ambassadeur Marco Dandolo, dans une dépêche datée de Blois le 1ᵉʳ février 1503, dit ingénument : « *Je m'en rapporte en toutes choses au très-profond examen et au très-sage jugement de Vos Excellences, sans rien ajouter de mon propre arbitre à mes communications, me contentant de continuer de la manière dont j'ai agi jusqu'ici, depuis que je suis à cette légation, c'est-à-dire avec tout le zèle possible et toute la vigilance imaginable pour recueillir, par tous moyens (et avec la certitude que mes références sont de la bonne source), tout ce qu'il est possible de savoir à l'endroit des intentions et des pensées de Sa Majesté Très-Chrétienne, je ne me borne pas à un ou deux intermédiaires, mais j'essaye de prendre tous les chemins, et je dirai même que je vais jusqu'à employer les personnes qui sont dans le continuel service du Roi et qui lui servent à boire et à manger...[1] »*

Le Roi de France ferait-il alors de nouvelles campagnes en Italie? Du fond de ses bonnes chambres, de son château de Blois, son séjour favori, regardait-il d'un œil inquiet ou envieux vers le royaume de Naples? En quel degré de faveur réelle tenait-il les Vénitiens, ses alliés alors, mais que d'ici à peu d'ans il traitera peut-être comme ses plus farouches ennemis et dont il conspirera la perte par une ligue formidable? Telle était alors la question qu'un Ambassadeur vénitien à la Cour de France devait toujours avoir en tête. Et bien en prit aux prudents Chefs du Conseil des Dix de rappeler fréquemment les Ambassadeurs de la République à cette forme de service dans la pénétration et dans l'information, car ce fut de la sorte qu'ils furent instruits pleinement de la conjuration tramée contre leur État, alors que les conjurés de Cambrai étaient tous persuadés que le plus mince détail de leurs résolutions et conventions n'avait point

[1] ARCHIVES DE VENISE. Papiers du Conseil des Dix. *Dépêches des Ambassadeurs.* FRANCE.

encore transpiré. Certes, pas n'était besoin de les rappeler souvent à cette manière de servir. Le zèle à cet
égard était presque inné chez eux. En voici un, Andrea
Trevisano, qui commence ainsi sa dépêche du 19 avril
1516 : «*Excellentissimes Seigneurs, c'est le devoir des Ambassadeurs qui sont auprès des princes de rapporter au
gouvernement qu'ils servent non-seulement leurs paroles,
mais même l'expression de leur visage, afin qu'avec d'autant plus de prudence ce gouvernement puisse diriger ses
affaires et mieux comprendre ses intérêts; aussi dirai-je à
Vos Seigneuries* [1] »*, etc. Rien de curieux aussi comme
de les voir étudier, pondérer, chercher les instruments
personnels qu'ils croient propres à aider à leur pénétration. Il leur faut des serviteurs non vulgaires.
O séduction ! c'est là qu'est ta légende. Cadeaux ici,
cadeaux là, argent monnayé ailleurs. Misérables révélations ! mais elles font connaître les hommes et elles
expliquent des faits souvent inexplicables. Robertet,
Florimond Robertet, « *qui est l'âme du Roi* », dit
l'ambassadeur Marco Dandolo, est comblé de biens et
de dons, et tant que Venise a sa faveur, elle a peu à
craindre du Roi de France. Le récit qu'ils font des tentatives pour être bien servis, procure quelquefois d'intéressants détails : c'est ainsi que, dans la dépêche du
18 novembre 1504, François Morosini vient à parler de
ce célèbre moine italien, ingénieur si habile, et que
Paris et la Cour de France employèrent pour de grands
travaux.

[1] ARCHIVES DE VENISE. Papiers du Conseil des Dix. *Dépêches des
Ambassadeurs.* FRANCE.

36

_« Ici, dit-il, se trouve un moine, Fra Giocondo, de Vérone, à la solde de cette magnifique commune de Paris ; c'est un homme d'un grand esprit. La ville l'a récompensé pour la construction d'un pont qu'il lui a faite sur la Seine, et qui est une fort belle chose. Il a aussi une provision du Roi Très-Chrétien pour l'habileté avec laquelle il lui a fait un aqueduc, à Blois, destiné à conduire les eaux jusqu'à ses jardins... Il est en grande familiarité avec Mario Romano, secrétaire du duc de Sora, et il a été en rapport avec le seigneur Philibert et l'a servi comme secrétaire. Il lui faisait la lecture de Vitruve, car il aime à s'occuper des sciences mathématiques, de l'architecture et des machines de guerre[1]. »

Et tous ces détails sont exposés pour en arriver à dire comment par ce Fra Giocondo il a eu connaissance de certains articles d'un traité qui se préparait entre le Roi de France, le Roi des Romains et le Duc de Bourgogne. Encore ces choses ne sont-elles, pour ainsi parler, que les menus propos recueillis au jour le jour ; mais ces documents atteignent à la hauteur de véritables pièces d'État, lorsqu'ils ont pour principal et quelquefois unique objet de rapporter tout au long des entretiens d'une importance extraordinaire avec la personne même, du Souverain ou du premier Ministre, en grande humeur de confidence. Telle est une dépêche du 19 décembre 1507, écrite de Rouen par l'ambassadeur Condulmer, à qui le Cardinal d'Amboise venait de faire une sorte de profession de foi politique sur la conduite que se proposait de tenir la France dans les affaires étrangères du moment. Telle encore l'intéressante communication donnée par Andrea Gritti de l'audience confidentielle que

[1] ARCHIVES DE VENISE. Papiers du Conseil des Dix. *Dépêches des Ambassadeurs.* FRANCE.

lui a donnée François Ier, à Milan, peu de temps après le combat de Marignan, et peu de jours avant que ce prince se rendît à l'entrevue de Bologne avec le pape Léon. « *Sa Majesté*, dit-il, *s'est exprimée avec une telle confiance qu'on n'en saurait trouver une semblable de la part du plus intime ami.* » Et partant de là, il rapporte les propres paroles du Souverain, d'autant plus intéressantes que les circonstances du moment étaient, peut-on dire, exceptionnellement importantes au sort des États d'Italie. Tout en écrivant souvent au Conseil des Dix, les Ambassadeurs ne pouvaient naturellement se dispenser d'avoir leur correspondance ordinaire avec le Sénat, n'eût-ce été quelquefois que pour la forme. Nous en trouvons des preuves particulières dans le soin que, à l'occasion, ils prenaient d'adresser d'abord leur dépêche pour le Sénat aux Chefs du Conseil, les laissant juges de l'opportunité de lui en faire la communication. « *Excellentissimes Seigneurs très-respectés,* écrit l'ambassadeur Capello le 26 novembre 1540, *j'adresse d'abord à Vos Illustrissimes Seigneuries les dépêches ci-jointes, afin qu'après en avoir estimé l'importance, elles puissent délibérer si elles devront être lues.* » Il advenait que dans certains cas, pour que le Sénat ne pût se condouloir d'une privation trop fréquente des communications, les Conseillers des Dix enlevaient à telles dépêches les passages par trop délicats et les faisaient copier dans la forme qu'ils avaient décidée.

Cette grande masse de papiers, jusqu'alors non encore classée ni même connue, comprenait plus de trois

cent cinquante paquets jetés en quelque sorte les uns
sur les autres dans la salle où ils avaient été délaissés
depuis tant d'années. Ce n'est pas seulement la *Corres-*
pondance des Ambassadeurs avec le Conseil qui y fut
rencontrée par l'habile investigateur à qui M. Tommaso
Gar avait confié le soin de cette *reconnaissance*, comme
on dit en terme de guerre, ce fut un nombre considérable d'autres documents, tels que les *Lettres* des Provéditeurs extraordinaires auprès de l'armée, durant les
guerres d'Italie, les *Dépêches* des préfets des provinces
limitrophes du camp de l'ennemi, des *Lettres* aussi curieuses, entre autres, que celles du provéditeur Pesaro,
pleines de révélations intéressantes sur les menées et
intrigues du Bourbon pour que la République l'aidât à
conquérir le royaume de Naples, lequel Bourbon avait
alors pour agent secret un Piémontais du nom d'Abbatis,
comte de Villanova. Voici aussi de très-intéressants
rapports et projets de chefs de guerre tels que les Tri-
vulzi, l'Alviane, les Savorgnan, Sforza Pallavicini, Fer-
rante Vitelli, et des ingénieurs de guerre, l'Horologgi,
l'Alberghetti et autres [1]. En ces papiers encore, se sont
rencontrées des lettres de Souverains qui avaient été
interceptées, comme celle entre autres de l'Empereur
Maximilien à ses Ambassadeurs à Rome, à l'époque du
Conclave qui suivit la mort du Borgia, Alexandre VI,
lettre dans laquelle il révèle ses secrets desseins sur
l'élection du futur pontife, et où il ne se fait pas faute
de déclarer qu'au choix d'un cardinal de la faction fran-

---

[1] *Lettere* dei Provveditori generali in campo; delli Rettori dello
Stato sugli argomenti che erano di competenza dei X, etc., etc.

çaise pour Pape il préférerait un schisme. *Cuperemus potius quod fieret scisma, quam quod fieret neutralis aut Gallus Papa* [1]. Et il promet de marcher vers Rome, s'il le faut, avec l'armée de ses Allemands [2].

Non moins curieux sont les documents qui, retrouvés aussi parmi ces épaves, sont désignés sous le nom de *Esposizioni principi.* Nous avons dit, dans un chapitre spécial, ce qu'on entendait à Venise par ce terme, c'est-à-dire « exposition, discours, communication de la part des Princes au Gouvernement de Venise par les Ambassadeurs qu'ils avaient accrédités ». Ces *Esposizioni Principi,* rencontrées dans les papiers des Dix, sont d'une nature plus secrète encore que celles que nous avons signalées comme étant faites à l'assemblée des Ministres, au *Collegio* [3]. Celles-ci sont les audiences don-

---

[1] 29 octobre 1503. Le texte de cette lettre vient d'être publié par l'érudit M. C. C. CASATI, dans la *Bibliothèque de l'École des Chartes.*.

[2] Le dénombrement de la *Correspondance* étrangère avec les Chefs du Conseil des Dix peut être ainsi présenté pour l'espace de temps pendant lequel cette correspondance a été plus active, c'est-à-dire de 1500 à 1560 environ.

FRANCE, *trois cents* dépêches environ, depuis le 22 octobre 1500;

ALLEMAGNE, ESPAGNE et PAYS-BAS, aux temps de l'empereur Charles, 1519-1552, *cent trente* dépêches environ;

MILAN; à l'époque des guerres d'Italie, de 1500 à 1536, *cent quatre-vingts* dépêches;

ROME, de 1500 à 1567, *quatre cent trente-sept* dépêches;

CONSTANTINOPLE.

[3] Tel en était le protocole. Je prends un exemple entre autres : 1544, DIE 4 JULII. « Il R.do Orator del Re Christianissimo, venuto nell' Ecc.mo Collegio, ove erano li Signori Capi, disse voler audientia secreta, et mandati fori quelli che non poteano intervenir, parlò longamente in questa sustantia. Che l'haveva lettere dal Re da Fontanablio de 16, 19 et 24 del preterito, continente doi parte, la prima de le occorrentie de

nées soit par le Conseil des Dix aux Ambassadeurs étrangers, soit par le ministère réuni au Conseil, et le nombre qui s'en trouve jusqu'à l'époque de la première *correzione*, c'est-à-dire en 1582, prouve combien ce Tribunal s'était arrogé le droit de diriger les Affaires Étrangères dans le gouvernement de la République au seizième siècle, et combien aussi, pour la plus sûre et confidentielle histoire de ces affaires, il faut compter avec ses papiers, ses correspondances, ses décisions, ses arrêtés et ses décrets.

Quant aux lettres émanées du Conseil même aux Ambassadeurs et dont la connaissance doit être prise corrélativement à celle des dépêches venues du dehors, le chercheur les trouvera chronologiquement enregistrées dans le recueil des *Misti* jusqu'à l'année 1524, et dans ceux des *Secreti* depuis l'année 1525.

Les *Registri Misti*, du reste, renferment peu de documents relatifs aux choses ou aux personnes de France avant l'année 1494, nous en avons dit précédemment la

li, la seconda da esser tenuta secretissima come desidera il Re che si faccia. Disse prima li progressi del esercito Cesareo, etc... »

Parmi les principaux documents de ce genre qui ont été retrouvés, nous indiquons les *Esposizioni* des Ambassadeurs de France, dont voici la date :

1538,	4 avril.	1559,	4 juillet.
	7 juin.	1579,	4 avril.
	10 septembre.		9 avril.
1541,	7 août.		24 mai.
	11 août.		5 juin.
	18 mars.		24 juin.
1542,	21 mars.		14 juillet.
	27 mars.		23 septembre.
	31 août.	1580,	13 mars.
1544,	4 juillet.		

raison. Ce Conseil des Dix, en effet, avait montré jusqu'a-
lors une sorte de réserve dans les affaires qui, à l'extérieur, avaient un caractère essentiellement politique, et
il n'avait encore aucunement cherché, sinon à enlever, du
moins à entamer les prérogatives du Sénat. Entre 1495
et 1550 environ, le Conseil fut extrêmement puissant
dans l'État, et il se mêla tellement à la gestion et à la
direction des affaires étrangères qu'on pourrait en quelque sorte dire qu'il en était le véritable ministre. Il semble
qu'il se soit fait un devoir d'apparaître, même dans les
circonstances de la moindre importance. C'est ainsi
qu'ayant appris, sans doute par les lettres de son ambassadeur en France, que la Reine Anne désirait avoir des
parfums, des faïences de Damas, et autres objets d'Orient,
il se réserve le soin d'en déterminer la dépense et d'en
commander la présentation, « *da esser presentate dicte*
robe a Sua Maestà per nome de la Signoria nostra cum
dolce e grata forma de parole. » Des lettres, même à
l'adresse des souverains, sont rédigées à cette époque
au Conseil des Dix; on en trouvera des preuves fréquentes dans la série des *Misti* [1].

Nous porterons maintenant l'attention du lecteur vers
la très-curieuse série des cartons renfermant les pièces
qui sont conservées sous le nom de *Parti Secrete*, vaste
collection de documents originaux, soit en feuilles volantes, soit en dossiers, qu'on pourrait appeler à juste
titre *Pièces de la police politique du Conseil*.

Ces pièces sont extrêmement variées : elles sont une

---

[1] Consulter surtout ces registres depuis les nos 26, 1493-1495; 27,
1496-1498; 28, 1499-1500; 29, 1501-1503, etc.

mine inépuisable pour la curiosité. Toutes sont écrites de la main du secrétaire de service, portent la date du jour et de l'année en tête, et généralement en marge les noms des Chefs du Conseil présents à la séance. Le résultat des votes pour ou contre leur expédition est consigné au bas du document. Tout arrêté ou décret est habituellement accompagné des pièces justificatives. Telle en est, du reste, la forme, d'après une pièce originale :

1615, 23 JUILLET, EN CONSEIL DES DIX.

Chefs :

E. LORENZO,
E. BERNARDIN,
E. PIETRO.

L'acte criminel de celui qui, au moyen d'un cartel fixé à l'une des colonnes, au coin de la porte *della Carta,* où se réunit la noblesse, a, par d'indignes et de séditieux propos, non-seulement osé blâmer la justice de ce Conseil, mais encore tenté de porter préjudice au repos et au bien de la Patrie, doit exciter le Conseil au plus grand zèle pour découvrir le coupable et lui permettre d'assurer par l'espoir d'une récompense la révélation de celui qui a été l'auteur dudit cartel, et qui l'a transcrit et affiché. Il doit aussi faire en sorte de pénétrer le secret de toutes les circonstances qui ont présidé à cette œuvre diabolique. C'est pourquoi on décide que toutes facultés et moyens seront donnés aux chefs du Conseil pour pouvoir, par une proclamation publique qui sera faite sur les degrés de Saint-Marc et de Rialto... etc.

Pour 17
Contre. 00
Voix douteuses. 00 [1]

---

[1] ARCHIVES DE VENISE, Conseil des Dix, *Parti Secrete*, 1615, 23 LUGLIO, IN CONSIGLIO DE X.

Ou encore :

1613, 9 OCTOBRE, EN CONSEIL DES DIX.

Chefs :

ZUAN MARCELLO,
FRANCESCO CORNER,
MARCO LOREDAN.

Que présentement il soit fait élection de l'un des Secrétaires de ce Conseil, auquel il sera enjoint que, sous prétexte d'affaire privée, il se doive transporter à Primolan et autres endroits des confins de notre État, faisant en sorte de se rencontrer secrètement avec le sieur de Boinville, qui nous a écrit de France[1] pour nous offrir de révéler des choses fort importantes au bien de la République. Il l'assurera, en sa qualité de notre Secrétaire, qu'il sera bien vu de nous dès son arrivée dans Venise... etc.

Pour. 12
Contre. 3
Voix douteuses. . 1

Nous pourrions multiplier à l'infini ces preuves de la variété qui existe dans les documents des *Parti Secrete.*

La scelerata risolutione di chi col mezzo di un cartello ritrovato hieri mattina affisso sopra la prima colonna che fa canton dei Sottoportici al luoco della Carta, dove si riduce la nobiltà nostra, ha con indegni e seditiosi concetti non pure ardito di riprendere la giustizia di questo Consiglio ma aspirato a pregiudicare alla quiete e al bene della Patria, deve mover il detto Consiglio a penetrare e investigare in questo delitto, con ogni più vehemente studio et applicatione, etc...

[1] Un sieur Édouard Hennequin, seigneur de Boinville, avait en effet adressé, en date de Lavis del Ponte, le 7 octobre 1613, au Conseil des Dix, une lettre dont voici les premières lignes :

SÉRÉNISSIME PRINCE,

J'ay pensé a propos de donner avis a Vostre Serenité que je suis

Il s'en trouve même certains dont la teneur n'a, quant au fond, aucun caractère confidentiel, témoin cette pièce honorable par laquelle le Conseil donne accès en ses archives à l'historiographe de la République, nouvellement élu :

1599, 19 NOVEMBRE, EN CONSEIL DES DIX.

Chefs :
E. MARCO QUERINI,
E. GIACOMO ZANE,
E. NICOLÒ CONTARINI.

Notre bien-aimé noble André Morosini, fils de Jacques, élu à la charge d'historiographe de la République, a demandé aux chefs de ce Conseil, pour pouvoir écrire l'histoire avec toute la vérité désirable, que permission lui soit donnée de voir les choses qui ont été écrites il y a quelques années, tant au Sénat qu'au Conseil des Dix. Cette même permission a d'ailleurs été donnée à ses prédécesseurs. Et comme cette requête touche à l'intérêt public et qu'il convient d'y satisfaire, en conséquence :

On décide que liberté soit donnée audit bien-aimé noble Andrea Morosini de consulter dans les registres, liasses et correspondances secrètes tant de ce Conseil que du Sénat, toutes les matières qui se rapportent à son ouvrage. Il ne pourra toutefois examiner ces registres, liasses et cor-

party de la Court de France d'aupres de la Royne ma maistresse des le 7 de septembre passé, sans que aucun ayt sceu mon partement, estant venu seul sans aucun serviteur ny esquipage de peur d'estre cogneu par le chemin... Je supplie aussi Vostre Serenite de me mander le lieu où il lui plaist que j'arrive à Venise ou en son Palays ou en tel autre lieu de la ville qu'il plaira à Vostre Serenité afin que je ne soys veu de personne, ni mesme de l'ambassadeur de France, lequel je m'asseure a eu advis de mon partement de France. Je suis venu pour advertir Vostre Serenité de choses importantes à la conservation de vostre Estat, lesquelles je ne puys dire qu'à sa propre personne,.... etc.

respondances que dans le lieu où elles sont
conservées présentement[1].

Pour. 14
Contre. 00
Voix douteuses. 00 .

Lettres aux Ambassadeurs, arrêtés relatifs aux mesures
à prendre dans des circonstances exceptionnelles, discussions sur l'opportunité ou l'inopportunité de communiquer certains documents au Conseil des Ministres ou au
Sénat, décrets spéciaux à des matières de religion et
d'ordre public, délibérations qui ont eu lieu à la suite
des dénonciations ou sur des propositions de révéler des
projets et des actes attentatoires à la sûreté de l'État,
instructions à des secrétaires pour s'aboucher confidentiellement avec des personnages étrangers, décisions de
soumettre l'examen de certaines affaires aux Inquisiteurs
commis à la découverte de ceux qui révèlent les secrets
de l'État, mandats d'arrêts, ordre de mettre mystérieusement à mort telle personne qui a été reconnue dangereuse, délibérations relatives à la variété, à l'invention
et à la sûreté d'écritures occultes pour le service des dé-

[1] ARCHIVES DE VENISE, Papiers des Dix, 1599, 12 novembre. Ha
richiesto alli Capi di questo Consiglio il diletto Nobile nostro Andrea
Morosini di F. Giacomo, eletto al carico di scriver l'Historia, che per
poterla far con fondamento di verità, che si richiede, gli sia data libertà
di veder le cose scritte passate già qualche anno così del Senato come
di questo Consiglio che è stato concesso alli suoi precessori, la qual
dimanda tornando a servitio pubblico è conveniente satisfarlo, però
l'ANDERA PARTE, che sia data liberta al predetto diletto Nobil nostro
Andrea Morosini di veder nelli *Libri, Filze* et *Lettere secrete* così di
questo Consiglio come del Senato quelle materie che haverà da metter
nell' Istoria,... etc.

pêches confidentielles, telles sont les matières si diverses
qui, avec toutes les pièces à l'appui, sont contenues dans
ces précieux cartons des *Parti Secrete* du Conseil des Dix.
Et comme il importe au complément de nos informations
que nous citions quelques exemples, nous donnerons les
suivants :

Voici une lettre du Conseil à l'Ambassadeur en France
du 9 octobre 1562.

Nous avons vu qu'outre ce que vous avez eu lieu de nous
écrire dans les lettres que vous avez adressées aux Chefs de
notre Conseil des Dix, au sujet de la Sérénissime Reine mère,
et de son peu d'inclination à soutenir les affaires de la religion catholique, vous avez aussi, dans vos dernières lettres à
l'adresse du Sénat, écrit les mêmes choses, et votre prudence
doit cependant vous donner à considérer que ces informations
sont très-importantes, et nous avons jugé bon de vous avertir par
les présentes, avec l'assentiment du Conseil et de la *Junte,* que
de même que nous vous louons de la diligence que vous mettez
à nous tenir avertis de tout ce qui parvient à votre connaissance comme méritant de nous être communiqué, de même nous
avons trouvé bon qu'à l'avenir, lorsqu'il vous arrivera d'avoir
à nous entretenir de choses qui touchent à l'honneur et aux intérêts personnels de la Sérénissime Reine ou des autres Princes,
vous ne deviez en donner avis que par lettres adressées seulement aux Chefs du Conseil, évitant ainsi dans vos lettres publiques de toucher à ces matières délicates. Il vous sera aisé de
comprendre quels sont les motifs de convenance qui nous dictent
ces mesures. Ainsi donc, adressez vos lettres touchant ces matières aux Chefs du Conseil, et en chiffres, comme vous avez
fait jusqu'à présent, à notre très-grande satisfaction.

Une grande dignité, un sentiment de prudence très-
élevé se font surtout remarquer dans les dépêches
adressées par le Conseil des Dix à l'Ambassadeur à

Rome, au sujet de la bulle *In cœna Domini,* dont la
rigoureuse exécution aurait mis dans un continuel et
très-grand embarras tout gouvernement qui n'aurait
pas été essentiellement théocratique [1]. Il est plusieurs
de ces dépêches qui, présentement reproduites, auraient un caractère d'actualité bien particulier devant
les mouvements de la Cour de Rome. On ne saurait, en
termes plus dignes, plus respectueux et plus pratiques
tout ensemble, adresser des remontrances plus sensées à
un gouvernement qui a toujours eu une disposition particulière à considérer que tout élément de la vie civile
des peuples était inadmissible, s'il n'avait pas pour base
absolue ses avis et son consentement.

La lettre suivante à l'Ambassadeur en France, en
1624, est un échantillon de la courtoisie du Conseil,
lorsque l'occasion lui était donnée de féliciter l'un de
ses serviteurs.

Vos lettres du 16, adressées aux Chefs du Conseil des Dix,

---

[1] Voyez PARTI SECRETE, 1568, 15 mai. *All' Ambasciator a Roma.*
« Havemo veduto in più mani di lettere vostre quanto ne havete scritto
in materia della Bolla In cœnâ Domini, et considerato che in vero vi
sono cose di molta importantia a pregiuditio delle giurisditione de Principi temporali, et sopra tutto ne move quanto che ci avete scritto che il
R.do Cardinal Savello ha fatto intendere a tutti li generali delle Religioni
per nome di Sua Santità, accioché li Confessori loro sottoposti, non
assolvino quelli che a tal bolla contrafacessero, cosa nuova e non mai più
fatta, et che a qualche tempo potrebbe causar gravissimi et importantis-
simi danni et accidenti non manco pericolosi alla giurisditione ecclesiastica che alla Temporale, poiché essendo in quella bolla alcune cose
impossibili da essere osservate da principi temporali, quando non ne
fossero assolti, sarebbe con tanta mala contentezza universale, quanta
cadauno, che ha pratica di governi di stato po benissimo considerare, etc... »

nous sont un témoignage aussi manifeste qu'expressif du soin parfait et de l'extrême vigilance que vous apportez à soutenir dignement et fructueusement la charge de cette ambassade dans les temps difficiles et dans les circonstances graves où nous sommes. Avoir pu pénétrer tout le secret des négociations qui viennent de se passer entre les Ministres de France et le Duc de Savoie, à Suse, est le fruit de votre grande habileté, et les avis que vous nous en donnez sont d'une si grande importance que nous en estimons nécessaire la communication au Sénat, afin qu'ils puissent servir de base aux discussions et délibérations qui vont avoir lieu. Nous avons toutefois décidé de ne pas donner part du passage de votre dépêche relatif à la somme que vous avez déboursée... Nous voulons aussi vous dire qu'il nous aurait été très-agréable que vous eussiez ajouté à vos informations le nom de la personne qui vous a révélé les choses que vous nous avez écrites, quels moyens vous avez employés, comment vous avez eu le rapport politique sur les affaires d'Espagne en Italie, et quel en est l'auteur. En tous cas, les noms resteront secrets.

Ainsi vous enverrez ces noms au Conseil, car c'est l'usage qu'il en soit ainsi, et il convient qu'à tous égards il soit ainsi fait [1].

A la date du 17 février 1587, nous rencontrons un billet d'une femme « esclave de la Sultane » à Leurs Seigneuries, d'où on peut conclure que le sérail n'avait pas de secrets à cette époque pour le Conseil des Dix. C'est l'Ambassadeur à la Porte Ottomane qui est l'intermédiaire de ces complaisances [2].

Le document suivant lève le voile sur les moyens

---

[1] PARTI SECRETE, 1624, 29 novembre. *In Consiglio di X. All' Ambasciator Morosini in Franza.*

[2] La lettre est signée *Chiara, schiava della Gran Sultana*, et jointe à la dépêche de l'ambassadeur Giovanni Moro, 23 février 1587. (m. v.)

terribles dont la justice du Conseil des Dix pouvait disposer en de certaines circonstances. Nous avons hâte
d'ajouter que les preuves d'un arrêt si terrible sont
assez rares parmi tant de pièces révélatrices.

A la date du 13 juin 1583, une feuille volante contient ces mots :

Que communication secrète soit faite aux *Savii del collegio*
(au Ministère) du procès qui vient d'être lu dans ce Conseil
relativement au Turc Soliman qui a été arrêté, afin qu'avec
leur avis il soit ensuite délibéré par le Conseil sur ce qu'il
jugera nécessaire de faire.

Et à la date de ce même jour, sur une autre feuille
volante, nous trouvons :

Considérant ce qui vient d'être lu dans ce Conseil, et pour
les raisons d'État qui peuvent être bien justifiées, qu'il soit
commis aux chefs de ce Conseil qu'avec les précautions les
plus grandes et les plus secrètes le Turc Soliman soit enlevé
à la vie au moyen du poison ou en le faisant noyer.

Le 14 juin, le texte porte :

Il a été donné charge au « Capitaine-Grand », par les Excellentissimes Seigneurs chefs du Conseil, qu'à l'heure du cré-
puscule il dût prendre le Turc Soliman, prisonnier dans l'un
des cachots des « Seigneurs de la nuit au criminel », et qu'avec
deux barques montées par quatre hommes de ses plus affidés
et auxquels on aura fait prêter le serment du secret, d'avoir à
emmener ledit Soliman et de le noyer.

Le 15, la preuve de l'exécution est dans cette note :

Le Capitaine-Grand a déclaré avoir exécuté l'ordre ci-
dessus, et les hommes qu'il a employés sont ceux dont les
noms sont inscrits ici. Il leur a fait, de la part des Excellentissimes Seigneurs chefs du Conseil, la plus sévère admonition

de ne devoir, en aucun temps, révéler cette exécution, sous peine de perdre la vie [1].

Comme le Conseil des Dix, à l'occasion, portait aussi sa vigilance sur des compositions qui, tout en étant littéraires, touchaient par un côté aux choses de la politique, il résulte que, parmi ses papiers, on peut rencontrer des documents intéressants pour les belles-lettres. C'est ainsi qu'étant devenu possesseur des manuscrits du célèbre publiciste Trajano Boccalini, et, entre autres compositions, de ses « *Commentaires sur Tacite* », dans lesquels ce pamphlétaire illustre avait fait diverses allusions aux Princes de son temps, le Conseil crut devoir désigner trois patriciens versés dans la science politique pour qu'ils lui présentassent un rapport circonstancié sur cet ouvrage. Frà Aurelio, fils de Trajano Boccalini, avait en effet demandé au Conseil de lui abandonner les manuscrits de son père. A la date du 16 février 1628, le Conseil délibéra sur cette requête; et le carton des pièces secrètes contient les appréciations critiques des patriciens Paolo et Donà Morosini, Vicenzo Gussoni et Hieronimo Lando, sur les *Commentaires* que l'étude des œuvres du plus grand des historiens de Rome ancienne avait inspirés à la plume très-hardie de l'auteur des « *Ragguagli del Parnasso* ».

La surveillance des écritures chiffrées, le soin de leur invention, et le personnel qui y était employé avec le titre spécial de *Secrétaires députés aux chiffres*, étaient aussi du ressort du Conseil des Dix. Toutes les pièces

---

[1] Suit alors la liste des hommes qui furent au service des « Excellentissimes Seigneurs » avec le « Capitaine-Grand » pour cette exécution.

relatives aux écritures occultes se trouvent donc réparties dans les cartons des *Parti Secrete* du Conseil. Elles y sont fort nombreuses, et pour la plupart intéressantes. Le Conseil s'occupait surtout du renouvellement de ces *inventions* pour dérouter le mieux possible la curiosité des cabinets étrangers et mettre en défaut l'habileté de ceux qui s'exerçaient à en découvrir le secret dans l'intérêt des ministres qu'ils servaient. Lorsque le Conseil des Dix avait conçu le moindre soupçon sur la pénétration d'un de ses alphabets en chiffres, il en déclarait aussitôt la nullité et prenait des mesures pour qu'il fût promptement remplacé. Il ordonnait à cet effet une sorte de concours et choisissait trois de ses membres pour être juges de la meilleure et plus sûre invention. Ces juges devaient présenter chacun un rapport aux Chefs du Conseil sur les qualités, les défauts ou les inconvénients des compositions que leur avaient présentées les *Secrétaires députés aux chiffres*, parmi lesquels il en était d'une extraordinaire habileté [1]. En 1595, un avis de l'ambassa-

---

[1] Voyez aux Archives de Venise les très-curieux « *Trattati varii sullo scrivere in cifrà* » par Agostino Amadi. Je ne crois pas qu'il existe nulle part un traité plus complet sur l'art d'écrire en chiffres ainsi qu'une histoire plus développée de cet art. Le second chapitre, composé de soixante-neuf feuillets, est une dissertation sur la science des chiffres pour les correspondances secrètes : c'est une sorte de *grammaire*. Le troisième porte le titre de *Polisteganografia*; le quatrième, *Apogriptografia*; le cinquième traite des *chiffres invisibles*; le sixième expose les chiffres inventés par l'auteur; le septième et le huitième fournissent des exemples et traitent de l'usage et emploi des *clefs* pour le déchiffrement.

Dans la série des *Pièces secrètes*, les documents relatifs aux chiffres abondent, ainsi que nous venons de le dire. Nous avons dans nos portefeuilles la copie de ceux qui nous ont paru être les plus impor-

37

deur Giovanni Mocenigo, récemment revenu de la Cour
de France, avait mis en émoi tout le Conseil, et comme
le document qui le rapporte touche aux choses de cette
Cour, nous le traduisons ici, en conservant autant que
possible la forme presque ingénue du récit :

1595, 5 JUIN, EN CONSEIL DES DIX.

Les Illustrissimes Seigneurs Chefs ayant fait appeler le
Très-Illustre Seigneur Zuane Mocenigo, revenu de son ambassade en France, et l'ayant invité à exposer ce qu'on avait
appris qu'il lui était arrivé relativement à la divulgation de
nos chiffres, il répondit :

« Je me trouvais à Tours, où m'entretenant un jour avec
M. de Viet, il en vint à me dire qu'on avait intercepté un
très-grand nombre de lettres en chiffres tant du Roi d'Espagne
que de l'Empereur et autres Princes, lesquelles avaient été
déchiffrées et interprétées par lui, en raison des notions particulières qu'il avait des écritures chiffrées. Et comme je lui
montrais beaucoup d'étonnement, il me dit : « *J'en donnerai
des preuves effectives à Votre Seigneurie.* » Il m'apporta
aussitôt un gros paquet de lettres desdits Princes qu'il avait
déchiffrées, et m'ajouta : « *Je veux que vous sachiez aussi
que je comprends et que je traduis votre chiffre. — Je ne
veux pas le croire,* dis-je, *à moins que je ne le voie.* » Et
comme j'avais trois sortes de chiffres, un ordinaire dont
j'usais, un autre différent dont je n'usais pas, et le troisième
appelé *dalle Caselle,* il me montra qu'il comprenait le premier. Pour mieux pénétrer alors ce qui en était dans une
affaire aussi grave, je lui dis : « *Vous comprenez sans doute
aussi notre chiffre dalle Caselle ?* » Il répondit : « *Pour celui-là,
il faut en sauter beaucoup* », voulant dire qu'il ne le com-

tants, et entre autres ceux des 29 février 1575, 18 août 1578, 26 août
et 22 janvier 1587, 11 mars et 13 juillet 1588, 23 février 1600, 31 août
et 30 janvier 1605, 20 septembre 1619, 27 avril 1621, 27 mars et
17 juin 1622.

prenait que par morceaux. L'ayant prié de me faire voir
quelques-unes de nos lettres déchiffrées, il me promit de le
faire, mais s'étant depuis en allé, il ne m'en parla plus, et je
ne l'ai plus vu. Toutefois on peut tenir pour certain, d'après
ce qu'il m'a dit et montré des chiffres des autres Princes et
pour ce qu'il m'a confidentiellement avoué dans le cours de la
conversation, que nos chiffres ne sont pas aussi difficiles à
traduire que nous le croyons. J'ai gardé tout cela bien en
mémoire, étant chose d'une importance bien reconnue de Vos
Seigneuries, et aussitôt arrivé, j'ai voulu, pour l'acquit de ma
conscience, vous le faire savoir, afin que soient promptement
prises les mesures qui paraîtront nécessaires à la prudence de
Vos Seigneuries. » Ce qu'ayant dit, il se retira.

Peu de jours après cette déclaration, le 12 juin suivant, le Conseil des Dix changea en effet tout le service
du chiffre des ambassadeurs de la République, et leur
envoya les inventions nouvelles du plus habile chiffreur
qu'elle eût à cette époque, le sieur Pietro Partenio.

Les cartons des *Parti Secrete* contiennent aussi de
nombreuses pièces diplomatiques, accompagnées d'un
arrêté qui en ordonne la communication aux Sages du
Collége d'abord, puis au Sénat. Nous ne saurions trop
éveiller l'attention des investigateurs et des chercheurs
sur ce genre de documents dont, au commencement du
dix-septième siècle, nous trouvons un recueil spécialement formé dans les papiers du Sénat, sous le titre de
« *Communicate del Consiglio dei X* [1] » . Mais avant l'an-

---

[1] Les documents communiqués au Sénat par le Conseil des Dix forment un recueil de trente-deux cartons, fort incomplets d'ailleurs, mais
dont le contenu est généralement d'un grand intérêt politique.

37.

née 1596, et même après que le recueil spécial fut formé
par les soins du Chancelier, c'est particulièrement dans
les liasses des pièces secrètes du Conseil qu'il les faut
chercher. Ces documents ont tous indistinctement et
absolument un caractère politique et historique, et ils
traitent pour la plupart de questions qui sont essentiellement du ressort des affaires étrangères. A la date du
17 août 1562, par exemple, nous trouvons ainsi formulée une décision du Conseil :

> Seront communiqués au SÉNAT l'*exposé des motifs* fait le
> 11 du courant au Ministère, en audience secrète, par l'Ambas-
> sadeur du Roi de France, ainsi que toutes les écritures qu'il a
> déposées avec le mémorial présenté le même jour par son se-
> crétaire; de même l'*exposé des motifs* du 14.
>
> Seront semblablement communiquées au Sénat les dépêches
> de notre Ambassadeur en France des 25 mars, 4 mai et 5 juil-
> let, dans lesquelles il nous manifeste les intentions de la
> Reine; de même les dépêches du 24 janvier, dans lesquelles
> il nous donne avis des propres paroles que lui avait dites le
> secrétaire de l'Ambassadeur du Roi relativement au prétendu
> nombre de personnes qui, à Venise, se seraient déclarées pour
> la religion des Huguenots, et les lettres du 15 de juillet au sujet
> de ce que le frère de l'Envoyé de France aurait dit sur les pré-
> dications hérétiques qui se feraient en cette ville et auxquelles
> se seraient rendus vingt de nos Sénateurs, et enfin les lettres
> que, le 7 du courant, nous avons décidé de répondre à l'Ambas-
> sadeur en France.

Lorsque les communications que le Conseil des Dix
ordonnait de faire à l'assemblée du Sénat étaient d'un
caractère confidentiel extraordinaire, il était d'usage
qu'avant de procéder à la lecture, on fît prêter le serment du secret le plus inviolable aux Sénateurs présents.

Nous avons déjà donné le texte de ce serment à la page
531 de ce volume.

La série spéciale des registres et liasses (*filze*) qui sont
désignés sous le nom de ROME ne peut aussi manquer
d'éveiller l'attention. Les registres sont au nombre de
sept et les liasses au nombre de huit. Il est plus utile de
consulter celles-ci, car elles sont plus complètes. Cette
série se trouvait depuis de longues années aux Archives
de Vienne, et elle est revenue à Venise comme faisant
partie des restitutions à effectuer. M. Henri Cornet, dont
l'érudition s'est déjà signalée à Vienne par des publications
historiques très-méritoires, a fait une étude fort minutieuse de toutes les pièces contenues dans ces liasses, et
il les a confrontées avec les documents transcrits sur les
registres. Nous devons à sa bienveillance les renseignements que nous donnons ici relativement à ces *Parti
Segrete di Roma* du Conseil des Dix et qui s'étendent du
8 juillet 1593 au 6 septembre 1639. Les documents
sont au nombre de deux mille sept cent vingt-six. Le
titre de ROME, qui les désigne à la curiosité, indique
qu'ils ont indistinctement pour objet des matières cléri-
cales et romaines de tout genre et de toute nature [1].

---

[1] M. HENRI CORNET, auquel on doit, entre autres ouvrages, un intéressant travail sur « Paul V et la République de Venise » (*Paolo V e la
Republica Veneta*, Vienne, 1859, chez Tendler et Comp.), a déjà préparé, par ordre de matières, la publication des pièces les plus curieuses
dont il a soigneusement pris copie dans la série des *Parti Segrete di Roma*.
Nous en avons l'inventaire sous les yeux, et la connaissance que nous
en avons prise nous permet de dire que le travail de cet actif érudit
offre un intérêt non moins grand pour l'histoire des mœurs de la Cour
de Rome depuis 1573 jusqu'en 1639, que pour celle de la République.

C'est encore dans cette série si importante des pièces
secrètes que l'on rencontre çà et là quelques-uns de ces
beaux documents qui sont comme d'intéressantes et
nobles œuvres égarées dans la masse de tant d'écritures
judiciaires ou de police politique. Les souvenirs (*Ricordi*)
du Doge Nicolò da Ponte sont une de ces œuvres (nous
dirions presque charmantes) qui se trouvaient mêlées à ce
vaste recueil de révélations. Ce vieillard illustre touchait
à sa quatre-vingt-treizième année, lorsqu'il dicta ce très-
curieux mémoire, dans lequel on rencontre à la fois les
marques de cet esprit si politique et de ce bon sens si
admirable qui caractérisaient les grands Vénitiens du
Sénat, au seizième et au dix-septième siècle. Il voyait sa
fin prochaine, mais la lucidité de ses pensées lui laissait
pénétrer tous les desseins du plus fatal, du plus pernicieux et du plus dangereux ennemi qu'eût l'Italie à cette
époque, c'est-à-dire l'Espagnol, possesseur de Milan.
Politique toute sa vie, il semblait que ce vieillard voulût
mourir dans la politique. Il avait été mêlé aux affaires
de son pays pendant plus de soixante et onze ans, huit

Parmi les pièces les plus intéressantes que nous signale avec tant
d'empressement M. Henri Cornet, comme appartenant aux liasses secrètes qui portent le titre de *Rome*, nous indiquerons dans le vol. Ier
les papiers relatifs à la Bulle *In Cœna Domini*, aux mouvements des
Huguenots en Savoie, aux réformes exigées par Charles Borromée; dans
le volume II, les communications au Pape sur les affaires d'Orient; les
démarches du Père Possevin auprès de l'envoyé de Moscovie; dans le
volume IV, les choses de l'Interdit; dans le Ve, l'affaire relative à Fra
Paolo Sarpi et à ses assassins à la solde de Rome, celle de Gasparo Scio-
pio de Franconie qui avait apporté sur lui le mémoire de Tommaso Cam-
panella contre la République de Venise, considérée dans ses rapports
et dans ses difficultés avec le Saint-Siége; des informations sur Angelo
Badoer, etc.

fois Ambassadeur, souvent Ministre, Sénateur et du
Conseil des Dix. Les pages qu'il dicta, presque cente-
naire, pour l'instruction du Sénat et de ceux qui
avaient accès dans les assemblées délibérantes, pages
dont le début est aussi touchant que la suite et la fin
sont pleines de finesse et de pénétration, furent ensuite
déposées parmi les papiers confiés aux soins du Conseil des Dix. C'était comme une pièce très-belle de
l'écrin[1].

Telles sont, en somme, les indications particulières
que nous avions à donner sur les principales séries de
documents qui sont à consulter dans les Archives du
Conseil des Dix. Et pour que le discours en soit complet, il nous reste à décrire les papiers de cet autre Tribunal, issu, en quelque sorte, de celui des Dix, mais
dont les Archives, cependant, étaient séparément classées
et conservées, sous la surveillance d'un seul secrétaire,
nous voulons parler des Archives du Tribunal des Inquisiteurs d'État.

[1] Ce *Mémoire* commence ainsi : « Havendo nui pensà alle cose publi-
che per el zelo che havemo del ben publico, sopra il che hozi che sono
nel 1583, 18 mazo, ... etc. » Ajoutons que M. Nicolò Barozzi,
chercheur souvent heureux et érudit accòmpli en fait de choses vénitiennes, a publié ces intéressantes pages du Doge Nicolò da Ponte dans
la première livraison de la *Raccolta Veneta*, etc. (Venise, 1868. Antonelli, imprimeur.)

LES ARCHIVES DE VENISE.

CINQUIÈME PARTIE.

LES INQUISITEURS D'ÉTAT.

INVENTAIRE DES PAPIERS QUI FORMAIENT LEURS ARCHIVES.

INTÉRÊT DE LEUR CORRESPONDANCE A L'ÉTRANGER.

DIFFÉRENTES ATTRIBUTIONS DES INQUISITEURS D'ÉTAT.

LES ARCHIVES DE VENISE.

CINQUIÈME PARTIE.

LES PAPIERS DES INQUISITEURS D'ÉTAT.

Origine des Inquisiteurs. — Ils étaient les mandataires du Conseil des Dix. — Décrets les concernant. — Archives des Inquisiteurs mises en ordre en 1775 et en 1794. — Elles sont livrées au pillage en 1797. — Rapports de l'employé Carli Rubbi de 1812 à 1822 sur les papiers de ces Archives qui ont été sauvés et réunis. — Un décret de l'Empereur d'Autriche déclare en 1824 la chambre qui les renferme secrète et inaccessible. — Inventaire des papiers des Inquisiteurs fait en 1775 par le secrétaire Busenello. — La découverte des révélateurs des secrets d'État est le principal objet des fonctions des Inquisiteurs. — Ils sont les exécuteurs des décrets du Conseil des Dix et les dépositaires des papiers les plus secrets du Conseil. — Faits curieux puisés dans leurs documents. — Communications diplomatiques d'un grand intérêt qu'ils font parfois au Sénat. — Leurs agents secrets en France. — Dramatiques épisodes dont les papiers des Inquisiteurs renferment les preuves réelles. — Les Registres *Annotazioni*. — Récente publication de M. Augusto Bazzoni dans l'*Archivio storico Italiano* sur le contenu de ces Registres. — Les Rapports annuels ou *Informazioni* du Secrétaire sur les affaires du Tribunal pour l'instruction des Inquisiteurs nouvellement élus. — Espions et Agents secrets. — Jacques Casanova de Seingalt. — L'abbé Pedrini. — Du nombre des prisonniers des Inquisiteurs. — De l'usage des poisons. — Bonneval-Pacha mystérieusement condamné à mort par les Inquisiteurs. — Les manufactures et principalement les Verreries et Fabriques de miroirs de Murano étaient soumises à la vigilance du Tribunal. — Verriers vénitiens

gagnés par Colbert et encouragés par Louis XIV. — Conservation des
ouvrages de peinture, de sculpture et de curiosité dans les palais,
dans les églises et dans les monastères de la Seigneurie, et documents
relatifs parmi les papiers des Inquisiteurs. — Informations nombreuses dans les Archives des Inquisiteurs sur les mouvements politiques de la France de 1793 à 1797.

Les Inquisiteurs ne furent d'abord, à Venise, que
des magistrats provisoires. Leur juridiction n'était que
de circonstance. On les voit apparaître pour la première
fois en 1313. Désignés par le Conseil des Dix qui s'en
faisait une sorte de renfort, ils furent dès l'origine
appelés *Inquisiteurs des Dix*. De tout temps, ils ne furent
que trois. En 1504 et en 1510, époques de grandes
difficultés politiques pour la République, le Conseil des
Dix vota des décrets pour étendre leurs attributions et
affermir leur pouvoir. Cependant, ils ne furent jamais
que ses mandataires. Leur action ne s'étendit d'abord
qu'aux matières d'État. Informer sur la divulgation des
secrets d'État, rechercher et saisir les révélateurs, châ-
tier les coupables, fut, dès l'origine, leur unique mission. En 1539, un décret du 20 septembre rendit stable
et définitive la charge des Inquisiteurs. Ils prennent alors
le titre d' « Inquisiteurs contre les révélateurs des secrets,
Inquisitori contrà i propolatori dei secreti ». Il fut statué
que leur élection se ferait chaque année, en octobre.
Deux étaient choisis parmi les Décemvirs, un parmi les
Conseillers du Doge. Les deux premiers portaient la
robe noire, on les appelait les *Inquisitori neri;* le troisième revêtait la robe rouge, il était l'*Inquisitor rosso*.
S'ils étaient d'accord sur la sentence, elle était réputée
immédiatement valide et exécutoire. S'ils étaient d'avis

contraire, ils en référaient aux Chefs du Conseil. Ils avaient un Secrétaire spécial, uniquement employé aux écritures, aux informations à demander et à recevoir, aux rémunérations mystérieuses à distribuer. En 1583, après l'orage qui, soulevé dans le Grand Conseil, a réduit le pouvoir du Conseil des Dix par la suppression de la *junte* avec l'autorité de laquelle il s'était en quelque sorte emparé du gouvernement de la République, au préjudice du Sénat, les Inquisiteurs virent s'accroître leurs charges et s'étendre leurs attributions, « *furono pero aggiunte alle loro cure altre nobilissime ispezioni e materie gravissime* ». Ainsi s'exprime Pietro Franceschi, secrétaire chargé d'écrire pour le compte de ce Tribunal les événements intérieurs de la République, depuis 1762[1]. Le premier document officiel où on les trouve qualifiés du titre d'*Inquisiteurs d'État*, qu'ils ont toujours gardé depuis, est du 29 juin 1596[2]. Le 3 octobre 1600, un

---

[1] Ce travail, dont le manuscrit original se trouve parmi les *Miscellanées* des Archives de Venise, et dont une copie existe à la Bibliothèque de Saint-Marc, est encore inédit. C'est une composition excellente, écrite avec conscience, vigueur, clarté, et digne de valoir à son auteur le noble titre d'historien. Voyez *Istoria della Correzione* 1762 *di Pietro Franceschi.*

[2] Voyez S. ROMANIN : *Storia documentata*, tome VI, chapitre III.

Nous trouvons parmi les documents des Inquisiteurs eux-mêmes un relevé (sans doute fait par un de leurs secrétaires) de différents décrets qui avaient été pris en Conseil des X relativement à leurs attributions. Les principaux sont les suivants :

1392, 25 SEPTEMBRE : Qu'aucune écriture ne leur soit jamais refusée par aucune de nos magistratures ou aucun de nos ministres. 1432, 28 JANVIER : Qu'on leur demande compte des factions qui se forment pour les votes dans les assemblées. 1510, 15 OCTOBRE : Que ceux qui révèlent les secrets d'État ou qui écrivent des informations sur le Sénat où le Conseil des X leur soient livrés. 1539, 20 SEPTEMBRE : Élection

arrêté des Décemvirs décide qu'une salle voisine de celle des Chefs du Conseil sera préparée pour les Inquisiteurs,

de trois Inquisiteurs. Quand ils sont d'accord, ils peuvent condamner. Quand ils ne le sont pas, que le procès soit remis aux Chefs du Conseil, qui le remettront ensuite au Conseil même. Leurs sentences seront rendues publiques en l'assemblée du Grand-Conseil. Les Inquisiteurs élus ne peuvent refuser la charge. 1543, 5 octobre : Ils ne peuvent se réunir que dans l'une des salles du Conseil des Dix. 1569, 13 février : Pour le service de leur magistrature, laquelle ne peut concerner que des affaires d'État, des fonds leur seront accordés par le Conseil moyennant la moitié des voix. 1558, 27 janvier : Qu'ils aient autorité sur les Préfets qui à l'extinction de leur charge négligent de présenter leurs Relations et les écritures publiques. 1570, 18 septembre : Que dans les Procès qu'ils instruisent, leur secrétaire seul soit employé à leurs écritures. 1578, 23 septembre : Qu'ils soient toujours élus sans retard pendant les premières séances du Conseil en octobre. 1583, 24 octobre : Qu'ils puissent promettre des rémunérations avec les deux tiers des voix du Conseil à ceux qui dénonceront les révélateurs des secrets. 1584, 7 mars : Qu'ils puissent recourir à la torture, accorder l'impunité, exiler, condamner ou diminuer la peine édictée par les lois. S'ils veulent l'accroître, qu'ils en réfèrent au Conseil. 1591, 15 mai : Qu'ils puissent faire convertir en prisons l'endroit qui est au-dessus de la salle des Chefs du Conseil. 1600, 30 octobre : Destination d'une pièce pour qu'ils s'y puissent réunir une fois la semaine. 1601, 23 mars, et 1609, 5 octobre : Que l'Inquisiteur suppléant (di rispetto) qui sera élu ne soit pas choisi parmi les Sénateurs reconnus pour être dévoués à la Cour de Rome. 1615, 4 août : Lorsque aucun des trois Inquisiteurs d'État n'est connu pour être papalin, l'Inquisiteur suppléant à élire pourra être choisi parmi les papalins. 1624, 14 janvier : Aucun des procès déjà classés dans leurs cartons ne peut en être tiré sans une autorisation des Trois et seulement en leur présence. 1628, 13 et 23 juillet : Qu'ils informent contre ceux qui discréditent le Gouvernement, qui manquent au serment du secret, et contre ceux des Nobles et des Secrétaires de la Chancellerie qui se mettent en rapport avec des Princes étrangers ou avec leurs Ministres. 1632, 16 et 18 juillet : Qu'ils veillent à la sécurité des votes dans les Assemblées. Peines qu'ils pourront infliger aux coupables. 1653, 19 août : Qu'ils informent sur les détenteurs d'armes à feu dans Venise (matière déclarée di Stato). 1656, 23 juin : De même sur ceux qui prennent des bravi à leur solde. 1669, 5 septembre : Que la matière du chiffre leur soit confiée. 1760, 18 août : Que l'industrie des perleri (ouvriers en

et qu'une fois par semaine, au moins, ils y tiendront
séance. L'installation en est simple, les tentures sont de
cuir doré, trois siéges en bois de chêne ou de noyer avec
coussins de maroquin noir sont fixés au mur, une vaste
table à écrire se dresse devant, à gauche sont le siége et
la table du Secrétaire ; quelques armoires de demi-hau-
teur contiennent les papiers courants et les correspondances, le plafond porte les quatre vertus théologales
représentées par Tintoret, et au-dessus de l'endroit où
siégent leurs *Excellences*, apparaît une Madone que l'on
dit être l'ouvrage de Raphaël.

Le ministère des Inquisiteurs a toujours été considéré
avec terreur, non sans raison. Le plus absolu mystère
dominait en sa procédure. Les moyens dont il disposait
étaient sans limites, et la raison d'État le conduisait aux
plus terribles expédients comme aux plus cruelles nécessités. Très-redouté des patriciens, il fut plus d'une fois
attaqué par eux, avec une véhémente éloquence, au sein
du Grand Conseil. Les partis les plus opposés se for-
mèrent. Les uns voulaient sa déchéance, les autres sa

perles) soit mise sous leur autorité. 1763, 21 AVRIL : Que les Inquisiteurs
d'État soient vigilants pour empêcher l'odieuse coutume de briguer et
d'intriguer pour arriver aux charges et aux dignités, particulièrement à
celles de Procurateur de Saint-Marc et de Doge. Et lorsque ces élections
se feront, qu'ils jurent au tribunal des Chefs du Conseil d'avoir fidèlement accompli leur devoir.

Voyez aussi dans VENEZIA E LE SUE LAGUNE, 1847, tome Ier, *Storia
civile e politica*, le chapitre XVI, § III, *Consiglio dei Dieci ed Inquisitori di Stato*, pages 132 et 143, par le Comte AGOSTINO SAGREDO ; puis
Storia documentata, par ROMANIN, tome VI, chapitre III, page 109 ;
CAPITVLAR DELLI INQVISITORI DI STATO.

conservation. Pour les uns, ce Tribunal était la tyrannie
dans la République, pour les autres il en était la sauve-
garde. Les grands débats du mois de mars 1762 sont
restés mémorables. Le nombre des suffrages qui en fut le
résultat donna raison au parti conservateur, et ce Tribunal ne tomba qu'avec la République même. Le lieu n'est
pas ici pour le juger. Il faudrait de longues pages pour
produire son histoire. C'est notre projet de l'écrire un
jour, avec l'exposé et l'examen des *hautes œuvres*, avec
le détail approfondi des circonstances dans lesquelles
ces œuvres s'accomplirent [1]. L'état, la nature des documents émanés du Tribunal des Inquisiteurs ; la curiosité qu'ils méritent d'éveiller, les points essentiels qui
les doivent signaler à l'intérêt des historiens, soit par le
côté politique, soit par celui des mœurs et des coutumes,
tel est le sujet qui présentement doit occuper notre
esprit.

[1] Le seul ouvrage qui ait été publié sur les Inquisiteurs d'État avant
la chute de la République parut en 1791 et fut l'œuvre d'un écrivain
allemand. L'érudit abbé RINALDO FULIN en a fait une traduction italienne
qui, à notre vif regret, n'a pas encore vu le jour. Son manuscrit, dont il
nous a fait la bienveillante communication en 1867, porte ce titre : *Saggio
di una Storia della Veneta Inquisizione di Stato di* GIOVANNI FILIPPO SIE-
BENKEES, Professore di filosofia in Altdorf e membro dell' Accademia
dei Volsci di Velletri. (Norimberga, presso Giv. Adamo Stein, 1791.)
L'auteur avertit ses lecteurs dès le début que c'est de l'histoire et non
du roman qu'il a voulu écrire : « Agevole mi sarebbe stato, a dir vero,
rendere molto più voluminoso e molto più piacevole a una gran parte di
lettori il mio scritto. Avrei potuto raccogliere e riferire anche le solite
novelle intorno alle atrocità degli Inquisitori di Stato con cui si alimenta
la curiosità in Alemagna e fuor d'Alemagna : mi sarei con ciò data l'aria
d'aver detto interamente ogni cosa e quelli che volenteri se pascon di
cosifatte novelle sarebbero stati contenti di me. Avrei dovuto scrivere
allora un romanzo e non un libro che ajuti a conoscere la storia degli
Inquisitori di Stato. »

Jusques à la fin du seizième siècle, c'est-à-dire jusqu'au moment où les Inquisiteurs prirent le titre définitif d'*Inquisiteurs d'État* et qu'ils eurent une salle expressément appropriée et réservée pour leurs séances, il
y a lieu de croire que leurs papiers furent conservés
dans le même lieu que ceux du Conseil des Dix, tout en
ayant sans doute des désignations distinctes. Ces papiers
du reste n'étaient pas très-anciens. Le Secrétaire qui
fut chargé du dernier classement en 1794, dit formellement que les Archives des Inquisiteurs ne remontaient
pas à une date antérieure à l'année 1590. Busenello,
secrétaire du Tribunal des Trois, vers 1770, fut le premier qui eut le soin d'en former un inventaire très-précis; mais lorsqu'en 1786 les papiers des Décemvirs
furent changés de place pour être mis dans un ordre
nouveau, il en résulta que la confusion la plus grande
s'établit encore dans les papiers des Inquisiteurs, et le
secrétaire Giuseppe Gradenigo, sans emploi déterminé
en 1790, eut commission d'inventorier leurs Archives,
ainsi qu'il appert d'un document du 15 novembre [1].
Nommé au lieu et place de Bernardo Ghislanzoni, secré-

---

[1] 1790, 15 nov., in Consilio X. Che la ricercata degli Inquisitori di
Stato ora letta sia accettata e permesso al circospetto Giuseppe Grade-
nigo di entrare nell' *Archivio del Consilio di X* a disposizione degli
Inquisitori medesimi.

« Per deliberazione di questo Eccelso Consiglio, 29 aprile 1785,
essendo stato ridotto nella presente ben disposta sua forma l'*Archivio
del Consiglio* medesimo, furono asportate dai vecchi ripostigli in altro
luogo separato e chiuso dello stesso rinnovato Archivio tutte le carte
sino da più rimoti tempi appartenenti agli Inquisitori di Stato le quali
provisionalmente collocate per il considerabile loro ammasso, richiede-
vano poi di esser disposte e riordinate in modo da poter facilmente ria-
venire i lumi e documenti che abbisognassero,... etc. »

taire de service,.son travail fut interrompu, pour n'être
·repris qu'en 1794, en vertu d'un arrêté du 30 mai qui
lui donnait.pour aide, en cette opération délicate, le secrétaire Giovanni Andrea Fontana [1]. Ces deux Vénitiens
furent les derniers qui connurent, autant par le menu
que dans l'ensemble, les Archives proprement dites des
Inquisiteurs d'État. Lorsqu'en 1797, en effet, la déchéance de la République eut été proclamée, et que
les agents provocateurs fournis par l'étranger eurent
réussi à lancer.sur le Palais Ducal une poignée de malfaiteurs que, pour les besoins de la cause, ils honorèrent
du nom de peuple, cette horde excitée se précipita tout
d'abord dans la salle des Inquisiteurs et la livra au pillage [2]. Leurs Archives furent donc celles qui eurent le

---

[1] 30 MAGGIO 1794. INQUISITORI. « Con oggetti di dar sistema al con-
fuso.e disordinato *Archivio* di questo Tribunale dietro communicata di
essi al Consilio X, 15 nov. 1790, fu permesso... Che però V. V. E. E.
richiamando ad esecuzione la providenza delle suddette Deliberazioni
emanata, rinnovano ad esso Gradenigo l'incarico di dover per quanto
possono permetterglielo i doveri del presente suo ministero, prestar con-
giuntamente all' attual segretario del Tribunal circospetto Gio : Andrea
Fontana, sollecita prosecuzione al riordinamento dell' *Archivio* medesimo dentro i limiti prescritti dell' epoca più remota sino tutto settembre 1793 nel qual tempo cessò di servire a questo tribunale, il che si
annota a lume de' successori. »

[2] Ce fut en cette même circonstance que ces étrangers brûlèrent les
Insignes Ducales et offrirent en odieux holocauste à la liberté qu'ils prétendaient servir l'innocent LIVRE D'OR. (Voyez le *Moniteur vénitien* du
7 juin 1797.) Il est bon de dire à ce propos que ce registre, brûlé en ces
jours néfastes pour Venise, était celui sur lequel étaient inscrits les
décrets par lesquels les Princes et personnages étrangers à la République,
tels que les Lorrains, Henri IV, Richelieu, Mazarin, avaient été agrégés
au Patriciat de Venise. Ces décrets du reste se retrouvent intégralement
rédigés dans les *Deliberazioni* du Grand Conseil. Il existe encore aujour-
d'hui aux Archives de.Venise une série de registres qui sont désignés

plus à souffrir de cet envahissement, et si aujourd'hui
on possède encore assez de documents émanés de ce Tribunal pour en pouvoir appeler la collection « *Papiers
des Inquisiteurs d'État* », il est juste de dire qu'ils n'en
sont, à proprement parler, que les débris et les épaves.
Sous l'administration du premier royaume d'Italie,
l'abbé Bossi étant préfet des Archives, un sieur Carli
Rubbi, par un arrêté du 5 août 1812, fut attaché aux
Archives de Venise, et, par une lettre officielle en date
du 8, il eut commission spéciale de consacrer son attention aux papiers qui restaient des Inquisiteurs d'État, de
les examiner, et d'adresser de fréquents rapports à ce sujet. Les événements politiques de 1813 l'interrompirent
dans ce travail, qu'il reprit ensuite pour le compte du
gouvernement autrichien en 1816. Cet employé con-
tribua donc, pour ainsi parler, à reconstituer, autant qu'il
était possible, les papiers des Inquisiteurs, et c'est en
comparant le catalogue qu'il en a laissé avec les deux
catalogues des secrétaires vénitiens, Busenello et Gradenigo, qu'il est facile de connaître d'une façon précise toute la perte subie par ces Archives après la chute
du gouvernement de Venise [1]. Lorsqu'en 1824 les

sous le titre de *Libro d'oro*. Ces registres contiennent l'*état civil* de
chaque patricien, c'est-à-dire les preuves de naissance et de mariage
patriciens. On appelait aussi *Livres d'or* deux volumes (*roano e verde*)
qui renferment le texte des lois fondamentales du Grand Conseil, du
Sénat et du Conseil des Dix.

[1] Bien que confusément rédigés et maladroitement écrits, les rapports de cet employé sont bons à consulter pour connaître l'état des
Archives des Inquisiteurs à cette époque, c'est-à-dire après le pillage de
1797 et les déprédations autrichiennes de 1805. Les Archives de Venise
possèdent actuellement quelques-unes des minutes des rapports de Carli

Archives eurent été pour la plus grande partie, sinon
réorganisées, du moins installées dans le couvent des

Rubbi, et il nous paraît certain qu'en cherchant dans les cartons des
gouverneurs de Venise ou dans les rapports administratifs qui sont peut-
être à Vienne au ministère de l'intérieur, on en retrouverait la série
complète. Les rapports que nous avons consultés sont les suivants :
23 septembre 1815; 9 septembre 1816; 14 mars, 16 mai, 20 juin,
25 juin, 11 juillet, 7 septembre, 15 octobre, 6 décembre 1818; 27 mai,
4 octobre, 31 décembre 1821; 24 janvier, 9 avril, 29 mai, 7 juillet,
28 juillet, 29 août 1822. Les uns sont à l'adresse du Comte de Goes,
les autres à celles du Comte Inzaghi, du Prince de Reuss et du Marquis
del Magno. L'inexpérience du rapporteur était excusable, car dans une
de ses lettres au gouverneur des provinces vénitiennes, datée de 1815,
il déclare ingénument qu'il ignore les motifs pour lesquels le Gouvernement italien, par son décret du 12 mai 1812, avait fait choix de sa personne pour être archiviste et employé au triage des documents des Inquisiteurs d'État. Il déclare, à la date du 23 septembre 1815, avoir appliqué
les étiquettes suivantes sur les cartons qu'il avait estimés dignes d'être
conservés :

Affaires criminelles et de police.

Affaires politiques.

Affaires civiles et judiciaires.

Finances et contrebande.

Commerce, arts et manufactures.

Affaires littéraires.

Affaires économiques et privées du Tribunal.

Puis il désigne huit portefeuilles contenant les papiers les plus importants et dont il a fait un rapport séparé qu'il dirigeait au ministère de
l'intérieur, cela avant 1815. Il fut maintenu dans ses fonctions sous le
gouvernement autrichien, auquel il prêta serment dans les mains du
Comte de Goes, le 19 septembre 1815. Un patricien, Zaccaria Valaresso, qui avait été Inquisiteur d'État, donnait de temps en temps des
informations utiles à cet employé sur les papiers qui avaient composé
les Archives des Inquisiteurs, et dans son rapport du 19 mars 1820,
nous trouvons cette particularité : « *Je joins ici*, dit-il, *la copie d'une
Note des papiers des Archives des Inquisiteurs d'État que m'a communiquée le noble Zaccaria Valaresso qui plusieurs fois fut Inquisiteur.* »
Nous traduisons textuellement cette note intéressante :

« Dans les Archives des Inquisiteurs d'État doivent être :

» 1º Capitulaire manuscrit grand in-4º de cuir rouge foncé, commen-.

Frari, la chambre où avaient, en quelque sorte, été
jetées dans le plus grand désordre les liasses de documents des Inquisiteurs, fut déclarée *secrète* et *inaccessible* par un décret souverain du 14 juin 1824, qui fut
communiqué le 23 du même mois par l'Impériale et
Royale Chancellerie aulique au Gouverneur de Venise,
lequel à son tour en donna connaissance à la direction
des Archives dans une note du 9 août[1]. C'était assuré-

çant avec la loi du Conseil des Dix, 1432, contre les sectes, les réu-
nions, et relative aux devoirs du Grand Conseil, finissant avec les lois
de 1762;

» 2º Inscriptions des sentences avec l'exposé des faits, des preuves,
la citation des procès en marge, et la signature des trois Inquisiteurs à
chaque sentence;

» 3º Note des ordres, permis, commissions, donnés selon les occasions;

» 4º Livres de la Caisse des Inquisiteurs (doit et avoir);

» 5º Liasses numérotées des procès expédiés, avec la transcription des
sentences;

» 6º Listes alphabétiques des noms des personnes arrêtées, dépor-
tées et condamnées, avec le terme de l'arrêt;

» 7º Liasses des Lettres des Ambassadeurs et Ministres aux Cours étrangères avec les réponses et les commissions, selon les circonstances;

» 8º Liasses des lettres des officiers publics, dans les provinces, relatives aux contrebandes de toute nature. Réponses du Tribunal au sujet
des délégations pour l'expédition des procès;

» 9º Liasses des communications au Conseil des Dix, et des enquêtes
pour Affaires Secrètes;

» 10º Liasses des mémoires et affaires relatifs aux Ministres Etrangers,
résidents à Venise. Rapports des personnes désignées pour cet office;

» 11º Liasses de papiers concernant des affaires de moindre importance;

» 12º Rapports annuels du Secrétaire avec le compte rendu de toutes
les affaires expédiées dans l'année, ou suspendues, ou en cours d'être
jugées, le tout pour l'instruction des Inquisiteurs nouvellement élus;

» En outre, un nombre considérable de papiers, de livres et autres
choses saisis, soit chez des ministres, soit chez des particuliers. »

[1] Voir dans les papiers administratifs des ARCHIVES DE VENISE le rapport du directeur JACOPO CHIODO du 22 mars 1824, nº 266, *Riservato*,

ment accorder une étrange importance et reconnaître une valeur bien extraordinaire à ces épaves. Nous ne croyons guère nous tromper en attribuant l'extrême rigueur de cette prohibition à la complète ignorance qu'avaient des papiers en question et l'Empereur et ses Ministres. La nature de l'origine de ces papiers, leur provenance, avaient suffi pour justifier dans l'esprit du Souverain les termes du décret. Les expressions « Inquisiteurs d'État » n'étaient-elles pas du domaine de la haute politique? Dans ces temps-là l'ombrageuse Autriche était peu portée à admettre qu'on s'occupât de telles affaires en dehors de cette auguste Chancellerie où siégeait le tout-puissant Metternich. Le fait seul de demander à connaître ces arcanes eût en quelque sorte paru crime de lèse-majesté. Le temps et le bon sens ont fait justice de ces vaines rigueurs. Le voile est tombé, et depuis quelques années les papiers des Inquisiteurs d'État que possèdent encore les Archives de Venise sont libéralement soumis à la curiosité des esprits studieux.

n° 6, et la réponse du Gouvernement impérial du 9 août, n° 793, n° 5, ainsi conçue :

« L'I. R. aulica Cancellaria riunita ebbe a communicare con suo dispaccio 23 giugno, n° 18248, che Sua Maestà si è degnata di ordinare con sovrana risoluzione in data 14 del medesimo mese che l'Archivio dei già Veneti Inquisitori di Stato debba restare come prima segreto ed inaccessibile, e niente se ne possa estrare per famiglie o privati soltanto in casi affatto particolari, e per carte le quali fossero riconosciute privata proprietà può esser luogo una occasione quando dagli atti risulti che le carte si trovano nell'archivio solo per *accidente* od al meno che *la loro disposizione e confisca non erano un argomento delle deliberazioni degli Inquisitori*.

» In tali cosi dovranno essere osservate le seguenti modalità, 1, 2, 3, 4.

                   » DEL MAGNO. »

C'est de 1866 à 1867 que, pour notre part, nous les avons examinés feuille par feuille, avec la plus minutieuse attention, à l'exception toutefois des *Annotazioni,* dont la série de registres, jadis portée à Vienne, n'avait pas encore été restituée par le gouvernement de l'Autriche à celui de l'Italie.

Un inventaire exact des papiers principaux qui composaient les Archives des Inquisiteurs d'État, avant que les déprédateurs y eussent porté la main, fut retrouvé, à l'époque où nous accomplissions nos recherches. Il avait été l'ouvrage du secrétaire Busenello, et dut être rédigé en 1775. Nous en avons soigneusement transcrit les différents chapitres, et sauf le détail nominal des procès, dont la liste est fort longue, nous en produisons ici le contenu. Non-seulement ce document a de l'intérêt par le tableau fidèle qu'il représente des Archives des Inquisiteurs, mais il nous paraît avoir son utilité par le secours qu'il peut offrir pour faire reconnaître que tels ou tels papiers, dispersés depuis, ont dû appartenir aux portefeuilles du Tribunal. Le secrétaire Busenello expose qu'il a ainsi divisé les séries :

Procès ;

Lettres ;

Papiers variés dans sept armoires inférieures ;

Papiers enregistrés ;

Papiers variés dans cinq armoires supérieures ;

Papiers variés dans deux coffres de grande dimension (*cassoni*).

Les armoires, dit-il, dans le lieu des séances du Tribunal sont au nombre de sept. Cinq sont en face de la porte d'entrée.

Aussitôt, à gauche, sont les Registres *Communi* du Conseil des Dix.

PREMIÈRE ARMOIRE : Lettres écrites par le Tribunal de 1619 à 1622. Celles de 1623 à 1627 manquent. Suivent celles de 1627 à 1682, à 1720, à 1739, à 1766.

SECONDE ARMOIRE : Papiers du secrétaire Domenico Cavalli. Pièces justificatives des Registres *Annotazioni* pour 1753-1755.

TROISIÈME ARMOIRE : Lettres des ingénieurs relatives au fleuve du Pô et dépenses y relatives; élections des Inquisiteurs d'État; serments prêtés dans le Sénat, quand on prenait en note les noms des Sénateurs; élections faites au Conseil des Dix; élections des Procurateurs de Saint-Marc, des Réformateurs (*correttori*) depuis 1642.

QUATRIÈME ARMOIRE : Rapports et suppliques de 1760 (octobre) à 1766 (octobre).

CINQUIÈME ARMOIRE : Miscellanées.

SIXIÈME ARMOIRE : Communications faites sous la formule *Expulsis* de 1641 à 1749; Registres intitulés ROME, de I à IX; Communications *non expulsis*, de 1641 à 1766; Registres secrets, de I à XI et de XII à XXII.

SEPTIÈME ARMOIRE : Chiffres en grand nombre; Instructions pour les écrire; Papiers enregistrés par ordre alphabétique divisés en paquets numérotés; Cinq volumes du Recueil des Lois; Histoire de la Réformation (*Correzione*), par Pietro Franceschi; l'Inventaire des tableaux du Palais ducal et des édifices publics; Inventaire des armes et autres objets dans les salles du Conseil des Dix; Deux volumes des dépêches de feu l'ambassadeur Bragadin *K^r Procurator*, et, au septième rayon de cette même armoire, une boîte renfermant des poisons avec les instructions sur la manière de les employer, 1673; Intervention des *avogadori del comun* dans l'affaire de Guidetto Rubbi, homme très-criminel (*voir* le décret du 13 novembre 1673, qui remet l'affaire aux Inquisiteurs), 1596; Information sur les notes qui se prenaient au crayon sur le contenu des lettres qui étaient lues au Sénat; Avertissements donnés à des patriciens au sujet des étrangers; Écritures toutes relatives aux moines arméniens. réfugiés à Trieste ; Récit des causes pour lesquelles ils furent expulsés du couvent de Saint-Lazare ; Rapport de Casanova sur la situation et les projets de ceux qui sont à Trieste ; Police dans les cafés, 1716 ; Lettres de Rome ; Affaires financières variées ; Cérémonies entre ambassadeurs ; Courriers ; Poste de Vienne ; *Casini* interdits dans le quartier de San-Moise en 1745 ; Conférences avec le secrétaire de l'ambassadeur de l'Empereur, 1740 ; Papiers venus d'Orient qui ne devront pas être décachetés, à moins d'un arrêté déterminé dans le Registre le 29 mai 1732 ; Écrits de Cattaneo sur la noblesse vénitienne, 1741 ; Papiers du feu duc de Mantoue, 1695-1708 ; Papiers Cattaneo ; Papiers de Schulembourg rapportés de Nuremberg ; Conférences secrètes avec des secrétaires d'ambassade, 1620-1622 ; *Capitoli* des inquisiteurs d'État (petit registre, *libretto*) ; Congrégation des prêtres vénitiens de l'Oratoire, 1662 ; Instructions données à Vallotti, envoyé à La Haye, 1759 ; *Correttori*, 1774 ; Rapports sur le grand Conseil ; Affaires d'Ottoboni, 1709-1716 ; Différends entre familles ; Rapport sur Rome et ses habitants, 1742 ; Plan et projet de dépense pour un cachot sous les plombs, 1641 ; Informations sur le secrétaire du Sénat Girardo, suspect d'intelligences avec le Nonce, 1605 ; Les Moines ; La *Frusta letteraria* du Piémontais Beretti, *uomo arditissimo*, 1765 ; Jésuites, auteurs de l'importante controverse avec Rome, 1670 ; Gazettes et le grand Conseil, 1762 ; Les Grisons, 1766 ; Information de ce qui est arrivé au sujet de la religieuse Marie de Riva au couvent de Saint-Laurent [1] ; Décrets du Sénat relatifs aux Religieuses, 1627 à 1740 ; Information sur le caractère et les mauvaises dispositions du Nonce, 1765-1766 ; Affaires d'ambassadeurs, 1698-1744 ; Deux Registres de permis donnés à des nobles pour écrire à des princes étrangers ou s'entretenir avec eux, 1661-1714 ; Bibliothèque du procurateur Molin, achetée à sa mort par le Sénat afin qu'un recueil

---

[1] Cette affaire offre tous les éléments d'un roman, et l'épisode des relations amoureuses de cette jeune nonne avec l'Ambassadeur de France à Venise, le comte de Froullay, rend non-seulement vraisemblables, mais très-véridiques, les récits que Jacques Casanova de Seingalt n'a pas craint de produire en ses étranges Mémoires, au sujet de ses propres aventures et de celles de l'abbé de Bernis.

d'ouvrages si remarquables ne puisse pas sortir de l'État, 1638;
Lettres du Père Ciera et de François Querini, relativement à
l'éloge de la République, concernant Alexandre III à Venise et
que le pape Urbain VIII avait fait effacer, 1637; Lois relatives
au devoir des sénateurs de parler avec réserve, 1507-1599;
Lettres de Nani, envoyé au Roi de Danemark, 1709; Lois du
Conseil des Dix relatives aux mariages, aux bulletins de vote,
aux princes et ministres étrangers, aux fabricants de verreries
et de perles de Murano, 1621; Négociation du secrétaire Lion
à Mantoue avec un Espagnol qui s'offrait de désigner les révélateurs des secrets de l'Etat; Place de Saint-Marc et constructions, 1646-1647; *Pasquinio*; Le *Gobbo di Rialto*, 1655; Affaire
des perruques, 1668; Le *Ridotto*, 1774; Relation de Vienne par
un courtisan, 1655; Pamphlet sous le nom d'un sénateur de
Venise, fait par l'ambassadeur M. de Pomponne, sur la neutralité, 1708; Chancellerie secrète; L'espion chinois, 1763; Police
des cafés, 1743; Costumes, etc.

Dans les CINQ ARMOIRES, composées de dix-huit tiroirs, au-
dessus de l'escalier, à gauche, sont confusément placés les
anciennes écritures et les anciens papiers du Tribunal antérieurs à l'année 1753. L'armoire IV comporte les livres de la
caisse du Tribunal, des manuscrits et des ouvrages imprimés,
et les papiers des secrétaires qui ont servi depuis 1596 jusqu'à
1752 [1].

Outre ces cinq armoires, se trouvent au-dessus de l'escalier
DEUX GRANDS COFFRES (*cassoni*) renfermant des papiers anciens
en désordre. Dans celui de droite sont les exemplaires du livre
prohibé : « *Commerce politique* par S. Costantini », une boîte

---

[1] Les noms des principaux Secrétaires du Tribunal des Inquisiteurs
que nous ayons rencontrés depuis le commencement du seizième siècle
jusqu'à l'époque où succomba la République, sont les suivants : Bonifacio Antelmi, Bartolomeo Comino, Andrea Surian, Antonio Maria Vincenti, Maria Antonio Antelmi, G. Ballarin, Francesco Verdizotti,
Alessandro Busenello, Angelo Nicolosi, Pier Antonio Gratarol, Iseppo
Cavanis, Angelo Zon, Vendramin Bianchi, Gasparo Marino, A. Nicolosi, Domenico Cavalli, P. Busenello, Giovanni Zon, Bernardo Gislanzoni, Giuseppe Gradenigo et Soderini.

avec l'explication des inventions secrètes de Briati, et un grand nombre de dessins et de plans [1].

La situation politique des Vénitiens les avait mis, dès les premiers mouvements du seizième siècle, en contact avec les grandes puissances. Tantôt l'Espagne, tantôt la France, ambitionnaient leur alliance ou sollicitaient leur neutralité. Les moyens ordinaires de séduction ne pouvaient avoir prise sur le personnel même qui gouvernait cette République, tant le mécanisme ingénieux qui faisait jouer les ressorts de sa constitution était habilement combiné. Mais comme le nombre de ceux qui avaient accès au Sénat était relativement considérable,

[1] C'est évidemment à cette série de papiers en désordre qu'appartenaient, entre autres, des paquets considérables de rapports secrets sur les mouvements du Nonce en 1606, 1607, 1608, réunis sous ce titre : *Andamenti del Nuncio,* puis « la narration des motifs qui ont déterminé les Inquisiteurs à s'assurer de la personne de don Antonio Naldo da Faenza, avec la particulière mention de ses continuelles pratiques et conversations avec le Nonce » ; quatre paquets avec une note de la main du Secrétaire Comino, du 1er janvier 1612, relatifs à un complot formé contre la République dans la maison de l'Ambassadeur d'Espagne, et les preuves de machinations contre la vie des Sénateurs; les *avvisi* de Boccalini, et une quantité de feuilles volantes concernant les dépenses secrètes.

Quant à l'inventaire des procès qui avaient été conservés dans les Archives des Inquisiteurs depuis 1573 jusqu'en 1775, inventaire formé en 1794 par Giuseppe Gradenigo, sous ce titre : « *Specifica dei Processi che si trovarono nell'* Archivio degli Inquisitori di Stato *del* 1573 *fino al* 1774-1775*, compilata da Giuseppe Gradenigo* », on en trouvera l'original parmi les manuscrits conservés à Venise au *Musée Correr,* et la copie dans le volume XXIX des *Documenti* légués à la Bibliothèque de Saint-Marc par Giovanni Rossi. Ce fervent compilateur a joint à cette transcription l'inventaire des papiers de date récente que Bassal, commissaire français, avait désignés comme devant être emportés des Archives des Inquisiteurs pour satisfaire à la curiosité de son gouvernement.

il était naturel que la séduction mystérieusement exercée par des ambassadeurs étrangers, au moyen d'intermédiaires à leur solde, rencontrât quelques sujets prompts à faire commerce des secrets d'État. Ainsi advint-il souvent que la Cour de France, le Roi d'Espagne, le Pape et autres princes extrêmement intéressés à connaître le résultat de délibérations qui avaient eu lieu dans les Assemblées, accessibles à beaucoup de nobles, en étaient instruits. C'était où devaient tendre surtout les représentants accrédités auprès d'un gouvernement si jaloux. Les plus graves inconvénients en étaient résultés diverses fois pour la République. Aussi, lorsque le Conseil des Dix dut reconnaître que les criminelles révélations allaient s'accroissant, et que ce mal d'abord si rare devenait en quelque sorte commun; lorsqu'il sut, de source certaine, que l'Envoyé d'Espagne avait pour principale mission du Roi Philippe de ne rien épargner pour obtenir des informations journalières sur les mouvements politiques du Sénat, où se traitaient les affaires étrangères, le Conseil des Dix prit des mesures extraordinaires pour arriver, de son côté, à connaître les coupables. De là ce renfort de puissance donné par des arrêtés fréquents aux Inquisiteurs, ses mandataires intimes, ses délégués particuliers, ses grands exécuteurs. De là aussi, de la part de ces exécuteurs, une activité de tous moments pour pénétrer l'ombre qui cache le criminel; de là cette correspondance incessante, vers la fin du seizième siècle et pendant une partie du dixseptième, pour réussir en leurs persévérantes tentatives de découvertes. Mais tandis que les Gouvernements étrangers, particulièrement l'espagnol, celui de France, celui de Rome, ont soin d'avoir des affidés et des traîtres qui servent leurs intérêts à Venise, la raison d'État veut aussi que Venise ait de ces affidés et de ces traîtres auprès de ces mêmes gouvernements. Et c'est aux Inquisiteurs qu'incombe le soin de se les procurer, de les rémunérer et de les soutenir. Ils déploient une activité dévorante à l'intérieur pour punir le criminel, et ils ont cette mission de le récompenser au dehors. La pente fatale de la raison d'État les conduit plus loin encore, et le pouvoir leur est donné de négocier, par les moyens les plus mystérieux, la disparition de ceux dont la vie leur parait un danger pour la sécurité de la République. *Inquisitori dei X perquirent et tractent omnibus modis necem proditorum nec se excusent* : tel est le texte d'un ancien décret dans le *Liber Magnus*. Les documents politiques qui composent leurs Archives sont donc le plus ordinairement des pièces de la nature la plus secrète, appartenant toutes à cet ordre d'idées dont nous venons d'exposer l'objet. L'histoire, cependant, bien que servie par les plus tristes côtés, y trouve çà et là de précieux aliments. Mais qu'on y prenne garde ! Celui qui pour écrire l'histoire des Vénitiens s'appuierait avec complaisance sur les papiers des Inquisiteurs, et ne chercherait pas ailleurs à reconnaître les mouvements de leur civilisation et les principes de leur politique en divers temps, se méprendrait étrangement et n'éviterait pas l'écueil dans lequel est si misérablement tombé l'écrivain français Amelot de la Houssaye, malgré le talent qui d'ailleurs le distinguait. Ce serait en effet le cas de dire de lui ce qu'a exprimé en si bons termes le grand Foscarini dans une de ses lettres au prélat Passionei, Nonce à la Cour de Vienne. « De cette façon, dit-il, il ne découvre qu'un tout petit côté, et le plus misérable de la nature humaine. Qui s'adonne à ce mode d'étudier, devient plus malicieux que prudent. Il apprend, il est vrai, les vices du gouvernement, les défauts des hommes, mais ne sont-ce pas des choses vaines, à moins que l'on n'y joigne l'exposé des principes qui sont opposés?... Amelot, imbu comme il l'était des principes et du génie du siècle auxquels ses études l'avaient formé, en prit les vices, et jugea la République de Venise comme Tacite avait jugé le gouvernement de Tibère. Il veut que tout dérive des maximes secrètes d'État : les actes les plus indifférents, les mesures de prévoyance les plus simples, et jusqu'à certaines coutumes du peuple. Aussi, ne pouvant pénétrer les principes du gouvernement qu'il décrit, il s'attacha seulement aux effets qui se font voir extérieurement, et de beaucoup d'efforts il ne recueillit « qu'un fort médiocre fruit [1]. »

Venons aux faits.

L'époque à laquelle les Inquisiteurs d'État commencèrent à être en correspondance directe avec les ambassadeurs de la Seigneurie n'est pas antérieure à l'année 1586. Un document du Conseil des Dix, en date du

---

[1] Voyez ARCHIVIO STORICO ITALIANO ossia *Raccolta di opere e Documenti finora inediti o divenuti rarissimi, risquardanti la Storia d'Italia*, tomo V. (Florence, 1843.) *Lettera a Monsignor Passionei, Nunzio Pontificio a Vienna*, page 225. La publication de cet intéressant volume V est due à M. TOMMASO GAR.

9 juillet, constate cette innovation. C'est une lettre
adressée aux ambassadeurs de Venise à Rome, à la Cour
de l'Empereur, en France, en Espagne et en Savoie.
Les Décemvirs lui expriment l'infini déplaisir avec lequel
ils apprennent souventesfois par les communications qui
leur viennent des cours étrangères, que les affaires traitées dans les Conseils secrets sont révélées. Ils ont résolu de prendre toutes les mesures nécessaires pour
arriver à connaître les fauteurs de scélératesses aussi
grandes. Ils estiment que leurs ambassadeurs accrédités
aux diverses Cours pourront, par des moyens sûrs et
secrets, les aider dans cette importante recherche, et
comme il s'agit du salut de la République, ils les autori-
sent à se prévaloir de toutes sortes de moyens pour y
réussir, leur permettant de promettre des récompenses
qui seront proportionnées à la qualité des personnes
qu'ils emploieront dans cette entreprise de découvertes,
et les avisant d'avoir à instruire de leurs démarches et
de leurs succès les Inquisiteurs [1]. L'Ambassadeur d'Es-

---

[1] 1586, 9 juillet, en Conseil des Dix. Recommandation était faite en
cette lettre aux Ambassadeurs d'adresser leurs réponses sous une première enveloppe aux Inquisiteurs, puis le tout aux Chefs du Conseil.
Cet usage ne se maintint pas dans la suite... « *Dando del recever delle
presenti et executioni di esse avviso alli Inquisitori nostri delli secreti,
con la coperta però indricciata alli Capi del sopradetto Consiglio.* » Giovanni Rossi interprète ainsi cette forme : ... « Ne si pensì essere stata
cerimonia vuota d'effetto : serviva almeno a dimostrare il rispetto degli
Inquisitori verso il Consiglio de' X : valeva d'altronde a frenare qualche
loro cattiva intenzione, se stata ci fosse : anche questo era segno dell'
armonica catena stringente fra loro tutte le autorità repubblicane : era
confessione, che il Tribunale degli Inquisitori fosse, come dicevasi,
l'*emanazione* da quello de' X, quasi una sua creatura. « (*Manuscrits de*
G. Rossi, t. XXIX; *Documents*, Bibliothèque de Saint-Marc.)

pagne fut le premier à répondre, et comme il demandait jusqu'à quelles limites il pourrait étendre ses récompenses en faveur des dénonciateurs, le Conseil l'autorisa
à promettre jusqu'à cinq cents écus, sauf à augmenter
la somme selon l'importance des services qui seraient
rendus. Chose étrange ! ce même Ambassadeur en Espagne, qui le premier s'était mis en devoir de seconder
avec tant d'empressement les desseins du Conseil des
Dix et qui avait envoyé les premières informations aux
Inquisiteurs, devait, quelques années plus tard, étant
Ambassadeur à Constantinople, périr en quelque sorte
sous leurs coups. Il s'appelait Hieronimo Lippomano ; il
avait été Ambassadeur à la Cour de France sous Henri III
avant d'être envoyé à la légation de Madrid, auprès de
Philippe II ; en 1591, il était à Constantinople. A la
séance du 19 avril, au Conseil des Dix, un rapport fut
lu dans lequel il parut démontré que cet Ambassadeur
avait communiqué des dépêches à des ministres étrangers, qu'il entretenait une correspondance particulière
au moyen du Prieur de la Trinité, son frère. Les Inquisiteurs furent aussitôt chargés de faire arrêter l'Ambassadeur à Constantinople, et de le traduire prisonnier à
Venise, sur un vaisseau de l'État. Le successeur qui lui
fut désigné reçut ses instructions des Inquisiteurs eux-
mêmes pour procéder à une aussi extraordinaire arrestation. Sir Lorenzo Bernardo, qui fut élu, partit aussitôt
et accomplit cette mission difficile [1]. Le navire qui por-

---

[1] Papiers des X. 19, 20, 21, 22 avril ; 2, 14 et 24 mai. Voyez aussi
aux ARCHIVES DE FRANCE, *Papiers de Simancas* (K. 1675), les deux
dépêches de l'ambassadeur d'Espagne Francesco de Vera sur le cas
d'Hieronimo Lippomano, 14 septembre et 31 août 1591.

tait le patricien inculpé d'un crime si grave venait à
peine d'entrer dans les eaux vénitiennes, que Hieronimo
Lippomano, à la vue de cette Venise d'où il était parti
en si grande réputation et où il rentrait en un état si
misérable, ayant réussi à distraire l'œil vigilant de ses
gardiens, se précipita dans la mer et y périt.

Que la République eût, parmi les citoyens et les patriciens, des révélateurs au service étranger, cela était
indubitable, et les preuves en sont fréquentes pour l'investigateur des papiers diplomatiques de tous pays. Ce
n'était pas d'ailleurs une chose nouvelle, bien que devenue plus commune à la fin du seizième siècle, que ce
commerce des secrets de l'État vénitien. Louis XII,
dans le cours d'un entretien familier qu'il eut avec un
Ambassadeur, peu de temps après avoir conclu la paix à
Blois avec la République, lui faisait l'aveu que dans les
circonstances même les plus difficiles, il avait pu être
instruit de certaines résolutions du Sénat fort intéressantes à connaître. En 1542, il y eut un procès dont les
incidents firent bruit en France : deux secrétaires vénitiens avaient été gagnés par l'Ambassadeur du Roi,
et lorsque, découverts, ils s'étaient réfugiés au palais de
l'Ambassade, comme sous un pavillon protecteur, ils en
furent extraits sans aucun ménagement ; leur procès fut
instruit, et ils furent mis à mort. La cause de ce procès,
d'ailleurs fort curieux en ses détails, commença d'éveiller plus particulièrement l'attention du Conseil des Dix,
et c'est à cette époque qu'il faut faire remonter l'origine
de tant de précautions, de tant de rigueurs, de tant de
decreti et de *proclami* contre les fauteurs de semblables

crimes. Mais les plus dangereux corrupteurs ne furent
pas, au seizième et au dix-septième siècle, les Ambassadeurs de France à Venise, ce furent ceux d'Espagne. Le
palais de l'ambassade espagnole, à San Giacomo dell'
Orio, était une véritable officine de révélations, sous
l'enseigne royale de Philippe II et de Philippe III, dont,
pour ce service, les finances étaient toujours illimitées [1].

[1] Les Ambassadeurs pour les Rois d'Espagne auprès de la République
de Venise, depuis 1571 jusqu'en 1640, furent :

1571, 15 mars. Don Diego de Gusman de Silva, abbé de Saint-Michel
de Trani en Sicile, chanoine de Tolède et conseiller du Roi,
mort à Venise en janvier 1577.

1577, 29 septembre. Don Juan Idiaquez.

1579, 28 mai. Don Christoval de Salazar.

1589, 20 juin. Don Francesco de Vera e Aragon.

1596, 30 mai. Don Inico de Mendozza. (Se retira en 1601 au couvent
d'Alcala, d'où il adressait au Roi des Mémoires d'État.)

1600, 6 novembre. Don Francesco de Vera e Aragon (pour la seconde
fois), mort à Venise le 7 avril 1603.

1604, 19 avril. Don Inico de Cardeñas.

1606, 5 mai. Don Francesco de Castro, Ambassadeur extraordinaire.

1607, 17 décembre. Don Alonso della Cueva.

1619, 30 août. Don Luigi Bravo d'Acugna.

1625, 5 juillet. Cristoforo Benevento y Benavides.

1632, 23 septembre. El Conde della Rocca.

Les *Papiers de Simancas*, conservés aux Archives de France, fournissent de particulières informations sur les affaires de Venise et d'Espagne. On y trouve le détail de leurs dépenses secrètes, mais rarement
les noms des affidés, ainsi : **210** livres à une personne secrète *que no se
declaran per buenos respettos.* **354** livres *dos personas secretas.* **700** livres
dos personas confidentes. Le détail de ces dépenses était présenté au
Roi tous les six mois. La Correspondance de l'Ambassadeur vénitien
Antonio Priuli avec les Inquisiteurs est particulièrement curieuse sur le
fait des révélations qu'il était parvenu à se procurer à la Cour de Madrid.
Voir ses lettres du 6 juin, du 14 août, du 20 novembre, du 17 janvier 1610, etc. Un Espagnol, attaché au service du Secrétaire d'État
Prada, lui apportait pendant la nuit les dépêches originales qui étaient

Aussi était-ce vers les murailles de cette maison, vers ses tenants et aboutissants, vers ses issues variées, vers le *campo* où étaient ses grandes portes et les canaux où étaient ses petites, que l'œil des agents secrets au service des Inquisiteurs se tenait ouvert. Malgré tant d'efforts, il faut le dire, le succès des découvertes était rare, tant la prudence, l'ingéniosité, la dissimulation, le travestissement, et tout l'arsenal des mystères avaient d'inventions et de moyens. L'exaspération des Inquisiteurs et des Décemvirs fut à leur comble, particulièrement de 1600 à 1660, et elle était sans cesse entretenue par les avis que leur donnaient leurs Ambassadeurs aux Cours étrangères, que la révélation de leurs dépêches procurée aux premiers Ministres de ces Cours, par la voie de Venise, mettait souvent dans un embarras cruel ou dans une position difficile. Il existe dans les documents des Dix un rapport très-curieux sur une conversation intime, tenue par le Grand-Duc de Toscane, le 7 juin 1596, avec le résident vénitien à sa Cour, relatif à l'inconvénient des révélations politiques qui se faisaient à Venise touchant les affaires courantes. Dans les papiers des Inquisiteurs, on trouve à la date du 30 janvier 1647 un récit des plus piquants sur le Cardinal Mazarin, qui, dans une conversation tout intime avec l'Ambassadeur vénitien à la Cour, voulant marquer son extrême confidence pour sa personne et son amitié pour la République, avait tiré de sa poche une sorte de *mémoire* contenant une série

relatives aux affaires d'Italie, et particulièrement les lettres de l'Ambassadeur du Roi d'Espagne à Venise. Elles étaient aussitôt copiées, puis reportées soit aux archives du Ministère, soit dans le cabinet du Ministre.

d'extraits des propres dépêches que cet Ambassadeur
avait dernièrement fait remettre à son Gouvernement
et dont tout le détail concernait Mazarin lui-même[1].
M. de Grémonville, qui représentait la France à Venise
deux ans avant que Mazarin se montrât si expansif et
si complaisant, avait sans doute connu la source de
ces révélations, car il écrivait à la date du 10 juin :
« M. Contarini est à Munster. La plupart des choses
qu'il écrira viendront à ma connaissance, en ayant trouvé
le moyen ; mais si l'on en concevoit le moindre soupçon,
je perdrois aussitôt cet avantage[2]. »

Une dépêche pleine d'animation et de passion est
celle du 28 juin 1667 et qui fut adressée au Sénat
par Marc-Antonio Giustinian, Ambassadeur de Venise
à la Cour de Louis XIV. Au moment où il allait partir
pour Compiègne, et y attendre le retour du Roi, alors
aux frontières, M. de Lyonne l'avait fait appeler, et, par
une tierce personne, lui avait fait dire que le Roi avait
lieu de se plaindre des dépêches qu'il avait écrites à la
République au détriment de la Couronne. Tout le récit
de cet entretien est fort détaillé, et, sous l'impression du
ressentiment qu'il en avait éprouvé, s'adressant au Sénat,
il lui lance cette amère ironie :

« J'adresse *en chiffres* à l'Excellentissime Sénat mes très-
humbles sentiments, car je souhaiterois que mes soucis fussent
ensevelis au fond du cœur de Leurs Excellences. Mais il me
paroît que c'est la *Redoute* (salle du jeu public) qui reçoit les,

---

[1] Archives de Venise, *Papiers des Inquisiteurs* ou *Communicate*,
les pièces 30 janvier et 15 février 1646 (more Veneto), et 26 mars 1647.
[2] Bibliothèque impériale (*Manuscrits*, n° 16099), *Dépêches de
M. de Grémonville*, ambassadeur pour le Roi à Venise.

secrets de l'État, et que la *Place* est la chambre où se conservent les dépêches. Que Vos Excellences me pardonnent si
je leur parle avec cette audace, car la passion me domine ;
mais si je n'avois pas le courage de leur dire ce qui va suivre,
je ne serois ni citoyen ni homme[1]. »

Les trames ourdies à Venise par les Ambassadeurs
étrangers, pour arriver à connaître les résolutions et les
intentions du Sénat et du Ministère, variaient naturellement selon le plus ou moins d'importance des affaires
courantes, et selon la nécessité des temps. Il allait de
soi que lorsque Louis XIV avait ses armes engagées en
Italie ou que Louis XV avait dû porter la guerre contre
l'Autriche, sur les confins du Milanais et des possessions
vénitiennes, ces souverains ou au moins leurs premiers
ministres devaient tout faire pour être instruits des inclinations qui se manifestaient pour telle puissance plutôt
que pour telle autre dans les conseils de la République,
où se délibéraient à la tribune, et où se prenaient, à la
majorité des suffrages, des résolutions qui, dans ces circonstances, pouvaient être très-graves. Lorsque la France
était engagée avec l'Angleterre, il pouvait lui importer
peu de connaître ce qu'en penserait la Sérénissime République, mais lorsqu'elle en venait aux mains avec le Duc
de Savoie ou le Roi de Sardaigne, ou qu'elle était son
alliée pour combattre la maison de Habsbourg qui avait
succédé dans Milan à la puissance espagnole, les délibérations des Vénitiens, leurs attaches, leurs inclinations,
leur neutralité en tout cas, devaient lui importer beau-

---

[1] ARCHIVES DE VENISE (Sénat), *Dépêches de France.* Correspondance
de M. A. Zustignan, n° 255.

coup. En ces occasions donc, l'habileté, la dextérité, la prudence d'un ambassadeur, employées à ne rien ignorer, étaient choses faites pour le signaler à l'attention du cabinet de son gouvernement. La correspondance, à cet égard, révèle des faits curieux, initie à des mystères, et met en lumière des manœuvres piquantes. Les lettres de l'abbé de Pomponne et du comte de Froullay[1], tous les deux ambassadeurs pour le Roi à Venise, en des temps de grandes guerres sur territoire italien, montrent ce qu'il importait qu'un ambassadeur fît à Venise pour un ministre comme M. de Torcy ou comme M. le cardinal de Fleury. Voici de curieuses pièces à l'appui et qui sont tout à fait du ressort des Inquisiteurs d'État, puisqu'il ne s'y agit rien moins que de beaucoup tenter pour amener leurs secrétaires à composition. M. le Garde des sceaux de France, qui était en même temps Secrétaire d'État des affaires étrangères en 1735, écrivait le 22 juillet à M. l'Ambassadeur à Venise :

«Vous verrés, Monsieur, par mon autre dépêche, quels sont les principes et les veues que le Roy juge à propos de suivre, et quelle doit estre en conséquence votre conduite et quels discours vous devez tenir avec votre conférent, qui se trouve obligé de rendre compte au Sénat.

» Il est bien difficile que par cette voye quelque négociation puisse réussir; il y a trop de personnes instruites, trop de sentimens différens à concilier, trop peu de secret même à

---

[1] La collection si remarquable et publique des *Papiers d'État* conservés au BRITISH MUSEUM possède de nombreuses dépêches des Ambassadeurs de France au dix-huitième siècle. Voir, entre autres, les *Dépêches* de M. l'abbé de Pomponne au Roi et *Lettres* du Roi à l'abbé de Pomponne, son ambassadeur à Venise, 1705-1709, et beaucoup d'autres documents *français* de cette nature.

espérer, surtout y ayant à Venise un Ambassadeur de l'Empereur, et ce Prince y ayant bien des partisans et même zelez. Il faudroit donc, en continuant à parler à votre conférent et paroissant négocier avec le Sénat, *tâcher de découvrir et de vous ménager quelque autre voye particulière et secrète.*

» La plus convenable et qui mèneroit plus à un objet fixe, ce seroit de pénétrer jusqu'aux *Inquisiteurs;* ils sont en estat et en habitude de s'etendre sur des propositions et de ne les porter au Sénat que quand elles sont à un certain point de maturité et qu'ils ont lieu, par ce qu'ils ont préparé eux-mêmes, d'en espérer le succès.

» La difficulté est de parvenir à eux, car on ne le peult directement, et ils ne recevront aucune proposition ni relation directe avec un Ambassadeur, qui doit même être sur cela infiniment réservé.

» Mais il est des canaux par lesquels on peut passer. On peut trouver quelque personne de ceux avec qui quelqu'un de ces *Inquisiteurs* sont en relation, on voit ce tiers, on discute avec luy, il rend par forme de conversation à l'*Inquisiteur* ce qu'il a ouy dire, l'Inquisiteur s'explique, on raporte ce qu'il a dit, il se forme une relation indirecte qui souvent peut conduire une affaire à bien, parce que l'on peut faire passer bien des choses par là que l'on ne pourroit ni ne devroit dire, dès que l'on ne s'expliqueroit qu'avec un conférent ou au Sénat.

» L'embarras est double : 1° de trouver un *Inquisiteur* secret, capable et que l'on puisse juger bien disposé pour nous ; 2° de choisir le canal pour y arriver et une personne sûre, discrète et qui ait assés d'esprit pour entamer et suivre une pareille négociation.

» Si l'on ne trouvoit pas moyen de s'assurer d'un *Inquisiteur* capable et bien intentionné, on pourroit peut-estre s'adresser à un des *secrétaires* qui, se trouvant avec les *Inquisiteurs* et pouvant se servir de ce qui lui seroit revenu secrètement pour jeter des idées, pourroit sonder les *Inquisiteurs* et les engager à entrer en discussion.

» J'ai lieu de croire qu'entre les sieurs *Marini* et *Bianchi,* le premier seroit plus capable. Je n'en suis pas assés seur pour vous rien prescrire ou pour un *Inquisiteur* plustot que pour

un *Secrétaire*, ou pour un *Secrétaire* plustost que pour l'*autre*.
N'y a-t-il point de médecin ou de religieuse assés adroite? Il
ne faut pas faire le choix témérairement ni légèrement. Examinés vous-même l'avantage et la possibilité de cette manière
de négocier : vous estes plus en estat d'en juger, il vaut mieux
ne le pas tenter que de risquer d'estre commis ou trahy. »

A quoi répondait M. l'Ambassadeur, le 18 août 1735 :

« Les *Inquisiteurs d'Estat* changent le mois prochain ; le
secrétaire Marini restera. Je verrai à qui je pourrai m'adresser. Le risque d'estre trahi ou decouvert est grand et me re-
tiendra. Je connois medecins et religieuses, mais gens secrets
et seurs sont difficiles à trouver, et voudroient bien de l'argent
et peut-estre d'avance. Je me conduirai de mon mieux dans
l'esprit de vos ordres, Monseigneur. J'ai peine à croire qu'on
amène le gouvernement à se déclarer, quelque avantage qu'on
lui accordât. »

Puis le 27 août :

« On assure le secrétaire *Marini* un ours, grand travailleur,
mais point du tout de commerce et d'aucune société ; M. *Bianchi*
plus traitable et fort réservé. Le premier va chez un marchand
son ami, fort souvent ; l'autre a un frère moine qui le gouverne. Je verrai si l'on pourroit trouver jour à parler avec l'un
ou avec l'autre. L'accès des nobles et des secrétaires est plus
difficile qu'autrefois.

» L'abbé de Pomponne avoit à lui une courtisane qu'on
payoit bien et qui l'instruisoit ; les nobles principaux soupoient
chez elle, on y briguoit et on y parloit d'affaires. Mais nous
ne sommes plus dans le cas, les nobles ne voient plus les cour-
tisanes qu'en passant. Ils voyent librement les dames à présent.
Les jeunes qu'on pourroit gagner sont peu instruites, voyant
des jeunes gens et peu de bonnes testes. Les vieilles mieux
informées sont difficiles à voir. Je suis assés content de mon
homme... Il fréquente un frère de M. Thiepolo, inquisiteur
d'Estat, et qui va sortir de cet employ et les autres inquisi-

teurs, et voit bonne compagnie. Il est Vénitien, fin et a de
l'esprit. »

Et enfin le 1er octobre :

« Je m'en tiens jusques icy à mon homme. Je vois peu de
jour à pouvoir rien faire du costé de MM. *Bianchi* et *Marini.*
Celuy-ci entre ce soir *Secrétaire des Inquisiteurs d'Estat.* Je
chercherai encore et vais suivre de loin une vôye d'une femme
qu'on m'a indiquée, capable de me servir. La peine est de se
descouvrir, peur de l'estre. »

Et là, en effet, était le danger; car ce ne fut pas seulement au dehors., en pays étranger, que, par le moyen
des Ambassadeurs, le Tribunal des Inquisiteurs portait ses regards pour surprendre les trames des révélateurs des secrets de la République; mais c'était dans
Venise même que leur vigilance était sans cesse active,
sans cesse entretenue. Leurs documents retracent leur
besogne ténébreuse et souvent terrible. Quelquefois aussi
ces documents mettent en scène des situations tantôt
très-dramatiques, tantôt fort piquantes. Certaines révélations étaient offertes à des prix considérables. Le
11 août 1592, un individu qui veut garder l'anonyme
se présente aux trois Inquisiteurs, et leur déclare qu'il
révélera, de concert avec un sien familier, les noms des
personnages qui, ayant accès au Sénat, vont en raporter
les délibérations secrètes a l'Ambassadeur d'Espagne. Il
demande 4,000 ducats (de 6 livres 4 sols par ducat)
pour récompense, et exige la promesse du secret le plus
absolu, car il y allait de la vie pour lui comme pour son
compagnon. Le Conseil des Dix, instruit de cette démarche par les Inquisiteurs, approuve les propositions

à l'unanimité des votes, et charge les Inquisiteurs de s'aboucher autant de fois qu'il sera nécessaire avec les deux personnes mystérieuses, pour mener à bonne fin cette négociation. Tous les faits s'en trouvent exposés dans leurs écritures.

Nous avons dit qu'ils étaient les exécuteurs des résolutions du Conseil des Dix. La preuve en est formelle dans ce document que nous rencontrons à la date du 8 août 1594 :

« Que des pleins pouvoirs soient donnés aux Inquisiteurs pour trouver une personne qui, par quelque moyen prudent, pourra arracher à la vie Frà Cipriano de Lucques. »

Ce moine était du couvent des Saint-Jean et Paul à Venise, et comme il y faisait l'espion plus encore que le religieux, l'autorité l'en avait chassé. Il s'était réfugié sur terre autrichienne et avait pris de l'empire sur l'esprit des Archiducs et du Souverain même. Il n'était nul office pernicieux qu'il ne fît contre la République Sérénissime, et en dernier lieu, il avait été chargé d'une mission auprès du Turc. L'Ambassadeur à la Cour de Vienne surveillait toutes ses démarches, et en participait les mouvements et les dangers aux Inquisiteurs. Telle était la cause de cette commission homicide.

Les Inquisiteurs n'étaient pas seulement les exécuteurs des volontés du Conseil des Dix, mais encore les dépositaires de leurs plus profonds et importants secrets, les conservateurs des preuves les plus dangereuses. Sous ce côté leurs Archives, si elles étaient restées intactes, offri-

raient les plus curieuses révélations pour l'histoire des
mœurs politiques au seizième siècle et au dix-septième.
Le 15 janvier 1595, le Conseil des Dix charge le trésorier de son épargne de compter cent écus au grand chancelier, dont le fils Jacopo Vico, secrétaire résident pour
la République à Milan, a donné une somme égale au
capitaine César Capuzzimadi. Il résulte de cette simple
pièce, qui est dans les papiers des Dix, que le capitaine
César Capuzzimadi a reçu cette rémunération du Conseil
pour quelque commission secrète qu'il avait acceptée de
faire. Mais, à la date du 9 février suivant, dix jours après,
nous trouvons cet arrêt : « *Que, demain au matin, le capitaine César Capuzzimadi, Albanais, lorsqu'il se présentera devant les chefs du Conseil, soit arrêté, et cela pour
les choses qui viennent d'être dites et lues.* ». Ainsi fut-il
fait. Le 12, autre arrêt qui ordonne que les Chefs et
l'Avogador de service poursuivent la formation du procès, et aussitôt terminée, qu'ils se rendent au Conseil, où,
après en avoir donné lecture, il sera pris telle résolution
qui paraîtra convenable. Le 15, il est dit : « *Que l'ordre
soit intimé au capitaine César Capuzzimadi de produire
sa défense, laquelle une fois faite, le Conseil en viendra
aux résolutions.* » Le 19 : « *Vous paraît-il que, pour les
choses dites et lues, on doive procéder contre le capitaine
César Capuzzimadi?* » Quinze voix sur dix-sept furent
pour l'affirmative. « *Nous voulons que dans la nuit de
mercredi à jeudi, qui sera le 22 du mois courant, on le
fasse étrangler dans sa prison, aussi secrètement qu'il sera
possible, et que son corps soit fait ensevelir dans le plus
grand secret aussi par les soins des chefs du Conseil.* »

Approuvé par douze voix. Or, au-dessous de cet arrêt, et c'est où nous voulions en venir, il est écrit : « *Notez que le procès formé contre ledit capitaine César Capuzzimadi, ses lettres et ses papiers sont tous en un paquet déposé dans l'écrin (lo scrigno) des Inquisiteurs d'État*[1]. » Ces arrêtés relatifs au dépôt des documents les plus secrets dans l'*écrin* du Tribunal des Inquisiteurs étaient fréquents. Celui-ci même fut formellement prononcé et consigné dans les écritures du Conseil.

1610, 21 JUIN, EN CONSEIL DES DIX. — Que les *Lettres* de notre Consul en Syrie du 25 février et du 28 mars passés, avec les *Lettres* et la traduction de certaines informations données au Roi Catholique sur les affaires de Perse et des Indes, ainsi que les *Lettres* qui furent interceptées par ce Consul, et qu'il nous envoya avec ses *Dépêches* du 2 septembre passé, soient remises sous pli cacheté dans l'*écrin des écritures* de nos Inquisiteurs d'Etat, et qu'*elles y restent à jamais conservées.*

Le 24 mai de l'année 1600, les membres du Cabinet des Ministres et les Sénateurs reçurent l'avis suivant du Conseil des Dix, sous forme de lettre qui leur fut lue par le Secrétaire de service :

SEIGNEURS ILLUSTRISSIMES, Par délibération prise hier en Conseil des Dix, on communiquera à vos Seigneuries un Mémoire sur une négociation dont la trame est parvenue à la connaissance des *Excellentissimes Seigneurs Inquisiteurs d'État*; et comme le contenu est d'une extrême importance, nous recommandons à Vos Seigneuries le secret le plus absolu. Elles ne devront pas en parler même entre elles, après qu'elles auront passé la porte de la salle du Conseil, sous les peines énoncées dans les décrets du Conseil des Dix contre les révéla-

---

[1] Pour les pièces relatives à ces différents faits, voir « ARCHIVES DE VENISE, *Papiers des Dix* », aux dates indiquées.

teurs des affaires-secrètes, lesquelles sont et de la vie et des biens. Chacune de Vos Excellences prêtera serment sur les Missels, et le nom de chacune sera pris en note.

Ce jour, en effet, les Inquisiteurs avaient surpris la trame d'un traité secret entre des Espagnols, soutenus sans doute par le gouvernement de Milan, pour s'emparer de la forteresse de Crème et la livrer à l'Espagnol. Un des coupables était tombé en leur pouvoir et avait tout avoué à Leurs Seigneuries. Les meilleurs agents de ces grands exécuteurs, pour les seconder dans le succès de semblables découvertes, étaient souvent des personnes qui se trouvaient elles-mêmes sous le coup des poursuites du terrible Tribunal, mais qui avaient réussi à échapper à leur vigilance. Exilées forcément, fatiguées de cet exil, douées souvent de moyens intelligents, elles s'ingéniaient, à l'étranger, à mériter leur pardon par des services véritablement signalés, demandaient des sauf-conduits qu'elles obtenaient aisément sur leurs promesses révélatrices, et selon que leurs services étaient appréciés, recouvraient et la patrie et les biens qu'elles avaient perdus. Les rémunérations étaient du reste de diverse nature. Une des plus singulières, mais en même temps des plus abondantes, consistait à promettre à un *serviteur* pour ces sortes d'affaires le droit de libérer soit un exilé, soit un condamné, dont la famille jouissait de ressources plus ou moins importantes. Le *Serviteur* usait de ce permis comme d'un trafic. Un sieur de Soboret, secrétaire de l'ambassade de France à Venise en 1621, avait été séduit par les affidés du Conseil des Dix et des Inquisiteurs, et dans des circonstances où la Ré-

publique de Venise avait un intérêt extraordinaire à
connaitre les dépêches du Cabinet de France à ses envoyés en Italie, le sieur de Soboret, suivant en cela
l'exemple de son prédécesseur à cette Ambassade, livrait
les dépêches du ministre Puysieulx. Cette trahison habilement préparée, longtemps soutenue, et dont les preuves irréfragables sont éparses en ces Archives des
Inquisiteurs et des Décemvirs [1], exigeait de fortes rémunérations que le sieur de Soboret n'avait pas honte de
déterminer lui-même en des lettres à l'adresse des Inquisiteurs. Le 6 mars 1621, dans un billet de sa main, où
il déclare qu'il envoie la copie des lettres de M. de Bé-
thune, ambassadeur à Rome, et où il promet celle des
dépêches de M. de Gueffier, importantes en l'affaire de
la Valteline et des Grisons, il rappelle à Leurs Excellences de vouloir bien hâter l'acte de libération d'un
condamné Bressan qui lui a été promis, acte qu'en effet
il reçut peu de jours après, et dont il ne tira pas moins
de douze cents ducats. Un sieur Giovanni Battista Pizzo
obtient sa propre grâce en assurant les Inquisiteurs
qu'il leur fera connaitre les desseins et les résolutions du
duc de Feria, gouverneur de Milan, s'offrant à retourner
en sa première indignité, si ses promesses ne sont pas
suivies des bons effets qu'il annonce. Les Inquisiteurs
rendaient d'ailleurs de véritables services diplomatiques
au Gouvernement : ainsi le 28 juin 1632, grâce à leur
diligence, le Conseil des Dix et le Cabinet des Ministres

---

[1] Papiers des Dix, 3, 4, 23 et 31 mars 1621, et 19 avril, 4 mai,
2 juin, 17 et 18 juillet, 25 septembre 1621, 3 janvier 1622, février et
mars, etc., avec la communication des pièces à l'appui, c'est-à-dire du
texte des propres dépêches de France, livrées par le sieur de Soboret.

furent à même de connaître dans les plus intéressants détails le résultat des négociations de l'Ambassadeur extraordinaire de l'Empereur avec tous les Princes d'Italie [1].

· Mais un exemple curieux du genre d'informations qu'ils pouvaient obtenir du zèle de leurs Ambassadeurs est le fait suivant. Cela se passait à Rome. L'ambassadeur Rainieri Zen leur adressait sur la personne et les intentions du pape Grégoire XV, en 1622 et 1623, des détails extraordinaires, sans leur en avoir encore indiqué la source. Les Inquisiteurs la lui demandèrent, et telle fut la réponse :

ILLUSTRISSIMES ET EXCELLENTISSIMES SEIGNEURS TRÈS-RESPECTÉS, Celui qui me donne les nouvelles du Pape et de ce qui se dit chez Sa Sainteté est don Giacomo Bolognese, son camérier, lequel l'habille, le déshabille et est presque toujours à ses côtés, et, bien que les Cardinaux soient en audience, il va et vient dans la chambre, étant le serviteur familier du Pontife. L'intermédiaire a été la Marquise Orsina, femme du Seigneur Bertoldo Orsino, petite-fille du Comte de Pitigliano, qui est mort au service de la République Sérénissime. Elle est elle-même très-dévouée à la République, et si elle avoit des fils plus âgés, elle en mettrait un au service de cet État. Elle envoie appeler cet homme, qui est tout à fait de sa maison ; il dine avec elle : elle le fait parler, elle le questionne ; c'est une femme des plus accomplies. Et derrière une tapisserie, je tiens un mien gentilhomme qui écoute tout et me rapporte tout.

J'ai encore différents avis sur les choses de l'État par une autre voie. Je tiens le Pape pour bientôt mort, car cette Dame

____

[1] 1632, 28 GIUGNO, IN CONS° DE X. « Che i particolari pervenuti alli Inquisitori nostri di stato per le diligenze da loro usate e portate da essi a questo Consiglio, come havute da parte sicura, circa il successo delle negotiationi dell' Amb.r Estraordinario della Maestà Cesarea con li Principi d'Italia in cadaun luogo ove egli è stato fin hora, etc... »

a dit à cet homme pour savoir la vérité : « *Don Giacomo,
quand vous verrez qu'il n'y aura plus d'espoir à avoir pour la
vie du Pape, apportez ici vos affaires, qui de la sorte seront
sauves.* » Et cette nuit il a commencé à les apporter. Et je baise
humblement les mains à Vos Excellences [1].

De Rome, le 6 avril 1623.

> *De Vos Excellences Illustrissimes*
>
> RHENIER. ZEN, Ambassadeur.

Il est remarquable comme peu à peu les Inquisiteurs
élargirent le terrain de leurs attributions, et comme vers
1640 ils avaient déjà une sorte de correspondance véritablement politique avec les Ambassadeurs ou avec des
agents spéciaux. Jusqu'alors on ne les avait guère vus
s'engager dans leur correspondance avec l'étranger que
pour être informés de faits qui appartenaient uniquement
à ce qu'on appellerait aujourd'hui la haute police secrète ;
mais ils n'en étaient pas demeurés là, et il est tels de
leurs documents qui offrent le plus vif intérêt historique.
Celui du 10 février 1645, est de ce genre : « *Que par un
Secrétaire de ce Conseil..... soient communiquées d'abord
au Cabinet des Ministres, puis, s'il le juge bon, au Sénat,
les particularités suivantes qui sont arrivées de source
certaine à la connaissance des Inquisiteurs d'État, par le
moyen d'un confident auquel on doit prêter la plus grande
créance... Dans les premiers jours du mois passé à Paris,*

---

[1] Le texte italien est fort piquant : «. Tengo il Papa per morto, perchè
questa Signora ha detto a quest' huomo per ben cavar fuori : « *Don
Giacomo, quando vedete voi, che non vi sia più speranza del Papa,
portate pur qui la vostra roba, che sarà salva.* » Et questa notte, ha
cominciato a portarla. Et a V.V. EE. bacio umilmente le mani. »

trois personnes tinrent Conseil, Enghien, Mazarin et Brezé
l'amiral; pendant deux jours consécutifs, ils délibérèrent
sur les entreprises à faire en Italie, tant par terre que sur
mer. On répartit les forces, on discuta les moyens avec des
cartes et des plans, la résolution fut prise de. porter toutes
les troupes des provinces de ce côté, etc... » Suit tout un
exposé des projets du Cardinal, des raisons intimes et
personnelles qui le font agir, des obstacles qui seuls
pourraient l'arrêter dans l'exécution de ses desseins.
Il est manifeste qu'en cette occasion, les Inquisiteurs
avaient pour confident à la Cour de France un personnage qui en avait tout le secret [1].

---

[1] Dans cette remarquable communication se trouvent ces lignes textuelles : « Origine e motivo di così fatta deliberatione contro la Toscana
essere una privata passione concepita contro la *Casa de Medici* da *Mazzarini* per tre cause : l'una che da *Cardinale de Medici* fattole sperar
anzi promessole formalmente per *suo fratello* il capello, siano poi stati
li principali autori della delusione et del disprezzo. Altra che la stretta
confidenza del *Gran Duca* con *Vandomo* per macchinare contro *Mazzarini* et la certezza che il *Papa* non sia per consignar Bopuis alla Francia : la terza essere il negotio de' *Barberini* contro quali ad istigazione di
Toscana certamente il *Papa* in primo capo si portì. Quest' ultima servire
di coperto all' altre, che seco attrae gli impegni e le dichiarationi della
Francia. Aprirsi con questo colpo la strada di travagliare più giustifica-
mente il *Pontefice*, contro il quale non possa portarsi a drittura la guerra,
mentre al nome della Chiesa si professi in Francia grandissimo respetto
et alcuno si sia dichiarato in Consiglio di non voler assentire ad una
aperta rottura col *Papa :* che in ogni modo sia ben presto per conse-
guirsene l'effetto : se ben con strada obliqua, perchè dall' invasione che
il *Gran Duca* soffrirà per il *Papa* habbi da rimaner obbligata *la Santità*
sua di dichiararsi a sua diffesa, con necessaria consequenza di far pas-
sare più oltre le armi della Francia. Questo esser certo, che se il colpo
riesca, et se mettì il piede in Toscana, il *Christianissimo* non sia per
levarlo si facilmente per il concetto radicale nel cuore del *Cardinal
Mazzarini* d'approssimarsi a Roma con la forza e forse cogliere oppor-
tunità di qualche vantaggio in occasione di sede vacante per abbatter anco

« Avec le cours des temps, le rôle politique des Inquisiteurs ne cessa de croître, et en plus d'une circonstance
ils semblèrent avoir pris la place des véritables Chefs du
Conseil des Dix. En 1701, le 16 novembre, nous les
trouvons félicitant le général commandant les troupes en
terre ferme au sujet de dépêches absolument politiques
qu'il a dirigées à leur adresse : « *Les lettres de Votre Excellence du 10 courant,* lui écrivent-ils, *roulent sur deux
points. Dans le premier, nous remarquons l'intime pénétration que vous avez eue des projets du Prince Eugène.* »
Et ils le louent en termes magnifiques du zèle dont il
vient de faire preuve pour le service de l'État[1]. Autrefois, ces communications n'auraient été adressées qu'aux
Chefs du Conseil, et ces Chefs n'auraient point laissé à
d'autres le soin d'y répondre. Le 2 mai 1705, ils écrivent à l'Ambassadeur de France : « *Il est arrivé à notre
connaissance que le noble Benedetto Tossetti qui est à*

---

la *Casa Pamfilia* con mano più vigorosa e vicina. Essere indubitabile
altrettanto che li *Ministri Pontificii* et *Fiorentini* non habbino risaputo
fin quà tali positive risolutioni et che il *Papa* et *Gran Duca* siano ingan-
nati et traditi nelli loro più intimi gabinetti, tutto essendo revelato a
Mazzarini delli più importanti discorsi et decreti, mandate anco ad esso
Cardinale le istruttioni et scritture con le ziffre stesse, quali sian state
sotto l'occhio medesimo di chi ha risaputi gli accennati particolari et li
ha rappresentati con fede e sincerità...... »

[1] Le temps n'était plus où, stricts observateurs des limites imposées
à leur pouvoir et à leurs attributions, ils faisaient aux ambassadeurs des
recommandations du genre de celle-ci :
« A noi dunque continuerà Vostra Signoria Illustr. a scriver solamente
le cose che spettano a propalatori incombendo le altre al Consiglio dei
Dieci e per questo solamente se prometterà, secondo la qualità dei ser-
vizii, che le anderà prestando il confidente suo, *non dovendo noi per
altra sorte di avvisi abusare l'autorità che vi è con pubblica deliberatione
impartito.* » 1611, 8 octobre, à l'ambassadeur Antonio Priuli à Madrid.

Gênes, lors du passage qu'y fit l'abbé de Pomponne, am-
bassadeur, a eu avec lui des entretiens sur les affaires
courantes d'Italie. Pomponne en a rendu compte à M. de
Torcy, qui de son côté en aurait fait part à Votre Excel-
-lence. Nous voulons que Votre Excellence nous donne les
plus particulières informations sur ce que lui aura dit
M. de Torcy, et qu'Elle nous envoie les lettres qu'Elle a de
ce même Tossetti, se gardant de communiquer aucune de
ces particularités à qui que ce soit.

Le 21 avril 1704, ils écrivent à l'Ambassadeur à
Constantinople :

Dans les graves circonstances présentes, il importe au service public d'avoir des nouvelles sûres et fondées de tous côtés.
Celles de Russie nous sont nécessaires. Il importe donc de
s'appliquer à trouver une personne habile et expérimentée,
mais qui n'ait point de ces apparences propres à inspirer le
soupçon. Elle ne sera revêtue d'aucun caractère officiel. Nous
jugeons convenable de recommander cet intérêt d'État à Votre
Excellence, afin qu'elle porte son zèle à découvrir quelque
personne qui serait apte à se rendre en ces contrées comme
explorateur, et qui, avec de grandes précautions, pénétrerait
les secrets mouvements et le côté le plus important des affaires.
Nous avons lieu d'espérer qu'à Constantinople on trouvera
plus aisément cette personne, quelque Grec ou quelque Latin
connaissant la langue moscovite, etc...

Ce fut dans le courant du dix-septième siècle que les
Inquisiteurs commencèrent à établir leurs agents spéciaux auprès de différentes puissances, mais nous avons
hâte de dire que, sous ce rapport, ils eurent rarement la
main heureuse. Leurs correspondants sont en général
d'assez pauvres esprits. Nulle originalité, nul entrain,

40.

peu de renseignements sûrs dans les écrits de ces merce-
naires occultes. Un des meilleurs fut à la Cour de Savoie,
vers 1730, un sieur abbé Pasini. Il adressait ses lettres
au secrétaire même des Inquisiteurs, variant parfois
l'adresse et le nom. Le Secrétaire était chargé des réponses, et au cas où ses lettres eussent été surprises à la
Cour de Savoie, il prenait lui-même, pour éviter tout
compromis, un nom supposé, et masquait ses patrons
les Inquisiteurs sous la désignation galante de « *ces
Dames*» ou « *la Dame* ». « *Aux dates des* 28 *janvier,* 4 *et*
5 *février,* écrivait-il audit abbé, *me sont parvenues
trois de vos très-charmantes lettres. Les* DAMES *à qui j'ai
fait part des nouvelles que vous me donniez les ont fort
agréablement accueillies* » ..... etc. A l'époque du congrès d'Aix-la-Chapelle, leur agent en France est un abbé
Oliva. Pendant la Révolution, après la journée du
10 août, alors que l'Ambassadeur accrédité à Paris s'est
retiré à Londres, un certain Giovanni Povoleri les instruit du mouvement des clubs, du courant des affaires,
des choses de la Convention. Sa correspondance a
quelque intérêt, elle est adressée au secrétaire Joseph
Gradenigo, mais elle fut de courte haleine [1]. Sa première
lettre est du 30 octobre 1792, et sa dernière du 26 février 1793; c'est dans celle du 26 janvier qu'il raconte
la mort du Roi, et il joint à cette lettre un morceau du
vêtement d'étoffe brune que portait le royal supplicié

---

[1] Ce Giovanni Povoleri habitait au passage des Petits-Pères, nᵒ 9, à
Paris. La correspondance que nous avons lue ne se compose que des
lettres ainsi datées : 30 octobre, 6, 13, 20, 27 novembre, 4, 11, 18,
25 décembre 1792; 1ᵉʳ, 8, 15, 26 janvier, 12, 19, 26 février 1793.

sur la guillotine. Il fut remplacé par un sieur Vincenzo Formaleoni, qui fut fait prisonnier d'État à Paris le 25 novembre 1793 [1].

Il était naturel, dans cet examen de tant de papiers, que notre curiosité tentât de rencontrer des documents capables de procurer quelques lumières sur le personnage qui passe jusqu'à présent pour avoir été le *Masque de fer*, et sur le compte duquel de si intéressants écrits viennent d'être produits dans la presse française, par MM. Marius Topin, Loiseleur et Yung. Nous ne doutons pas que les Inquisiteurs d'État ont été instruits de la plupart des mouvements de Mattioli ; quelques lettres éparses çà et là en témoignent, mais les conclusions qu'on en pourrait tirer sont extrêmement vagues. Un document fourni par l'ambassadeur Sebastiano Foscarini, et daté du 18 novembre 1682, adressé de Paris aux Inquisiteurs, est la preuve manifeste que leur attention n'avait pas négligé ce personnage. C'est un rapport écrit en français par un agent secret, dépêché à Fontainebleau pour surprendre le secret de la mission du marquis de Sagramosa, envoyé auprès du Roi par le duc de Mantoue. Voici le passage le plus saillant :

« Suivant les ordres de Votre Excellence, voyez là, Monseigneur, ce que j'ay à vous représenter de ma demeure à Fontainebleau auprès de M. le M. D. S..... Le lundy venu, qui étoit le 26, tout étant prêt et n'attendant que les Ambassadeurs et les carrosses, il arriva un courrier dépêché à M. le Marquis par un juif mantouan avec des lettres ou des ducales qui luy imposoient de demander au Roy *un certain prisonnier dont*

---

[1] Ses lettres du 23 mars, 7, 10, 14, 21, 27 avril 1793, Marseille ; 7 mai, Lyon ; 21, 25, 28, 31 mai, 1er, 8 juin, Paris.

Votre Excellence en sçait l'histoire, c'est ce que j'ay peu entendre de mes propres oreilles, et j'asseure Votre.Excellence
que je les ouvrois bien en cette rencontre. Ils leurent tous
deux quelque autre chose, mais si bas qu'il ne me fut possible
de l'entendre. Le courrier étoit de Turin, et il avoit été dépêché de Pignerol, le juif qui l'avoit dépêché venoit de Mantoue,
selon ce que ce courrier disoit.....

Malgré la confusion qui prédomine dans les Archives
des Inquisiteurs d'État, confusion irrémédiable par suite
du pillage qui y fut exercé en 1797, malgré la disparition de tant de documents dont la réunion devait former un ensemble si propre à satisfaire la curiosité, tant
sur les mœurs et les affaires intérieures à Venise que sur
les aventures de la vie politique à l'extérieur, il existe
cependant encore assez de pièces singulières pour suffire au récit de différents épisodes fort dramatiques. La
plupart des procès, instruits, formés, menés à fin par
les Inquisiteurs d'État, sont disparus; mais si le chercheur en veut prendre la peine, il peut, en consultant
feuille à feuille les correspondances de France, de
Vienne, d'Espagne, de Milan, de Gênes, de Rome et de
Florence, arriver à former une information complète
sur quelques personnages dont les démarches ont été
l'objet incessant de la vigilance des Inquisiteurs. Nous
avons suivi ce procédé pour recomposer en ses moindres
particularités les dossiers volumineux relatifs à ces deux
patriciens de Venise, tous deux ministres dans les Conseils de la République; tous deux Ambassadeurs, et que
les circonstances les plus extraordinaires et les plus
aventureuses ont exposés, l'un à périr victime inno-

cente de la justice des Inquisiteurs, l'autre à mener une vie errante, au service de tous les Cabinets de l'Europe, sous des noms supposés, sous des travestissements continuels, et perpétuellement en butte aux plus terribles dangers. Antonio Foscarini [1] et Angelo Ba-

---

[1] Né le 9 août 1570 de Nicolò Foscarini et de Maria Barbarigo. Élu Podestat à Chioggia le 5 avril 1605, il se distingua par des services signalés qu'il rendit aux Inquisiteurs. Cette époque était celle où Rome avait prononcé l'Interdit sur Venise. (Voir les lettres des Inquisiteurs au Podestat de Chioggia des 6 octobre, 6, 8, 22 et 23 décembre 1606; 17 janvier, 24 février; un document du 28 février; lettres des 3 mars, 6 et 20 mars 1607.) Élu Ambassadeur en France le 26 mai 1607, il reçoit ses instructions le 28 septembre de la même année, arrive à Lyon le 31 décembre, fait son entrée à Paris et a sa première audience du Roi le 28 février 1608; prend congé, en mai 1611, de la Reine Régente Marie de Médicis, et passe à l'ambassade d'Angleterre, où il arrive le 25 mai. Accusé secrètement par son secrétaire, Giulio Muscorno, d'avoir révélé les dépêches de la Seigneurie à des ambassadeurs étrangers, il est rappelé d'Angleterre à Venise le 4 septembre 1615. Arrivé à Venise au mois de mars 1616, il est arrêté et interrogé. Foscarini reste en captivité pendant deux années et demie, il est déclaré innocent et mis en liberté le 30 juillet 1618. Rentré aussitôt dans les Assemblées, il fait au Sénat, le 19 décembre, la relation de ses deux ambassades en France et en Angleterre, puis il est élu du Conseil des ministres (*Savio di terra ferma*) en 1619 et Sénateur en 1620. Tout à coup, dénoncé de nouveau, en avril 1622, comme ayant eu des intelligences mystérieuses avec le Nonce et autres ministres dans la maison habitée par Lady Arundell à Venise, il est arrêté le 8 avril, appelé à se défendre devant les Inquisiteurs le 13, et condamné le 20 à être étranglé dans sa prison. Il fut exécuté le 21 avril. A la date du 22 août de la même année, ses accusateurs, soumis à de nouvelles interrogations à la suite de circonstances singulières, furent arrêtés, et dans le cours de l'instruction du procès qui leur fut fait, ils confessèrent leur culpabilité. Le 16 janvier 1623 fut proclamé l'édit de réhabilitation. Toutes les pièces relatives aux deux procès extraordinaires du patricien Antonio Foscarini formaient, dans les anciennes Archives des Inquisiteurs d'État, plusieurs liasses considérables réunies sous cette désignation : « *Varii Libri di Costituti, inserti con prove e difese e Testamento, contro il N. H. Antonio Foscarini, Cavalier Ambasciator in Inghilterra, per azioni contrarie alle leggi della Republica.*

doer [1] furent ces Vénitiens. Si le nom du premier, disons-
le aussitôt, rappelle jusqu'à quel point la justice humaine
est faillible, il rappelle en même temps que le Conseil
des Dix et les Inquisiteurs d'État vénitiens surent en
convenir, à leur propre détriment, d'une manière et
dans une forme qui leur seront à perpétuel honneur. Peu
de mois après la condamnation à mort d'Antonio Foscarini, effectuée dans la nuit du 20 au 21 avril 1622, les
mêmes Inquisiteurs à qui il avait incombé d'être ses
juges crurent reconnaitre, à la suite de circonstances
nouvellement révélées, qu'il y avait eu de leur part une

e per intelligenze con ministri forestieri. » Ces pièces ont en partie
été dispersées, particulièrement le testament original du condamné,
écrit par lui peu d'heures avant son supplice. Nous avons pris copie de
plus de trois cents documents relatifs à la vie politique et privée de cet
homme, mais toutes nos tentatives pour retrouver son testament original sont demeurées infructueuses.

[1] Né à Venise, le 19 avril 1565, d'Alberto Badoer et de Chiara Priuli.
Ambassadeur extraordinaire auprès des Archiducs à Milan en 1599, et
à l'archiduc Ferdinand d'Autriche le 23 avril 1600. Élu Ambassadeur en
France auprès de Henri IV le 28 septembre 1602, reçoit ses Instructions
le 21 avril 1603, arrive à la Cour le 15 juillet et la quitte à la fin de mars
1605. Revenu à Venise, il est élu Sage du Conseil, mais accusé, puis
convaincu d'avoir eu des entretiens secrets avec le Nonce dans le couvent
des Frari, est condamné à la perte de ses charges et à un an de détention.
Libéré, il est soupçonné, en 1612, d'avoir eu des conférences avec l'Ambassadeur d'Espagne. Prévenu du danger qu'il court, il échappe à la vigilance
des Inquisiteurs et se rend en France. Depuis ce moment jusqu'au 23 mars
1630, époque de sa mort à Rome, l'œil vigilant des Inquisiteurs ne le
perdit plus de vue, et plusieurs fois cet homme, qui servait les princes
étrangers dans leurs négociations, fut l'objet des plus terribles décisions
du redoutable Tribunal. Les trames ordonnées par ces ministres du châtiment en matière politique, et concertées au moyen de l'Ambassadeur
en Savoie, pour arracher la vie à celui qui s'était soustrait à la justice
de l'État, sont du plus dramatique intérêt. Nous avons pareillement
formé un portefeuille considérable avec la copie des correspondances
échangées au sujet des mouvements et des démarches de ce patricien.

erreur judiciaire. Par une instruction nouvelle, les
preuves de cette erreur furent mises au jour, les faux témoins et les dénonciateurs confessèrent leur crime et
l'expièrent par la mort. Ces juges formidables, auxquels
la politique et la raison d'État pouvaient cependant servir d'excuse, ne gardèrent pas le silence, et par un décret admirable, que tous les magistrats présents et à venir
devraient voir inscrit en lettres d'or sur les murs du
lieu où ils siégent, relevèrent à la face du monde l'honneur et la réputation du citoyen que, dans leur âme et
conscience, sous le poids de preuves qui paraissaient
accablantes, ils avaient condamné à la plus infamante
comme à la plus cruelle des peines [1]. Non-seulement ils

---

[1]   16 GENNARO 1622 (M. V.) IN CONSIGLIO DEI DIECI.

« Poiché la Providenza del signor Dio con mezi veramente meravi-
gliosi et imperscrutabili all' ingegno humano ha disposto, che li medes-
simi auttori et ministri della falsità et imposture machinate contra il già
diletto nobile nostro Antonio Foscarini,..... conviene alla giustizia et
pietà di questo Consiglio, al quale sopra tutte le cose incombe per
quiete et sicurezza universale il proteggere l'indennità dell' honore et
riputatione delle famiglie, solevare in quanto si può quelli che indebi-
tamente restano oppressi con nota d'infamia..... »

Et plus tard, lorsque dans ces grandes discussions où la magistrature
des Inquisiteurs fut si fortement attaquée dans l'Assemblée législative de
Venise, je veux dire, dans le Grand Conseil, il se trouva qu'un des plus
éloquents défenseurs du Tribunal, un des esprits les plus illustres qu'ait
jamais eus la République, un des plus lettrés, un des plus politiques, et
qui fut Doge au déclin de sa vie, fut l'arrière-neveu de ce même Antonio. Certes, Marco Foscarini émut vivement cet auditoire, que tant de
passions différentes agitaient, lorsque, dans l'élan de son discours admirable, il vint soudainement rappeler ces malheureux et dramatiques souvenirs : « Qual avvenimento non è stato mai quello del cavalier Antonio
Foscarini del qual discendo, che è andato soggetto a supplizio di morte
e poi è stato scoperto innocente! Tengo per domestica tradizione la
grata e tenera memoria di quel giorno 16 genaio 1622, quando è stata

firent cet acte de justice, mais ils voulurent que le décret'
solennel de réhabilitation civique fût lu en l'assemblée
du Grand Conseil, puis déclaré, dans les cours étran-'
gères, par la bouche des Ambassadeurs de la Seigneurie.

Avant l'année 1652, les Inquisiteurs d'État n'avaient
pas eu de registres spéciaux pour l'inscription de leurs
affaires. Leurs Archives se composaient de différents
dossiers, de feuilles volantes, de mémoires variés, de
comptes épars, de correspondances plus ou moins rassemblées. Ce fut le 12 octobre 1652 que Marco Contarini, Anzolo Giustinian, Zuane Donado, prirent un
arrêté par lequel leur Secrétaire reçut l'ordre d'avoir à
tenir des registres sur lesquels on inscrirait à l'avenir le
sommaire des affaires courantes et tous les cas les plus
importants qui se présenteraient. C'est d'où vient la
série des registres désignés sous le nom de *Annotazioni*.
Ces utiles documents composent une série de dix-huit
volumes. Lorsque nous entreprîmes, en 1866 et en
1867, l'examen des papiers des Inquisiteurs, cette précieuse série manquait aux Archives. Dès qu'elle y fut
restituée par le Gouvernement autrichien, qui en était
possesseur depuis plus de soixante ans, un érudit inves-

dichiarata dal Maggior Consiglio con solenne parte e poi resa nota a
tutte le Corti, la tragica vicenda accaduta soprà un cittadino che aveva
sostenuto le prime dignità della patria. È stato allora che la povera mia
casa ha accolto un prodigioso numero di nobili concorsi a manifestar
sentimenti misti di lagrime e di consolazione. Gran momento poteva
esser quello per i miei maggiori, se le voci del zelo non avessero soffo-
cato quelle della natura, ma altro non è stato allora detto se non che la
frode di tre scellerati calunniatori aveva prevalso sopra la perspicacia
dei tre Inquisitori di stato. »

tigateur italien, un des jeunes écrivains en histoire qui
a déjà fait ses preuves par des publications très-
louables, M. Auguste Bazzoni se rendit de Florence à
Venise, pour prendre connaissance de ces documents,
et le mémoire très-intéressant qu'il vient de produire
dans l'*Archivio storico italiano* sur *Le Annotazioni degli
Inquisitori di stato* nous dédommage parfaitement de
l'impossibilité matérielle où nous avons été de les consulter [1]. Nous ne saurions donc trop en recommander la

[1] Les registres des *Annotazioni* sont au nombre de dix-huit, dans cet
ordre progressif de dates :

1643-1647.

1652, 9 octobre.	— 1673, 19 décembre.
1674, 30 mars.	— 1685, 12 février.
1686, 7 mars.	— 1701, 1er septembre.
1701, 4 novembre.	— 1719, 5 septembre.
1719, 3 août.	— 1723, 1er mai.
1723, 8 mai.	— 1729, 30 août.
1729, 7 septembre.	— 1737, 10 septembre.
1737, septembre.	— 1746, 29 septembre.
1746, 8 octobre.	— 1755, 29 septembre.
1755, 5 octobre.	— 1759, 27 septembre.
1759, 9 octobre.	— 1763, 29 septembre.
1769, 5 octobre.	— 1769, 29 septembre.
1769, 19 octobre.	— 1776, 27 février.
1777, 8 mars.	— 1785, 7 décembre.
1786, 11 avril.	— 1793, 27 septembre.
1793, 19 octobre.	— 1797, 6 mars.
	1746-1797, Index alphabétique.

Nous recommanderons aussi la consultation de quelques registres désignés sous le titre de *Indice di Communicate* 1700-1743, *di Lettere*
1701-1720, *di Annotazioni* 1701-1743, *di Salvi-Condotti* 1714-1738,
di Sfrattati 1701-1743, *di Condannati* 1702-1742, *di Universali* 1702-
1739. *Idem, ibidem* 1743-1749. Puis *Libro memorie* 1776-1781 ; 1782-
1789 ; 1789-1795 ; 1795-1796, et enfin *Rubriche di Lettere* 1747-1789 ;
1789 octobre-1796.

lecture aux curieux et aux historiens. Ils y trouveront
des détails heureusement choisis et habilement présentés. On reconnaît, à lire ces pages, que l'auteur est fait
pour cultiver avec succès cette belle science de l'histoire[1].

Dans le cours aussi du dix-huitième siècle, les Inquisiteurs décidèrent que chaque année, au mois d'octobre,
époque où les nouveaux élus entraient en fonctions, le
Secrétaire de service devrait écrire pour leur usage un
rapport qui, sous le titre d'*Informazione*, les instruirait
non-seulement des affaires négociées par leurs prédécesseurs, mais encore du personnel des affidés, des *confidents*, des prisonniers, et de l'état des finances du
Conseil. Si ce soin de présenter l'*Informazione* eût été
en usage dès le principe, et si on en eût conservé le
recueil en son intégrité, l'histoire, qui est encore à faire,
du Tribunal des Inquisiteurs trouverait de particulières
ressources dans ces documents[2]. En 1779, le Secrétaire
fut chargé de relever, d'après les notes officielles, les
noms de tous ceux qui avaient accepté ou sollicité l'em-

---

[1] M. AUGUSTE BAZZONI a publié, entre autres ouvrages, le livre suivant, que nous recommandons aux curieux de l'histoire de France :
« *La Reggenza di Maria Cristina, Duchessa di Savoia (con nuovi
documenti*). Un vol. in-8°, Turin, Seb. Franco. Il publie présentement
la Storia diplomatica d'Italia dal anno 1848 al 1868 (vol. in-8°, Florence, Civelli).

[2] Les *Informazioni* dont nous avons pris copie sont celles de 1717,
1729, 1730, 1731, 1732, 1736, 1741, 1749, et une sans date. Le Secrétaire rapporteur commençait généralement son mémoire en ces
termes : « Eseguendo il mio humilissimo debito son in obbligo di render
conto dello stato della *cassa*, delle *confidenze* che si hanno si in Venezia che fuori ; delle *negotii* che restano e di quelli che se trovan soggetti
alla giustizia del Tribunale o per sentenze note o per depositi. »

ploi de correspondant ou de rapporteur secret, principalement à l'étranger. En 1715, à Londres, Giacomo
Querini, patricien, servait le Tribunal ; de 1715 à 1717,
le comte Pighetti, originaire de Parme, en 1718, l'abbé
Benotti, secrétaire de Florence, en 1740, le secrétaire
Vignola, et en 1746 l'abbé Oliva [1] (de Rovigo), servaient en France. Leur devoir était d'écrire une fois par
semaine. En 1748, ils avaient un agent au Congrès
d'Aix-la-Chapelle qui s'était facilité un accès auprès de
tous les ministres étrangers. Les agents qui étaient employés à Venise même apportaient leurs rapports au
Secrétaire du Tribunal chaque mercredi. Un des meilleurs et plus habiles espions était, en 1718, un certain
Bernardin Garbinotti. Il figure sur les registres des
confidents jusqu'en 1739. On peut dire qu'il était un
danger pour les résidents étrangers, car sa spécialité,
(et il y réussissait extrêmement), était de corrompre
les principaux serviteurs dans les ambassades. En la
seule année 1735, il avait amené à la dévotion du Tribunal le majordome de l'Ambassadeur de l'Empereur, le
maître d'hôtel de l'Ambassadeur de France, et un autre
Français qui remettait deux fois par mois, sous pli cacheté, le *suc* des dépêches qui étaient adressées à Paris ou
qui en revenaient. En 1739, il avait amené aussi à composition le majordome du Nonce, qui, régulièrement, envoyait sa correspondance sous le nom de *Frà Sempronio.*

---

[1] Cet abbé rapporteur fut remercié au mois de novembre 1748. Son
dernier *chiffre* est du 18 novembre et est relatif à madame de Pom-
padour. Voyez ARCHIVES DE VENISE. Papiers des Inquisiteurs. *Notizie
tratte dalle Relazioni dei Segretarii e dai libri delle Annotazioni in proposito dei confidenti.*

A Constantinople, le Tribunal avait pour agent secret
un évêque, originaire de Raguse, lequel envoyait *ottime
notizie,* d'excellentes informations. Les moines servaient
aussi, fort aisément, dans ces ténébreuses affaires, mais
plus ou moins bien, car il arrivait que parfois leur indiscrétion n'avait pas de limites, en ce sens qu'ils s'employaient à la fois dans les deux camps. Le roi Louis XIV
avait d'eux une médiocre estime, car dans une de ses
dépêches originales et signées de sa main, du 16 juillet
1705, à M. l'abbé de Pomponne son ambassadeur,
Sa Majesté ne craint pas de dire... « *Quoiqu'il n'y ait
point de meilleurs espions à Venise que les religieux, il y
en a souvent qui promettent ce qu'ils ne peuvent exécuter* [1]... » Si l'on y regarde de près, on conviendra du
reste que ces agents secrets, ces serviteurs occultes n'é-
taient point aussi nombreux ni aussi formidables pour le
service intérieur de Venise, que l'on a bien voulu le dire
en mille et une histoires et récits qui n'avaient d'autre
base que la rumeur publique.

On a représenté les Inquisiteurs d'État comme ayant
à leur solde et pour le service de leur inquisition toute
une légion d'espions. Il en faut bien rabattre. Entre
1760 et 1779, il y eut des années où le Tribunal n'avait
pas à Venise plus de trois ou quatre de ces stipendiés;
en 1775, il en avait sept; un huitième, l'abbé Cattaneo,
faisait le service d'explorateur et d'intermédiaire dans

---

[1] BRITISH MUSEUM. *State Papers relating to France* (manuscrits 15,
284-285). Dépêches d'Arnauld de Pomponne, 28 janvier 1705 à 1710.
Les Dépêches du Roi qui sont intercalées sont originales.

les ambassades [1]; de 1777 à 1779, le Tribunal avait rencontré peu de ces officiers mystérieux, il n'en avait que trois, et il avait peu à s'en louer, car le secrétaire dit en son rapport qu'aucun d'eux ne rend les services désirables.

Parmi ceux qui à cette époque avaient offert leurs services aux Inquisiteurs d'État, se trouvait le fameux Jacques Casanova de Seingalt. Dans le cours de nos investigations, nous avons réussi à retrouver un certain nombre de documents sur ce personnage, que ses *Mémoires* ont rendu si célèbre. Avant que les Archives des Inquisiteurs nous eussent été ouvertes, les pièces relatives à cet aventurier, vraiment extraordinaire, étaient dispersées pour la plupart dans la masse confuse des pa-

[1] C'était un personnage très-versé dans les affaires et cérémonies diplomatiques. Il était bon observateur et savait écrire ses informations en assez bon style. Parmi les miscellanées qui sont aux ARCHIVES DE VENISE, il y a de lui un ouvrage manuscrit qui est une sorte de Code à l'usage des Ambassadeurs à Venise. L'ouvrage est divisé en chapitres ainsi désignés : *Préface. De l'Extérieur. Des Connaissances qui sont opportunes. Du Discours et de la Parole. Des Visites et de la fréquentation des Ambassadeurs. Du Cérémonial et d'abord des conférences avec les Ministres ou Envoyés. De l'Entrée publique. De l'Intervention des Ambassadeurs dans les occasions de cérémonies, telles que l'élection du Doge, des Patriarches, des Procurateurs de Saint-Marc, du Grand Chancelier et lors du passage de Princes étrangers par Venise. Des Nouvelles et des Relations.* Cet émissaire diplomatique était sans doute le fils ou le neveu d'un J. Cattaneo qui, en 1743, portait le titre à Venise d'historiographe et conseiller intime de Sa Majesté Prussienne et négociait officieusement pour le compte de ce Souverain. L'objet de sa première intervention auprès de la République avait été la réclamation d'une charmante danseuse, la Barberine, récalcitrante à ses engagements avec le théâtre du Roi. Ce fut toute une affaire. (Voir le carton des *Pièces secrètes.* Conseil des Dix. *Filza* 65. Années 1743 et 1744.) Il existe aussi dans les Archives un registre intitulé : *Ordini del Tribunale all' abbate Cattaneo* 1795, 5 octobre; 1796, 24 janvier.

piers du Tribunal; nous avons formé une sorte de dossier
dans lequel nous avons réuni toutes les *preuves* qui lui
sont personnelles, et nous ne croyons pas que jamais,
en cet endroit, il sera possible d'en trouver davantage.
Nous nous étions d'autant plus appliqués à cette recherche, qu'alors même un organe de publicité très-intéressant, l'*Intermédiaire des Chercheurs et des Curieux* [1],
produisait des questions qui mettaient en doute non-
seulement l'authenticité de certains faits rapportés dans
les *Mémoires* de ce Vénitien, mais les *Mémoires* mêmes.
Entre autres preuves incontestables, nous avons rencontré les pièces à l'appui des dénonciations qui furent
adressées contre lui aux Inquisiteurs par l'espion Ma-
nucci [2], les pièces à l'appui de son arrestation par le
Messer Grande [3], celles de son incarcération sous les
plombs, de sa fuite au mois de novembre 1756, de quelques-uns de ses voyages, de son séjour en Angleterre [4],

[1] L'INTERMÉDIAIRE DES CHERCHEURS ET DES CURIEUX (Correspondance
littéraire, *Notes and Queries* français), *Questions et Réponses, Communications diverses*, à l'usage de tous Littérateurs et Gens du monde,
Artistes, Bibliophiles, Archéologues, etc. (Paris, Cherbuliez, rue de
Seine.) Cet utile et piquant organe de la curiosité littéraire en France a
été fondé en 1864 par l'érudit M. CHARLES READ.
    Voir pour les *questions* et *réponses* relatives aux *Mémoires de Casanova*,
la première année de l'*Intermédiaire*, pages 51, 90, 120, 137, 153, 187.
[2] Le premier rapport de l'espion G. B. Manuzzi sur Jacques Casanova
est en date du 11 novembre 1754, suivent ceux des 16 et 30 novembre
même année; des 22 mars, 17, 21, 24 juillet 1755.
[3] En date du 27 juillet 1755, signé Mattio Varutti Capitaine-Grand.
[4] Lettre de Giacomo Casanova, du 18 novembre 1763, Londres,
adressée aux *Cinque Savii della Mercanzia*. Dépêches du résident vénitien à Turin, Giovanni Berlendis, du 30 décembre 1769, etc. Dans la
première, le résident avise que G. Casanova lui a remis un exemplaire
du livre curieux qu'il vient de publier sous le titre de *Confutazione della*

de plusieurs de ses écrits historiques pendant que, de 1756 à 1774, il mena cette vie si errante et si bizarre, qu'il a racontée, de son séjour à Trieste[1] enfin, au récit duquel il arrête tout à coup l'histoire si variée et animée de son existence aventureuse. Qu'était devenu Casanova depuis cette époque jusqu'au jour où, sept ou huit ans plus tard, il entra dans la maison du comte de Wallenstein avec la qualité de bibliothécaire du château de Dux, en Bohême? Quelles vicissitudes nouvelles avaient traversé son existence? Le chapitre en est triste. Étant

---

storia del Governo Veneto d'Amelot de La Houssaye, *divisa in tre parti.* (Amsterdam 1769, P. Mortier.) Le 12 octobre 1772, le consul de Venise à Ancône, G. M. Bandiera, signale la présence de l'aventurier dans cette ville, et fait de lui aux Inquisiteurs ce rapide portrait : « Lo viddi coll' occhio proprio per alcune indicationi, se bene da me mai veduto in addietro, passaggiando franco e ardito da per tutto con buoni arnesi. Conversa in più case, e va spargendo d'essere destinato alla partenza dentro a qualche settimana per Trieste e di là per la Germania. Egli è un uomo d'anni 40 al più, grande di statura, *di buono e vigoroso aspetto,* olivastro di carnagione, *con occhio vivace* e un peruchino corto castagno, *di carattere* quanto mi fu detto *elato e sprezzante, e sopra tutto fornito di loquela spiritosa e ben erudita.* » Avant de rédiger ses *Mémoires,* Casanova avait publié en un petit volume, devenu fort rare, le récit de sa fuite des prisons de Venise, sous ce titre : *Histoire de ma fuite des prisons de la République de Venise qu'on appelle les Plombs.* (Écrite à Dux, en Bohême, l'année 1787.) Leipzig, chez le noble de Schonfeld, 1788.

[1] Les lettres du consul vénitien à Trieste, Marco de Monti, 15 janvier 1773 (M. V.) et suivantes; celles de Casanova depuis le 8 février 1774, etc. Nous ferons une publication séparée de toutes les pièces que nous avons recueillies sur ce personnage excentrique. Nous l'avons déjà préparée sous ce titre : « *La vérité sur les* MÉMOIRES DE JACQUES CASANOVA DE SEINGALT, *écrits incontestablement par lui-même* », et nous saisissons ici cette occasion de remercier publiquement l'honorable et populaire éditeur allemand, M. BROCKHAUS, de Leipzig, pour la parfaite bonne grâce avec laquelle il a bien voulu nous donner les informations littéraires qui nous étaient nécessaires.

à Trieste, il avait rendu des services secrets au consul vénitien dans des circonstances qui étaient bien connues du Tribunal des Inquisiteurs. Exilé, désireux de sa grâce, il avait espéré par des marques de dévouement occulte mériter la faveur des magistrats redoutables qui avaient la faculté de le libérer de l'exil et de lui permettre de rentrer à Venise avec sécurité. Un sauf-conduit lui fut adressé à la date du 3 septembre 1774. Il revint aussitôt dans sa patrie, se présenta secrètement aux Inquisiteurs, entre le 12 et le 18 septembre, et devint espion en service occasionnel; ses rapports ne sont pas écrits sans élégance, mais l'intérêt en est médiocre. Il s'y hasarde à faire, çà et là, de la philosophie. Les Inquisiteurs voulaient sans doute autre chose. En 1776, au mois de novembre, il eut commission de faire, pour le compte du Tribunal, un voyage en Dalmatie; mais il s'arrêta à Trieste, où ses relations personnelles avec le comte de Zinzendorf lui acquirent les informations qu'il était chargé de recueillir. Revenu, il prend le nom d'*Antonio Pratolini* pour correspondre avec Leurs Excellences. En 1779, il est agent en service actif et stipendié au mois; il fait un voyage d'explorateur dans les Marches, dont l'objet, demeuré assez obscur, paraît avoir eu pour but une information commerciale, relative à quelques consuls. En 1780, accepté de nouveau par les Inquisiteurs récemment élus, il adresse des rapports que semble avoir dictés une certaine élévation d'esprit. Cependant, à la fin de l'année 1781, Casanova encourut la disgrâce de ces *Excellences* dont il avait tant de fois imploré la générosité depuis qu'il remplissait cette fonction misérable de délateur ou d'explorateur secret. Le document qui en fait foi est la lettre suivante :.

ILLUSTRISSIMES ET EXCELLENTISSIMES SEIGNEURS, MESSEIGNEURS INQUISITEURS D'ÉTAT. — Rempli de confusion, accablé par la douleur et le repentir, me reconnaissant absolument indigne d'adresser ma vile écriture à Leurs Excellences, confessant d'avoir encouru le châtiment pour avoir manqué à mon devoir dans les circonstances qui se sont présentées, moi, Jacques Casanova, j'invoque à genoux la clémence du Prince; je le supplie de m'accorder, par compassion et grâce, ce qu'en toute justice et en toute réflexion il peut me refuser.

Je demande à la munificence souveraine qu'elle me veuille venir en aide, afin que, pouvant subsister, je m'emploie vigoureusement à l'avenir dans le service où j'ai été initié.

D'après cette supplique respectueuse, la sagesse de Vos Excellences jugera quelles sont les dispositions de mon esprit et mes intentions.

Mais Leurs Excellences parurent s'émouvoir peu de cette humiliante supplique; ils accordèrent à l'espion un mois de solde, et décidèrent qu'à l'avenir Jacques Casanova ne recevrait de salaire qu'autant qu'il rendrait des services importants. Il y a lieu de croire qu'il n'en rendit plus aucun de ce genre vil et misérable, car son nom ne reparaît plus depuis cette époque dans les papiers ou sur les livres du Tribunal; il quitta d'ailleurs Venise un an plus tard, et ne revit plus ce théâtre de ses exploits si divers.

A ce corps d'agents si singuliers appartenait aussi, dans les dernières années de la République, un abbé Pedrini, esprit ingénieux, de bonnes lettres, mais qui fut plutôt un agent philosophe ou penseur qu'un méprisable

41.

délateur[1]. Il était aux appointements des Inquisiteurs;
mais lorsqu'on lit ses rapports, on se demande s'ils ne
sont point plutôt les œuvres d'un lauréat d'académie, que les écrits d'un agent secret. Ce sont de ces
rencontres auxquelles, il faut en convenir, on ne s'attend guère dans cette série des papiers du mystérieux
Tribunal. Les écrits de cet affidé, moraliste, ont une
particulière saveur. Il semble prendre à tâche de représenter aux Inquisiteurs combien les mœurs de cette
République, dont la sécurité est confiée à leurs soins,
sont relâchées. Il entre en des considérations sur les
abus du luxe et l'entrain effréné des sens. Ses anecdotes sont de véritables peintures de mœurs, il s'occupe de la mode, des cafés alors si fréquentés à
Venise, des *casini* ou petits salons intimes des nobles[2].

[1] Cet abbé R. PEDRINI proposa ses services au Tribunal des Inquisiteurs au mois d'avril 1784. Il avait vécu pendant trente ans loin de
Venise sa patrie, qu'il avait quittée en 1754, après avoir été secrétaire
particulier du patricien Zaccaria Valaresso. On le retrouve ensuite à
Milan s'occupant de matières de jurisprudence auprès du Comte Sor-
mani et du Marquis Rossi di San-Secondo. Il fréquente Parme et Modène;
revient à Venise pour un instant en 1766, pratique le cabinet du patricien Andrea Memmo, si versé dans les affaires politiques, se rend à
Vienne jusqu'en 1767, revient à Parme, retourne à Vienne jusqu'en
1770, va à Paris recommandé par Marie-Thérèse au Comte de Mercy-
Argenteau, et passe en Angleterre, où il est accueilli par le Marquis de
Belgiososo. Ses *Rapports* pourraient être le sujet d'une publication
piquante pour les curieux qui sont à Venise. L'abbé Pedrini fit imprimer en 1791 un opuscule sur *la Noblesse*, qui lui valut d'être appelé à
la *Bussola* pour y être admonesté par Leurs Excellences.

[2] En 1790, les *botteghe da caffé* les plus fréquentées à Venise par
les patriciens et, pour ce motif, indiquées à la surveillance du *Messer
Grande* (Cristofolo Cristofoli alors) étaient: *al Ponte dell' Anzolo, al Ponte
del Vin*, soprà la riva dei Schiavoni; *la' Londra*, verso il ponte della
Pietà; *le Rive*, à San-Moïsè; *San-Fantin*, in campiello della Chiesa;

Il ne désigne personne et ne s'avilit point à nuire par
des dénonciations. C'est un agent secret d'un nouveau
genre, et il est à croire que les Inquisiteurs eurent le
goût d'apprécier cette façon particulière de servir l'État,
puisqu'ils maintinrent ce rapporteur à leur service pendant près de douze années. Comme il avait aussi beaucoup fréquenté le corps diplomatique à l'étranger, et
surtout à Vienne, à Paris et à Londres, il prenait aussi
pour thèse des *Rapports* qu'il présentait au Tribunal,
les coutumes de la diplomatie.

L'examen des documents « *Informazioni* » que présentait le Secrétaire à la fin de chaque année permet aussi
de rétablir la vérité à l'endroit des prisonniers des Inquisiteurs. Combien on voit que le nombre en était restreint,
si, avec ces pièces authentiques sous les yeux, on veut

al *Ponte dei Fuseri*, sul canton in Frezzaria; *alla Vedova*, in Frezzaria;
al *Ponte della Calzina*, soprà le Zattere; *ai due Recordi*, in Frezzaria.
Les *Casini*, pareillement fréquentés et observés, étaient ceux *dei Vecchi*,
dei Giovani, *di San-Samuel*, *di San-Cassan* et *di San-Giovanni Grisostomo*, aux Procuraties, et ceux de *l'Ascenzione*, chez Panizza, et *ai
Lumineti*, à San-Moisè. D'après une note de police de l'année 1773,
nous voyons qu'il y avait deux cent sept *botteghe da caffé*, réparties
dans les six grands quartiers de la ville, y compris la Giudecca, de la
manière suivante : soixante-dix-sept dans le circuit de la place Saint-
Marc et au-dedans, dix-huit à Saint-Marc, trente à Castello, vingt-cinq
à Canareggio, vingt-deux à Dorsoduro, onze à Santa-Croce, vingt-quatre
à San-Polo. Même nombre en 1784. La population de Venise seule
était en 1765 de 149,476 âmes; celle du *Dogado*, c'est-à-dire de Venise,
Chioggia, Grao, Malamocco, Maran, Cavarzere, Adria, Loreo, Cologna,
Caorle, Torcello, Murano, Gambarare, de 248,210; celle des provinces
de Terre ferme en deçà du Mincio, de 1,294,862, et celle des provinces
au delà du Mincio, 560,274. L'État vénitien proprement dit comprenait donc 2,103,346 habitants.

chercher et accepter la vérité! Il advint fort rarement,
peut-être jamais, que les quelques cachots appelés les
pozzi et les quelques cellules appelées les *piombi* fussent
tous occupés en un même temps. En 1717, un seul prisonnier est *sotto i piombi*, deux *alli pozzi*, et quatre dans
les *camerotti*. Le nombre approximatif, pendant tout le
cours du dix-huitième siècle, est annuellement de sept
ou huit détenus dans ces prisons réservées à la justice des
Inquisiteurs. Plus on pénètre dans l'histoire de ce Tribunal extraordinaire, plus on se rend compte qu'il fut plus
effroyable encore par le mystère réellement impénétrable
dont il s'entourait, que terrible par ses actes. Les apparences, l'enveloppe, sont artistement rendues et main-
tenues épouvantables. L'effet que cette politique ambitionnait de produire était obtenu. Le fond était moins
cruel. La vérité est là. Les documents soigneusement et
attentivement explorés font la lumière. Il faut, après
cette besogne, beaucoup rabattre de ces terreurs. Le fait
des poisons en est un exemple. Le Tribunal en avait
toujours dans l'une de ses armoires, car on les trouve signalés dans les différents inventaires, et il existe des correspondances dont l'objet est de s'en procurer [1]. Mais

---

[1] Voir, à cet égard, un document tout spécial du résident vénitien à
Florence, Pier-Antonio Marioni, du 10 mars 1630. ARCHIVES DE VENISE,
Papiers des Inquisiteurs, *Correspondance.* « Ill.mi et Ecc.mi Signori Colendissimi. Ottenuto io finalmente con somma segretezza la *manipulatione*
di due sorti di veleni molto potenti da persona intendentissima di chi-
mica, et che tiene copia della maggior parte dei secreti del già Don
Antonio Medici, famoso nella stessa professione, tra quali sono anche
questi, li mando a VV. EE. con questo ordinario dricciato per maggior circospettione al Signor Secretario di VV. EE. con apparenza
di quinte essenze salubri richiestemi da lui..., » etc.

Voir aussi, touchant les poisons employés assurément avec moins de

combien de fois, en un siècle, le Tribunal en a-t-il usé ?
C'est où il faut regarder. Dans son rapport de 1717, le
Secrétaire rapporteur mentionne ce détail si justificatif
aux noùveaux Inquisiteurs : « *Des poisons, le Tribunal
n'en a plus que quelques petites boîtes que l'on dit avoir
été préparées par Serpicelli, mais la recette pour les employer ne se retrouve plus, et on croit qu'ils ont perdu
toute leur force. On a interrogé Zanichelli, mais il s'est
déclaré incapable à de semblables manipulations.* » Aucun
détail sur les rares circonstances où le Tribunal en commanda l'emploi ne saurait d'ailleurs échapper à l'investigation de l'historien, car les registres sont des révélateurs certains, et il serait puéril d'admettre que ceux
qui en ordonnaient la rédaction pouvaient être plus
discrets en telle occasion qu'en telle autre. Une des dernières tentatives de meurtre par le poison fut décrétée
par les Inquisiteurs en 1767 contre un perturbateur des
provinces limitrophes du Monténégro, que le Provéditeur général en Dalmatie avait signalé au « Tribunal

scrupule au quinzième et au seizième siècle par le Conseil des Dix, en
matière politique, un petit registre récemment découvert dans les Archives
de Venise, sous le titre de « *Secreta secretissima del. Consiglio dei X* »,
avec cette note particulière : « *Scripture invente in Cancello qm Barth.
Comini per circospectum Nicolaum Gabrielem Secretarium et consi-
gnate mihi ut tute custodiantur nomine Dominorum Capitum Decem.
In materia veneni conficiendi*, 1544; 22 julii. Les deux documents,
l'un du 14 décembre 1513, et l'autre du 27 avril 1527, sont des plus
curieux. Il s'agit dans le premier d'un frère Jean de Raguse, de l'ordre
des Frères Mineurs, qui propose, dans le plus grand secret aux trois
Chefs du Conseil des procédés *admirables* pour occasionner mystérieusement la mort. Le second démontre que le Conseil des Dix avait résolu
de faire périr par le poison le Connétable de Bourbon. Mais sa mort
vio ente débarrassa le Conseil de l'exécution de cette criminelle besogne.

terrible » comme un dangereux ennemi [1]. Nous ajouterons que fort souvent ces ordres homicides, en des
contrées lointaines, demeuraient sans exécution. Un
des exemples les plus saisissants et qui, ce nous semble,
n'a jamais été révélé, concerne la personne du fameux
comte de Bonneval. Après avoir servi la marine française
sous Tourville, l'armée de terre sous Catinat et Vendôme,
et avoir été disgracié par Chamillard, il s'était rendu
en Autriche, avait combattu contre la France et fini
par se donner aux Turcs, qui l'avaient fait mahométan
et pacha. Homme habile, expert dans les armes, capable
d'inventions dangereuses, il avait examiné de près la
situation de Venise. Mais, lorsque le Tribunal secret
connut son engagement avec le Turc, et qu'il sut que
Bonneval s'était déclaré l'ennemi de la République, s'in-
spirant alors de la raison d'État, il résolut de l'arracher
à la vie par des moyens mystérieux. L'ordre en fut
donné à l'Ambassadeur à Constantinople par une lettre
des Inquisiteurs du 30 juillet 1729 [2]. Cet ambassadeur,

---

[1] ARCHIVES DE VENISE. PAPIERS DES INQUISITEURS. *Correspondance.*
Al Proveditor General in Dalmazia, etc. Molto importando per i più
alti gelosi riguardi di Stato di togliere dal mondo nella persona dell'
ignoto forestiere la causa de' promossi turbamenti nel Montenero e le
consequenze de' minacciati maggiori disturbi ed attentati, trova opportuno e necessario il Tribunal nostro da cui le viene rimesso *nell' unito
pachetto* l'occorente di aggiungere all' E. V. l'incarico di far che sia data
esecuzione all' opera nei modi più cauti, meno osservabili e più secreti
e sicuri. A questo effetto si valerà di persona che fosse da lei riconos-
ciuta la più destra, capace e fedele quand' anche si trovano in disgrazia
della giustizia, alla quale oltre accordarli il perdono delle sue colpe, le
veranno da lei fatti somministrare cecchini due cento in premio dell'
opera esequita, etc... 1767, 19 novembre. (Suit une explication sur le
contenu des *bozzette*, qui étaient au nombre de cinq.)

[2] ARCHIVES DE VENISE. PAPIERS DES INQUISITEURS. *Correspondance. Al*

Daniel Dolfin, répondit par une dépêche du 13 septembre, dont voici le passage important :

TRÈS-ILLUSTRES ET EXCELLENTISSIMES SEIGNEURS, MESSEIGNEURS TRÈS-RESPECTÉS. — Les ordres de ce Tribunal sont et seront toujours accueillis avec la plus grande considération et exécutés avec la plus rapide soumission toutes les fois qu'il y aura moyen de les accomplir. La grande prudence de Vos Excellences comprendra donc par quelles difficultés se trouve empêchée mon obéissance aux ordres qu'Elles m'ont donnés dans leurs lettres respectées du 30 juillet, fidèlement arrivées par la voie de Vienne. L'*individu* désigné dans ces lettres n'est pas ici, et l'époque où il y sera est incertaine. Vos Excellences verront la raison de ce retard dans mes dépêches au Sénat. J'ai été obligé de lui en rendre compte, parce que cette affaire est en corrélation avec d'autres et parce qu'elle fait ici le sujet de toutes les conversations.

Et de fait, il n'advint rien de cet ordre formidable, et Bonneval-Pacha vivait encore à la cour de l'Ottoman dix-huit ans plus tard.

Bàilo alla Porta Ottomana. Primà dell' arrivo della presente averà V. E. veduta costà la comparsa del Generale Bonneval il quale pur troppo è vero che portatosi al serraglio di Bosnia si è avanzato dopo breve dimora verso cotesta capitale. Nella precedente nostra, della quale riceverà annessa la replicata sono abbondantemente espressi li motivi, per li quali può costà questo soggetto riuscir fatale alla Repubblica e alla Christianità, e la di lei nota virtù non ha bisogno di maggiori spiegazioni. Ora conviene che le aggiungiamo la necessità indispensabile e stringente di darsi mano a qualunque più gagliardo ripiego per disfarsi di un fomite che non può se non essere rovinoso e funesto. Tale si è anche il desiderio del Senato, e V. E. ha prudenza bastante per comprenderne la gravità de' motivi per tentare ogni via per conseguirne, se mai sia possibile l'intento, ma per tentarlo con quella segretezza, attenzione e cautela che tenga immune la di lei persona, la carica e in consequenza la Repubblica da qualunque pericolo d'impegno, etc...

La République de Venise était extrêmement jalouse
de certaines branches de son industrie : elle protégeait
par toutes sortes de moyens et de priviléges les manufac-
turiers et leurs ouvriers, mais en même temps, elle leur
interdisait, sous les peines les plus graves, toute expa-
triation, toute communication aux étrangers des inventions qui rendaient si célèbres et si enviés certains de
leurs produits. Les verriers de Murano, ces fabricants
et inventeurs admirables dans l'art de faire le verre, de
produire les miroirs et de les travailler, étaient, depuis
un temps immémorial, l'objet constant des attentions et
de la vigilance du Gouvernement. La fuite d'un ouvrier
de Murano en pays étranger équivalait à un attentat à
la sûreté de l'État. Il était poursuivi, jugé et condamné
comme traître à la patrie. Le ressentiment public le
suivait où il était, et plus il était ingénieux et illustre en
son art, plus on l'estimait redoutable. Sa vie au dehors
était en perpétuel danger. Les Inquisiteurs d'État, en
effet, étaient ses juges. Rien de plus rare, du reste, jusqu'à la moitié du dix-septième siècle, que l'émigration
d'un maître verrier de Murano. Avec l'avénement de
Colbert aux affaires de France il en fut tout autrement,
et la vigilance du Tribunal des Inquisiteurs à l'endroit
des industries vénitiennes eut lieu d'être non-seulement
éveillée, mais considérablement exercée. Ce Ministre,
en effet, dont les sentiments pour la grandeur indus-
trielle de la France méritent d'être comparés à ceux
qu'avait conçus le Cardinal de Richelieu pour sa grandeur politique, avait résolu d'attirer à Paris et dans les
grandes villes du royaume les plus habiles maîtres

ouvriers qui fussent en Europe. Il voulait l'efflores-
cence de l'industrie, la supériorité des marques de
fabrique. Il ne fut efforts qu'il ne fit pour arriver à ce
but. Il n'y eut ordres qu'il ne donnât aux Ambassadeurs à l'étranger pour le seconder en ses vues. Instructions, mémoires, plans, projets, devis de tous genres,
occupaient fiévreusement la plume des secrétaires de son
cabinet[1]. Le succès de l'industrie vénitienne, en général, était l'objet de sa glorieuse envie. Il lui voulut
prendre la fleur de ses arts et métiers. Justement motivé
fut donc ce cri d'alarme et de regret jeté par l'Ambassadeur de Venise à Paris, qui, dans sa dépêche du 17 avril
1680, disait aux Inquisiteurs : « *Je répète à Vos Excel-*

[1] Voyez comme preuves et pièces à l'appui l'admirable publication
de M. Pierre Clément : *Lettres, Instructions et Mémoires de Colbert,*
d'après les ordres de l'Empereur et la proposition de M. Magne, Ministre
Secrétaire d'État des Finances : tome II (deuxième partie), *Industrie
et Commerce;* tome V, *Sciences, Lettres, Beaux-arts, Bâtiments.* (Paris,
Imprimerie impériale, 1863 et 1868.) Et la *Correspondance administrative sous le règne de Louis XIV entre le Cabinet du Roi, les Secrétaires
d'État, le Chancelier de France,* etc., recueillie par G. B. Depping.
(Paris, 1851.)
Dans le tome III indiqué plus haut, nous voyons : — 16 août 1669. au
Président de Saint-André, Ambassadeur a Venise. Étudier secrètement
l'état des manufactures de glaces et de dentelles, p. 484. — 15 août
1669, idem, Surveiller la concurrence que les glaces et dentelles de
Venise font à celles de France, p. 498. — 13 juin 1670, idem. Les ouvriers en glaces se sont montrés indisciplinables, d'ailleurs on n'en a
plus besoin. — 17 octobre 1670, idem. Surveiller le commerce des dentelles suspendu par le deuil de Madame, p. 570. — 29 juillet 1672, au
Comte d'Avaux, Ambassadeur a Venise. Privilége demandé pour la
fabrication des grandes glaces et pour une nouvelle machine à polir,
p. 660. — 6 janvier 1673, idem. Les glaces de Venise ne craignent plus
la concurrence. Privilége demandé pour une fabrique de glaces. Dentelles introduites en fraude, p. 672. Voyez aussi la belle *Introduction
au Journal d'Ormesson,* par M. Chéruel, II, cxviii.

*lences que j'ai les yeux mouillés de larmes à voir com-
ment se sont transportées ici, soutenues par la méchanceté
impunie de quelques-uns de nos citoyens, ces manufactures
que, par un privilége admirable, la Providence, la Nature
et l'Industrie nous avaient si particulièrement réparties...»*
Le fait des premières tentatives de Colbert pour arracher
leurs secrets aux fabriques de verreries et de miroirs de
Murano remonte aux années 1664 et 1665 [1]. L'œuvre
souterrainement entreprise fut longue à réussir. On s'en
peut rendre compte par l'examen des papiers des Inquisiteurs séparément recueillis en des liasses qui sont désignées dans leurs Archives sous le vocable de *Arti e manu-
fatture*. Dès l'année 1666, cependant, Paris voyait arriver quelques-uns des maîtres verriers de Murano, di-
rigés en cette grave entreprise de l'abandon de leur
patrie et de l'exportation de leur glorieux métier, par un
maître Antonio de Rivetta. A cette époque donc, les
papiers des Inquisiteurs relatifs à la vigilance de leur
Tribunal sur la conservation de l'industrie de la République et aux informations sur la personne et sur les
ouvrages de ceux qui l'auraient portée au dehors, méri-

[1] Dans un fort intéressant travail de M. Augustin Cochin (de l'Institut), publié par *le Correspondant* (livraison du 25 nov. 1865) sous ce
titre : Études industrielles : *La fabrication des glaces depuis Colbert,
manufacture des glaces de Saint-Gobain de 1665 à 1865*, on lit : « Mais
la négociation n'était pas facile, elle coûta à ce ministre infatigable des
correspondances avec les ambassadeurs pendant dix ans, et l'Évêque de
Béziers (alors ambassadeur à Venise), le 8 novembre 1664, commence
par lui répondre que « *pour lui envoyer des ouvriers, il court le risque
d'être jeté à la mer* ». Il ajoute que Venise vend à la France des miroirs
pour cent mille écus au moins par an, et des dentelles pour trois ou
quatre fois autant au moins.

tent une particulière attention [1]. L'histoire en quelque sorte intime du premier établissement de glaces et de verreries artistiques qui fut fondé en France avec succès, se retrouve là, avec des détails que des incidents presque dramatiques et émouvants rendent si intéressants. Le « Tribunal terrible » était instruit journellement des faits et gestes des ouvriers que comblaient et la faveur du Roi [2] et la protection du Ministre à mesure

[1] Le dossier que nous avons formé relativement à la seule affaire des maîtres ouvriers verriers de Murano, d'après nos recherches dans les papiers des Inquisiteurs, est assez considérable. La Compagnie était formée d'Antonio Cimegotto *dit* Dalla Rivetta, Gieronimo Barbin, Zuane Bombarda *dit* Polo, Pietro Bortolussi, « *Maestri che lavora i quari da specchio* », puis de La Motta, Pietro Rigo et Zuane Dandolo, « *Questi tre sono maestri da gotti di cristallo.* » Un beau-frère de l'Anzola, femme d'Antonio della Rivetta, restée à Venise, du nom de Bigonzetto, avait un fils prêtre qui recevait toutes les lettres adressées par Antonio à sa femme. Cette indication, fournie par l'Ambassadeur à Paris dans sa dépêche du 30 avril 1666, avait été fort utile aux Inquisiteurs.

[2] Le Roi les alla visiter dans leur fabrique au faubourg Saint-Antoine, à l'enseigne vénitienne de « Murano », le 29 avril 1666. Sa Majesté, en compagnie de Monsieur et d'un grand nombre de courtisans, fut introduite par Colbert, et laissa cent cinquante doublons de *buona mancia* aux ouvriers. Elle avait du reste reconnu un brevet de pension au maître principal, dès le 21 octobre 1665, dont nous retrouvons le texte dans les papiers des Inquisiteurs :

« Aujourdhuy vingt uniesme jour d'octobre mil six cent soixante cinq, le Roy estant à Paris, voulant gratifier et favorablement traiter le Sr Antonio de la Rivetta, Venitien, ouvrier en glaces et miroirs, venu par ordre de S. M. pour establir en un ou plusieurs endroits de son royaume des manufactures des dites glaces et miroirs. Sa Majesté a accordé et fait don au dit Antonio de la Rivetta de la somme de douze cents livres de pension par chacun an, laquelle luy sera payée par le Trésorier général des Bastimens, Arts et Manufactures de France, sur les ordres du Surintendant d'iceux. Pour tesmoignage de quoy elle a ordonné le présent Brevet luy estre expédié. Signé de sa main et contre-signé par moy son Conseiller Secrétaire d'Estat et des Commandemens de Sa Majesté.

» LOUIS.   *De Lionne.* »

que les efforts des Inquisiteurs se manifestaient par l'entremise de l'Ambassadeur vénitien à Paris pour les décider à un prompt retour dans leur patrie, en leur assurant la clémence et le pardon de leurs juges naturels.

Vers la fin du dix-huitième siècle, les Inquisiteurs
d'État furent investis d'une charge nouvelle. Le soin
leur fut donné de veiller à la conservation et à la préservation des œuvres d'art publiques. Le Conseil des Dix
décréta en effet qu'à la suite de considérations très-
louables que venait de présenter le conservateur de la
Bibliothèque de Saint-Marc, Antonio-Maria Zanetti [1],
auteur de l'ouvrage célèbre qui a pour titre : « *Histoire
de la Peinture Vénitienne,* » il appartiendrait au Tribunal
des Inquisiteurs de porter toute sa vigilance non-seulement sur les palais et les autres propriétés de l'État qui
renfermaient tant d'ouvrages admirables de peinture,
mais encore sur les églises, sur les monastères et tous
édifices religieux, qui n'en contenaient pas un moins
grand nombre de très-goûtés et de très-célèbres [2]. De

---

[1] Antonio-Maria Zanetti, né à Venise le 1er janvier 1706, nommé conservateur de la Bibliothèque de Saint-Marc par un décret du Sénat, le
5 décembre 1736. Auteur d'un ouvrage somptueux : *Delle antiche statue Greche e Romane dell' Antisala della Libreria di San Marco ;* dessi-
nateur et graveur des planches d'un livre charmant et rare, « *Varie Pitture a fresco dei principali maestri Veneziani* »; auteur de l'ouvrage si
utile : *Della Pittura veneziana e Delle opere pubbliche de Veneziani
maestri.* Libri V. (Venise, 1771, imprimerie de Jean-Baptiste Albrizzi.)
Mort le 3 novembre 1778.

[2] Le mémoire présenté dans le mois d'avril 1773 par le Zanetti aux
Inquisiteurs commence en ces termes : « Umiliandomi a questo vene-
rato supremo Tribunale, io Antonio Maria Zanetti, custode della Pubblica Libreria di San Marco, incoraggito dal zelo del pubblico decoro

grands abus avaient été signalés. Des tableaux précieux
avaient été détournés de certains couvents, au préjudice
de l'honneur national, et cédés pour des prix relativement vils à des étrangers [1]. L'incurie des prieurs de

come suddito respettoso e fedele; credo essere debito mio il rassegnare
ai sapienti rifletti delle Eccellenze Vostre un abuso, che se non m'in-
ganno, può degnamente impegnare la mano della eccelsa autorità... » Mais
le passage principal et digne de l'attention publique est celui-ci : « La
copiosa e pregiabilissima unione delle pubbliche pitture è forse la più
rara suppellettile che adorna questa Dominante, e che attrae l'ammira-
zione de forestieri quanto ogn'altra singolarità. Alla custodia e conser-
vazione delle Pitture de' Palazzi pubblici di San Marco e di Rialto si è
proveduto dall' Excellentissimo Senato, e si sono assegnati con più decreti stipendiati inspettori. Restano le Pitture delle chiese, scuole, degli
oratorii e d'altri luoghi, che sono in continuo pericolo o di perire o di
esser vendute, non essendovi autorità pubblica che lo impedisca, o
inspezione che invigili. Ardirei di rasssegnare umilmente, che si coman-
dasse un esatto *Catalogo* o *Inventario* delle *Pitture scelte*, esistenti ne'
sopradetti luoghi, degne singolarmente della pubblica tutela, a norma
del quale intimato che fosse a rispettivi sopraintendenti o direttori de'
luoghi istessi, in forma di consegna, restasse impedito ogni qualunque
arbitrario asporto o vendita di esse Pitture, et per i necessarii ristauri,
o urgenze di rifabbriche e altro che potessero occorrere, si dovesse
dimandare e impetrar le licenze, previa l'inspezione e la relazione di
approvato conoscitore. »

Voir à cet égard les textes des décrets et arrêtés du Conseil des Dix
et des Inquisiteurs : ARCHIVES DE VENISE. Papiers des Dix. (*Parti secrete* filza 74.) 20 avril et 12 juillet 1773. Le décret du 12 juillet a
pour objet de soumettre à l'inspection du délégué de l'État les ouvrages
de peinture possédés par les Églises et les Monastères qui sont du *juspa-
tronato* du Doge. Puis le texte des instructions pour l'inspecteur, les ordres
donnés aux recteurs de Brescia, Padoue, Crême, Bergame, Salò, Verone,
Vicence, Rovigo, Udine, Trévise, Feltre, Bellune, Cividal de Frioul,
Conegliano, Chioggia, etc.

[1] Ainsi trois tableaux de l'autel et les panneaux de l'orgue de San-Gia-
como à Murano, œuvres précieuses du Veronèse, vendues à l'Envoyé
d'Angleterre, en 1772, pour quelques sequins. Peu de temps auparavant,
une négociation avait été secrètement entamée pour l'acquisition du
tableau fameux du Bassan, « *l'Arche de Noé* », conservé dans l'église

quelques monastères ou des grandes confréries avait laissé
se détériorer des ouvrages qu'il était du devoir dès possesseurs de rendre autant que possible impérissables. Le
Tribunal, autorisé par un décret aussi solennel qu'éloquent du Conseil des Dix, prit aussitôt les mesures nécessaires et rigoureuses pour obvier à de semblables
dangers. Il donna commission à l'auteur des *Considérations générales sur l'état des peintures publiques* de
préparer et former un catalogue général de toutes les
œuvres d'art qui se trouvaient réparties dans les innombrables couvents de Venise. Les podestats et préfets des
provinces reçurent l'ordre de faire dresser de semblables
inventaires pour les faire ensuite parvenir au Tribunal
des Inquisiteurs.

Les Pères supérieurs, gardiens et directeurs d'éta-
blissements religieux furent avertis que, sous peine de
l'indignation publique et de châtiments déterminés, aucune œuvre d'art consignée dans les catalogues, et dont
ils étaient regardés comme les dépositaires, ne pourrait
être aliénée sans le consentement du Tribunal. Enfin,
les Inquisiteurs furent autorisés par le Conseil des Dix
à désigner d'office un inspecteur expert, régulièrement
choisi parmi les peintres célèbres de l'État, pour examiner, en temps voulu, les ouvrages inventoriés, et
présenter tous les six mois à Leurs Excellences un rapport circonstancié sur la mission qui leur était con-

de Santa Maria Maggiore. Empêchée par les soins des Inquisiteurs, ils
avaient fait aussitôt apposer sur le cadre l'effigie nationale et *significative*
du Lion de Saint-Marc. Mais en 1781, le 14 septembre, ce tableau fut
enlevé par des mains inconnues, et il s'ensuivit une instruction des plus
curieuses dont les pièces existent dans les papiers des Inquisiteurs.

fiée. Trois de ces inspecteurs furent successivement
élus depuis 1773 jusqu'en 1797, Antonio-Maria Zanetti
(1773-1778), fut le premier, Giovanni-Battista Mingardi
(1779-1796) le second, et Francesco Maggiotto (1796-
1797) le dernier. Leurs rapports de semestre sont conservés aux Archives; et ces documents nombreux méritent d'être consultés par ceux qu'intéresse l'histoire des
chefs-d'œuvre qui étaient le principal ornement des
palais, des églises et des monastères de la Seigneurie[1].
Les Inquisiteurs se regardaient, en un mot, comme les
conservateurs en quelque sorte responsables des trésors
de tout genre que possédaient ces maîtres-couvents de la
République. Le soin et la préservation des grands ouvrages
de peinture et de sculpture n'étaient pas seulement

---

[1] Nous avons la copie de vingt de ces rapports environ : le premier
est en date de la même année que le décret des Inquisiteurs, 1773 ; le
dernier fut présenté le 23 avril 1797, quinze jours donc, seulement,
avant la chute de la Sérénissime République. Nous ajouterons que les
documents officiels relatifs aux Beaux-Arts sont très-nombreux dans les
Archives de Venise. Mais avant que les Inquisiteurs aient eu à connaître de l'inspection et de la conservation des peintures, c'est dans les
innombrables registres et liasses des papiers du Sénat, sous la rubrique
Senato-Terra, qu'il faut les chercher. Antérieurement à l'année 1773,
en effet, c'était du Sénat que dépendaient et la charge de la *Custodia delle Pitture* et le *Collegio dei Pittori*. Voir entre autres 1682,
29 août, 10 et 31 décembre, *liasse* 1029 : 18 novembre 1683, *liasse*
1040 : 1703, 7 décembre, *liasse* 1322 : 1704, 14 juin, *liasse* 1330 :
1714, 30 mai : 1724, 14 septembre, 4 janvier (M. V.) ; 22 et 27 février (M. V.), 1er mai : 1727, 3 janvier (M. V.) : 1731, 26 mai : 1739,
20 novembre : 1759, 19 janvier (M. V.), *liasse* 2311 : 1771, 6 juin.
Il importe aussi de consulter les papiers du *Collegio Liberal Veneto all'
Accademia detta al fonteghetto San-Marco*, dont un des derniers secrétaires perpétuels fut Pietro Edwards, et qui en l'année 1794 comptait
cinquante-huit professeurs, dont seize en congé et quarante-deux en
activité.

confiés à leur nationale vigilance, et les bibliophiles
vénitiens du dix-huitième siècle leur durent la récupéra-
tion pour le monastère des Saint-Jean et Paul, des plus
rares manuscrits et des plus fameux incunables[1] qui en
avaient été dérobés dans le mois d'août 1789. Les précautions qu'ils avaient prises en 1773 pour les peintures,
ils les prirent en 1789 pour les livres rares et les manuscrits précieux, et le célèbre érudit, bibliothécaire de
Saint-Marc, Dom Giacomo Morelli, pour répondre au
décret du 25 septembre 1789, leur adressa des rapports
où domine un sentiment profond de la curiosité non
moins qu'une salutaire admiration pour ses plus intéressants objets[2].

---

[1] Voir ARCHIVES DE VENISE, Papiers des *Provveditori soprà Monasteri*, 1789, et *des Dix*, 21 août 1789. Différentes miniatures admirables
avaient été enlevées à trois manuscrits : treize manuscrits grecs et latins
avaient disparu. Parmi les vingt-huit volumes imprimés, ouvrages d'une
rareté insigne, étaient le *Junianii Maii Parthenopoli* de 1475, le *Julii
Firmici Ageronomicorum* Alde, 1499, l'*Apollonius Rhodius Argonau-
ticon* de 1497, l'*Appianus Alexandrinus; de Civilibus Bellis Romanorum* de 1472, le *Clemens V Constitutiones, que Clementinæ nuncupantur*
de 1476, sur parchemin, le *Cyprianus Cecilius S. Epistolæ. Æditio
pulcherrima omnium prima membranacea cum miniatura in p. folio et
initialibus pictis*, de 1491. Un exemplaire sur parchemin du *Statii
Sylvæ* avec miniature et initiales peintes, le *Virgilius P. Maro, opera
omnia*, sur parchemin et avec miniatures, de 1476, Venise, etc.

[2] ARCHIVES DE VENISE, *Papiers des Inquisiteurs et des Dix*. 1789,
25 septembre. Avec le premier Rapport de MORELLI comme pièce à
l'appui et commençant ainsi : « In obbedienza al comando veneratis-
simo di VV. EE. mi sono portato io Dom Giacomo Morelli custode
della Libreria di S. Marco alle principali librerie dei Regolari di questa
città, per riconoscervi e prendere in nota tutto quello che in esse vi è di
più raro e di più prezioso, sì quanto a' Codici manoscritti, come quanto
a' libri stampati. Le librerie che ho visitate sono quelle di *S. Giorgio
Maggiore*, di *San-Michele*, di *San-Mattia* e di *San-Pietro Martire di
Murano*, di *San-Andrea della Certosa*, della *Salute*, dei *Domenicani*

···Nous avons indiqué toutes les attributions diverses du Conseil des Dix et des Inquisiteurs d'État, et par cela même tous les genres de documents qu'un chercheur peut s'attendre à rencontrer dans ces curieuses divisions des Archives de Venise. Notre tâche est terminée, car avec cette période s'arrête l'examen que nous avions à faire de toutes les archives des magistratures politiques qui formaient ce qu'on appelait à Venise *le corps de la République*.

Nous dirons cependant en finissant, que les dernières années de cette République Sérénissime, témoins de si grands mouvements politiques au dehors et au dedans de l'Italie, furent loin d'être inoccupées pour les Inquisiteurs. La présence du comte de Lille (plus tard Louis XVIII) à Vérone fut pour eux du plus cruel embarras devant les remontrances du Directoire ; et l'arrivée des armées françaises sur terre italienne, bien que non encore déclarées contre les Vénitiens, fut un danger plus formidable encore que le mouvement insolite qui pénétrait dans les idées du peuple. Ainsi, c'était vainement que Robespierre, dans son *Rapport sur la situation en* 1793, maltraitant Gênes, avait dit de Venise : « Venise, plus puissante et en même temps plus politique, a conservé une neutralité utile à ses intérêts. » La chute de cette République devait devenir

---

Osservanti detti *Gesuati*, di *San-Francesco della Vigna*, delli *Frari*, di *San-Stefano*, dei *Carmini*, dei *Teatini* e di *SS. Giovanni e Paolo*, le quali tutte o in maggior, o in minor numero hanno libri di pregio..., » etc.

42.

inévitable devant les pas du conquérant qui, deux ans plus tard, sous le poids récent de ses lauriers, méditait déjà une *civilisation* nouvelle. Aussi le Tribunal qu'on appelait suprême et qui se disait terrible exerça-t-il, en ces derniers ans, une vigilance excessive. Ses Archives se sont donc accrues alors d'un nombre considérable d'informations de toute nature. De récents historiens, et particulièrement Samuel Romanin, auteur de la *Storia Documentata*, les ont consultées avec le plus grand fruit pour l'intérêt et à l'honneur de leurs patients travaux. Néanmoins l'historien des choses de la fin du dernier siècle peut encore porter ses regards avec intérêt sur ces amas de *Correspondances* et de *Rapports* qui arrivaient de tout côté à l'adresse du Tribunal Inquisitorial, aux soins duquel, en cette époque de tourmentes, il semble que la patrie, fatiguée, ait uniquement voulu confier son salut. Malgré leurs prédécesseurs en curiosité et en investigations ardues, les chercheurs trouveront encore sur l'époque révolutionnaire de la France, et sur les mouvements personnels de Bonaparte en Italie, de ces données particulières, de ces informations inédites, propres à nourrir autant qu'à animer les chapitres d'un grand ouvrage d'histoire.

APPENDICES.

APPENDICES.

APPENDICE N° I.

Répertoire des Magistratures et Emplois non politiques dans le Gouvernement de la République de Venise et dont les Documents se trouvent, en plus ou moins grand nombre, aux Archives.

Le Répertoire suivant peut avoir ici son utilité pour la direction des investigations d'un Curieux qui aurait à consulter des textes et à recueillir des informations, relativement à des matières qui sont étrangères aux choses de la politique proprement dite [1].

[1] Le lecteur, pour qui du reste cette indication très-sommaire ne serait pas suffisante, devra consulter les ouvrages spéciaux ci-dessous désignés :

GASPARIS CONTARINI, patricii Veneti, *De Republica Venetorum*, libri quinque. (Lyon, Elzevir, 1626 et 1628, in-12.)

DONATI JANNOTTI Florentini, *Dialoghi de Republica Venetorum*, cum notis et libro singulari de forma Reipublicæ Venetæ. (Lyon, Elzevir, 1631, in-12.)

FRANCESCO SANSOVINO, Del Governo dei Regni e delle Republiche così antiche come moderne, libri XVIII. (Venise, 1561, in-4°.) Voir le livre IX, « *Governo della Republica Veneziana* ».

PERGIOVANNI PIVETTA, l'*Arte di ben apprendere la pratica civile e mista del foro Veneto*. Opera in cui per serie di titoli si esaminano col fondamento de' principii legali, le materie puramente civili e la maniera di fare gli atti giudiziarii. (Venise, Occhi, 1746, in-4°.)

VETTOR SANDI, *Principii di storia civile della Republica di Venezia* dalla sua fondazione sino all' anno di N. S. 1700. Venise, Coleti, 1755, 6 vol. in-4°. — Et le supplément, 1769, 3 vol. in-4°. Voir en même temps « *Dissertazione indirizzata à N. N. sopra il libro : Principii d'istoria civile,* » etc. (Venise, 1759, in-12.)

CRISTOFORO TENTORI, *Saggio sulla storia civile, politica, ecclesiastica e sulla corografia e topografia degli Stati della Repubblica di Venezia*, ad uso della nobile e civile gioventù. (Venise, Storti, 1785-1790, 12 vol. in-8°.)

SEBASTIANO CROTTA, *Memorie storico-civili sopra le successive forme del Governo dei Veneziani*. OEuvre posthume de l'auteur. Venise, Alvisopoli, 1818, in-8°. Petit livre devenu très-rare en raison du peu d'exemplaires qui ont été tirés.

MARCO FOSCARINI, *Della Letteratura veneziana*, libri otto. (Padoue, 1752, in-fol.) Ouvrage admirable, d'un grand style et fécond en informations.

JUSTICE.

Quarantia (*la Quarantie*). Trois Conseils ou Tribunaux suprêmes qui jugeaient des causes criminelles et civiles. Il y avait les *Quarante au criminel*, les *Quarante au civil ancien* et les *Quarante au civil nouveau*.

Auditori vecchi, novi, novissimi (*Auditeurs anciens, nouveaux et très-nouveaux*). Ils étaient en quelque sorte les intermédiaires entre les Magistratures de première instance appelées les *six Cours du Palais* et les Tribunaux d'appel.

Collegi di Giudicatura dei XV e XXV (*Judicature des Quinze et des Vingt-cinq*). Juges suprêmes de toutes les causes venues en appel des tribunaux de Venise et de l'État.

Collegio dei XXV Savii del Corpo del Senato. Juges des causes civiles où l'État était intéressé.

Collegio dei XL al criminal (*Conseil des Quarante au criminel*). Juges suprêmes des affaires criminelles à Venise et dans le Duché, sauf les cas qui étaient du ressort de la justice des Dix.

Avvocati al Consiglio (*Avocats au Conseil*). Chargés d'office pour défendre les causes, afin que les pauvres qui n'étaient pas en état de rétribuer des défenseurs pussent en avoir à leur disposition.

Le Sei Corti o Magistrature dette Proprio, Forestiere, Petizione, Esaminador, Procurator, Mobile. Juridictions civiles en matière de dots, d'intestats, de divisions de famille, des postes, d'actes de propriété, de causes avec des étrangers, d'affaires maritimes, d'avaries par les naufrages, d'immeubles, de tuteurs, de legs, de créances, de séquestres, de ventes à l'encan, d'hypothèques et de petites causes monétaires.

Giudici al Piovego (*Juges pour les intérêts de l'État*). Une des plus anciennes magistratures, antérieure à l'année 1215. Avaient la charge de l'entretien des voies publiques de Venise et du Duché. Jugeaient en matière d'usure et de contrats illicites.

Signori di notte al Criminal (*Seigneurs de la nuit au criminel*). Étaient six, dont un par quartier de Venise. Cet *office* était antérieur à 1250. Avaient en leur juridiction la surveillance de la tranquillité

AMELOT DE LA HOUSSAYE, *Histoire du Gouvernement de Venise.* (Paris, Léonard, 1677, 2 vol. in-12.) Cet ouvrage ne doit être consulté qu'avec réserve.

SAINT-DIDIER, *la Ville et la République de Venise.* (Paris, de Luyne, 1680, 1 vol. in-12.)

Pour la bibliographie vénitienne, voir l'ouvrage si utile, indispensable même, à qui s'occupe des choses de Venise, « *Saggio di Bibliografia veneziana* »; par ÉMMANUELE-ANTONIO CICOGNA. (Venise, Merlo, 1847, in-8º de neuf cent quarante-deux pages.)

publique, en matière d'incendies, de malfaiteurs, d'homicides, de rapts, d'attentats à la pudeur, etc.

Signori di notte al Civil (*Seigneurs de la nuit au civil*). Office créé en 1544. Jugeaient les affaires civiles en matière de location, de gages, de dols, fraudes, etc.

Giudici Sindici straordinarii al Palazzo (*Juges syndics extraordinaires au Palais*). Suppléants dans les tribunaux en cas d'absence légitime ou de maladie d'un juge. Taxaient les tarifs des actes civils, réparaient les erreurs y reconnues, etc.

Gastaldi Ducali, Sopragastaldo e Superiori (*Intendants et Surintendants du Duché*). Exécuteurs des sentences prononcées au nom du Doge. Cet office fut transformé en 1473, et trois patriciens reçurent le titre de *Sopragastaldi*.

LÉGISLATION.

Conservatori ed Esecutori delle Leggi (*Conservateurs et Exécuteurs des lois*). Magistrature créée en 1533, pour faire observer les lois relativement au barreau. Les avocats, les notaires recevaient d'eux les patentes et les mandats après avoir rempli les formalités nécessaires.

Correttori della Promissione Ducale (*Réformateurs de la Constitution Ducale*). Étaient cinq, élus extraordinairement après la mort de chaque Doge, et pouvaient proposer toutes les lois qu'ils estimaient opportunes soit pour augmenter, soit pour modérer le pouvoir et les priviléges de la dignité souveraine.

Correttori delle Leggi e del Palazzo (*Réformateurs des Lois et du Palais*). Créés en 1553. Grands magistrats dont la charge ne durait qu'un an. Pendant cet intervalle de temps, pouvaient proposer au Grand Conseil toutes les lois réputées utiles au bien public. Les plus célèbres *correzioni* des lois furent celles qui réformèrent le Conseil des X en 1628 et en 1761.

Sopraintendenti alla compilazione delle Leggi, ai sommari delle Leggi (*Surintendants à la compilation des Lois*). Chargés de réunir tous les textes de lois pour former le Code civil et criminel, ouvrage qui, du reste, n'a jamais été mené à fin.

CULTE.

Esecutori contro la Bestemmia (*Exécuteurs contre les Blasphèmes*). Institués en 1537. Chargés de la police des églises, châtiaient les profanateurs, les séducteurs; eurent dans leurs attributions les permis d'imprimer, le devoir de relever les noms des étrangers nouvellement arrivés, les unions en mariage entre chrétiens et Juifs, Grecs et Latins.

Savii all' Eresia (*Sages préposés en matière d'hérésie*). Intervenaient au nom de l'État à l'office de l'Inquisition sacrée, qui était composé du Nonce, du Patriarche, du Père Inquisiteur. Par cette heureuse et modératrice intervention, la République combinait admirablement les droits de l'État et les prétentions de l'Église.

Provveditori ed aggiunti sopra i Monasteri (*Provéditeurs préposés aux monastères*). Étaient trois nobles élus d'abord par le Conseil des Dix, puis par le Sénat. Surveillaient les personnes et administraient les biens des monastères.

FINANCES.

Inquisitori all' Appuntadore (*Inquisiteurs au Contrôleur*). C'est-à-dire les Contrôleurs généraux. Revisaient les comptes des employés aux contrôles.

Provveditori soprà Camere (*Provéditeurs aux Chambres fiscales*). Magistrature qui était le centre où aboutissaient toutes les impositions et toutes les contributions directes ou indirectes pour le compte de l'État.

Camerlenghi di comun (*Caissiers publics*). Avaient charge de hâter la perception des impôts et de veiller à leur juste répartition.

Provveditori soprà conti (*Inspecteurs des comptes*). Revisaient les comptes de tous les officiers publics, les dépenses des ambassadeurs, des commandants d'armée, etc.

Sopraintendenti alle decime del Clero (*Surintendants aux décimes du Clergé*).

Dieci Savi soprà le decime in Rialto (*Les dix Sages aux décimes de Rialto*). Avaient la charge des impositions directes appelées *décimes* sur les fonds appelés *Allibrati a fuochi veneti* ou propriétaires vénitiens qui devaient payer à Venise. Leurs archives, qui ne sont conservées que depuis 1514, sont très-utiles à consulter pour connaître les biens des anciennes familles, les demeures des hommes illustres, les possessions acquises par hérédité ou contrats.

Officiali alla dogana di mar (*Officiers à la douane de mer*).

Governadori ed Esattori dell' entrate pubbliche (*Percepteurs des impôts publics*). Recevaient les versements qui avaient été faits aux préposés aux décimes.

Revisori e Regolatori dell' entrate pubbliche (*Réviseurs et Régulateurs des revenus publics*).

Officiali alla messetaria (*Officiers préposés à l'impôt sur les contrats faits à Venise ou dans l'État*).

Deputati alle miniere (*Préposés aux mines*). Étaient nommés par le Conseil des X, qui créa cette charge en 1665.

Officiali alle rason vecchie e nove. (*Préposés au rendu compte des deniers publics*). Magistrature très-ancienne, 1375. Avaient dans leurs attributions de veiller à l'ornementation de la ville dans les fêtes publiques; étaient chargés de la dépense des quatre festins que donnait annuellement le Doge aux Sénateurs et aux Ambassadeurs résidents à Venise. Envoyaient au nom de l'État des présents aux Princes ou autres personnages de distinction en séjour à Venise.

Ternaria vecchia e nova (*Douane pour les droits d'entrée de consommation*). Huiles, bois, savons, graisses, etc.

Provveditori al sal (*Préposés à la consommation du sel*). Veillaient à l'entretien des salines de l'Istrie et de la Vénétie, en avaient la garde, en recevaient les revenus. Les ouvrages d'art publiquement commandés étaient payés sur leur caisse.

Provveditori, Revisori e Regolatori soprà i dazi (*Provéditeurs, Réviseurs et Régulateurs des droits de perception sur les marchandises*).

Officiali al dazio del vino (*Préposés à la perception des droits d'entrée des vins de toute espèce*). Il y en avait aussi qui étaient spécialement préposés à l'entrée des huiles.

Deputati ed Aggiunti alla provision del Danaro (*Délégués à la répartition du Trésor*). Chargés de la rédaction détaillée du passif et de l'actif de la République, de proposer au Sénat des moyens les plus opportuns pour une meilleure direction des revenus publics et pour l'avantage du Trésor, etc.

Savio Cassier (*Sage ou Ministre, grand Caissier*). Il était le ministre des finances de la République, prenait part à toutes les délibérations du Sénat en matière d'impôts et de crédits. Dans les questions litigieuses, il était assisté par les avocats du fisc et le procureur fiscal.

COMMERCE.

Inquisitor soprà le Arti (*Inquisiteur à l'industrie*). Magistrature créée en 1707. Empêchait les abus de contrefaçon, d'altération, etc.

Consoli et sopràconsoli dei Mercanti (*Consuls des marchands*). Créés vers 1350. Avaient dans leurs attributions toutes les affaires de commerce, les différends y relatifs, etc.

Visdomini al fondaco de' Tedeschi (*Percepteurs des droits à l'entrepôt général des Allemands*).

Provveditori ai Banchi (*Provéditeurs aux Banques*). Traitaient des affaires entre les commerçants et les banquiers, surveillaient la Banque de Venise, recevaient les statuts des compagnies de commerce.

Cinque Savii alla Mercanzia (*les Cinq Sages au commerce*). Magistrature très-importante et dont les papiers méritent d'être consultés et examinés avec la plus grande attention pour les recherches à faire sur l'histoire du commerce et de l'industrie. Ils étaient en correspondance directe avec les Ambassadeurs et les Résidents, et traitaient avec eux des affaires commerciales et industrielles que les Vénitiens avaient avec l'Europe, l'Asie et l'Afrique, et délivraient les permis de navigation.

Deputati alla regolazione delle Tariffe mercantili (*Députés au règlement des tarifs du commerce*).

AGRICULTURE.

Provveditori e Revisori soprà i beni communali (*Provéditeurs et Réviseurs aux biens communaux*). Magistrature créée en 1574.

Provveditori ai Beni inculti, aggiunto all' agricoltura (*Préposés à la culture des biens demeurés incultes*).

INSTRUCTION PUBLIQUE.

Riformatori allo Studio di Padova (*Réformateurs à l'Université de Padoue*). Magistrature établie en 1516. Étaient en quelque sorte les ministres de l'instruction publique. Proposaient les professeurs et les lecteurs d'Université, établissaient les salaires, réglaient la discipline. Tout ce qui concernait les études, les belles-lettres, les beaux-arts, les sciences dans la République, était de leur compétence. Ce fut à eux que l'Université de Padoue a dû de rester au seizième et au dix-septième siècle comme le centre européen des fortes et libérales études.

GUERRE ET MARINE.

Provveditori all' Armar (*Provéditeurs à l'armement*).

Pagatori all' Armamento (*Payeurs de l'armée et de ses fournitures*).

Provveditori alle Artiglierie (*Provéditeurs à l'artillerie*).

Provveditori alle Fortezze (*Provéditeurs aux forteresses*).

Presidenti ed Aggiunto alla Milizia di mar (*Présidents à l'armement maritime*).

Patroni, Provveditori, Inquisitori all' Arsenal (*Grands maîtres, Provéditeurs, Inquisiteurs à l'Arsenal*). Ces trois charges distinctes étaient créées pour l'administration, le bon ordre et la discipline de l'Arsenal de Venise.

Provveditore e Sopraintendente alla camera dei Confini (*Provéditeur et Surintendant des frontières*). Créé en 1676. Était en relations directes avec les puissances limitrophes et avec les postes étrangères. Rendait compte de toutes les choses de son administration au Sénat.

ADMINISTRATION.

Savi ed Esecutori, e Collegio alle Acque (*Délégués, Exécuteurs et Conseil pour l'administration des eaux*). Ce Conseil fut composé en 1505 de soixante-quinze membres. En 1542, on élut un ingénieur chef chargé d'informer le Conseil sur les mesures à prendre pour l'entretien des lagunes, des rivages, des canaux, des fleuves; il avait sous ses ordres des hommes experts qui avaient le titre de *proti* et *vice-proti*.

Avogaria di comun ed araldica (*Avocats et Procureurs généraux et Présidents du Collége héraldique*). Cette charge est difficile à définir, en raison des nombreuses prérogatives et attributions dont elle était investie. Ils pouvaient suspendre pour trois jours les jugements de tous les tribunaux, voire du Conseil des Dix lorsqu'il ne s'agissait pas de crime positif, mais seulement de l'exécution des ordonnances. Ils recevaient et examinaient toutes les preuves de noblesse et étaient par conséquent dépositaires et conservateurs du *Livre d'or.*

Officiali al Cattaver (*Préposés aux biens du public*). Avaient le droit d'informer sur les biens des particuliers et jugeaient en certaines controverses.

Censori (*Censeurs*). Avaient à empêcher les intrigues pour obtenir des places. Surveillaient ce qu'on appelait à Venise le *broglio*, c'est-à-dire l'endroit où se rendaient les Patriciens avant de se rendre dans les Assemblées et les Conseils. Jugeaient des affaires particulières aux serviteurs, gondoliers, etc. En 1762, ils eurent aussi la surveillance des fabriques de verreries de Murano.

Provveditori ai Feudi (*Provéditeurs aux fiefs*). Charge créée en 1586.

Giustizia vecchia e nuova (*Justice ancienne et nouvelle*). Charge créée en 1172. Avait la police de toutes les industries, des arts et métiers, des poids et mesures, des cabarets et tavernes. On comptait à Venise cent treize professions dites *Arti.*

Provveditori alle legna e boschi (*Provéditeurs aux bois et forêts*).

Provveditori soprà Ospitali e Luoghi pii (*Provéditeurs des hôpitaux et fondations pieuses*). Charge créée en 1561. Testaments en faveur des hôpitaux, ordre et règlement, traitement des pauvres, rentes, etc., étaient de leur compétence. En 1724, le recensement des fondations pieuses donna le chiffre de trente-trois, non compris les quatre grands hôpitaux de la *Pietà*, des *Mendicanti*, des *Incurabili* et des *Orfani*.

Provveditori alle Pompe (*Provéditeurs aux choses de luxe*). Charge créée en 1514. Modérateurs des dépenses privées et publiques, rédigeaient et proposaient les lois somptuaires.

Procuratori di San Marco di sopra, ultra, citra (*Procurateurs de Saint-Marc*). Dignité très-grande, la première dans l'État après celle du Doge. Les *Procuratori di soprà* avaient l'administration de l'église de Saint-Marc et de la place de ce nom, et les *Procuratori di ultra e citra* administraient les tutelles ordonnées par les testateurs en deçà et au delà du Grand Canal.

Procuratori di Comune (*Procurateurs pour la Commune*). Veillaient à l'entretien des rues, des ponts et des édifices. La surveillance des postes et des courriers leur était départie.

Provveditori alla Sanità (*Provéditeurs à la santé publique*). Magistrature fort en renom auprès des nations étrangères. Créée en 1485, augmentée en 1556. Sa juridiction s'étendait aux lazarets, aux produits de consommation, à l'état des puits et citernes, aux pharmacies, etc.

Inquisitori e Regolatori alle Scuole grandi (*Inquisiteurs aux grandes confréries*). Saint-Roch, Saint-Marc, Saint-Jean-Évangéliste, Saint-Théodore, la Charité, la Miséricorde, étaient les six grandes confréries, toutes opulentes, et administraient ce qu'on appellerait aujourd'hui le droit des pauvres. Les patriciens étaient exclus de ces confréries.

Provveditori all eBeccarie (*Préposés à la surveillance des boucheries*); **alle biade** (*aux grains*).

Provveditori in Zecca (*Directeurs de la Monnaie*). Avaient sous leur surveillance les *Masseri all' oro* ou *Estimateurs de l'or*, le *Conservatore* des dépôts publics et le *Depositario* des dépôts privés en or ou en argent. Il leur appartenait de faire battre monnaie pour le compte de l'État [1].

---

[1] Notre intention eût été de faire suivre immédiatement ce *Répertoire* de la traduction des *Notizie Statistiche* sur les ARCHIVES DE VENISE, recueillies et mises en ordre par M. Bartolommeo CECCHETTI, si la seconde édition de cette utile publication eût été prête avant que nous eussions terminé ce livre. C'eût été, en effet, fournir aux Chercheurs et aux Curieux un *Catalogue français*, plein de précision et

de sûreté, de toutes les matières soit politiques, soit administratives, que renferment présentement les ARCHIVES DE VENISE. Nous aviserons donc plus tard à ce
soin, et nous profiterons de cette occasion nouvelle de parler des ARCHIVES de
cette République pour produire un certain nombre d'intéressants *fac-simile*
que, sur notre demande, la direction a bien voulu faire exécuter pour nous
avec l'autorisation de M. le Ministre de l'Intérieur du Royaume d'Italie. Nous
attendrons donc que l'important travail du CATALOGUE DESCRIPTIF DES MATIÈRES
ait été terminé. M. le directeur Tommaso GAR, très-heureusement secondé
par M. le secrétaire Bartolommeo CECCHETTI, en dirige présentement l'ouvrage
avec activité. Au moment même où nous écrivons ces lignes, M. Luigi Pasini,
assisté de M. Giomo, vient de terminer l'inventaire des papiers du *Saint-Office*,
et procède à celui des documents du *Tribunal des Inquisiteurs d'État*. M. Pre-
delli travaille à l'inventaire des Registres *Commemoriali* et des *Archives de Candie*.

APPENDICE N° II.

Noms des Ambassadeurs Vénitiens, ordinaires et extraordinaires, qui furent accrédités en France et dont les Dépêches, adressées au Sénat[1], sont conservées aux Archives de Venise.

(On a joint à leurs noms la date de leur arrivée en France, la date de leur départ et le nombre de leurs dépêches.)

I.

SEIZIÈME SIÈCLE.

AMBASSADEURS ORDINAIRES.

Zuane Antonio VENIER[2], 3 septembre 1530—5 décembre 1532 (78 dépêches, correspondance incomplète). (*Pour cette note 2, voyez la page suivante.*)

[1] Les Dépêches *ordinaires* (c'est-à-dire la correspondance habituelle) étaient adressées au Sénat; les Dépêches *extraordinaires* l'étaient au Conseil des Dix. Le nombre des dépêches que nous avons le soin d'indiquer ici, et dont, à quelques erreurs près, nous pouvons garantir l'exactitude, n'est donc que celui des dépêches à l'adresse du Sénat. Nous avons indiqué ailleurs le relevé des dépêches adressées au Conseil des Dix pendant le seizième siècle. Il va de soi que les dépêches adressées aux Décemvirs par un Ambassadeur étaient considérablement inférieures en nombre à celles qu'il adressait au Sénat.

Les Archives de Venise ne possédant aucune des dépêches adressées au Sénat d'une date antérieure à l'année 1532, il résulte donc que les *correspondances de France* qui ont disparu, soit dans les incendies de 1574 et de 1577, soit par toute autre cause de ruine, sont celles des Ambassadeurs dont les noms suivent. Nous donnons ici leurs noms et la date de leur ambassade en prenant pour point de départ l'avénement de Louis XI. De tels renseignements sont souvent précieux pour faciliter des recherches historiques.

1461. Bernardo GIUSTINIAN et Paulo BARBO, 12 octobre.
1469-1470. Antonio DONATO, 17 décembre-27 avril.
1477. Domenico GRADENIGO, 3 mai.
1476-1477. Francesco DONATO, 1er août-6 février.
1479. Bertucio GABRIEL, 1er juillet.
1483. Antonio LOREDAN, 12 mai et 1er décembre.
1483. Lucas ZENO et Bernardo BEMBO, 17 novembre.
1492. Francesco CAPELLO et Zaccaria CONTARINI, 29 mai.
1494-1495. Antonio LOREDAN et Domenico TREVISAN, envoyés à Charles VIII à Florence, 28 décembre à 12 avril.
1498. Zuan-Pietro STELLA (secrétaire), mai.

Matteo Dandolo [3], 28 novembre 1540—1er mars 1542 (95 dépêches, correspondance incomplète).

1498-1499. Nicolò Michiel, Antonio Loredan et Hieronimo Zorzi, 19 juillet-mai.
1499.   Nicolò Michiel, Marco Zorzi, Benedetto Giustinian, Benedetto Trevisan, envoyés à Louis XII à Milan, octobre.
1500.   Georgio Emo.
1501.   G. Cornaro, envoyé au Cardinal de Rouen.
1500.   Benedetto Trevisan, mort à Lyon le 9 février 1501.
1500.   Francesco Foscari, 20 octobre.
1501-1502. Domenico Trevisan, Girolamo Donado, Francesco Capello, 10 novembre-avril.
1502.   Marco Dandolo.
1502-1505. Francesco Morosini, part de Blois le 9 décembre.
1505.   Luigi Mocenigo.
1506.   Donado.
1507-1509. Antonio Condulmer, 5 juin-5 février.
1508.   Domenico Trevisan et Paolo Pisani.

            Interruption dans les rapports diplomatiques depuis le 5 février 1509 jusqu'en janvier 1513.

1513.   Andrea Gritti, janvier-mai.
1513-1515. Marco Dandolo (suivit François Ier en Italie).
1514.   Alessandro Donado.
1515.   Sebastiano Justinian et Pietro Pasqualigo, janvier 1515.
1515.   Domenico Trevixan, Andrea Gritti, Giorgio Cornaro et Antonio Grimani, envoyés à François Ier à Milan (novembre).
1516-1518. Zuan Badoer, 7 mars-décembre.
1517-1520. Antonio Giustinian.
1519.   Antonio Surian, mai.
1519.   Sebastian Giustinian, août.
1520-1524. Zuane Badoer.
1526-1527. Andrea Rosso (secrétaire), mai-février.
1527-1530. Sebastian Giustinian.
1528.   Andrea Rosso (secrétaire).
1528.   Andrea Navager, juillet.
1530-1533. Zuan Antonio Venier et G. Pisani.

[2] Après le départ de Z. A. Venier, en 1533, et avant l'arrivée de Matteo Dandolo, le 28 novembre 1540, les six ambassadeurs, dont les dépêches manquent, furent à la Cour :

1533-1535. Marc-Antonio Giustinian.
1535.   Giovanni Bassadonna.
1537.   Francesco Giustinian.
1537-1540. Cristoforo Capello.
1540.   Vincenzo Grimani.

[3] De Matteo Dandolo, en 1544, à Francesco Giustinian, en 1547, deux Ambassadeurs dont les dépêches manquent :

1542.   Z. Antonio Venier.
1542-1547. Marin Cavalli.

Francesco Giustinian [1], 25 janvier 1547—22 mars 1549 (109 dépêches).

Giovanni Capello [2], 11 mai 1554—4 septembre 1554 (17 dépêches, correspondance incomplète).

Giacomo Soranzo [3], 1er mai 1554—6 décembre 1557 (191 dépêches).

Giovanni Michieli, 8 novembre 1557—12 novembre 1560 (159 dépêches).

Michele Surian, 3 octobre 1560—20 novembre 1561 (62 dépêches [4]).

Marc Antonio Barbaro, 11 novembre 1561—21 juin 1564 (203 dépêches [5]).

Giacomo Surian, 6 juin 1564—fin novembre 1566 (76 dépêches [6]).

Giovanni Correr, 12 novembre 1566—4 juillet 1569 (162 dépêches).

Alvise Contarini, 8 juin 1569—fin novembre 1571 (130 dépêches).

Sigismondo Cavalli, 25 octobre 1571—25 juillet 1574 (110 dépêches [7]).

Zuane Morosini, 27 juin 1574—29 mai 1577 (185 dépêches).

Hieronimo Lippomano, 5 mai 1577—26 novembre 1579 (174 dépêches).

Lorenzo Priuli, 14 octobre 1579—21 avril 1582 (136 dépêches).

Giovanni Moro, 26 mars 1582—23 novembre 1584 (130 dépêches).

Giovanni Dolfin, 25 septembre 1584—25 janvier 1588 (294 dépêches).

Giovanni Mocenigo, 20 décembre 1587 — 15 février 1595 (586 dépêches).

Pietro Duodo, 22 novembre 1594—31 octobre 1597 (143 dépêches).

Francesco Contarini, 13 septembre 1597—4 novembre 1600 (244 dépêches).

[1] De Francesco Giustinian, en 1549, à Giovanni Capello, un Ambassadeur dont les dépêches manquent :
1549-1552. Luigi Contarini.

[2] La plus grande partie de la correspondance de cet Ambassadeur manque aux Archives, car celles de ses dépêches qui ont échappé aux désastres ne sont qu'au nombre de dix-sept, et ne commencent que le 11 mai 1554; or nous savons qu'il était arrivé à Lyon le 1er octobre 1551, et qu'il avait eu sa première audience du roi Henri II, à Paris, au Louvre, le 4 novembre.

[3] C'est donc avec le nom de cet Ambassadeur que commence la série des dépêches qui ont été conservées et que l'on peut consulter, sans avoir à signaler, en leur ensemble, d'interruptions importantes.

[4] Les mois de janvier et de février 1559 (date vénitienne, *more veneto*), par conséquent 1560 (date française, *more gallico*), manquent dans le Registre.

[5] Les dépêches du 3 octobre 1561 au 16 avril 1562 manquent dans cette correspondance.

[6] Manquent les dépêches du 8 juillet 1564 au 8 janvier 1565 (*more gallico*).

[7] Manquent les dépêches depuis le 24 février 1572 (*more gallico*) jusqu'au 8 avril 1573.

Nicolò DA PONTE et Bernardo NAVAGIERO. Arrivés à Lyon le 27 avril 1560, le 7 mai à Blois, et le 30 à Romorantin, où le Roi François II leur donna l'audience. Partis le 3 juin.

Marin DE CAVALLI et Giovanni DA LEZZE. Arrivés à Lyon en avril 1561 et le 7 mai à Paris; reçus en première audience le jour de la Fête-Dieu, en l'abbaye de Saint-Germain, par Catherine de Médicis et Charles IX. Partis le 12.

Leonardo CONTARINI. Juin-septembre 1571.

Giovanni MICHIELI. Août et septembre 1572.

Francesco MOROSINI. Arrivé à Lyon le 29 juin 1573, à la Cour le 6 juillet, reçu en première audience le 24, au château de Saint-Germain par Catherine de Médicis et Henri, nouvellement élu Roi de Pologne. Parti le 14 août.

Giovanni MICHIELI (pour la seconde fois). Arrivé à Lyon le 1er octobre 1575, à Paris le 23; reçu en première audience par Catherine de Médicis et Henri III le 26 octobre. Parti le 8 décembre.

Giovanni MICHIELI (pour la troisième fois). Arrivé à Lyon le 10 juillet 1578, à Paris le 18; reçu en première audience par la Reine mère le 20; part le 22 pour Mons, où était Monsieur, frère du Roi, en a l'audience le 27, revient à Paris le 3 août, et prend congé le 24 septembre.

Vincenzo GRADENIGO et Giovanni DOLFIN. Arrivés à Grenoble le 22 novembre 1594, à Lyon le 22 décembre, et à Paris le 30 janvier 1595. Reçus en première audience par Henri IV le 3 février, prennent congé le 14 (24 dépêches).

II.

DIX-SEPTIÈME SIÈCLE.

Marino CAVALLI, 1er octobre 1600—12 août 1603 (240 dépêches).

Angelo BADOER, 14 juin 1603—29 novembre 1605 (133 dépêches).

Pietro PRIULI, 9 novembre 1605—4 avril 1608 (142 dépêches).

Antonio FOSCARINI, 31 décembre 1607—20 avril 1611 (334 dépêches).

Gerolamo GIUSTINIAN, 14 janvier 1611—18 février 1613 (269 dépêches).

Pietro CONTARINI, 24 décembre 1613—5 octobre 1616 (245 dépêches).

Vincenzo GUSSONI, 6 mai 1615—18 janvier 1618 (127 dépêches).

Anzolo CONTARINI, 28 novembre 1618—24 mai 1621 (128 dépêches).

Giovanni Pesaro, 22 octobre 1621 — septembre 1624 (295 dépêches).

Marc Antonio Morosini, 25 juillet 1624 — 5 février 1626 (200 dépêches).

Zorzi Zorzi, 16 novembre 1626 — 23 septembre 1629 (254 dépêches).

Alvise Contarini, 17 août 1629 — 14 avril 1632 (445 dépêches).

Giovanni Soranzo, 30 mars 1632 — 27 octobre 1634 (313 dépêches).

Alvise Contarini, 2 octobre 1634 — 25 janvier 1638 (507 dépêches).

Anzolo Correr, 22 janvier 1638 — 28 mai 1641 (505 dépêches).

Gerolimo Giustinian, 29 avril 1644 — juillet 1644 (523 dépêches).

Giovanni Battista Nani, 2 mai 1644 — 22 juillet 1648 (735 dépêches).

Michele Morosini, 26 mai 1648 — 23 juillet 1652 (655 dépêches).

Giovanni Sagredo, 8 juillet 1652 — 17 août 1655 (365 dépêches).

Francesco Giustinian, 7 juillet 1655 — 28 décembre 1659 (525 dépêches).

Alvise Grimani, 1er juin 1660 — 27 mai 1663 (571 dépêches).

Alvise Sagredo, 23 janvier 1663 — 25 novembre 1665 (486 dépêches).

Marc Antonio Giustinian, 2 novembre 1665 — 20 novembre 1668 (487 dépêches).

Giovanni Morosini, 27 novembre 1668 — 24 juin 1671 (374 dépêches).

Francesco Michieli, 24 juin 1671 — 25 mars 1674 (318 dépêches).

Ascanio Giustinian, 21 juin 1673 — 10 juin 1676 (381 dépêches).

Domenico Contarini, 29 mars 1676 — 6 novembre 1679 (474 dépêches).

Sebastiano Foscarini, 20 octobre 1679 — 22 décembre 1683 (474 dépêches).

Girolamo Venier, 18 septembre 1683 — 22 décembre 1688 (554 dépêches).

Pietro Venier, 15 décembre 1688 — 30 septembre 1694 (625 dépêches).

Nicolò Erizzo, 23 mai 1694 — 16 mai 1699 (450 dépêches).

AMBASSADEURS EXTRAORDINAIRES.

Francesco Vendramin. Arrivé à Paris le 15 février 1600, fait son entrée le 20, reçu en audience au Louvre par Henri IV le 27, parti le 5 mars.

Antonio Priuli et Giovanni Dolfin. Arrivés le 25 mai 1601 à Orléans, font leur entrée à Paris le 30; logés à l'hôtel de Soissons; reçus en première audience à Fontainebleau par Henri IV le 6 juin; partis le 14.

Andrea Gussoni et Agostino Nani. Arrivés à Lyon le 28 septembre 1610, reçus à Paris en première audience au Louvre par Marie de Médicis le 6 novembre; partis fin décembre.

Ottaviano Bon, fait son entrée à Paris le 10 juin 1615, et ne quitte la Cour que le 12 janvier 1618. Était venu pour demander la médiation du Roi et conclure la paix entre l'Espagne et la Maison de Savoie (113 dépêches).

Simon CONTARINI. Arrivé à Lyon le 30 octobre 1617, y séjourne jusqu'au 13 décembre. Arrivé à Paris le 29, fait son entrée le 22 janvier 1618, reçu en première audience par Louis XIII le 23, et séjourne à Paris jusqu'à fin décembre 1618 (42 dépêches).

Girolamo PRIULI. Arrivé à Paris le 25 novembre 1620, reçu en première audience par Louis XIII le 3 décembre, parti le 16 décembre 1621. (A écrit 107 dépêches [1].)

Simon CONTARINI. Arrivé à Paris le 3 janvier 1626, fait son entrée le 20, prend congé du Roi le 8 décembre, et de M. le Cardinal le 14. Parti le 24. (A écrit 113 dépêches.)

Giacomo SORANZO. Arrivé le 13 avril 1629 à Suse, où se trouve M. le Cardinal, se présente au Roi le 27; le 25 mai est à Chambéry, le 19 juillet à Nimes, le 12 août à Lyon et le 31 à Paris. Part de Paris avec M. le Cardinal, est à Briare le 5 janvier 1630, le 22 à Lyon, le 3 mars à Suse, le 15 à Turin, séjourne à Casal jusqu'au 22 novembre 1630.

Alvise CONTARINI et Giovanni GRIMANI. Arrivés le 1er novembre 1643 à Lyon, le 16 à Paris, logés à l'hôtel des Ambassadeurs, reçus en première audience de la Reine Anne et de Louis XIV le 20, partis fin décembre.

Giovanni Battista NANI. Arrivé à Paris le 9 octobre 1659, la Cour étant absente, va à Montpellier et à Arles, où il voit Mazarin, est reçu à Aix par le Roi, continue le voyage du Midi, part le 17 août 1660. (A écrit 125 dépêches.)

III.

DIX-HUITIÈME SIÈCLE.

AMBASSADEURS ORDINAIRES.

Alvise PISANI, 11 mai 1699 — 18 mai 1703 (435 dépêches).

Lorenzo TIEPOLO, 30 mars 1703 — 27 avril 1708 (480 dépêches).

Alvise MOCENIGO, 13 avril 1708 — 27 avril 1710 (197 dépêches).

(Interruption dans les rapports diplomatiques de 1710 à 1722 [1]).

[1] Après le départ de l'ambassadeur Alvise Mocenigo, vint *Giovanni Emo* en qualité de simple envoyé, pour régler le différend qui existait entre les deux États. Il résida à Paris en 1711 et 1712. De 1712 au 21 octobre 1720, il n'y eut aucune correspondance officielle. A cette date, arriva le secrétaire *Giovanni Maria Vincenti*, qui renoua les rapports interrompus et prépara la réception des deux Ambassadeurs extraordinaires, reçus en 1722, et auxquels succéda l'Am-

B. Morosini, 11 décembre 1722—13 décembre 1726 (360 dépêches[1]).

Zaccaria Canal, 6 juin 1727—23 avril 1730 (288 dépêches).

Alvise Mocenico, 30 avril 1730—7 mai 1730 (310 dépêches).

A. Zeno, 13 octobre 1733—11 novembre 1736 (284 dépêches).

F. Venier, 18 novembre 1736—15 novembre 1739 (224 dépêches).

A. de Lezze, 22 novembre 1739—25 novembre 1742 (174 dépêches).

G. Corner, 2 décembre 1742—27 décembre 1744 (122 dépêches[2]).

Andrea Tron, 20 décembre 1745—25 novembre 1748 (172 dépêches).

F. Morosini, 2 décembre 1748—28 novembre 1751 (200 dépêches).

G. A. Mocenico, 8 décembre 1751—23 mai 1756 (265 dépêches[3]).

Nicolò Erizzo, 30 mai 1756—1er juin 1760 (253 dépêches).

G. D. Almorò Tiepolo, 8 juin 1760—2 juillet 1764 (215 dépêches[4]).

B. Gradenigo, 16 juillet 1764—12 février 1768 (220 dépêches).

A. Mocenico, 19 septembre 1768—9 novembre 1772 (217 dépêches.)

L. Mocenico, 16 novembre 1772—2 décembre 1776 (212 dépêches).

Marco Zeno, 9 décembre 1776—11 décembre 1780 (110 dépêches).

Daniel Dolfin, 18 décembre 1780—6 mars 1786 (262 dépêches).

A. Capello, 2 janvier 1786—2 août 1790 (244 dépêches).

Almorò Pisani, 8 août 1790—9 juin 1795 (266 dépêches[5]).

Alvise Querini, 27 juillet 1795—3 juin 1797 (187 dépêches).

AMBASSADEURS EXTRAORDINAIRES.

Lorenzo Tiepolo et Nicolò Foscarini. Arrivés à Paris le 8 juillet 1722, reçus en première audience par Louis XV à Versailles, fin juillet, font leur entrée solennelle le 25 septembre, partent le 24 octobre.

---

bassadeur ordinaire. Le secrétaire Vincenti se rendit ensuite au congrès de Cambrai, et y resta jusqu'au 24 mars 1725. Sa correspondance comprend 212 dépêches.

[1] Cet Ambassadeur ayant quitté Paris le 4 septembre 1792 pour se rendre à Londres, bien qu'il fût encore accrédité en France, y tint sa correspondance jusqu'au 9 juin 1795.

[2] Du 26 décembre 1726 au 30 mai 1727, les dépêches, au nombre de vingt-quatre, sont signées par le secrétaire *Domenico Maria Cavalli*.

[3] L'ambassadeur Gerolamo Corner étant mort à Paris le 10 janvier 1745, le secrétaire *Antonio Fontana* tint la correspondance jusqu'au 3 mai 1745 et signa dix-neuf dépêches. Vint alors, en qualité d'*envoyé intérimaire*, *Antonio Diedo*, qui, du 3 mai 1745 au 27 décembre, a envoyé 50 dépêches.

[4] Mort à Paris le 16 juin 1756.

[5] Mort à Genève le 1er octobre 1764.

APPENDICE Nᵒ III.

Répertoire des Documents Historiques Vénitiens, tels que Papiers d'État, Dépêches, Mémoires politiques, Relations, Disserta-tions, etc., dont la copie appartient à la Collection particu-lière que l'auteur de cet ouvrage a formée pendant les séjours qu'il a faits à Venise en divers temps.

1ᵒ SÉRIE DIPLOMATIQUE.

Dépêches adressées au *Conseil des Dix* par les Ambassadeurs Véni-tiens en France (de 1500 à 1550).

Dépêches adressées au *Conseil des Dix* par les Ambassadeurs Véni-tiens à Rome (de 1533 à 1564).

Dépêches adressées au *Sénat* par les différents Ambassadeurs Vénitiens qui se sont succédé à la Cour de France, et dont on a conservé les textes dans les Archives de Venise depuis le temps de François Iᵉʳ jus-qu'à la mort de Henri III (pour servir à l'*Histoire de la Maison de Valois*).

Dépêches adressées au *Sénat* par les Ambassadeurs Vénitiens en Cour de Rome, Giovanni Gritti, Alberto Badoer et Leonardo Loredan, sous le pontificat de Sixte-Quint (pour servir à l'*Histoire des Négociations entre la France et le Saint-Siége sous Henri III et Henri IV*).

Analyse de Documents Diplomatiques depuis 1589 jusqu'en 1610 (pour servir à l'*Histoire de Henri IV et les Vénitiens*).

Dépêches adressées au *Sénat* par les différents Ambassadeurs Vénitiens qui se sont succédé à la Cour de France depuis 1610 jusqu'en 1643, pour servir à l'histoire des deux ouvrages préparés : 1ᵒ *La France et Venise sous Louis XIII;* 2ᵒ *Audiences et Conversations politiques du Cardinal de Richelieu.*

Sommaire des Dépêches adressées au *Sénat* par l'ambassadeur Alvise Contarini à la Cour de France depuis le 17 août 1629 jusqu'au 16 avril 1632. (1 Registre à part.)

Sommaire des *Affaires de France* qui furent traitées auprès de la République Sérénissime par les Ambassadeurs du Roi Très-Chrétien de 1541 à 1643. (1 Registre.)

Recueil de Dépêches adressées au *Sénat* par les Ambassadeurs Véni-tiens accrédités aux Cours d'Autriche, de France et de Pologne (rela-tivement à l'*Élection de Pologne*, 1573-1574). (115 pièces.) (1 Registre.)

Répertoire nominal de tous les *Ambassadeurs Vénitiens*, accrédités auprès des différentes Cours et États, depuis les temps les plus anciens jusqu'à la chute de la République. (1 Registre.)

Dépêches de l'Ambassadeur Vénitien à la Cour de Madrid pour servir à l'histoire d'*Élisabeth Farnèse*, femme de Philippe V. (Pièces détachées.)

Répertoire de tous les Documents Diplomatiques et Politiques relatifs à la France qui se trouvent successivement dans les Registres Officiels des *Commemoriali*, des *Misti*, des *Secreti* et des *Corti*, depuis le règne de Charles VI jusqu'à l'avénement de Louis XIV. (Feuilles détachées.)

2º DOCUMENTS SPÉCIAUX.

Copies de différentes pièces dont les Originaux se trouvent dans les cartons des Documents Secrets du *Conseil des Dix*, 1562-1645. (139 pièces ou dossiers formant un Registre.)

Autres copies de différentes pièces d'après les Originaux conservés dans la même série, 1587-1622. (77 pièces ou dossiers formant un Registre.)

Pièces Politiques variées, copiées sur les Originaux conservés dans les papiers des *Inquisiteurs d'État*. (97 pièces.) Registre.

Pièces Miscellanées copiées sur les Originaux conservés dans les papiers des *Inquisiteurs d'État*. (120 pièces détachées.)

Pièces et Documents relatifs à la personne et aux mouvements d'*Angelo Badoer*, copiés sur les Originaux conservés soit dans les papiers du *Conseil des Dix*, soit dans ceux des *Inquisiteurs d'État*. (151 pièces.) Correspondance de Rome, de Milan, de France, de Hollande, de Savoie et d'Espagne. (1 Registre.)

Recueil des Pièces et Actes relatifs à la personne d'*Antonio Foscarini*, jugé deux fois par le Conseil des Dix et les Inquisiteurs d'État. (4 Registres ainsi désignés : Nº 1. PARTIE POLITIQUE : *Dépêches datées de Chioggia*, 1605-1607 ; *Sommaire des Dépêches de France*, 1608-1611, et *Sommaire des Dépêches d'Angleterre*, 1611-1616. Nº 2. PARTIE JUDICIAIRE : Premier procès : *Instruction et Procédure du Conseil des Dix et des Inquisiteurs*, 1615-1618. Nº 3. Second procès : *Procédure des Inquisiteurs d'État*, 1622. Nº 4. PARTIE POLITIQUE ET PRIVÉE : *Pièces variées.*

Voyage et Séjour de *Henri III à Venise* à son retour de Pologne, 1574. (185 pièces.) 1 Registre.

Documents relatifs aux *Artistes* et aux *Beaux-Arts*, copiés sur les pièces Originales qui se trouvent dans les différentes séries officielles, telles que les Registres *Notatorii*, des *Provveditori al sal*, du *Sénat*, du *Conseil des Dix* et des *Inquisiteurs*, et dans les Registres des *Monastères* et *Confréries*. (200 pièces détachées.)

Pièces Miscellanées relatives : 1º au *Comte de Froullay*, Ambassadeur de France à Venise et à ses aventures ; 2° à *Jacques Casanova de Sein-galt,* prisonnier des Inquisiteurs d'État ; 3° au don des *Gondoles de parade* que la République de Venise fit à Louis XIV ; 4° à l'arrivée et au séjour en France des *Maîtres Ouvriers Verriers* appelés et encouragés par Colbert pour fonder la manufacture de glaces. (Quatre paquets séparés.)

Pièces Miscellanées relatives à des *épisodes politiques* touchant la République de Venise et la France. (1 Registre.)

Pièces Miscellanées pour servir à l'histoire de la *Chancellerie Secrète* et autres *Archives.*

A ces copies ci-dessus énumérées qui furent exécutées au dépôt même des ARCHIVES DE VENISE, nous pouvons ajouter comme faisant aussi partie de cette Collection de Papiers d'État Vénitiens, les copies qui furent exécutées d'après nos indications, principalement à la BIBLIOTHÈQUE DE SAINT-MARC.

Sommaire des documents relatifs à *la France* qui sont contenus dans les cinquante-quatre volumes in-folio des *Mémoires Manuscrits* ou *Diarii* de MARIN SANUDO, de 1494 à 1533. (1 Registre.)

Nombreux Extraits des *Mémoires Manuscrits* du Vénitien GIOVANNI ROSSI, relatifs aux mœurs politiques et privées des Vénitiens avant la chute de la République, traitant particulièrement du *luxe,* du *cérémonial,* des *représentations dramatiques,* des *fêtes,* etc.

Inventaire général des *Procès* qui étaient conservés dans les ARCHIVES des INQUISITEURS D'ÉTAT depuis 1573 jusqu'en 1775, et formé par le secrétaire Giuseppe Gradenigo, avec une copie du sommaire des Documents que le commissaire français Bassal avait emporté en 1797.

Miscellanées de tout genre relatives à *la Vie politique à Venise,* copiées soit à la BIBLIOTHÈQUE DE SAINT-MARC, soit au MUSÉE CORRER, soit dans différentes ARCHIVES de familles patriciennes.

Copie de la *Chronique de la République de Venise,* dédiée par MARIN SANUDO au Doge Agostino Barbarigo, « *De Origine, Situ et Magistrati-bus Urbis Venetiæ.* » (200 pages.)

Copie du manuscrit n° 1938 de la BIBLIOTHÈQUE DE SAINT-MARC, « *Soprà li Inquisitori di Stato,* » par Giovanni Andrea Spada. (96 pages.)

Relation détaillée de tous les Cardinaux vivants en l'année 1620, « *Relatione minuta di tutti le affetti, doti e dipendenze de' Cardinali viventi questo anno 1620.*

Sommaire des Documents relatifs à Lucrezia Borgia, et aux Papes Alexandre VI, Léon X et Clément VII, extraits des Registres de MARIN SANUDO.

Un nombre considérable de Notes et de Pièces Miscellanées relatives à *la Vie politique* et à *la Vie privée des anciens Vénitiens*, recueillies en différentes ARCHIVES D'ÉTAT ou en différentes BIBLIOTHÈQUES PUBLIQUES et PARTICULIÈRES de Rome, Florence, Sienne, Milan, Ferrare, Parme, Modène, Vienne, Londres et Paris.

FIN.

TABLE ALPHABÉTIQUE

DES NOMS CITÉS DANS L'OUVRAGE.

TABLE DES MATIÈRES

AVEC

LA DIVISION ET LE SOMMAIRE DES CHAPITRES.

LES ARCHIVES DE VENISE.

PREMIÈRE PARTIE.

PRÉLIMINAIRES. — DESCRIPTION.
HISTORIENS, CURIEUX, CHERCHEURS ET VISITEURS.

I.

PRÉLIMINAIRES.

II.

DESCRIPTION.

44.

III.

HISTORIENS, CURIEUX, CHERCHEURS ET VISITEURS.

DEUXIÈME PARTIE.

SECRÉTAIRES ET CHANCELLERIES. — LE GRAND CHANCELIER.
CE QU'ÉTAIT L'ORDRE DIT « DES SECRÉTAIRES »
DANS LA RÉPUBLIQUE DE VENISE.
DES CHANCELLERIES
ET PARTICULIÈREMENT DE CELLE APPELÉE « *LA SECRETA* ».

I.

DU GRAND CHANCELIER ET DES SECRÉTAIRES.

II.

DES CHANCELLERIES
ET PARTICULIÈREMENT DE CELLE APPELÉE
« LA SECRETA ».

TROISIÈME PARTIE.

DES PAPIERS D'ÉTAT DU SÉNAT ET DU CABINET DES MINISTRES.
DE L'INTÉRÊT QU'ILS PRÉSENTENT
POUR L'HISTOIRE EN GÉNÉRAL ET POUR CELLE DE FRANCE
EN PARTICULIER.
REGISTRES DES TRAITÉS, DES ACTES MÉMORABLES,
DES DÉLIBÉRATIONS ORDINAIRES ET SECRÈTES.
RECUEILS DES DÉPÊCHES,
DES RELATIONS ET DES INSTRUCTIONS.
LETTRES DES SOUVERAINS,
ET AUDIENCES DES AMBASSADEURS ÉTRANGERS.
DU CÉRÉMONIAL, ETC.

I.

LE SÉNAT ET SES PRINCIPAUX RECUEILS
DE PAPIERS D'ÉTAT.

II.

REGISTRE DES TRAITÉS OU *LIBRI PACTORUM*.
(883-1496.)

III.

REGISTRES APPELÉS *COMMEMORIALI.*

(1295-1797.)

IV.

DÉLIBÉRATIONS DU SÉNAT.

REGISTRES APPELÉS *MISTI.*

(1293-1440.)

V.

DÉLIBÉRATIONS DU SÉNAT.

REGISTRES APPELÉS *SECRETI.*

(1401-1630.)

V.I.

DÉLIBÉRATIONS DU SÉNAT.

REGISTRES APPELÉS *CORTI.*

(1630-1797.)

VII.

LES DÉPÊCHES DES AMBASSAREURS (*DISPACCI*).

(1554-1797.)

VIII.

DES AMBASSADEURS DE VENISE A LA COUR DE FRANCE ET DE LEURS DÉPÊCHES.

(1498-1797.)

Énumération des Ambassades Vénitiennes en France depuis le règne de
saint Louis. — Elles sont régulièrement et définitivement établies avec
le règne de François Ier. — Première dépêche *originale* de la série
des Dépêches de France adressées au SÉNAT. — Moyen de réparer
autant qu'il est possible les torts causés à l'histoire par le manque
des dépêches *originales* avant l'année 1554. — Rechercher les copies
dans les archives particulières des maisons patriciennes et dans les
collections manuscrites des Bibliothèques publiques. — Inappréciable
avantage, pour l'histoire de France, du *Journal* manuscrit en cinquante-huit volumes in-folio tenu de 1496 à 1533 par Marin Sanudo. — Élection d'un Ambassadeur. — Quelle route il suivait
pour se rendre en France. — Durée ordinaire de son voyage. — Son
arrivée à la Cour. — La première audience. — Costume de l'Ambassadeur. — Cérémonie dite de l'*Entrée*. — Sa correspondance. —
Temps employé pour l'envoi d'une dépêche. — Circonstances extraordinaires. — Retour de l'Ambassadeur à Venise. — Compte des dépenses
qu'il avait à rendre. — Ambassadeurs à la Cour des Valois. — Énumération de leurs Dépêches depuis l'année 1554. — De celles dont

IX.

LES RAPPORTS OU *RELAZIONI.*

(1493-1795.)

Depuis le seizième siècle, les Documents appelés *Commissioni* ont une importance inférieure à celle qu'ils avaient auparavant. — Les Annali ou Annales de la République rédigées par un Secrétaire sous la direction de l'un des Ministres. — Les Avvisi ou *Nouvelles officielles* envoyées aux Ambassadeurs.

XII.

REGISTRES DES AUDIENCES DES AMBASSADEURS
OU
ESPOSIZIONI PRINCIPI.

(1541-1797.)

Caractère tout diplomatique de ces Documents. — Nombre des registres et des liasses formant la série des Esposizioni Principi. — Occasion de l'examen de ces Registres pour rechercher quels furent les Ambassadeurs de France à Venise depuis le treizième siècle. — Difficultés pour former un état nominal de ces Ambassadeurs avant le règne de Louis XI. — État nominal sous Louis XI, Charles VIII et Louis XII. —Évêques ambassadeurs accrédités par François Ier et par Henri II.— Ambassadeurs envoyés par Charles IX et Henri III. — Caractère intime des rapports échangés alors avec la Cour de France.— Ambassadeurs accrédités par Henri IV. — Hurault, sieur de Maisse. — Antoine Séguier, sieur de Villiers. — De Fresnes-Canaye. — Ambassadeurs accrédités par Louis XIII. — Claude de Mesmes, comte d'Avaux. — Ambassadeurs accrédités par Louis XIV. — Les affaires de France commencent à perdre de leur importance à Venise en raison de la neutralité dont la République se fait une loi. — Ambassadeurs accrédités par Louis XV. — Fragment des Instructions données à l'abbé de Bernis. — Ambassadeurs accrédités par Louis XVI. — Chargés d'affaires de la République française. — Examen progressif du recueil des Esposizioni Principi. — Sommaire de plusieurs *Esposizioni* au seizième siècle. — Manière tout à fait spéciale de traiter les affaires politiques étrangères. — Un ambassadeur à Venise est forcément orateur. — Forme habituelle d'une audience à portes closes. — Contenu varié des Registres et des Liasses du recueil des Esposizioni Principi. — Rapports sur des conférences ou des conversations avec des Ambassadeurs étrangers. — Mémoires des Secrétaires sur la visite qui leur est commandée. — Isolement des Ambassadeurs à Venise. — Lois étranges à leur endroit. — Comment ils en évitent la rigueur. — Les Registres des Esposizioni Principi qui méritent le plus l'attention des politiques sont ceux qui correspondent par la date de leurs docu-

XIII.

LIVRES DES CÉRÉMONIES DE LA RÉPUBLIQUE.

(1492-1797.)

XIV.

LETTRES DES ROIS, PRINCES, SEIGNEURS
ET CHEFS D'ÉTAT
A LA RÉPUBLIQUE DE VENISE.
OU
LETTERE DOMINORUM.

(1500-1797.)

Les Lettres des Princes adressées au Doge étaient ouvertes dans le Cabinet
des Ministres. — Collection volumineuse des Lettere Dominorum. —

QUATRIÈME PARTIE.

LE CONSEIL DES DIX.
CARACTÈRE ET ÉTENDUE DE SON POUVOIR.
SON RÔLE DANS LES AFFAIRES ÉTRANGÈRES.
DIVERSITÉ DE SES ATTRIBUTIONS.
INVENTAIRE PARTICULIER DES DOCUMENTS QUI COMPOSAIENT
SES ARCHIVES JUDICIAIRES ET POLITIQUES.

I.

LE CONSEIL DES DIX.

CINQUIÈME PARTIE.

LES INQUISITEURS D'ÉTAT.
INVENTAIRE DES PAPIERS QUI FORMAIENT LEURS ARCHIVES.
INTÉRÊT DE LEUR CORRESPONDANCE A L'ÉTRANGER.
DIFFÉRENTES ATTRIBUTIONS DES INQUISITEURS D'ÉTAT.

LES PAPIERS DES INQUISITEURS D'ÉTAT.

Origine des INQUISITEURS. — Ils étaient les mandataires du Conseil des Dix. — Décrets les concernant. — Archives des Inquisiteurs mises en ordre en 1775 et en 1794. — Elles sont livrées au pillage en 1797. — Rapports de l'employé Carli Rubbi de 1812 à 1822 sur les papiers de ces Archives qui ont été sauvés et réunis. — Un décret de l'Empereur d'Autriche déclare secrète et inaccessible, en 1824, la chambre qui les renferme. — Inventaire des Papiers des Inquisiteurs fait en 1775 par le secrétaire Busenello. — La découverte des révélateurs des secrets d'État est le principal objet des fonctions des Inquisiteurs. — Ils sont les exécuteurs des décrets du Conseil des Dix et les dépositaires des

FIN.

www.ingramcontent.com/pod-product-compliance
Lightning Source LLC
Chambersburg PA
CBHW071130270326
41929CB00012B/1699